朱子

考亭朱子世家

朱子

朱子新探索

陈荣捷 著

重庆出版集团
重庆出版社

图书在版编目（CIP）数据

朱子新探索 / 陈荣捷著. — 重庆：重庆出版社，2021.12

ISBN 978-7-229-16144-6

Ⅰ.①朱… Ⅱ.①陈… Ⅲ.①朱熹（1130-1200）—哲学思想—研究
Ⅳ.①B244.75

中国版本图书馆CIP数据核字（2021）第225945号

朱子新探索

陈荣捷　著

出　　品：华章同人

出版监制：徐宪江　秦　琥

责任编辑：何彦彦

责任印制：杨　宁

营销编辑：史青苗　刘晓艳

书籍设计：潘振宇 774038217@qq.com

重庆出版集团
重庆出版社 出版

（重庆市南岸区南滨路162号1幢）

投稿邮箱：bjhztr@vip.163.com

北京华联印刷有限公司　印刷

重庆出版集团图书发行有限公司　发行

邮购电话：010-85869375/76/78转810

重庆出版社天猫旗舰店
cqcbs.tmall.com

全国新华书店经销

开本：880mm×1230mm　1/32　印张：25.375　字数：546千

2022年3月第1版　2022年3月第1次印刷

定价：98.00元

如有印装质量问题，请致电023-68706683

朱熹

1130—1200

推荐序

陈荣捷先生（1901—1994），已故著名的世界朱子学权威，一生朱子学著述甚多。他的中文著作原皆在港台印行，现在大陆出版社将出版陈老先生的朱子研究著作的简体字本，这是我国朱子学研究的要事和喜事！

陈荣捷先生1901年生于广东开平县，幼入私塾开蒙，后在塾师指导下习读"四书五经"等书。1916年春赴香港，考入拔萃书院，学习英文和中文，同年秋考入广州岭南学堂。1917年入岭南中学，五四运动时，在广州积极投身学生运动，曾代表岭南学生参加广州学生联合会，被选为会部长。1920年秋入岭南学院（后更名为岭南大学）文科专业，继续投身文化运动，并服务于岭南工人夜校，任副校长。1924年岭南学院毕业，赴美留学，入哈佛大学英语系。1926年改入哲学系。1929年以题为《庄子哲学》的毕业论文获哈佛大学哲学博士学位。1929年秋应母校岭南大学之聘，任大学教学秘书、教授。1930年起任岭南大学教务长。1932—1934年兼任中山大学教授，教授美学、英文。1933年出任中国基督教高等教育评议会主席。

1935年秋赴夏威夷大学任交换教授，讲授中国哲学。1936年离任岭南大学，任夏威夷大学东方研究所访问教授。1937年起改任夏威夷大学正式教授，讲授中国哲学和中国文明课程。1939年与哲学界知名人士共同发起并创设"东西方哲学家会议"。1940年兼任夏威夷大学哲学系主任。1941年12月太平洋战争爆发后，因夏威夷大学暂时关闭，于1942年转赴位于美国东北的名校、常春藤盟校之一的达特茅斯学院（Dartmouth College），任比较文学系访问教授，次年转为中国文化教授，后改为中国哲学教授。值得一提的是，陈荣捷先生在第二次世界大战期间和战后初期，常常在集会上和巡回中发表演讲，达数百次之多，向美国人民介绍中国人民的抗战和中国文化。1951年任达特茅斯学院人文学院院长，这是当时东方人在美国担任的最高学术职位。1966年，陈先生六十五岁时自达特茅斯学院退休，被授予中国哲学和文化荣誉教授称号。是年他应宾州匹兹堡的查塔姆学院（Chatham College）之聘，出任格利斯派讲座教授。1971年任期届满，他继续在该学院讲授中国思想课程，至1982年完全退休。自1975年起，陈先生任哥伦比亚大学中国思想课程兼任教授，与时任哥伦比亚大学副校长的狄百瑞教授联合执教哥大新儒学讨论班，直至晚年。1978年，他被选为中国台湾地区“中研院”院士。1980年当选为美国“亚洲哲学与比较哲学学会”会长。1994年8月病逝于美国匹兹堡家中，享年九十三岁。

陈荣捷先生在美国讲授中国哲学五十余年，在不同的时期其学术活动的重点有所不同。20世纪40年代至50年代，由于美国的中国研究尚在起步阶段，陈荣捷先生的著述主要集中在中国哲学、艺术、宗教的总体性论述，在此期间著有英文著作《现代中国的宗教趋势》（哥伦比亚大学出版社，1953年）、《中国哲学历史图表》（耶鲁大学远东出版社，1955年）、《中国哲学大纲及附注参考书目》（耶鲁大学远东出版社，1959年）等。1960年陈荣捷先生为《大英百科全书》撰写中国哲学概要以及诸思想家传记文章。20世纪60年代，他还为其他许多百科全书撰写有关中国哲学中儒家、道家及理学的文章和条目。事实上，他几乎成了这一时期各英文百科全书关于中国哲学的唯一撰稿人，一时被欧美学术界誉为把东方哲学文化思想最为完备地介绍到西方的中国大儒。

从夏威夷时代起，陈荣捷先生长期致力于中国古代哲学资料的英文翻译。1963年，陈荣捷先生的四部重要的英文译著在美国出版，它们是：《坛经》（纽约圣约翰大学出版社）、《王阳明〈传习录〉及其他著述》（哥伦比亚大学出版社）、《老子之道（道德经）》（鲍波斯·麦瑞尔出版社）和《中国哲学文献选编》（普林斯顿大学出版社，又名《中国哲学资料书》）。前三者分别为释、儒、道三家的重要经典，其中《传习录》的翻译尤有意义。《中国哲学文献选编》集作者十余年之功，全书共四十三章，八百五十六页，所有的条目、名称、名词都有解释，所有的引文皆有溯源或说明，注释多达三千余条。该书开创了将中文翻译为英文的一个很高的标准，至今无人超越。该书一直是美国院校教授中国哲学的标准教科书，对英文世界的中国哲学的传习贡献极大。

20世纪60年代初期以后，陈荣捷先生除了为诸百科全书撰文外，其主要精力渐渐转向新儒学（理学）的研究。他的英译《近思录》在1967年出版，其中参考日韩著作甚多，注释说明尤为精详。在他生命的最后二十年，他全部的学术关注几乎都集中在对朱熹的研究和对朱熹研究事业的推动上。1982年，由陈先生组织、筹备和担任大会主席的“国际朱熹会议”在夏威夷檀香山举行，会议汇聚了当时东西方著名的朱熹研究专家。这次会议成为当时世界朱子学术研究的高峰。此次大会的圆满举行，不仅大大促进了朱子研究，也凸显了陈荣捷先生自己的学术地位和重要成就，进一步提高了他在国际学术界的声誉。1982年以后，陈荣捷先生出版的朱子研究著作大都以中文发表，计有：《朱子门人》《朱学论集》《朱熹》《朱子新探索》《近思录详注集评》。此外，由台湾地区“中研院”中国文哲研究所出版的陈荣捷先生的论文集《新儒学论集》和《宋明理学之概念与历史》，也都是主要与朱熹有关的论文汇集，与陈先生的朱子学专著相互发明。

1946年H. F. MacNair出版的英文书《中国》中即有陈荣捷先生所写的“新儒学”一章，这是战后西方叙述理学专篇之始，也是叙述朱子思想专篇之始。1957年陈荣捷发表了《新儒学对恶的问题的解决》和《新儒学与中国科技思想》两篇文章。1960年出版的陈荣捷先生与狄百瑞等合编的英文版《中国传统诸源》，其中理学七章，包括朱子一章，出自陈荣捷先生之手。1963年陈荣捷先生的《中国哲学文献选编》出版，其中理学部分共有十三章，朱子占一章。当时西方学界还没有研究新儒学和朱子的学者，陈荣捷先生是战后欧美朱子研究的先驱。

六十岁到八十岁之间，陈荣捷先生越来越专注于朱子的研究，这一时期的成就体现在1982年出版的两部中文著作中：一是《朱子门人》，对朱子门人的人数构成、地理关系、社会背景、学术贡献等详加考证研究，显示出他的朱子学研究的深厚功力。此一卓越著作之贡献与地位，衡之于世界汉学的朱子学研究，已居于前列。二是《朱学论集》，收入他在这一时期所写的朱子学论文，如《朱熹集新儒学之大成》《论朱子之〈仁说〉》《朱子之〈近思录〉》《朱陆通讯详述》等，都是陈荣捷先生在这一时期撰写的重要论文，其立论高屋建瓴，分析深刻，资料丰富，对推进朱熹思想的理解甚有助益，也充分体现了陈荣捷先生重视“朱子研究新材料之发见”的研究特色。这两部一流的朱子研究著作与国际朱熹会议的非凡组织，确立了陈荣捷先生在世界朱子学研究的领导地位。八十岁以后，他老当益壮，在朱子研究方面更上一层楼。1986年他以八十五岁高龄完成了中文巨著《朱子新探索》，于1988年出版，全书分一百二十六节，所论多日韩及我国学者历来所不及论者，涉及朱子生平、思想及其所关联之人物、事迹的诸多课题，无所不包，发掘了大量以往不被注意的新材料，大大细化和深化了朱子研究的课题。此书充分显示出陈荣捷先生的朱子学研究造诣之精深，已达到了炉火纯青的境地。陈老先生亦自认为这本书代表了他学术研究的最高成就。1990年先生为台湾的“世界哲学家丛书”撰写的《朱熹》出版，其中吸收了他历年的有关成果，并在义理分析和资料考辑两方面做出了新的贡献。1992年《近思录详注集评》出版，此书“集评”采自《朱子语类》《朱子文集》《四书集注》《四书或问》等朱子书的资料达八百余条，又从中国注释本十八种、朝鲜八种、日本三十七种以及笔记四十八种之中，采录所引用的张伯行、茅星来、江永等人的注释及朝鲜、日本学者之评语五百余条，极为丰富；此书还对《近思录》所载六百二十二条资料皆考列其出处，所引用评论一千三百余条亦皆列出其出处，极便学者参考取用。其“详注”部分则对《近思录》本文涉及的典籍、术语、引语、人名、地名等详加注释。对各卷所引“程子”之言，他都根据《河南程氏遗书》《河南程氏外书》《明道文集》《伊川文集》之实据，确定其为明道或伊川语。至于明道语误为伊川语或伊川语误为明道语者，亦皆为之改正。此书功力深厚，完备翔实，超迈前人，对学界的宋代理学研究贡献实大。

除以上所述数种关于朱子的中文著作外，先生尚有英文朱子学论著如下：《〈近思录〉——新儒学文选》，哥伦比亚大学出版社，1967年；《新儒学词释：〈北溪字义〉》，哥伦比亚大学出版社，1986年；《朱熹的生活和思想》，香港中文大学出版社，1987年；《朱子新研究》，夏威夷大学出版社，1989年。编著者有《朱熹与新儒学》，夏威夷大学出版社，1986年。陈老先生的英文朱子著作的贡献，在英语学界的新儒学研究中无疑也是首屈一指的。

值得一提的是，陈荣捷先生尊朱子而不贬阳明。就新儒学研究而言，陈荣捷先生亦著有阳明学的中英文重要著作，除前述1963年出版的英文著作《王阳明〈传习录〉及其他著述》外，中文著作还有《王阳明〈传习录〉详注集评》(学生书局，1983年)；《王阳明与禅》(学生书局，1984年)。在新儒学之外，陈荣捷先生还有关于中国哲学的其他英文著作多种。

陈荣捷先生的学问方法，在于重观念史的分析，而不忽视史实考证，有深厚的西学学养，而倡导以朱解朱，注重原始资料，超越门户之见，特别重视利用日韩学者的研究成果。他从历史的脉络观察思想发展，从概念的分析探讨学派流变，学风平实缜密，治学精审严谨，他的学风和方法是朱子学研究当之无愧的典范。

陈荣捷先生是20世纪后半期欧美学术界公认的中国哲学权威，英文世界中国哲学研究的领袖，也是国际汉学界新儒学与朱熹研究的泰斗。美国在二战前和二战后初期都不重视理学研究，至20世纪70年代始为之一变，以哥伦比亚大学和哈佛大学为中心，新儒学和朱熹的研究一时兴起。1977年，陈荣捷先生海外教学四十年纪念时，他曾作诗三首，兹录其二：

海外教研四秩忙，攀缠墙外望升堂。
写作唱传宁少睡，梦也周程朱陆王。

廿载孤鸣沙漠中，而今理学忽然红。
义国恩荣固可重，故乡苦乐恨难同。

“而今理学忽然红”是指20世纪70年代美国中国思想研究的变化，这在改革开放后的中国神州大陆也同样再现了。“写作唱传宁少睡，梦也周程朱陆王”，传神地写出他对理学先贤的景仰。我想，在他生命的最后二十年，梦中所见已唯有朱子。他在朱子身上贯注了他的整个生命和全部感情，朱子研究已经毫无疑问地成了他的终极关怀。

我认识陈老先生时他已八十五岁，他九十岁时仍神采奕奕，步履如常，神思敏捷，笔力甚健，所以朋友们一直相信他必然要寿至百岁。他对我和我的朱子研究，可谓爱掖独厚，我现在保存的他晚年和我的通信有几十封。他平易近人、虚怀若谷、不耻下问、提携青年学者的风范，至今仍使我深深地感动。在我的了解中，他的人格气象和精神境界已经达到了理学所推崇和倡导的仁者的境界。今天，在有幸为他的著作集写序的时候，我的内心充满了对他的深切的怀念，久久不能平静。

陈荣捷先生的朱子研究著作是朱子学研究的宝贵财富，我衷心地期望读者们能够认真研究他的学术成果，努力学习他的治学精神，共同努力，不断推进朱子学研究的深入和发展。

陈来

著名哲学家、哲学史家

序

此书专研究朱子，然为何而作也？其原因复杂，不只一端。有因学生询问，如李退溪（李滉，一五〇一—一五七〇）《圣学十图》何以不用朱子《大学图》（五七）？《绍熙州县释奠仪图》是否专书（一〇八）？王懋竑（一六六八—一七四一）《朱子年谱》中所谓“年谱”（八）是何所指？“魔”字是否指摩尼教（五四）？“豁然贯通”是否顿悟（五三）？等等，均归而检读《文集》《语类》。偶有所得，不特以答学生，而亦以供同好。此其一。有因历代悬案未决，不宜延缓下去。如遯之“家人”抑是“同人”（一二）？王阳明（王守仁，一四七二—一五二九）批评朱子之“定本”（四八），究是何解？南轩（张栻，一一三三—一一八〇）《仁说》（五九）是否朱子所撰？门人丁克还是丁尧（七二）？朱子曾见大慧禅师（一〇八九—一一六三）（一〇〇）否？朱子是否压抑人欲（三九）？等等，学者意见纷歧，莫衷一是。予不敢谓遽下决断。然愚者一得，或有参考之价值。此其二。有因好奇之心，欲罢不能。如“一而二，二而一”（五〇）、明与诚（四二）、朱子之记忆力（一五）、之幽默（一八）、之酒兴（二一）、与其高歌（二二）、朱子用喻（五五）之类，或者引起同道者之兴趣而增益新知。此其三。

有因朱子墨迹（一〇九）、联语（一一五）、逸诗（一〇四）、文体（一〇五）（一〇七）之属，为文人骚客所乐道，然自从朱子十六世孙朱玉《朱子文集大全类编》（一七二二）所编朱子墨迹以后，绝未见有通盘罗列者。诚然事体重大，非中韩日三国学者通力合作，费一二十年之工夫，不能济事。而谓以个人一年半载之力，且非收藏家而是外行，乃敢越俎代庖，宁非狂妄？然梁章钜（一七七五—一八四九）编《楹联丛话》搜集朱子所撰之联十余对，谓：“此类尚多，安得有心人为之一一搜辑乎？”予之意亦正是如此。此其四。

理学家以释道为异端，排除过甚。南宋末年以后，日益强烈。非以朱陆对峙，即以朱王对垒。即考据精审之王懋竑，亦所难免。观其谓沈继祖诬朱子六罪（一一七），乃“阳明后人依仿撰造以诋朱子”，可以知之。官方又以朱子为正统。此门户风气，阻碍我国学术思想之进展凡数百载。及至二十世纪西风东渐，方始醒觉，而五四运动以后，抨击程朱，谓理学为魔鬼，大唱理学家以理杀人，其后以程颐（一〇三三—一一〇七）“饿死事小，失节事大”之言为残忍，强调朱子在长沙斩十九人。于是我国又有一新门户之见。其不幸如此。予每心焉痛之，乃撰孀妇再嫁（一二一）、沈继祖诬告（一一七）、朱子之执法（一一九）、天理人欲（三九）、半日静坐（四六）、民可使由之（四九）、可惜死了告子（九一）诸条，以为朱子鸣冤。在积极方面，则侧重朱陆、朱王、儒与释道共同之点，故有朱陆私情（八九）、阳明有得于朱子（九二）、朱子与僧道（九三）（九九）、佛经佛语（一〇一）（一〇二）、老子庄子（九五—九八）诸条。此其五。

最大原因则是其六，即言学者所未言。此实可以形容全书最少一百条。天地生物之心为朱子天之观念（三六）之中心思想。学者谈朱子言天多矣，而从未见由生物之心出发者。偶尔及之，亦无有统系之讨论也。命（三八）与体用（四〇）以至尊德性（四一），均是如此。四端七情（四三）、知行合一（四四）、哲学范畴（三三）、《玉山讲义》（六〇）等，更无论矣。至其亲属（七）、衣冠（二四）、行（二五）、居（二三）、面之七痣（一〇）、世俗信仰（一三）、异迹传说（二八）、贫寒以至经营印务（二〇）、朱子之于妇女（一二〇）、精舍生活（七六）、画人朱熹（一一三）各方面，则学者皆缄默无言。学者不谈，盖有两因。一者学者侧重理气太极心性格物穷理等主要观念，以其他为无关宏旨，因而付诸不讨不论之列。殊不知由小可以见大。如吾人苟知朱陆私情方面互相尊敬，则学术之辨，其意义自然不同。门户之强，未尝非因此方面有所忽略也。又如吾人苟知朱子实际上如何待遇妇女，则理学家残酷女性之说，不攻自破。

学者另一忽略细目之原因，乃在学术园地之界线与公私之别。我国传统专重文史哲与政事，皆目之为公。传记文集皆以此为范围，而以家事与个人习尚为私，讳而不言。然近年学术视野扩大，以社会学、心理学、自然科学等为与人文科学同样重要。于是研究朱子之严肃（一六）及其笑与怒（一七）等，别有一般滋味。从心理学观之，其重要性当不下于哲学方面之“仁说”（五八）也。

予敢言学者所未言，又敢以“新”字名篇，非谓有所发见，只欲彰其密，显其微，提倡激动，扩大研究朱子之范围而已。本书尽量采用韩国与日本资料，希望三国学人，多多合作，促进朱子之研究。

朱子之意，应以朱子本人之言示之。故《文集》《语类》，多多引用，《集注》《或问》等书亦有引用者。又本书凡百余目，读者未必从头到尾，叙述不免重复，唯望读者谅之。

湖南大学岳麓书院研究所所长杨慎初教授与湖南师范大学杨金鑫教授之于湖南掌故，厦门大学高令印教授之于福建遗迹，建阳县文化馆徐贯行先生之于考亭遗迹，均提供资料，帮忙甚力。北京故宫博物院副院长杨伯达先生之于朱子真墨，北京大学汤一介教授之于拓本，供给材料，又多又详。台北“故宫博物院”副院长昌彼得先生屡示朱子遗像与真迹，均所感激。哈佛大学杨联陞博士、Peter Bol博士、Joanna Handlin Smith博士、中国社会科学院历史研究所冒怀辛教授、人民大学张立文教授、台湾大学黄俊杰博士、“中央研究院”历史语言研究所黄进兴博士、香港中文大学李弘祺博士与王煜博士、广岛大学佐藤仁教授、Rutger大学余君方博士，均伸助手，敬此致谢。贡献最多者则为哥伦比亚大学研究生朱荣贵君。彼为予搜寻版本页数，大费心力时光。又于数处提供资料，且改正予之几点错漏。辅仁大学曾春海博士校对一遍，改正多端，今一并鸣谢。

陈荣捷

一九八六年十月

朱文公遺像

右像廼文公六十歲自寫眞也家廟遺碑數罹兵火後之重鐫皆失其舊此家藏墨刻祀奉年久威儀整肅體備中龢与各祠院塑像毫釐千里兹謹依元本鉤摹鐫梓於卷端俾海内名宿景仰尊崇儼然見文公當年之氣象云

十六代裔孫玉丙拜識

朱文公遗像

采自朱玉康熙六十一年壬寅（一七二二）所编《朱子文集大全类编》第一册卷一。

朱玉『识文』云：

『右像乃文公六十岁自写真也。家庙遗版，数罗兵火。后之重镌，皆失其旧。此家藏墨刻，祀奉年久。威仪整肃，体备中和，与各祠院塑像，毫厘千里。兹谨依元本钩摹，锓梓于卷端。俾海内名宿，景仰尊崇，俨然见文公当年之气象云。十六代裔孙玉百拜识。』

朱熹《书易系辞册》

纸本行书 36.5×61.8cm 共14开
台北“故宫博物院”藏

释文：易有太极。是生两仪。生四象。四象生八卦。八卦定吉凶。吉凶生大业。古者伏羲氏之王天下也。仰则观象于天。俯则观法于地 。观鸟兽之文。与地之宜。于是始作八卦以通神明之德。以类万物之情。天地定位。山泽通气。雷风相薄。水火不相射。八卦数相错往者顺。知来者逆。是故易逆数也。

款署：朱熹书
钤印：朱熹 朱氏印章

《书易系辞册》，一向被学者公认是朱熹存世仅见的大字真迹。全册共十四开，一百零二字，每行仅书写二字，字字结构强健有力、墨色黝黑，时而又出现飞白效果，显得格外精神奕奕。作品有朱熹名款及“定静堂”印记，为林宗毅先生所藏，后捐赠与台北“故宫博物院”。

易有
太極
是生

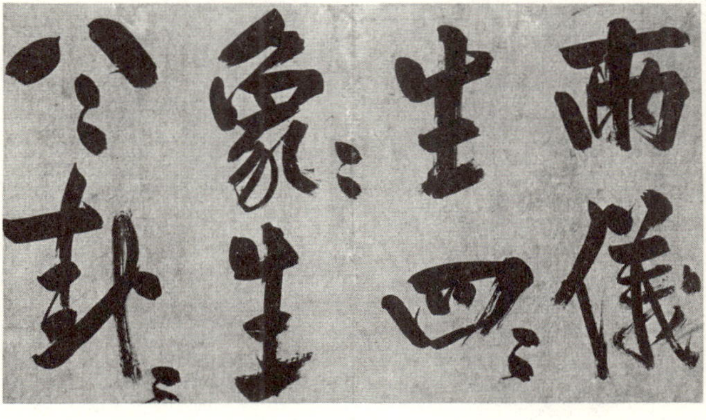
兩儀〻
生四〻
象〻生
八卦〻

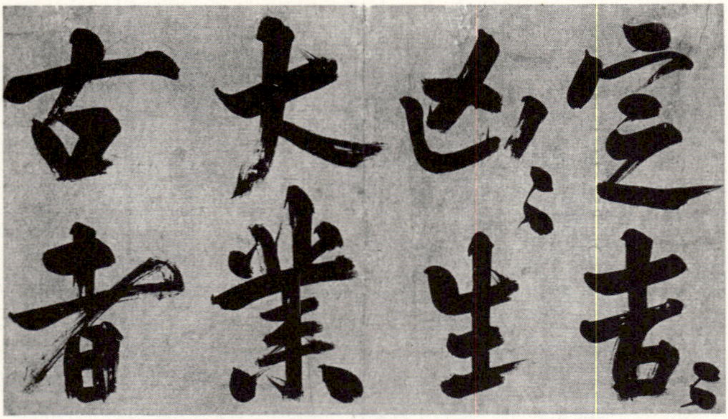
定吉々凶々生大業古者

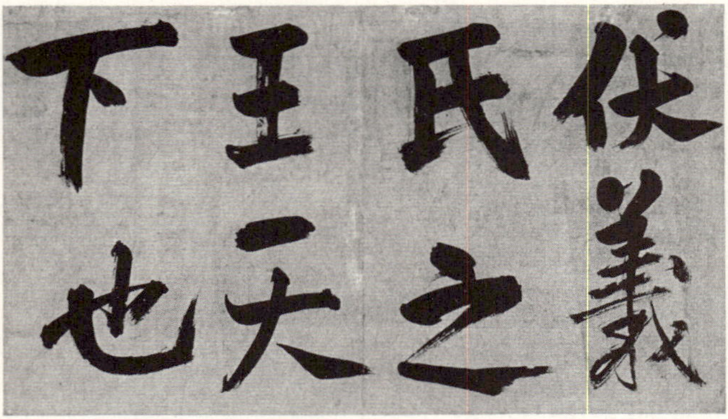
伏羲氏之王天下也

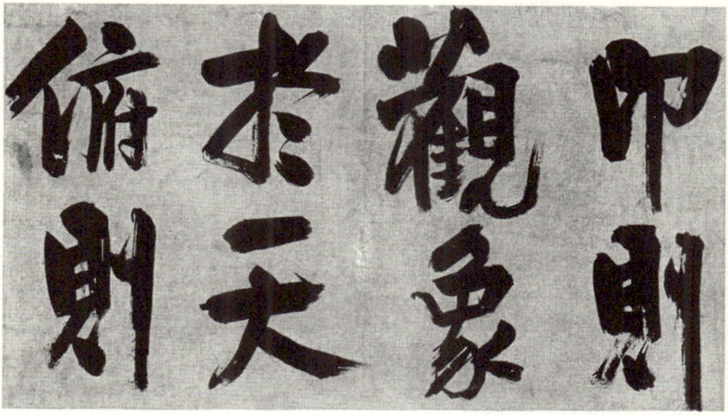
仰則觀象於天俯則

觀法於地觀鳥獸之

文與地之宜

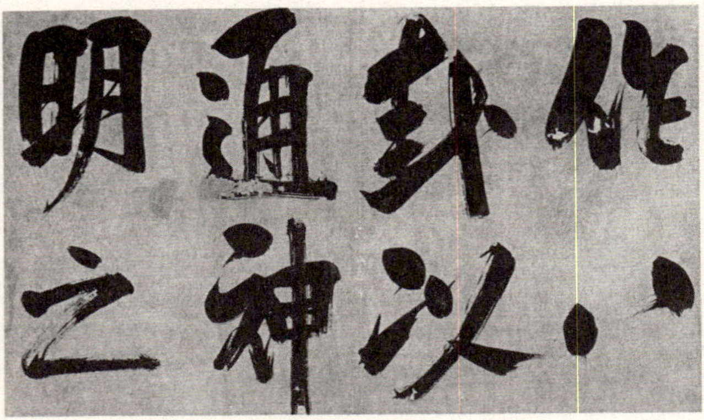
作八卦以通神明之

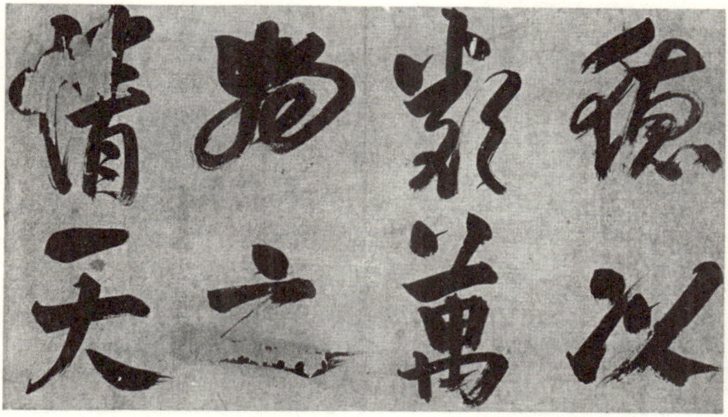
德以
彰萬
物之
情天

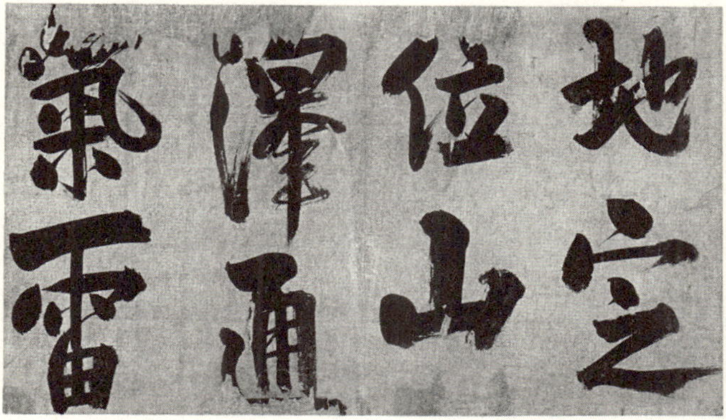
地定
位山
澤通
氣雷

風相
薄水
火不
相射

八卦
數相
錯往
者順

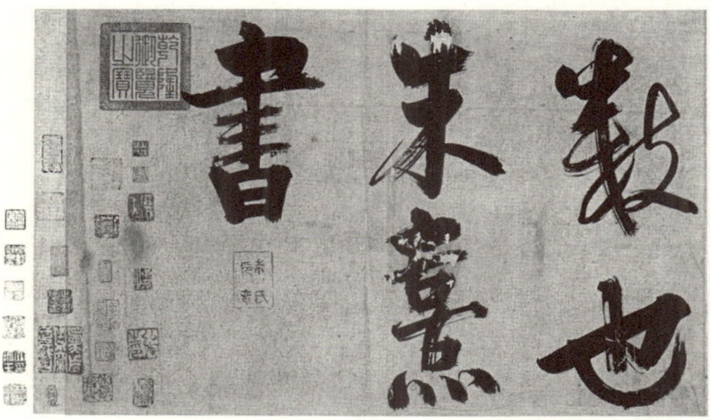

说明

(一) 生卒年。朱子之生卒年〔高宗建炎四年庚戌（一一三〇），九月十五甲寅正午生，宁宗庆元六年庚申（一二〇〇），三月初九甲子午初刻卒，享年七十有一〕，只于此处指明。其他所知者则每条首次举其生卒年或某年进士，用阳历。年号则加干支，不避复杂，因年谱史传，多用干支也。程颢、程颐、黄榦等人，不免重复多次。然此书无连续性，读者决不从头至尾。故每条首次加生卒年，以免读者穷索之烦。各朝代之年期与先秦人物之生卒年则免，盖如需检查，亦至易也。阳历之年与阴历之年有异，然大致相同，故以相等视之。唯陆九渊（陆象山）卒于绍熙三年壬子（一一九二）十二月十四日。是日为阳历一一九三年一月十日，故其卒年破例，用一一九三。王守仁（王阳明）卒于嘉靖七年戊子（一五二八）十一月二十九日，等于阳历一五二九年一月九日，故亦破例用一五二九。我国传统以历数为岁。故如十二月出世，翌年正月即称二岁。西方传统以足十二个月为一岁，故正月仍为一岁。许多西方学者将阴历年龄减少一年，以符足数。如是则“人生七十古来稀”须改“人生六九古来稀”，孔子“四十九而知天命”，几成笑话。于是有等学者用“岁”(sui)字以示与“年龄”(age)之不同，实可不必。本书除陆王二氏外，一律以阳历之年为阴历之岁。故象山仍享寿五十有四，阳明五十有七。

(二) 版本。每条首次用书，必指明版本。版本当然采用善本，然亦有为读者利便计，用图书馆易见之通行本者。日版华版，非所计也。《朱子语类》，黎靖德(壮年一二六三)编，一百四十卷。本书简称《语类》，用台北正中书局一九七〇年本。附注之页数，即此版本之页数也。诸条不再言明版本。《朱子文集》，朱在(一一六九年生)、余师鲁(壮年一二六五)等编，一百卷，续集十一卷，别集十卷。本书用《四部备要》本，名《朱子大全》，简称《文集》。诸条亦不再指出版本。

(三) 卷页与条之号码。我国印书，素来为精英分子而设。学者熟诵，又有师友就近咨询。故著者附注每每只举书名，或加卷数，绝少详以页数者。今时学界情势大变，学术范围扩大，学数理化者亦看文史哲之书。为读者检查计，非备举卷数、卷之题目与页之上下不可。《语类》每卷条数甚繁。单举卷数，有如教读者海底捞针。学者间或指明条之首二三字如“某某条”，亦检查不易。本书指明为第几条，又加正中本页数。读者如欲检原文，自可按图索骥也。《近思录》与《传习录》无版本页数，故用“第几某某条”。

(四) 分章。“四书”章数依朱子《四书章句集注》，不依《十三经》。本书研究朱子，故用其分章，与朱子分章之是否无涉也。

目录

【二】 朱子行状

洪武二十七年甲戌（一三九四），汪仲鲁撰《文公先生年谱序》有云："当时《年谱》与《行状》二文并传，故《年谱》所载，求师取友，注述本末，出处进退，居官莅政，前后次第，悉详年月书之。而《行状》则惟以发明求端用力之精义微旨，造道成德之渊奥要归。所以承先圣道统之传，信有在也。"[1]此《年谱》与《行状》之大别也。《年谱》指朱子门人李方子〔号果斋，嘉定七年甲戌（一二一四）进士〕所撰之最初《年谱》，久已失传。王懋竑（一六六八—一七四一）《朱子年谱》沿之，[2]《行状》则指黄榦（一一五二—一二二一）之《朱子行状》。《行状》《年谱》与《宋史》本传[3]，同为研究朱子生平之第一手资料，而《宋史》大半据《行状》也。

黄榦为朱子高弟与女婿，期望最殷。绍熙五年甲寅（一一九四）朱子作竹林精舍，遗榦书，有"他时便可请直卿（黄榦）代即讲席"之语[4]。易箦前一日致书黄榦曰："吾道之托在此者，吾无憾矣。"[5]朱子死于庆元六年庚申（一二〇〇）。其时朝廷攻击道学甚严，称为"伪学"。行状之作，势须有待。嘉定二年己巳（一二〇九）赐谥曰"文"以后，情势稍松。其子在（字敬之，一一六九一？）乃请黄榦为撰行状。黄榦"更俟一二年，学业稍进，方敢下笔"[6]，"于是追思平日闻见，定为草稿，以求正于四方之朋友。如是者十有余年"[7]。其间抄写传递，商量辩论者屡屡。黄榦自云："先师《行状》乃是初本，殊未成次第。不知何人便辄传出。"[8]由此可见一斑。弟子亦印寄同门，各抒意见。陈淳（一一五九—一二二三）有致朱在书，措辞坦白而严正。摘录如下：

继得（广东）潮阳郭子从（名叔云，朱子门人）寄示先生《行状》。后段印本不书姓名，想是直卿之笔，铺叙得大意境出甚稳帖。然亦有小小造语立字未安处。不知前段如何？又不得本子。如云"正统有归"，恐亦只宜作"全体有在"。又如"秋霜"处，恐尚欠温和一节。又如"有功天下后世"处，恐欠集诸儒大成底意。又如天文、地理、乐律、兵机等类，皆吾道中之事。自己本分，着实工夫，所以明明德体用之全，止至善精微之极底意思所系，不可得而精粗者。今乃结上文以道德光明俊伟。如此却分析此节离为二截，似出道德之外，不相管属。[9]

陈淳之批评，可云精晰。别处反应，必然尚多。如是考思十有余年，"参以叙述奠诔之文，定为草稿，以谂同志，反复诘难"[10]。"一言之善则必从，一字之非则必改。迁就曲从者，间或有之，褊愎自任者，则不敢也。”[11]于是成为一万六千余言之大文章。[12]所述奏劄甚详。此外有如下述：

先生自同安（福建）归，奉祠家居，几二十年。间关贫困，不以属心。涵养充积，理明义精。见之行事者，益霈然矣。至郡恳恻爱民，如己隐忧。兴利除害，惟恐不及。[13]……

先生尝草奏疏，言讲学以正心，修身以齐家，远便嬖以近忠直，抑私恩以抗公道，明义理以绝神奸，择师傅以辅皇储，精选任以明体统，振纲纪以厉风俗，节财用以固邦本，修政事以攘夷狄。凡十事，欲以为新政之助。会执政有指道学为邪气者，力辞新命。除秘阁修撰，仍奉外祠。遂不果上。[14]……

遂草书万言，极言奸邪蔽主之祸，因以明其冤。词旨痛切。诸生更谏以筮决之，遇遯之“家人”。先生默然退，取谏稿焚之，自号遯翁。[15]

五十年间，历事四朝。仕于外者仅九考，立于朝者四十日。[16]……

其为学也，穷理以致其知，反躬以践其实。居敬者，所以成始成终也。谓致知不以敬，则昏惑纷扰，无以察义理之归。躬行不以敬，则怠惰放肆，无以致义理之实。……万物莫不有理。存此心，……穷此理。……无所容乎人欲之私，而有以全乎天理之正……而道之正统在是矣。[17]……

其为道也，有太极而阴阳分。有阴阳而五行具。禀阴阳五行之气以生，则太极之理，各具于其中。天所赋为命，人所受为性，感于物为情，统性情为心。根于性则为仁义礼智之德，发于情则为恻隐羞恶辞逊是非之端。[18]……

其可见之行则修诸身者，其色庄，其言厉。其行舒而恭，其坐端而直。其闲居也，未明而起，深衣幅巾方履。拜于家庙以及先圣。退坐书室，几案必正。书籍器用必整。其饮食也，羹食行列有定位，匕箸举措有定所。……其祭祀也，事无纤钜，必诚必敬。……吉凶庆吊，礼无所遗。赒恤问遗，恩无所阙。其自奉则衣取蔽体，食取充腹，居止取足以障风雨。人不能堪，而处之裕如也。[19]……

周（周敦颐，一〇一七—一〇七三）程（程颢，一〇三二—一〇八五；程颐，一〇三三—一一〇七）张（张载，一〇二〇—一〇七七）邵（邵雍，一〇一一—一〇七七）之书，所以继孔孟道统之传。历时未久，微言大义，郁而不彰。先生为之裒集发明，而后得以盛行于世。……老佛之说……计功谋利之私，二说并立。……先生力排之。……先生教人，以《大学》《语》《孟》《中庸》为入道之序，而后及诸经。[20]……

窃闻道之正统，待人而后传。……先生出而自周以来圣贤相传之道，一旦豁然如大明中天，昭晰呈露。[21]……

《行状》成后，黄榦复写六百余言，以说明其去取之由。盖有谓“言贵含蓄，不可太露”。有谓“年月不必尽记，辞受不必尽书”。有谓“告上之语，失之太直。记人之过，失之太讦”。又有以“前辈不必深抑，异学不必力排”。黄榦一一为之解释。实在《行状》并无太露、太讦之语。又将《行状》与陈淳所言比较，便可知其采纳异议不少。“正统有归”已依陈意改为“正统在是”。“秋霜”处经已删除。裒集发明周、程、张、邵之书一节，必因陈淳“欠集大成”之言而改。天文、地理、乐律、兵机等亦因陈淳之言，而加“学修而道立，德成而行尊”[22]。可知“一言之善，不敢不从。然亦有参之鄙意，而不敢尽从者”[23]。嘉定十年丁丑（一二一七）既成之后，又“藏之箧笥，以为未死之前，或有可以更定者。如是又四年。今气血愈衰，疾病愈甚，度不能有所增损，乃缮写一通，遣男曰之家庙”[24]。恐缮写之慎，从来未有如此者。告诸家庙，所以“质诸鬼神而无疑”[25]。此不特黄榦一人之“百年论定”[26]，而是同门百数十人之论定，又是中国以至韩国、日本数百年之论定。读此《行状》，如见其人。

《行状》影响整个东亚。明代大儒胡居仁（一四三四—一四八四）每令初学读之，曰：《朱子行状》学问道理，本末精粗详尽。吾每令初学读之。《明道行状》形容明道（程颢）广大详密。[27]然浑化纯全，非夫积累久、地位高者，领会不得。吾每欲学者先读《朱子行状》，有规模格局，方好读《明道行状》[28]。理学家之重视《行状》，有如此者。不特我国理学家为然。朝鲜理学巨擘李滉（号退溪，一五〇一—一五七〇）尝为辑注。其徒赵穆（字月川，一五二四—一六〇六）等于万历四年丙子（一五七六）印行。旋附于其《理学通录》之第一卷，嗣后又单独刊印。所注虽略，然从《宋史》《年谱》与《皇朝道学名臣外录》三书补充《行状》所未备。其注戊申（一一八八）封事为注之最长者，显然以表示朱子一万二千言之封事并非不言复仇，故引朱子门人杨复之言，谓封事有“仇虏不灭，臣请伏铁钺之诛”之语，故知朱子主张先行自治，乃可恢复中原耳。《行状》未言庆元元年乙卯（一一九五）朱子撰《楚辞集注》。退溪则补入门人杨揖（一一四二—一二一三）之跋，以示“先生忧时之意，屡形于色”。朱子绍兴二十三年癸酉（一一五三）夏始受学于李侗（延平先生，一〇九三—一一六三）。各《年谱》均侧重延平教以默坐澄心，看喜怒哀乐未发时作何气象。退溪独引李先生理一分殊之说。此为朱子以后特重理一分殊之种子，而为诸书所未言者。退溪可谓独具只眼矣。此外，《辑注》特点尚多，无怪日本学者重视之。楠本硕水（一八三二—一九一六）云：“先辈谓非退溪不能作，信矣。”近年韩人姜浩锡译《行状》为韩文，[29]日本崎门学派，特意表扬《行状》。崎门三杰之一佐藤直方（一六五〇—一七一九）跋《朱子行状》，谓“学者不学朱子则已。若欲学之，则不可不考于此书也”。崎门学者以《行状》为初学家塾教科书，又举行《行状》讲会，印行讲义。若林强斋（一六七九—一七三二）之教科课程，由《小学》而“四书”；而《近思录》，而“六经”，而宋之五子，而《朱子行状》[30]，则直等《行状》于儒家经典与理学名著矣。

〔此文曾刊在东吴大学哲学系《传习录》第四期（一九八五），页一至九。又《孔子研究》第二期（一九八六），页一二〇至一三三。〕

1 叶公回校订《朱子年谱·序》(《近世汉籍丛刊》本，一四三一)，页六上下，总页十一至十二：戴铣《朱子实纪·序》(《近世汉籍丛刊》本)，页五上，总页二十一。

2 参看页九七《朱子年谱》条。

3 《宋史》卷四二九。

4 《宋史》(北京中华书局，一九七七) 卷四三〇《黄榦传》，页一二七七八。

5 《文集》卷二十九《与黄直卿》，页二十二下。

6 《勉斋集》(《四库全书》珍本) 卷十六《答王幼观》，页二十下；卷三十六《朱子行状跋》，页四十八上。

7 同上，卷三十九《晦庵朱先生行状告成告家庙》，页二十二下。

8 《勉斋集》卷十六《答王幼观》。

9 《北溪大全集》(《四库全书》珍本) 卷二十三，《与朱寺正敬之 (第二书)》，页四上下。

10 《勉斋集》卷三十六《朱子行状跋》，页四十九上。

11 《勉斋集》卷十六《答王幼观》。

12 载《勉斋集》卷三十六。又载《朱子实纪》卷五。韩国有李滉《辑注》，姜浩锡译韩文。日本有佐藤仁译注《朱子行状》(东京明德出版社，一九六九)。页六十五至一二六。

13 《勉斋集》卷三十六，页七上。

14 同上，页二十五上下。

15 《勉斋集》卷三十六，页三十六下。

16 同上，页三十八下。实计仕于外者七年六个月余，立朝四十六日。

17 同上，页三十九至四十上。

18 同上，页四十上下。

19 同上，页四十一下至四十二上。

20 同上，页四十三下至四十四下。

21 同上，页四十八上下。

22 《勉斋集》卷三十六，页四十五下。

23 同上，页四十九上。

24 《勉斋集》卷三十九《晦庵先生行状告成告家庙》，页二十二下。

25 《中庸》，第二十九章。

26 《勉斋集》卷三十六，页五十一上。

27 《伊川文集》(《四部备要·二程全书》本) 卷七《明道先生行状》，页一上至七上。

28 《居业录》(《正谊堂全书》本) 卷三《圣贤德业》，页九下至十上。

29 《朱子行状》(汉城文化社，一九七五)。

30 李滉《辑注》之在日本与《行状》之在日本，均详见山崎道夫《朱子行状退溪辑注の意义》，载《退溪学报》第十九期 (一九七八年八月)，页一三一至一四一。

【二】 朱子自述

《语类》一〇四为朱子《自论为学工夫》，一〇五为论《自注书》。《朱子全书》卷五十五为《自论为学工夫》与《论自著书》。钱穆《朱子新学案》有《朱子自述早年语》。然皆未尽，且多未言明出处。今增补之。其中半数为诸书所未载者。分四项如下：

甲　有时间性之回忆

“某五六岁时，心便烦恼个天体是如何？外面是何物？”[1]

“孟子所谓弈秋（《告子》第六上，第九章）……某八九岁时，读《孟子》到此，未尝不慨然发奋。”[2]

“某自总角读《论》《孟》。自后欲一本文字高似《论》《孟》者，竟无之。”[3]

“某少时读‘四书’，甚辛苦。”[4]

“向年十岁，道人授以符印。父兄知之，取而焚之。”[5]

“熹年十一岁，先君……手书此赋（《昆阳赋》）以授熹。……今忽忽五十有九年矣。”[6]

“某十数岁时读《孟子》，言‘圣人与我同类者’（《告子》第六上，第六章），喜不可言，以为圣人亦易做。今方觉得难。”[7]

“某十二三岁时，见范丈（范如圭，一一〇二——一一六〇）所言如此（‘絜矩’作‘结’字解）。他甚自喜，以为先儒所未尝到也。”[8]

“熹年十三四时，受其（《论语》）说于先君。”[9]

“少年时被病翁（刘子翚，称屏山先生，一一〇一——一一四七）监看，他不许人看《了斋集》之类，要人看读其议论好处。被他监读，煞吃工夫。”[10]

“某自十四五岁时，便觉得这物事是好的物事，心便爱了。”[11]

“熹自年十四五时，即尝有志于此（格致诚正）。”[12]

“某年十五六时，读《中庸》人一己百，人十己千一章（第二十章），因见吕与叔（吕大临，一〇四六——一〇九二）解得此段痛快，读之未尝不竦然，警厉奋发。”[13]

“格物之说，程子（程颐，一〇三三——一一〇七）论之详矣。……盖自十五六时，知读是书而不晓格物之义，往来于心余三十年。近岁就实用功处求之，而参以他经传记，内外本末，反复证验，乃知此说之的当。”[14]

“某年十五六时，亦尝留心于此（禅学）。一日在病翁所会一僧，与之语。……及去赴试时，便用他意思去胡说。……遂得举。”原注云：“时年十九。”[15]

“某自十五六时，闻人说道理，知道如此好。但今日方识得。”[16]

“某少时为学，十六岁便好理学。十七岁便有如今学者见识。后得谢显道（谢良佐，一〇五〇——一〇三）《论语》，喜甚，乃熟读。”[17]

“熹自少时妄意为学，即赖先生（谢显道）之言以发其趣。”[18]

“郑渔仲（郑樵，一一〇四——一一六二）《诗辨将仲子》（《诗经》第七十六篇《国风·郑》）只是淫奔之诗非刺仲子之诗也。某自幼便知其说之是。”[19]

“某少时常鄙之（《唐鉴》），以为苟简因循之论。以今观之，信然。”[20]

“某自十五六时至二十岁，史书都不要看。”[21]

“某自十六七时，下功夫读书。彼时四畔皆无津涯，只自恁地硬着去做。”[22]

“熹未冠而读南丰先生（曾巩，一〇一九——一〇八三）之文，爱其词严而理正，居常诵习。”[23]

“某自十四岁而孤，十六而免丧。是时祭祀只依家中旧礼。礼文虽未备，却甚整齐。先妣执祭事甚严。及某年十七八，方考订诸家礼，礼文稍备。”[24]

“某年十七八时，读《中庸》《大学》。每早起须诵十遍。今《大学》可且熟读。”[25]

“某从十七八岁读（《孟子》）至二十岁，只逐句去理会，更不通透。二十岁以后，方知不可恁地读。”[26]

“某记少年应举时，尝下视那试官，说他如何晓得我底意思。今人尽要去求合试官，越做得那物事低了。”[27]

“某少好古金石文字，家贫不能存其书。独时时取欧阳子（欧阳修，一〇〇七——〇七二）所集录（《集古录》），观其序跋辨证之辞以为乐。”[28]

“某少年时，只做得十五六篇义。后来只是如此发举及第。人但不可不会作文字。及其得也，只是如此。”[29]

“熹年十八九时，得拜徐公先生（徐存，字诚叟）于清湖之上，便蒙告以克己归仁（《论语·颜渊》第二，第一章）知言养气（《孟子·公孙丑》第二上，第二章）之说。”[30]

“某登科后，要读书。被人横截直截。某只是不管，一面自读。”[31]

“某二十岁前得《上蔡语录》观之。初用银朱尽出合处。及再观则不同矣，乃用粉笔。三观，则又用墨笔。数过之后，则全与元看时不同矣。”[32]

“某二十岁前后，已看得《书》大意如此（讽诵中见义理）。如今但较精密。日月易得，匆匆过了五十来年。”[33]

“某自二十时，看道理便要看那里面。尝看上蔡（谢良佐）《论语（说）》。其初将红笔抹出，后又用青笔抹出，又用黄笔抹出，四番后又用墨笔抹出，是要寻那精底。”[34]

“某旧二十许岁时，读至此（程颐《易传》注《屯卦》‘匪寇婚媾’），便疑此语有病，只是别无他说可据。只得且随他说，然每不满。后来方见得不然。”[35]

“某自二十岁时，读《诗》便觉《小序》无意义。及去了《小序》，只玩味诗词，却又觉得道理贯彻。”[36]

“某今且劝诸公屏去外务，趱工夫专一去看这道理。某年二十余已做这工夫。”[37]

“某少年过（福建）莆田见林谦之、方次荣说一种道理，说得精神极好。听为之踊跃鼓动。退而思之，忘寝与食者数时。”[38]

“某向为（福建）同安簿（一一五三—一一五六），许多赋税出入之簿，逐日点对佥押，以免吏人作弊。”[39]

“昔在同安作簿时，每点追税，必先期晓示。”[40]

“某在同安作簿去州请印。当时有个指挥使并一道家印。缘胥吏得钱方给。某戏谓要做个军员与道士，亦不能得。”[41]

“顷在同安见官户富家，吏人市户，典卖田业，不肯受业，操有余之势力以坐困。……每县中有送来整理者，必了于一日之中。盖不如此，则村民有宿食废食之患，而市人富家得以持久困之，使不敢伸理。”[42]

“尝记少年时在同安，夜闻钟鼓声。听其一声未绝，而此心已自走作。因此警惧，乃知为学须是专心致志。”[43]

“后来在同安作簿时，因睡不着，忽然思得，乃知‘洒扫应对’（《论语·子张》第十九，第十二章）与‘精义入神’（《易经·系辞下传》，第五章）却是有本末，有大小。”[44]

“在同安时，一日差入山中检视。夜间忽思量得……非是洒扫应对，便是精义入神，更不用做其他事也。”[45]

“某向来费无限思量……如何诸公都说成末即是本。后在同安往外邑定验公事，路上只管思量，方思量得透。”[46]

“旧为同安簿时，下乡宿僧寺中，衾薄不能寐。是时正思量《子夏之门人小子章》（《论语·子张》第十九，第十二章，程子注云‘洒扫应对，即是精义入神’之理。《遗书》卷十五，页八上，程子注云，从‘洒扫应对’至‘精义入神’，通贯只一理）闻子规声甚切。今才闻子规啼，便记得是时。”[47]

“某旧为同安簿时，学中一士子作书义如此说（自学教人，无非是学）。某见他说得新巧，大喜之。”[48]

“某往年在同安……后官满，在郡中等批书。已遣行李，无文字看。于馆人处借得《孟子》一册。熟读之，方晓得养气一章（《孟子·公孙丑》第二上，第二章）语脉。”[49]

“某向为同安簿，满到泉州候批书。在客邸借文字，只借得一册《孟子》。将来子细读，方寻得本意。”[50]

“绍兴二十六年（丙子，一一五六）之秋，予吏同安适三年矣。吏部所使代予者不至，而廨署日以隳敝不可居，方以因葺之宜为请于县。会予奉檄走旁郡，因得并载其老幼，身送之东归。涉春而反，则门庑列舍，已摧压而不可入矣。于是假县人陈氏之馆居焉。”[51]

“初师屏山、籍溪（胡宪，一〇八六—一一六二）。籍溪学于文定（胡安国，一〇七四—一一三八）又好佛老。以文定之学为论，治道则可，而道未至。然于佛老亦未有见。屏山少年能为举业。官莆田，接客下一僧，能入定，数日后乃见了。老归家读儒书，以为与佛合，故作《圣传论》。其后屏山亡，籍溪在。某自见于此道未有所得，乃见延平（李侗，一〇九三—一一六三）。”[52]

“后赴同安任，时年二十四五矣。始见李先生，与他说。李先生只说（禅）不是。某却倒疑李先生理会此未得，再三质问。李先生为人简重，却不会说。只教看圣贤言语。某遂将那禅来权倚阁起。意中道禅亦自在，且将圣人书来读。读来读去，一日复一日。觉得圣贤言语，渐渐有味。却回头看释氏之说，渐渐破绽，罅漏百出。”[53]

“初见李先生，说得无限道理。李先生云：‘汝恁地悬空理会得许多，面前事却理会不得。道亦无玄妙，只在日用间着实做工夫处理会，便自见得。’后来方晓得他说。”[54]

“某少年未有知，亦曾学禅。只李先生极言其不是。后来考究，却是这边味长。才这边长得一寸，那边便缩了一寸，到今销铄无余矣。毕竟学佛无是处。”[55]

“某时为学，虽略理会得，有不理会处，便也恁地过了。及见李先生后，方知得是恁地下工夫。”[56]

“顷至（福建）延平见李愿中丈（李侗），问以一贯忠恕（《论语·里仁》第四，第十五章）之说，见谓忠恕正曾子见处。及门人有问，则亦以其所见谕之而已。岂有二言哉？”[57]

“某旧日理会道理，亦有此病（无着摸处用工）。后来李先生说，令去圣经中求义。某后刻意经学，推见实理，始信前日诸人之误也。”[58]

或问先生与范直阁（范如圭，一一〇二—一一六〇）说忠恕还与《集注》同否，曰：“此是三十岁以前书，大概也是，然说得不似，而今看得又较别。”[59]

“某所解《论》《孟》（《集注》）和训诂，注在下面。要人精粗本末，字字为咀嚼过。此书某自三十岁便下工夫。到而今改犹未了。不是草草。看者且归子细。”[60]

“三十年前长进，三十年后长进得不多。”[61]

“某四十以前，尚要学人做文章。后来亦不暇及此矣。然而后来做底文字，便只是二十左右岁做底文字。”[62]

“尝欲于（福建）云谷（一一七五）左立先圣四贤（颜子、子思、曾子、孟子）配，右立二程（程颢与程颐）诸先生，后不曾及。”[63]

“某记在（江西）南康[64]（一一七九—一一八一），却于学中整顿宣圣，不能得。后说与交代，宣圣本不当设像。春秋祭时，只设主祭可也。今不可行，只得设像，坐于地，方始是礼。”[65]

“他（陆象山）来南康。某请他说书。他却说（《论语·里仁》第四，第十六章

‘君子喻于义，小人喻于利’）这义利分明，是说得好。说得来痛快，至有流涕者。”[66]

“在南康时，才见旱划刷钱物。”[67]

“某在南康时……某都是使牒。吏初皇惧。某与之云，有法，不妨只如此去。”[68]

“向在南康日，教官（断章）出题不是，也不免将他申请下郡学，令不得如此。近来省试，如书题依前如此。”[69]

“某南康临罢，有跃马于市者，踏了一儿将死。某时在学中，令送军院。次日以属知录。晚过廨舍。知县云：‘早上所喻，已栲治如法。’某既而不能无疑。回至军院，则其人冠履俨然，初未尝经栲掠也。遂将吏人并犯者讯。次日吏人杖脊勒罢。偶一相识云：‘此是人家子弟，何苦辱之？’某曰：‘人命所系，岂可宽弛？若云子弟得跃马踏人，则后日将有甚于此者矣。’”[70]

“某旧时用心甚苦。思量这道理，如过危木桥子，相去只在毫发之间。才失脚便跌落下去。用心极苦。五十岁已后，觉得心力短。看见道理，只争丝发之间。只是心力把不上。所以《大学》《中庸》《语》《孟》（章句、集注）诸文字，皆是五十岁已前做了。五十已后，长进得甚不多。”[71]

因论监司巡历受折送，曰：“近法自上任许一次受。”直卿（黄榦，一一五二—一二二一）曰：“看亦只可量受。”曰：“某在浙东（一一八一）都不曾受。”[72]

“昔为浙东仓时，（浙江）绍兴有继母与夫之表弟通，遂为接脚夫。擅用其家业，恣意破荡。其子不甘，来诉。初以其名分不便，却之。后赶至数十里外，其情甚切，遂与受理。……其罪至此，官司若不与根治，则其父得不衔冤于地下乎？……追之急，其接脚夫即赴井。其有罪盖不可掩。”[73]

“某觉得今年（六十一岁）方无疑。”[74]

“某看文字，看到六十一岁，方略见得道理恁地。”[75]

“某向时也杜撰说得，终不济事。如今方见分明，方见得圣人一言一字不吾欺。只今六十一岁，方理会得恁地。”[76]

“在（福建）漳州日（一一九〇）词讼讫，有一士人立庭下，待询问。乃是要来从学，居（福建）泉州。父母遣学举业，乃厌彼要从学。某以其非父母命，令且归去，得请再来，始无所碍。然其有所见，如此自别。”[77]

“先生忽发叹……曰：‘……自是觉无甚长进。于上面（道理）犹觉得隔一膜。’又云：‘于上面但觉透得一半。’”[78]

“（湖南）潭州（一一九四）初一十五例不见客，诸司皆然。某遂破例，令皆相见。”[79]

“顷在朝（一一九四）因僖祖之祧与诸公争辩，几至喧怒。后来因是去国。不然亦必为人论逐。”[80]

“某闻一日集议（祧僖祖），遂辞不赴。某若去时，必与诸公合炒去。”[81]

“理会得时，今（六十七岁）老而死矣。能受用得几年？然十数年前理会不得。死又却可惜。”[82]

“自去年来，拜跪已难。至冬间益艰辛。今年（一一九八或一一九九）春间仅能立得住，遂使人代拜。今立亦不得了。然七八十而不衰。非特古人，今人亦多有之。不知某安得如此衰也。”〔此条为沈僩戊午（一一九八）以后所闻。〕[83]

"浙间是权谲功利之渊薮，二三十年后，其风必炽，为害不小。某六七十岁，居此世不久，旦夕便死。只与诸君子在此同说，后来必验。"[84]

"某今病得十生九死。已前数年见浙中一般议论如此，亦尝竭其区区之力，欲障其末流，而徒勤无益。不知瞑目以后，又作么生。可畏可叹。"[85]

"早晚入讲（一一九四），非某之请，是自来如此。然某当时便教久在讲筵，恐亦无益。一日虽是两番入讲筵，文字分明，一一解注，亦只谓过而已。看来亦只是文具。"[86]

庆元二年丙辰（一一九六）杨方〔隆兴元年癸未（一一六三）进士〕"临行请教，曰：'累日所讲，无非此道，但当勉之。'……因曰：'自深沉了二十年，只是说取去。今乃知当涵养。'"[87]

"诸人怕做党锢（一一九六）。看得定，是不解恁地。且如杨子直（杨方），前日才见某人文字，便来劝止，且攒着眉，做许多模样。某对他云：'公何消得恁地？如今都是这一串说话。若一向绝了，又都无好人去。'"[88]

"州县捕索（蔡元定，一一三五—一一九八）甚急，不晓何以得罪。"[89]

或劝先生散了学徒，闭户省事，以避祸者。先生曰："祸福之来，命也。"[90]

时伪学之禁严。……先生曰："某今头常如黏在颈上。"又曰："自古圣人未尝为人所杀。"[91]

乙　生平回顾

"且如某之读书，那曾得师友专守在里？初又曷尝有许多文字？也只自著力耳。”[92]

“某不敢自昧，实以铢累寸积而得之。”[93]

“某旧学琴，且乱弹。谓待会了却依法。元来不然。其后遂学不得。知学问安可不谨厥始？”[94]

“某平生不会懒。虽甚病，然亦一心欲向前做事，自是懒不得。”[95]

“某平生不会做补接底文字。补凑得不济事。”[96]

“平生最不喜作文。不得已为人所托乃为之。”[97]

“予旧尝好法书，然引笔行墨，轧不能有毫发象似，因遂懒废。”[98]

“予少尝学书，而病于腕弱，不能立笔，遂绝去不复为。”[99]

“道间人多来求诗与跋。某以为人之与天地日月相为长久者，元不在此。”[100]

“某不立文字。寻常只是讲论。”[101]

问在官所还受人寿仪否？曰：“否。然也有行不得处。如作州则可以不受，盖可以自由。若有监司所在，只得按例与之受。盖他生日时，又用还他。某在潭州（一一九四）如此。在南康（一一七九—一一八一）、漳州（一一九〇—一一九一）不受亦不送。”[102]

“人每欲不见客，不知它是如何？若使某一月日不见客，必须大病一月似。今日一日与客说话，却觉得意思舒畅。不知他们关着门不见人底，是如何过日？”[103]

“平日辞官文字甚多。”[104]

问先生忌日何服？曰：“某只着白绢凉衫，黪巾。不能做许多样得。”[105]

"七月十五素馔，用浮屠。某不用耳。"[106]

问行时祭则俗节如何？曰："某家且两存之。"[107]

"某自有吊服、绢衫、绢巾。忌日则服之。"[108]

"某平生每梦见故旧亲戚。次日若不接其书信及见之，则必有人说及。看来惟此等是正梦。其他皆非正。"[109]

丙　自论本人著作

"读书须是自肯下工夫始得。某向得之甚难，故不敢轻说与人。至于不得已而为注释者，亦是博采诸先生及前辈之精微，写出与人看，极是简要。"[110]

"某释经每下一字，直是称等轻重，方敢写出。"[111]

"某解书，如训诂一二字等处多，有不必解处。只是解书之法如此。亦要教人知得看文字不可忽略。"[112]

"某所改经文字者，必有意。不是轻改。当观所以改之之意。"[113]

"每常解文字，诸先生有多少好说话，有时不敢载者，盖他本文未有这般意思在。"[114]

"某于《大学》用工甚多。温公（司马光，一〇一九—一〇八六）作《通鉴》，言：臣生平精力，尽在此书。某于《大学》亦然。《论孟（集注）》《中庸（章句）》，却不费力。"[115]

"《大学中庸（章句）》屡改，终未能到得无可改处。《大学（章句）》近方稍似少病。道理最是讲论时说得透。才涉纸墨，便觉不能及其一二。"[116]

"某于《论孟（集注）》四十余年理会。中间逐字称等，不教偏些子。学者将注处宜子细看。”又曰：“解说圣贤之言，要义理相接去，如水相接去，则水流不碍。”后又云：“《中庸》解每番看过，不甚有疑。《大学（章句）》则一面看，一面疑。未甚惬意，所以改削不已。”[117]

“某《语孟集注》，添一字不得，减一字不得。公子细看。”又曰：“不多一个字，不少一个字。”[118]

“某旧时看文字甚费力。如《论》《孟》诸家解，有一箱。每看一段，必检许多。各就诸说上，推寻意脉。各见得落着，然后断其是非。是底都抄出两字。好亦抄出。虽未如今《集注》简尽，然大纲已定。今《集注》只是就那上删来。但人不着心，守见成说，只草草看了。今试将《（论孟）精义》来参看一两段，所以去取底是如何，便自见得。”[119]

“某向来作《（四书）或问》，盖欲学者试取正意。观此书者，当于其中见得此是当辨，此不足辨。删其不足辨者，令正意愈明白可也。”[120]

先生说《论语或问》不须看。请问。曰：“支离。”[121]

“某向时编此书（《孟子要指》），今看来亦不必。只《孟子》便直恁分晓示人，自是好了。”[122]

“某向作《诗》解文字，初用《小序》。至解不行处，亦曲为之说。后来觉不安。第二次解者，虽有《小序》，间为辨破，然终是不见诗人本意。后来方知只尽去小序，便自可通。于是尽涤旧说，《诗》意方活。”[123]

“某解《诗》多不依他序。纵解得不好，也不过只是得罪于作序之人。只依序解而不考本诗上下文意，则得罪于圣贤也。”[124]

“某旧时看《诗》数十家之说，一一都从头记得。……又熟看，久之方敢决定断说这说是，那说不是。”[125]

“《礼编》才到（湖南）长沙，即欲招诸公来同理会。后见彼事丛，且不为久留计。遂止。后至都下，庶几事体稍定，做个规模，尽唤天下识礼者修书，如余正父诸人皆教来。今日休矣。”[126]

“《西铭（解）》《太极（图说）》诸说，亦皆积数十年之功，无一字出私意。”[127]

“修身大法，《小学》备矣。义理精微，《近思录》详之。”[128]

“《近思录》好看。四子六经之阶梯，《近思录》，四子之阶梯。”[129]

“《近思录》一书，无不切人身、救人病者。”[130]

“《小学》多说那恭敬处，少说那防禁处。”[131]

“《仁说》只说得前一截好。”[132]

丁　有愿未偿

“欲立一家庙，小五架屋”，“便是力不能办”。[133]

“予尝自念自今以往，十年之外，嫁娶亦当粗毕。即断家事，灭景此山（芦山云谷）。”[134]

问《论语或问》。曰：“是十五年文字，与今说不类。当时欲修。后来精力衰。那个工夫大，后掉了。”[135]

“王氏（王安石，一〇二一—一〇八六）新经，仅有好处。盖有极生平心力，岂无见得着处？……某尝欲看一过，与摭撮其好者而未暇。”[136]

“《书》亦难点。如《（周书）大诰》语句甚长，今人却都碎读了，所以晓不得。某尝欲作《书说》，竟不曾成。”[137]

（礼书）“散在诸处，收拾不聚，最苦。每日应酬多工夫，不得专一。若得数月闲，更一两朋友相助，则可毕矣。顷在朝欲奏乞专创一局，召四方朋友习《礼》者数人编修，俟书成将上，然后乞朝廷命之以官，以酬其劳，亦以少助朝廷搜用遗才之意。事未及举而某去国矣。”[138]

“尝欲写出萧何（前一九三年卒）、韩信（前一九七年卒）初见高祖（约前二五六—前一九五）时一段，郑禹（二—五八）初见光武（前五—五七）时一段，武侯（诸葛亮，一八一—二三四）初见先主（刘备）时（二〇七）一段。将这数段语及王朴《平边策》编为一卷。”[139]

“某尝作《通鉴纲目》，有无统之说。此书今未及修。后之君子必有取焉。”[140]

“向读《女戒》，见其言有未备及鄙浅处。伯恭（吕祖谦，东莱先生，一一三七—一一八一）亦尝病之。间尝欲别集古语如《小学》之状，为数篇。其目曰正静，曰卑弱，曰孝爱，曰和睦，曰勤谨，曰俭贤，曰宽惠，曰讲学。班氏（班昭，约四九—约一二〇）书（《女戒》）可取者亦删取之。……病倦不能检阅。幸更为详此目有无漏落。有即补之，而辑成一书，亦一事也。”[141]

“杜（杜甫，七一二—七七〇）诗最多误字。蔡兴宗《（杜诗）正异》固好而未尽。某尝欲广之，作《杜诗考异》，竟未暇也。”[142]

（福建武夷山）“谷帘水所以好处，某向欲作一诗形容之，然极难言。大暨到口便空又滑。然此两字亦未说出。”[143]

“尝欲因司马氏（司马光，一〇一九—一〇八六）之书，参考诸家之说，裁订增损，举纲张目，以附其后〔张栻（一一三三—一一八〇）《三家礼范》之后〕……顾以病衰，不能及已。”[144]

1 《语类》卷四十五，第三十条，页一八三六。

2 同上，卷一二一，第十条，页四六七一。

3 同上，卷一〇四，第三条，页四一五一。

4 同上，第一条，页四一五一。

5 同上，卷三，第八十条，页八十七。

6 《文集》续集卷八《跋韦斋书〈昆阳赋〉》，页十上下。

7 《语类》卷一〇四，第四条，页四一五一。

8 同上，卷十六，第二五一条，页五八九。

9 《文集》卷七十五《论语要义目录序》，页六下。

10 《语类》卷一三〇，第三十八条，页四九七六。陈瓘著五十卷《了斋集》，已不传。《宋元学案》（《四部备要》本）卷三十五，页四上至五上，录若干条。关于陈瓘好佛，参看页五上至六下。

11 同上，卷一〇四，第四十一条，页四一六七。

12 《文集》卷五十四《答陈正己（第一书）》，页十七下。

13 《语类》卷四，第四十一条，页一〇六。

14 《文集》卷四十四《答江德功（第二书）》，页三十七上。

15 《语类》卷一〇四，第三十八条，页四一六六。

16 同上，卷三十三，第八十四条，页一三六三。

17 待查。《朱子全书》〔康熙五十三年甲午（一七一四）本〕卷五十五《自论为学工夫》，页九上引。

18 《文集》卷八十《上蔡先生祠记》，页四下至五上。

19 《语类》卷二十三，第二十七条，页八七一。

20 同上，卷一〇八，第二十条，页四二六六。

21 同上，卷一〇四，第二十三条，页四一五九。

22 同上，第八条，页四一五三。

23 《文集》卷八十三《跋曾南丰帖》，页十二下。

24 《语类》卷九十，第一〇九条，页三六七六。

25 同上，卷十六，第二十二条，页五〇九。

26 同上，卷一〇五，第三十六条，页四一八〇。

27 同上，卷一二一，第二十一条，页四六七七。

28 《文集》卷七十五《家藏石刻序》，页二上。

29 《语类》卷一〇七，第三十二条，页四二四七。

30 《文集》卷八十一《跋徐诚叟赠杨伯起诗》，页二十一下。

31 《语类》卷一〇四，第二十四条，页四一五九。

32 《语类》卷一〇四，第十二条，页四一五七。

33 同上，第九条，页四一五四。

34 同上，卷一二〇，第十八条，页四六一二。

35 同上，卷七十，第十二条，页二七七八。

36 同上，卷八十，第四十三条，页三三〇二。

37 同上，卷一〇四，第四十五条，页四一六七。

38 同上，卷一三二，第五十五条，页五〇九六。

39 同上，卷一〇六，第一条，页四一九三。

40 同上，第二条，页四一九三。

41 同上，第四条，页四一九四。

42 《文集》卷四十三《答陈明仲（第九书）》，页四上。

43 《语类》卷一〇四，第三十三条，页四一六三。

44 同上，卷四十九，第四十二条，页一九一四。

45 同上，第四十三条，页一九一五。

46 同上，第四十四条，页一九一六。

47 同上，第五十五条，页一九二〇。

48 同上，卷七十九，第五十八条，页三二三七。

49 同上，卷一〇四，第十四条，页四一五七。

50 同上，第十三条，页四一五七。

51 《文集》卷七十七《畏垒庵记》，页五上下。

52 《语类》卷一〇四，第三十七条，页四一六四。

53 同上，第三十八条，页四一六六。

54 同上，卷一〇一，第七十六条，页四〇八二。

55 同上，第三十九条，页四一六七。

56 同上，卷九十八第三十五条，页三九九二。

57 《文集》卷三十七《与范直阁（第一书）》，页三上下。

58 《语类》卷一〇四，第二十七条，页四一六〇。

59 同上，卷二十七，第一〇〇条，页一一二一。与范书见《文集》卷三十七，页三上至五上。

60 同上，卷一一六，第三十七条，页四四六二。

61 同上，卷一〇四，第四十四条，页四一六九。

62 《语类》卷一三九，第十七条，页五三〇三。

63 同上，卷九十，第二十八条，页三六四〇。

64 故治在今江西星子县。

65 同上，第二十条，页三六三八。

66 同上，卷一一九，第十七条，页四五九〇。

67 同上，卷一〇六，第五条，页四一九四。

68 同上，第八条，页四一九六。

69 同上，卷一一八，第五十六条，页四五五七。

70 同上，卷一〇六，第七条，页四一九五至四一九六。

71 同上，卷一〇四，第四十六条，页四一六八。

72 《语类》卷一〇六，第二十条，页四二〇一。

73 同上，第二十一条，页四二〇二。

74 同上，卷一〇四，第四十七条，页四一六九。是条为童伯羽庚戌（一一九〇）所闻。是年朱子六十一岁。

75 同上，卷一一五，第三十三条，页四四二八。

76 同上，卷一〇四，第四十六条，页四一六九。

77 同上，卷一二〇，第五十六条，页四六三五。

78 同上，卷一〇四，第四十九条，页四一七〇。是条为董贺孙辛亥（一一九一）以后所闻，朱子六十二岁以后。

79 同上，卷一〇六，第四十六条，页四二二三。

80 同上，卷九十，第五十二条，页三六五八。

81 同上，卷一〇七，第八条，页四二三三。

82 同上，卷一〇四，第四十八条，页四一六九。注云“丙辰（一一九六）冬”。是年朱子六十七岁。

83 《语类》卷九十，第一〇九条，页三六七七。

84 同上，卷九十四，第二〇五条，页三八二五。

85 同上，卷七十三，第三十二条，页二九四一。

86 同上，卷一三二，第八十六条，页五一〇六。

87 同上，卷一一九，第五条，页四五七七。

88 同上，卷一〇七，第二十一条，页四二四四。

89 同上，第二十二条，页四二四五。

90 同上，第二十七条，页四二四六。

91 同上，第三十三条，页四二四八。

92 《语类》卷一二一，第五十三条，页四六九〇。

93 同上，卷一〇四，第四十一条，页四一六七。

94 同上，卷五十五，第四十一条，页二〇八九。

95 同上，卷一二〇，第二十九条，页四六一七。

96 同上，卷一三九，第一二九条，页五三三六。

97 同上，卷一〇四，第五十七条，页四一七二。

98 《文集》卷八十二，页四上《题法书》。

99 同上，卷八十四，页十三下《跋程沙随帖》。

100 《语类》卷一〇七，第六十三条，页四二五五。

101 同上，卷一一八，第八十八条，页四五七一。

102 同上，卷八十七，第一五七条，页三五八三。

103 同上，卷一〇七，第四十四条，页四二五〇。

104 同上，第七十条，页四二五七。

105 同上，卷八十七，第一五七条，页三五八二。

106 《语类》卷九十，第一三二条，页三六八四。

107 同上，第一三三条，页三六八四。

108 同上，第一四一条，页三六八六。

109 同上，卷八十六，第七十条，页三五三〇。

110 同上，卷一二一，第七十九条，页四七〇二。

111 同上，卷一〇五，第二条，页四一七四。

112 同上，第三条，页四一七四。

113 同上，第四条，页四一七五。

114 同上，第五条，页四一七五。

115 同上，卷十四，第五十一条，页四一二。

116 《文集》卷五十四《答应仁仲（第一书）》，页十下。

117 《语类》卷十九，第六十一条，页七〇四。

118 同上，第五十九条，页七〇三。

119 同上，卷一二〇，第十七条，页四六一〇。

120 同上，卷一二一，第三十三，页四六八二。

121 同上，卷一〇五，第三十五条，页四一八一。

122 同上，第三十七条，页四一八二。

123 同上，卷八十，第七十一条，页三三一三。

124 同上，第九十六条，页三三二四。

125 同上，第九十七条，页三三二五。

126 《语类》卷八十四，第三十七条，页三四七九。

127 《文集》卷三十八《答黄叔张》，页三十上。

128 《语类》卷一〇五，第二十二条，页四一七九。

129 同上，第二十三条，页四一七九。

130 同上，第二十六条，页四一七九。

131 同上，第二十一条，页四一七八。

132 同上，第四十二条，页四一八四。

133 同上，卷九十，第四十九至五十条，页六三五七。

134 《文集》卷七十八《云谷记》，页四下。

135 《语类》卷一〇五，第三十四条，页四一八一。

136 同上，卷一三〇，第十三条，页四九六八。

137 同上，卷七十八，第十五条，页三一四八。

138 《语类》卷八十四，第三十七条，页三四七九。

139 同上，卷一三五，第十五条，页五一七〇。

140 同上，卷一〇五，第五十五条，页四一八九。

141 《文集》卷三十五《与刘子澄（第十五书）》，页二十七下。

142 《语类》卷一四〇，第二十一条，页五三四三。

143 同上，第五十九条，页五三五一。

144 《文集》卷八十三《跋三家礼范》，页十四下。

【三】朱子自称

（参看页七八“刘屏山命字元晦祝词”条）

朱子名熹。通常自称熹或朱熹。黄榦《朱子行状》云：“字仲晦父。”[1]《宋史》本传云：“字元晦，一字仲晦。”[2]《性理大全》云字元晦。[3]朱子《跋家藏刘病翁遗帖》云：“熹字元晦，亦先生所命。”[4]王懋竑《朱子年谱考异》云：“朱子《跋》不云改字仲晦。惟《性理大全》载（屏山刘氏作‘元晦’）字词注云：其后以‘元’为四德之首，不敢当，遂更曰仲晦。此于《文集》《语录》（《朱子语类》）皆无所考。不知何所据而云也。《延平答问》及张（栻）、吕（祖谦）陆（象山）陈（亮）（一一四三——一一九四）诸集，共称元晦，无云仲晦者。而《朱子文集》，于题跋自署，皆云仲晦，无称元晦者，是为参错。疑《大全》注语亦有自来。《行状》据朱子自称，本传则兼考他书。”[5]

捷按：病翁（刘子翚）"元晦"之字，必于屏山未卒以前朱子成婚时冠之。《文集》卷七十五至八十四序跋自署，诚如王氏所言，皆用仲晦。最早为《与一维那》诗题"绍兴癸酉（二十三年，一一五三）九月晦日紫阳朱仲晦书"[6]。次为绍兴二十八年戊寅（一一五八）《许升字序》。[7]诗距屏山之死六年，序距十一年。屏山卒年（一一四七）朱子已举建州乡贡。翌年榜进士。或此时已用仲晦。历年用之，不下数十次。《文集》最迟者为《咏吴氏社仓书楼写真》诗，署"庆元庚申二月八日沧洲病叟朱熹仲晦父"[8]。此为一二〇〇年，上距朱子之没，适得一月。则朱子终身所用之字也。

朱子《跋》之所以不云"改字仲晦"者，乃不欲抛弃其师屏山所予之字而自用"仲晦"，以谦自居也。《延平答问》为朱子所编。书首云"门人朱熹元晦编"，似是朱子自称元晦者。然此必是门人赵师夏〔绍熙元年（一一九〇）进士〕刊于郡斋时所加，非朱子自称也。朱子间用朱某仲晦父[9]、朱某仲晦[10]、朱熹仲晦[11]。然不外数次而已。大概朱子一字元晦，一字仲晦。延平（李侗，一〇九三—一一六三）等用元晦，盖所以尊之也。叶绍翁《四朝闻见录》云："天下称元晦者久矣，无称仲晦者。"[12]反之，朱子自称仲晦，不称元晦也。

东京大学朱子研究会所编《朱子文集固有名词索引》附"朱子自称"索引，计用元晦三次，仲晦一次，仲晦父一次，朱元晦一次，朱仲晦二次，朱仲晦父六次，朱仲晦甫一次，朱某九次，朱某仲晦一次，朱某仲晦父二次，朱熹三百四十八次，朱熹仲晦五次，朱熹仲晦父三十五次，熹一千五百七十八次。又新安二百一十六次。其中以元晦三次与朱元晦一次为朱子自称皆误。元晦一见《文集·胡子知言疑义》，乃张栻致书朱子所称朱子者。[13]一见《跋潘显甫字序》。朱子曰："刘先生字予以元晦。"[14]一见《跋家藏刘病翁遗帖》。朱子云："熹字元晦，亦先生所命。"[15]朱元晦见《吕氏大学解》。何镐（一一二八—一一七五）为之跋，云："新安朱元晦以孟子之心为心。"[16]此三处皆他人之称朱子为元晦而非朱子自称者。王懋竑朱子无自称元晦之言，诚不谬矣。

由仲晦而晦翁，事至自然。由淳熙元年甲午（一一七四）[17]至没年[18]署晦翁者凡二十余次。二年乙未（一一七五）《白鹿洞赋》称"洞主晦翁"[19]。是年朱子作晦庵于云谷。《云谷记》曰："云谷在建阳县西北七十里芦山之巅。……乾道庚寅（六年，一一七〇）予始得之。因作草堂其间，牓曰晦庵。"自署晦庵[20]。此距淳熙元年甲午（一一七四）朱子年四十五首次用晦翁已四年矣。江永（一六八一—一七六二）谓朱子六十以后称晦翁[21]，相差远矣。

朱子晚年又称云谷老人[22]，亦曰云谷晦庵老人[23]。晏宁跋朱子书陶潜（三六五—四二七）《归去来辞》之文，谓"亦曰云壑老人"[24]，然此称不见《文集》。朱子尝书"风泉云壑"四大字，刻于庐山白鹿洞书院前崖壁。岂晏宁联想及此耶？朱子没年三称晦庵病叟[25]。绍熙五年甲寅（一一九四）筑竹林精舍于建阳之考亭所居之旁。因舍有洲环绕，自号沧洲病叟。然《文集》只一见耳。[26]《南平县志》谓其号沧洲钓叟[27]，则不知所据。当时朝廷攻击朱子学派甚亟，诋为伪学。黄榦《朱子行状》云："丞相既逐，而朝廷大权悉归（韩）侂胄。先生自念身虽闲退，尚带侍从职名，不敢自嘿。遂草书万言，极言奸邪蔽主之祸，因以明其冤。词旨痛切。诸生更谏以筮决之。遇遯之'同人'（应作'家人'）。先生默然退，取谏稿焚之，自号遯翁。"[28]是年（一一九五）作《题严居厚与马庄甫唱和诗轴》即署遯翁[29]两年后作

《书河图洛书后》，亦署遯翁[30]。

朱玉（壮年，一七二二）谓“既而年周甲子，遂名晦翁，又曰晦庵通叟”[31]。朱子年周甲子为一一九〇年，然早在一一七四年即用晦翁，已如上述。晦庵通叟之名，不见《文集》。《朱熹及其学派福建地方史资料》载庄炳章所辑录，亦谓年周甲子（一一九〇）曰晦庵通叟，又谓绍熙三年壬子（一一九二）曰沧子病叟[32]。“沧子病叟”必是“沧洲病叟”抄写之误，“晦翁通叟”则是“晦庵病叟”抄写之误。朱玉云朱子任同安，号牧斋。然《朱子文集》卷七十七《牧斋记》未用此号。又云知南康军，号拙斋。查《文集》卷七十八《拙斋记》乃为赵景明之拙斋而作，必不以之为号也。《跋陈居士传》署“新安朱熹书于南康郡舍之拙斋”。明署朱熹，则拙斋非其号也显然[33]。其《书语孟要义序后》亦署“江东道院拙斋记”[34]，乃指江东道院之拙斋，而非自号拙斋也。有如《跋免解张克明启》之署“六老轩书”[35]，同指其地也。

与云谷老人等相类者有白鹿洞主与仁智堂主。淳熙六年己亥（一一七九）朱子复建白鹿洞书院于庐山，作《白鹿洞赋》，自称白鹿洞主[36]。淳熙十年癸卯（一一八三）建武夷精舍于崇安县西北三十里武夷山之五曲大隐屏下。《武夷精舍杂咏》云：“直屏下两麓相抱之中，西南向为屋三间者，仁智堂也。”[37]庆元元年乙卯（一一九五）作《武夷图序》，有云：“属隐屏精舍仁智堂主为题其首。”[38]

朱子出身贫寒，笃志圣学。故先后请祠二十次，被派主管道教六宫观者十一次，前后共二十三年。祠禄甚微，但无职守，亦不在本祠居住。朝廷盖以佚老优贤而已。淳熙十二年乙巳（一一八五）浙江台州崇道观秩满，四月改差主管华州云台观。观原在陕西，已陷金人，只存其名耳。在任期间，朱子自称云台隐吏朱熹仲晦父[39]、云台真逸[40]、云台外史朱熹[41]。后于庆元三年丁巳（一一九七）仍署云台子[42]。淳熙十五年戊申（一一八八）朱子主管西京嵩山崇福宫。宫原在河南。南渡后只置祠禄。朱子拜命，因而署嵩高隐吏朱熹。[43]绍熙二年辛亥（一一九一）至庆元二年丙辰（一一九六），朱子两任南京鸿庆宫。宫已陷金人，南渡后只置祠禄而已。任内屡称鸿庆外史朱熹。[44]但亦曾监潭州南岳庙与主管台州崇道观与武夷山冲佑观，则未见有自称隐吏外史者。

公牍署名，自然加上职衔。绍兴二十五年乙亥（一一五五）称左迪功郎泉州同安县主簿主管学事。[45]乾道八年壬辰（一一七二）称前左迪功郎。[46]绍兴三十二年壬午（一一六二）与乾道三年丁亥（一一六七）称左迪功郎监潭州南岳庙。[47]五年己丑（一一六九）称迪功郎新差充枢密院编修官。[48]淳熙三年丙申（一一七六）称宣教郎主管台州崇道观。[49]七年庚子（一一八〇）称宣教郎权发遣南康军事兼管内劝农事提辖本军界分志铺递角借绯臣。[50]八年辛丑（一一八一）称宣教郎新提举江南西路常平茶盐公事。[51]九年壬寅（一一八二）称宣教郎直秘阁。[52]十年癸卯（一一八三）称宣教郎直徽猷阁主管台州崇道观。[53]十二乙巳、十三丙午两年（一一八五至一一八六）称宣教郎直徽猷阁主管华州云台观。[54]十五年戊申（一一八八）称朝奉郎直宝文阁主管西京嵩山崇福宫。[55]绍熙二年辛亥（一一九一）称朝散郎直宝文阁权发遣漳州军州事。[56]四年癸丑（一一九三）称朝散郎秘阁修撰主管南京鸿庆宫。[57]五年甲寅（一一九四）称朝散郎秘阁修撰发潭州主管荆湖南路安抚司公事[58]及朝散郎秘阁修撰权发遣潭州军州事兼管内劝农营田主管荆湖南路安抚司公事马步军都总管借紫臣[59]。五年甲寅（一一九四）与庆元二年丙辰（一一九六）称朝请郎。[60]庆元元年乙卯（一一九五）称朝请郎提举南京鸿庆宫[61]，朝奉大夫提举南京鸿庆宫[62]，与朝奉大夫提举南京鸿庆宫、婺源县开国男食邑三百户赐紫金鱼袋[63]。三年丁巳（一一九七）称朝奉大夫。[64]四年戊午（一一九八）称朝奉大夫致仕。[65]翌年己未（一一九九）称朝奉大夫致仕婺源县开国男食邑三百户赐紫金鱼袋。[66]盖四年四月已致仕矣。

朱子男爵以婺源为名，盖溯其本也。朱子最重知本思源。生平最喜署新安朱熹。《文集》卷七十五至八十四，至少有五十次。最早为绍兴二十六年丙子（一一五六）《一经堂记》[67]，最迟为庆元六年庚申（一二〇〇）朱子逝世之年所作《跋黄壶隐所藏师说》[68]。茅星来（一六七八—一七四八）云："新安本汉丹阳郡地。吴孙权分置新都。晋平吴，改为新安。宋属江南东路。宣和三年（辛丑，一一二一）改为徽州。朱子世居新安（婺源县）之永平乡（《朱子实纪》依旧谱作万安乡）松岩里。父松为（福建）尤溪县尉。亡。朱子年十四，奉遗命依刘子羽（一〇九六—一一四六）寓居（福建）崇安，晚徙建阳。"[69]朱子署新安，盖不忘本也。故由乾道元年乙酉（一一六五）至绍熙二年辛亥（一一九一）亦署丹阳朱仲晦父、丹阳朱熹，或丹阳朱熹仲晦父数次。[70]于绍兴二十六年丙子（一一五六）与庆元元年乙卯（一一九五）署吴郡朱熹两次。[71]朱子最早（一一五三）即题紫阳朱仲晦，已如上述。朱子《名堂室记》云："紫阳山在徽州城南五里……先君子故家婺源，少而学于郡学，因往游山，乐之。"[72]至《乐斋铭》亦题紫阳朱熹仲晦父。[73]署紫阳，即所以思其父。凡此皆思源精神之表现也。至《题魏府藏赵公饮器》署平陵朱熹，[74]承张立文教授函示，据《中国历史地图》，徽州北部有平陵山，则亦即新安怀本之意也。

上述署名之上，朱子于其父则加"孤"[75]，于其师则加"门人”[76]，于先儒则加“后学”[77]。此则理所当然。小品题署，则有只用朱某者。[78]最特殊者为庆元三年丁巳（一一九七）《书〈周易参同契考异〉后》，署空同道士邹䜣。[79]朱子此书名为《考异》，然校雠较少，笺注为多。朱子之署此名，据《四库全书总目提要》：“盖以邹本邾国。其后去邑而为朱，故以寓姓。《礼记》郑注谓‘䜣’当作‘熹’。又《集韵》‘熹’虚其切，‘䜣’亦虚其切，故以寓名。殆以究心丹诀，非儒者之本务，故托诸廋辞欤？”[80]“空同”即“倥侗”，固童蒙无知之义，朱子自谦之辞。“空同”亦有广大无边之义。朱子《步虚词》云：“扉景廓天津，空同无员方。”[81]《空同赋》云：“盍将反予旆于空同。”[82]亦是此意。朱子对道家思想，批评严烈。然每与道士往来。今自称道士，亦足见其度量之广矣。

〔此文曾刊在《中华文化复兴月刊》第十五卷第五期（一九八二年五月）页二十三至二十五。兹略有增补。〕

1 《勉斋集》卷三十六，页一下。

2 《宋史》（北京中华书局，一九七七）卷四二九《朱熹传》，页一二七五一。

3 《性理大全》（《四库全书》本）卷四十一《诸儒》三，页一上。

4 《文集》卷八十四，页十八上。

5 《朱子年谱·考异》（《丛书集成》本）卷一，页二四一至二四二。

6 《文集》别集卷七，页一上。

7 同上，正集卷七十五，页二下。

8 同上，卷九，页十四下。

9 《文集》别集卷七，页八上、九上。

10 同上，页九下。

11 同上，正集卷七十五，页四上。

12 《四朝闻见录》（《浦城遗书》本）卷一《考亭》，页三十三下至三十四上。朱生荣贵函云：“《南平县志》有石塾撰之《韦斋记跋》云：‘乾道七年（一一七一）塾猥当邑寄（南康），公之子编修仲晦父以事来塾学（一九二八年本，卷十七，页二十七上）。如果此处所载之跋未经编修方志者更动，则石塾称朱子仲晦而不称元晦，是一大例外。’所见诚是。石墪误印石塾，与朱子交好。称仲晦父者，或因其为韦斋之子，故用其自称之‘仲晦父’，亦未可知。《四朝闻见录》所云，概言之耳。”

13 《文集》卷七十三，页四十三上。

14 同上，卷八十二，页十上。

15 同上，卷八十四，页十八上。

16 同上，卷七十二，页四十六上。

17 同上，卷七十六，页二下。

18 同上，卷八十四，页二十四上。

19 同上，卷一，页一下。

20 《文集》卷七十八，页二上。

21 《近思录集注》附录《朱子世家》。

22 《文集》卷七十六，页三十上；卷八十四，页十四下，均一一九九。

23 同上，卷八十三，页七上，一一九二。

24 《故宫法书》第十四辑《宋朱熹吴说墨迹》（台北"故宫博物院"，一九六一），页五下。

25 《文集》卷七十六，页三十二下；卷八十四，页二十五上，均一二〇〇。

26 同上，卷九，页十四下。

27 高令印《朱熹在福建遗迹考释》（厦门大学哲学系，一九八一），页十二引。

28 《勉斋集》卷三十六，页三十六上下。

29 《文集》卷八十三，页二十六下。

30 同上，卷八十四，页四上。

31 朱玉《朱子文集大全类编》第一册《朱子年谱》，建炎四年（一一三〇）下。

32 《朱熹及其学派福建地方史资料》（厦门大学哲学系中国哲学研究室，一九八一），页七。

33 《文集》卷八十一，页二十一下。

34 同上，页二十二下。

35 同上，页二十三上。

36 《文集》卷一，页一下。

37 同上，卷九，页二下。

38 同上，卷七十六，页二十七上。

39 同上，卷八十二，页八上。

40 同上，卷七十六，页十七下。

41 同上，卷八十二，页十下。

42 同上，卷八十四，页十一下。

43 同上，卷八十二，页十六下。

44 同上，卷八十二，页二十六下；卷八十三，页十下、二十二下、二十三上。

45 同上，卷九十七，页三十一上。

46 同上，页四十二上。

47 《文集》卷十一，页一上；卷九十五，页四十一上。

48 同上，卷九十七，页三十四下。

49 同上，卷八十七，页四下。

50 同上，卷十一，页十上。

51 同上，卷八十一，页二十六下。

52 同上，卷七十九，页五上。

53 同上，卷七十六，页九上；卷七十九，页九上。

54 同上，卷七十九，页二十一上；卷八十七，页十四下；卷九十，页十三下。

55 同上，卷十一，页十七上；卷九十六，页三十三下。

56 同上，卷七十六，页二十六上。

57 同上，卷八十三，页八下；续集卷八，页十上。

58 同上，卷八十，页十三上。

59 同上，卷八十二，页十上。

60 同上，卷八十，页十四下；卷八十三，页二十上。

61 同上，卷八十，页十五下。

62 同上，页二十下。

63 同上，页十九上。

64 同上，卷八十四，页七上。

65 同上，卷九十，页二十一下。

66 同上，卷九十七，页二十六下。

67 《文集》卷七十七，页四上。

68 同上，卷八十四，页二十四下。

69 《近思录集注》朱熹序注。

70 《文集》卷七十五，页十二上；卷八十一，页二十六下；卷八十二，页二十三上、二十五上、二十六上。

71 同上，卷七十五，页二下；卷八十三，页二十五下。

72 同上，卷七十八，页五上。

73 同上，卷八十五，页一上。

74 同上，页五上。

75 同上，卷八十三，页八下；卷八十四，页十九下；卷九十七，页二十六下。

76 同上，卷八十四，页十八下；卷八十五，页四上；卷九十，页二十一下；卷九十七，页十七上。

77 同上，卷九十八，页十七上。

78 同上，别集卷七，页五上、七上、十上。

79 同上，正集卷八十四，页二十六下。

80 《四库全书总目提要·子部·道家类》（上海商务印书馆，一九三三），页三〇四七。

81 《文集》卷一，页十八下。

82 同上，页三上。

【四】 沈郎

梁章钜(一七七五—一八四九)《楹联丛话》云:“朱子生于延平之尤溪,故小字沈郎。沈,水名。即尤溪县,亦因此得名也。后人皆误以朱子字沈郎耳。”[1]梁氏尤溪从沈水得名之说,不知何据。查《广韵》:沈,水名,在高密。此县在今山东之东部,与福建风马牛不相及也。王懋竑(一六六八—一七四一)《朱子年谱·考异》绍兴四年甲寅(一一三四)朱子五岁条下云:“闽本《年谱》云:文公名沈郎,小字季延,皆志其地也。尤溪原名沈溪。后因避王审知讳,改尤溪。尤溪隶延平。行五十二。”[2]王氏所引闽谱,不知何本。朱子十六世孙玉(壮年一七二二)所编《年谱》,王氏或未之见。其《年谱》建炎四年庚戌(一一三〇)朱子一岁条下云:“献静公(朱松)为文公取乳名沈郎,志其地也。(原注:尤溪原名沈溪,因避闽王审知讳,改名尤溪)小字季延。(原注:以尤溪隶延平耳)行五十二。”王懋竑所参考之闽本《年谱》与朱玉所编之《年谱》,

或皆根据朱子门人李方子〔嘉定七年甲戌（一二一四）进士〕之最早《年谱》。朱子之父尝任尤溪县尉。去官后馆于尤溪之郑氏，而朱子生焉。故诸谱皆谓沈郎之名与季延之字，皆志其地也。

1 《楹联丛话·续话》（《国学基本丛书》本）卷一《庙祀》，页一九一。

2 《朱子年谱·考异》（《丛书集成》本）卷一，页二四三。

【五】刘屏山命字元晦祝词

（参看页六七“朱子自称”条）

王懋竑《朱子年谱》云：“当韦斋[1]疾革时，手自为书，以家事属少傅刘公子羽（一〇九六—一一四六），而诀于籍溪胡宪原仲（一〇八六—一一六二）、白水刘勉之致中（一〇九一—一一四九）、少傅之弟屏山刘子翚彦冲（一一〇一—一一四七），且顾谓先生（朱子）曰：‘此三人者，吾友也。学有渊源，吾所敬畏。吾即死，汝往父事之，而唯其言之听。’韦斋殁，少傅为筑室于其里第之傍。[2]先生遂奉母夫人迁而居焉。乃遵遗训，禀学于三君子之门。三君子抚教如子侄。而白水刘公，因以其女妻之。”[3]朱子《屏山先生刘公墓表》亦云：“盖先人疾病时，尝顾语熹曰：‘籍溪胡原仲、白水刘致中、屏山刘彦冲，此三人者，吾友也。其学皆有渊源，吾所敬畏。吾即死，汝往父事之，而惟其言之听，则吾死不恨矣。’熹饮泣受言不敢忘。既孤则奉以告于三君子而禀学焉。……世家屏山下潭溪之上，有园林水石之胜。于是俯仰其间，尽弃人间事，自号病翁。独居一室，危坐或竟日夜，嗒然无一言。”[4]

朱子何年结缡，年谱不详。唯朱子《跋家藏刘病翁遗帖》：“熹字元晦，亦先生所命。”[5]其《跋潘显甫字序》亦曰：“余年十六七时，屏山刘先生字余以元晦而祝之。……余受其言而行之不力。涉世犯患，颠沛而归，然后知其言之有味也。”[6]

祝词凡二百余字，叶氏《年谱》与戴氏《年谱》均摘其要语载于绍兴十三年癸亥（一一四三）下。《性理大全》所载较详，唯仍少四十八字，但有附注云：“其后以元为四德之首，[7]不敢当。遂更曰仲。”[8]《朱子文集大全类编》全载引言祝文，但错字不少。[9]唯王氏《年谱》所载最为完整，只欠《性理大全》之附注而已。[10]兹录之如下，并正诸本之误而加注释焉。

冠[11]而钦（敬）[12]名，奥（发语词）惟古制。朱氏子熹，幼而腾异。[13]友[14]朋尚焉，请祝以字。字以元晦，表名之义。木晦（暗藏）[15]于根，春荣[16]晔（盛）敷[17]（施）。人晦于身，神明内腴（肥润）。昔者曾子称其友曰：“有若无，实若虚。”[18]不斥（指）厥名而传于书，虽百世之远也[19]，揣其气象，知颜子如愚[20]。迹（步）参并游，英驰俊驱。岂无他人？夫谁敢居？[21]自诸子言志，回欲无伐。[22]一宣于声，[23]终身弗越。陋巷暗然，其光烈烈。[24]从事于斯，惟参也无惭[25]。贯道唯[26]一[27]，省身则三[28]。夹辅孔门，翱翔两骖。学的欲正[29]，吾知斯之为指南。性光吏部[30]，文儒之粹。彪（文采）炳（焕发）育珍，文[31]华其继[32]。来兹讲磨，融融熹熹（喜悦）。真聪廓开，如源之方驶（迅捷）。望洋（仰视）渺㳽（旷远)，老[33]我缩(直)气。古人不言乎:“纯(精一)亦不已。”[34]怅友道之衰变[35]，切切(哀思深迫)而唯唯[36]。子[37]德不日新，则时(是)予[38]之耻。勿谓此耳，充(塞)之又充。借曰合矣，宜养于蒙。[39]言而思毖(慎)，动而思踬(颠仆)。凛乎惴惴(忧惧)，惟颜、曾是畏。

各《年谱》附语云:“其期望之意如此。先生晚岁，犹书门符曰，‘佩韦遵考训，晦木谨师传。’盖识父师之诲也。”[40]

1 朱子父朱松之号，朱松绍兴十三年癸亥（一一四三）死于福建建州城南之寓舍。

2 三先生居福建崇安县之五夫里。

3 王懋竑《朱子年谱》(《丛书集成》本) 卷一，页三至四，绍兴十三年癸亥（一一四三），朱子十四岁。最早《年谱》为门人李方子所撰，早已失传。王氏盖据李默改订本（嘉靖三十一年壬子，一五五二）与洪去芜改订本（康熙三十九年庚辰，一七〇〇）。今考叶公回校订之《朱子年谱》与戴铣《朱子实纪》(正德元年丙寅，一五〇六) 卷二之《年谱》，所载全同。大抵皆溯源于李方子《年谱》也。

4 《文集》卷九十，页一上至二上。

5 同上，卷八十四，页十八上。

6 同上，卷八十二，页十上。

7 《易经·乾卦·文言》:“元者，善之长也。”

8 《性理大全》(《四库全书》本) 卷四十一《诸儒》三，页一上下。

9 《朱子文集大全类编》第一册《题赞》。

10 王懋竑《朱子年谱》卷一上，页四至五。

11 朱子年十六七行冠礼，所以示其成人也。后世结婚时冠之以字。

12 《礼记·冠义》云:“所以敬冠事。”

13 黄榦《朱子行状》(《四库全书》本)《勉斋集》(卷三十六，页一下至二上) 云:“幼颖悟庄重。能言，韦斋指示曰:‘此天也。’问曰:‘天之上何物？’韦斋异之。”《年谱》同。

14 《朱子文集大全类编》第一册《题赞》误作“交”。

15 “晦”字来自《易经》第三十六卦《明夷·象传》曰:“用晦而明。”王弼（二二六—二四九）注曰:“用晦而明者，藏明于内，乃得明也。”

16 叶《谱》、戴《谱》均作“容”。王《谱》注云：“一作‘容’。”

17 《朱子文集大全类编》作“华”。

18 《论语·泰伯》第八，第五章：“曾子曰：以能问于不能，以多问于寡。有若无，实若虚，犯而不校。昔者吾友，尝从事于斯矣。”

19 《性理大全》无“也”字。

20 《论语·为政》第二，第九章：“子曰：吾与回言终日，不违如愚。退而省其私，亦足以发。回也不愚。”

21 马融（七九——一六六）注“吾友”（参看注18）曰：“友谓颜渊。”刘宝楠（一七九一——一八五五）《论语正义》注“有若无，实若虚”，谓下文颜子欲无伐善，与此相发。屏山以无人敢居，盖是此意。

22 《论语·公冶长》第五，第二十五章：“颜渊、季路侍。子曰：‘盍各言尔志？’……颜渊曰：‘愿无伐善，无施劳。’”

23 《性理大全》“声”作“言”。

24 《论语·雍也》第六：“子曰：贤哉回也！一箪食，一瓢饮。在陋巷。人不堪其忧，回也不改其乐。贤哉回也！”

25 《论语·泰伯》第八，第五章：“曾子曰：以能问于不能，以多问于寡。有若无，实若虚，犯而不校。昔者吾友，尝从事于斯矣。”

26 《性理大全》与《朱子文集大全类编》均作“虽”。

27 《论语·里仁》第四，第十七章：“子曰：参乎！吾道一以贯之。”

28 《论语·学而》第一，第四章：“曾子曰：吾日三省吾身，为人谋而不忠乎？与朋友交而不信乎？传不习乎？”

29 《朱子文集大全类编》误作“王”。

30 指朱子之父韦斋公，曾任吏部员外郎。

31 《性理大全》作“又”。王《谱》注云：“一作‘又’。”

32 指朱子。

33 《性理大全》作“光”。

34 《中庸》第二十六章：“‘文王之德之纯’……（《诗经》第二六七篇《周颂·清庙·维天之命》）纯亦不已。”

35 叹韦斋之死。

36 应允教谕其子也。

37 叶《谱》误作“予”。

38 《性理大全》误作“子”。

39 《明夷卦·象辞》（参看注15）王弼注云：“故以蒙（微昧）养。”《易经·蒙卦》第四《象》曰：“蒙以养正，圣功也。”

40 叶《谱》、戴《谱》系于绍兴十三年癸亥（一一四三），朱子十四岁。王《谱》则载《考异》卷一，页二四四。

【六】朱子世系之命名

戴铣（一五〇八年卒）《朱子实纪》之《年谱》，有朱子《世系源流》，凡三十一页，所列二十世（朱子以后十一世），截至十五世纪中期，共三百零六人[1]。叶公回校订《朱子年谱》（宣德六年辛亥，一四三一）亦有《文公世系之图》，列十九世（朱子以后十世），共三十五人[2]。戴本始祖名环，叶本名韩。"韩"字乃"讳"字之讹。两表一望而知朱家之命名，有两特点。一为单名，一为名之字旁皆为五行。

二世至四世尚双名。自五世振始，以后皆单名。只十一世（朱子后第二世）恩老为双名。恩老为朱子之孙，塾之子。塾卒于一一九一年，朱子尚生。其孙恩老之名，或为所命。果尔，则朱家单名之传统，朱子曾作例外矣。此名见《文集》。[3]岂《文集》有误，而《年谱》随之耶？抑其名恩，尊称恩老，而《文集》《年谱》皆沿之耶？朱子有女五。长女名巽，适刘学古。次女兑，适弟子黄榦。三女名巳，十五岁未婚死。四女适弟子范元裕。五女夭折。以后历代子孙均用单名，传统严谨。据建阳文化馆徐贯行先生函示，至明嘉靖元年壬午（一五二二）始出现双字命名。据《紫阳堂考亭朱子家谱》，是年朱槐（十四代）生朱应秋（十五代）。朱应秋生朱时应（十六代）。朱时应在顺治十一年甲午（一六五四）生朱锡文（十七代）。至乾隆二年丁巳（一七三七）有裔孙朱世润重编《朱子年谱》。[4]稍后（一七五〇）又有十六代孙殿玉。[5]此必非考亭支派，故代数较迟。《朱子文集大全类编》（康熙六十一年壬寅，一七二二）之编者朱玉亦十六代孙也（二十五世）。朱玉单名，则十八世纪仍有用单名者矣。现建阳考亭朱埜之后裔，多用双名，单名亦有。如现仍健在之二十三代孙朱兰溪为双名，唯其兄之子朱权与其孙朱旭，则皆单名也。

世系自七世森以下，均用五行。朱子父松（八世）属木。朱子本人（九世）属火。第一代（十世）男塾、埜、在均属土。第二代（十一世）孙男七人：鑑、钜、铨、铎、铚、铉、铸，均属金，[6]唯恩老例外。第三代（十二世）曾孙男六人：渊、洽、潜、济、濬、澄，均从水。[7]第四代（十三世）孙，戴《谱》十六人，叶《谱》一人，皆从木，唯戴《谱》岩为例外。第五代（十四世）孙，戴《谱》二十三人，叶《谱》一人，皆从火。唯戴《谱》之光为例外，然意近火，亦可通。如是木火土金水，终而复始，最低限度，至戴《谱》所载十二代（二十一世）孙。考亭支派至光绪二十一年己未（一八九五）仍有五行字旁，如应秋、锡文、兰溪是也。双名所用之名，间有艰深难读者，如第五代（十四世）孙之煔，第六代（十五世）孙之壟坂、第十代（十九世）孙之熨、爆、焴、熨，第十一代（二十世）孙之壆是也。除例外之外，亦有稍为通融者，如"奎"从"大"而有两土，"莊"从"士"而俗写作"土"，"壟"字内亦有"土"。

第十六代（二十五世）应用土，唯《朱子集大全类编之编》者为朱玉，亦可谓“玉”中有“土”也。第十一代（二十世）应从土，唯李默改订《朱子年谱》（一五五二）谓尝咨于朱子裔孙河[8]，同年有十一世孙凌序[9]。河与凌当同代，“凌”可以假借为“淩”。则第十一代有不用土而用水者矣。叶《谱》有《文公茔墓形势图》，云“孙淇谨识”。叶、戴两《谱》第八代（十七世）孙有湛而无淇，故知“淇”为“湛”之误。

以五行为次序，何时开始，尚有待于方家之考查，唯不早于朱松之父。三浦国雄谓由朱松之世代起，有一定之规则云，则似始于朱松矣。[10]果如是，则彼得名松之后，思后代以火土金水继之，未尝不可能，只待实证而已。五行之次序。在《书经》[11]与董仲舒等[12]，均为木火土金水。度朱家之意，固尊重古经，而董子之配五行以仁智信义礼，必为朱氏传家之宝。诸桥辙次（一八八三—一九八二）谓取其五行相生之说，[13]愚不敢谓然。五行相胜固不可，五行相生亦有循环意。朱族代代相传，当无取于循环之说也。

1 《朱子实纪》(《近世汉籍丛刊》本) 卷一《世系源流》，页三上至十八上，总页四十三至七十三。

2 叶公回校订《朱子年谱》(《近世汉籍丛刊》本) 卷上，页二十六上下，总页五十一至五十二。

3 《文集》卷九十四《亡嗣子圹记》，页二十七上。

4 据《中国人名大辞典》(上海商务印书馆，一九三〇) 页二四九与容肇祖《记正德本朱子实记并说朱子年谱的本子》，载《燕京学报》第十八期 (一九三五)，页八十三。

5 《朱子文集大全类编》，《文集书板复藏考亭书院叙》。

6 黄榦《勉斋集》(《四库全书》本) 卷三十六《朱子行状》，页四十七下。《朱子实纪》多恩老与钦二人。

7 亦从《行状》，页四十八上。叶《谱》只有渊、洽、潜、济。戴《谱》则有浚、沂、泾、源、灏、沆、溱、泽而无洽以下五人。铸子为泽，而钦子又为泽，必有一误。

8 王懋竑《朱子年谱原序》(《丛书集成》本)，页五。

9 同上，页六。

10 三浦国雄《朱子》(东京讲谈社，一九七九)，页二〇一。三浦误以朱子第三女名癸巳 (页一九六、二〇〇)，谅以《文集》卷九十三《女巳埋铭》有“生癸巳，因以名”之语。然题目明言女巳，则“因以名”乃名巳而非名癸巳也。

11 《书经·周书·洪范》第五节。

12 《春秋繁露》卷十三《五行相生》，第五十九。

13 三浦国雄《朱子》，页二〇一。

【七】朱子之亲属

朱子之父名松，字乔年。徽州婺源[1]万年乡[2]松岩里人。绍圣四年丁丑（一〇九七）闰二月二十三日戊申生。曾祖振，妣汪氏。祖绚，妣亦汪氏。父森，号退翁，妣程氏。三世不仕。政和八年戊戌（一一一八）三月以同上舍赐进士及第，授迪功郎为福建建州政和县尉。于是入闽。父承事公卒，贫不能归，[3]因葬于政和县西二十里之护国寺西侧。时从罗从彦（一〇七二—一一三五）游，而闻杨龟山（杨时，一〇五三—一一三五）所传河洛（指程颢与程颐）之学，与李延平（李侗，一〇九三—一一六三）为同门友，日诵《大学》《中庸》之书。自谓卞急害道，因取古人佩韦之义，名其斋曰韦斋。[4]建炎二年戊申（一一二八）服除，三月调南剑州尤溪县尉，七月到任。翌年五月任满，除监泉州开建乡修仁里石井镇[5]税。八月到任。在任十一月，闻有北骑自江西入闽。时眷属在尤溪，遂弃所摄，携家返政和。[6]"以是困于尘埃卑辱、锋镝扰攘之中，逃寄假摄，以养其亲十有余年，以至下从算商之役于岭海鱼虾无人之境。"[7]往来于建剑二州。建炎四年庚戌（一一三〇）馆于尤溪郑安道〔熙宁六年癸丑（一〇七三）进士〕之义斋[8]而朱子生焉。

御史胡世将抚喻东南，韦斋谒见，陈保守中原之论。胡公奇其言。泉州守谢克家亦荐。绍兴四年甲寅（一一三四）乃召试。入奏，上悦其言。除秘书省正字。旋丁内艰。服满，复召对。绍兴八年戊午（一一三八）改左宣教郎，除秘书省校书郎。迁著作郎，尚书吏部员外郎，兼史馆校勘。是时秦桧（一〇九一——一一五五）议和。吏部（朱松）率同僚抗议。秦桧大怒，迁知饶州[9]。不赴，遂请闲差主管台州崇道观。于是于绍兴十年庚申（一一四〇）罢官，来寓建阳，登高丘氏之居。[10]旋寓建州城南。绍兴十三年癸亥（一一四三）三月二十四日辛亥卒于寓舍，年四十七，谥献靖公。朱子十六世孙朱玉所编《朱子年谱》（一七二二）谓其卒于建州城南环溪精舍，又谓献靖公喜建州城南溪山之胜，筑环溪精舍，尝寓焉。其他年谱均无此说。城南，《年谱》作"水南"。王懋竑（一六六八——一七四一）已据《吏部行状》改正，盖以《吏部行状》不言"水南"也。[11]予疑后人改寓舍为精舍，以作纪念，而朱玉附会以为筑此精舍耳。

吏部疾革，手自为书，诀于籍溪胡宪（一〇八六——一一六二）、白水刘勉之（一〇九一——一一四九）与屏山刘子翚（一一〇一——一一四七）。三君皆住崇安县五夫里。命朱子往禀学焉。绍兴十三年癸亥（一一四三），朱子十四岁，遵命奉母移居五夫里。翌年葬其父于五夫里之西塔山灵梵院侧。乾道六年庚寅（一一七〇）七月五日迁于里之白水鹅子峰下。[12]又因地势卑湿，乃于庆元某年某日再迁于崇安县武夷乡上梅里寂历山中峰僧舍之北。盖韦斋之诗，尝有"乡关落日苍茫外，尊酒寒花寂历中”之句也。遗著有《韦斋集》十二卷，行于世。外集十卷则早已失传矣。集序称其诗“高洁而幽远，其文温婉而典裁”。朱子谓“亦为得其趣者”[13]。

吏部娶同郡祝氏。关于朱子之母，资料极稀。黄榦（一一五二—一二二一）著《朱子行状》，只举其姓。[14]《宋史》朱子本传[15]，则绝未提及。所幸朱子尚有记述。朱子《外大父祝公遗事》云：“外家（徽州）新安祝氏，世以赀力顺善闻于州乡。其邸肆生业，几有郡城之半，因号半州祝家。……讳确，字永叔，特淳厚孝谨。……其他济人利物之事不胜计。……学试又每占上列。……先君子于时亦为诸生。年甚少，未为人所知。公独器重，以女归之。……比其晚岁生理益落，而好施不少衰。年八十三以终。娶同郡喻氏，亦有贤行。生二男一女。”[16]《孺人祝氏圹志》又云：“以元符三年庚辰（一一〇〇）七月庚午生孺人（朱子之母）。性仁厚端淑。年十有八归于我先君。……逮事舅姑，孝谨笃至，有人所难能者。以先君校中秘书赐今号。及先君卒，熹年才十有四，孺人辛勤抚教，俾知所向。不幸既长而愚，不适世用。贫病困蹙，人所不堪，而孺人处之怡然。乾道五年己丑（一一六九）九月戊午卒，年七十。生三男，伯仲皆夭，熹其季也。……一女适右迪功郎长汀县主簿刘子翔。”[17]《与陈君举（陈傅良，一一三七—一二〇三）书》亦云：“先妣德性纯厚，事姑极孝敬。祖母性严，先妣能顺适之。治家宽而有法。岁时奉祀，必躬必亲。抚媵御有恩意，无纤毫嫌忌之意。”[18]

据吏部致其岳父书，称孺人为小五娘，[19]祝孺人既没，朱子于六年（一一七〇）正月癸酉葬于建阳县西北七八十里崇泰里后山天湖之阳，名曰寒泉坞，即今之马伏太平山麓。自作圹记。[20]朱子于此建寒泉精舍。后赠硕人，封粤国夫人。宋明人《朱子年谱》云："先生居丧尽礼。既葬，日居墓侧。朔望则归奠几筵。"王懋竑谓精舍为讲论之地，而非守墓之所，故并于朔望归奠亦不置信。[21]然精舍可以两用。问题是在由寒泉归五夫里路途遥远，恐朔望难常归耳。母夫人忌日，朱子着缪墨布衫，其中亦然。门人问曰："今日服色何谓？"朱子应曰："公岂不闻君子有终身之丧？"[22]

以上吾人所知朱子之母甚少。知其令人则更少而又少。此为我国传统使然，以夫妇生活为私事，无足怪也。黄榦《朱子行状》云："娶刘氏。追封硕人。白水草堂先生之女。草堂即韦斋所属以从学者也。其卒以乾道丁酉，其葬以祔穴(合葬)"。[23]叶公回校订《朱子年谱》(一四三一)淳熙三年丙申(一一七六)云："十一月令人刘氏卒。次年二月葬于建阳县之唐石大林谷。名其亭曰宰如，而规寿藏(生坟)于其侧。名其庵曰顺宁。"戴铣《朱子实纪》卷二之《年谱》与王懋竑之《年谱》均同。唯朱玉之《年谱》则加详而云嘉禾里之唐石大林谷与规寿藏于其左。又于庆元六年庚申(一二〇〇)朱子葬于建阳县唐石里之大林谷，注云"今名嘉禾里"。"宰如"出《列子·天瑞篇》："望其圹，睪如也，宰如也，坟如也，鬲如也。"皆形其突起之貌。[24]张子(张载，一〇二〇—一〇七七)《西铭》结语曰："存吾顺事，没吾宁也。"[25]观其亭庵之名义与其合葬之计，可知其夫妇关系必甚圆满。吾人所知，如是而已。刘勉之死于绍兴十九年己巳(一一四九)。其女必于其未死之前适朱子。但其何年出世与何年结婚，则无从而知。假若绍兴三年癸丑(一一三三)出世，少朱子三岁，十七岁(一一四九)出嫁，二十一岁(一一五三)出长子，四十三岁(一一七五)生幼女，则死时四十四岁，婚姻生活，只二十八年而已。

黄榦《行状》续云："子三人：长塾，先十年（一一九一）卒；次埜，迪功郎监湖州德清县户部新市犒赏酒库，后十年（一二〇九）亦卒；季在，承议郎提举两浙西路常平茶盐公事。女五人。婿：儒林郎静江府临桂县令刘学古、奉议郎主管亳州明道宫黄榦、进士范元裕。仲、季二人亦早卒。孙男七人：鉴、钜、铨、铎、铚、铉、铸。钜从政郎差监行在杂买务杂卖场门。铨从事郎融州司法参军。鉴迪功郎新辟差充广西经略安抚司准备差遣。余业进士。（孙）女九人。（孙）婿：承议郎主管华州云台观赵师夏、进士叶韬甫、周巽亨、郑宗亮、黄辂，从政郎绍兴府会稽县丞赵师郏、黄庆臣、李公玉。曾孙男六人：渊、洽、潜、济、濬、澄。（曾孙）女七人。"[26]

长男塾，字受之。绍兴二十三年癸酉（一一五三）七月丁酉生。初受庭训。朱子以其懒惰，且在家汩于俗务，二十一岁乃遣其至（浙江）金华受学于吕东莱（吕祖谦，一一三七—一一八一）。朱子管束甚严。临行以书规约其言行。在金华食宿于东莱门人潘景宪〔字叔度，一一三四—一一九〇，隆兴元年癸未（一一六三）进士〕之家。潘氏以长女妻之。塾原与项平父（名安世，一二〇八年卒）次女议婚，与塾同年，而竟不育。[27]潘女比塾少八九岁。朱子答吕伯恭（吕东莱）云："叔度书云其令女方年十三岁。此则与始者所闻不同。此儿长大，鄙意欲早为授室。如温公（司马光，一〇一九—一〇八六）之仪，则来岁已可为婚。"[28]是则淳熙三年丙申（一一七六）左右成婚也。东莱之弟子约（吕祖俭，一一九六年卒）甚爱之。[29]在留学期间，曾返五夫里守母丧及两次应试。居此六年，然后携妇儿归五夫里，预备第三次应试，卒亦落第（参看页五五七"朱子与吕东莱"条）。曾答吕伯恭云："塾子蒙招抟，令写《纲目》大字。渠懒甚。向令写一二年大事记及他文字一两篇，竟不写来。"[30]及携妇归，朱子谓其粗知向学。[31]后此在家曾服役不少，如抄写《拜魏公墓》一篇是也。[32]始终未仕。绍熙二年辛亥（一一九一）正月癸酉卒于婺州金华，年三十九。是时朱子知漳州。报至，即以继体服斩衰。乞祠归治丧葬。[33]

长子物故，朱子悲痛至极。在友朋书札中，屡屡哭子悲伤，[34]由漳州归后，“愿得躬视埋葬，以塞老牛舐犊之悲”[35]，唯以卜地未定，年余未葬。与陈同甫（陈亮，一一四三——一一九四）书云：“亡子卜葬已得地。但阴阳家说须明年夏乃可窆。今且殡在坟庵。其妇子即且同在建阳寓舍。小孙壮实麄厚。近小小不安。然观其意气横逸，却似可望，赖有此少宽怀抱。然每抱抚之悲绪触心，殆不可为怀也……此子自幼秀慧。生一两月，见文书即喜笑咿呜，如诵读状。小儿戏事，见必学，学必能，然已能辄弃去。后来得亲师友，意甚望之。既而虽稍懒废，然见其时道言语，亦有可喜者。但恐其骛于浮华，不欲以此奖之。去年到婺，以书归云，异时还家，决当尽捐他习，刻意为己之学。私窃喜之。日望其归。不意其至此也。痛哉痛哉！”[36]

朱子自为圹记，略云：“娶潘氏。生二男：长曰镇，次恩老。四女：归、昭、接、满。镇、满皆夭。明年（一一九二）十有一月甲申葬大同北麓上实天湖。其父为之志。呜呼痛哉。”[37]以荫补将仕郎，赠中散大夫。《朱子实纪》谓：“葬建阳县崇政理茶墹。文公记其圹，陈同甫为墓铭。生子二：鉴、恩老。”[38]墓铭不见《龙川文集》。黄榦《行状》云“鉴”，则“鉴”“镇”必有一误。朱子《题嗣子诗卷》云：“大儿自幼开爽，不类常儿。予常恐其堕于浮靡之习，不敢教以诗文。既没后许进之（朱子门人）乃出其所与唱和诗卷示予。予初不知其能道此语也。为之挥涕不能已，不忍复观也。为书其后而归之，以识予哀云。庆元乙卯（元年，一一九五）六月既望，晦翁书。”[39]

《语类》有关于长子之丧四则，录之如下：

“先生以子丧，不举盛祭，就影堂前致荐。用深衣幅巾。荐毕，反丧服，哭奠于灵，至恸。”[40]

“先生殡其长子，诸生具香烛之奠。先生留寒泉殡所受吊。望见客至，必涕泣远接之。客去必远送。就寒泉庵西向殡。掘地深二尺，阔三四尺。内以火砖铺砌，用石灰重重遍涂之。棺木及外用土砖夹砌，将下棺以食五味奠亡人。次子以下皆哭拜。诸客拜奠，次子代亡人答拜。盖兄死子幼，礼然也。”[41]

“先生葬长子丧仪，铭旌埋铭，魂轿柩上用紫盖。尽去繁文。埋铭石二片，各长四尺，阔二尺许。止记姓名岁月居里。刻讫以字面相合，以铁束之。置于圹上。其圹用石。上盖厚一尺许。五六段横，凑之。两旁及底五寸许。内外皆用石灰杂炭末细核黄泥筑之。”[42]

“先生以长子大祥，先生十日朝暮哭。诸子不赴酒食会。近祥则举家蔬食。此日除衬。先生累日颜色忧戚。”[43]

次男埜，字文之，绍兴二十四年甲戌（一一五四）七月生，后塾一年。朱子曾欲招建阳一学者来教儿辈，当指塾、埜兄弟[44]。又《答蔡季通（蔡元定，一一三五—一一九八）》云“小儿辈又烦收教”[45]。亦当指此二儿。果如是，则两子曾受学于蔡元定矣。朱子欲早为纳妇。[46]淳熙七年庚子（一一八〇）与塾同应试，均不第。[47]以荫补迪功郎差监（浙江）湖州、德清新市镇户部激赏酒库。是时朱子知南康，以旱叹祈禳，奔走，日日暴露。遂发心疾。上炎下潦，势甚可畏。急遣人呼埜。[48]及朱子疾危，埜急由五夫里归建阳。两日后，朱子易箦。季子在远隔。只埜在场送终而已。朱子尝为印务（参看页一五八“朱子之印务”条），其子襄理。[49]此即是埜，盖塾已逝矣。后塾十年（一二〇九）埜亦卒，赠朝奉郎，葬建阳县三衢里龙隐庵。[50]生子四：钜、铨、铎、铚。

三男在，字敬之。乾道五年己丑（一一六九）正月戊午朔生。自幼未得读处，朱子深以为挠。[51]路远不能遣之往尤溪许顺之。欲约之来五夫里，而顺之授室，事遂不成。朱子以其块坐穷山，无严师畏友之益为可虑。[52]结果未尝亲师受学。曾否应试亦不可知。或问敬之庭训有异闻否？曰：“平常只是在外面听朋友问答。或时在里面亦只说某病痛处。一日教看《大学》，曰：‘我生平精力尽在此书。先须通此，方可读书。’[53]”

淳熙五年戊戌（一一七八）朱子差知南康军，六年赴任。敬之是时十一岁，侍从焉。敬之本人为宦时间颇长。《朱子实纪》记其行实云：“以荫补承务郎。籍田令。迁将作监主簿。累迁大理寺正。知南康军。改知衡州、湖州，俱不赴。奉祠。起知信州。除提举浙西常平茶盐公事。加右曹郎，兼知嘉兴府。召为司农少卿，充枢密副都。承旨出为两浙运副。宝庆二年丙戌（一二二六）权工部侍郎，寻除右侍郎。丐外除宝谟阁待制，知平江府。迁焕章阁待制，知袁州。奉祠。封建安郡侯。卒赠银青光禄大夫。葬建宁府城东光禄坊永安寺后，生子铉、铸、钦。”[54]朱子易箦前一日，作敬之书，令早归收拾文字。且叹息言：“许多年父子乃不及相见也。”[55]敬之卒年未详。

长女名巽，适刘学古。学古乃刘子翚养子刘坪（一一三八—一一八五）之子。尝与其父及塾在等侍朱子游密庵[56]，朱子咏其惠兰[57]。次女名兑，适高第黄榦。有书黄榦云：“此女得归德门事贤者，固为甚幸。但早年失母，阙于礼教，而贫家资遣，不能丰备，深用愧恨。

想太夫人慈念，必能阔略。……辂孙骨相精神。长当有立。辅亦渐觉长进，可好看之。”[58]盖黄榦比朱子之穷为尤甚。有书询二孙在彼如何？[59]小孩子辂爱朱子壁间狮子画，为陆探微（五世纪）真笔，举以与之（参看页七三五“画人朱熹”条）。又遣钜、钧两孙就学于黄榦。[60]

第三女名巳。朱子书告林井伯（名成季）云：“今夏第三女得疾，疗治惊忧，凡百余日，竟不可救。”[61]《与曹晋叔书》亦云：“第三女子前月末间已似向安。疾势忽变至此，十二日遂不可救。痛苦之极，殆无以堪。”[62]既死，朱子为埋铭曰，“朱氏女，生癸巳，因以名。叔其字。父晦翁，母刘氏。生四年，呱失恃。十有五，适笄珥。赵聘入，奄然逝。哀汝生，婉而慧。虽未学，得翁意。临绝言，孝友悌。从母藏，亦其志。父汝铭，母汝视。汝有知，尚无畏。宋淳熙，岁丁未（十四年，一一八七），月终辜（十一日），壬寅识。”[63]（参看页六六八“三字文”条）此女乾道九年癸巳（一一七三）生。在世十五年间，大半是朱子屏居著书教学之时。必与此女有特殊爱护，甚得其意。特为之铭，非无故也。第四女失名，适门人范念德之子元裕，亦朱子门人。第五女亦失名，巳死后数年夭折。朱子书告门人陈才卿（陈文蔚，一一五四—一二三九）谓夏间失一小孙，不知所指。[64]易箦之前日，为书念德托写礼书，且为孙择配，[65]亦不知何所指也。

1　今属江西。

2　据叶公回校订《朱子年谱》（一四三一），与戴铣《朱子实纪》（一五〇六）卷二之《年谱》。王懋竑《朱子年谱》谓永平乡。

3　各《年谱》云以方腊乱，陆道梗，不能归。然王懋竑考据方腊之乱在庚子辛丑（一一二〇—一一二一）。承事之卒在乙巳（一一二五），则方腊之乱已平久矣。《朱子年谱·考异》（《丛书集成》本）卷一，页二四二。

4　《文集》卷九十七《吏部行状》，页十八上。

5　今晋江安海镇。

6 高令印《朱熹行踪考》(《中国哲学史论丛》第一辑，一九八四)，页四一三至四一四引《韦斋集》卷首《年谱》。

7 同注4，页十八上至十九上。《胡适手稿》(第九集) 卷一，页一三七，谓此指其管理铁场或盐场。

8 据朱玉《朱子文集大全类编》〔康熙六十一年壬寅 (一七二二) 刊本〕，第一册之《年谱》。并云："生文公之寓舍，今为南溪书院。"

9 今江西上饶。

10 《文集》续集卷八《跋韦斋书昆阳赋》，页十上。

11 王懋竑《朱子年谱·考异》卷一，页二四四。又《文集》卷九十七《吏部行状》，页十八上。

12 《文集》卷九十四《吏部迁墓记》，页二十三上下。

13 《文集》卷九十七《吏部行状》，页二十五下。

14 《勉斋集》卷三十六。

15 《宋史》卷四二九。

16 《文集》卷九十八《外大父祝公遗事》，页二十四下至二十六上。

17 同上，卷九十四《孺人祝氏圹志》，页二十三下至二十四上。又卷九十七《吏部行状》，页二十五下至二十六上。

18 同上，卷三十八《与陈君举 (第四书)》，页四十六下。

19 同上，续集卷八《韦斋与祝书跋》，页八下。

20 参见注17。

21 王懋竑《朱子年谱·考异》卷一，页二六二至二六三。

22 《语类》卷九十，第一四三条，页三六八六，终身之忧见《礼记·祭义篇》，第五节。

23 《勉斋集》(《四库全书》本) 卷三十六，《朱子行状》页四十七上下，误作丁酉。乾道无丁酉也。即乾道元年乙酉 (一一六五) 亦误。令人实死于淳熙三年丙申 (一一七六)。

24 《列子》(《四部丛刊》本名《冲虚至德真经》) 卷一《天瑞》，页五上。

25 《张子全书》卷一《西铭》。

26 《勉斋集》卷三十六《朱子行状》，页四十七下至四十八上。《朱子实纪》(《近世汉籍丛刊》本) 卷一《世系源统》，页三上至五下，总页四十四至四十八多孙恩老、钦二人，或已不存。

27 《文集》别集卷三《与刘子澄 (第二书)》，页十三下。

28 同上，正集卷三十三《答吕伯恭 (第三十八书)》，页二十六上。

29 同上，续集卷一《答黄直卿 (第二十六书)》，页七下。

30 《文集》正集卷三十四《答吕伯恭 (第九十三书)》，页三十四下至三十五上。

31 同上，续集卷一《答黄直卿 (第八十六书)》，页二十一下。

32 同上，别集卷三《致程允夫 (第一书)》，页五下。

33 同上，正集卷二十三《乞宫观劄子》，页五下。

34 同上，卷二十八《与留丞相 (第一书)》，二劄子，页十七下至十八上；参看卷五十二《答吴伯丰 (第九书)》，页十下；卷五十八《答宋择之》，页十九下；续集卷七《答俞寿翁》，页五下。

35 《文集》正集卷二十八《与留丞相劄子》，页二十七上。

36 同上，续集卷七《与陈同父》，页八上下。

37 同上，正集卷九十四《亡嗣子圹记》，页二十七上。

38 《朱子实纪》，卷一《世系源流》，页三下，总页四十四。

39 《文集》卷八十三《题嗣子诗卷》，页二十二下至二十三上。

40 《语类》卷八十九，第五十四条，页三六二〇。

41 同上，第六十六条，页三六二三至三六二四。

42 同上，第七十二条，页三六二六至三六二七。

43 同上，第五十九条，页三六二一至三六二二。

44 同上，卷三十九《答柯国材》，页五上。

45 同上，卷四十四《答蔡季通（第四书）》，页三上。又第五书，页四上。

46 同上，卷三十三《答吕伯恭（第三十八书）》，页二十六上。

47 同上，卷三十四《答吕伯恭（第八十五书）》，页二十九下。

48 同上，页二十八下。

49 《语类》卷六十《答周纯仁（第一书）》，页一下。

50 《朱子实纪》卷一《世系源流》，页四上，总页四十五。

51 《文集》卷三十九《答许顺之（第十八书）》，页十九上。

52 同上，卷三十五《答刘子澄（第七书）》，页十七上。

53 《语类》卷十四，第五十条，页四一二。

54 《朱子实纪》卷一《世系源流》，页四下至五下，总页四十六至四十八。

55 《蔡氏九儒书》〔同治七年戊辰（一八六八）刊本〕卷六；蔡沆《朱文公梦奠记》，页五十九下；王懋竑《朱子年谱》卷四下，页二二八引之。

56 《文集》卷八十四《游密庵记》，页三十上。

57 同上，卷二《秋兰已悴以其根归学古》，页四上。

58 同上，续集卷一《答黄直卿（第三十四书）》，页十上。

59 《文集》第五十九书，页十六上。

60 同上，第五十一、六十五、七十三书，页十四下、十七下、十九下。黄榦《朱子行状》与《朱子实纪世系源流》，均无钧之名。未审是否有误。

61 同上，别集卷四《与林井伯（第五书）》，页十三上。

62 同上，正集卷二十七《与曹晋叔》，页二十二下。

63 同上，卷九十三《女巳埋铭》，页一上。

64 同上，卷五十九《答陈才卿（第十一书）》，页三十二上。

65 《蔡氏九儒书》〔同治七年戊辰（一八六八）刊本〕卷六；蔡沆《朱文公梦奠记》，页五十九下；王懋竑《朱子年谱》卷四下，页二二八引之。

【八】朱子年谱

研究朱子所用之年谱，素来以王懋竑（一六六八—一七四一）《朱子年谱》为无上权威。王氏每云“李本”、“洪本”、“闽本”等，或只云“年谱”。学子不无纷惑。且亦有年谱为王氏所未见者。今为学子利便计，略将各本说明如下：

甲　宋，李方子本。朱子门人李方子，字公晦，号果斋〔嘉定七年甲戌（一二一四）进士〕，福建邵武人。曾录《朱子语类》淳熙十五年戊申（一一八八）以后所闻二百余条。[1]著《朱子年谱》三卷，普通称为《紫阳年谱》，魏了翁（一一七八—一二三七）为之序，载《朱子实纪》（丙），称《朱文公先生年谱》。亦载王懋竑《朱子年谱》（辛），其《朱子年谱原序》云：“吾友李公晦方子，尝辑先生之言行。今高安洪史君友成为之锓木，以寿其传。其弟天成属予识其卷首。”《性理大全》成于永乐十三年乙未(一四一五),内载李果斋朱子言行录甚详。[2]可知此时李方子《年谱》尚存。然先此王柏(一一九七—一二七四)云:“先生旧有年谱,门人各以意裒集。”[3]明洪武二十七年甲戌(一三九四)朱子阙里掌祠事第六世孙境谋锓《年谱》,函请汪仲鲁为序。孙叔拱谓此谱“以己意增损。……本板漫漶”[4]。是则李方子之后,其《年谱》屡有增减。汪仲鲁所序之谱,不知保持李方子原谱之程度如何?且岁月既深,字迹磨灭,于是有叶公回校订之必要(乙)。至于李谱之本来面目,已不可考,只知其有《朱子行状》与其叙述朱子生平、履历、道学、事功颇详,[5]与其序有云果斋尝辨朱陆异同[6]而已。《四库全书总目提要》谓朱境所刊而汪仲鲁为之序,已非方子之旧。[7]嘉靖三十一年壬子(一五五二)李默序其修订《年谱》,谓魏了翁序“但云果斋辑先生言行,即不称有《年谱》”[8],似谓李方子未尝撰《年谱》。容肇祖考据《年谱》甚详,则以《朱子实纪》中之《年谱》代表李方子原辑之《年谱》,[9]又以汪仲鲁所序之《年谱》为祠堂翻刻,并无修改增补之事。[10]

乙　明叶公回校订重刊本(一四三一)。日本内阁文库藏有朝鲜刊叶公回校本《朱子年谱》。此书曾于宽文六年(一六六六)刊行于日本。今已不传。此朝鲜本乃其底本也。宣德六年辛亥(一四三一)孙原贞序云:“括苍[11]叶公公回来为邑丞(指徽州婺源[12])。既新厥庙,复以《年谱》旧刊,本板文字磨灭,漫不可辨。谋欲重刊。爰得旧本。若行状褒典记文附于《年谱》之后者,与邑之儒士孙叔拱悉加校雠,补其遗阙,正其讹谬,命工锓梓。”孙原贞序只云旧谱,不云何时何人所编。然孙叔拱有《年谱》后序。彼云:“叶侯……并取是书徽、闽二旧本考正,重新锓梓。”[13]朱子八世孙朱湛序亦云:“叶侯公回谒祠间，观而有感，遂购徽闽之本。”所谓闽本，大概指汪仲鲁所序之本而言。叶本书分上中下三卷，与李方子（甲）本同，唯叶本中卷分首尾。一九七二年台北广文书局影印和刻《近世汉籍丛刊》，与《北溪先生字义详讲朱子行状》合为一册。叶本王懋竑未见，因其未用“叶本”之辞也。且条文引洪去芜本（戊）多处而不引所叙相同之叶公回本，如乾道六年庚寅（一一七〇）朱子日居墓侧是也。叶本比洪本早三百年。苟王氏见之，必引此而不引洪本也。又王氏《朱子年谱考异》谓《年谱》无“其后子寿（陆九龄，一一三二——一一八〇）颇悔其非，而子静（陆象山，一一三九——一一九三）终身守其说不变”之语。[14]若曾见叶本，则知淳熙二年乙未（一一七五）条下，诚有此语矣。容肇祖于《朱子实纪》得见叶本孙原贞序，唯未见其书。然彼推测其当是戴铣《朱子实纪》凡例所说的“宣德（一四二六——一四三五）间婺源刻本，颇有疏脱”[15]。此可指叶公回本，亦可指朱湛序所云遂购之徽本。宣德朝只十年。叶本刊于一四三一。谅无数年之内，徽州印行两本不同年谱之理。是则朱湛所云购买之徽本，必流传若干年，而容教授所料为正确也。绍兴二十七年丁丑（一一五七）朱子二十八岁，容教授引徽本有“馆于陈氏六月，作《畏垒庵记》”[16]。而叶本无此语。此又可证徽谱当时不止一本，而叶《谱》为后起也。

丙　明戴铣厘正本（一五一三）。明人戴铣（一五〇八年卒），字宝之，号翀峰，婺源人。正德元年丙寅（一五〇六）编《朱子实纪》。卷二至卷四为《朱子年谱》。戴氏《自序》云，“果斋李氏之书，屡经锓铺，颇涉淆舛。加以事或逸于时，文寖增于后。未有粹其全者。……窃因其旧而修之，厘为十有二卷。”其凡例云：“果斋李氏著《紫阳年谱》三卷。原本不存久矣。宣德间婺源刻本，颇有疏脱。今取《朱子语类》《大全集》《行状》、本传、《道命录》(李心传编)、《年谱节略》(都璋编)等书，参互考订，讹者正之，略者详之。”戴云“因其旧”，又云“婺源本(指乙)刻本颇有疏脱”，则其基于李方子之《年谱》(甲)，无可置疑。有如李氏之《年谱》,《实纪》之《年谱》亦分三卷，为《实纪》之第二、第三、第四卷。第九卷以下为《褒典》《赞述》与《纪题》，皆增补《年谱》所未及者。戴铣《自序》云：“旧名《年谱》，今更曰《实纪》，何也？谓之《年谱》，则绍乎前彰乎后者不足以该。必曰《实纪》，然后并包而无遗。”《四库全书总目提要》则以此为“主于以推崇褒赠，夸耀世俗为荣”。又谓其“主于铺张褒赠，以夸讲学之荣”[17]，乃对卷九以下而言，与《年谱》无关，然似嫌过刻。愚尝比较叶公回《年谱》与戴铣《年谱》之记载(参看本条附录)，不见其有何比叶本为夸张也。

容肇祖参订陈建(一四九七——五六七)之《学蔀通辨》与《实纪》之《年谱》之异同，指出陈建采据之书，有《朱子年谱》一种，“疑或为宣德间婺源刻本”[18](指乙)。因《实纪》所载与陈建所引《年谱》大致相同，故结论：“《朱子实纪》中的《年谱》，以现今所存及所知本相比，实为最接近于李方子的《紫阳年谱》，又可见了。”[19]容教授未见叶公回本。今则叶《谱》已由海外来归，容氏见之，必谓叶本之接近李方子本，较《实纪》为先矣。《学蔀通辨》引《年谱》云：“朱子……曾去学禅。”[20]绍兴二十一年辛未(一一五一)条下叶本有此语而戴本无之。则陈建所用之《年谱》可能为李方子本或叶本，而戴铣删去“曾去学禅”四字耳。

丁　明李默改订本(一五五二)。李默，字时言(一五五六年卒)，福建建阳人。其《朱子年谱》编订之经过，可于朱凌(朱子第十一世孙)与李默两序见之。朱凌云：“《徽国文公年谱》(甲)，宋李果斋氏所著也。益以勉斋黄氏《行状》，先祖生平、履历、道学、事功，始终大致尽矣。婺源戴氏因旧本厘正，附谥议诗文，而总曰《实纪》(乙)，重于徽也。考亭仍婺源叶侯重修本，并附书院题记，总曰《年谱行状》，重于建也。……嘉靖壬子(一五五二)仲春大巡，侍御元山翁曾先生按闽之暇，凌以年末胥见于建溪行台。比询家世，间出《年谱》求正。公披览一尽，叹字迹多漫灭，亟欲修订。且慨旧本之未尽善也。遂敦请于大冢宰古冲翁李老先生，重加参订。校阅纂辑之勤，历三时焉。备载翁所序集矣。录既成，侍御乃命付诸木，嘉惠四方学者”。

此处所谓旧本，即戴铣据以厘正之旧本。至其是否果斋之旧，则李默序云：“世传李果斋公晦尝著《紫阳年谱》三卷，魏了翁为之序。今其序固在。但云果斋辑先生言行，即不称有《年谱》。及考朱氏今所存谱，盖多出洪武(一三六八—一三九八)、宣(宣德，一四二六—一四三五)、景(景泰，一四五〇—一四五七)间诸人之笔，与朱氏增益所成，断非果斋之旧。其最谬者，先生殁后，数十年间，所得褒典，犹用编年之法。甚者尊朱诋陆，为私家言。非述作体也。比侍御元山曾君佩按闽至建阳，得其书而读之，颇疑冗脱。将重加刊正，而以其事谋于默。……辄以元山君之意，咨于先生裔孙河。河指摘谱中舛误者数事，与予意合。因属之考订，一准《行状》《文集》《语类》所载。默不自揆，稍为删润。其猥冗左谬不合载者，悉以法削之。视旧本存者十七。不以鄙诬累先哲也。谱成，复取勉斋(黄榦)《行状》，并国史本传为附录，以示传信。其自宋褒典，亦汇附于末，与是谱合为五卷云。”李序成于嘉靖三十一年壬子(一五五二)六月。朱序则成于同年十一月。[21]

王懋竑《朱子年谱》参考李本不少，必指此本而非李方子本。王氏卒于乾隆六年辛酉(一七四一)。可知此谱十八世纪中叶尚传。唯

《四库全书总目提要》成于乾隆四十六年辛丑（一七八一），已不著录，盖此间已亡佚矣。故容肇祖考订《朱子年谱》，以舒敬亭《朱子传道经世言行录》中《年谱》为李默本，因以王懋竑《朱子年谱考异》证之，字句偶然不同的不多。[22]

《四库全书总目提要》以为“默之学源出姚江（王阳明），阴主朱陆（陆象山）始异终同之说，多所窜乱，弥失其真”[23]。又云：“朱子辨陆学之非，辨陈（陈亮）学之非，旧谱有之，惟李默本删去，以默传金溪（陆象山）之学故也。”[24]李默门户之见，又可于洪去芜修订本（戊）洪璟之序见之。洪璟曰：“考朱子门人李果斋氏，尝叙次朱子之言行。虽未以《年谱》称，而大端岁月之终始可与稽也。世宗时（一五二二—一五六六），李古冲（李默）从而修之。以旧谱为多出于洪、宣、景间诸人之所改窜。是岂果斋之谱不复见于世欤！当古冲同修《年谱》，诸公在嘉靖（世宗）之朝。姚江之学方盛。其以果斋之谱为多所改窜非旧本者，不过如序中所称果斋尝辨朱陆异同，从而疑其书之未能尽善，而不知果斋亲见朱子辨正象山。岂尝有晚年定论之说？其亦据实而直书之，以俟夫后人之折衷定论，不可谓著书立说者之不当出于此也。”洪璟续云：“然而古冲之所修，其亦有出于果斋之所未逮。如大修荒政，条奏诸州利病诸书法，与陈同甫（陈亮）来往，当在其大书之下，及毁秦桧祠事，皆绝有关系，不可以略者。”[25]

戊　清洪去芜改订本（一七〇〇年重刻）。此书《四库全书总目提要》亦无著录，只谓“国朝康熙庚辰（一七〇〇）有婺源洪氏续本”[26]。洪璟之序有云：“古冲（李默）之所修（丁），亦有出于果斋（甲）之所未逮。……家兄去芜尝辑两家之谱，而参以朱子从学延平（李侗），及与张敬夫氏（张栻）中和三变之书，而合为一编，附以黄氏《行状》《宋史》本传，与历代褒典庙记诸文，以俟后之君子。其书旧刻于金陵。……题曰‘重刻’，仍其旧也。”[27]此为洪璟康熙三十九年庚辰（一七〇〇）所识。“两家”非指李方子与李默本，因序之上文已谓“果斋之谱不复见于世”也。所指者乃李默本与李默以为出于洪、宣、景间诸人之“旧谱”。是则洪《谱》为李方子本改订之改订矣。王懋竑则以为“似见旧本”与“疑是《年谱》元本”[28]，故参引特多。

容肇祖著《跋洪去芜本朱子年谱》，考据极精。[29]据云：“今年（一九三六）三月，刘文兴先生以其尊人所藏洪去芜本《朱子年谱》见示，说辗转得之王氏（王懋竑）后人。……据书内标题绝没有洪氏的名字。目录下有如下两行题字：宋邵武李方子果斋原辑；明婺源李默古冲增订。其为本自二家年谱，而折冲增订于其间可知。……今案洪氏本书，卷首为序、像、赞、世系，题名录；卷一卷二为《年谱》；以下则附录，卷三为《行状》，卷四《宋史》本传，卷五历代褒典之属。今刘先生藏本缺去卷三以下，然据目录是可知的。”[30]容氏所谓“二家”，亦如洪璟之“两家”，盖指李默本与所谓“旧谱”，已非李方子本之原貌矣。

据容氏考证，洪氏名嘉植，字去芜，即洪秋士，婺源人。漫游甚广。好作诗。学于熊赐履（一六三五—一七〇九）。曾与阎若璩（一六三六—一七〇四）论学。[31]容氏又更参以王懋竑《朱子年谱·考异》（辛），互相比较，指出“洪嘉植对于朱熹的论学的重要之处，如从学李侗，如与张栻论学中和三变，如朱陆异同，如与吕祖谦（吕伯恭）论涵养，如儒佛同异，如评陈亮的功利说，皆有所增订。虽得失不能没有，他对于朱熹学说的重要大端，确不是轻易放过的，又可见了”[32]。

己　闽本。王懋竑（辛）参考闽本多次，但只云“闽本”与“新闽本”而未明言其为何时何人所编。只云“闽本新出”与“新闽本尤为疏略”。[33]“闽本”与“新闽本”当同是一书。《四库全书总目提要》云有“建宁朱氏新本”[34]，即指此书。李默《年谱》(丁)亦是闽本，然王氏指明“李本”，而李本亦非新出，故“闽本”不能指李本。叶公回(乙)校订本亦是闽本，然亦非新出，且王氏《朱子年谱·考异》朱子五岁条下引闽本“文公名沈郎”，而叶本无此条也。据容教授，王懋竑未见万历四十四年丙辰(一六一六)刻本赵滂编《程朱阙里志》卷四之《晦庵先生年谱》，及雍正三年乙巳(一七二五)紫阳书院重刻本《程朱阙里志》。亦未见乾隆二年丁巳(一七三七)朱世润重编之《朱子年谱》。[35]紫阳书院虽在徽州，而朱世润则为朱子裔孙。故朱刊可为新闽本。而王懋竑未见，故彼之所谓“闽本”或“新闽本”，始终是谜。

康熙六十一年壬寅(一七二二)朱子十六代孙朱玉编《朱子文集大全类编》，凡八册。每册由一卷至三十七卷。第一册卷首《年谱原序》载《年谱》序十二，其中包括魏了翁(甲)、汪仲鲁(甲)，孙原贞(乙)、戴铣(丙)、李默(丁)、朱凌(戊)之序。卷二为《文公年谱》祭文与《行状》。今比较王懋竑所参“闽本”，有许多相同处。[36]闽本与此本同用文公而不称先生或朱子。但朱子五岁王懋竑引闽本有“文公名沈郎，小字季延”等三十九字。朱玉《年谱》无之。又朱子生年王懋竑引闽本云“文公面右有七黑子，时并称异”，而朱玉《年谱》只云“文公面有七痣”。故知王氏所用之闽本，决非朱玉新出之闽本也。《朱子实纪》卷十载朱子门人祝穆《朱子易箦私议》，谓朱子病革，先作书季子与之诀别，次作书黄榦，次作书范念德。“今《年谱》所书，乃谓先作黄、范二书，而后季子书，则其事失伦。”祝穆所指《年

【八】

谱》，乃朱子死后数十年内之《年谱》。今查上述乙、丙、丁、戊四《年谱》，皆不失伦。只《朱玉年谱》以黄、范二书为先。岂朱玉《年谱》从最早《年谱》而来耶？

庚　清邹琢其《年谱正讹》。此即《四库全书总目提要》所称之（江苏）武进邹氏《正讹》本[37]，王懋竑云："武进邹君琢其，雍正己酉（一七二九）以御史谪居吾邑。……逾年，始与余相晤。……戊午（一七三八）秋，琢其自金陵贻余《年谱正讹》一册。……其议论杂用余说。……顾其言仅据洪本（戊）与新闽本（己），而李本（丁）则未之见。……所增人者间不言其所据。详略亦无定例，颇非著书之体。余窃考其书，采摭广博，辨正精详，而所附论学诸语，亦简要分明，可见古人为学大略，皆旧谱之所不及。"[38]此书不见《四库全书总目提要》，想流行不广。

辛　清王懋竑《朱子年谱》。上述叶本（乙）、戴本（丙），均宜参考。王氏之书，则为研究朱子者所不能免。不特从考据观点为上乘之作，而其材料与正确，实所罕见。《四库全书总目提要》谓为："诸家之中，惟愗竑本最精核。"[39]诚非过言。

王懋竑（一六六八—一七四一），字与中，号白田，（江苏）宝应人。竭一生之力为《朱子年谱》作纂订。"未第时，即编是书。……直至易箦前数日，厘正乃成。"[40]其子箴传识其《目录》云："先君子纂订《朱子年谱》，历二十余年，凡四易稿而后定。别为《考异》附于后。又续辑论学切要语，并附焉。岁辛酉（一七四一）秋，书成，先君子弃世。不肖等谨藏箧中。今年（乾隆十六年辛未，一七五一）春，孙氏甥仝辙、仝敞，亟请付梓。"辙、敞附语曰："仝辙兄弟，少小尝侍先生左右。窃闻教晦，略窥纂订之意。辄不揣谫陋，强缀例义十有二条，列诸篇端。"

其例义略云："先生大抵据李（丁）、洪（戊）两本严审而慎采之。……李洪两本《年谱》，按之朱子《文集》《语录》，多所不符。先生盖凭《文集》《语录》，以考正李、洪两本。故《文集》《语录》收载为详，而《文集》删取尤多。……《朱子行状》，为门人勉斋黄氏作，最可征信（参看页四〇'朱子行状'条）。《宋史》本传，不无舛误。先生考正李、洪两本，悉以《行状》为主，而本传有可采者，亦参附之。……李、洪两本年谱，先生分别注明，仍志《年谱》之旧，而所载《文集》《语录》《行状》本传，暨凡引证群书，总缀于各条下，统标之曰《朱子年谱》。……先生纂订《年谱》，凡已所辩论，原缀各条末后。恐繁重难以行远，因摘出别为一书曰《年谱考异》。……古冲为阳明之学，率其私意删改旧谱。……先生有忧之。得洪本稍增多，并有闽本（己）可参校。"

书分四卷。每卷分上下。继以《考异》四卷。然后以朱子《论学切要语》两卷终焉。其所参考各书，过半只云《年谱》。此指李、洪两本以至闽本所同，而王氏以为可以上溯李方子原本（甲）总概而言，而非其本人"引证群书"之《朱子年谱》。如建炎四年庚戌（一一三〇）云："按《年谱》，李本称'朱子'，洪本称'先生'。……《年谱》云：'以方腊乱不能归。'方腊之乱在庚子辛丑（一一二〇——一一二一），承事（朱子之祖父朱森）之卒在乙巳（一一二五）。则方腊之平久矣。《年谱》误也。"可知《年谱》兼李、洪等本而言。王氏参考以洪本为最多，李本甚少。大概以洪本较确较详之故。如朱子落职罢祠，李本只一条，洪本则增多三条。[41]固不止因李默为陆王之学而已也。间亦两本并举，以资比较。参考闽本亦多，间有因李本洪本俱无而据以增入者。[42]参考邹本（庚）亦不少，而据以补入者较多。[43]四本或详或略。亦有冲突。王氏一一改正之。如淳熙十五年戊申（一一八八），除直宝文阁，李本作七月，洪本作八月。王氏依《文集》改正为七月。[44]又如绍熙元年庚戌（一一九〇）刻经书，李本作"五经"，洪本作"四经"。王氏亦依《文集》改正为"四经"。[45]庆元元年乙卯（一一九五）占得遯之"家人"，《考异》云："年谱遇遯之'同人'，《行状》同。……盖传闻之误，今改正。"[46]王氏未见叶本（乙）与戴本（丙）。戴本为"遇遯之'家人'"，可为王氏作证。然王氏之改订，乃根据《文集》别集《答刘德修书》云，"得遯之'家人'，为遯尾好遯之占"[47]。故王氏云："若遯之'同人'，则止占遯尾矣。"[48]谓为传闻之误，恐未必然。因占时门人数人在场，且事关重要，不容轻信。不如谓抄写之误之为愈也（参看页一二九"遯之'家人'抑遯之'同人'"条）。王氏专靠第一手材料，精审详核。钱穆许为"最称审密"，而撮王氏之《朱子年谱》为《朱子年谱要略》。[49]

上述八种年谱，只戴本与王本《四库全书总目提要》有著录。于戴本则批评甚烈，于王本则虽有指摘，而赞美备至。《提要》云：王谱"于学问特详，政事颇略。如淳熙元年甲午（一一七四）劾奏知（浙江）台州唐仲友事，后人颇有异论，乃置之不言。……至于生平著述，皆一一缕述年月。独于《阴符经考异》《参同契考异》两事，不载其名，亦似有意讳之。然于朱子平生求端致力之方，考异审同之辨，元元本本，条理分明。……以作朱子之学谱，则胜诸家所辑多矣"[50]。

懋竑对于朱子文书其未署年月者，加以年期。此为其改正年谱之外之最大贡献。除少数外，未尝于《考异》说明理由，其中难免少数以意度之。钱穆于此不尽同意。如《书集传》若干篇与其定中和旧说之年岁是也。[51]钱氏亦反对懋竑之辨《家礼》之伪，谓为

“遇大节目，考核每见纰缪”[52]。然此尚是悬案，未可以一概论也。钱氏本人所考年期，亦尝有误。如彼谓《朱子答陆子美（第二书）》在淳熙三年丙申（一一七六），而王氏以之为在淳熙十四年丁未（一一八七）。然书提及近作小筮书，指《易学启蒙》，而朱子序此书于淳熙十三年丙午（一一八六），故知王氏为正而钱氏为误也。[53]李相显谓王氏所定朱子书札与要语年期，即在其《白田草堂存稿》加以讨论，仍乏证据，[54]然李氏亦未提出反证，则只可存疑而已。无论如何，此类究属少数，只是白璧之瑕耳。愚以为此璧最为碍眼之瑕，乃在其未能脱除门户之见。故《四库全书总目提要》谓其书“大旨在辨别为学次序，以攻姚江‘晚年定论’之说”[55]。此是指其《朱子论学切要语》而言，而伍崇曜《朱子年谱跋》则谓“即是此书”。又谓“是书专为卫道而作”。王氏因其门户之故，乃不录朱子之《阴符经考异》与《参同契考异》。沈继祖奏朱子六大罪，余嚞乞斩。王氏注云：“沈继祖余嚞两疏，皆不知所据。窃疑为阳明后人，依仿撰造以诋朱子者。”[56]沈疏载叶绍翁（约一一七五—一二三〇）《四朝闻见录》，[57]距朱子之殁，仅二三十年，非姚江派伪造也。《文集》只举篇名，《语录》只举记录者之名，甚难检查。深望有心人一一注其卷页，则造福学子不浅矣。

懋竑未见叶本与戴本。苟见之，则必用此两本而少用李本、洪本。如淳熙十四年丁未（一一八七）“四月拜命”。王氏从洪本。如曾见叶、戴两本，则必引之，因其所载相同，而比洪本早二三百年也。然诸本大同小异，于懋竑结论，无甚影响。朱子生年，戴本有“贫不能归”之语，王氏可依以补年谱之缺。绍兴十三年癸亥（一一四三）

叶本命字祝词较年谱为详，王氏可以引用。庆元三年丁巳（一一九七）年谱作饯别寒泉精舍，王氏亦可依戴本改正为净安寺。然王氏采用《文集》《语类》第一手材料，反为优胜。淳熙七年庚子（一一八〇）应诏上封事，王氏以“上读之，大怒，令其分析。赵雄诡词救解乃已”之语来自李本，而不知早已见诸戴本也。苟见叶本，或宁取其所载。其言曰：“上初不以为忤。当笔者始欲疏驳。同列喻解乃已。”又淳熙七年庚子（一一八〇）朱子筑卧龙庵于庐山，并绘诸葛像于其中。叶、戴两《谱》，均载其事。苟王见之，必增入焉。然此类究属少数，亦非重要，无损于王氏《朱子年谱》之真价值也。

附　叶本（乙）与戴本（丙）之比较

	叶公回本	戴铣《朱子实纪》本
有魏了翁、汪仲鲁、孙原贞、朱湛序。		无朱湛序。
均有朱子半身像。同为家庙所藏文公六十一岁写真之摹写。		
世系图十九世，三十六人。		世系图二十世，三〇九人。
称“先生”。		称“朱子”。
建炎四年	方腊乱，陆道梗，不能归。	方腊乱，陆道梗，且贫不能归。
绍兴七年	八岁问天何所附？	相传朱子生时，婺源故宅井中有紫气见。四岁问：“天何所附？”

绍兴二十年		略述虞集《复田记》。
绍兴廿三年	初见延平（李侗），说得无限道理。也曾去学禅。	初见延平，说得无限道理。渠初从谦、开善处下工夫，故皆就里面体认。
绍兴廿七年	无洪本、徽本之“馆于陈氏”。	亦无。
隆兴元年		正文多“是岁《论语要义》成”，“《论语训蒙口义》成”。
隆兴二年		正文多“《困学恐闻编》成”，又加注。
乾道三年	除枢密院编修。	注多“用执政陈俊卿刘珙荐也”。
	至自长沙。	注多东归与道中作诗二百余篇数十字。
乾道六年	《家礼》成，未尝为学者道之，易箦后其书始出。	《家礼》既成，为一童行窃去。至易箦后其书始出。
乾道八年		正文多“《八朝名臣言行录》成”。
乾道九年		注多“九月序《中庸集解》”。
淳熙三年	归婺源省先墓。	注长数倍，谓朱子思返其故庐，唯闽产力劝其还闽。
淳熙六年		正文多“十二月申请陶威公庙额”。

淳熙七年		正文多"三月复丐祠，不允"。
	疏入，上初不以为忤。当笔者始欲疏驳。同列喻解乃已。	疏入，上读之大怒，命朱子分析。宰相赵雄诡辞救解乃已。
淳熙八年	陆子静来谒。	注多朱子答东莱书。
淳熙九年		正文多"正月条奏巡历诸群救荒事宜"。
	复上时宰书。	在此本为注。
		正文多"毁秦桧祠"又注十一字。
	注："诏与江东梁揔两易，复辞。"	作为正文，并加详注。
淳熙十一年	力辨浙学。注谓朱子与陈亮往复辨难而陈心服。又述朱子江西（陆象山）顿悟，永康（陈亮）事功两病之语。	不言朱陈辨难而有朱子致刘子澄书评功利之说。朱子学术两说之语，见之绍熙三年。
淳熙十四年		正文多"三月编次《小学》书成"。
	十月拜命。注云宰执杨万里荐。	注云："'十月拜命'四字疑衍。"
淳熙十五年	八月。	注有叶适上疏言林栗以私意劾朱子。

绍熙三年	注:"永康陈亮同甫来。"	正文"陈同甫来访",又注百余字。
绍熙四年	二月差主管南京鸿庆宫。	二月仍旧宫观。又注:"七月序《诗集传》。"
绍熙五年	除官观,寻除宝文阁侍制。	注较详。
庆元元年	注:"遇遯之'同人'。"	注:"遇遯之'家人'。"
庆元三年	别蔡元定于寒泉。注:"会别萧寺。"	别蔡元定于寒泉。《周易参同契考异》成。 注:"会别净安寺。"
庆元六年	三月甲子终于正寝。 十一月葬。注:"送者几千人。"	注甚详。 注:"送者几千人。言者误以为归葬婺源,奏乞约束会葬。"

两本比较,戴本正文较多数事,但与叶本几全同。注较详。其长注多至三四百字者亦大同小异。事实不符者甚少,唯戴本特重著述。如此相同,必是共沿一本,或即李方子原本(甲)亦未可知。隆兴元年,两本均云"十一月戊辰",则其误亦同,又可以知其同出一源也。又将此两本与他本比较,亦是同者多而异者少。朱子传信之可靠,可谓足以惊人。

1 拙著《朱子门人》(台北学生书局,一九八二),页一一三至一一四。

2 《性理大全》卷四十一《诸儒》三,又载叶公回校订《朱子年谱·赞》(《近世汉籍丛刊》本),页十六上至二十五下,总页三十一至五十。

3 王柏《原刻文公系年录序》，载朱玉《朱子文集大全类编》〔康熙六十一年壬寅（一七二二）本〕第一册，《年谱原序》，页二下至三上。

4 叶公回校订《朱子年谱》，孙叔拱《后序》，页五上下。

5 李默改订《朱子年谱》，朱凌《序》，载王懋竑《朱子年谱原序》（《丛书集成》本），页五至六。

6 洪去芜改订《朱子年谱》洪璟《序》，载王懋竑《朱子年谱原序》，页六。

7 《四库全书总目提要·史部·传记类》（上海商务印书馆，一九三三），总页一二六二。

8 李默自序《朱子年谱》，载王懋竑《朱子年谱原序》，页四至五。

9 容肇祖《跋洪去芜本〈朱子年谱〉》，《燕京学报》（第二十期，一九三六），页二一〇。

10 容肇祖《记正德本〈朱子实纪〉并说〈朱子年谱〉的本子》，《燕京学报》（第十八期，一九三五），页八十一。

11 今浙江丽水县。

12 今属江西省。

13 叶公回校订《朱子年谱》，孙叔拱《后序》，页五上下。

14 王懋竑《朱子年谱·考异》，卷二，页二七六。

15 参见注10。

16 容肇祖《跋洪去芜本朱子年谱》，《燕京学报》（第二十期，一九三六），页一九六。

17 《四库全书总目提要·史部·传记类一》，总页一二六三；《传记类·存目二》，总页一三一八。

18 容肇祖《记正德本〈朱子实纪〉并说〈朱子年谱〉的本子》，《燕京学报》（第十八期，一九三五），页七十七。

19 容肇祖《记正德本〈朱子实纪〉并说〈朱子年谱〉的本子》，《燕京学报》（第十八期，一九三五），页八十四。

20 《学蔀通辨》（《正谊堂全书》本）卷一，前编上，页二上。

21 两序载王懋竑《朱子年谱原序》，页四至六。

22 容肇祖《跋洪去芜本朱子年谱》，《燕京学报》（第二十期，一九三六），页一九五、二一〇。

23 《四库全书总目提要·史部·传记类》（上海商务印书馆，一九三三），总页一二六三。

24 《四库全书总目提要·史部·传记·存目类二》，总页一三三三，朱世润《朱子年谱》条下。

25 洪去芜改订《朱子年谱》洪璟《序》，载王懋竑《朱子年谱原序》，页六至七。

26 《四库全书总目提要·史部·传记类》（上海商务印书馆，一九三三），总页一二六三。

27 洪去芜改订《朱子年谱》洪璟《序》，载王懋竑《朱子年谱原序》，页六至七。钱穆误以洪璟为洪去芜。《朱子新学案》（台北三民书局，一九七一），第五册，页四一一。

28 王懋竑《朱子年谱·考异》，卷四，页三二〇、三三六。

29 容肇祖《跋洪去芜本朱子年谱》，《燕京学报》（第二十期，一九三六），页一九五至二二三。

30 容肇祖《跋洪去芜本朱子年谱》，《燕京学报》（第二十期，一九三六），页一九五至一九七。

31 容肇祖《跋洪去芜本朱子年谱》，《燕京学报》（第二十期，一九三六），页一九七至二一一。

32 容肇祖《跋洪去芜本朱子年谱》，《燕京学报》（第二十期，一九三六），页二二〇。

33 王懋竑《朱子年谱·考异》，卷一，页二四一至二四二。

34 《四库全书总目提要·史部·传记类》（上海商务印书馆，一九三三），总页一二六三。

35 容肇祖《记正德本〈朱子实纪〉并说〈朱子年谱〉的本子》，《燕京学报》（第十八期，一九三五），页八十三。

36 如王懋竑《朱子年谱·考异》卷一，页二四七、二六二；卷二，页二七七；卷四，页三三二、三三四。

37 《四库全书总目提要·史部·传记类》（上海商务印书馆，一九三三），总页一二六三。

38 王懋竑《白田草堂存稿》（《广雅丛书》本）卷八《记朱子年谱正讹后》，页六下。

39 《四库全书总目提要·史部·传记类·存目类二》，总页一三三三，朱世润《朱子年谱》条下。

40 乾隆二十四年己卯（一七五九）门人乔汲《朱子年谱后序》。

41 王懋竑《朱子年谱·考异》卷四，页三三六至三三七。

42 同上，卷二，页二九三；卷四，页三三二、三三五等。

43 同上，卷一，页二四七；卷二，页二八六、二八八；卷三，页三〇五；卷四，页三二二、三三二。

44 同上，卷三下，页一四三；《考异》，卷三，页三一三。

45 同上，卷四上，页一七六；《考异》，卷四，页三二〇。

46 同上，卷四下，页二一六；《考异》，卷四，页三三五。

47 《文集》别集卷一《答刘德修（第六书）》，页十三下。

48 王懋竑《朱子年谱·考异》卷四，页三二〇。

49 钱穆《朱子新学案》第五册，页四一一。

50 《四库全书总目提要·史部·传记类》（上海商务印书馆，一九三三），总页一二六三。

51 王懋竑《朱子年谱·考异》卷一，页二五五；卷四，页三四〇。钱穆《朱子新学案》第四册，页八十九、一六四至一七一。

52 王懋竑《朱子年谱》卷四下，页二二〇至二二一。钱穆《朱子新学案》，第四册，页一六六至一七一。

53 王懋竑《朱子年谱》卷三上，页一二八；钱穆《朱子新学案》，第三册，页三四四至三四五。参看拙著《朱学论集》（台北学生书局，一九八二），《朱陆通讯详述》，页二六〇—二六一。

54 李相显《朱子哲学》（北平世界科学社，一九四七），页七三一、七二六、七六七、七七九、七八一、七八七、七八八、八〇六、八一〇、八一五、八一六。

55 《四库全书总目提要·史部·传记类》（上海商务印书馆，一九三三），总页一二六三。

56 王懋竑《朱子年谱·考异》卷四，页三三七。

57 《四朝闻见录》（《浦城遗书》本）卷四《庆元党》，页十下至十三下。

【九】朱子画像

朱子曾画诸葛武侯（诸葛亮，一八一—二三四）像与尹和靖（尹焞，一〇七一—一一四二）像（参看页七三五“画人朱熹”条），亦有人为之画像。《文集》有《写照铭》曰：“乾道九年，岁在癸巳（一一七三），予年四十有四，而容发凋悴，遽已如此。然亦将修身以毕此生而已，无他念也。福唐□□元为予写照，因铭其上，以自戒云。”[1]福唐县在福建东南。是年朱子居家著书，年尚壮，而照之容发凋悴，未必写真也。

十余年后，又有吴氏社仓书楼之写真。《文集》云：“南城吴氏社仓书楼为余写真如此，因题其上。庆元（六年）庚申（一二〇〇）二月八日，沧洲病叟朱熹仲晦父。”题诗云：“苍颜已是十年前，把镜回看一怅然。履薄临深谅无几，且将余日付残编。”[2]此诗历代传诵。其更为著名者，乃其《书画像自警赞》。《赞》云：“从容乎礼法之场，沉潜乎仁义之府。是予将有意焉而力莫能与也。佩先师之格言，奉前烈之余矩。惟暗然而日修，或庶几乎斯语。”[3]此《赞》无年月，亦不知所指之像为何。此像可能朱子自画，亦可能为别人所画。既云自警，则以自画视之为宜。朱子既能画人之真，则亦必可写自己之真也。相传此《赞》乃其六十一岁对镜自像而自警之语。此亦无据，恐只是因前诗“苍颜已是十年前”之句，由庆元庚申朱子七十一岁上溯十年为六十一岁，而又因前诗“把镜回看”，故附会为六十一岁对镜自像耳。可惜朱子所画武侯像与和靖像，与福唐某人吴氏社仓所画之朱子像，均已无存。现所存者，有纸本六幅，四幅藏在国内，两幅藏在日本。石刻六块，则皆在福建。拓本一幅，亦在日本。

（1）福建近年有重要之发现。一九七四年六月在建瓯城关豪栋街一公社社员家中发现朱子半身像石碑。约九十三厘米高，五十厘米宽。右上角有小鹅蛋形印，文曰“紫阳书堂”。像之上方为“书画像自警”六行。末识“绍熙元年孟春良日熹对镜写真题”。题后另行两方印，一为篆文“晦翁”。画像右颊有七黑子，状如北斗。碑之左下角有识文云：“家庙遗碑，数罗兵火。后出重镌，皆失其旧。此文公六十一岁绍熙元年庚戌（一一九〇）对镜自写真也。威仪整肃，体备中和。谨依元本钩摹重镌，俾海内名宿景仰尊崇，俨然见先贤当年之气象云。十六代孙玉百拜镌石。”厦门大学高令印教授根据“紫阳书堂”四字，以像之原型乃建瓯之朱子后代从朱子故里崇安县五夫里移来，因据《崇安县志》所载，朱子筑室于五夫里之潭溪，匾曰紫阳书堂也[4]。张立文教授影印此像于其《朱熹思想研究》，是为首次刊印。[5]此刻题“绍熙元年孟春良日熹对镜写真”，不知是朱子自题否。朱子诗序题跋，皆用“某日”、“秋日”、“中春”

等词，[6]此处用“良日”，则《文集》所未见。朱玉编《朱子文集大全类编》，刊于康熙六十一年壬寅（一七二二）。第一册第一卷印有《朱文公遗像》，与建瓯石刻像几全然相同。只右颊与右耳略异，或以传神而稍改，亦未可知。朱玉识云：“右像乃文公六十岁自写真也。家庙遗碑，数罗兵火。后之重镌，皆失其旧。此家藏墨刻，祀奉年久。威仪整肃，体备中和。与各祠院塑像，毫厘千里。兹谨依元本钩摹，锓梓于卷端。俾海内名宿，景仰尊崇，俨然见文公当年之气象云。十六代裔孙玉百拜识。”此处所述与石像识语几全相同，只改早一年，然此或行文之便耳。两像所摹，必是同一元本，但所谓元本，只示家庙所藏有年，而未详年岁。朱玉距朱子五百载，又安知所谓元本非后出耶？叶公回所校订之《朱子年谱》，刊于明宣德六年辛亥（一四三一），亦有《太师徽国公真像》，与朱玉之书所印遗照，大同小异。必是摹写同一元本。公回识语云：“右像乃家庙所藏，文公六十一岁时所写真也。威仪俨肃，与尝泛观而大相迳庭。因拜手谨依原像摹写，锓梓于卷端，使观者亦可想见先生平生之气象云。括苍叶公回谨识。”明人戴铣《朱子实纪》〔正德八年癸酉（一五一三）刻本〕卷首亦有《太师徽国文公像》。其附语云：“右像乃朱氏家庙所藏文公六十一岁时所写真也。兹谨模寘卷端，使学者得以想见大贤道德之气象云。”由上三书所印之像与识语均甚相似，吾人可得结论四端：（一）三像同出一源。（二）家庙所藏元本最迟至叶公回《年谱》之年，即一四三一。（三）颊有七痣与对镜自像之传统必早于一四三一。（四）建瓯石像亦必早于一四三一。至此“元本”之上，尚有无“元本”与若干“元本”？至于叶公回校订《朱子年谱》几许年岁？均尚待考证。

(2) 福建近年出土之第二石刻为建阳发现之朱子全身像。予一九八三年九月探访建阳朱子遗迹。文化馆徐贯行先生与建阳县人民政府外事处庄泓女士同游。以文化馆正在修葺，不便参观，乃以车载此石刻来招待所，俾得从容观察（参看页二一二“朱子遗迹访问记”条）。像高一百一十五厘米，宽四十九厘米，厚六点二厘米。像斜向右，与上述三像不同，唯右颊亦有七黑痣。上额刻楷书《书画像自警》全文，题“绍兴五年（一一九四）孟春良日熹对镜写真题以自警”。再上为“徽国朱文公遗像”。此外无落款或其他字样。此石藏建阳文化馆。从其误写“绍兴五年”观之，疑是后起，然并未因此而有减其历史之价值也。

(3) 文化馆又藏一对镜写真。块最小，损坏不能辨认。[7]在建阳时未及见也。

(4) 福建第四块乃在同安发现。据高教授云：“像高二米，宽零点八米。原嵌在同安大同书院的墙壁里，外塑朱熹泥像。历来世人很少知之。‘文化大革命’中书院倒塌，泥像毁圮，石像现出。这幅画除朱熹半身形象外，无说明、落款等任何字样。据初步研究，此像可能刻于南宋嘉定（一二〇八—一二二四）或元至正（一三四一—一三六八）年间，是现存最早的朱熹画像。”……这幅朱熹画像与现存朱熹各种画像的形象都有很大不同。有待进一步研究云。[8]

(5) 福建之第五石刻亦在同安。予同年八月先访同安。游市外大轮山。上登为梵天寺。禅堂在其旁。禅室左旁为佛祖堂。堂后地甚荒芜，已无路径。禅堂大师带领攀登。数十米许到一废墙，坛上有石刻朱子正面半身像，高约一米二，宽约零点六，右耳比左耳长。无七黑子，亦无款识。大师谓：“此是朱子六十一岁对镜自写之像。此址原为讲经堂，朱子曾讲经于此。‘文化大革命’破毁”云。无七黑子，又无对镜自画像之说明，岂是此等传说未兴以前之作品耶？抑所以纪念朱子之在同安（一一五三——一一五七）时尚年轻耶？

（6）福建第六块在福州。吾等八九月两登鼓山。沿山道到涌泉寺水云亭。亭甚小，仅藏十人。传为此是朱子读书处。内有石刻朱子全身像，右颊有七黑痣。上端横款为“宋徽国文公朱晦庵先生遗像”。两旁为正楷“书画像自警”。下款为“大清道光十四年（一八三四）仲冬吉旦三山魏杰敬刊，宋钟鸣镌石”。高约一米二，宽约七十厘米。三山为福州之美名。魏杰乃福州附近之侯官人，自称耆宿拙夫，著《九峰志》四卷。[9]此像显是后人竖立，以纪念朱子。以石刻论，此像并不高明。

后藤俊瑞（一八九三——一九六三）所著《朱子》印有朱子半身像。上题由右至左“文公先生真像”六大字。在此与半身像之间书朱子吴氏社仓书楼诗。半身像占全幅下半有奇。右颊有七黑痣。面貌衣冠，甚似建瓯石刻。后藤教授说明云：“朱子七十一岁之时。原拓本，中山久四郎氏藏。”至于原刻在何处，则未言明。[10]七十一岁，乃作诗之年，谓颜已是十年前也。

上面所提叶公回、戴铣与朱玉《朱子年谱》所印画像，是否皆是摹钩同上元本，尚无定论。现存纸本之画像，其中有无朱子自己所画？若是摹钩，则其元本为何？凡此种种，亦待解决。今只叙述现存各本，以待专家考查。

（1）一九六一年北京文物出版社印行之《宋朱熹书翰文稿》，有两人全身合像。卷末杨仁恺附记于辽宁省博物馆云：“画像为两人，右立的清瘦白须老人，面上有痣者便是朱熹。”此《附记》并未明言左立者为谁。两人衣冠相同，年岁亦相若。左立者身裁比较肥大。两人略斜对面，而画中左立者稍后，或以示其长幼有序之意。《附记》亦未说明原画现藏何处。然《书翰文稿》现藏辽宁省博物馆，则原画亦想必为所藏。朱子右颊有七黑子，并有长须。右上下角与左下角有收藏家四印。朱子相又放大印于下页。左立者疑是张栻南轩（一一三三—一一八〇），年岁似五十余。然张栻卒年四十七，其时朱子五十一岁。倘若此像果是二贤，则必后人绘之以纪念二贤之道终同一耳。

（2）台北“故宫博物院”藏有朱子半身像。右上角隶书题“宋徽国朱文公遗像”。纸本纵二十八点三厘米，横二十二点四厘米。无款印，纸色已黄，闻来自清宫。朱子右颊有七黑点。额皮有皱，比前像约长二十岁，而庄严温厚，则且过之。《故宫图像选粹》《朱熹牍册》《宋朱熹吴说墨迹》均印此像，可云朱像中之精粹。拙译朱子《近思录》与一九八二年国际朱熹会议之秩序表与布告，均采用之。拙著《朱学论集》与《朱子门人》两书封面亦用之，唯影片反底为面，黑痣由右颊移至左颊矣！

（3）台北“故宫博物院”又藏一幅两面全身像。一面为“徽国公朱熹”，右颊有七黑子，一面为“华阳伯张栻”。两面均纵三十三点三厘米，横二十四点三厘米。

（4）台北“故宫博物院”更有一幅。纵四十二点六厘米，横三十六点四厘米。一面为像，一面为说明题款七八行，字甚劣，云“朱晦庵名熹……”最后录其《书画像自警赞》。

（5）一九八三年，九州大学教授日本理学权威冈田武彦博士赐赠影片两张。上片为朱子半身像。右颊有七黑子。上六点两行相对，一点在下，与七斗异。年岁约五十，而威仪气象，别觉英明。像为狩野元俊（一五八八—一六七二）所绘。狩野通称隼人，乃江户画家。下片为大儒林罗山（一五八三—一六五七）赞。诗云：“圣学继开朱遯翁，成功养正启童蒙。千年理义一方寸，收集诸儒为折中。”下款为“夕颜巷穸谨书”。夕颜巷穸乃林罗山之别号。诗所赞朱子之《易学启蒙》。《启蒙》成于淳熙十三年丙午（一一八六）。是年朱子五十七岁，岂此像乃朱子五十七岁之照耶？然冈田教授指出，诗中有遯翁之名。朱子庆元元年乙卯（一一九五），方更号遯翁。是时已六十六岁。则罗山之诗，可以广义解之，盖赞朱子之集大成以开后学也。冈田教授一九八二年九月十五得此帧于京都。实为一幅，上半为像，下半为赞。以帧太长，故分影两片赐寄耳。

（6）一九八二年冈田教授寄赠朱子全身像纸裱一帧彩色影片一张。此是长帧，纵四倍于横。纸色稍黄，然并无损坏。朱子像居十分之六。上为行书，九行，左起。首两行为：“绍熙元年（一一九〇）孟春，时六十一岁，对镜写真，题以自警。”次六行为《书画像自警》赞。最后一行为落款“后学月田强敬书”。月田蒙斋名强（一八〇七—一八六六），乃楠本端山、楠本硕水兄弟之师，传崎门学派之正宗，主静坐以穷理。楠本端山为楠本正继之祖，而楠本正继则冈田教授之师也。下款细字篆书六字，首为“鹅湖木雅”，余两字不详。鹅湖指铃木鹤湖（一八七六—一九二八），乃一画家。彼与月田强不同时。冈田教授云，未审朱子像为何人所画。朱子侧面，不露右颊。左颊无痣。年岁约五六十。气象较近狩野元俊所像，亦可见中日传统之不同。虽是七痣与对镜自像之传说相同，而日本所像比我国所像年幼，此点有无特殊意义？方家窃疑考究。

以上所述，仅限于个人之见闻。公私所藏，绝不止此，愿文化团体，广为调查，刊成《朱熹画像集》，岂不快哉？

附记：本书校对后将付印，乃得高令印著《朱熹事迹考》（上海人民出版社，一九七八年十月）。页三〇二至三一六讨论朱子画像甚详，至宜参考。

1　《文集》卷八十五《写照铭》，页五上。

2　同上，卷九《南城吴氏社仓书楼为余写真因题其上》，页十四下。

3　同上，卷八十五《书画像自警》，页十一上。

4　高令印《朱熹遗迹研究》（《中国哲学》第十辑，一九八三），页三〇一。

5　《朱熹思想研究》（北京中国社会科学出版社，一九八一）。

6　如《文集》卷六，页二十一下；卷九，页五上；卷七十六，页二十四下。

7　高令印《朱熹遗迹研究》（《中国哲学》第十辑，一九八三），页三〇一。

8　高令印《对朱熹事迹资料考察的新收获》（《哲学研究》，一九八四年四月），页七十四。

9　魏杰资料承厦门大学高令印教授见示，敬谢。

10　后藤俊瑞《朱子》（东京日本评论社，一九四三）。

【一〇】 面有七黑子

相传朱子右颊有七黑痣，像七斗形。王懋竑《朱子年谱·考异》云："闽本又云：'文公面右有七黑子，时并称异。'李本、洪本不载，今附见于此。[1]"王氏不载正谱而附见《考异》，盖以存疑。李本指李默改订《朱子年谱》(一五五二)，洪本指洪去芜改订《朱子年谱》(一七〇〇)。闽本则为清初刊物，早王懋竑《朱子年谱》(一七六二)数十年，但不知何本。

王氏未见叶公回校订《朱子年谱》(一四三一)与戴铣《朱子实纪》(一五一三刻)中之《年谱》。两谱均无黑痣之记载。叶《谱》、戴《谱》、洪《谱》均与朱子门人李方子所编〔嘉定七年甲戌(一二一四)进士〕最早之年谱相近(参看页九七"朱子年谱"条)。可谓十六世纪以前，所有《朱子年谱》，无此记载。黄榦《朱子行状》与《宋史》本传，均无此异相。《崇安县志》所载圆悟和尚《朱子像赞》[2]、朱子本人之《写照铭》与《书画像自警》[3]、陈亮之《朱晦庵像赞》[4]、《朱子实纪》卷十一之各祠堂记与卷十二之《白鹿洞书院拜文公像》四则[5]，均不提七黑子之传说。是则传说必起于明，可无疑矣。

明人顾起元著《说略》三十卷。卷五汇举历代名人异象，如仓颉（上古）四目重耳，[6]沈约（四四一—五一三）左目重瞳，腰有紫痣之类。起元每引朱子，[7]而不言朱子有七黑子。起元万历二十七年己亥（一五九九）进士，可知此时七痣传说，流传未广。

年谱之最早登载七痣者，当为闽本。闽本不一，其一为朱子十六世孙朱玉（壮年一七二二）所编《朱子文集大全类编》第一册之《年谱》。谱云："文公面右侧有七黑子，如列星。时并称异。"较王懋竑所参之闽本，多"如列星"三字。显然隐示痣如北斗，朱子有天降之灵。谱续云："明分巡李稠源（李瑨）（江西）丰城人。曾为（江西）婺源令，得之故老传闻云：'文公四代祖妣程恭人官坑墓，葬时下有七石，故生文公面有七痣。'"注云："玉谒（福建）政和文公祖承事府君墓，山水奇秀，环抱对拱，无一不备。砂外溪水抵政邑治，名七星溪。有七石溪布列。溪水出西津，会松溪水，自东注西，至郡城三百余里。此墓上承官坑，而荫生文公七痣，殆应于此耶？"据朱玉，七痣应七石之说，来自徽州婺源，而应于福建政和。从朱玉观之，天文地理，均所感应，而且由来久矣。

七痣传说，明理学界已暂流行，故以附于大儒陈献章（白沙先生，一四二八—一五〇〇）。康熙四十九年庚寅（一七一〇）何熊祥本《白沙子全集》所载《行状》谓白沙"右脸有七黑子，如北斗状"[8]，《明史》本传如之。[9]白沙门人林光辨之曰："此朱子相也。若云白沙亦有，何吾辈未之见也？”[10]林光所云，一方证明白沙时已有朱子七痣之传说，一方证实白沙无七痣。七痣传说，非由《年谱》而来。然是否来自画像，又当另考（参看页一一五“朱子画像”条）。颊之黑痣，老人常有，即七点亦未为奇。然以之比北斗，且有七石感应，恐朱子门人，应有林光之问，而朱子亦谦不敢居也。

1 《朱子年谱·考异》(《丛书集成》本）卷一，页二四三。

2 《崇安县新志》(一九四一年）卷二十《宗教·释教》，页五下，总页五二〇。

3 《文集》卷八十五，页五上，十一上。

4 《陈亮集》(北京中华书局，一九七四)，页一一〇。

5 《朱子实纪》卷十二《纪题》，页五下至六下，总页八四〇至八四二。

6 《说略》(《金陵丛书》丁集）卷五，页六上。

7 同上卷三，页三下、六下；卷五，页二十一上；卷六，页十一上；卷八，页六上；卷十二，页八下、九上；卷十五，页十七下；卷二十一，页十上；卷二十三，页三下；卷二十五，页十七下。

8 据简又文《白沙子研究》(香港简氏猛进书屋，一九七〇)，页二十九。

9 《明史》(《四部备要》本）卷二八三《陈献章传》，页一下。

10 《南川冰蘖集》卷五，页二十七。

【二一】 朱子卜筮

朱子著《周易本义》，又著《易学启蒙》，《语类》所载关于《易经》之对话共十三卷。“四书五经”除《论语》外以此为最多。《近思录》六百二十二条中来自伊川（程颐）《易传》者一百零六条。除《二程遗书》外，北宋四子以此书至多。可知朱子极重卜筮。先儒以象数或义理解《易》者，朱子皆极反对。彼以《易》乃卜筮之书，而卜筮乃所以决嫌疑，定犹与也。

朱子既视卜筮之书为如此重要，则其生平对卜筮亦必重视，生平必卜筮多次，而况卜筮乃当时士人之通习耶？然据记载所录，则朱子全生与卜筮有关者，只得两次，其中一次并不在场。此事至不可解。

黄榦《朱子行状》云：“先生独惕然以侂胄（韩侂胄，一二〇七年卒）用事为虑。既屡为上言，又数以手书遣生徒密白丞相（赵汝愚，一一四〇—

一一九六)，当以厚赏酬其劳，勿使得预朝政。……丞相既逐，而朝廷大权悉归侂胄。先生自念身虽闲退，尚带侍从职名，不敢自嘿。遂草书万言，极言奸邪蔽主之祸，因以明其冤。词旨痛切。诸生更谏以筮决之，遇遯之'同人'。先生默然退，取谏稿焚之，自号'遯翁'"。[1]"同人"应作"家人"(参看页一二九"遯之'家人'抑遯之'同人'"条)。

此次动机不在朱子而在诸生。然朱子在场，决筮后乃默然退。各本《朱子年谱》系此事于庆元元年乙卯(一一九五)五月，并谓："子弟诸生更进迭谏，以为必且贾祸。先生不听。蔡元定入谏，请以蓍决之。"

第二次卜筮乃在两年之后。据《语类》所载云："季通(蔡元定)被罪，台谓及先生。先生饭罢，楼下起西序行数回，即中位打坐。贺孙〔叶味道，嘉定十三年庚辰(一二二〇)进士〕退归精舍告诸友。汉卿(辅广)筮之，得《小过》'公弋取彼在穴'[2]，曰：'先生无虞，蔡所遭必伤。'即同辅万季弟至楼下。先生坐睡甚酣，因诸生偶语而觉。即揖诸生。诸生问所闻蔡丈事如何。曰：'州县捕索甚急。不晓何以得罪。'因与正淳(万人杰)说早上所问《孟子》未通处甚详。……闻蔡编管(湖南)道州，乃沈继祖(参看页七五八'沈继祖诬朱子六罪'条)文字，意诋先生也。"[3]

此次亦非朱子主动，且朱子并不在场。乃辅广之卜而非朱子之卜也。然此卜显然是预卜吉凶，而非决嫌疑，不知朱子赞同与否。随即与万人杰讲学，不知是否以卜之预兆不必留意，抑信卜筮之兆而置之度外，吾人不能以意度之。所可异者，乃朱子之重视卜筮，而卜筮之能影响其行动者，诸书所载，只一次而已。(参看页一三二"朱子之世俗信仰"条)。

据所知，朱子矢之，亦只一次。《语类》云："某解此段，若有一字不是孟子意，天厌之。”[4]“此段”指《孟子集注》解浩然之气。《集注》云：“浩然，盛大流行之貌。气，即所谓体之充者。本自浩然，失养故馁。惟孟子为善养之以复其初也。盖惟知言，则有以明夫道义，而于天下之事无所疑。养气，则有以配夫道义，而于天下之事无所惧。此其所以当大任而不动心也。……至大初无限量，至刚不可屈挠。盖天地之正气，而人得以生者。其体段本如是也。惟其自反而缩，则得其所养，而又无所作为以害之，则其本体不亏而充塞无间矣。”[5]

1 《勉斋集》(《四库全书》本) 卷三十六《朱子行状》，页三十六上下。

2 《易经》第六十二卦《小过》爻辞。

3 《语类》卷一〇七，第二十二条，页四二四四至四二四五。

4 同上，卷五十二，第八十六条，页一九八三。

5 《孟子集注·公孙丑》上，第二章。

【二】 遯之“家人”抑遯之“同人”？

庆元元年乙卯（一一九五）朱子以上疏许韩侂胄（一二〇七年卒）罢归。韩为皇太后亲属，大权操于一身。凡异己者以次斥逐。又假伪学之名，攻击朱子等理学家日急。朱子乃草封事数万言，极陈奸邪蔽主之祸。诸生更进劝谏，以为必且贾祸。朱子不听。蔡元定入谏，请以蓍决之，得遯之“家人”。朱子默然退，取奏稿焚之，更号遯翁。戴铣（一五〇八年卒）《朱子实纪》之《年谱》[1]与王懋竑（一六六八—一七四一）《朱子年谱》所述，大概如是[2]。黄榦（一一五二—一二二一）《朱子行状》只谓草书万言，非数万言。又谓遇遯之“同人”，非“家人”。[3]朝鲜理学大儒李滉退溪（一五〇一—一五七〇）《朱子行状注》沿之。[4]《宋史纪事本末》亦用“同人”。[5]中日学者作遯之“同人”者不少，如钱穆[6]、安冈正笃[7]是也。唯戴铣《朱子实纪》之《朱子年谱》早已用“家人”[8]，周予同所著《朱熹》[9]、后藤俊瑞（一八九三—一九六三）所著《朱子》[10]亦用“家人”。最近张立文[11]、佐藤仁[12]均用“家人”。

捷按，“家人”是也。王懋竑云：“《年谱》遇遯之‘同人’。《行状》同。按别集《答刘德修书》云：‘得遯之家人，为遯尾好遯之占’[13]若遯之‘同人’，则止占遯尾矣。《行状》《年谱》，盖传闻之误，今改正。”[14]查《文集》又有《与章侍郎（茂献）书》云：“疏其名字，率连四十余人，以白于上者。如此则非久，势须别有行遣。然数日前尝以《周易》筮之，偶得遯尾之占。见于蓍龟者如此，则亦非彼之能为矣。将安避之哉？”[15]王氏未引此书，论者亦未尝提及。遯尾指遯卦初六，变阴为阳。如是成为遯之“同人”。叶公回《年谱》遯之“同人”之说，或由此而来。王懋竑谓“若遯之‘同人’，则止占遯尾矣”。此语须联同“为遯尾好遯之占”观之，乃得明晰。初六《爻辞》曰：“遯尾厉，勿用，有攸往。”《象》曰：“遯尾之厉，不往何灾也？”“好遯”指九四。《爻辞》曰：“好遯，君子吉，小人凶。”既云遯尾好遯之占，则初六九四皆变，初六变阴为阳，九四变阳为阴，而成为遯之“家人”。王氏之意，盖谓只占遯尾，则成“同人”。今占遯尾好遯，则成“家人”也。王氏之说，诚是确论。

至其所谓“《行状》《年谱》，盖传闻之误”，则恐未必然。王氏未见叶《谱》与戴《谱》而参考明人李默改订之《朱子年谱》（一五五二）与清人洪去芜改订之《朱子年谱》（一七〇〇年重刻）。若得见戴氏之《朱子实纪》，则必不谓之为误矣。以《行状》为传闻之误，予亦不敢从。《文集》为朱子季子在所编。在生于乾道五年己丑（一一六九），《行状》成于嘉定十四年辛巳（一二二一）。其时别集未刻。《答刘德修书》黄榦或未之见。以是未尝无传误之可能。然焚稿卜占为朱子一生大事。门人多人在场，目击眼见。诸生传述，又必谨慎。断无“家人”乱作“同人”之理。予疑是《行状》抄写之误，而叶《谱》从之。《行状》抄误有据。如谓朱子“娶刘氏……其卒以乾道丁酉”是也。[16]乾道无丁酉年。刘令人实卒于淳熙三年丙申（一一七六）也。《语类》载“季通（蔡元定）被罪，台谓及先生（朱子）。先生饭罢，楼下起西序行数回，即中位打坐。贺孙（叶味道）退归精舍告诸友。汉卿（辅广）筮之，得《小过》，‘公弋取彼在穴’，曰：‘先生无虞。蔡所遭必伤。’”[17]此条为贺孙所录，且录爻辞。其慎重如此，则遯之“家人”之传闻，决不至苟且也。

1 戴铣《朱子实纪》（《近世汉籍丛刊》本）卷四《年谱》，页十八下，总页一九六。

2 王懋竑《朱子年谱》（《丛书集成》本）卷四下，页二一六。

3 《勉斋集》（《四库全书》本）卷三十六；《朱子行状》，页三十六下。

4 李滉《朱子行状注》（日本京都朝仓仪助本），页四十八下。

5 《宋史纪事本末》（北京中华书局，一九五五），页六八四。

6 钱穆《宋明理学概述》（台北中华文化出版事业委员会，一九五三），页一一五。

7 安岗正笃《朱子小传》（《朱子学入门》，东京明德出版社，一九七四），页六十一。

8 戴铣《朱子实纪》（《近世汉籍丛刊》本）卷四《年谱》，页十八下，总页一九六。

9 周予同《朱熹》（上海商务印书馆，一九三一），页十六。

10 后藤俊瑞《朱子》（东京日本评论社，一九四三），页一八七。

11 张立文《朱熹思想研究》（北京中国社会科学出版社，一九八一），页七十八。

12 佐藤仁《朱子》（东京集英社，一九八五），页二四七。

13 《文集》别集卷一，《答刘德修（第六书）》，页十三下。

14 王懋竑《朱子年谱·考异》卷四，页三二五。

15 《文集》续集卷五《与章侍郎》，页六上。

16 《勉斋集》卷三十六《朱子行状》，页四十七上。

17 《语类》卷一〇七，第二十二条，页四二四四至四二四五。

【二三】朱子之世俗信仰

朱子对于怪异之信仰，承受程伊川（程颐）之传统，一切以理释之。即伯有为鬼，谓将杀人[1]，伊川亦谓“别是一理”[2]。故朱子不信日月之蚀为灾异。纵有不合处，亦可算得。日月食皆是阴阳气之衰微。古来以日月食为预兆，乃古人不晓历法之故。[3]雷只是气，如今之爆仗，“盖郁积之极而迸散者也”[4]。然朱子又谓“雷虽只是气，但有气便有形，如蝃蝀。本只是薄雨为日所照成影，然亦有形，能吸水吸酒。人家有此，或为妖，或为祥”[5]。为妖为祥，乃人家信仰而非朱子之信仰。然谓能吸水吸酒，恐有信为怪异之嫌。其释雷鸣云：“恐发动了阳气，所以大雪为丰年之兆者。雪非丰年，盖为凝结得阳气在地，来年发达，生长万物。”[6]此是理之解释。所谓兆者，如此而已。

伊川以雹为蜥蜴含水吐之而成。[7]朱子以为“初恐无是理，看来亦有之。只谓之全是蜥蜴做，则不可耳”[8]。显是亦信蜥蜴可能造雹。然谓“此理不知如何。造化若用此物为雹，则造化亦小矣”[9]。以朱子观之，“雹”字从“雨”从“包”，“是这气包住，所以为雹也”[10]。

蜥蜴形状如龙，属阴。阴气感应，故能成雹。[11]世俗有龙行雨之说。朱子则曰：“龙，水物也。其出而与阳气交蒸，故能成雨。但寻常雨自是阴阳气蒸郁而成，非必龙之为也。”[12]如是雹雨均应以阴阳解释，但亦信蜥蜴与龙，且信龙之两眼光如铜盘。[13]既然信龙，则信麟自是不在话下。朱子对于春秋与麒麟互相感应之说，表示怀疑，但所疑乃其感应，而麟之存在，则无疑也。[14]

朱子虽未能完全解除传统怪异之信仰，然大致已走入理性范围，过于伊川，故能发见化石。[15]怪异均以阴阳二气释之。鬼火只是未散之气，[16]佛灯亦然。《语类》云：“俗言佛灯，此是气盛而有光。又恐是宝气，又恐是腐叶飞虫之光。……昔人有以合子合得一团光。来日看之，乃一腐叶。……此中有人随汪圣锡（汪应辰，一一一八—一一七六）到峨眉山，云五更初去看。初布白气，已而有圆光如镜。其中有佛然。其人以手裹头巾，则光中之佛亦裹头巾，则知乃人影耳。”[17]

关于佛家信仰，朱子所最反对者乃轮回之说，“以偷胎夺荫之说皆脱空”[18]，并谓“释氏却谓人死为鬼，鬼复为人。如此则天地间常只是许多人，来来去去，更不由造化生生，必无是理”[19]。

不信轮回，自然不信长生。朱子以为“人言仙人不死，不是不死，但只是渐渐销融了不觉耳。盖他能炼其形气，使渣滓都销融了。唯有那些清虚之气，故能升腾变化。……然久后亦须散了。且如秦汉所说仙人，后来都不见了”[20]。问有无神仙，朱子答曰：“谁人说无？诚有是理，只是他那工夫，大段难做。”[21]此亦以气为论，以至清气升腾变化。唯佛徒祈祷升天，则只是淫巫瞽惑而已。[22]武夷君，传以为仙，“盖亦避世之士，生为众所臣服，没而传以为仙也”[23]。总之，“说无神仙，也不消得。便有也有甚奇异？彼此无相干，又管他什么”[24]。换言之，“务民之义，敬鬼神而远之”[25]。

世俗所谓冤鬼或鬼神凭依，亦皆以气为言。朱子云：“世俗大抵十分有八分是胡说，二分亦有此理。多有是非命死者，或溺死，或杀死，或暴病卒死。是他气未尽，故凭依如此。又有乍死后气未消尽。是他当初禀得气盛，故如此。然终久亦消了。盖精与气合，便生人物。‘游魂为变’[26]，便无了。如人说神仙，古来神仙皆不见，只是说后来神仙。如《左传》伯有为厉，此鬼今亦不见。”[27]伯有后有子产（前五二二年卒）为其立嗣，故其冤气释消。朱子曾举漳州（福建）一例，有妇与人通而杀夫。其鬼冤气不散而为祟，及妇与奸夫决罪偿命后乃息。[28]某处有鬼为厉，后为人放爆仗焚其所依之树乃绝，则其枉死之气未消，被爆仗惊散也。[29]然人鬼亦如雷如雹，特虹霓之类，日久必散。[30]

气固然影响人鬼，其影响生人更甚。人有胸前有猪毛，睡时作猪鸣者，乃禀得猪气者也。[31]有云愚民合众以祷，其神便灵。朱子解之，谓众心凑处便自暖，故便有一个灵底道理。所以祭神多用血肉者，盖要藉其生气也。[32]此乃气之感应。儒家祭义，从古基于祖孙一气，故可相通。然本文限于朱子之实际信仰，至其思想，在所不论。

门人詹体仁（字元善，一一四三—一二〇六）每相见便说气数谶纬。朱子以为皆不足凭。“只是他由天命，然亦由人事。才有此事，得人去理会便了。"[33]此即是修身以俟命之意，故无须谈命看命。精力到处便验，在人为耳。[34]朱子力言《易》是卜筮之书，著《周易本义》以伸其说。又著《易学启蒙》以为卜筮之助。然卜筮乃所以决嫌疑，定犹与，而非所以预测吉凶。或问《左传》载卜筮有能先知数世后事，有此理否？答之曰："此恐不然。只当时子孙欲僭窃，故为此以欺上罔下尔。"[35]（参看页一二六"朱子卜筮"条）以卦气言之："《乾》卦气当四月，《坤》卦气当十月。不可便道四月、十月生底人便都是好人。"[36]

朱子致门人蔡季通（蔡元定，一一三五—一一九八）书，谓"中间到宅上，闻是日得子，深为赞喜。衰钝之踪，素不利市。自年三十余时，每到人家，辄令人生女。如是凡五七处。今年乃值庆门得男"[37]，似朱子亦信吉凶禁忌，然别处全无如此痕迹。元定与朱子甚熟，时相过从。此或趣谈而已。南轩（张栻，一一三三—一一八〇）致朱子书云："尊嫂已遂葬事否？……近世风俗深泥阴阳家之论，君子固不尔。但恐闻风失实，流弊或滋耳。更幸裁之。"[38]朱子与陈同甫（陈亮，一一四三—一一九四）书云："亡子卜葬已得地，但阴阳家说须明年夏乃可窆，今且殡在坟庵。"[39]两函同指长子朱塾（一一五三—一一九一）之死。信阴阳家言，必为其媳之主张，因朱子本人无取于此也。门人胡伯量（胡泳）函问为谋葬先人，应否择日，并卜其山水吉凶。朱子答云："伊川先生力破俗说，然亦自言须是风顺地厚之处乃可。然则亦须稍有形势，拱揖环抱，无空阙处，乃可用也。但不用某山某水之说耳。"[40]《语类》有一段话，最足证实朱子绝无风水信仰。其择地处，乃在形势而非吉凶。诸生皆言某庙为灵。朱子则云："仰山庙极壮大，亦是占得山川之秀。寺在庙后却幽静。庙基在山边。此山亦小，但是来远。到此溪边上外面，群山皆来朝。寺基亦好。”[41]此可谓为美学观点，与迷信相去远矣。朱子上状争辩孝宗山陵，亦极力主张土肉深厚，无水石之虞，又可以避免兵戈乱离发掘暴露之患，而直斥台史坐南向北谬妄之说。此则为永远安宁之计，开罪朝廷，固不惜也。[42]

朱子之反迷信，莫若其不肯入五通庙。朱子曾返江西婺源旧名新安故里省墓。婺源乡人以五通庙为最灵。居民出门，必带纸张入庙祈祝。士人之过者，必以名纸称门生。宗人力迫朱子谒庙。朱子不往。是夜族人设宴。朱子以饮动脏腑，终夜失和。次早又偶有一蛇在阶旁。众人皆以为不谒庙之故。益来劝往。朱子愤然云：“某幸归此，去祖墓甚近。若能为祸福，请即葬某于祖墓之旁，甚便。”[43]朱子发大脾气，只此一次。

朱子于世俗习尚，并非全无妥协。此可于《语类》两则见之。其一则云：“先生于世俗未尝立异。有岁逼欲入新居而外门未立者，曰：‘若入后有禁忌，何以动作？门欲从横巷出。’朱子应之曰：‘直出是公道，横则与世俗相拗。’[44]”不与世俗相拗，可知其随俗矣。又一则云：“先生问直卿（黄榦，一一五二—一二二一）何不移入新屋居。曰：‘外门未立。’曰：‘岁暮只有两日，便可下工。若搬入后有禁忌，如何动作？初三又是赤口。’”[45]此则显然信禁忌矣。

总之，朱子未能全然脱离俗人信仰，然大体而言，比诸二十世纪人物，亦算高明。七百年前，更无论矣。《诗》云：“文王陟降，在帝左右。”[46]朱子云：“如今若说文王真个在上帝之左右，真个有个上帝如世间所塑之像固不可，然圣人如此是说，便是有此理。”[47]所谓此理，已不是科学之理而是宗教之理。祭祀一面所以表示吾心之诚，一面亦信有气来格。故朱子曰："若道无物来享时，自家祭甚底？肃然在上，令人奉承敬畏，是甚物？若道真有云车拥从而来，又妄诞。"[48]又云："神杀之类，亦只是五行旺衰之气。推亦有此理。但是后人推得小了，太拘忌耳。晓得了，见得破底好。如上蔡（谢良佐，一〇五〇—一一〇三）言：'我要有便有，我要无便无。'[49]方好。"[50]《语类》尚有一条，足为本书此条之结束。朱子云："鬼神死生之理，定不如释家所云，世俗所见。然又有其事昭昭，不可以理推者。此等处且莫要理会。"[51]

1 《左传》昭公七年（前五三五）。

2 《遗书》（《四部备要·二程全书》本），卷三，页六上。

3 《语类》卷二，第三十三、三十八条，页三四至三五。

4 同上，第五十二条，页三十八。

5 同上，第五十四条，页三十八。

6 同上，第五十三条，页三十八。

7 《遗书》卷十，页二下。

8 《语类》卷二，第五十六条，页三十八。

9 同上，卷三，第十四条，页五十五。

10 同上，卷二，第五十六条，页三十九。

11 同上。

12 《语类》卷二，第五十条，页三十七。

13 同上，卷一三八，第一〇四条，页五二八五。

14 同上，卷八十三，第一一七条，页三四四四。参看卷九十，第三十四条，页三六四四。

15 参看页七八七"朱子发见化石"条。

16 《语类》卷六十三，第一一二条，页二四五五。

17 同上，卷一二六，第一〇八条，页四八六二。

18 同上，第一〇三条，页四八六〇。

19 同上，卷三，第十九条，页五十七至五十八。

20 同上，卷一二五，第五十九条，页四八〇九至四八一〇。又卷六十三，第一一二条，页二四五四至二四五五。

21 同上，卷四，第九十七条，页一二九。

22 同上，卷一〇六，第二十五条，页四二〇四。

23 《文集》卷七十六《武夷图序》，页二十六下。

24 《语类》卷一一四，第四十条，页四四〇九。

25 《论语·雍也》，第二十章。

26 《易经·系辞上传》，第四章。

27 《语类》卷六十三，第一三二条，页二四六四至二四六五。又卷三，第二十条，页六十一。

28 同上，卷三，第四十三条，页六十九。

29 同上，第十九条，页六十。

30 同上，第十五条，页五十六。

31 同上，第五十条，页七十二。

32 同上，卷八十七，第一六九条，页三五九〇。又卷三，第八十条，页八十六。

33 同上，卷一三八，第六十七条，页五二七七。

34 同上，第一〇一至一〇二条，页五二八四。

35 同上，卷八十三，第二十五条，页三四〇八。

36 《语类》卷六十八，第四条，页二六七七。

37 《文集》卷四十四《答蔡季通（第八书）》，页十上。

38 《南轩先生文集》（《近世汉籍丛刊》本）卷二十三《答朱元晦秘书（第五十三书）》，页十二上，总页七三五。

39 《文集》续集卷七《与陈同甫》，页八上。

40 同上，正集卷六十三《答胡伯量（第一书）》，页一下。

41 《语类》卷三，第八十条，页八十六至八十七。

42 参看《文集》卷十五《山陵议状》，页三十二上至三十六下；王懋竑《朱子年谱》（《丛书集成》本），卷四上，页二〇一至二〇二，绍熙五年甲寅（一一九四）。

43 《语类》卷三，第七十九条，页八十五。

44 《语类》卷一〇七，第七十四条，页四二五七。

45 同上，第七十五条，页四二五七。

46 《诗经》第二三五篇《大雅·文王之什·文王》。

47 《语类》卷三，第五十七条，页七十六。又卷八十一，第一三四条，页三三七一。

48 同上，卷三，第六十八条，页八十一。

49 《上蔡语录》（《近世汉籍丛刊》本）卷上，页十六上，总页三十一。

50 《语类》卷一三八，第一百条，页五二八三。

51 同上，卷三，第十二条，页五十三至五十四。

【一四】朱子言梦

《语类》载："窦（窦从周）自言梦想颠倒。先生曰：'魂与魄交而成寐。心在其间，依旧能思虑，所以做成梦。'因自言数日病，只管梦《解书》。向在官所，只管梦为人判状。窦曰：'此犹是日中做底事。'曰：'只日中做底事，亦不合形于梦。'"[1]此为廖德明乾道九年癸巳（一一七三）以后所闻，不审何年所录。从周淳熙十三年丙午（一一八六），年五十与弟澄往见朱子于福建建阳，则朱子晚年之事也。

宋人罗大经著《鹤林玉露》，载朱子轶事一则云：廖德明，朱文公高弟也。少时梦谒大乾。谒者出索刺，出诸袖。视题字云"宣教郎"。后登第改秩，以宣教郎案闽。思前梦，恐官止此，不欲行。质之文公。文公曰："人与器物不同。如笔止能为笔，不能为砚。剑止能为剑，不能为琴。故其成毁久速有一定不易之数。人则不然。

虚灵知觉，万理兼赅。吉凶祸福，随之而变，难以一定言。子赴官但当充广德性，力行好事。前梦不足芥蒂。”德明拜受教。后把麾持节，官至正郎。[2]查廖德明，字子晦，（福建）顺昌县人，乾道五年己丑（一一六九）进士。《语类》卷一二三训德明二十条，禀别数次，未及此事。然此事大有可能。朱子之重视道理而不轻信梦兆，于此可以见之矣。

《语类》一则云：“因说及梦，曰：圣人无所不用其敬。虽至小没紧要的事物，也用其敬。到得后世儒者，方说如此阔大没收杀。如《周礼》梦亦有官掌之。此有甚紧要？然圣人亦将做一件事。某平生每梦见故旧亲戚。次日若不接其书信及见之，则必有人说及。看来惟此等是正梦。其他皆非正。”[3]是则梦有正与不正之分，以道理为准也。

1　《语类》卷一一四，第四七五条，页四四一〇。

2　《鹤林玉露》（《丛书集成》本）卷十三，页一四四至一四五。

3　《语类》卷八十六，第七十条，页三五三〇。

【一五】朱子之记忆力

《语类》一百四十卷所载师生问答一万四千余条。除绝少数以书卷请问而朱子笔批之外，皆随问随答。答辞中引经据典，超乎万数，皆是信口而来，全凭记忆力。“四书五经”，在昔学人固皆念熟。唯经史子集，以至年期尺寸，皆能随问而答，且随口引用诗句，不下千百。不能不谓朱子记忆力之强，实远出乎常人之外。问答之间，显然不能查书。《语类》有一条足为答辞并未查书之证。门人问尹和靖（尹焞，一〇七一—一一四二）解《论语》，数问数答。因命敬之（黄显子）取《和靖语录》来检看。[1]此可证其曾检书，而同时亦可证其平常答话不先检书，因检书之记录，《语类》只此一次而已。

答语不先检书，又有旁证。朱子著作甚多，常须抄写。或命其子为之[2]，或令他人[3]。平常不免雇人写，但资用不少，朱子无法应付。[4]有时独自校雠。[5]然每谓“无人写得”[6]、“无人别写得”[7]、“私居无人写得”[8]、“无人抄得”[9]、“乏人抄录”[10]、“但惜无人录得”[11]、“未暇录寄”[12]。凡此皆证明乏人抄书。既乏人抄书，则亦乏人检书，亦是合理之结论。

因未查书，故常有误。“天理二字，却是自家体贴出来”，乃明道（程颢，一〇三二—一〇八五）之语，而朱子误以为伊川（程颐，一〇三三—一一〇七）语。[13]引董仲舒（前一七六—前一〇四）语为“质朴之谓性，性非教化不成”，而评董氏下一“成”字为“极害理”[14]。然《春秋繁露》原文乃“性者，天质之朴也。善者，王教之化也”[15]，无“成”字也。大槻信良著《朱子四书集注典据考》，指出其一百七十五处为新义，即是朱子之解释，为前人之所未道也。唯又指出朱子误《说苑》为《家语》，以《仪礼·既夕礼》为《仪礼·士丧礼》，以谢显道（谢良佐，一〇五〇—一一〇三）之语为范淳夫（范祖禹，一〇四一—一〇九八）之语，以《汉书》所谓农家者流为《史记》所谓农家者流。[16]《语类》有记录者之误而非朱子之误者。“某人”条下注云：“先生言其姓名，今忘记”[17]是乃记录者之忘也。又朱子说金人春则往鸭绿江猎，夏则往一山。注云“忘其名”[18]。亦记者之忘也。“四端”条朱子引伊川云：“圣人无端，故不见其心。”注云：“今云无端，义亦不通，恐误。”[19]所恐者乃记录者之误而非朱子之误也。又有似误而实非误者。如朱子以“论性不论气不备，论气不论性不明”[20]为明道语，但亦以为伊川语。此非矛盾而实两兄弟意见相同耳（参看页三三四“程子曰”条）。老苏（苏洵，一〇〇九—一〇六六）与其子苏轼（东坡先生，一〇三七—一一〇一）解义利亦然。一方以“利者义之和”为东坡之说[21]，一方又以为老苏之说[22]。似是冲突。其实父子同为此论。朱子固知之。尝云：“老苏尝以为义刚而不和，惟有利在其中故和。此不成议论……后来东坡解《易》，亦用此说，更不成议论也。”[23]

至于非误而只忘记者，则明言“某”字。如谓“某王加恩制”[24]、“某国王问某尊者”[25]、“某经云”[26]、“龟山（杨时，一〇五三—一一三五）为某人作《养浩堂记》”[27]。此等或是不忆其名，或是无指出其名之必要。朱子谓“某人所记刘元城（刘安世，一〇四八—一一二五）每与人相见，终坐不甚交谈”[28]。似是忘记者之姓名。然下文详言元城之“恣口极谈，无所顾忌”[29]。此处或特讳其名，或不以为重要耳。其确实忘记者，则朱子明言之。朱子云伯恭（吕祖谦，一一三七—一一八一）之《文鉴》去取有五例。举其四例而云“已忘一例”[30]。《文集》亦明言如是。致刘子澄（刘清之，一一三九—一一九五）书云：“朱君岑何字，偶不记忆，更告。”[31]

以上所举之误或忘，均是少数。以总数万余而言，则此小数适足以表示其大概无忘无误而已。然亦有确实证明其记忆力之异常强大者。据《左传》楚人一广有一百七十五人，[32]申生以闵公二年（前六六〇）十二月出师，[33]皆记忆清楚。晋人之士神主牌长一尺三寸，博四寸五分，甚为准确。[34]古车之轮高六尺，[35]亦非测度之辞。余大雅再见，即问：“三年不相见。近日如何？”[36]朱子说《四十二章经》《心经》《楞严经》《大般若经》《圆觉经》等书。门人记录其要点，而注脚云：“说佚者皆能举其支离篇章成诵。此不能尽记。”[37]说《诗经·采薇》篇则首章、二章、三章、四章、五章、卒章各述其大意。[38]答《论语集注》之问，则历举某章有五说以至九说，皆举说者之名。[39]最令人叹服者为训程端蒙（一一四三—一一九一）条。朱子云：“尝见老苏说他读书，《孟子》《论语》《韩子》及其他圣人之文，兀然端坐，终日以读者十八年。方其始也，入其中而惶然，博观于其外而骇然以惊。及其久也，读之益精，而其胸中豁然以明。若人之言固当然者。犹未敢自出其言也。时既久，胸中之言日益多，不能自制，试出而书之。已而再三读之，浑浑乎觉其来之易矣。”[40]（参看页四八三“《沧洲精舍谕学者》正误”条）此乃朱子训门人之语，随便说出。乃与苏洵《嘉祐集》致欧阳修（一〇〇七—一〇七二）书[41]几字字全同。只原文为“《论语》《孟子》”与“而兀然”略异而已。《语类》作“十八年”，原文为“七八年”，显是抄刊之误。当时对语，必无《嘉祐集》在侧可查。若谓编《语类》者核阅原文，则又必不《论》《孟》倒置与删去“而”字也。故此必是忆述，而全然准确如此。谓朱子有超常之记忆力，谁曰不宜？ 144

1 《语类》卷三十六，第三十三条，页一五二五。

2 《文集》别集卷三《答程允夫（第一书）》，页五下。

3 同上，正集卷四十九《答滕德章（第十四书）》页二十五上。

4 同上，卷五十三《答刘季章（第二十二书）》，页十三上。

5 同上，续集，卷二《答蔡季通（第九十一书）》，页二十下。

6 同上，第九十二书，页二十一上。

7 同上，正集卷三十九《答柯国材（第一书）》，页五上。

8 同上，卷六十三《答孙敬甫（第五书）》，页二十二上。

9 同上，卷四十《答何叔敬（第九书）》，页三十一下。

10 同上，卷三十八《答耿直之》，页三十下。

11 同上，卷六十一《答曾景建（第五书）》，页三十五上。

12 同上，卷六十二《答张元德（第一书）》，页一上。

13 《语类》卷九十八，第六十四条，页四〇〇一。

14 同上，卷一二五，第五十一条，页四八〇六。

15 《春秋繁露》(《四部丛刊》本) 卷十《实性》第三十六, 页八下。

16 《朱子四书集注典据考》(台北学生书局, 一九七六), 页八十二、一一八、一六四、四〇一。

17 《语类》卷一三二, 第十五条, 页五〇八一。

18 同上, 卷一三三, 第二十条, 页五一二三。

19 同上, 卷五十三, 第八十八条, 页二〇六二。

20 《遗书》(《四部备要 · 二程全书》本), 卷六, 页二上。

21 《语类》卷二十二, 第五十九条, 页八三六至八三七。

22 同上, 第六十六条, 页八四〇; 卷六十八, 第一二三条, 页二七一六; 第一二八条, 页二七一七至二七一八。

23 同上, 卷三十六, 第四条, 页一五一七。

24 同上, 卷一三九, 第七十一条, 页五三二一。

25 《语类》卷一二六, 第五十八条, 页四八四一。

26 同上, 第七十一条, 页四八四八。

27 同上, 卷五十二, 第七十九条, 页一九七八。

28 同上, 卷六十八, 第九十七条, 页二七〇九。

29 同上。

30 同上, 卷一二二, 第二十四条, 页四七二七。

31 《文集》别集, 卷三,《致刘子澄 (第二书)》, 页十三下。

32 《语类》卷八十三, 第九十六条, 页三四三六。

33 同上, 第一〇五条, 页三四四〇。

34 同上, 卷九十, 第八十一条, 页三六七〇。

35 同上, 卷三十八, 第五十五条, 页一六〇五。

36 同上, 卷一一三, 第三十三条, 页四三八〇。

37 同上, 卷一二六, 第六条, 页四八二三。

38 同上, 卷八十一, 第一〇四条, 页三三六二。

39 同上, 卷三十至三十三等条, 详页二七五 "《语类》杂记" 条注十。

40 《语类》卷一二一, 第六条, 页四六六四。

41 《嘉祐集》(《四部备要》本) 卷十一,《上欧阳内翰 (第一书)》, 页三上下。

【二六】朱子之严肃

朱子重礼，态度严正。兹录《语类》数则，以示其人品之此方面：

（1）“某向年（一一七九）过江西与子寿（陆九龄，一一三二——一八〇）对语，而刘淳叟尧夫〔淳熙二年乙未（一一七五）〕进士[1]独去后面角头坐，都不管，学道家打坐。被某骂云：‘便是某与陆丈言不足听，亦有数岁之长。何故恁地作怪？’”[2]尧夫年十七而登陆子之门，二十四而入太学，二十九而为僧，四十四而卒，的是怪人。

（2）“有侍坐而困睡者，先生责之。”[3]

（3）“有学者每相揖毕，辄缩左手袖中。先生曰：‘公常常缩著一只手，是如何也？似不是举止模样。’”[4]

（4）“每夜诸生会集，有一长上，才坐定便闲话。先生责曰：‘公年已四十，书读未通。才坐便说别人事。夜来诸公闲话至二更。如何如此相聚，不回光反照，作自己工夫，却要闲说？’叹息久之。”[5]

（5）门人问色，容庄最难。朱子曰："心肃则容庄，非是外面做那庄出来。"陈才卿（陈文蔚，一一五四—一二三九）亦说九容。[6]次早才卿以右手拽凉衫左袖口偏于一边。朱子曰："公昨夜说'手容恭'[7]，今却如此。"才卿赧然，急叉手鞠躬，曰："忘了。"朱子曰："为己之学，有忘耶？向徐节孝（徐积，一〇二八—一一〇三）见胡安定（胡瑗，九九三—一〇五九）退，头容少偏。安定忽厉声云：'头容直。'节孝自思，不独头容要直，心亦要直，自此更无邪心。学者须是如此始得。"[8]

（6）贺孙〔叶味道，嘉定十三年庚辰（一二二〇）进士〕请问，语声末后低。朱子不闻，因云："公仙乡[9]人，何故声气都恁地？说得个起头，后面赖将去。孔子曰：'听其言也厉。'[10]公只管恁地，下稍（到底）不好，见道理不分明，将渐入于幽暗，含含胡胡，不能得到正大光明之地。说话须是一字是一字，一句是一句，便要见得是非。"[11]

（7）小童添炭，拨开火散乱。朱子曰："可拂杀了。我不爱人恁地。此便是烧火不敬。所以圣人教小儿洒扫应对，件件要谨。某外家子侄，未论其贤否如何，一出来便齐整。缘是他家长上元初教诲得如此。只一人外居，气习便不同。"[12]

1 参看拙著《朱子门人》（台北学生书局，一九八二），页三一二页三一三。

2 《语类》卷一二〇，第一〇八条，页四六五四。

3 同上，卷一二一，第一〇二条，页四七一四。

4 同上，第一〇三条，页四七一五。

5 同上，第一〇一条，页四七一三至四七一四。

6 《朱子门人》，页二〇九至二一〇。

7 《礼记·玉藻篇》，第二十九节言手足口目等九容。

8 《语类》卷一一四，第七条，页四三八七。

9 "仙乡"为宋人口语，尊称别人家乡。

10 《论语·子张》，第九章。

11 《语类》卷一一四，第二十三条，页四三九七。

12 同上，卷七，第十七条，页二〇三。

【一七】朱子之笑与怒

明道（程颢，一〇三二—一〇八五）温和，伊川（程颐，一〇三三—一一〇七）严肃，为学者所共知。《程氏外书》云：“朱公掞（朱光庭，一〇三七—一〇九四）来见明道于汝，归谓人曰：‘光庭在春风中坐了一个月。’游（游酢，一〇五三—一一二三）、杨（杨时，一〇五三—一一三五）初见伊川，伊川瞑目而坐。二子侍立。既觉，顾谓曰：‘贤辈尚在此乎？日既晚，且休矣。’及出门，门外之雪深一尺。”[1]《遗书》《外书》不载其笑怒，是意中事。《语类》则记朱子之笑怒，不止一次。诚然《遗书》《外书》与《语类》不可比并，因前者比后者不及十分之一，且是善言而非问答体。但此亦可以显见朱子之比较宽松，可笑可怒。

朱子数百门人之中，以陈淳（一一五九—一二二三）知之最深。淳之叙述云：“望之俨然而可畏，即之温然而可亲。其接人也，终日怡悦，薰然如春风之和而可挹。事有所不可，则其断之也，雷霆之威，又厉然而不可犯。"[2]则其或笑或怒，亦至自然。《语类》之记其笑怒者，不下十次。笑之问答，每次不同，不可以一概论。其关于体认仁德、井田、高祖闭关，与四端，并无特殊情形，想只是人品温和之表现。[3]井田闭关，同出一条。一次对谈而两笑，只此而已。说及古礼，或微笑，或良久乃笑，或说至某处方笑，如坐尸而醉，[4]冠带乘轿，[5]实是可笑。然门人谓古礼难行，则朱子微笑而应，[6]可知古礼重敬，而不顾难与不难也。问观其所以，则笑谓孟子看人眸子瞭、眊[7]，乃是得意之笑[8]。门人初见，问有一言而可以终身者乎？[9]朱子笑容之中，却有批评之意，盖谓学者要学圣人，不能以一字尽包也。[10]

蔡元定（一一三五—一一九八）从游最久。有劝其止南泉之行，决于朱子。朱子笑而不答，良久乃谓安心则为之，义多则为之。[11]元定善《易》，实无须取决于朱子也。此乃安身立命之笑而非轻笑。轻笑之最有趣味为对吴寿昌之微笑。寿昌好禅。初谒佛者疏山，后游考亭，携子浩同事朱子。好与朱子谈诗。尝承朱子醉酣兴逸，请赐醉墨。朱子为大字小字三幅。某日问鸢飞鱼跃，何故仁在其中？朱子良久微笑曰："公好禅。这个亦略似禅，试将禅来说看。"寿昌对："不敢。"曰："莫是'云在青天水在瓶'么？"寿昌又不敢对。曰："不妨试说看。"寿昌曰："渠今正是我，我且不是渠。"朱子曰："何不道'我今正是渠'。"既而又曰："须是将《中庸》其余处，一一理会，令教子细。到这个田地时，只恁地轻轻拈掇过，便自然理会得，更无所疑，亦不著问人。"[12]朱子对门人之倾于禅者，殊不客气。独于寿昌则处之泰然，几与之开玩笑。大概寿昌卒然有悟。故此微笑真是灵丹一粒，点铁成金。

朱子之笑，尚有数处，采入页一五二“朱子之幽默”条。

朱子之怒，据著者所知，《语类》只有三次。一为甘节问：“何以验得性中有仁义礼智信？”朱子怒曰：“观公状貌不离乎婴孩。高谈每及于性命。”与众人曰：“他只管来这里摸这性。性者是去捕捉他则愈远。理本实有条理。五常之体不可得而测度。其用则为五教，孝于亲，忠于君。”又曰：“必有本。如恻隐之类，知其自仁中发。……眼前无非性，且于分明处作工夫。”又曰：“体不可得而见，且于用上著工夫，则体在其中。”次夜曰：“吉甫（甘节）昨晚问要见性中有仁义礼智。无故不解发恻隐之类出来。有仁义礼智，故有恻隐之类。”[13]吉甫问答、记录与卷子所问，皆性理之学，而今仍不解性中有五常，又捉摸其体而不求其用，极教朱子失望之至，无怪其怒也。

另一次更怒。《语类》载：先生气疾作。诸生连日皆无问难。一夕遣介召入卧内，诸生亦无所请。先生怒曰：“诸公恁地闲坐时，是怎生地。恁地便归去强，不消得恁地远来。”[14]朱子鼓励门人好问，病中亦讲学不休。门人或因朱子气作，不敢扰其宁静，而不知朱子努力精神，至死不休。易箦前一日，诸生来问病。朱子起坐曰：“误诸生远来，然道理只是恁地。但大家倡率做些坚苦工夫，须牢固着脚力，方有进步处。”[15]此次大发脾气，即是大努力也。

151 《语类》又有一则云：先生一日说及受赃者，怒形于色曰："某见此等人，只与大字面配去。"徐又曰："今说公吏不合取钱。为知
【一七】县者自要钱矣。"节节言之，为之吁叹。[16]

1 《外书》(《四部备要·二程全书》本)，卷十二，页七下至八上。《二程全书》又有《遗书》《粹言》《易传》《经说》。汝州在今河南临汝县。

2 《北溪大全集》(《四库全书》本) 卷十七《侍讲待制朱先生叙述》，页四上。

3 《语类》卷二十六，第三十六条，页一〇四二。卷九十，第四十二条，页三六四八；同上，页三六五四。卷十一，第六条，页四五七七。

4 同上，卷九十，第七十条，页三六六七。

5 同上，卷九十一，第九条，页三六九三。

6 同上，卷八十九，第十六条，页三六〇八。

7 《孟子·离娄章句》上，第六章。

8 《语类》卷二十四，第二十八条，页九二四。

9 《论语·卫灵公》，第二十三章。

10 《语类》卷一一八，第八十八条，页四五六七。

11 同上，卷一二〇，第一二六条，页四六六二。

12 同上，卷一一八，第八十条，页四五六五。参看拙著《朱子门人》(台北学生书局，一九八二)，页一〇〇。

13 同上，卷一一五，第四十三条，页四四三六。

14 《语类》卷一二一，第一〇六条，页四七一六。

15 《蔡氏九儒书》〔同治七年戊辰 (一八六八) 刊本〕，卷六蔡沈《朱文公梦奠记》，页五十九上。

16 《语类》卷一〇七，第五十条，页四二五一。

【一八】朱子之幽默

根据《行状》所形容，则朱子似是严肃过人，毫无幽默。《行状》云："其色庄，其言厉。其行舒而恭，其坐端而直。……几案必正，书籍器用必整。其饮食也，羹食行列有定位，匕箸举指有定所。倦而休也，瞑目端坐。休而起也，整步徐行。"[1]然据《语类》《文集》所载，则朱子颇为诙谐。兹录数则如下：

（1）《语类》吴寿昌记录云：先生问寿昌近日教浩读甚书。寿昌对以方伯谟教他午前即理《论语》，仍听讲晓些义理。午后即念些苏文之类，庶学作时文。先生笑曰："早间一服术附汤，午后又一服清凉散。"复正色云："只教读《诗》《书》便好。"[2]

（2）又录云：先生问寿昌："子见疏山有何所得？"对曰："那个且拈归一壁去。"曰："是会了拈归一壁，是不会了拈归一壁？"寿昌欲对"总在里许"，然当时不曾敢应。会先生为寿昌题手中扇

153 云：“长忆江南三月里，鹧鸪啼处百花香。”执笔视寿昌曰：“会么？会也不会？”寿昌对曰：“总在里许。”[3]（参看页一四八“朱子之笑与怒”条）

【一八】 (3) 先生于州[4]治射堂之后圃，画为井字九区。中区石甃（砌累）为高坛，中之后区为茆（茅）庵。庵三窗，左窗为《泰》卦，右为《否》卦，后为《复》卦，前扇为《剥》卦。庵前接为小屋。前区为小茅亭。左右三区各列植桃李而间以梅。九区之外围绕植竹。是日游其间，笑谓诸生曰：“上有九畴八卦之象，下有九丘八阵之法。”[5]

(4) 朱子告诸生：王拱辰（一〇一二—一〇八五）作尚楼，温公（司马光，一〇一九—一〇八六）作土室。时人语云：一人钻天，一人入地。康节（邵雍，一〇一一—一〇七七）谓富公（富弼，一〇〇四—一〇八三）云：“比有怪事，一人巢居，一人穴处。”[6]

(5) 朱子告诸生又一则：墨翟与工输巧争辩云云。论到下稍（到底），一着胜一着，没了期。一曰：“吾知所以拒子矣，吾不言。”一曰：“吾知所以攻子矣，吾不言。”[7]

(6) 寄江文卿（江嗣）刘叔通（刘淮）诗云：“诗人从古例多穷，林下如今又两翁。应笑湖南老宾友，两年吹落市尘中。”原注云：“此戏子蒙（游开）恐落穷籍不便。可发一笑也。”[8]

(7) 朱子答门人问《易》云：“文王之心，已自不如伏羲宽阔，急要说出来。孔子之心，不如文王之心宽大，又急要说出道理来，所以本意浸失。都不顾元初圣人画卦之意，只认各人自说一副当道理。及至伊川，又自说他一样微似孔子之《易》而又甚焉。……据某所见，且如此说，不知后人以为如何。”因笑曰：“东坡（苏轼，一〇三七—一一〇一）注《易》毕，谓人曰：‘自有《易》以来，未有此书也。’”[9]

(8) 王过到温陵[10]回，以所闻岳侯（岳飞，一一〇三—一一四一）对高庙（宋高宗）天下未太平之问，云：“文臣不爱钱，武臣不惜命，天下当太平。”[11]告之先生之前，只笑云：“后来武官也爱钱。”[12]

(9)《调息箴》云：“守一处和，千二百岁。”[13]此为夸大之幽默，与上不同。

(10) 答婿黄榦（一一五二—一二二一）书云：“辂孙不知记得外翁否？渠爱壁间狮子，今画一本与之。”[14]辂孙必不忘记外翁。姑漫言之，以取笑耳。

1 《勉斋集》(《四库全书》本) 卷三十六《朱子行状》，页四十下。

2 《语类》卷一一八，第八十五条，页四五六六。参看拙著《朱子门人》(台北学生书局，一九八二)，页九十三。

3 同上，第八十七条，页四五六六。参看《朱子门人》，页一〇〇。

4 指福建漳州。朱子绍熙元年（一一九〇）知漳州一年。

5 《语类》卷一〇六，第三十五条，页四二一七。

6 《语类》卷一三八，第五十五条，页五二七五。

7 同上，第一四四条，页五二九二至五二九三。

8 《文集》卷九《寄江文卿刘叔通》，页十四上。三人皆朱子门人。参看《朱子门人》页八十、二四一、三一〇。

9 同上，卷六十六，第二十条，页二五九二至二五九三。

10 温陵为福建泉州之美名，以其气候温和也。

11 《宋史》(北京中华书局，一九七七) 卷三六五《岳飞传》，页一一三九四。

12 《语类》卷一一二，第五十八条，页四三五八。

13 《文集》卷八十六《调息箴》，页六上。

14 同上，续集卷一《答黄直卿第（四十书）》，页十二上。

【一九】一介寒士

朱子曾建数处精舍，酷好游山。常与显贵往来。复建白鹿洞书院，赠田四百八十七亩。[1]庆元三年丁巳（一一九七），沈继祖（一五七三—一六二〇）上奏控其“娶刘珙（一一二二—一一七八）之女，而奄有其身后巨万之财。……开门授徒，必引富室子弟，以责其束修之厚。四方馈赂，鼎来踵至。一岁之间，动以万计”[2]。近年中外学者，亦每谓朱子代表地主阶级，必然富有。然朱子每每称穷。黄榦（一一五二—一二二一）《朱子行状》谓其“自奉则衣取蔽体，食取充腹，居止取足以障风雨。人不能堪，而处之裕如也”[3]。乾道九年癸巳（一一七三）朱子辞任命，请祠。有旨主管台州崇道观，有曰：“朱某安贫守道，廉退可嘉。”[4]毕竟朱子是富是贫，学者从未有详细述说。予乃不揣冒昧，广集证据。然后知朱子之屡屡称穷，实非谦话。而《行状》上旨所云，非虚语也。乃草《朱子固穷》而发表之。[5]今述其大意于此，略为增补。

主要目的，在鸣朱子之冤耳。

沈祖继之颠倒是非，予已另条斥驳。（参看页七五八“沈继祖诬朱子六罪”条）朱子一生前后奏请派为祠官二十次，被派监督主管宫观十一次，前后共二十二年又七月。祠官无职，亦不在祠居住。乃一种荣衔，以敬老养贤。朱子乐意为之，盖得以居家讲论著述。唯祠禄甚微。此朱子所以整生贫乏也。吾人不知其年中馈赂之收入为何。生平撰序、记、墓铭、行状不少。必有酬劳。然朱子尝为刘子和（刘靖之，一一二八—一一七八）作传，其子以其先人所藏《汉书》为谢而已。[6]朱子以之转赠白鹿洞书院。捐赠书院学田数百亩，恐亦以守南康军所得俸禄为之。朱子受与甚严。《宋史》本传云，“非其道义，则一介不取也”[7]。赵帅汝愚（一一四〇—一一九六）欲为朱子营造房屋，朱子以私家斋舍不当动用公款辞谢。[8]其他辞谢馈赠者，尚有多次。[9]

学徒束修多少，吾人亦无可稽考。予尝统计其门人四百六十七人之中，有官职者只一百三十三人，占百分之二十八。[10]《语类》载门人问门人之贫者应否令子弟经营。朱子谓合义而为，则德亦从而进矣。[11]可见朱门亦有贫者。其最贫者乃其门人女婿黄榦。有书云：“此女得嫁德门事贤者，固为甚幸。但早年失母，阙于礼教，而贫家资遣，不能丰备，深用愧恨。”[12]答友人书，亦谓黄榦“食贫”[13]。黄榦《噫嘻示儿》云：“腰折亦无米五斗，饿死安得粱一囊？徒令汝曹困齑盐，对我面目青且黄。冬寒轻裘不得御，朝饥软饭不得尝。……人生穷通固有命，丈夫志气当自强。”[14]

朱子欲为其婿作一小屋，唯以无钱而止。[15]欲立一家庙，亦以财力不足而不能办。[16]云谷所筑晦庵，只是草堂。诗云：“堂成今六载，上雨复旁风。逐急添茆盖，连忙毕土功。”注云：“谓柱下贻砖。”[17]武夷精舍固有石门，而亦有柴扉。诗云：“山水为留行，无劳具鸡黍。”[18]是武夷亦甚简单。竹林精舍规模比较大，然亦无华丽之称也。

【一九】拙文对于朱子之奉祠，其俸禄与其困穷情况，叙之颇详。此处不赘。朱子以其贫乏，不能不谋生路，故印书出售。此事《行状》、《年谱》、本传，皆不提。学者亦绝未有言之者，故特为一条，俾便注意（参看页一五八“朱子之印务”条）。朱子之穷，一方因入息低微，一方亦因费用太大。南轩（张栻，一一三三——一一八〇）曾劝其撙节。[19]大概朱子不善理财，而以贫者为“士之常”，[20]故告黄榦云：“生计逼迫非常，但义命如此，只得坚忍耳。”[21]此其所以安穷乐道也。

1 《白鹿书院志》〔天启二年壬戌（一六二二）本〕卷十六，页一上。

2 叶绍翁《四朝闻见录》（《浦城遗书》本）卷四《庆元党》，页十二下至十三上。

3 《勉斋集》（《四库全书》本）卷三十六《朱子行状》，页四十二上。

4 王懋竑《朱子年谱》（《丛书集成》本），卷一下，页五十四。

5 拙著《朱学论集》（台北学生书局，一九八二），页二〇五至二三二。

6 《文集》卷八十一《跋白鹿洞所藏〈汉书〉》，页二十四上。

7 《宋史》（北京中华书局，一九七七），卷四二九《朱熹传》，页一二七六八。

8 《文集》卷二十七《与赵帅书》，页二下。

9 详见《朱学论集》，页二二三至二二四。

10 拙著《朱子门人》（台北学生书局，一九八二），页十五。

11 《语类》，卷一一三，第四十条，页四三八三至四三八四。

12 《文集》续集卷一，《答黄直卿（第三十四书）》，页十上。

13 同上，正集卷六十四《答巩仲至（第十七书）》，页十三上。

14 《勉斋集》卷四十《噫嘻示儿》，页十七上下。

15 《文集》续集卷一《答黄直卿（第七十六书）》，页十九下至二十上；第八十书，页二十上下。

16 《语类》卷九十，第四十九、五十条，页三六五七。

17 《文集》卷六《云谷合记》，页十七下。

18 同上，卷九《武夷精舍杂咏并序》，页三上至四上。

19 《南轩先生文集》（《近世汉籍丛刊》本）卷二十九《答朱元晦秘书（第二十九书）》，页二十一下，总页六八六。

20 《文集》卷三十九《答吕侁》，页二下。

21 同上，续集卷一《答黄直卿（第八十八书）》，页二十一下。

【三〇】朱子之印务

朱子贫乏。招待来宾，所费亦在不少。而于馈赠去取，标准甚严。数十年间，大多靠主管庙观名誉，祠禄甚微。于是不得不别谋一生路，以补所缺。此朱子所以印书出售也。关于此事，黄榦《朱子行状》、戴铣《朱子实纪》、《宋史》卷四二九朱子本传、王懋竑《朱子年谱》等均一字不提。或因此是小事，不必注意。或以大儒业小买卖，有损尊严。从来学者叙述朱子生平，或详或略，绝未见有提及之者。予尝撰《朱子固穷》一文（参看页一五五“一介寒士”条），内以一节述之。[1]论及此题，恐是首次。

朱子印书，固是为穷。然亦因坊间翻印其书。故为自护计，自行印销，亦可防奸商夺利也。《答吕伯恭（吕祖谦，一一三七—一一八一）》云：“婺人番开《（论孟）精义》事，不知如何。此近传闻稍的，云是（浙江）义乌人。……试烦早为问故，以一言止之。渠必相听。如其不然，即有一状，烦封至沈丈[2]处，唯速为佳。……此举殊觉可笑，然为贫谋食，不免至此，意亦可谅也。”[3]东莱（吕祖谦）答书云：“义乌欲再刊《精义》者，两日询问得。方写毕，而未锓板。已属义乌相识，審询其实而就止之。”[4]究竟效果如何，不得而知。然朱子非自刊不可，事势固已显然。

印书事务，大概由其子埜负责[5]，财务则由门人林用中（字择之）协理[6]。然朱子对于编纂校对，纸张数目，与版样大小，均亲自留意。[7]此项工作，必在武夷精舍以前。武夷精舍建于淳熙十年癸卯（一一八三）。曾刊有《武夷精舍小学》。[8]在此以前，张栻（一一三三—一一八〇）对于此项事业，颇感不安。尝有书云：“比闻刊小书板以自助，得来谕乃敢信。想是用度大段逼迫。某初闻之，觉亦不妨。已而思之，则恐有未安者。……为贫乏故，宁别作小生事不妨。……宅上应接费用亦多，更深加撙节为佳耳。”[9]朱子告林择之云：“钦夫（张栻）颇以刊书为不然，却云别为小小生计却无害。此殊不可晓。……计，顾恐益猥下耳。”[10]南轩（张栻）谓：“今日此道孤立，信向……刊此等文字，取其赢以自助，切恐见闻者别作思维，愈无……”[11]然此道孤立，正是朱子印书之一因。南轩只云别为小……未见有若何具体建议。至其“撙节为佳”，则是挚友针砭……

……一一九一年卜居建阳以后，继续经营。在致学古书中，……细商量拟印经子等书。又一书提及蔡季通（蔡元定，一一三五—一一九八）被贬事。此事在一一九六年朱子落职罢祠之后。两书大抵同时也。[12]《语类》又载彭世昌守象山书院。庆元二年丙辰（一一九六）来访朱子，谓象山书院未有藏书，特来购买。[13]虽未说明何书，然必是经史子集，尤是其理学书籍如《论》《孟》《精义》《小学》《近思录》之类为建阳市面所无者。《语类》未指明年期，但《语类》载世昌临行朱子所赠之诗，亦载于《文集》，而于此则明言丙辰（一一九六）正月三日也。[14]建阳为当时印刷中心之一。市商志在营利，盖以易成而速售为主。理学书籍必少印行。宋人叶梦得（一〇七七—一一四八）《石林燕语》云："今天下印书，以杭州为上，蜀本次之，福建最下。京师比岁印板，殆不减杭州。但纸不佳。蜀与福建多以柔木刻之，取其易成而速售，故不能工。福建本几遍天下，正以其易成故也。"[15]叶氏早于朱子五六十年。建阳所刻，至今犹称善本。或至朱子之时，已进步矣。

1 《朱学论集》（台北学生书局，一九八二），页一一〇至二三二。

2 不知是否沈度。

3 《文集》卷三十三《答吕伯恭（第二十八节）》，页十九上。

4 《东莱吕太史文集》（《续金华丛书》本）别集卷七《与朱侍讲（第十六书）》，页十五上。

5 《文集》卷六十《答周纯仁（第一书）》，页一下。

6 同上，别集卷六《与林择之（第七书）》，页六上。

7 同上，正集卷二十七《与詹仪之（第四书）》，页十九上下；别集卷五《致学古（第二书）》，页四上。

8 《文集》，续集卷二《答蔡季通（第一二五书）》，页二十五下。

9 《南轩先生文集》（《近世汉籍丛刊》本）卷二十一《答朱元晦秘书（第二十九书）》，页十上下，总页六八五至六八六。

10 《文集》别集卷六《与林择之（第七书）》，页六上。

11 《南轩先生文集》（《近世汉籍丛刊》本）卷二十一《答朱元晦秘书（第二十九书）》，页十上下，总页六八五至六八六。

12 《文集》别集卷五《致学古（第一书）》，页三下。

13 《语类》卷一二四，第六十八条，页四七八三。

14 《文集》卷九《丙辰正月三日赠彭世昌归山》，页八上。

15 叶梦得《石林燕语》（《四库全书》本）卷八，页六下至七上。

【三】朱子之酒兴

朱子尝戒酒。《家酿》二首云：“疾身从法缚，好客为公留。”注云：“熹近戒酒，故有法缚之句。”[1]从上句“但知愁鬓白，那复醉颜红？”可知此次戒酒是晚年之事。答南轩（张栻，一一三三—一一八〇）书曰：“近日一种向外走作，心悦之而不能自已者，皆准止酒例，戒而绝之，似觉省事。”[2]则在南轩未死以前，已行戒酒例矣。尝劝赵昌甫（赵蕃，一一四三—一二二九）“千万戒诗止酒”[3]。昌甫喜作诗，书笺往还，多以诗代。朱子尝称其诗为“较恳恻”[4]。但因门人林择之（林用中）论其诗，则曰：“今人不去讲义理，只去学诗文，已落第二义。况又不去学好底，却只学去做那不好底。作诗不学六朝，又不学李（李白，六九九—七六二）杜（杜甫，七一二—七七〇），只学那峣崎底。今便学得十分好后，把作甚么用？莫道更不好？”[5]朱子之意，并非全不作诗，只是不作不好之诗。所谓止酒，亦非全然不饮，只是不要过量而已。朱子本人整生作诗饮酒。并非言不顾行，或时作时辍。“戒而绝之”，非谓杀断思虑，而是正其心也。“止酒”亦如此，孔子“唯酒无量，不及乱”[6]。止者，止其乱也。尝遣长子塾就学于吕东莱（吕祖谦，一一三七——一八一）。临行，有书详细指示其言语行动：“不得饮酒，荒思废业。亦恐言语差错，失己忤人。”[7]此是全戒，盖塾年虽二十一，未婚，尚未能自治也。

诗酒不分，乃文人之雅事。从朱子诗中得知其随时随处可饮。有独饮[8]，有共饮[9]。有晨饮[10]，有晚饮[11]。有与伴侣饮[12]，有与邻里饮[13]，有与同游饮[14]，有与道士饮[15]。月下[16]、雪中[17]、舟中[18]、沼上[19]、花下[20]、道旁[21]、山顶[22]、茅舍[23]、华馆[24]，均可饮。朱子酒量必不浅。载酒则一杯[25]，或斗酒[26]，或尊酒[27]。或饮一杯[28]，或饮三杯[29]。多者“喜兹烦抱舒，未觉杯酒深”[30]。甚则以酒作茶，“白酒频斟当啜茶，何妨一醉野人家？”[31]

所谓一醉[32]，当然是小醉[33]。又时沉醉而又醒[34]，有时醉极[35]。或醉至“归路相扶持”[36]，或“几枝藤竹醉相携”[37]，大多醉则卧睡。刘共父（刘珙，一一二二——一七八）曾委撰《王公集序》。与共父书云：“昨承撰《王公集序》，已尝具禀恐不能事，以病高明。前日偶与平父（项安世，一二〇八年卒）诸人小饮醉卧。中夜少苏。因不复能寐。感慨俯仰之间，若有开其意者，忽得数十百言。蹶然起坐，取火书之。窃意以是为《王公集序》，若可无愧，但未知尊意如何耳？”[38]此即代刘共父作之《王梅溪文集序》。[39]计已达一千二百余言，一气吐成，不可不谓酒意有以助之也。某日舟中新月，伯崇（范念德）、择之二友皆已醉卧，唯朱子不然。因为诗戏之曰，“与问醉眼客，岂知行路难？”[40]盖乾道三年丁亥（一一六七）八月朱子访南轩于长沙，参究中和问题（参看页五二七“朱子与张南轩”条），门人伯崇与择之随。十一月同登衡山，游山七日，驾风踏雪，故谓行路难也。师生温厚之情，因酒而益旺。

朱子不善琴，但能高歌。有诗云：“援琴不能操，临觞起长叹。”[41]兴到之时，则“酣歌气激冽，杰句韵清美”[42]、“浊酒三杯豪气发，朗吟飞下祝融峰”[43]。绍兴二十年庚午（一一五〇）春，朱子归婺源省墓，“时董琦侍朱子于乡人之坐。酒酣，坐客以次歌颂。朱子独歌（《离骚》经一章）。音吐鸿畅，坐客竦然”[44]。据门人吴寿昌：“先生每观一水一石，一草一木，稍清阴处，竟日目不瞬。饮酒不过两三行，又移一处。大醉则趺坐，高拱经史子集之余，虽记录杂说，举辄成诵。微醺则吟哦古文，气调清壮。某所闻见，则先生每爱诵屈原《楚骚》、孔明（诸葛亮）《出师表》、渊明（陶潜）《归去来并诗》，并杜子美（杜甫）数诗而已。”[45]尝脚疼卧息楼下，吟咏杜子美《古柏行》三数遍。[46]寿昌又因朱子酒酣兴逸，遂请醉墨。朱子为作大字小字与之。[47]（参看页六八二“朱子墨迹”条）《文集》以醉作为题者有《同饮白云精舍醉中走笔》[48]与《醉作三首》[49]。其他以酒为题者如《芳舍独饮》[50]、《超君泽携琴载酒见访》[51]、《小醉再登昼寒》[52]、《次子服载酒诗》[53]，为数亦复不少。

南轩对于朱子高歌，曾有书规劝，谓“来者多云会聚之间，酒酣气张，悲歌慷慨，如此等类，恐皆平时血气之习，未能消磨者，不可作小病看”[54]。来人恐张大其词，朱子断不至于乱也。婺源有五通庙，乡人以为最灵，出门必带纸张入庙祈祝而后行。士人之过者必以纸称门生谒庙。乡人迫朱子前往，朱子不肯。是夜会族人，乍饮，遂动脏腑终夜。乡人以为是不谒庙之故。朱子曰：“某幸归此，去祖墓甚近。若能为祸福，请即葬某于祖墓之旁甚便。”[55]可见酒能动其腑脏而不能动其心也。酒中安定者，莫如净安寺之会。庆元二年丙辰（一一九六）朱子既以忤韩侂胄（一二〇七年卒）等权贵，落职罢祠。翌年其友蔡元定被罪，贬谪道州[56]，主意在诋朱子。州县捕元定甚急。据《语类》，“先生往净安寺候蔡。蔡自府乘舟就贬，过净安。先生出寺门接之。坐方丈，寒暄外无嗟劳语。以连日所读《参同契》所疑扣蔡。蔡应答洒然。少迟，诸人醵酒至，饮皆醉。先生间行列坐寺前桥上饮。回寺又饮。先生醉睡。方坐饮桥上，詹元善（詹体仁，一一四三—一二〇六，朱子门人）即退去。先生曰：‘此人富贵气。’”[57]《宋史·蔡元定传》云：“熹与从游者数百人，饯别萧寺中。坐客兴叹，有泣下者。熹微视元定，不异平时。因喟然曰，‘友朋相爱之情，季通（蔡元定）不挫之志，可谓两得矣。’”[58]《语类》亦云无嗟劳语，相与论《参同契》。其不为酒困，而安定如此。

1　《文集》卷一，页十五下。

2　同上，卷三十一《答张敬夫（第二十七书）》，页十四下。

3 同上，续集卷六《与赵昌甫》，页一下。

4 《语类》卷一四〇，第五十七条，页五三五一。

5 同上，第七十三条，页五三五四。

6 《论语·乡党》，第八章。

7 《文集》续集卷八《与长子受之》，页六下。

8 同上，正集卷一《茅舍独饮》，页二十二上"独酌谁为欢？"。又《寄黄子衡》，页十九上"有酒不同斟"。

9 《文集》卷三《次韵寄题芙蓉馆》，页十三上"且将伴侣同杯酒"。

10 同上，卷二《奉酬子厚咏雪之作》，页八上"凌晨饮一杯"。

11 同上，卷五《晚饮列岫》，页十六下"日未斜……一尊酒"。

12 参见注9。

13 《文集》卷二《岁晚分韵得已字》，页十九上"斗酒会邻里"。

14 同上，卷八《发怀安》，页九上"醉中别去"。

15 同上，卷九《用公济韵》，页四下"邀诸羽客同饮"。

16 同上，卷上《月剧饮》，页二上"月色中流满……杯深同醉极"。

17 同上，卷五《清江道中见梅》，页十四上"正奈雪重重，暖热惟须酒"。

18 同上，《舟中见新月》，页十五下"舟中见新月，与问醉眠客"。

19 同上，卷六《次彦集置酒白莲沼上韵》，页十九上"病着无因为举觞"。

20 同上，卷一《丘子野郊园五咏》，页七上"还当具春酒，与客花下醉"。

21 同上，卷五《敬夫韵》，页六上"行林间几三十里，寒甚。道旁有残火温酒。举白方觉有暖意"。

22 同上，《胡广仲同登绝顶》，页七下"同登绝顶，举酒极谈"。

23 《文集》正集卷一《茅舍独饮》。

24 《文集》正集卷三《次韵寄题芙蓉馆》，"华馆清波引兴长"。

25 《文集》正集卷三《次韵寄题芙蓉馆》，页十三下"绿暗红深酒一杯"；卷四《送谢周辅人广》，页三上"分携一杯酒"。

26 《文集》卷三《题祝生画》，页三下"定交斗酒欢无穷"。

27 《文集》正集卷五《晚饮列岫》。

28 《文集》卷五《怀南岳旧游》，页二十一上"向来一杯酒"。

29 同上，卷六《仙洲昼寒亭》，页五上"赏寄三杯酒"，卷七《次上掌书落成白鹿佳句》，页六下"三爵何妨奠苹藻？"。

30 同上，卷四《赵君泽携琴载酒见访》，页一下。

31 同上，卷五《次择之进贤道中》，页十七上。

32 同上。又卷六《次韵昼寒》，页五上“一醉今何许？”。卷二《巢居分韵得将字》，页二十三上“攸然复一醉”。

33 同上，卷六《小醉再登昼寒》，页七下。

34 同上，卷八《次韵寄题万顷寒光》，页六上“不知沉醉又还醒”。

35 《文集》卷上《月剧饮》，“月色中流满”。

36 《文集》卷二《巢居分韵得将字》。

37 《文集》卷五《归报德》，页二十下。

38 《文集》别集卷四《与刘共父（第五书）》，页四下。

39 《文集》卷七十五，页二十八上至三十上。

40 《文集》卷二《舟中见新月》。

41 《文集》卷一《寄黄子衡》，页十九上。

42 同上，卷二《晚出分韵得巳字》，页十九上。

43 同上，卷五《醉下祝融峰》作，页八上。

44 叶公回校订《朱子年谱》（一四三一，《近世汉籍丛刊》本）卷中首，页五下，总页六十四。以后各年谱同。

45 《语类》卷一〇七，第五十二条，页四二五二。

46 同上，卷一二七，第四十四条，页四八九二。

47 同上，第六十七条，页四二五六。

48 《文集》卷六，页八下。

49 同上，卷十，页二上。

50 《文集》卷一《茅舍独饮》。

51 《文集》卷四《赵君泽携琴载酒见访》。

52 《文集》卷六《小醉再登昼寒》。

53 《文集》卷九，页十四下。

54 《南轩先生文集》（《近世汉籍丛刊》本）卷二十《答朱元晦秘书（第十一书）》，页十一上，总页六五九。

55 《语类》卷三，第七十九条，页八十五。

56 今湖南道县。

57 《语类》卷一〇七，第二十四条，页四二四五至四二四六。

58 《宋史》（北京中华书局，一九七七）卷四三四《蔡元定传》，页三八七五。

【三二】朱子之歌

据叶公回校订《朱子年谱》(一四三一)，朱子于绍兴二十年庚午(一一五〇)春，如(江西)婺源拜省先人之墓，“时董琦尝侍先生于乡人之坐。酒酣，坐客以次歌诵。先生独歌《离骚经》一章，音吐鸿畅。坐客竦然。”王懋竑《朱子年谱》(一七六二)所载全同。是年朱子二十一岁。《文集》有《迪功郎致仕董公墓志铭》，云：“予不及识君。”[1]大概婺源之会，朱子无甚印象。

歌唱吟诵，文士之常，或遣兴，或嗟叹。朱子无事，每“领诸生游赏，则徘徊顾瞻，缓步微吟”[2]。门人吴寿昌[3]好与朱子谈诗。据其所录：“微醺则吟哦古文，气调清壮。某所闻见，则先生每爱诵屈原《楚骚》、孔明(诸葛亮)《出师表》、渊明(陶潜)《归去来并诗》，并杜子美(杜甫)数诗而已。”[4]寿昌又记“先生偶诵寒山数诗。其一云，‘城中娥眉女，珠佩何珊珊？鹦鹉花间弄，琵琶月下弹。长歌三日响，短舞万人看。未必长如此，芙蓉不奈寒。'"[5]朱子之浪漫，于此可见。然寒山诗有叹息意，朱子或有同情之感。其吟咏杜子美《古柏行》三数遍，乃因杜甫之赞美诸葛武侯亮之忠贞，有如古柏，而叹息绍兴七年丁巳（一一三七）之与金人议和也。[6]

朱子之吟诵，当不止此数次。至于高歌，则所知只少年一次而已。元代大儒许衡（一二〇九—一二八一）将死，曳杖于门曰，"予心怦怦然"。瞑目坐，久之，曰："死生何异？人精神能有几？世事何时穷？"遂发叹歌朱子所撰之歌，歌罢奄然而逝。歌曰："睡起林风瑟瑟，觉来山月团团。身心无累久轻安，况有清凉池馆？句稳翻嫌白，俗情高却笑。郊寒兰膏，元自少陵残好处，金章不换。"[7]此歌不见《文集》。唯《宋元学案》谓许衡"歌朱子所撰歌"[8]，则是朱子所撰无疑。

1 《文集》卷九十四《迪功郎致仕董公墓志铭》，页二十七下。

2 《语类》卷一〇七，第五十七条，页四二五三。

3 参看拙著《朱子门人》（台北学生书局，一九八二），页一〇〇。

4 《语类》卷一〇七，第五十二条，页四二五二。

5 同上，卷一四〇，第三十七条，页五三四六。

6 同上，卷一二七，第四十四条，页四八九二至四八九三。

7 《许文公正遗书》〔乾隆五十五年庚戌（一七九〇）本〕，卷首《考岁略》，页十九上。

8 《宋元学案》（《四部备要》本）卷九十《鲁斋学案》，页五上。

【二三】朱子之居——五夫里、武夷与建阳

关于朱子之里居，专家亦难免错误。普通读者，则多未了然。兹详言之，希为研究朱子之一助。

朱子之父讳松，字乔年，号韦斋，谥献靖公（一〇九七—一一四三）。世居徽州婺源[1]之永平乡松岩里。以任建州政和县尉，奉父入闽。父丧，贫不能归，因葬其邑。建炎二年戊申（一一二八）调南剑州尤溪县尉。及去官，尝往来建、剑二州，建炎四年庚戌（一一三〇）馆于尤溪之郑安道家，而朱子生焉。

绍兴元年辛亥（一一三一），朱子二岁，随父避寇寓长溪（今霞浦）龟灵寺。由此至七岁，仍在尤溪。绍兴六年丙辰（一一三六）朱子七岁，由尤溪迁建州（今建瓯）。至绍兴十三年癸亥（一一四三），朱子十四岁，其父死于建州城南之寓舍。或云城南之环溪精舍，恐是后改此名以为纪念。疾革时遗嘱朱子往建宁府崇安县五夫里师事胡宪（字原仲，称籍溪

先生，一〇八六——一六二)、刘勉之(字致中，称白水先生，一〇九一——一四九)、刘子翚(字彦冲，称屏山先生，一一〇一——一四七)。屏山之兄刘少傅子羽为筑室于五夫里其第之旁。朱子遂奉母祝氏迁而居焉。由绍兴十三年至绍熙三年壬子(一一九二)五十年间，五夫里遂为朱子之里居。

五夫里在福建北部崇安县城东南五十七公里。朱子从三先生学于此。里有朱子巷(参看页二二九“朱子遗迹访问记”条之五夫里)，传为朱子上学必经之路。里之潭溪彼岸有纱帽山。因山似屏，故刘子翚自号屏山，而学者称屏山先生。武夷山有水帘洞，可容千数百人。洞内有石刻康熙四十八年己丑(一七〇九)福建巡抚张氏布告，谓“屏山诸贤居武夷山水帘洞讲学”。武夷盛传朱子曾侍学刘屏山于此。屏山好游武夷，是意中事。间或讲学，而朱子随从，亦属可能。唯朱子之侍学屏山，则在五夫里。谓为从学屏山于武夷山之水帘洞，恐是不确。

五夫里之为朱子之长期里居，证据不少。《文集·答蔡季通(蔡元定，一一三五——一九八)书》云：“所嘱文字，昨在五夫，已为具草。归来一向扰扰。又缘卜葬未定，心绪纷乱。”[2]考绍兴十四年甲子(一一四四)，即朱子奉母迁居五夫里之次年，葬其父于五夫里之西塔山灵梵院侧。[3]以地势卑温，惧体魄之不获其安，乃以乾道六年庚寅(一一七〇)七月五日迁于五夫里之白水鹅子峰下。[4]所谓卜葬，即指此。故知一一七〇年，朱子四十一岁，尚住五夫里也。淳熙二年乙未(一一七五)，吕东莱(吕祖谦)来访，共辑《近思录》于寒泉精舍。据《东莱太史文集·入闽录》：“四月初一至五夫里访朱元晦，馆于书室。”[5]是年仍住五夫，又可知矣。《语类》万人杰所录云：“先生问别后工夫，(人杰)曰：‘谨守教诲，不敢失坠。旧来于先生之说，犹不能无疑。自昨到五夫后，乃知先生之道，断然不可易。'"[6]人杰原学于象山(陆九渊，一一三九—一一九三)。[7]淳熙七年庚子(一一八〇)，见朱子于江西南康，遂从事焉。录庚子以后所闻四百余则。十五年戊申(一一八八)再见。[8]第一次仍受象山影响，不能无疑。昨到五夫里，必是第二次。换言之，朱子在十六年三月启行赴行在(杭州)奉事之前，尚在五夫。不止居住，且亦讲授。

最确实者乃朱子本人所具之证据。绍熙二年辛亥(一一九一)朱子漳州任满，四月去郡。五月归次建阳。有书致陈同甫(陈亮，一一四三—一一九四)云："五夫所居，眼界殊恶。不敢复归，已就此卜居矣。然囊中才有数百千。工役未十一二，已扫而空矣。将来更须做债，方可了办。甚悔始谋之率尔也。但其处溪山却尽可观。"[9]又《答吴伯丰(吴必大)》云，"此间寓居近市，人事应接，倍于山间。今不复成归五夫。见就此谋卜届。已买得人旧屋。明年可移。目今且架一小书楼，更旬月可毕工也。其处山水清邃可喜。"[10]

山间指武夷。淳熙十年癸卯(一一八三)朱子建武夷精舍于此。武夷有"三三六六"之胜，即指溪水九曲、山环三十六峰。朱子脍炙人口之《九曲棹歌》最后两句云："渔郎更觅桃源路，除是人间别有天。"[11]朱子居五夫，以武夷为后园。常到此游玩讲学。每逢亲朋故旧来访，乐与之寻胜。有"琴书四十年，几作山中客"之咏。[12]门人在九曲沿岸择地筑室。武夷为一时南宋之文化重心。淳熙三年至四年(一一七六—一一七七)朱子主管武夷山冲佑观。虽无职守，亦不在观居住。然观中设备齐备，常可利用为学者团集之需。在建武夷精舍以后十年之间，朱子居留此处，比较长期，但亦不周年在此。淳熙十二年乙巳(一一八五)答陈亮书云："熹前月初间略入城归来，还了几处人事。遂入武夷，昨日方归。”[13]翌年陈亮欲为武夷之游。朱子答曰：“此山冬寒夏热不可居，惟春暖秋凉，红绿纷葩，霜清木脱，此两时节为胜游耳。今春才得一到而不暇宿。秋来以病，未能再往。职事甚觉弛废。若得来春命驾，当往为数日款也。”[14]是则武夷之宿，或久或暂。大概精舍以前，五夫为主。精舍以后，武夷为多（参看页二二四“朱子遗迹访问记”条之武夷山）。朱子或曾有移居武夷之志，因有诗题“怀潭溪旧居”。潭溪即五夫里所在。诗又云“东迁”。[15]然综上所述，未长居也。

武夷精舍以前，已有寒泉精舍。乾道五年己丑（一一六九）九月，朱子丁母孺人祝氏忧。翌年正月癸酉葬于建阳县崇泰里后山天湖之泊，名曰寒泉坞，即在今之马伏太平山麓，离建阳城约十二公里，属离建阳城二十二公里之莒口管辖。朱子筑寒泉精舍于此。诸年谱均谓日居墓侧，朔望必归。此节另详页一八〇“朱子之行”。各年谱又谓庆元三年丁巳（一一九七）朝廷攻击道学，朱子经已落职罢祠，而州县捕蔡元定甚急之际，朱子与蔡共宿寒泉。已经王懋竑（一一六八—一七四一）据《宋史》蔡氏本传与《语类》证实无其事矣。[16]

寒泉居天湖之阳，往来较易，以故才到即宾客满座[17]，曾与友人相处旬日[18]。又尝携二子过寒泉，约朋友来聚[19]，故寒泉屡到[20]。可知朱子甚喜寒泉。然又谓“走寒泉”[21]与“今日略走寒泉，晚即还此治”[22]。可知并非久居。东莱自金华来访，先到五夫里，同过寒泉精舍，留止旬日。然后同赴武夷，题字刻石。复同出江西鹅湖寺与陆象山兄弟相会。归五夫里后数曰，始登芦山之巅，“清旷非复人境，但过清难久居耳”[23]。

芦山之顶即云谷。朱子极欲卜居于此。《卜居》诗云："卜居屏山下，俯仰三十秋。终然村墟近，未惬心期幽。近闻西山西，深谷开平畴。……誓捐三径资。"[24]《云谷记》云："云谷在建阳县西北七十里芦山之巅。……乾道庚寅(一一七〇)予始得之。因作草堂，牓曰晦庵。谷中水西南流七里……故牓之曰南涧。下流曲折……欲为小亭……命以鸣玉，而未暇也。……石壁高广，皆百余尺，瀑布当中而下。沼上田数亩。其东欲作田舍数间，名以云庄。……竹中得草堂三间，所谓晦庵也。……可耕者数十亩。寮有道流居之。……草堂前……植以椿桂兰蕙。……堂后结草为庐。……自予家西南来，犹八十余里。以故他人绝不能来，而予亦岁不过一再至。独友人蔡季通家山北二十余里，得数往来其间。自始营葺，迄今有成，皆其力也。"[25]《云谷记》成于淳熙乙未(一一七五)七月，则鹅湖归后也。然营造已经五年，仍甚简陋。有诗云："堂成今六载，上雨复旁风。逐急添茆盖，连忙毕土功。"[26]

云谷离五夫甚远，又在山巅。故有诗《早发潭溪夜登云谷》云："怀山不能寝，中宵命行轩。……疲劳既云极，饥渴不能言。"[27]一日驱车，勉强可达，然普通需要两日。如《登云谷》诗题云："同发屏山，西登云谷，越夕乃至。"[28]然仍"淹留十日"[29]，或"留十余日"[30]。而云谷今在何处，已无可考，然必离寒泉不远。某次寒泉拜扫事毕，即上芦山，[31]予以为云谷与寒泉皆是别墅性质，并非久居。

建阳之考亭山水秀丽，朱子之父尝过此而爱之，谓可以卜居。朱子之定居考亭，此亦其原因之一。其他原因，可于其致书其师胡宪见之。范如圭(一一〇二—一一六〇)死，其家欲居(福建)泰宁。朱子致胡宪书以为并非良计，而以居建阳"一则便于坟墓，二则便于讲学，三则便于生计”[32]。胡宪死于一一六二年，是时朱子仅三十三岁。则建阳优点，早已深留印象矣。在朱子，确是便于坟墓，盖寒泉坞距离不远。居考亭后，又迁其父之坟于崇安县武夷乡上梅里寂历山中峰僧舍之北。盖其父之诗尝有“乡关落日苍茫外，尊酒寒花寂历中”之句[33]，且其母建阳寒泉坞之墓，“东北距先君白水之兆百里而远也”[34]。朱子在建阳曾业印务（参看页一五八“朱子之印务”条），故亦便于生计。朱子甚贫，筑室经费之难，已见上述致陈同甫与吴伯丰书。致朱鲁叔亦云：“去岁归来，计度不审。妄意作一小屋，至今方得迁居。然所费百出，假贷殆遍。人尚未能结里圆备。甚悔始虑之不精也。”[35]

绍熙二年辛亥（一一九一）五月二十四日朱子抵建阳。翌年六月新居既成，乃为文以告家庙：“伏惟降鉴，永奠厥居。垂之子孙，世万无极。”[36]现目建阳下考亭有村户三十六，其中二十五户姓朱，皆朱子后裔。（参看页二一二“朱子遗迹访问记”条）惜朱子居此不及八年，即已弃世。而八年之中，有大半年外出为宦。幸五年甲寅（一一九四）十一月还考亭后，建竹林精舍，学者云集。其讲学盛况，远胜于五夫武夷也。

1　今江西婺源县。

2　《文集》续集卷二《答蔡季通（第一二〇书）》，页二十五上。

3　同上，正集卷九十四《皇考迁墓记》，页二十三下；卷九十七《吏部朱公行状》，页二十六上。

4　同上，卷九十四，页二十三下。

5　《东莱吕太史文集》（《续金华丛书》本）卷十五《入闽录》。

6　《语类》卷一一五，第三条，页四四一二。

7 拙著《朱子门人》(台北学生书局，一九八二)，页二四八至二四九。

8 据田中谦二《朱子弟子师事年考》(《东方学报》第四十八期，一九七五)，页三〇二。

9 《文集》续集卷七《与陈同甫》，页八上。

10 同上，正集卷五十二《答吴伯丰（第八书）》，页十下。

11 《文集》卷九，页五下至六上。

12 同上，《精舍》，页三下。

13 同上，卷三十六《答陈同甫（第九书）》，页二十八上。

14 同上，第十一书，页三十上。

15 同上，卷九，页九上。

16 王懋竑《朱子年谱·考异》(《丛书集成》本）卷四，页三三九。

17 《文集》续集卷二《答蔡季通（第六书）》，页二下。重见第九十三书，页二十一上。

18 同上，正集卷四十四《答方伯谟（第七书）》，页二十一下。又卷三十三《答吕伯恭（第三十九书）》，页二十六上。

19 同上，卷三十九《答范伯崇（第九书）》，页四十四下。

20 同上，卷四十四《答蔡季通（第五书）》，页四上，云“欲过寒泉”；第八书，页十一上，云“自欲一到寒泉”。

21 《文集》别集卷一《与林伯井（第二书）》，页九上。

22 同上，续集卷二《答蔡季通（第十三书）》，页三下。

23 同上，正集卷三十三《答吕伯恭（第四十书）》，页二十七下。

24 同上，卷四《卜居》，页九上。

25 同上，卷七十八《云谷记》，页二上至四下。

26 同上，卷六《云谷合记》，页十八上。

27 同上，《早发潭溪夜登云谷》，页十四下。潭溪在五夫里。

28 同上，《登云谷》，页二十二上。

29 同上，《早发潭溪夜登云谷》，页十四下。潭溪在五夫里。

30 同上，卷四十四《与方伯谟（第十书）》，页三十三上。

31 同上，续集卷二《答蔡季通（第一一七书）》，页二十四下。

32 《文集》卷三十七《与籍溪胡原仲先生》，页一下。

33 同上，卷九十七《吏部朱公行状》，页二十六上。武夷乡之寂历山现属崇安县之双梅乡。不知是否武夷乡为双梅乡之旧名？然必较五夫里为近于寒泉坞也。

34 同上，卷九十四《孺人祝氏圹记》，页二十四上。

35 同上，别集《与朱鲁叔》，页十三下。

36 同上，正集卷八十六《迁居告家庙文》，页十五上。

【二四】朱子之衣冠

朱子之衣冠，从来未经有人研究。予非衣服制度专家，不敢滥竽。兹从《文集》《语类》《朱子行状》《朱子年谱》，录其关于朱子衣冠者十余条，思有以激动专家之兴趣，发表专文，亦提倡朱子研究之一道也。

（1）《行状》云：“其闲居也，未明而起，深衣幅巾方履。拜于家庙，以及先圣。……其自奉则衣取蔽体，食取充腹，居止取足以障风雨。人不能堪，而处之裕如也。”[1]

（2）“先生早晨拈香。春夏则深衣，冬则戴漆纱帽。衣则以布为之，阔袖皂褖。裳则用白纱。如濂溪（周敦颐，一〇一七—一〇七三）之服。或有见任官及他官相见，易窄衫而出。”[2]

（3）“问衣裳制度。曰：‘也无制度。但画像多如此，故效之。’又问有尺寸否？曰：‘也无稽考处。那《礼》（《礼记·玉藻》《深衣》等篇）上虽略说，然也说得没理会处。'"[3]

(4)"先生见正甫(余正甫)所衣之衫，只用白纻、圆领，领用皂。问：'此衣甚制度？'曰：'是唐衫。'先生不复说，后遂易之。"此为王过甲寅(一一九四)朱子六十五岁以后所闻。[4]

(5)朱子有《深衣制度》并图，只言尺寸布料。顺及大带、缁冠、幅巾、黑履。唯未说及深衣之沿革与用途。《语类》问答关于《礼记·深衣篇》，亦注重衣料与颜色。[5]

(6)"问先生忌日何服？曰：'某只著白绢凉衫，黪巾。不能做许多样服得。'问黪巾以何为之？曰：'纱绢皆可。某以纱。'又问诞辰……衣服易否？曰：'否。'……又问黪巾之制。曰：'如帕复相似。有四只带，若当幞头然。'"[6]

(7)"问衣服之制。曰：'某自有吊服、绢衫、绢巾。忌日则服之。'"[7]

(8)"忌日须用墨衣墨冠。"[8]

(9)"考妣讳日，祭罢，裹生绢黪巾终日。一日晚到阁下，尚裹白巾未除。因问答者云：'闻内弟程允夫(程洵)之讣。'"[9]

(10)"某在同安作簿时，朝廷亦有文字，令百官皆戴帽。某时坐轿有碍。后于轿顶上添了一圈竹。"[10]

(11)"先生有疾，及诸生省问，必正冠坐揖，各尽其情，略无倦接之意。……客退，必立视其车行，不复顾，然后退而解衣。"[11]

(12)"因论世俗不冠带云：'今为天下，有一日不可缓者，有渐正之者，一日不可缓者，兴起之事也。渐正之者，维持之事也。'"[12]

(13)庆元二年丙辰(一一九六)，朱子六十七岁，落职罢祠。四年戊午（一一九八）乞致仕。五年己未（一一九九）四月，有旨令守朝奉大夫致仕。朱子始用野服见客。王懋竑《朱子年谱》录《坐位榜》略云：“荥阳吕公尝言：‘京洛致仕官，与人相接，皆以闲居野服为礼，而叹外郡或不能然。’其指深矣。夫上衣下裳，大带方履，比之凉衫，自不为简。其所便者，但取束带足以为礼。解带足以燕居而已。且使穷乡下邑，得见祖宗盛时京都旧俗，其美如此，亦补助风教之一端也。”

捷按：王懋竑盖采用李默改订《朱子年谱》（一五五二）与洪去芜改订《朱子年谱》（一七〇〇）。然叶公回校订《朱子年谱》（一四三一）与戴铣《朱子实纪》（一五〇六）已均有之。则《坐位榜》所云，或可上溯于朱子门人李方子之最早《朱子年谱》也。《坐位榜》载《文集》卷七十四之末，题《休致后客位咨目》。[13]

(14)《行状》云：“先生疾且革。……已而正坐，整冠衣，就枕而逝。”[14]

(15) 蔡沈《朱文公梦奠记》云：“初九日甲子五更……先生执笔如平时，然力不能运。少顷，置笔就枕，手误触巾，目沈

179 正之。”[15]

【二四】（16）《宋史 · 黄榦传》云：“病革，以深衣并所著书授榦。”然王懋竑已证深衣授榦为暗用禅家衣钵之说，其为附会无疑。（参看页四五〇“朱门传授”条）[16]

1 黄榦《勉斋集》（《四库全书》本）卷三十六《朱子行状》，页四十一下至四十二上。

2 《语类》卷一〇七，第五十四条，页四二五二。

3 同上，第五十五条，页四二五三。

4 同上，卷一三八，第一四一条，页五二九二。

5 《文集》卷六十八《深衣制度》，页五上至七上。《语类》卷八十七，第一八〇与一八一条，页三五九四。

6 《语类》卷八十七，第一五七条，页三五八二至三五八三。

7 《语类》卷九十，第一四一条，页三六八六。

8 同上，第一四二条，页三六八六。

9 同上，第一四五条，页三六八七。

10 同上，卷九十一，第九条，页三六九三。

11 同上，卷一〇七，第五十七条，页四二五三。

12 同上，卷一〇八，第七条，页四二五九。

13 王懋竑《朱子年谱》（《丛书集成》本），卷四下，页二二五。

14 《勉斋集》卷三十六《朱子行状》，页四十六上。

15 《蔡氏九儒书》〔同治七年戊辰（一八六八）本〕卷六《朱文公梦奠记》，页六十上。

16 《宋史》（北京中华书局，一九七七）卷四三〇《黄榦传》，页一二七七八。王懋竑《朱子年谱 · 考异》卷四，页三四四。

【二五】朱子之行

历来写朱子传者，不论我国或韩日学者，皆以黄榦之《朱子行状》为本，《宋史》本传为副，而质详细于《朱子年谱》。对于朱子之出处行止之有历史意义者，至矣备矣。至于朱子毕生之爱好游览，专程访友，中年以后到处讲学，晚年因庆元党祸（一一九六—一二〇〇）而稍有回避，等等，其地点为何？时间之长短为何？旅行之方式为何？则庐山之游，长沙与衡山之旅，鹅湖寺[1]之会而外，尚未有完全之报道。即此等记载，亦未详尽，如鹅湖寺会期之长短是也。后藤俊瑞所著《朱子》，有《南岳之旅》一节。虽无新发见，然亦开一生面矣。最近高令印教授发表《朱熹籍贯由鲁至闽考》[2]与《朱熹行踪考》[3]采用地方史志，增长吾人许多智识。然于上提各点，仍未暇及。予非历史专家，又无地方史志之便，只敢提问，不敢作答。《行状》与年谱载朱子之行，有三端屡启疑问而答案尚未满意者。兹略论之。

（1）徒步数百里。《行状》云：“延平李先生（李侗）学于豫章罗【二五】先生（罗从彦，一〇七二——一三五）。罗先生学于龟山杨先生（杨时，一〇五三——一一三五）。延平于韦斋（朱松，一〇九七——一四三，朱子之父）为同门友。先生归自同安（一一五八），不远数百里，徒步往从之。”[4]《宋史》朱子本传从之。[5]其他朱子年谱则无此言。[6]予所疑者，非其徒步，而是其徒步数百里。《行状》所云，想是以婉言朱子求学之殷。予在建阳，尝问学者此事可能否？皆云中间朱子必乘船并用车马。李侗居延平[7]，直线离同安亦二百五十公里。道路弯曲，隔水过山。步行非五日不可。此非绝无可能。然以情度之，未必如此。因此提出朱子旅行方式之问题：乘轿乎？载车乎？骑马乎？坐舟乎？徒步乎？试一考究。

据朱子：“京师全盛时，百官皆只乘马。虽侍从亦乘马。惟是元老大臣老而有疾底，方赐他乘轿。然也尚辞逊，未敢便乘。今却百官不问大小尽乘轿，而宦者将命之类皆乘轿。”[8]是以朱子任同安主簿时，乘轿出入。朱子云：“某在同安作簿时（一一五三——一五六，二十四至二十七岁），朝廷亦有文字令百官皆戴帽。某时坐轿有碍。后于轿顶上添了一圈竹。”[9]赴延平时，既已解官，自无官轿可乘。自同安归，差监潭州南岳庙，入息甚微。无钱雇轿，亦是一因。朱子自小已从其父得闻伊川（程颐，一〇三三——一〇七）之教。程氏自少时未尝乘轿。有诘之者，答曰：“某不忍乘，分明以人代畜。”[10]朱子思想行动，均深受伊川影响，然少时印象未深，对乘轿未闻反对。朱子谓“南轩（张栻）……在家，凡出入人事之类，必以两轿同其弟出入”[11]。亦未见有何批评。答门人居敬穷理之问曰：“譬如出路要乘轿便乘轿，要乘马便乘马，要行路便行路。”[12]前条为包扬癸卯、甲辰、乙巳（一一八三—一一八五）所闻，后条为吕焘己未（一一九九）所录。可见晚年仍不责难乘轿。吕焘所录为注。条之正文为沈僩所录，只云“如人欲出路，若有马便骑马去，有车便乘车去，无车便徒步去”，岂讳言乘轿耶？同安以后，《文集》《语类》均无乘轿痕迹。则或朱子谨奉伊川之遗教，对南轩乘轿，未明言耳。

步行上山，自然不在话下。如上云谷，在芦山之巅。某次自下上山，半途大雨，通身皆湿。[13]又有诗云：“芦山一何高！上上不可尽。我行独忘疲，泉石有招引。”[14]《文集》行路纪游之诗，不知凡几。又《答蔡季通（蔡元定）书》云：“某昨日冒雨登龙湖，幸无它。但路滑狼狈耳。”[15]龙湖在福建邵武县西五十里，绝顶有湖。车辆所不能到。如非乘马，只得走路耳。朱子步行不少，则赴延平道中，若干路程徒步，亦至自然。

朱子常用马。南岳衡山（一一六七）之游，几全用马。《文集》卷五马上所作之诗，如大雪马上次韵。马上口占之类甚多。由五夫里至武夷山半途有歇马站。

今日行汽车，遗址犹存。可知其数十年中之游武夷，必然乘马。武夷有山有水。溪水九曲。予一九八三年游时尚乘竹筏。武夷精舍非乘舟不能达。《文集》诗中乘舟，比乘马为多。盖因水道为我国南部交通路线，不独福建为然。且舟中食宿问题，均可解决。舟中又可交谈互论，观帖作跋。[16]由同安至延平，或乘马，或雇舟，均有可能。或且乘车，详下。

（2）单车就道。朱子出行，亦每驾车。某次将就车而病作。[17]某次闻田舍有诵书声，乃亟下车。[18]某次欲自载一至近县，以贫甚无法裹粮而中止。[19]此外尚有多端。登云谷“日中秣吾马，日暮膏吾车”[20]。庐山十日之游（一一八一），几全用车。《山北纪行》云“行轩复东骛”。[21]又一诗云，“登车闽岭徼，自驾康山阳”[22]。然则自闽赴知南康军之任（一一七九）全途用车矣。其最有名者，为淳熙八年辛丑（一一八一）除提举两浙东路常平茶盐公事。是时浙东大饥。《行状》云：“时民已艰食，即日单车就道。”[23]《宋史》与各年谱传记，均无异辞。予亦深信之。唯行程为何，需时若干？则尚无答案。查淳熙五年戊戌（一一七八）差知南康军。辞者四次。翌年正月启行，三月赴任。《与执政劄子》云：“熹昨以朝命敦迫，勉强到官。不敢携家为久住计，只挈一小儿在此，方十余岁。”[24]此儿必是第三子在，是年刚十一岁也。《与袁守丞书》则云：“熹以一身孤客于此，携小儿甥在此，无妇女看当。”[25]吾人不知此甥是谁，或随后方来，亦未可知。又告吕东莱（吕祖谦）云：“此间只有三五担行李，及儿甥一两人，去住亦不费力。”[26]此皆言赴南康之任，不作久留之计，故轻车而往。《行状》与年谱不言单车，可知不只一车矣。至赴两浙，则明言单车就道。是否并无随从？是否朱子自驾？吾人不得而详。只知其以单车之故，未带文书而已。与友人郭雍书云：“又以单车此来，无复文书可以检索。”[27]《行状》谓其在任，“每出皆乘单车，屏徒从。所历虽广，而人不知”[28]。《宋史》本传沿之。[29]叶公回校订《朱子年谱》（一四三一）则增补而言，谓：“每出皆乘轻车，屏徒御。一身所需，皆自赉以行，秋毫不及州县。以故所历虽广，而部内不知。”[30]戴铣《朱子实纪》卷二之《年谱》同。[31]既言屏御，则可能由闽入浙，自驾而往。然在南康之时，已有足疾。[32]若谓长途屏御，恐难入信。单车就道之主因，乃在民已艰食。故急不及待，即日动程。然所以单车之由，是否亦避免沿途应酬，耽搁时间？凡此问题，尚待专家研究。

(3) 朔望必归。乾道五年己丑（一一六九）九月朱子丁母忧，六年庚寅（一一七〇）正月葬祝孺人于建阳县崇泰里后山天湖之阳，名曰寒泉坞。（参看页八十六"朱子之亲属"条）于此处建寒泉精舍。此即淳熙二年乙未（一一七五）朱子与吕东莱合辑《近思录》之地也。叶公回与戴铣《朱子年谱》皆于乾道六年下云："朱子居丧尽礼。既葬，日居墓侧，旦望则归奠几筵。"王懋竑《朱子年谱》云："'朔望'，李洪本作'旦望'。闽本已改正。"[33]李本指李默之改订本（一五五二），洪本指洪去芜改订本（一七〇〇年重刻）。闽本则不知何所指（参看页九七"朱子年谱"条）。四谱均同，或是来自最早之李方子《朱子年谱》。王懋竑又云："按李、洪、闽三本，皆云'日居墓侧'，而不言何所。寒泉精舍当与墓相近。然以精舍名，则是讲论之地，而非守墓之所也。……而谓日居墓侧，朔望方归奠几筵，恐未然也。今削去。"[34]王氏未见叶、戴两《谱》，然叶、戴亦未言所居在何处。予以王氏之疑，大可不必。盖日居墓侧之精舍，有何不可？岂讲论便是不孝耶？且精舍必甚简陋，与墓庐无异也。吾人难题不在日居墓侧而在朔望必归。当时朱子之家在崇安县五夫里。（参看页一六九"朱子之居"条）则归必归五夫里。唯五夫里与寒泉相隔八九十里。寒泉坞即在今之马伏太平山麓，离建阳城约十二公里。属离建阳城西北二十二公里之莒口管辖。若以两日一程，来回三四日，则朔望必归，每月需要七八日，未必跋涉于途如此。

年谱所云"日居墓侧"，乃赞美之辞，指其筑居墓侧也。谓其"朔望必归"，非指久住寒泉，每月朔望返五夫里，而是凡居寒泉，则必初一十五还家以奠几筵而已。《答蔡季通》谓："幸会期不远。此只八九间下寒泉，十一二间定望临顾也。"[35]大概初一尚在五夫里，至十一二与季通会后又回家，盖朔望必奠几筵也。

185 1 在江西信州铅山县东北十五里。

【二五】

2 高令印、陈其芳合撰,《齐鲁学刊》(第六期, 一九八三), 页三十至三十五。

3 《中国哲学史论丛》第一辑 (福建人民出版社, 一九八四), 页四一三至四三一。

4 《勉斋集》(《四库全书》本) 卷三十六《朱子行状》, 页三十九上。

5 《宋史》(北京中华书局, 一九七七) 卷四二九《朱熹传》, 页一二七六九。

6 如王懋竑《朱子年谱》(《丛书集成》本) 卷一上, 页十三。

7 今南平。

8 《语类》卷一二七, 第五十七条, 页四九〇〇。

9 同上, 卷九十一, 第九条, 页三六九三。

10 《外书》(《四部备要 · 二程全书》本) 卷十, 页三上。

11 《语类》卷一〇三, 第五十二条, 页四一四九。

12 同上, 卷一二一, 第五十八条, 页四六九二。

13 同上, 卷五, 第二十条, 页一三七。

14 《文集》卷六《游芦峰》, 页十三上。

15 同上, 续集卷二,《答蔡季通 (第八十九书)》, 页二十上。

16 《文集》卷八十二《跋东坡与林子中帖》, 页一上; 卷八十四《跋徐骑省所篆项王亭赋后》, 页二十七下。

17 同上, 卷三十四《答吕伯恭 (第十书)》, 页六上。

18 同上, 卷七十六《谢监庙文集序》, 页十三下。

19 同上, 卷三十三《答吕伯恭 (第十四书)》, 页十下。

20 同上, 卷六《同发屏山西登云谷》, 页二十二上。

21 同上, 卷七《山北纪行》, 页十六上。

22 同上,《屡游庐阜》, 页一下。

23 《勉斋集》卷三十六《朱子行状》, 页十下。

24 《文集》卷二十六《与执政劄子》, 页二十三下。

25 同上,《与袁守丞》, 页二下。

26 同上, 卷三十四《答吕伯恭 (第八十三书)》, 页二十五上。

27 同上, 卷三十七《与郭冲晦 (第一书)》, 页二十六下。

28 《勉斋集》卷三十六《朱子行状》, 页十三下。

29 《宋史》卷四二九《朱熹传》, 页一二七五六。

30 叶公回校订《朱子年谱》(《近世汉籍丛刊》本), 卷中尾, 页十二上, 总页一三五。

31 戴铣《朱子实纪》(《近世汉籍丛本》) 卷三《年谱》, 页九下, 总页一三二。

32 《文集》卷二十二《乞宫观劄子》, 页十五下; 卷二十六《与周参政劄子》, 页二十四上。

33 王懋竑《朱子年谱 · 考异》卷一, 页二六二。

34 同上, 页二六二至二六三。

35 《文集》续集卷二《答蔡季通 (第二书)》, 页二上。

【二六】考亭传说

《尧山堂外纪》:朱韦斋，晦庵父也。酷信地理。尝招山人择地，问富贵如何？山人久之答曰:“富也只如此，贵也只如此。生个小孩儿，便是孔夫子。”后生晦庵，果为大儒。文公为（福建）同安主簿日，民以有力强得人善地者，索笔题曰:“此地不灵，是无地理。此地若灵，是无天理。”后得地之家不昌。[1]

蒋粹翁，宋季隐满月山。尝言先世家九峰山，畜一牝马生狗，龙首马身，状如负河图者。有父老曰:“昔仲尼笔削六经而麒麟出，今朱晦翁表章四书而龙马生，圣人之瑞也。”晦翁闻之，逊不自居，谨视刍秣。后牧于山，竟失所在。[2]

两事均非史实。然皆比朱子于孔子，可见景仰之至。（参看页一八八“漳州民间传说”条）

【二六】

又一传说：朱子将逝，唤老妇来亲视其以破砚陪葬。后老妇之子盗墓。至有石处，不能掘。老妇告之曰：“朱子穷甚，只一破砚陪葬，我所亲见也。”其子盗念遂息。此传说乃一九八三年予赴建阳访问朱子遗迹时乡人所告者。

1 丁传靖《宋人轶事汇编》（台北商务印书馆，一九六六），卷十七，页八五八，朱熹第一百九引《坚瓠集》。

2 同上，页八五九，引《湧幢小品》。

【二七】漳州民间传说

漳州在福建之南，滨于海。绍熙元年庚戌（一一九〇）朱子知漳州，四月到任。翌年以子塾死，四月去郡。在漳仅及一年，政绩大著。颂礼教，禁男女聚僧庐为传经会，延郡士八人入学，劾营私县宰，罢科茶钱，奏条画经界，刊四经四子书，提高漳州文化水准，民间自然有许多传说。翁国梁编《漳州史迹》，又名《福建漳州传说》。[1]今择其与朱子有直接关系者，录之于下，增入诸人生卒年期。传说不可尽信，但其文化史之价值，亦不可忽也。

（1）白云岩

白云岩在城东二十里，唐虔诚禅师卓锡处，有卓锡泉。旧传朱子尝过此讲《诚意章》，有“与造物游”四字，及门帖句云：“日月每从肩上过，江山常在掌中看。”皆朱子手书也。又有黄道周（一五八五—一六四六）八分书“白云深处”。岩旧祀朱子，今移建岩右。岩中景物有八，曰："百草亭"、"洗砚池"、"晚浦归帆"、"棠阴漏月"、"何有石"、"意果园"、"卓锡流泉"、"松关鸟语"。

民间传说：朱子知漳州府知事时，要寻个幽静山林读书，便想在白云岩上筑一读书庵。但山高搬运瓦料困难。朱子便想出一计，传言某日要在白云岩飞瓦。民皆以为奇。一传十，十传百，愈传愈远。是日男女老幼，莫不倾街空巷，先睹为快。

朱子早已将所要用之瓦搬在岩下，叫来看飞瓦的人们，无论男女，都要尽他的力量带几块瓦上岩。知府的话，谁敢不听？便都带了瓦上岩去。有的等待得不耐烦，便趋前拜问朱子。朱子说："这就是飞瓦了。因为我的瓦本在岩下，现在却已飞在岩上了。"观众至此，始知上当，嚣嚣而归。

朱子在岩上住了。因为和尚都是素食，所以关于鱼虾荤味，很少进口。有一天，村人送一盘油虾和一盘石螺。朱子吃了之后，便将剩余的丢下山涧去。不料这煮熟的虾和螺，却会复活，繁殖到现在。而今岩涧中尚有红虾子和断了尾的石螺。

朱子祠前之洗砚池，池水常黑。祠后有亭，亭中立石碣，书"朱文公解经处"六字，盖以纪念也。岩上清幽好玩，产有茶树，味甘适口，俗呼"紫阳茶"。

漳州从前是个野蛮的地方，但后来一变而有"海滨邹鲁"之美称。这实在由提倡理学始。朱子影响于闽南文化，更有力焉。朱子守漳，对于风俗，大为兴革，趋于正轨。居家门前，必挂一竹帘或竹格子，以隔内外，使里面得看见外面，外面不能看见屋内的人。此为妇女计也。今此俗尚在。竹格上常贴用红纸写的"格外春风"四字。

又闽南妇女，多缠足，鞋底的后跟有一木块高寸许，只许用一支钉钉着。所以妇女走路切要仔细。不然，则鞋底那一块木头便会脱落。这是朱子创议的，盖以防妇女之私奔也。“妇女出门，有文公斗、文公衣、文公履、文公杖，诚海滨邹鲁”也。(见《龙溪县志》清荆南八十四序)由此可见漳州文化之受朱熹影响之一斑。

（2）北溪

漳人盛传陈北溪(陈淳，一一五九—一二二三)尤长于画，故今漳州尚有“陈北溪好字画”之谚。考志书不载，传记亦缺，兹将民间传说关于陈北溪好字画之故事二则于下。

有一次朱文公打听得陈北溪寄宿在本城东桥亭佛祖庙内，便立刻穿起布袍，也不骑马，也不坐轿，也不带跟人，就喜形于色地匆匆走出衙门，向东桥亭而来，要陈北溪画一幅月亮图相赠。陈北溪答应他过几天可派人来取画。朱文公等不上两天，便叫人去取画。但那时的月亮尚是一钩朦胧如眉，北溪以为时期未到，回话衙役再过几天来取。倏然间又过了四五日。朱文公想起月亮图，又忙着派人往取。陈北溪看看天上的月亮，还未十分圆满，依然说再过几天来吧！衙役听了，恳切地求。陈北溪不胜其扰，就在地上拾起一枝甘蔗粕，眼睛望着月亮，相了一会儿，蘸了浓墨在纸勾了一勾，便付与衙役带去。衙役途中自思，这样子画一勾墨，有什么稀奇。回去一定挨骂，还不如到书坊去买一张为妙，便到书坊里买了一幅月亮图回去。朱文公看了摇头，问道：“这是陈先生亲手画的吗？”衙役并不迟疑地答：“是的，是的。”朱文公大气，叱道：“你敢骗我！陈先生的画是这样俗吗？”要打衙役。衙役知道隐瞒不过，方将怀中那一幅陈北溪用甘蔗粕画的月亮图取出。朱文公看了，喜气洋洋，赞美不停。

还有一段故事，说陈北溪嫁女时，以五大笼的旧画做嫁妆。邻家闻知此事，都觉好笑，纷纷议论。但他的女儿却很欢喜。过了一些时日，婆婆发觉那五大笼是臭味的旧画。长叹几声，便一笼一笼搬到灶前去充燃料了。等北溪的女儿知道时，抢回的快，只留下一幅红日图，痛心大哭，婆婆却大骂一场，她才说这是她父亲得意的画，没处可以买得到的。像这幅红日图，冬日挂起来，会晒干麦子的。婆婆不信，一试果然。满院湿麦却都晒干了。到这时，已后悔不及，然而那些好画，早已变成青烟一袅，缥缈不见了。

（3）东湖

东湖旁有罗星墩一十有二，传为朱子守郡时所筑。今仅存其大半。又罗星池七所，亦传为朱子所濬。今诗浦巷庙边一，林家祠堂前一，林家书馆前一，余居在民居围墙中。

（4）断蛙池

断蛙池，原是一口池塘。但如今该池塘附近的街，也叫作断蛙池了。这个池塘，冬天没有水，干得像龟甲一样，池上可以行人。一到春夏之交，梅雨淋漓，整个池塘，都充满了水。

当太阳西堕的时候，一直到天亮，蛙声如雷，不绝于耳。

民间传说，在南宋绍熙时，朱子知漳州府事。公余常在府学旁边那几间人家送给他的民房，来做解注的消遣地。原是要这里比较肃静些，那知道这里的蛙声，彻夜的叫，扰的神思不靖，怪不快活！

因此，他便想到韩愈（七六八—八二四）《祭鳄鱼文》的故事来，也就作了一篇《祭蛙文》，预备很多死的胡蠓〔闽人呼苍蝇为胡蠓。按沈括（一〇三一—一〇九五）《梦溪笔谈》：蟭蟟之小而绿色者，北人谓之蠓，即诗所谓“蠓首蛾眉”者也，取其顶深且方也。又闽人谓大蝇曰胡蠓，亦蠓之类也〕，叫差役赉到池边祭之。翌日，不但蛙声没有断绝，反而叫得更厉害。朱子非常愤怒，便用纸剪成许多纸枷，亲往投之。用很严厉的话向蛙说：“迅速离开此地，否则叫你们扛枷受刑！”果然，第二天早上，很多青蛙颈上都扛上了纸枷，浮在水面上。朱子看了也很难过，便指着青蛙说：“宽赦你们，去罢！”从此蛙声断绝。朱子的声望，也像大石一般的永远沉入了人们的脑海里。后人纪念朱子，便改丽藻池为断蛙池。

现在，别的池中发现有白颈子的青蛙，市民便以为这就是它们的祖宗曾扛过朱子纸枷的蛙种。

《福建通志》：“断蛙池，在府学东南，朱子解经处。以蛙鸣喧聒，作字投之。今夏月无蛙声。”（卷四十三，页一）

《漳州府志》：“断蛙池原名丽藻池，在府学东南。相传为朱子在此改注。以蛙声鸣闹，作字投之。至今夏月无蛙声。或云是潘尚书荣事，未知孰是。”（卷二十八，页二十）

《龙溪县志》：“断蛙池在府学东南，相传朱子在此解注。以蛙鸣闹，作字投之。至今夏月无蛙声。或潘尚书事，未知孰是。”（卷十一，页二十一）

按朱子《祭蛙文》，已于当时在池边烧去，不传。《闻蛙》诗一首，今尚传。兹录之于下：“两枢盛怒斗春池，群吠同声彻晓帷。等是一场狼藉事，更无人与问官私。”（见《朱文公集》卷九，页十）

（5）中山公园

仰文楼下，即漳州府治也。府治大堂之壁上，有“忠、孝、廉、节”四字。传为朱子所书。字方丈余。今壁已圮，该四字移拓于府学内明伦堂壁上，今尚存。

民间传说，府治大堂上之中梁，一端已出墙，乃因前漳州开元寺有一怪僧，说是老鼠精，设地窟机关于拜石间。妇女稍有美色者，入庙烧香，跪拜时则机关一动，陷落地窟，任意奸淫，无恶不作。官民均畏忌之。所以每届新任官员，必先到开元寺请安，否则定受其害。唯朱子守漳，虽有耳闻，然不往焉。老鼠精于怒愤之余，放水作灾，意欲淹死朱子。但府治为漳市之最高处。水尚未浸上府治之阶，而各街市有的已淹没过屋顶矣。朱子急将“漳州府”之横额取下，并将自己之衣覆于额上，放于洪水中，任其流去。市人见之，呼曰，“漳州府流矣”！老鼠精闻知，心中暗喜，便将洪水收归井中，而漳州府额却横在井上。翌日朱子派人找寻府额，得于井上。朱子奇之，知为开元寺僧作祟。乃以石横井中，从此无论井水如何涨高，均不能超过该横石矣。

老鼠精心殊不甘，复于朱子坐在大堂上办案的时候，啮断府堂上之中梁，意欲借此压死朱子。不料朱子见中梁一端离墙势将下坠，急将朱砂笔向梁一指，梁遂不堕。今该府治大堂已折废，横之为路矣。

《县志》载：府治前，宋朱子曾建九区亭，守方来重修，久废。(卷十一，页九)

又载：府治后，宋朱子建复轩，轩后为月台，台后为隐室，其象园以茅覆之。窗棂随方，刻八卦其上。公余阅书于此。守赵汝谐即旧址为亭，匾曰“君子”。(卷十一，页九)

今府治后有河，河边有七星墩。不知始于何年，或曰紫阳朱子

为之。(见卷二十一，页二十)

(6) 塔口庵

民间传说：(咸通)塔下有一井，俗呼美人井。前因该地妇女多犯淫乱，朱子奇之。细察其地理形势，谓该地系美人穴。北桥如枕，公府街与硕仁桥街如人之两臂，北桥直街如人之身躯，至塔口庵处，分歧两路，如人之两脚分开，井在两街分歧之间，如女人之阴。故妇女饮此井水，必多淫乱，乃鸠工建塔于其上云。

1　国立北京大学中国民俗学会“民俗丛书”，一九三五年。

【二八】 异迹之传说

朱子思想以理为主，其生平亦以道义为指南。其一生事迹，并无奇异可言。然其建树之宏，影响之深，在常人视之，不能不谓之为超人。于是历代有异迹之传说。大多是世俗之崇拜信仰，而《年谱》亦有载者。今录若干则，以示国人之景仰如何。

(1) 朱子自述：某五六岁时，心便烦恼个天体是如何？外面是何物？[1]

捷按：此是朱子所自道。并非异迹，然其天生英才，可见一斑。

(2) 黄榦《朱子行状》：幼颖悟庄重。能言，韦斋(朱子之父朱松)指示曰："此天也。"问曰："天之上何物？"韦斋异之。就传授以《孝经》，一阅封之。题其上曰："不若是，非人也。"尝从群儿戏沙上。独端坐，以指画沙。视之，八卦也。[2]

捷按：黄榦之语，各年谱均录之，根据"能言"二字，系问天于四岁，而系读《孝经》、画八卦于八岁。《朱子文集大全类编·年谱》，且谓列八卦之地址犹存。叶公回校订《朱子年谱》（一四三一）无上述指天之问答，而于八岁条下谓“常指日问于韦斋曰：‘日何所附？’曰：‘附于天。’又问：‘天何所附？’韦斋奇之。后一事不知何岁，姑附于此。”戴铣《朱子实纪》（一五〇六）之《年谱》则以两问答“当是一事”，系于四岁。此数事皆非异迹而是天才。录在异迹之先，所以表示朱子之思想与生平，并非神奇。

(3)《坚瓠集》：据《尧山堂外纪》，朱韦斋，晦庵父也。酷信地理。尝招山人择地，问富贵何如？山人久之答曰：“富也只如此，贵也只如此。生个小孩儿，便是孔夫子。”后生晦庵，果为大儒。[3]

(4) 朱玉（壮年一七二二）《朱子文集大全类编·年谱》：生文公之寓舍，今为南溪书院。坐向皆山。向山形如“文”字，坐山形如“公”字，卒谥为文，爵封为公。至今名文公山。[4]

(5) 梁章钜（一七七五—一八四九）《楹联丛话》：朱子生于延平之尤溪。……其地有公山、文山。朱子诞生之日，两山俱发火光，现出“文公”二字。[5]

(6)《延平府志》：文山在青印溪滨，阶溪为公山。……先是二山草木繁密。及考亭（朱子）既生，野烧，同时尽焚，山形毕露，俨若“文公”二字。[6]

(7)《朱子文集大全类编·年谱》：婺源南街故宅有古井。绍圣四年（一〇九七），井中白气如虹。是日献靖公（朱子之父韦斋）生（本注见《徽州府志》）。文公尝曰：“闻先君子生时，井中有气如白虹，经日不散，因名虹井。”献靖公尝作《井铭》，遂名韦斋井。是岁（建炎四年庚戌，一一三〇）井中紫气如云，三日而文公生。（本注见“世纪”）[7]

197 捷按：王懋竑评之曰："闽本《年谱》云（引如上述，唯无本注。懋竑注：'云'疑当作'虹'）。三日而文公生（懋竑注：洪本略）。按建炎四年，正干戈扰攘之时，（福建）尤溪距（江西）婺源甚远。即故宅井有紫气，焉得知之？且曰三日而文公生，其为附会无疑也。"[8]以紫气为朱子诞生之兆，决是迷信。然谓路远不得而知，则怀疑过甚，盖亦可以事后传闻。谓之偶然可耳。叶公回校订《朱子年谱》不载。戴铣《年谱》只谓"相传朱子生时，婺源故宅井中有紫气见"，已是半信半疑。可知相信确有紫虹为朱子诞生之兆，乃十六世纪以后之事。朱子为父行状，未尝提及虹井。[9]即当时传闻，朱子亦必不信。懋竑闽本，不知所指。（关于各本年谱，可参看页九七"朱子年谱"条）

【二八】

(8)《朱子文集大全类编·年谱》：文公面右侧有七黑子，如列星，时并称异。注云："文公祖承事府君墓，山水奇秀……砂外溪水抵政邑治，名七星溪。有七石，沿溪布列。……此墓上承官坑而荫生文公七痣，殆应于此耶？"

捷按：王懋竑云，"闽本又云：'文公面右有七黑子，时并称异。'李、洪本不载。"[10]李本指李默改订《朱子年谱》（一五五二），洪本指洪去芜改订《朱子年谱》（一七〇〇）。叶本、戴本均不载。可知此传说乃明末之产物，以示朱子有天降之灵。如孔子生时之麒麟出焉。（参看页一二三"面有七黑子"条）

(9) 朱国祯《涌幢小品》：蒋粹翁宋季隐满月山。尝言先世家九峰山。畜一牝马，生狗龙首焉。身状如负河图者。有父老曰："昔仲尼笔削六经，而麒麟出。今朱晦翁表章四书，而龙马生，圣人之瑞也。"晦翁闻之，逊不自居，谨视莒秣。后牧于山，竟失所在。[11]

(10) 朱子尝书赠农家联，有"禾黍丰年"之语。后嘉靖（一五二二—

一五六六）倭乱，他县残破，其地独完。《长溪琐语》乃云："朱子之言验矣。"竟以朱子为先知，可谓思想灵敏之至。（参看页七四四"朱子之联语"条）[12]

（11）《徐氏笔精》：义乌东平山有宋平昌刺史刘豪墓。隆庆戊辰（一五六八）长至，裔孙尚恭重修墓碑。掘数尺，见坟台。台上有砖，方尺许。刻晦庵卜墓数，云："天圣戊辰（一〇二八）葬此丘，荫十八纪出公侯。子子孙孙垂不替，绳绳武武永无休。五百四十一年损，十七八岁裔孙修。戊辰戊辰新一石，重修重修千百秋。秘书郎朱熹书。"按天圣戊辰至隆庆戊辰，年数良是，而长至又恰戊辰。仍孙刘仕龙在宋赠武节侯修墓，裔果年十七岁。文公之数亦奇矣。刘之曾孙辉熺皆文公门人，故为之卜而刻之墓。[13]

捷按：义乌县属浙江。平昌不知是否安徽滁县治。刘辉、刘熺，各书均不列为朱子门人。《徐氏笔精》题此为"朱子前定数"，绝不可信。

（12）《徐氏笔精》：朱文公与吕东莱读书云谷，锐意著述，精神百倍，无少怠倦。东莱至夜分，辄觉疲困，必息而后兴。尝自愧精神不及。爰询文公，夜坐时，书几下若有物抵其足。据蹈良久，精力倍增。数岁后，一夕文公忽见神人头上目光百余道。云："多目呈见，自是几下之物不至。"文公夜分亦被就寝矣。[14]

捷按：淳熙二年乙未（一一七五）四月吕东莱访朱子于寒泉精舍。精舍在建阳县崇泰里后山天湖之阳寒泉坞附近，共编《近思录》。五月下旬同至江西鹅湖。七月乃建晦庵于云谷。《徐氏笔精》之误寒泉为云谷，显而易见。所谓神人为助，自是野叟之谈。

（13）朱子与丽娘与白鹿洞狐狸精，别为在下两条。

（14）云谷神助。予一九八三年访建阳。建阳县文化馆徐贯行先生告以如下之建阳传说：绍熙五年甲寅（一一九四），朱子以上疏忤

199 韩侂胄（一二〇七年卒），落职罢祠。十一月返建阳考亭。韩派二人追捕。及抵云谷，则朱子以蜜糖在地上写“日在云谷，夜在西山”。群蚁聚在字上。追者以问农民。农民谓朱子乃有神人保护。追者闻言遂碰头而死。乡人立祠以祀之。徐君并谓乡人须在四十岁以上，方知有此传说云。西山云者，盖云谷在芦山之巅，与西山遥相对望。西山乃蔡元定读书处，故学者称为西山先生。朱子驻云谷时，二人举相遇从。两山相距约五公里。今两山俱已荒芜。

（15）蔡沈《朱文公梦奠记》。此文追叙庆元六年庚申（一二〇〇）三月朱子易箦前数日情况最详，曰：“初四日己未，先生在楼下商量起小亭于门前湖上。……时溪东山间，有兽声甚异。里人在坐者云：‘前后如此，乡里辄有丧祸，然声未尝有此雄也。’……初九日甲子……先生上下其视，瞳犹炯然，徐徐开合。气息渐微而逝，午初刻也。是日大风破屋。左右梧桐等大木皆拔。未几洪水，山皆崩陷。其所谓山颓木坏者欤！”[15]门人祝穆《易箦私议》则谓：“是岁春，先生故宅之前，其山绝顶有数百年之合抱之木一株，势干云霄。一旦忽为巨风所拔。夏六月，溪流大涨，素所未有。宅前之岸，为洪涛卷去数百尺，则所谓木稼山颓，大贤之厄。其关于造化盛衰之运固如此。今《年谱》所书，则谓是日大风拔木，洪流崩岸。二异并见于易箦一日之间，则其事近怪，能无骇听？窃谓不若改是日为是岁，则可纪实矣。”[16]易箦时祝穆实与童子执烛之列，所见当无误也。

（16）《福建通志》引《八闽志》云：“其山（九峰山）九峰联峙。宋时有异人语朱文公曰：‘龙居后塘，乃先生归葬之所乎。’后果葬于此。”[17]

（17）《徐氏笔精》：宋咸淳（一二六五——一二七四）间，蜀人彭澮轩江东倅，游武夷山。尝独行林薮，入草庵中。见二士夫峨冠博带对食。招彭坐。俎中豕首一，羊肺一，鸡一。所言皆《先天图》《易传》性理之学，玄妙深奥，不可晓。问其姓字，右坐者曰姓魏，山林野叟，无字可称。问左坐者，不答。日暮，辞出。彭明日携仆挈榼再往，无径可达。下山至一富家，言其所以。富家曰："异哉。昨日至朱公祠致祭，正俎中之肴。"方悟左者朱晦翁，右者魏鹤山（名了翁，一一七八—一二三七）也。此段异闻总录，可补《武夷山志》之缺[18]。

1 《语类》卷四十五，第三十条，页一八三六。

2 《勉斋集》（《四库全书》本）卷三十六，页一下至二上。

3 褚人穫《坚瓠集》（《清代笔记丛刊》本）四集卷二《地理》，页七上。

4 朱玉《朱子文集大全类编·年谱》〔康熙六十一年壬寅（一七二二）本〕，页一下。

5 梁章矩《楹联丛话》（《国学基本丛书》本），页一九一。

6 《延平府志》（同治十二年癸酉，一八七三）卷五《山川》，页一下至二上。

7 朱玉《朱子文集大全类编·年谱》〔康熙六十一年壬寅（一七二二）本〕，页一下至二上。

8 王懋竑（《丛书集成》本）《朱子年谱·考异》卷一，页二四二至二四三。

9 《文集》卷九十七《皇考吏部朱公行状》，页十七上至二十六下。

10 王懋竑《朱子年谱·考异》卷一，页二四三。

11 朱国祯《涌幢小品》（北京中华书局，一九五九），页五〇二。

12 《长谿琐语》，厦门大学哲学系中国哲学史研究室编《朱熹及其学派福建地方史资料》（一九八一），页六十七引。

13 徐𤊹《徐氏笔精》（《碧琳瑯馆丛书》，台北学生书局影印）卷八，页二十九上下，总页七八一至七八二。

14 查不见《徐氏笔精》。引自朱熹及其学派《福建地方史资料》页六十八。岂书名有误耶？

15 《蔡氏九儒书》〔同治七年戊辰（一八六八）本〕卷六《朱文公梦奠记》，页五十八下至六十上。王懋竑《朱子年谱》（《丛书集成》本）卷四下，页二二八载之。

16 《朱子易箦私议》，载戴铣《朱子实纪》（《近世汉籍丛刊》本）卷十，页二十下至二十一上，总页五一八至五二一。

17 《福建通志》（一九三二年本）卷十九《山径》，页三上。

18 《徐氏笔精》卷八，页三十四下至三十五上，总页七九二至七九三。

【二九】白鹿洞狐狸精

民国前一年有美国人士数人，游庐山白鹿洞。归美后发表文章，报告白鹿洞书院情况。（参看页五二五“民国前一年之白鹿洞书院”条）其中一段叙述狐狸精故事。虽甚简短，然意义颇深。今译之于后：

历史未明言朱夫子在此工作若干年，唯历代相传，则彼终身居此书院，死则葬于书院后面之丛林。传说又以为洞悉其超人智慧之原自。当彼来驻山洞之时，有一狐狸精换形少女与之同居而朝夕侍奉。此女带来一贵重宝珠，强朱子吞之。在其苦求之下，朱子难却，于是此珠遂为彼智慧之源泉，而非生灵所能有者。不久又有青蛙精换形少女来与朱子同居。可惜两女不能相得。某日吵闹，青蛙精曰：“你只是一个狐狸精而已。”狐狸精反驳之曰：“你非青蛙精而何？”翌日二精失踪，狐尸与蛙尸均见于书院旧桥之下。乃依礼葬于书院之丛林，立石为碑。[1]

捷按：朱子淳熙六年(一一七九)己亥三月履任南康军，十月复建白鹿洞书院，八年辛丑(一一八一)闰三月即去任东归。是在南康只得两年，亦不常赴白鹿洞书院也。(参看页四八九“朱子与书院”条)且以后未尝再去。此传说与武夷山传说相似。必是同出一源或由甲方以传至乙方。如是而言，则传说应发源于武夷。因朱子居武夷甚久，庐山甚暂，而福建民间宗教，极为活动。淫祀妖怪，几为全国之冠。吾人苟读朱子门人陈淳(一一五九—一二二三)所著《北溪字义》之“鬼神”一门，可以知之。一说云：武夷山自岭南下，半壁有洞曰南溟境。明道人刘端阳藏帨于此。石冢居坛曲中，可望见之。不知者以为狐夫人墓。狐夫人者，俗传狐精。常夜侍朱子读书。倦而睡。元精从鼻窍流出。朱子吸而吞之。狐遂死。乃为之殡葬于此。[2]是则狐精之传说，亦流播于武夷矣。此两传说之狐精、蛙精，并无如陈淳所述妖怪之邪淫凶恶。在民众心目中，朱子道巍德尊，可以感化鬼神。故一精以至两精前来服侍也。乡人其愚可悯，而其志则可嘉也。

1　原文Carl F. Kupfer, “The White Deer Grotto University, ”*Sacred Places china*(《中国之圣地》)(Cincinatti; Western Methodist Book Co., 1911), p.74。

2　《崇安县新志》(一九四一本) 卷二十一《名胜》，页三上，总页五三九。

【三〇】朱熹与丽娘

福建武夷山奇秀甲东南。有三十六峰、九十九岩、九曲溪水。故素有“溪曲三三水，山环六六峰”之称。朱子歌颂九曲之《武夷棹歌》，结语云：“渔郎更觅桃源路，除是人间别有天。”[1]朱子酷爱武夷山水，游居于此者达四十年。淳熙十年癸卯（一一八三）筑武夷精舍，著书授徒，学者云集。家居离山东南约五十五公里之五夫里，而武夷则其学业发扬之地也。故其数十年之生活，与武夷山合而为一，亦即与武夷居民合而为一。于是民间不能不有一种传说，以表达其爱慕之情。《武夷山民间传说》有《朱熹和丽娘》[2]一篇。因其为通俗文章，最足披露民间感情，全录于下。朱子有灵，亦默许也。

南宋淳熙十年癸卯（一一八三），朱熹辞官回到武夷山，在碧水萦绕的五曲溪畔建起了武夷精舍。那四方的学子，慕朱夫子大名纷纷前来，求学听经。

朱熹住在清隐岩下的茶洞旁。这里奇峰秀水，丹岩翠壁，一道道瀑布从天游峰上“哗哗哗”地流泻下来，银花飞溅，纷纷扬扬，像一片片雪花洒落在雪花泉里。泉外长满了一丛丛青青的岩茶，山风一吹过呀，清香扑鼻，沁人肺腑。朱熹陶醉在秀丽的山光水色里，专心做他的学问：饿了吃一块冷地瓜；渴了喝一杯浓岩茶；冷了跺跺脚取暖；困了舀一瓢泉水洗脸提神。他每天讲学著述到深夜。

日落月起，花开花谢，朱熹年复一年地文不离口，笔不离手；他读呀，写呀，蘸干了十几缸的墨汁，写出的稿卷堆满了整个书房。弟子们谁不夸赞朱夫子刻苦用功、博学多才呢！

可是，朱熹独居深山，在幽静中也感到寂寞呀！

早晨，他送走了一团团飘过窗口的云雾；

晌午，他目送着一只只飞过门前的山雀；

晚上，他静听着一阵阵刮过屋顶的山风。

冬去了，春天又来了，月缺了，十五又圆了。朱熹在寂寞中更加怀念早逝的妻子。他把盏对着明月，遥祭刘夫人，不时又自饮几盅，借酒浇愁！

一天黄昏，日头刚落山，朱熹正对着满天的晚霞吟诗作赋，忽然听到门外传来“先生，先生”如银铃一般的呼唤声，忙出门一看，见茶洞外的独木桥上站着一位亭亭玉立的女子，正笑吟吟地朝这边走来。那女子一步一颤的，震得独木桥吱扭吱扭地摆着；忽然，朱熹看那女子脚下一滑，差点儿摔倒，就急忙上前扶着她从桥上走了下来。

“你是何人，家住哪里，为何来到此地？”

“我姓胡，名叫丽娘，家住在五曲河对面。因仰慕先生的才学，特来拜夫子为师，请受学生一拜。”

丽娘深情地望着朱熹，一边说着，一边就向他施礼参拜。

朱熹又惊又喜，心想：我平生虽有弟子数百，却从未收过女流。但这女子端庄识礼，又如此求学心切，想来并非俗人，还是不妨收下她吧！朱熹扶起丽娘，问过她平日的读书情况，就将她引入书房，向她讲授起“四书五经”来了。

这丽娘确实机灵，聪明过人，不一会儿，就把先生讲的话全都记住了，而且能背会诵，对答如流。

朱熹一时高兴，搬出自己的一大沓诗稿给丽娘看。丽娘见诗稿上密密麻麻地写了许多绝句，画了许多红圈红杠，知道先生为了学业沥尽心血，很是感动，就说：“先生，蒙夫子不弃，就让学生把诗稿誊写一遍吧！嗯？”丽娘见朱熹笑着点了点头，就磨墨提笔，在纸上刷刷刷地写了起来。

朱熹默默地站在一旁，见丽娘下笔如行云流水，似龙飞凤舞，笔触潇洒娟秀，字字珍珠，不禁呆住了：这女子果然有才气，今天收为门生，日后也不枉费老夫一番心血呀！

丽娘专心致志地誊写，刚抄完一篇，无意抬头见朱熹正凝神看着自己，立时心跳加速，脸也红了，朝他轻轻地喊了声“先生”，便羞涩地低下头来。朱熹心头一热，马上察觉出自己举止有失，慌忙支支吾吾地走开了……

从这以后，丽娘风雨无阻，天天晚上来朱熹的书房。她读遍了“四书五经”，替朱熹誊写了很多很多的诗文，还常常陪先生吟诗作画到深夜。

丽娘聪明贤惠，不但才学过人，而且非常温柔多情，体贴先生：

朱熹饿了，她悄悄地端来一碗热腾腾的竹笋香菇面；

朱熹渴了，她又轻轻地送来一盘甜蜜蜜的武夷香桃李；

六月酷暑，她为先生摇扇送凉；

早春寒夜，她又为先生起火取暖……

这一来，朱熹的著述越来越多，文思越来越敏捷。丽娘的心像浸在桂花蜜里，从外到里都甜透了。

丽娘的柔情体贴，使朱熹感到温暖与欢乐，有时又思绪缕缕，在灯下写了这样一首七绝：

川原红绿一时新，
暮雨朝晴更可人，
书册埋头何日了，
不如抛却去寻春。

他爱丽娘才学风貌，爱她的温柔多情。每天一早，丽娘走了，他就觉得孤单，总是巴望着日头快落山，月儿早点儿升起。

这天傍晚，朱熹因思念丽娘，去平林渡口等她。忽听得有人唤了声“朱夫子”，回头见是摆渡的乌老头两口子，朝他招呼着走来，朱熹忙停了脚步。

这两口子长着三角脑袋，鼓着双金鱼眼睛，男的又高又大，女的又矮又小，一身穿戴黑不溜秋的，活像一对丑八怪。乌老头朝朱熹瞅了瞅，摇摇三角头，伸长又黑又细的脖子说：“哎呀，朱夫子，看你这气色不好，定是中了邪呀！”

乌老婆子扯着嘶哑的喉咙，阴阳怪气地叫道：“是呀，是呀，中了邪呀！这邪气入骨，要大难临头啰！”

朱熹问：“此话怎讲？”

乌老头说：“你可知每天晚上到你书房的女子是谁？”

朱熹反问：“你说她是谁？”

乌老头说：“她是武夷山的狐狸精哩！”

“啊？”朱熹大吃一惊，又急忙问道，“狐狸精到我书房为何？”

乌老婆子又拖长她那嘶哑的喉音接上话说：“谋你的才学——唉，糊涂啊，还谋你祖传的玉碗！”

朱熹听了心里纳闷：自从来了丽娘，我笔下生花，学业精进；这与她的相助是分不开的啊！那祖传的玉碗吗？丽娘每晚都要擦上几遍，小心地供在香案上；她岂有谋财之意呢？好端端一个正经女子，怎会是狐妖？

“胡言乱语！”朱熹厉颜正色地说道，就拂袖而去了。

朱熹走近书房，推门一看，不知丽娘何时已在灯下为他缝补衣裳了，心里感到一阵温暖。他仔细端详，越觉得丽娘长得秀丽、端庄。脸如出水芙蓉，眼似闪闪明星。那双巧手飞针走线，眼边嘴角含笑，更见脉脉含情，禁不住轻声地唤起丽娘的名字来。丽娘见先生深情地打量着自己，脸一红，心里头像有只小鹿在跳。她忙站起把补好的衣服披在朱熹身上，然后挑亮灯芯，摆好诗书，准备听先生讲课。

可是，朱熹哪有心思讲课呢？他虽不相信丽娘是狐狸精，但是摆渡佬的话像毒蛇一样死死缠着他，咬着他，搅得他心神不定。

丽娘一看先生脸色不好，忙问："先生，看你这脸色，是不是身子不舒服？"

朱熹慌忙摇摇头，掩饰地说："哦哦，没有，没有……"

丽娘问："那你……"

朱熹说："丽娘……我今天遇到摆渡人了……"

"啊！"丽娘暗暗一惊，听朱熹说遇到摆渡人，心头像被铅块猛击一下，又沉又痛。好久好久，她才抬起头来，颤抖地对朱熹说："先生，你不要听信谗言，不要听信谗言呀！"

朱熹见丽娘眼里滚下两串亮晶晶的泪珠，忙上前劝说："丽娘，我不信，不信那些谗言……"

从这以后，朱熹和丽娘结成了一对恩爱夫妻；但好事多磨，欢乐中也隐藏着烦恼啊！

一天，朱熹出门散步，就觉得有人在他背后嘀嘀咕咕；走进学堂，又见弟子们在议论狐夫人……朱熹正闷闷不乐，又遇到那两个尖头三角脸的摆渡佬。

乌老头说："大胆妄为的朱熹，老汉好言相劝，你非但不听，反而背叛圣贤礼教，与狐狸结为夫妻！"

乌老婆子又怪声怪气地帮腔："哎呀，唉唉，朱夫子啰——你不信，不妨照我和老头的办法试一试……"说着，两口子在朱熹耳边叨咕了一阵，转眼不见了。

真是大晴天响起霹雳，六月里降下大雪；朱熹听愣了，心如乱麻地回到家里，在床上翻来覆去的，怎么也睡不着。他只好拿起朱笔，坐在案前批改文章。

丽娘见先生没有入睡，温存地陪着他坐到天明。一连两夜都是这样。到了第三天晚上，朱熹实在困极了，上下眼皮一直打架，只好伏在书案上睡着了。

四更天时，朱熹打了个瞌睡醒来一看，就被眼前一片光亮惊呆了。果然，一对碧绿透明的玉筷从丽娘的鼻孔里伸了出来！他慌忙上前想喊醒丽娘，只听得"咣当"一声，玉筷被碰落地上，闪出一只狐狸的影子，一晃就不见了。接着丽娘乍醒过来，顿时觉得天旋地转，心痛欲裂，浑身颤颤，站也站不住，眼泪像断线的珠子簌簌地滚了下来。她哭道："先生，我们要分别了，我虽有心陪伴夫子终身。但事到如今，也不得不走了……先生，丽娘走了，无人嘘寒问暖，无人添衣送茶。你要自己珍重，珍重呀……"

朱熹心如刀绞，紧紧地抓住丽娘的手说："丽娘，你，你……你不能走，不能走呀！"

丽娘摇摇头，痛苦地说："先生，我是武夷山修炼千年的狐狸精。因为仰慕先生的才学，知道先生的寂苦，所以每晚渡河来到书房，照料先生起居，陪伴先生读书。不料，平林渡的摆渡佬，那一对害人的乌龟精，想谋先生的玉碗和丽娘的玉筷，曾跟我斗法，被贬在那儿摆渡。他们就恶言中伤，拨弄是非，四下暗里挑唆，使我俩分散，生离死别。我恨，我恨呀！……先生，如今丽娘千年道行已破，玉筷离身，归宿洞穴。我该到南暝靖里长眠去了……先生呀，丽娘不能跟你百年到老了，只能在高高的南暝靖里把你相望……"

丽娘泪水涟涟，与朱熹难分难舍。忽然空中轰隆隆滚过一阵闷雷，在一阵旋风里闪过一对黑影。丽娘泣不成声，指着窗外黑影喊道:“先生，是它们，毁了丽娘，就是它们……拆散了我们恩爱夫妻呀！……”

朱熹气得咬牙切齿，浑身打战。抄起朱笔扔向窗外，只见朱笔像燃烧的箭直飞而去。两个摆渡佬立时“啊”地叫了一声，变回了一对乌龟，慌忙地往九曲上游跑去。等朱熹回过头时，丽娘已经不见踪影了。

朱熹发狂似的追出房门，对着空旷的山野大声喊着：“丽娘——丽娘归来！丽娘归来……”

哦！丽娘呀丽娘，快点归来吧！快点归来，想一想孤独的朱熹，想一想夫妻的深情，快点归来吧！可是，丽娘一去不复返了。不是她不愿归来，是她归不来了呀！山谷里只留下一阵阵断肠的回音……

天渐渐地亮了，朱熹沿着崎岖的山路，急匆匆地爬上隐屏峰顶，啊！高山的林涛在哀鸣，雪花泉的流水在哭泣。只有南暝靖门口开了五颜六色的山花。花丛里静静地躺着一只美丽的狐狸。她那紧闭的嘴唇蕴含着心里的愤恨，她深情的眼睛还盈着两颗晶莹的泪珠！

朱熹痛似肠断，他采一朵鲜花，哭一声；哭一声，又采一朵鲜花，慢慢地用眼泪和花儿把狐狸掩埋在南暝靖里。民间传说，他还在洞前立了一个狐氏夫人的石碑。从此，武夷人就把南暝靖叫作狐狸洞了。直到如今，凡是往来武夷山的游客，都一定要爬上狐狸洞去，看一看这位多情的丽娘！

至于那两只慌忙逃窜的乌龟精，刚爬到八曲上水狮旁边，就再也爬不动了，变成一对石龟——那就是我们现在乘竹排游九曲时所见到的上下水龟。那小龟之所以歪歪斜斜地趴在大龟背上，传说那是矮小的乌老婆子中了朱笔后，骨头变软了，爬不动了，就由老乌头背着跑。到了水狮，便一头栽倒溪边，死了。它们至今还一上一下地趴在水里呢！[3]

1　《文集》卷九《武夷棹歌十首》，页五下至六上。

2　本文由刘希玲搜集整理。

3　《武夷山民间传说》（福建人民出版社，一九八一），页二十至二十八。

【三一】朱子遗迹访问记

朱子名熹，其师命字元晦。朱子以元为善之长，不敢居，自字仲晦。然世无称仲晦者。曾任福建同安县主簿，知江西南康军[1]，提举两浙东路常平茶盐公事，知福建漳州，知潭州[2]荆湖南路安抚使，共七年六月有余。又任待制、侍讲，受诏进讲《大学》，凡四十二日。即其徒黄榦《朱子行状》所谓“仕于外者仅九考，立于朝者四十日”是也。[3]唯生平最好讲学授徒。屡差监庙观，无职俸薄。安贫守道，仕进泊如。尝建武夷精舍与竹林精舍，学者云集。又复兴庐山白鹿洞书院与长沙岳麓书院，门人满天下。其思想操纵我国七百余年，影响韩日两国亦数百载。遗迹遍布江浙福建。捷研究朱子有年，心焉向往。一九八一年十月，有宋明理学讨论会举行于杭州。捷被邀参加。会中得读是年四月厦门大学哲学系中国哲学研究室所编之《朱熹及其学派福建地方史资料》与该大学教授高令印献文《朱熹在福建遗迹考释》。又得睹《岳麓书院通讯》，欣知岳麓书院重修之盛况。深叹遗迹之富厚，而外间鲜有知者。感叹之余，即怀亲自探访之念。一九八二年捷举办国际朱熹会议于夏威夷，曾建议组织朱子遗迹访问旅行团，而志未遂也。

一九八三年八月，幸承中国社会科学院之邀，独自为此访迹之游。科学院厚待有加。外事局芮建群先生安排良善，联系山东、湖南、江西、福建、广东五省社会科学院妥为照料。捷于八月七日由香港飞抵北京，承中国社会科学院副院长汝信与中国哲学研究所所长邢贲思两先生到机场迎接。在北京十余日，得哲学研究所魏北陵先生安排招待，至所感激。其间再游曲阜，初登泰山，顺道拜谒邹县亚圣祠。有山东社会科学院科研组李恒峰教授由济南前来同游，并详说史迹，新知顿增。十一日北京哲学研究所举行座谈会，由哲研室主任辛冠洁先生主持，讨论理学问题，领教滋多。以下略述湖南、江西、福建三省访迹，以志不忘。

甲　岳麓书院

捷于八月十九日偕科学院哲学研究员蒙培元先生由北京飞往长沙。二十日参访岳麓书院。吾等抵达时，湖南社会科学院兰庆祥先生、湖南大学杨慎初教授、师范大学杨金鑫教授等已在大门迎接。参观数小时。二十二日在岳麓书院研究室举行座谈会，由杨慎初教授主持。参加者除研究室七位外，有社会科学院、湖南大学、师范大学、湖南省图书馆诸君。大都讨论理学问题与朱熹、张栻两贤对岳麓书院之贡献。盖张栻（南轩先生，一一三三—一一八〇）讲学于此。其时书院声名已振。乾道三年丁亥（一一六七）朱子往长沙访之，共游衡岳。其后绍熙五年甲寅（一一九四）朱子知潭州，更建岳麓书院，“学徒千余人，学田五十顷”，形成“座不能容”、“饮（马）池水立涸”之盛。吾等临别时岳麓书院赐赠《岳麓书院通讯》一九八二年第一、二、三期等资料，又以参观所摄照片，安装簿册见赠，并邀捷留言纪念。捷乃草“一水长流池不涸，两贤互磋道终同”一联以应。盖谓儒学（泗水，在当地为湘水）永远长流。马饮之池可涸，而道学之流不可息。朱、张两公“缴纷往反者几十余年。末乃同归而一致”也。[4]

岳麓书院为宋开宝九年丙子（九七六）潭州太守朱洞所创建。乾道元年乙酉（一一六五）至五年己丑（一一六九），张栻主持教事。绍熙五年甲寅（一一九四）朱子任荆湖安抚使，知潭州。明人叶公回所校《朱子年谱》（宣德六年辛亥，一四三一）云：“书院……久浸废坠……后复更建于爽垲之地。”据明人杨茂元《重修岳麓书院记》：“闻诸故老，书院前有宣圣殿五间，殿前引泉作泮池。其列屋殆百间。其南为风云亭。殿后堂室二层，层各七间。两庑亦如之。其外门距书院二里许，今其地犹以黉门名，而断碑尚卧田中。方其盛也，学徒千余人，食田五十顷。故谚曰：‘道林三百众，书院一千徒。’”[5]此必非朱子时期之景象，而规模大约可见。今书院为湖南大学之一部。全部布置，明清之局面犹存。兹据《岳麓书院通讯》与亲眼所见，略记如下。

大门之前一里许为赫曦台。此台朱子时原建于岳麓山顶。朱子命名有观日之意。久废。院长罗典（一七一八—一八〇八）辟院地八景。其中四景即在此间。乾隆五十四年己酉（一七八九）罗典于此筑前亭，后改名前台。道光元年辛巳（一八二一）改前台为赫曦台，以存朱子故迹。一九八三年修理完成，焕然一新。此为纪念朱子之特征，亦为书院修复原状之特征也。台上左右两壁，有“福”“寿”两大字，各高丈余。其中以“寿”字写得特别飞舞。传为嘉庆十二年丁卯（一八〇七），罗典重赴鹿鸣宴时一道人用竹扫（或称草履）醮黄泥所书。后道人不知去向，遂传为仙迹。今字色黑，已非其旧。台右一里许书院门侧为饮马池。池上有风雩亭。此池由来已久，盖以纪朱子讲学，座不能容，以至饮马池水立涸之盛事也。台右三里簧门池上为吹香亭。为乾隆五十四年己酉（一七八九）罗典所建，名东亭。嘉庆二十四年己卯（一八一九），院长欧阳厚均改今名。

现有大门为同治七年戊辰（一八六八）所建。外用方形石柱一对，为五间硬山，三山屏墙。总面阔二十点五二米，进深八点二七米，台基高出外地坪一点三五米。踏步十二级，屋高七点二七米。上有石额“岳麓书院”，系一九八〇年据明刻复制。楷书金色，传为宋真宗手迹。门联云：“惟楚有材[6]，于斯为盛[7]。”一九八〇年按照片字样复制，刻为木匾，绿字。撰者书者已佚其名。大门之后，讲堂之前，明时增建二门。宣统三年辛亥（一九一一）高等学堂（书院奉诏改名）监督撰书门联云：“纳于大麓[8]，藏之名山[9]。”一九三三年门联移挂湖南大学图书馆。二门毁于抗日战火。一九八四年门已修复，仍移挂二门。

由大门直进一公里半为讲堂。此为书院中心，乃在康熙重建基础之上而经过同治七年戊辰（一八六八）重修之遗物，为五间单檐歇山。前出轩廊七间。总面阔二十八米，总进深十六点七三米，台基高零点八米，房屋总高二九点七五米。悬有木匾“实事求是”及门联“工善其事，必利其器。[10]业精于勤，而荒于嬉。[11]”乃六十余年前宾步程所撰并书。毁于抗战，现已复原。堂内左右两壁四块大碑，分刻朱子手书“忠”、“孝”、“廉”、“节”四大字，行书。每碑有泐石人名共二十四人。碑高二百一十三厘米，宽一百四十一厘米。字高一百六十九厘米，宽一百二十二厘米。题头落款为正楷。此为道光七年丁亥（一八二七）院长欧阳厚均（一七六六—一八四六）刊立。碑面稍见风化，然字迹完好。朱子所存墨迹，当以此为最大。堂之又名忠孝廉节堂，良有以也。

堂内悬“道南正脉”木匾，蓝字。系乾隆九年甲子（一七四四）御笔。“文革”中损坏，一九八二年修复。又存石碑甚多。现嵌于讲堂左壁前部者为院长王文清乾隆十三年戊辰（一七四八）手定之《岳麓书院学规》碑与同年手定之《王九溪先生手定读书法碑》。嵌于讲堂右壁者为旷敏本〔乾隆元年（一七三六）进士〕之《六有箴碑》与乾隆廿二年丁丑（一七五七）院长欧阳正焕所书《书整齐严肃四字因示诸生》碑。嵌于讲堂后壁左侧者为乾隆三十九年甲午（一七七四）之《王九溪学箴九首》碑与道光二十二年壬寅（一八四二）院长欧阳厚均所撰门人陈岱霖所书之《拟张茂先励志诗九首示及门诸子》碑。嵌于讲堂后壁右侧者为乾隆五十四年己酉（一七八九）毕沅（一七三〇—一七九七）所撰并书之《毕沅诗碑》。嵌于讲堂前轩廊两侧者为乾隆二十二年丁丑（一七五七）欧阳正焕所书、道光七年丁亥（一八二七）院长欧阳厚均所立之“整”、“齐”、“严”、“肃”四块大字碑。“肃”字毁于抗战。战后据拓本重新塑刻。

书院存碑之中，与朱子有直接关系者为《朱子诗碑》。乾道三年丁亥（一一六七）朱子访张栻于长沙，讲学于岳麓书院。后同登衡山，咏诗纪游，有《南岳唱酬集》。十一月二十三日至槠州，次日话别，赠张诗二首。光绪间吴大澂（一八三五——一九〇二）得其墨迹于粤，属门人以端石摹刻之。及吴来湖南，重钩勒石，置于岳麓书院。碑原有四块，每块长一百六十一厘米，宽四十四点五厘米。碑文一百二十四字。另有吴氏篆体说明七十一字。战时碑废。最近清出残碑二块，字迹仍较完整清晰。唯其中一块已断裂。现均存书院。以上碑文图片，均见《岳麓书院通讯》一九八二年第一、二、三期。

大门与讲堂之间左右两侧，南北相对。南为教学斋，北为半学斋。抗日战争时全部被毁。战后修复。现有三十余舍，充办公与教学之用。修复管理委员会预计保留原有布局，按照宋朱洞创建“斋序五十二间”修复，意存故迹。

讲堂之右原有百泉轩，有“书院绝佳之境”之称。书院八景一半在此。抗日战争被毁为墟，现成荒野。委员会将复兴胜景，绿化园林。讲堂之左为大成殿，乃战后重建。大成门亦然。今存石构照壁，则清代遗物。文庙全景大体完整。石坊、石阶、石狮均保全原状。委员会将加以装修，用作学术交流场所。

由讲堂直进一公里许原为文昌阁，又再进一公里原为御书楼，均毁于战时。后建办公楼，均非原貌。现拟不重建文昌阁，但改建御书楼为宋时建筑风格，并复用宋时藏经阁之名。

六君子堂创于明代，以祀州守山长等六人。在文昌阁之左，与明代创建以祀朱子与张栻二贤之崇道祠相接。御书楼之左为嘉庆年间建立崇礼周子（周敦颐，一〇一七——一〇七三）之濂溪祠，再左为晚明建立以礼程颢（一〇三二——一〇八五）、程颐（一〇三三——一一〇七）兄弟之四箴亭。现均改用为办公室或宿舍。以上建筑结构基本完好。委员会将装修复原。环境清幽，靠近书楼。最宜研究阅览之用。此外园林全景，均将恢复整理。即就吾等所见之修复，已是卓然可观，为全国重修书院之成功最大者。此中主因有三。一为岳麓书院成为湖南大学第一院。经费有着，而事业宏兴。二者岳麓书院研究室积极研究，历史美术学术种种条件，均能充分实现。三则一九八二年国务院公布第一批历史文化名城，岳麓书院为长沙之重点文化古迹。《岳麓书院通讯》第一期（一九八二）有岳麓书院现状图、总平面规划图与修复方案鸟瞰图，则书院面貌，必日日新，又日新矣。

以上所记，大半根据《岳麓书院通讯》第一、二、三期。第一期所载杨金鑫教授之《岳麓书院和朱熹》，启导殊多。杨慎初教授当场指导，并供给资料，与嗣后正误数则，特此鸣谢。

乙　白鹿洞书院

朱子淳熙五年戊戌（一一七八）八月差知南康军，六年己亥（一一七九）三月到任，即访寻白鹿洞故址。盖书院为唐隐士李渤所居。当时学者均从之游，遂立黉宫。其后沦坏日久，莽为丘墟。朱子重建之。十月经始，次年庚子（一一八〇）三月告成。旋得朝廷敕额及赐御书。又置田以赡来学者，并捐俸钱买书。其影响最大而最长久者，乃其《白鹿洞书院揭示》[12]，通称《白鹿洞书院学规》[13]。兹照录于下：

父子有亲，君臣有义，夫妇有别，长幼有序，朋友有信。[14]

右五教之目。尧舜使契为司徒，敬敷“五教”[15]，即此是也；学者学此而已。而其所以学之之序，亦有五焉。其别如后。

博学之，审问之，谨思之[16]，明辨之，笃行之[17]。

右为学之序。学、问、思、辨四者，所以穷理也。若夫笃行之事，则自修身以至于处事接物，亦各有要。其别如左。

言忠信，行笃敬。[18]惩忿，窒欲。[19]迁善，改过。[20]

右修身之要。

正其义，不谋其利。明其道，不计其功[21]。

右处事之要。

己所不欲，勿施于人。[22]行有不得，反求诸己。[23]

右接物之要。

此书院为我国数百年来书院之典型，学规亦为以后书院之教范。朱子以之揭示岳麓书院。以后各书院亦多揭示之。至二十世纪而不衰，可谓与儒家经典同寿。

蒙先生与捷八月二十二日下午二时由长沙乘火车赴南昌，晚上十一时抵达。车中讨论蒙先生所著王阳明哲学论文，深获切磋之益。及抵南昌，则江西社会科学院研究员余品华先生已到站迎迓。翌日得其安排陪游九江与庐山。二十四日参观白鹿洞书院。江西庐山文物管理所部长陈鹤兴先生详为指示。

白鹿洞在江西星子县东北庐山五老峰下。所谓洞者，并非一小石岩而乃四通八达，面积有三平方公里。在庐山五老峰麓之下。四山回合，使人有入洞之感。故称为洞。书院即在此洞之中。离星子县城八公里。门前有布告板，标示意图。吾等下汽车后，首入午乾门。门颇简单，六柱三牌，石制，约四米半高，九米宽。上之横额为砖瓦图案，并无显额石刻。乃明代所建。由是而进，经左右莲池。闻当时朱子曾植莲花，此是意中事。再进四米许左为礼圣门，门首额刻“白鹿书院”四字。右为御书阁，原为贮藏孝宗所赐“九经”，今已移作别用。由礼圣门进四米许为礼圣殿。殿原为大成殿，乃朱子属南康太守钱闻诗（子言）所建。《文集》卷六十八《跪坐拜说》记当时拟据开元礼不为塑像，而子言不从。清代重建三次。“文化大革命”时拆废。去年重建。内无塑像，但有石刻吴道子《先师孔子行教像》。礼圣殿右为明伦堂，乃明正统元年丙辰（一四三六）所建，相当完整。前门木联传为朱子所撰，然决非朱子所书。联语云：“鹿逐与游[24]，物我相忘[25]之地；泉峰交映，知仁独得之天。”朱子决不至误“豕”为“逐”也。

明伦堂后有石门，门内小洞，内有南康知府何浚苗石鹿一只。色白，所以纪念唐李渤在此读书云。礼圣殿左侧园地甚广。以前石碑甚多，“文化大革命”期间破坏少数。人民政府经已建墙三围以树之。约一百三十碑，以明清为多。王阳明（一四七二—一五二九）门人邹守益（一四九一——一五六二）所撰其一也。紫霞真人以蒲草扎笔临壁而书之《游白鹿洞歌》为最耐人寻味。最有学术意义者则为《二贤洞教》。二贤指朱子门人程端蒙（一一四三——一一九一）与董铢（一一五二——一二一四）。其所合撰之《学则》，于朔望之仪，衣服起居饮食读书之礼，详为规范。饶鲁（壮年一二五六）合朱子《白鹿洞书院揭示》与《程董二先生学则》而揭之，以为“一则举其学问之宏纲大目，而使人知所用力。一则定为群居日用之常仪，使人有所持循。即大小学之遗法也”[26]。又有《二贤洞教碑》，为南昌府学教授冯元嘉靖廿七年戊申（一五四八）所立，刻陆象山（陆九渊，一一三九—一一九三）《白鹿洞讲义》与朱子《白鹿洞赋》。园中有丹桂，传为朱子所手植。

门前为贯道涧。涧旁岩壁刻有“敕白鹿洞书院”六大字。山水间有对对亭。亭下石崔刻有“风泉云壑”四字更大。涧中大石上刻“枕流”两字，每字约四十平方厘米，为最大者。前者为楷书，后二者皆行书。此二者为朱子所书，则无可疑。朱子十六代孙朱玉所编《朱子文集大全类编》第七册卷二十一均录之。传说炎夏时朱子头枕此石，卧清流中。此盖想象之言，加以浪漫色彩而已。

丙　福建五处

朱子一生七十一岁，除奉诏赴奏行在（今杭州），在外作宦，与短期旅游之外，皆住在福建。以故福建朱子遗迹最多。“文化大革命”时破坏最大，而近年渐次修复，埋土掘出遗物亦最多。大有朱子重现之势。惜交通尚待发展，未能赴朱子所到各处，一视遗迹。然得踵最重要之四五处，亦云幸矣。

（1）福州

捷于八月二十八日晨与蒙培元先生由南昌乘火车抵福州。福建社会科学院叶向平、曲鸿亮两君安排福建旅程，并陪游全省。是日偕蒙、叶、曲三君游，登鼓山。其灵源洞水坑之旁有一大石刻正楷“寿”字，高约三米六，阔约二米四。传为朱子所书。恐不可靠。

山之涌泉寺石刻甚多。经石门，见山道左壁上刻有朱子题词。词曰：“淳熙丁未（一一八七），晦翁来谒鼓山嗣公。游灵源，遂登水云亭。有怀四川子直侍郎。同游者清漳王子合，郡人陈肤仲、潘谦之、黄子方、僧端友。”楷书五行。石约高一米八，阔约九十厘米。其为朱子手书无疑。子直为赵汝愚之字。嗣公即直庵和尚，名元嗣，当时鼓山涌泉寺住持。黄子方，名琮，闽县知事。[27]王子合，名遇。陈肤仲，名孔硕。潘谦之，名柄，皆朱子门人。嗣公尝师事胡文定公（胡安国，一〇七四—一一三八）。父肃与文公友善。后弃儒就释。[28]附近有摩崖石刻，文曰:“几年奔走厌尘埃，此日登临亦快哉。江月不随流水去，天风直送海涛来。故人契阔情何厚，禅客飘零事已灰。堪叹人生只如此，危栏独倚更裴回。绍熙辛亥九月二十日题。赵子直同林泽之、姚宏甫来游。崇宪、崇范、崇度侍。王子充、林伯井不至。”淳熙十四年丁未为一一八七，绍熙二年辛亥为一一九一，则朱子石刻在前，子直之刻在后。所谓“有怀四川子直侍郎”，非见子直石刻而有忆也。绍熙二年赵汝愚知福州，游鼓山当不止一次。据高令印教授，朱熹取其诗中‘天风海涛’四字书之，刻于涌泉寺大顶峰磐石。现在仍存。由此可知，朱熹在绍熙二年九月之后，即在他六十二岁之后，又到过福州。对此，诸本年谱均未记载。[29]我等是日不再上山，未见此碑为可惜耳。又据高氏，朱子淳熙十年癸卯（一一八三）十一月下旬游福州。现乌石山桃石遗存朱子墨迹“赵子直朱仲晦淳熙癸卯仲冬丙子同登”题名摩崖石刻。[30]亦惜未见。

从朱子怀子直石沿山道到水云亭。亭甚小，仅藏十人。后人传此为朱子读书处。内有朱子全身像，右颊有七黑痣。上端横款为“宋徽国文公朱晦庵先生遗像”。两旁为正楷朱子《书画像自警赞》。下款为“大清道光十四年（甲午，一八三四）仲冬吉旦三山魏杰敬刊。宋钟鸣镌石”。高约一米二，阔约七十厘米。诸家谓此赞为朱子六十一岁对镜自像而作，恐无实据。此像既引此赞，即隐示为朱子六十一岁之对镜自画。不知是据何原型而雕刻。以朱像论，此刻并不高明。

(2) 厦门、同安

二十八日晚乘夜车赴厦门，翌晨抵达。傅衣凌副校长、高令印教授等招待殊殷。三十日访问同安，由福建社会科学院派专家导游。由厦门到同安，北行约四十公里。绍兴二十一年辛未（一一五一）朱子二十二岁，授泉州同安县主簿。二十三年癸酉（一一五三）秋七月至同安。二十六年丙子（一一五六）秋七月秩满。任内建经史阁，定县学释奠礼，申请严婚礼，立县人故丞相苏公祠于学宫，行乡饮酒礼，屏县学淫慝弟子，谒庙求雨。《年谱》云：“士思其教，民怀其惠。相与立祠于学宫。”[31]以未满三十而邑人立祠以祀，此为历史上所罕有。专家云，“文化大革命”以前，同安家有朱子塑像者甚多。

吾等入市即见水上大石刻有“弁石台”三字。行书，每字大约三十厘米。无款。同安之同山与大理山对峙。大理山石刻朱书最多，现均不存。大同山有朱砂写“同山”两字，篆体，碑高约四十五厘米，阔约二十五厘米。无款。传为朱子所书。果尔，则历代必已模仿多次矣。同山下有朱文公祠，旁为梅山庙，均有人管理，并奉香烛。祠原有朱子像。现已不存，只余像之基台，刻有“梅山朱子祠”五字。

市外有大轮山。入门牌坊石刻“大轮山”三字。洪武十五年壬戌年（一三八二）重修。有五厘米“新安朱熹”方印。恐是仿笔。上登为梵天寺。寺内有石刻楷书“瞻亭”二字，各丁方三十六厘米。左有“新安朱熹”四字，右有“安成刘裳立”五字。原为山上石刻。随拓为木刻，卒被水浸。乃建亭山上，刻之于石以置亭内。后石倒，乃移寺内。亭仍存。寺旁为禅堂。堂前有石刻“德权琥阙”四字，各丁方约十八厘米，无款。堂之后山原有“寒竹风松”石刻。现石已湮没，唯有拓本。禅堂左旁为佛祖堂。后之荒地废墙刻朱子正面半身像，高约一米二，阔约六十厘米。右耳比左耳长。无七黑子。禅堂大师云此是朱子六十一岁对镜自写之像。此址原为讲经堂，朱子讲经于此，“文化大革命”中破毁。佛祖堂后有古榕。大师谓同安市内仍有朱子手植榕树云。

城东东溪西溪相会之处，离石桥约九米之大石刻有“中流砥柱”[32]，每字为丁方三十厘米之隶书，传为朱子所书。桥与此石之间又有一石刻隶书“逝者如斯”[33]，每字丁方二十五厘米。似是武夷山朱子所书“逝者如斯”之仿写。然两处字体并不尽同，“中流砥柱”则与武夷“逝者如斯”笔势相近。若谓此处“中流砥柱”为朱子手笔，“逝者如斯”则否，当非大错。

三十一日上午，厦大师生齐集礼堂。捷略为报告西方研究理学之经过与趋势、美国学生研讨情形与国际朱子会议之前瞻后顾。随得厦大哲学系主任邹永贤与高令印等教授之引导，参观规模宏大而现正活泼发展中之厦大校园。下午与厦大教授约二十人座谈，由邹主任主持。几集中于朱子研究。晚上傅校长设宴款待，宾主尽欢。

(3) 武夷山、武夷精舍(武夷书院)

九月一日正午乘汽车赴邵武，二日清晨三时抵达，寓邵武招待所。邵武离武夷山直线约九十公里，车行约一百四十公里。午后启程，三时抵达，住武夷宫边之幔亭山房，系建于幔亭峰下。此馆两层，住房共有十间，三十五床位。庭园雅致，富有古风。墙梁床椅，皆用本山竹木，而有卫生设备，不愧为武夷增色。此处两日之游，得武夷山管理局张术良先生指导，殊享眼福。

朱子除五夫里家居外，以居武夷山为最久。武夷乃其学业发扬之地。武夷离五夫里约八十公里，并不难至。淳熙三年丙申（一一七六）差管武夷山冲佑观。无职守，并不在观居住。然朱子常游武夷，爱其山水。寓五夫里，视武夷为后园。每与门生弟子上山漫游，或陪亲朋寻胜。乃于淳熙十年癸卯（一一八三）建武夷精舍于此。四方士友来者甚众。朱玉《朱子文集大全类编》第一册《年谱》绍兴二十七年丁丑（一一五七）下谓："冬还建州，筑室武夷山中。四方游学之士，从之者甚众。"是则建筑精舍三十年前已筑室于此山矣。然是年朱子只二十八岁，家计贫薄，且其他《年谱》皆无此记载。不知朱玉所云，是否有据。唯朱子爱好武夷，则是不磨之事实。即晚年迁居建阳之后，仍常过访武夷。

武夷有"三三六六"之称。三三指九曲，六六指三十六峰，另有九十九岩，并黄山之奇、桂林之秀、泰山之雄而有之。其胜境最优者为九曲。朱子有《武夷棹歌》咏之。[34]吾等乘古朴之竹筏，泛两小时。筏以大竹十筒排以为舟，长约五米。游客坐木凳上，我等则坐竹椅。九曲绕山八九公里。或平流，或急湍。撑者只以竹篙左右推摆，冲波激浪，从星村顺流而下。沿途细话掌故。《武夷棹歌》最后两句云："渔郎更觅桃源路，除是人间别有天。"

第四曲有石刻“应接不暇”四字，非朱子书，只朱子常经此渡头而已。六曲响声岩遗存有朱子手书游踪摩崖石刻：“何叔京、朱仲晦、连嵩卿、蔡季通、徐守臣、吕伯恭、潘叔昌、范伯崇、张元善，淳熙乙未五月二十一日晦翁。”此盖淳熙二年乙未（一一七五）朱子与吕东莱（祖谦）在莒口寒泉精舍五月五日辑成《近思录》，同赴江西信州鹅湖寺与陆象山兄弟相会途中也。岩下又刻有“逝者如斯”四字，无款，传为朱子手书。此曲高山上尚有“道南理窟”四个大字，则未之见。江边石刻云：“淳熙戊戌（五年，一一七八）八月乙未刘彦集、岳卿、纯叟、廖子晦、朱仲晦来。”书法远胜“逝者如斯”。此外朱子墨迹，武夷山尚有慧苑寺内之木刻匾“静我神”与别处石刻之“静神养气”。木匾“静”字已锯去一半。两边原有联，今亦湮没。武夷三百石刻与若干木匾之中，朱子所书不少，惜所存有限耳。

墨迹之最宝贵者为《少傅刘公神道碑》。少傅指刘子羽（一〇九六—一一四六），乃朱子之师刘子翚（一一〇一—一一四七）之兄。朱子之父病革，以家事嘱子羽。子羽为筑室于崇安五夫里所居之旁。时朱子年十四，遂奉母由尤溪迁此而居焉。绍兴十六年丙寅（一一四六）子羽卒，年五十。此碑全文三千三百五十余字，为碑文之最长者。文字与《文集》所载稍有出入。[35]楷书间有行书。落款为“朱熹撰并书，张栻篆额”。篆额七行，每行三字。碑高三米七，宽一米半。“文化大革命”时期碑面左上方损伤若干字。碑质为青色磨刀石。碑沿乡人间用以磨刀。然大部完好。原置在五夫里东北约半公里之蜈蚣山下蟹坑，有亭保护。“文化大革命”初，亭被废，碑乃倒埋于草丛中。一九八二年，崇安文物保管处将之移至武夷宫对面

227 【三二】 之中山堂后墙。破坏部分均已修补。故字迹清晰，两旁花纹亦玲珑可观。左旁为乾隆年间《洞天纪府碑》，右为万历年间《游武夷山歌碑》。

楼宇之至要者为武夷书院。此原为朱子所建之武夷精舍。在武夷五曲之大隐屏峰下，朝东南。朱子《武夷精舍杂咏序》云："为屋三间者，曰仁智堂也。堂左右两室，左曰隐求（斋）以待栖息。右曰止宿（斋），以延宾友。左麓之外……又自为一坞……命曰石门坞。别为屋其中，以俟学者之群居……命之曰观善斋。石门之西少南，又为屋以居道流……命之曰寒栖馆。直观善前山之巅为亭……名以晚对。其东出山背临溪水，因故基为亭……名以铁笛。……寒栖之外，乃植楥列樊，以断两麓之口，掩以柴扉，而以武夷精舍之匾揭焉。……钓矶茶灶，皆在大隐屏西。矶石上平，在溪北岸。灶在溪中流。巨石屹然，可环坐八九人。四面皆深水。当中科臼，自然如灶，可爨以瀹茗。凡溪水九曲。左右皆石壁，无厕足之径。唯南山之南有蹊焉。而精舍乃在溪北。以故凡出入乎此者非鱼艇不济。总之为赋小诗十有二篇，以纪其实。"[36]此当时胜景也。朱子在此十年，学者云集。其著名者如蔡元定（一一三五—一一九八）、游九言（一一四二—一二〇六）、刘爚（一一四四—一二一六）、黄榦（一一五二—一二二一）、詹体仁（一一四三—一二〇六）、李闳祖〔嘉定四年（一二一一）进士〕、李方子〔嘉定七年（一二一四）进士〕、叶味道〔嘉定十三年（一二二〇）进士〕等，皆有九曲沿岸择地筑室。

武夷书院历代重修。一四四八年改朱子祠，崇祀朱子，并以黄榦、蔡元定、刘爚、真德秀（一一七八—一二三五）配享。"文化大革命"之前尚存精舍与康熙五十六年丁酉（一七一七）所建之大殿，即朱子祠，祠内朱子像两旁排列诸生牌位。现则精舍只余相隔约十五米半两个厢房之一部与其木制窗户。旁之大殿现已改建礼堂。文物管理处用以作疗养院。由精舍上山，可以远望云谷。路上石壁刻有“云窝”二字，高约五厘米，宽约四厘米，乃万历十一年癸未（一五八三）夏长乐陈省所书。再数百步为叔圭精舍，乃北宋政和五年乙未（一一一五）江贽（字叔圭）所筑。现只余石牌而已。朱文公祠址之旁有茶灶。大石可环坐八九人，其中有穴。大概后人仿中流茶灶而成。

吾等所住幔亭山房左旁之武夷宫，即朱子主监之冲佑观。其前门本在中山堂前十米许废墙之前。明改冲佑观为万年宫。管理局将恢复南宋时形状云。

五日上午赴建阳之前游水帘洞之天东架。此洞在武夷北山慧苑寺附近。山洞甚长，高宽各十余米。内架木屋，可容千数百人，为武夷山最大洞穴。太平天国之乱，避难者来居于此。穴内周围岩壁石刻甚多，其一为康熙四十八年己丑（一七〇九）福建巡抚张氏之布告。内云：“屏山（刘子翚）诸贤居武夷山水帘洞讲学。卒即洞建祠，从游门人朱文公亲题匾额‘百世如见’四字，现悬祠中。”[37]此额久已不存。所传朱子曾侍学刘屏山于此，恐与侍学五夫里相混。

武夷民间传说，谓有少女胡丽娘，日夕侍奉朱子。摆渡乌老头夫妇，曾警告朱子以此女实狐狸精，志在谋朱子祖传之玉碗。朱子不信，后与少女结为夫妇。某日乌老头来，声称如不相信，可依我等办法尝试。说话未完，忽而灭迹。是时六月大雪。朱子夜不能睡。丽娘奉陪。至第三晚四更时分，稍瞌醒来，见一对碧绿玉筷从丽娘睡中鼻孔伸出放光。急唤醒丽娘。丽娘半醒，玉筷即坠于地，闪出一狐狸形影，俄而不见。丽娘既醒，乃自白其为武夷山修炼千年之狐狸精。并谓摆渡乌老头夫妇，原是乌龟精。因彼等欲谋朱子之玉碗与其本人之玉筷，被其贬在平林渡摆渡。今反被挑唆，离间夫妇。而其本人玉筷经已离身，千年道行已破，以后只得到南暝靖长眠耳。朱子闻言之下，惊愤交集。即执朱笔从窗外望，而朱笔如箭直飞以去。乌老头夫妇哎呀一声，即变回一对乌龟，八曲之上下水龟石是也。回头一看，则丽娘已无踪影矣。朱子悲哀之余，登隐屏峰顶。只见南暝靖开满山花，花丛中有一美丽狐狸僵眠地上，乃掘穴葬之，并立石碑曰“狐氏夫人”。从此武夷人呼南暝靖为狐狸洞云。此传说始自何时，今不可考。因传说与白鹿洞书院狐狸精之神话内容酷似，必是由武夷而传至庐山无疑。朱子之深入民间，于此可见。文集《过毛山铺》诗，咏野狐精。[38]毛山铺在湖南衡山，与此传说无关。想野狐精神话，各地皆然。

（4）五夫里

四日游五夫里。崇安县办公室孙志成、外事部邵异昌、宣传部丁麟征三君同游。丁先生解释甚详，朱子资料极熟。五夫里在崇安县城东南五十七里。汽车行约两小时。山路弯曲，半途有歇马站。朱子自十四岁（一一四三）奉母由尤溪迁居五夫里，至淳熙十年癸卯（一一八三，五十四岁）筑武夷精舍，大部分时间除外任外，住在五夫里，即讲学武夷，亦常归家。至绍熙三年壬子（一一九二，六十三岁），乃筑室于建阳之考亭而卜居焉。是其以五夫里为家，达半世纪。

五夫里潭溪彼岸有纱帽山，因山似屏，故刘子翚自号屏山，学者称屏山先生。朱子承父命，从学于屏山与刘勉之胡宪。三人皆居五夫里。朱子与方士繇（一一四八—一一九九），魏琰之同依刘子羽。子羽创三屋以居之。[39]屏山宅在纱帽山之下，潭溪之上，有十七景。淳熙二年乙未（一一七五）于此设书院。朱子为书院匾额书“屏山书院”四字。子羽为朱子母子所营之居，亦在潭溪之上。朱子名之曰紫阳楼，因故土有紫阳山，所以思旧也。又名寝堂曰韦斋，以思其父韦斋先生。紫阳楼原为朱子读书体注之所，现早已湮没。民国十三年（一九二四）最后重新修建。“文化大革命”中废灭。现只存墙基与荒坪数片而已。厦门大学哲学系存有该楼照片。山上尚有石刻，据云乃是后人记载朱子读书之事迹，然字迹已糊涂莫辨矣。

五夫里有朱子巷，长约三四十米，铺以大小鹅卵石。两旁无住宅，只有砖墙，亦无匾额。传为朱子每日由家至讲学处必经之路。或云朱子母子从建瓯到刘子羽庄园时所经之路，又云朱子从刘庄到镇上常经之路。朱子巷为横巷。正街则甚长，铺石。路边有水渠。一巷门有砖牌坊，前面石刻“紫阳流风”，后面刻“三峰鼎峙”。另一砖坊刻“过化处”。又一巷有兴贤书院，现状相当完整。传朱子讲学此处，似是可信。厅内正面一匾曰“继往开来”[40]，门木匾曰“升高行远”[41]，俱光绪年间所置。屋顶有太极图。其破坏处现正修葺。

最有历史价值者为五夫里之社仓。乾道四年戊子（一一六八），建人大饥。朱子与乡之耆老劝富户发其藏粟以赈之。后以应仿古法，立为社仓储粟，过饥则低息救贫。乃于七年辛卯（一一七一）五月经此，八月落成。别处闻风相继设立。淳熙八年辛丑（一一八一）孝宗下诏全国推行朱子社仓法。于是社仓成为历史上一富有意义之特殊社会活动。现存之五夫社仓乃建于朱子所立社仓基础之上。即在巷间，与民居商店无异。高约四米半，宽三米半。砖墙。因门关闭，不知是否现为公社贮物之用。门端石刻“五夫社仓”四大字。下

【三二】

云:“崇祯九年(一六三六)邑武庠生王贞建内奉张府主郭县主恩像。”右款为“光绪己丑十五年(一八八九)仲夏吉旦”,左款为“花翎郎中朱敬熙建”。

大街另有刘氏公祠。宽六七米。装饰华丽。门前石狮,极其庄严。公社社长诸君,招待殷勤,飨以午餐。又以刘氏宗谱见示。此为光绪三年丁丑(一八七七)重修印本,为刘氏忠贤堂传家之宝。凡九卷。卷一为遗像。由始祖以降至南宋四五十幅。山图若干。像赞为胡宏(一一〇六—一一六一)、胡宪(一〇八六—一一六二)、朱熹、张栻、吕祖谦、黄榦、蔡元定、蔡沈(一一六七—一二三〇)等人所撰。卷二为序,由绍兴三十一年辛巳(一一六一)籍溪胡宪原序始。后七卷为世系。谱一大册,其壮观恐难与比。朱子《赞文馆学士光世公遗像》云:“态度轩昂,志凌牛斗。渡世津梁,光门组绶。清扬有威,官箴无垢。仪型宛然,克昌厥后。”题新安朱熹拜撰。又《赞太常寺博士玉公遗像》云:“卓乎太常,其仪不忒。宽兮绰兮,刚克柔克。福地载仁,心田神德。启我后人,是效是则。”又《赞朝仪大夫太素公遗像》云:“敬尔容止,如圭如璋。朱门望重,青史名扬。懋修厥德,长发其祥。千秋俎豆,禴祀蒸尝。”以上三赞,未采入《文集》卷七十七赞类。

五夫里现有一万二千人,组成一公社。五十岁以下者鲜有知朱子者。吾等四往参观,儿童成群随后,似从未经见外宾者。

(5)建阳,竹林精舍(考亭书院)

五日午后前往建阳。车行约六十公里,到崇安县城,谒见县长赵大炎。再行六十六公里,乃抵建阳。得建阳县文化馆徐贯行先生与建阳县人民政府外事处庄弥女士同游。徐先生释解详尽。即朱子生平事迹年月，记忆无误。

绍熙元年庚戌（一一九〇）朱子知漳州。二年正月长子塾卒，丐祠归治丧葬。三月差主管南京鸿庆宫。五月归次建阳，寓同繇桥。三年壬子（一一九二）六月筑室于建阳之考亭而居之。考亭在建阳西部三桂里玉枕山之麓，山水秀丽。韦斋尝过此地而爱之，谓考亭溪山清邃，可以卜居。朱子之迁居建阳，盖所以成其父之志也。朱子尝致书其师胡宪“以为居建阳一则便为坟墓，二则便于讲学，三则便于生事”[42]。胡宪卒于绍兴三十二年壬午（一一六二），其时朱子三十三岁，则早已有爱慕建阳之志矣。到建阳后致书陈亮（一一四三—一一九四），谓：“五夫所居，眼界殊恶，不敢复归。已就此卜居矣。”[43]然朱子甚贫。筑室费用极觉支吾。与朱鲁叔书云：“去岁归来，计度不审。妄意作一小屋。至今方得迁居。然所费百出，假贷殆遍。人尚未能结裹圆备。甚悔始虑之不精也。”[44]朱子命此新居为紫阳书堂[45]。内有清邃阁[46]，亦以思亲。所居在考亭书院之右，元季倾圮，明重修，然不存久矣。

绍熙五年甲寅（一一九四）以上疏忤韩侂胄（一二〇七年卒）罢侍讲，十一月返考亭。生徒日众，乃于所居之东筑竹林精舍以居之。淳祐四年甲辰（一二四四）诏立为书院。书院位在竹林精舍之前。此即予此次特来参观之考亭书院也。道光十二年壬辰（一八三二）《建阳县志》卷三云：“考亭书院即朱子祠……联对于集成殿。”据徐君所说，书院面积约长二百米，宽五十米，计一万平方米。大部分改为菜地。两边禾田，则自始已然。书院原有集成殿，高三层。旁原有朱子祠，奉祀朱子，以黄榦、蔡元定、真德秀、刘爚为配。又置石刻朱子像，并许多碑刻。然两处楼宇早已颓废，至一九六四年许，已皆无存。现只余书院之墙基与门前之石牌坊。理宗亲笔所书“考亭书院”四大字横额刻在牌坊正中。“考”字旁为“嘉靖十年辛卯（一五三一）四月吉旦”，“院”字旁为“分巡建宁道佥事仙居张俭立”。此乃明代重修时所加无疑。四大字上有“恩荣”二大字。牌坊前后如一，只后面题款为“福建侍御史蒋诏”。牌坊顶端有康熙所书“大儒世泽”。康熙并有笔书对联，辞曰：“诚意正心，阐邹鲁之实学；主静穷理，绍濂洛之真传。”在原书院集成殿内。牌坊正面原为大路，再隔麻阳溪为翠屏山。现因溪上已建水电站，水位增高，淹没大路，且有淹及牌坊之危，故文化馆已将牌坊依照原样迁至山边大路之旁矣。现建阳文化馆已积极计划恢复书院建筑。移迁牌坊，只为先务耳。建阳现有四万人，下考亭村户共三十六，其中二十五姓朱，皆朱子后裔。最老为二十九世孙朱澜溪。朱子迁建阳时并未携全家子孙，因其子埜于朱子临终时方由五夫里到建阳也。

乾道五年己丑（一一六九）九月，朱子丁母孺人祝氏忧。翌年正月癸酉葬于建阳县崇泰里后山天湖之泊，名曰寒泉坞，即在今之马伏太平山麓，离建阳城约十二公里，属离建阳县城二十二公里之莒口管辖。朱子于此作寒泉精舍，即淳熙二年乙未（一一七五）朱子与吕东莱共辑《近思录》之地也。叶公回校正《朱子年谱》云：“先生居丧尽礼。既葬，日居墓侧，旦望则归奠几筵。”是年，朱子又于建阳西北四十公里云谷山最高峰之芦峰筑晦庵，有《云谷记》[47]。建阳民间传说，韩侂胄曾派二人追捕朱子。及抵云谷，则朱子以蜜糖在地上写“日在云谷，夜在西山”。群蚁聚在字上。追者以问农民。农民谓朱子乃得神人保护。追者闻言遂碰头而死。乡人立祠以祀之。徐君谓乡人须在四十岁以上方知此传说云。西山云者，盖云谷在芦山之巅与西山遥相对望。西山乃蔡元定读书处，故学者称其西山先生。朱子驻云谷时，二人举相过从。两山相距数公里，今同属莒口东山村管辖，距莒口约十公里。现两山不特荒芜。即云谷原址亦不可考矣。

云谷既无遗迹，自无访寻之必要。朱子之墓尚存，则甚欲一见。朱子死于庆元六年庚申（一二〇〇）三月。十一月葬于建阳县黄坑（即古之唐石里）后塘村之大林谷，距县城八十五公里。其夫人死于淳熙三年丙申（一一七六），次年二月已葬于此。于是夫妇合墓。甚欲向前致拜，文化馆诸位均谓道不通行。由建阳以电话询诸黄坑，亦云无法前往。以前福建各地欲到之处，皆可参观，且有问必答。黄坑境况，必是实情。毕竟不无失意，然此行所见，已喜出望外矣。徐君以捷不能临墓地，乃示予墓地照片三大幅。一为远景，一为近景，一为墓碑。墓座西北朝东南。周壁以河卵石垒砌。中央封土，后之墓碑，文曰，"宋先贤（朱子夫人刘氏）墓"。前有石香炉石烛。有清代巡抚福建都院陈瑸、总督闽浙部院觉罗保满、提督福建学院车鼎晋与清初资政大夫升学使者彭蕴章四人为朱子所立之墓道碑。墓前原有朱林公馆，为祀墓者驻宿，早已废灭。现为农民建房居住。现闻文化馆对朱子墓经已修缮完毕，并划出墓周二十米范围为保护区域。将拆迁民居，在原址建纪念亭。

徐、庄两君又以车载木匾石像各一来示。匾额长一百零三厘米，宽三十二点七厘米，厚三厘米，刻朱子所书行书"鸢飞鱼跃"[48]四字。后面为"志向高明"，均题"晦翁"。此匾原悬于朱子往南平（延平）见李侗时所住之塘源李子坑西林院，现藏建阳文化馆。石像长一百一十五厘米，宽四十九厘米，厚六点二厘米。为朱子全身像，斜向右。右颊有黑痣七。上端刻楷书朱子书画像自警全文[49]，题“绍熙五年甲寅（一一九四）孟春良日熹对镜写真题以自警”。再上为“徽国朱文公遗像”。此石亦藏建阳文化馆。博物馆现正在建造中，文物皆暂贮藏。今特出示捷，足见爱护之厚。近年福建发现朱子石像不少，高令印教授有文章讨论。[50]

徐君又告我等谓朱子曾在建阳西南六十公里崇化里建同文书院以贮书籍，现地址亦不知所在。建阳边有牌楼“南闽阙里”以比五夫里之“闽邦邹鲁”，今亦不存。朱子尝到建阳南二十公里黄梅山著书。书“黄梅山”木牌三字。亦已没矣。吾等九月六日乘汽车由建阳回福州，午膳在南平，共行四百公里。七日再游福州鼓山。八日晨飞广州。承广东社会科学院副院长金应熙、广州市政协主席罗培元、秘书长何炳垣、科长陆天三、广州市侨务办公室主任司徒梅芳、招待科长叶史生、岭南大学校友会副主席设宴欢迎，款待殊殷，遂与蒙培元君握别于此。捷乃乘机飞港返美。年来各地文化单位重建朱子遗迹，再接再厉。不久又当重游，以新眼目矣。

（本文原载《明报月刊》一九八五年二月，页二十二至三十。）

1　治今江西星子县。

2　今湖南长沙。

3　《勉斋集》（《四库全书》本）卷三十六《朱子行状》，页三十八下。

4　《文集》卷八十七《又祭张敬夫殿撰文》，页九下。

5　载《岳麓书院通讯》（第二期，一九八二），页三十五。

6　《左传》襄公二十六年：“虽楚有材，晋实用之。”“楚材晋用”，为通行成语。南轩、朱子皆非湖南人，故云。《十三经索引》漏此语，承杨联陞教授示出处，敬谢。

7 《论语·泰伯》，第二十章：“唐虞之际，于斯为盛。”

8 《书经·舜典》，第二节。

9 《史记》（《四部丛刊》本）卷一三〇《太史公自序》，页三十二上。

10 《论语·卫灵公》，第九章。

11 《韩昌黎全集》（《四部备要》本）卷十二《进学解》，页三上。

12 《文集》卷七十四《白鹿洞书院揭示》，页十六下至十七下。

13 参看页三八九之“学规”。

14 《孟子·滕文公》上，第四章。

15 《书经·舜典》，第二十节。

16 《中庸》原文为“慎”，予早疑其避讳。然《文集》卷四十二《答石子重（第八书）》页二十五下用“慎思”。《语类》卷六十二第九十二条页二三八五用“戒慎”，卷七十第三十六、三十七条页二七八五用“敬慎”。予疑“慎”“谨”通用。后杨联陞教授告予，孝宗名昚，即“慎”，故避其讳。

17 《中庸》，第二十章。

18 《论语·卫灵公》，第五章。

19 《易经·损卦·象辞》。

20 《易经·益卦·象辞》。

21 董仲舒语，见《汉书》（《四部丛刊》本）卷五十六《董仲舒传》，页二十一下。

22 《论语·卫灵公》，第二十三章。

23 《孟子·离娄》上，第四章。

24 《孟子·尽心》上，第十六章。

25 《庄子》（《四部丛刊》本，名《南华真经》）卷四《在宥篇第十一》，页三十九上。

26 张伯行《学规类编》（《正谊堂全书》本）卷一《董程二先生学则》，页六上。

27 据高令印《朱熹在福建墨迹考释》（《论中国哲学史——宋明理学讨论会论文集》，一九八三），页三六九。《对朱熹事迹资料考察的新收获》（《哲学研究》，一九八四年三月），页七十二，注1。

28 《崇安县志》〔清雍正（一七二三——一七三五）刊本〕卷八《释》。参看《崇安县新志》（一九四一本）卷二十《宗教·释教》，页五上，总页五一九。

29 高令印《对朱熹事迹资料考察的新收获》，页七十一。

30 高令印《朱熹在福建墨迹考释》(《论中国哲学史——宋明理学讨论会论文集》，一九八三)，页三六九。

31 叶公回校订《朱子年谱》(一四三一)(《近世汉籍丛刊》本)卷中首，页十一下，总页七十六。王懋竑《朱子年谱》(《丛书集成》本，一七六二)卷一上，页十三同。

32 《书经·禹贡》，第八十四节“底柱析城”。《经典释文》云：“底柱，山名，在河水中。”诸辞典皆举明人丁鹤年自咏诗：“长淮横溃祸非轻，坐见中流砥柱倾。”岂明以前未见此词句耶？且砥柱在陕州大河，不在淮水，丁氏借用耳。犹忆割股愈亲之传说，各辞典皆举《宋史·选举志》引苏轼“则勇者割股”之语。岂前此无案可考耶？参看拙著《王阳明传习录详注集评》(台北学生书局，一九八三)，页一八四至一八六。

33 《论语·子罕》，第十六章。

34 《文集》卷九《武夷棹歌十首》，页五上至六上。

35 同上，卷八十八《少傅刘公神道碑》，页二下至八下。

36 《文集》卷九《武夷精舍杂咏并序》，页二下至三下。

37 据《福建论坛》(第二期，一九八二)，页七十。

38 《文集》卷五《二十七日过毛山铺》，页十上。

39 据《福建论坛》(第二期，一九八二)，页七十。

40 朱子《中庸章句序》云：“若夫夫子……所以继往圣，开来学。”

41 《中庸》，第十五章。

42 《文集》卷三十七《与籍溪胡原仲先生》，页一下。

43 同上，续集卷七《与陈同甫》，页八上。

44 同上，别集卷五《与朱鲁叔》，页十三下。

45 《崇安县志》卷八《古迹》，参看《崇安县新志》卷三《地理》《第宅》，页十五下，总页一〇〇。

46 《文集》卷八十三《跋李参仲行状》，页二十五下。

47 《文集》卷七十八《云谷记》，页二上至五上。

48 《中庸》第十二章引《诗经》第二三九篇《大雅·文王之什·旱麓》。

49 《文集》卷八十五《书画像自警》，页十一上。

50 高令印《朱熹遗迹研究》(《中国哲学》第十辑，一九八三)，页三〇一至三〇五。

【三二】

朱熹栽杉成树王[1]

关伟炎

在江西省婺源县西南群山环抱的官坑村，现在还有朱熹栽的一群杉树，树龄已达八百余岁。

南宋哲学家、教育家朱熹，字仲晦，江西婺源人，迁寓福建建阳，曾任秘阁修撰等职，主张抗金。广注典籍，对经学、史学、文学、乐律以至自然科学，均有贡献。南宋淳熙三年（一一七六）春。朱熹第二次回婺源扫墓，曾在祖母墓周围栽下了十九棵杉树。传说为了保护这群杉树，村后的文公山上曾建兵营，驻兵守护，当年的积庆亭就是驻地。这群杉树历经八百载沧桑，至今仍然保存了十六棵。

沿着逶迤向上的青石板路拾级登山，山峰越来越高，山势越来越陡，古树越来越大。在浓荫蔽日的山坳里，有一座古墓，那就是朱熹祖母的坟，如今墓穴尚存。以坟墓为中心，十六棵棕红色皮的杉树参天而立，直刺蓝天。三个大人刚刚抱过树身。在这十六棵树中，最高的达三十八点五米，最粗的胸围达到三米以上。一号树光树干材积达十一点九立方米。“文化大革命”中，有人偷砍了一棵。做了一栋屋，后被罚款五百元。朱熹祖母墓挖出的古瓷考证，也说明这群杉树和这座古墓距今已有八百多年。

这群杉树，属灰枝杉，虽然树龄有八百多年，但仍然郁郁葱葱，长势旺盛。一九七六年，从这些树上采下的杉树籽，曾育出了杉树苗，说明它们仍然有繁殖能力。据有关方面的专家说：如按单株而论，这里杉木材积并不是江南第一，贵州等地有比这更大的，如果按一群计算，这在江南却是绝无仅有的，可以说是江南独一无二的杉王群。

现在，朱熹栽的这群杉树王，已经引起省、地、县有关部门的关注，婺源县已把护林亭修葺一新，并派专人管理，将其列为珍贵树种、文物进行保护。

1　王煜博士从香港《大公报》某年月日副刊剪出寄来，亦朱子遗迹之一端也。

【三三】朱子与中国哲学范畴

我国哲学范畴讨论最多者无疑是朱子。一方因他是我国过去七八百年影响最大之思想家，一方因其所遗材料最多。《文集》所存书札，将近二千。《语类》凡一百四十卷。其他著作，尚不在内。然虽是不断讨论，达四五十载，而所用范畴，绝无为朱子所创者。孝、弟、忠、信，仁、义、礼、智，格、致、诚、正，中、庸、已发、未发等，来自“四书”；有、无、才、性等，来自魏晋玄学；太极、理、气等，来自北宋诸儒。严格言之，皆出于先秦。未见有一哲学名词为朱子所首用者。

朱子之述而不作，固守传统，诚是严谨。然其所用旧有范畴，必加以新义。所撰《四书章句集注》，费尽四十年之精力，一字不加，一字不减。日人大槻信良著《朱子四书集注典据考》[1]，指出其有新义者，不下一百七十八处，而太极、阴阳、理气，等等，尚非“四书”讨论之目也。兹单举“四书”论仁之新义，以见朱子之旧瓶新酒。

朱子释仁为心之德，爱之理。此定义见于《论语集注》与《孟子集注》十余处。[2]伊川（程颐，一〇三三—一一〇七）谓“心譬如谷种。生之性，便是仁也”[3]，而“天地以生物为心”[4]。朱子则进一步而加以“人物之生，又各得夫天地之心以为心者也”[5]。伊川以仁为“天下之正理”[6]。朱子以此为太泛，未及发仁之体，[7]乃以“心之德”为释。盖“说仁是本心之全德，便有个天理在”[8]。我国素来以爱言仁。韩愈（七六八—八二四）且以博爱为仁。[9]伊川评之曰：“爱自是情，仁自是性。……退之（韩愈）言博爱之谓仁，非也。仁者固博爱，然便以爱为仁则不可。”[10]因仁为性，故“五常（仁义礼智信）之仁，偏言则一事，专言则包四者”[11]。朱子则进而释仁为爱之理。以后言仁，莫过于此。故伊川之仁，实际上是一新范畴。朱子之仁，则新而又新矣。此为朱子对于范畴转旧为新之一大贡献之一例而已。（参看页三八七“《仁说图》”条）

又一贡献为由微至显。最特出者为“无极”之范畴。“无极”一词，出自《老子》。[12]柳宗元（七七三—八一九）[13]、邵雍（一〇一一—一〇七七）[14]已用之，然皆隐而不显。周子（周敦颐，一〇一七—一〇七三）得《太极图》于道士穆修（九七九—一〇三二）此图经陈抟（约九〇六—九八九）而上溯于河上公（壮年前一七九—前一五九）。道家用为养生之助。周子则颠倒其序，而以仁义中正为归。然在初亦于理学无影响。二程（程颢与程颐）受学于周子而终身不言太极。朱子为澄清理气之关系起见，不得不采用周子之《太极图》，以太极为理气之基础。周子之《太极图》说开首便谓“无极而太极”[15]。朱子解之曰：“上天之载，无声无臭[16]，而实造化之枢纽，品汇之根柢也。故曰无极而太极，非谓太极之外，复有无极也。"[17]关于此来自道家之名词，朱子与门徒讨论甚多。[18]淳熙十五六年戊申、己酉（一一八八—一一八九），与象山（陆九渊，一一三九—一一九三）往来函辩数次，词气粗率。陆以无极之上加无极，正是床上加床，正是老氏之学。朱子以无极只是无方所，无形状，而非别为一物也。[19]此为我国最著名之函辩。无极概念，经朱子而为中国哲学之一重要范畴。

朱子对范畴次序，亦有贡献。朱子并非有意安排，唯彼与吕祖谦（一一三七—一一八一）合辑《近思录》，无意中商定若干范畴之序。《近思录》分十四卷。各卷初无题目，只由朱子说明其大纲而已。其再传弟子叶采（壮年一二四八）为《近思录集解》，加以题目。以后虽稍有改变，《近思录》之卷目遂成范畴之次序。普遍十四卷之题目为道体、为学、致知、存养、克己、家道、出处、治体、治法、政事、教学、警戒、异端、圣贤。其中有非哲学范畴者。然朱子之次序，乃大体上依《大学》之格、知、诚、正、修、齐、治、平。由于朱子极重《大学》，而《近思录》又为理学之基本典籍，于是十四目之次序，遂成《语类》（一二七〇）、《性理大全》（一四一五）、《朱子全书》（一七一四）、《性理精义》（一七一五）之典型，而中国哲学之范畴，牢不可破矣。

朱子尝欲编妇女规范之书，如《女诫》《小学》之类。拟其目曰正静，曰卑弱，曰孝爱，曰和睦，曰勤谨，曰俭质，曰宽惠，曰讲学[20]，惜未成事。（参看页七七五"朱子之于妇女"条）《小学》只分立教、明伦、敬身、稽古、嘉言、嘉行。《女诫》分卑弱、夫妇、敬顺、妇行、专心、曲从、和叔妹七篇。两者并非范畴，而朱子所拟，则皆范畴。讲学一门，最有意义。岂朱子希望妇女参加理学运动耶？

1 台北学生书局，一九七六年。

2 《论语·学而》，第二章；《孟子·梁惠王》上，第一章，等。

3 《遗书》（《四部备要·二程全书》本）卷十八，页二上。

4 《外书》（《二程全书》本）卷三，页一上。明沈桂《明道全书》以此为程颢语。

5 《文集》卷六十七《仁说》，页二十上。

6 《经说》（《二程全书》本）卷六《论语说》，页二下，《论语·八佾》。

7 《语类》卷二十五，第二十条，页九七六。

8 同上，第二十一条，页九七六。

9 《韩昌黎全集》（《四部备要》本）卷十五《原道》，页一上。

10 《遗书》卷十八，页一上。

11 《易传》（《二程全书》本）卷一，页二下。

12 《老子》，第二十八章。

13 《柳河东全集》（《四部备要》本）卷十四《天对》；《观物外篇》上，页九上。

14 《皇极经世书》（《四部备要》本）卷七上，页二十五下。

15 《周子全书》（《国学基本丛书》本）卷一《太极图说注》，页四。

16 《中庸》第三十三章引《诗经》第二三五篇《大雅·文王之什·文王》。

17 《周子全书》卷一《太极图说注》，页五。

18 参看《语类》卷九十四。

19 参看拙著《朱学论集》（台北学生书局，一九八二），《朱陆通讯详述》，页二六〇至二六三。

20 《文集》卷三十五《与刘子澄（第十五书）》，页二十七下。

【三四】太极浑沦

罗光先生著《中国哲学思想史》，其讨论陈淳（一一五九—一二二三），谓：“朱熹以太极为理。陈淳谨守师说，然加以‘浑沦’两字去解释太极的本体，则和朱熹的思想不相合。”[1]此点未经前人讨论，可谓新见。

楠本正继（一八八九—一九六三）著《宋明时代儒学思想研究》，述评陈淳甚详，特提陈淳以“浑沦一个理”解释太极。楠本谓其考虑精细，实非夸言。[2]陈淳喜用“浑沦”一词。即在其《北溪字义》一书中，卷上“一贯”门采用五次，卷下“太极”门采用十二次，“中和”门采用三次，《附录·师友渊源》采用两次，《补遗》“太极”条采用十次。可谓好用“浑沦”之最者，然不外浑而为一之意，与朱子“无极而太极”之意，根本无别。

朱子未尝不用"浑沦"。其释"无极而太极"[3]，谓"方浑沦未判，阴阳之气，混合幽暗"[4]。教人为学，亦用"浑沦"。如云："学者初看文字，只见得个浑沦物事。久久看作三两片，以至于十数片，方是长进。"[5]又曰："但敬亦不可浑沦说，须是每事上检点，论其大要，只是不放过耳。"[6]

然朱子形容无极，总不喜用"浑沦"。大抵"浑沦"为道家名词，太过神秘。其言曰："太极之义，正谓理之极致耳。……今以大中训之，又乾坤未判，大衍未分之时论之，恐未安也。……今论太极而曰'其物谓之神'又以天地未分，元气合而为一者言之，亦恐未安也。"[7]又云："盖详来喻，正谓日用之间，别有一物光辉闪烁，动荡流转。是即所谓'无极之真'[8]，所谓'谷神不死'[9]二语，皆来书所引。所谓'无位真人'[10]，此释氏语，正谷神之尊长也。……《论》《孟》之言，平易明白，固无此等玄妙之谈。"[11]

反之，朱子好用《中庸》"无声无臭"之语[12]，以形容无极："所以谓之无极，正以其无方所，无形状。以为在无物之前，而未尝不立于有物之后。以为在阴阳之外，而未尝不行夫阴阳之中。以为通贯全体无乎不在，则又初无声无臭影响之可言也。"[13]又云："所谓无极而太极，非谓太极之上，别有无极也。但言太极非有物耳。如去'上天之载，无声无臭'。"[14]又云："谓之无极者，所以著夫无声无臭之妙也。"[15]凡此与陈淳之言太极，无有出入。陈淳之言曰："'无极'是无穷极，只是说理之无形状方体。正犹言'无声无臭'之类。'太'之为言，甚也。太极是极至之甚，无可得而形容，故以'太'名之。此只是说理虽无形状方体，而万化无不以之为根柢枢纽。以其浑沦极至之甚，故谓之太极。”[16]陈淳以浑沦释太极，实是生色，然非有异其师之说也。

1 《中国哲学思想史》三《宋代》（台北学生书局，一九七八），页六七一。

2 《宋明时代儒学思想之研究》（东京广池学园出版部，一九六二），页二九一至二九三。

3 周敦颐《周子全书》卷一《太极图说》。

4 《语类》卷九十四，第十六条，页三七五八。

5 同上，卷十，第十五条，页二五七。

6 同上，卷八，第二十七条，页二一四。

7 《文集》卷三十七《答程可久（第三书）》，页三十一下至三十二上。

8 周敦颐《周子全书》卷一《太极图说》。

9 《老子》，第六章。

10 《临济慧照禅师语录》（《大正新修大藏经》第四十七册），页四九六。

11 《文集》卷四十五《答廖子晦（第十八书）》，页四十二下至四十三上。

12 《中庸》第三十三章，引《诗经》第二三五篇《大雅·文王之什·文王》。

13 《文集》卷三十六《答陆子静（第五书）》，页九下。

14 同上，卷四十九《答王子合（第十三书）》，页十上下。

15 同上，卷四十五《答杨子直（第一书）》，页十一下。

16 《北溪字义》卷下《“太极”门》，第二条。

【三五】太极果非重要乎？

理为朱子哲学之中心思想。理必搭于气而行。然非太极则理气之关系无从厘清。故凡讨论朱子哲学思想者，必讨论太极。一九八二年国际朱子会议三十一篇论文之中，四分之三涉及太极。其中六篇详细讨论，为其他主题之冠。此亦是传统相沿。盖朱子与东莱（吕祖谦）合辑之《近思录》，作为我国第一本哲学论集而又为北宋理学之总汇，即以周子（周敦颐）之《太极图说》居首。《朱子语类》因之，开章明义即为“太极天地”。以后永乐十三年乙未（一四一五）钦命胡广（一三七〇—一四一八）等编制之《性理大全》，即因之以《太极图说》为第一卷。《性理大全》操纵我国思想四五百年，故其直接继承之康熙五十四年（一七一五）御纂《性理精义》，卷一亦以《太极图说》为先。或曰，御制《朱子全书》篇目首以论学，太极之说，远在其后。《宋元学案》亦首录《中和说》《仁说》诸篇，然后乃及于

“理”“气”“太极”等语录。岂非太极渐次丧失其重要地位之表征耶？予应之曰：以上诸书，皆因编书目的之不同而异，而非因对朱子太极思想有所变迁也。故钱穆之《朱子新学案》[1]以《朱子论理气》冠军，即继之以《朱子论无极太极》。即谓舍理气无朱子哲学之可言，而舍太极亦无朱子理气哲学之可言也。

欲知太极概念之重要，必先考其内容，历代中韩日学者关于太极之文章，汗牛充栋，予实无以加。然亦欲附骥尾，故十余年前曾为法国汉学大师白乐日(Etienne Balazs, 一九〇五—一九六三)纪念论文集撰文详论朱子如何完成理学。全书分为三部分。一为“新儒家哲学之完成”，二为“道统观念之完成”，三为“《大学》《论语》《孟子》与《中庸》合为‘四书’”。第一部分分为四节，即（一）确定新儒家之方向，（二）理与气关系之厘清，（三）太极观念之发展，（四）仁之观念发展之极致是也。[2]予所侧重，不在《太极图》之传授，太极概念之分释，与太极在朱子哲学系统之位置，而在其哲学之需求。即谓从哲学观点视之，太极为不可无也。十余年来，鄙见于此并无改变。故今录太极一节于下：

理气之另一关系则涉及太极观念。于朱子以前，太极观念并不重要。二程兄弟从不提及太极。[3]张载、邵雍亦少论及，有之亦偶然。吾人已知周敦颐著有《太极图说》，但周子初本以《通书》见称。《太极图说》远与《通书》不类，因之有人怀疑周子未有《图说》之作。[4]朱熹于周子著作中特表扬《图说》并予重要地位，使之成为新儒学哲学之基石。自朱子以来，《太极图说》已为新儒家形而上学讨论之起点。《图说》已成新儒学之辑录如《近思录》《性理大全》诸书之首章。《图说》由之亦引起论辩达数百年之久。诚然，《宋元【三五】学案》为减少争论，特将《通书》置于《太极图说》之前。[5]但其争论在哲学性本身，并不比在《太极图》真伪及其解说之多。在争论期中，《太极图说》仍为新儒家哲学之基石。朱子之塑造新儒家哲学，仍以此《图说》为主要基础。朱子之所为，非仅只综合诸儒之不同概念。此非仅为一结构上之重组或综合，有如吾人所尝称者。朱子学说实为一有机之重建。此是朱子新儒学独造之论。若谓为朱子一家之言，则益为确切。

朱子之取资于太极，须经一番大奋斗。有如前所指陈，《太极图》渊源于道家。朱子之学虽与道家不契，但朱子亦必收敛其矜持而取资于《太极图》。此图亦含“无”之观念，而此一观念绝非儒家所能接受。不仅此也，朱子还须阐明二程兄弟为何于《太极图》全然缄默，此为吾人以后将提及者。朱子虽遭遇此类困难，仍须利用此一太极观念，实以一种具有逻辑性综合性有机性之新儒家哲学系统，不能无此观念也。

形而上与形而下之分为两橛，每易趋于两元论或导致孰为主从。于二程学说中尚未见显明。而于朱子，此种两橛渐较显著，因而两难之困局，亦至迫切。朱子为免于此一困局，乃转而求之于太极观念。有如朱子所释，极者至极也，因而太极为事事物物之极致。更明确言之，太极是理之极致。因之，朱子以太极即理。

“极”亦意指中。此中非为每一事物之形体之中，乃为其品性之适中，为其质地之无过与不及，为其体性之内在。所以太极实指谓每一事物之最高理则。

太极即理，更确定朱子导引新儒学步入理之路向。设朱子随顺张载或邵雍对太极之解说，朱子唯有归结于气或道家之自然主义。正因张载以太极，基本上为一气之流行。在张载太虚太和为一体，其中便含阴阳二气。[6]邵雍虽谓太极是心，其卒也，太极是数。[7]周敦颐未视太极同于理。如实言之，周子于太极与理气间可能关系未作任何提示。唯有朱子始创明太极即理。此一创明，乃朱子本人以新儒学为理学之发展所必需。太极同于理之思想，正用以阐释形而上与形而下之关系，或一与多之关系以及创造之过程。

依朱熹，太极乃一普遍之一理。总天地万物之理便是太极。但此太极，非可视为静止形态。有如朱子所说，理无穷尽。有一物即有一理。太极亦非意谓有一定之尽头。毋宁意谓为无限潜力之储能。因之，新事物不仅可能，抑且为不可避免。太极是理，亦意谓非虚理而为实理。朱子尝以太极或理之极致含阴阳，化生万物。朱子于太极同于佛家之空、空为不着一物之说，径予抨击。

于此更有一点带予朱子更多之困扰。周敦颐在其《太极图说》开宗明义既谓“无极而太极”，则道家气息自为显然，诚以无极一词实来自《老子》[8]。朱子与其主要学敌陆象山，辩太极无极，书札往复，争论再三。陆子坚持主无极是道家，不能容许于新儒学中有任何地位。[9]朱子据以力争，谓无极仅意谓太极是“无声无臭”，上天之运行，正如《中庸》上所描述。[10]朱子谓“太极无方所，无形体。无地位可顿放”[11]。苟属如此，则周子不以儒家原有名词以形容太极，而另以道家名词，徒滋误解，又何也？在朱子之意，周子恐人以太极为实物而思以示人以太极为无形体。[12]周子有此意，亦未见周子有何说明。真实之缘由，则在太极观念，对于朱子塑造新儒学【三五】实不可少。因而虽有《太极图说》开章第一句“无极而太极”之争辩，朱子亦不能不对《图说》善加利用。

至若一事一物与宇宙全体之关系，宇宙普遍之一理与万物分殊众理之关系，太极观念提供一程式，对诸关系予以调和。程颐主张理一分殊。颐谓“天下之志万殊，理则一也”[13]。张载在其名著《西铭》中，示人以“民胞吾与”之爱，但同时在分殊上，亲其亲，长其长，各有特殊道德之份。程颐及诸儒俱盛赞《西铭》“理一而分殊”，亦即爱之理一，而施于人伦关系则分殊。[14]此类思虑，尚偏在伦理。朱子以其说推之于形而上学之领域，则从两方面阐发一与多之关系。一、为理一用殊。合天地万物皆有同一之理，理是一。但各物复各有其特殊之理，理是多。二、为太极既为理之极致而各物亦自有其理，此即为物物有一太极。因之，太极统万物而为一，同时一物各具一太极。天地一大宇宙也，物物一小宇宙也。朱子云：“本只是一太极。而万物各有禀受，又自各全具一太极尔。如月在天只一而已。及散在江湖间随处可见，不可谓月已分也。”[15]月影之譬，使联想佛家大海众沤之喻，众沤出于海而入于海，海为一，众沤为多，一多互摄。朱子之受佛家影响，毋庸置疑。但朱子亦受张载与程颐理一分殊说之激发。抑或受周敦颐此类语式之暗式，如谓“是万为一，一实万分。一万各正，大小有定”[16]。但有关一与多之关系，直至朱子始有逻辑性之阐述。

《太极图说》中，周敦颐阐释变化过程，为太极动而生阳，静而生阴。阴阳互继，因而宇宙开展。二气交感，化生万物。[17]

于张载为阴阳之气相推。[18]于程颐，有谓“动静无端，阴阳无始”[19]。在张载与程颐，固谓阴阳两端，循环不已，而于新事物之创生问题，则置而不论。在周敦颐，有如前述，固直谓不断创造之根在静，而亦置动之本身而不问。朱子关于动静之答复则谓气之动静，必有其所以动静之理。有动之理便能动而生阳，有静之理便能静而生阴。朱子此说既未如张载之说太极是动或静，亦未如周敦颐之说太极能动能静。但因太极具有动静之理，而阴阳之气赋焉。如此朱子将其理学带至逻辑之结论，并以其理学阐解存在本身及其变化之过程。[20]

朱子之阐发，更为生生不已之观念所加强。此一观念程颐曾发挥尽致。颐之论点源于《易》,《大易》有云:“天地之大德曰生。”[21]程颐便谓“天地以生物为心”[22]。又谓“天只是以生为道”[23]。又谓“人气之生，生于真元。天之气亦自然生生不穷”[24]。朱子于此进而谓有创造之理，故有生生不已之几。[25]理之观念于此又被确认为最终之诠释。

从上面所论，可见太极之概念，在朱子哲学中，甚为重要。而山井涌教授于国际朱子会议献文中，乃谓“太极一词与理、气、心、性等词，其场合大异其情。朱熹理论体系之中，太极之语并非组进，亦无固有之地位。故谓太极在朱熹理论体系之中实非决不可少”云云。[26]此说与普通结论决然不同。山井教授为日本宋明理学权威，当今日本中国哲学会会长。彼非固为惊人之论，而实有所见，亦其观察与众不同之结果也。

山井氏统计“太极”之词,《文集》约共用二百六十次,《语类》约共三百五十次。所用皆与周子《太极图说》或《易经系辞》上传“易有太极”[27]有关，甚少用以发展其本人之理论或发表其本人之意见。据山井氏，只《文集》“要于常运中见太极，常发中见本性。离常运者而求太极，离常发而求本性，恐未免释老之荒唐也”之语，[28]似与《太极图说》与《系辞》无关。《语类》亦只三言，即“若无太极，便不翻了天地”[29]，“《西铭》说是形化底道理。此万物一源之性。太极者，自外面推入，去到此极尽，更没去处，所以谓之太极”[30]，与“大而天地万物，小而起居食息，皆太极阴阳之理也”[31]是也。[32]此四语与《太极图说》与《系辞》无关，从未经有人指出，足见山井教授观察之精锐特殊处。查《文集》批评解太极为中,[33]乃训“极”字，似与《太极图说》与《系辞》无涉。除非山井教授以“中”之争辩，乃从朱子与陆子静(陆象山，一一三九—一一九三)一一八八年至一一八九年辩论《太极图说》而来。[34]如此持论，似是间接，且与张栻(一一三三—一一八〇)论中，乃在与陆辩太极之前也。《文集》有《太极说》。[35]文中一半与《易经》有关。所引“动静无端，阴阳无始”，乃伊川《易说》之言。[36]元亨利贞与“寂然不动，感而遂通”，来自《易经·乾卦》卦辞与《坤卦·文言传》。然其他一半，则引中庸“天命之谓性”之言，[37]而所论则人之动静与性命性情也。《语类》有云，“太极只是一个理字”[38]。此为朱子理的哲学之中心思想，非为解释《太极图说》与《系辞》而言也。此语与“太极只是天地万物之理”[39]同义。若谓下文引“动而生阳，静而生阴”，便与《太极图说》有关，则下文亦引“动静无端，阴阴无始”，不如谓之为概言太极，而非《太极图说》之为愈也。《语类》又云，门人问:“季通(蔡元定,一一三五—一一九八）云：‘理有流行，有对待。先有流行，后有对待。’”朱子曰：“难说先有、后有。季通举太极作以为道理皆然，且执其说。”[40]此处亦不见与《太极图说》与《系辞》有何相干也。《语类》又讨论邵雍（一〇一一—一〇七七）之“道为太极”[41]与“心为太极”[42]，亦无相干。[43]然山井教授之《文集》《语类》除极少数外，所言太极皆与《太极图说》《系辞》有关，则不能不谓之为一令人敬羡之发见。

山井教授又谓太极一词，并不见于《四书章句集注》。即《四书或问》中亦只一见，而此处所云“及周子出，始复推太极阴阳五行之说，以明人物之生，其性则同”[44]，亦非以太极释孟子之性善论也。彼又云，“《大学或问》引周子‘无极之真，二五之精’，而不用‘太极’[45]，可见太极概念，并非朱子哲学系统之线索云”[46]。

《四书章句集注》与《四书或问》不用“太极”之发见，亦与《文集》《语类》之发见，令人肃然起敬。《大学或问》不用“太极”而用“无极”，岂非太极亦在意中？恐只为行文之便耳。且“四书”注解不用“太极”之词为一事，太极之思想在朱子哲学有无重要，另为一事。朱子特重“四书”。其基本学说如“明德者，人之所得乎天，而虚灵不昧，以具众理而应万事者也”，出《大学章句》注经文。“仁者，爱之理，心之德”，“礼者，天理之节文，人事之仪则”，皆出《论语集注》。[47]朱子尝云：“某《语孟集注》添一字不得，减一字不得。”[48]又云：“某于《论》《孟》四十余年理会。中间逐字称等，不教偏些子。”[49]易箦之前三日，仍改《大学诚意章》。[50]故谓《四书章句集注》乃朱子哲学之主脑，并不为过。山井教授谓太极观念并未纲维其哲学，大概指此而言。然太极乃本体论与宇宙论之观念，而“四书”则勿论上学下学，皆针对人生而言。太极思想于是潜在

255 【三五】阴阳动静性命之下。山井太极无甚重要之论，恐是贤者过之。然其指出太极并不如一般学者所视之重要，则大足以强调朱子之哲学，非以本体论宇宙论为归宿，而重点在乎人生，即在乎四书之教，其功诚非小也。

1 《朱子新学案》五册（台北三民书局，一九七一）。

2 英文原题为*Chu his's Completion of Neo-Confucianism*载*Étude Song-Sung Studies im memoriam Balazs*（第二辑，第一期，一九七三），页五十九至九十。万先法中文译题为《朱熹集新儒学之大成》，载《中华文化复兴月刊》第七卷第十二期（一九七四年十二月），页一至十四。转载《华学月刊》第三十七期（一九七五年正月），页二十五至四十三。采入拙著《朱学论集》（台北学生书局，一九八二年），页一至三十五。

3 《易传》两序之一提及太极，然学者公认此序为伪作。

4 《象山全集》（《四部备要》本）卷二《与朱元晦（第一书）》页五下。

5 《宋元学案》卷十一《濂溪学案》。

6 《张子全书》（《四部备要》本）卷二，《正蒙·太和篇》第一，页一上至二下。

7 《皇极经世书》（《四部备要》本）卷八下《观物外篇》下，页二十三上、二十五上。

8 《老子》，第二十八章。

9 《象山全集》卷二《与朱元晦（第一书）》，页五下至六下；第二书，页九上至十下。

10 《中庸》第三十三章，引《诗经》第二三五篇《大雅·文王之什·文王》。

11 《语类》卷九十四，第十九条，页三七六二。

12 同上，第十条，页三七五六。

13 《易传》（《四部备要·二程全书》本）卷一，页八十四上。

14 《张子全书》卷一《西铭》。参看《伊川文集》（《二程全书》本）卷五《与杨时论〈西铭〉书》，页十二下。

15 《语类》卷九十四，第二〇三条，页三八二四。

16 《通书·理性命》，第二十二。

17 《周子全书》（《国学基本丛书》本）卷一《太极图说》，页六至十四。

18 《张子全书》卷二，《正蒙·太和篇》第一，页五上。

19 《经说》（《二程全书》本）卷一《易说》，页一下至二上。

20 《语类》卷九十四，第三十七条，页三七六九。《文集》卷五十六《答郑子上（第十四书）》，页三十三下。又《太极图说解》，载《周子全书》卷一。

21 《易经·系辞上传》，第一章。

22 《外书》（《二程全书》本）卷三，页一上。

23 《遗书》(《二程全书》本) 卷二上，页十三上。

24 同上，卷十五，页四下。

25 有关生生不已之观念，参看拙著*The Neo-Confucian Solution of the Problem of Evil*(《新儒学对恶的问题之解决》)，载《"中央研究院"历史语言研究所集刊》，第二十八期，《胡适先生六十五诞辰纪念专号》(一九五七)，页七七三至七九一。

26 Wing-tsit Chan, ed., *Chu His and Neo-Confucianism* (Honolulu: University of Hawaii Press, 1986), p.92.

27 《易经·系辞上传》，第十一章。

28 《文集》卷三十二《答张敬夫 (第四十书)》，页十三上。

29 《语类》卷一，第三条，页二。

30 同上，卷九十八，第一〇一条，页四〇一四。

31 同上，卷六，第四十五条，页一六七。

32 同注26，页八十二至八十三。

33 《文集》卷三十一《答张敬夫孟子说疑义 (第二十九书)》，页十七上；卷五十四，《答俞寿翁书》，页十上。

34 同上，卷三十六《答陆子静 (第五书)》，页八上至九上；第六书，页十二上。

35 同上，卷六十七《太极说》，页十六上下。

36 同注19。

37 《中庸》第一章首句。

38 《语类》卷一，第四条，页二。

39 同上，第一条，页一。

40 同上，卷六，第十三条，页一六一。

41 《皇极经世书》卷七上《观物外篇》上，页二十三上。

42 同上，卷八上《观物外篇》下，页二十五上。

43 《语类》卷一〇〇，第三十一条，四〇五〇。

44 《孟子或问》(宝诰堂《朱子遗书》本) 卷十一，页四上，《孟子·告子》上，第六章。

45 《大学或问》(《近世汉籍丛刊》本)，页三上，总页五。

46 同注26，页八十三至八十四。

47 《论语集注·学而》，第二与十二章。

48 《语类》卷十九，第五十九条，页七〇三。

49 同上，第六十一条，页七〇四。

50 《蔡氏九儒书》〔同治七年戊辰(一八六八)刊本〕，卷六蔡沈《朱文公梦奠记》，页五十九上。又见王懋竑《朱子年谱》(《丛书集成》本) 卷四下，页二二七。

【三六】朱子言天

朱子思想系统中之天，其义有三。门人问经传中“天”字。朱子答曰：“要人自看得分晓也。有说苍苍者也，有说主宰者也，有单训理时。”[1]又问天即理之说。曰：“天固是理，然苍苍者亦是天。在上而有主宰者亦是天。”[2]此思想上承伊川。程子（程颐，一〇三三—一一〇七）曰：“夫天专言之则道也。……分而言之，则以形体谓之天，以主宰谓之帝，以功用谓之鬼神，以妙用谓之神，以性情谓之乾。”[3]

（1）苍苍者天

苍苍者天，朱子大部分沿袭传统，然增新义。《语类》云：“天地初间只是阴阳之气。这一个气运行，磨来磨去。磨得急了，便拶许多渣滓。里面无处出，便结成个地在中央。气之清者便为天，为日月，为星辰。只在外常周环运转。地便只在中央，不动。不是在下。”[4]阴阳二气，即是水火。[5]“天运不息，昼夜辗转。”[6]邵雍（一〇一一—一〇七七）云：“樵者问渔者曰：‘天何依？’曰：‘依乎地。’‘地何附？’曰：‘附乎天。’‘然则天地何依何附？’曰：‘自相依附。天依形，地附气。’”[7]朱子比较明晰，谓“天以气而依地之形，地以形而附天之气”[8]。门人问天地会坏否？对曰：“不会坏。只是相将人无道极了，便一齐打合。混沌一番，人物都尽，又重新起。”[9]此新天地乃是新义。固是古来循环道理，然佛家世劫之说，不无影响。观其解释生第一个人时借用佛家化生之说，无所托，突然而生，可以知之。[10]最有意义者，乃朱子化石之发见。朱子见高山石上有螺蚌壳，乃知山石为昔日之泥沙。于是作一科学之发见。惜其即物穷理，未走上实验之路耳。（参看页七八七“朱子发见化石”条）

（2）天即理

以理训天，自是朱子理的哲学之本色。从上述伊川之语观之，此思想亦源自程子。然精密加详，益以新义，则朱子之贡献也。朱子云：“天之所以为天者，理而已，天非有此道理，不能为天。故苍苍者即此道理之天。”[11]故注《论语·获罪于天章》云：“天即理也。”[12]注《孟子·顺天者存章》亦云：“天者，理势之当然也。”[13]又云：“天者，理而已矣。大（国）之事小（国），小之事大，皆理之当然也。自然合理，故曰乐天。不敢违理，故曰畏天。”[14]传统上获罪于天、顺天、逆天、乐天、畏天，皆作人格神解，今乃以理说之，可谓大胆万分之新义。“夫子之言性与天道，不可得而闻。”朱子释之曰：“性者，人所受之天理。天道者，天理自然之本体。其实一理也。”[15]程子虽云天专言之则道，[16]然解不可得闻之天道，未见有如朱子之澈底也[17]。

朱子云："天，义理所从以出者也。"[18]似谓天在理先。又云："宇宙之间，一理而已。天得之而为天，地得之而为地，而凡生于天地之间者，又各得之以为性。"[19]似谓天在理后。学者或以为此中有些矛盾。其实理无先后之可言。朱子下文谓"此理之流行，无所适而不在"，乃指天地万物各循其理，方能尽性成物耳。非谓天地万物生于理也。门人问是否天则就其自然者言之？命则就其流行而赋与物者言之？性则就其全体而万物所得以为生者言之？理则就其事物各有其则者言之？朱子曰："然。"[20]并谓："理者天之体，命者理之用，性是人之所受。"[21]然天与命非二物，"盖以理言之谓之天，自人言之谓之命，其实则一而已"[22]。解乐天知命曰："天以理言，命以付与言，非二事也。"[23]毕究天与理非父子之关系而乃体用之关系。理为天之体。天即命，而命者理之用也。

（3）主宰与帝

天不外是苍苍之形体，然天义是理，则必有主宰之。[24]朱子云："苍苍之谓天。运转周流不已，便是那个。而今说天有个人在那里批判罪恶固不可。说道全无主之者又不可。这里要人见得。"[25]问孰为主宰？朱子答曰："自有主宰。盖天是个至刚至阳之物，自然如此运转不息。所以如此，必有为之主宰者。这样处要人自见得，非言语所能尽也。"因举《庄子》"孰主张是？孰维纲是？"[26]十数句，曰："他也见得这道理。"[27]《庄子》续云："孰居无事推而行是？意者其有机缄而不得已耶？意者其运转而不能自止耶？"道家之答案为自然论、机械论，或怀疑论。儒家之上帝传统太强，故朱子云必有主宰。程子曰：“《诗书》中凡有个主宰底意思者皆帝，有一个包涵遍覆底意思则言天。”[28]此之谓也。

《诗》《书》之帝，无疑是人格神。道教且称之为玉皇大帝、三清大帝，等等，有声有色。朱子以理代之，谓：“如父子有亲，君臣有义[29]，虽有理如此，亦须是上面有个道理教如此始得。但非如道家说真有个三清大帝着衣服如此坐耳。”[30]简单而言，“帝是理为主”[31]。根据此理之原则，乃解文王“在帝左右”[32]为“察天理而左右也。古注亦如此”[33]，其实孔颖达（五七四—六四八）《疏》尚未离开天帝，谓文王“常观察天帝之意，随其左右之宜，顺其所为，从而行之”[34]。朱子则直解为理。然主宰之义，究是神秘。属于信仰范围，而非可以理性解决之。故朱子屡屡要人自见得。彼云：“理是如此。若道真有个文王上上下下则不可，若道诗人只胡乱恁地说也不可。”[35]《书经》记高宗武丁梦天帝赐予良弼。[36]门人谓据此则真有个天帝与高宗对答。朱子应之曰：“今人但以主宰说帝，谓无形象，恐也不得。若如世间所谓玉皇大帝，恐亦不可。毕竟此理如何，学者皆莫能答。”[37]即谓天帝之有无，非吾人所能知。吾人所知者，只是苟有天帝，亦必循理而已。

（4）天地生物之心

主宰之原动，来自何处？天地之心是也。问：“天地之心，天地之理。理是道理，心是主宰底意否？”曰：“心固是主宰底意，然所谓主宰者，即是理也。不是心外别有个理，理外别有个心。”又问：“此‘心’字与‘帝’字相似否？”曰：“‘人’字似‘天’字，‘心’

字似‘帝’字。”[38]又云：“天地之心，而理在其间也。”[39]此心“不可谓不灵，但不如人恁地思虑”[40]。天地之心，果何为哉？生物是也。生之观念，来源甚古。《易经·系辞传》云，“生生之谓易”[41]，又云，“天地之大德曰生”[42]。“天地以生物为心”，则是程子伊川（程颐）之言，[43]而朱子以之为其言天之中心思想也。朱子讨论天地生物之心，比讨论天，主宰，与帝，多至数倍。

朱子著《仁说》，开始即谓“天地以生物为心者也，而人物之生，又各得乎天地之心以为心者也”[44]。南轩（张栻，一一三三——一一八〇）以“天地以生物为心”之语为未安，不知理由为何？朱子则以为无病，盖天只以生为道也。[45]其后南轩云：“天地以生物为心之语，平看虽不妨，然恐不若只云天地生物之心，人得为人之心似完全。”[46]今《仁说》未改，可知张语无效，然其讨论之热烈，可以见矣。与其他学者，讨论甚多。[47]谓此观念在朱子思想系统中，与太极、仁等同其重要，非过言也。

以朱子观之：“天地别无勾当，只是以生物为心。一元之气，运转流通，略无停间。只是生出许多万物而已。”[48]此心未尝停顿，亘古亘今，生生不穷。春生冬藏，其理未尝间断。[49]何以如此，则朱子未有正式之答案。唯在其问答之间，亦可以找出数种理由。其一为凡物必须有生。朱子云：“天地之心，只是个生。凡物皆是生，方有此物。如草木之萌芽，枝叶条干，皆是生方有之。人物所以生生不穷者，以其生也。”[50]其二为阴阳相推。朱子云：“夫舒而为阳，惨而为阴，孰非天地之心哉？”[51]其三为春气。朱子曰：“春气温厚，乃见天地生物之心。到夏是生气之长，秋是生气之敛，冬是生气之藏。若春无生物之意，后面三时都无了。”[52]其四为蒸气所迫。朱子云:“天地以生物为心。譬如甑蒸饭。气从下面衮到上面,又衮下。只管在里面衮,便蒸得熟。天地只是包含气在这里,无出处。衮一番便生一番物。别无勾当,只是生物。”[53]四者意思相同,亦有重复,而后者最为有趣。盖指天地生之力量,至刚至健,不能或止也。

(5)复其见天地之心

最易见天地生物之心者,乃在一阳之初复。《易经·复卦·彖传》曰:“七日来复,天行也。……复其见天地之心乎。”关于此点,朱子议论甚详。书札往来与师生答问,往往辩论此题。复非天地之心,因复而可以见天地之心也。朱子云:“复非天地心,复则见天地心。……盖天地以生物为心,而此卦之下一阳爻,即天地所以生物之心也。至于复之得名,则以此阳之复生而已。……但于其复而见此一阳之萌于下,则是因其复而见天地之心耳。”[54]“圣人说复其见天地之心。到这里微茫发动了,最可以见生气之不息也。”[55]又云:“阳极于外而复生于内,圣人以为于此可以见天地之心焉。盖其复者气也。其所以复者,则有自来矣。向非天地之心,生生不息,则阳之极也,一绝而不复续矣。”[56]程子伊川注“复其见天地之心”云:“一阳复于下,乃天地生物之心也。先儒皆以静为见天地之心,盖不知动之端,乃天地之心也。”[57]先儒指王弼(二二六—二四九)等之注《易》。王弼云:“寂然至无,是其本矣。故动息地中,乃天地之心见也。”[58]朱子释伊川之言曰:“伊川……一段,盖谓天地以生生为德。自元亨利贞,乃生物之心也。但其静而复,乃未发之体。动而通焉,则已发之用。一阳来复,其始生甚微,固若静矣。

然其实动之机。其势日长，而万物莫不资始焉。此天命流行之初，造化发育之始，天地生生不已之心，于是而可见也。若其静而未发，则此心之体，虽无所不在，然却有未发见处。此程子所以动之端为天地之心，亦举用以该其体尔。”[59]朱子之言，不无批评程子之微意。盖以动见天地之心，亦犹以静见天地之心之趋于一边耳。且动之端虽微，已是造化之始。朱子之意，“复未见造化，而造化之心于此可见”耳。[60]南轩曾致书朱子，以动中涵静，所谓复见天地之心。不免犹有静为见天地之心之意。朱子则坚持动之不能无静，静之不能无动，一阴一阳，互为其根也。[61]“须通动静阴阳善恶观之。”[62]此其所以不取老子之只观其复也。[63]

朱子不特不赞同单纯以静或动见天地之心，亦不赞同只以复见天地之心。其言曰：“圣人赞易，而曰‘复见天地之心’。今人多言惟是《复卦》可以见天地之心，非也。六十四卦，无非天地之心。但于《复卦》忽见一阳之复，故即此而赞之耳。论此者当知有动静之心，有善恶之心，各随事而看。”[64]又云：“须知元亨利贞，便是天地之心。”[65]换言之，天下生物之心，包括造化全部，非只一阳之复也。于是发问：“然却为甚于复然后见天地之心耶？”[66]实际上，复见天地之心与六十四卦见天地之心，并无冲突。且《复卦》阴极而阳，正足以表示一阴一阳之互为其根。只以唯复乃见天地之心为不安耳。

（6）天心

论者皆用“天地之心”。朱子用“天之心”以代“天地之心”者少而又少，《文集》《语类》所知只各一见。[67]朱子本人用“天心”以作“天地之心”者,《文集》只见两次。《壬午应诏封事》云:“此乃天心仁爱陛下之厚,不待政过行失而先致其警戒之意。”《丞相李公奏议后序》云:“若宣和、靖康之变,吾有以知其非天心之所欲。”[68]此外尚有三次,乃引张子(张载,一〇二〇—一〇七七)《正蒙》“合天心”之言或述其意而言耳。[69]其他多处,则“天心”乃指君心,与天地之心无关也。[70]

(7)有心无心

天地生物之心,是有心耶?是无心耶?既是生物之心,当然有心。苟无心则须牛生出马,桃树上发李花,[71]然此心无思虑,无营为,故谓之为“无心之心”[72]。问:“程子谓‘天地无心而成化,圣人有心而无为。’”[73]朱子答曰:“这是说天地无心处。”[74]朱子有云:“万物生长,是天地无心时。枯槁欲生,是天地有心时。”[75]此语极耐人寻味。盖万物之生长,乃依理而行。天理大公无私,不须有主宰为之思虑营为。故谓之无心。枯槁欲生,乃是生意。即如阴极复阳,可以见天地之心也。

(8)人物得之以为心

张子云:“天无心。心都在人之心。一人私见,固不足尽。至于众人之心同一,则却是义理。总之则却是天。故曰天曰帝,皆民之情然也。”[76]此旨上沿《书经》与《孟子》之“天视自我民视,天听自我民听”[77]。朱子则与之以哲学的解释。

《仁说》首句即谓天地以生物为心,而人物得之以为心。上语得诸伊川,下语则朱子所自加。[78]《语类》详论之曰:“天地以此心普及万物。人得之遂为人之心，物得之遂为物之心。草木禽兽接着，遂为草木禽兽之心。只是一个天地之心尔。”[79]一个天地之心，是指大宇宙而言。一人一物，是一小宇宙。“天地之生万物，一个物里面，便有一个天地之心。”[80]此与其万物各一太极，同一典型。伊川曰：“心，生道也。有是心，斯具是形以生。恻隐之心，人之生道也。”[81]朱子申释之曰：“‘心，生道也。’心乃生之道。‘恻隐之心，人之生道也。’乃是得天地之心以生。生物便是天地之心。”[82]“盖无天地生物之心，则没这身。才有这血气之身，便具天地生物之心矣。”[83]人不特禀得天地之心，而亦如天视自我民视，人心即是天地之心之表现。朱子论“人能弘道”[84]云：“人者天地之心。没这人时，天地便没人管。”[85]此非谓人胜于天，而是天人合一。故朱子云：“熹所谓仁者天地生物之心，而人物之所得以为心。此虽出于一时之臆见，然窃自谓正发明得天人无间断处。”[86]

在天地为生物之心，在人则为行仁之心。人受天地之气而生：“故此心仁。仁则生矣。”[87]仁为众善之长。仁自然生出义礼智等美德。[88]故仁有生意。心亦如天地生物，生生不穷。[89]故程子谓“心譬如谷种。生之性，便是仁也”[90]。张子曰：“为天地立心。”[91]张伯行（一六五二—一七二五）注云：“天地以生生为心，变化万物，而性命因之各正。儒者亦以此为心，而参赞位育，必实全其尽性之能事。”[92]尽性则仁，仁则圣，圣则天人合一矣。

1　《语类》卷一，第二十二条，页八。

2　同上，卷七十九，第六十七条，页三二四〇。

3　《易传》（《四部备要·二程全书》本）卷一，页一上。

4 《语类》卷一，第二十三条，页八。

5 同上，第三十三条，页十。

6 同上，第二十五条，页九。

7 《邵子全书》〔万历三十四年丙午（一六〇六）本〕卷七《外书·渔樵对问》，页四上。

8 《语类》卷一，第二十六条，页九。

9 《语类》卷一，第三十九条，页十一。

10 同上。

11 同上，卷二十五，第八十三条，页一〇〇一。

12 《论语集注·八佾》，第十三章。

13 《孟子集注·离娄》上，第七章。

14 同上，《梁惠王》下，第三章。

15 《论语集注·公冶长》，第十二章。

16 《易传》（《四部备要·二程全书》本）卷一，页一上。

17 《经说》（《二程全书》本）卷六《论语说》，页五上。伊川只云此是夫子之至论。

18 《孟子集注·尽心》上，第一章。

19 《文集》卷七十《读大纪》，页五上。

20 《语类》卷五，第一条，页一三三。

21 同上，第二条，页一三三。

22 《孟子集注·万章》上，第六章。

23 《文集》卷四十《答何叔京（第十八书）》，页三十上。

24 《语类》卷六十八，第十条，页二六七九。

25 同上，卷一，第二十二条，页八。

26 《庄子》（《四部丛刊》本名《南华真经》）卷五《天运篇第十四》，页三十五下。

27 《语类》卷六十八，第十一条，页二六七九。

28 《遗书》（《二程全书》本）卷二上，页十三下。

29 《孟子·滕文公》上，第四章。

30 《语类》卷二十五，第八十三条，页一〇〇一。

31 同上，卷一，第二十一条，页八。

32 《诗经》第二三五篇《大雅·文王之什·文王》。

33 《语类》卷八十一，第一三五条，页三三七二。

34 《毛诗正义》（世界书局《十三经注疏》本）卷十六，页二三六，总页五〇四。

35 《语类》卷八十一，第一三四条，页三三七一至三三七二。

36 《书经·商书·说命》上，第二节。

37 《语类》卷七十九，第四十六条，页三二三三。

38 同上，卷一，第十七条，页五至六。

39 《文集》卷五十八《答黄道夫（第二书）》，页五上。

40 《语类》卷一，第十六条，页五。

41 《易经·系辞上传》，第五章。

42 同上，《系辞下传》，第一章。

43 《外书》（《二程全书》本）卷三，页一上。或以为明道（程颢）语。

44 《文集》卷六十七《仁说》，页二十上。

45 同上，卷三十二《答张钦夫论〈仁说〉（第一书）》，页十六下至十七上。

46 《南轩先生文集》（《近世汉籍丛刊》本）卷二十一《答朱元晦（第二十一书）》，页五下，总页六七四。

47 如《文集》卷四十二《答吴晦叔（第十书）》，页十八上。

48 《语类》卷一，第十八条，页六。参看卷六十九，第八十六条，页二七五四。

49 同上，卷六十三，第十二条，页二〇三一；卷二十七，第一〇七条，页一一二五。

50 同上，卷一〇五，第四十四条，页四一八六。

51 《文集》卷二十五《与建宁傅守劄子》，页十一下。

52 《语类》卷二十，第一一七条，页七五四。

53 同上，卷五十三，第十四条，页二〇三三。

54 《文集》卷四十二《答吴晦叔（第十书）》，页十八上。《复卦》震下坤上☷，初九为阳爻，由下上升，即反复之意。参看卷四十《答何叔京（第八书）》，页二十一下。

55 《语类》卷七十一，第四十二条，页二八四九。

56 《文集》卷三十二《答张钦夫（第三十三书）》，页四下。

57 《易传》卷二，页三十三上。

58 《周易注》，见《王弼集校释》（北京中华书局，一九八〇），页三三六。

59 《语类》卷七十一，第五十条，页二八五二。

60 同上，第五十三条，页二八五四。

61 《文集》卷三十二《答张钦夫（第四十七书）》，页二十六上。张书已佚。

62 同上，卷四十九《答王子合（第二书）》，页二上。

63 《语类》卷七十一，第五十三条，页二八五八。“观复”出自《老子》第十六章。

64 同上，第六十条，页二八五八。

65 《文集》卷四十《答何叔京（第十六书）》，页二十九上。参看卷六十七《元亨利贞说》，页一上。

66 同上，卷四十七《答吕子约（第二十书）》，页二十二下。

67 《文集》卷五十七，页三十六下，《陈安卿来书》云：“所以为生物之主者，天之心。”《语类》卷九十五，第九十六条，页三八七四，朱子云：“乃是得天之心以生。生物便是天之心。”

68 《文集》卷十一，页八下；卷七十六，页七下。

69 《张子全书》（《四部备要》本）卷二，《正蒙·大心》，页二十一上；《语类》卷九十八，第六十一、六十八条，页四〇〇一；卷九十五、第一二七条，页三八八七。

70 如《文集》卷十三《辛丑延和奏劄一》，页六下。

71 《语类》卷一，第十八条，页六。

72 同上，卷四，第二十四条，页九十六。

73 《经说》卷一《易说》，页二上。

74 《语类》卷一，第十八条，页六。

75 《语类》卷一，第十九条，页七。

76 《张子全书》卷四《周礼》，页七下。

77 《书经·周书·泰誓中》，第七节。《孟子·万章》上，第五章。

78 《文集》卷六十七《仁说》。又参见《外书》（《二程全书》本）卷三。

79 《语类》卷一，第十八条，页七。

80 同上，卷二十七，第六十三条，页一一〇七。

81 《遗书》卷二十一下，页二上。

82 《语类》卷九十五，第九十六条，页三八七四。参看卷五十三，第九十条，页二〇六二。

83 同上，卷五十三，第十条，页二〇三一。

84 《论语·卫灵公》，第二十九章。

85 《语类》卷四十五，第六十六条，页一八五〇。

86 《文集》卷四十《答何叔京（第十七书）》，页二十九下。

87 《语类》卷五，第三十条，页一三八。

88 《文集》卷三十二《答张钦夫论〈仁说〉》，页十七下。

89 《语类》卷五，第三十一条，页一三八。

90 《遗书》卷十八，页二上。

91 《张子语录》（《四部丛刊》本）卷中，页六下。

92 《近思录集解》（《正谊堂全书》本）卷二《为学》，页五十下。

【三七】“理生气也”

一九八二年，国际朱熹会议在夏威夷举行。日本学者山井涌教授献文论太极与天。注三十七谓《周子全书》卷一《太极图说》“太极动而生阳”节下，《集说》引朱子曰：“太极生阴阳，理生气也。阴阳既生，则太极在其中，理复在气之内也。”此语又见《性理精义》卷一《太极图说》“太极动而生阳”节下。唯本人从未寻得其出处。学者如有消息，请祈示知云云。山井教授曾引朱子“气虽是理之所生，然既生出，则理管他不得”[1]。然此非山井教授之所问。愚归而遍寻《语录》《文集》《四书章句集注》，苦无所得。翌年赴江西、湖南、福建等地访寻朱子遗迹。八月在北京中国社会科学院哲学研究所座谈会上，承赠新刊《中国哲学史研究》一九八三年第二期。归而阅之，则有陈来之《关于程朱理气学说两条资料的考证》。其第一条，即讨论上引朱子所言之出处。据著者说，此语不见于《语类》《文集》《集注》等各类著作，唯见于明人吕柟（一四七九—一五四二）所编《宋四子抄释》。吕柟注云：“说气有理是，说理生气恐未稳。”[2]其中《朱子抄释序》云：“予（吕柟）乃取朱子门人杨与立[3]〔绍熙四年癸丑（一一九三）进士〕所编《语略》者遗其重复，取其切近，抄出一帙，条释其下，以便初学览阅。”著者据此，按定此语来自杨与立之《朱子语略》。著者并云：“《朱子语略》一书，《宋史·艺文志》《明史·经籍志》皆有著录，而《四库（全书）》未收。《增订四库简目标注》云：‘此书有道光十四年（甲午，一八三四）刻本。’由此可知《朱子语略》在宋、明、清都有刊本。但此书不见于今国内各馆藏书目，恐怕已经散失了。”[4]

捷按：台湾各图书馆亦未收藏。

至于何以不见于《语类》，则陈来先生所见与鄙见不尽相同。在陈君之意，《朱子语略》嘉定庚辰、辛巳间（一二二〇—一二二一）行于东南，《朱子语类》之编者黎靖德（壮年一二六三）必得见之。而其所以未采用者，则因黎氏求集大全，而《语略》则取其精粹，以为警己诲人之用。因而“对这些朱子语录编本未能重视”，“未曾给以必要注意和认真检勘”[5]。愚意则以黎氏颇为审慎，“遗者收之，误者正之。考其同异而削其复者一千一百五十余条。越数岁编成可缮写”[6]。黎氏之所以不收此语者，可能因其重复。《语类》已有“有是理后生是气”[7]。又有以上所引“气虽是理之所生”之语，即无须“理生气也”之必要。尤重要者，理先气后问题，历来争辩纷纷。朱子谓“本无先后之可言。然必欲推其所从来，则须说先有是理。然理又非别为一物，即存乎是气之中”[8]。或问先有理后有气之说。朱子曰:“不消如此说。而今知得他合下先有是理后有气邪?后有理先有气邪?皆不可得而推究。然以意度之,则疑此气是依傍这理行。及此气之聚,则理亦在焉。盖气则能凝合造作,理则无情意,无计度造作。”[9]上文所谓理管气不得,即是不计度无情意之意。《语略》之“理生气也”过于断言,且无理气流行之自然主义。盖“理生气也”乃必欲推测之言,而朱子所侧重者乃理不管气,无情意,无计度造作也。然此仅是臆度之词。吾人固不能起黎靖德于九泉以下以质之也。朱子注“天命之谓性”曰:“性,即理也。天以阴阳五行,化生万物。气以成形,而理亦赋焉。”[10]到底理气均为天之所生,非理生气也。

1 《语类》卷四,第六十五条,页一一四。

2 《宋四子抄释》(台北世界书局,一九六二),《朱子抄释》卷二,页三六一。

3 参看《宋元学案》(《四部备要》本)卷六十九《沧洲诸儒学案》,页三十三下。拙著《朱子门人》(台北学生书局,一九八二),页二七三至二七四。

4 陈来《关于程朱理气学说两条资料的考证》(《中国哲学史研究》第二期,一九八三),页八十五。

5 陈来《关于程朱理气学说两条资料的考证》(《中国哲学史研究》第二期,一九八三),页八十六。

6 《朱子语类》,黎靖德景定四年癸亥(一二六三)跋。

7 《语类》卷一,第五条,页二。

8 同上,第十一条,页四。

9 同上,第十三条,页四至五。

10 《中庸章句》注首句。

【三八】朱子言命

陈淳《北溪字义》正德三年戊辰（一五〇八）年本《皇明宗室寿藩书堂序》云："如《中庸》言命，文公只训个命犹令也。先生（陈淳，一一五九—一二二三）便说如尊令、台命之类，又说命之一字有二义。有以理言者，有以气言者。其实理不外乎气。"前半明谓陈淳言朱子所未言，后半亦引读者误以为陈淳之新义。凡此皆不尽不实，为陈淳所不敢居也。

陈淳《北溪字义》共二十六门，以"命"之一门冠首，凡九条。其说可括之为四。(1)"命，犹令也。如尊命、台命之类。"[1](2)"命一字有二义。有以理言者，有以气言者。其实理不外乎气。……如'天命之谓性'[2]、'五十而知天命'[3]、'穷理尽性至于命'[4]。此等命字，皆是专指理而言。……如就气说，却亦有两般。一般说贫富、贵贱、夭寿、福祸，如所谓'死生有命'[5]与'莫非命也'[6]之命，是乃就受气之短长厚薄不齐上论，是命分之命。又一般如《孟子》所谓‘仁之于父子，义之于君臣，命也’[7]之命，是又就禀气之清浊不齐上论，是说人之智愚贤否。”[8](3)“天命即天道之流行而赋予于物者。就元亨利贞之理而言，则谓之天道。”[9]“此四者就气上论也得，就理上论也得。”[10]“夫岂‘谆谆然命之乎？’[11]亦只是其理如此而已。”[12](4)“‘莫之为而为者，天也。莫之致而至者，命也。’[13]……命是天命，因人形之而后见。故吉凶祸福自天来，到于人然后为命。”[14]

以上四点，皆从朱子而来，亦朱子论命中重要之点。论者谓陈淳谨守师训，阐其大旨，诚非过言。《朱子语类》无命字门，只于卷四“气质之性”内附载之。《朱子文集》讨论命字极少。并无专篇，则更无论矣。然《语类》于《论语》、《孟子》、《易经》、二程言命处，则问答甚多。大概可分五点：

(1) 如何是命？朱子解命为“便如君命，便如命令，性便如职事条贯”[15]、“这命字犹人君命人以官职，是交你做这事”[16]、“所谓命者，如天子命我作甚官”[17]。此说是朱子新义。所谓新者，不在释命为令，而在有职事须做。此点与伊川（程颐）爵命之说不同。程子云：“命，谓爵命也。”[18]朱子评之曰：“其一说以命为爵命，则恐或未安耳。”[19]爵命乃朝廷所封之爵位，不必有职事须做。朱子则重在做事也。

(2) 命有理气二种。“命谓天之付与。所谓天令之谓命也。然命有两般。有以气言者，厚薄清浊之禀不同也。如所谓‘道之将废，命也’[20]、‘得之不得曰有命’[21]是也。有以理言者。天道流行，付而在人，则为仁义礼智[22]之性，所谓‘五十而知天命’[23]、‘天命之谓性’[24]是也。二者皆天所付与，故皆曰命”[25]。又曰：“天之命人，有命之以厚薄修短，有命之以清浊偏正。无非是命。”[26]此即《语类》所谓“先生说命有两种。一种是贫富、贵贱、死生、寿夭。一种是清浊、偏正、智愚、贤不肖。一种属气，一种属理”[27]。朱子又云：“命只是一个。命有以理言者，有以气言者。天之所以赋与人者，是理也。人之所以寿夭穷通者，是气也。理精微而难言。气数又不可尽委之而至于废人事。”[28]又云：“命一也。但圣贤之言，有以理而言者，有以其气而言者。以理言者，此章之云（五十而知天命）是也。以气言者，穷达有命云者是也。”[29]此亦是朱子新义。伊川（程颐）云：“贵贱寿夭，命也。仁义礼智，亦命也。”[30]可谓之命有二种。然程子未尝以理气解之。朱子则分理气为言，然二者“也都相离不得。盖天非气无以命于人，人非气无以受天所命”[31]。朱子虽以命同属理气，然究以理为主。朱子曰：天之所命，“如‘帝乃震怒’[32]之类，然这个亦只是理如此。天下莫尊于理，故以帝名之”[33]。此语陈淳亲炙所闻。[34]朱子亦曰：“天命者，天所赋之正理也。”[35]其重理可知。理气不离，究须有别。因此朱子批评侯氏（侯仲良，字师圣）之论，谓之曰：“万物受命于天以生，而得其理之体。故仁义礼智之德根于心而为性。其既生也，则随其气之运。故废兴厚薄之变，唯所遇而莫逃。此章（道之将行与，命也。道之将废与，命也）[36]之所谓命，指气之所运而言。而侯氏以天理释之，则于二者之分，亦不察矣。”[37]程子理气未划分清楚，故其徒侯氏亦不免此病。

(3) 命与性。命与性均是理。“理在天地间时，只是善，无有不善者。生物得来，方始名曰性。只是这理。在天则曰命，在人则曰性。”[38]“命犹诰敕，性犹职事。”[39]又云：“命便是告劄之类，性便是合当做的职事，如主簿销注，县尉巡捕。”[40]

又云：“盖尝譬之，命字如朝廷差除，性字如官守职业。”[41]更详之曰：“盖天之所以赋与万物，而不能自已者。命也。吾之得乎是命以生，而莫非全体者，性也。故以命言之，则曰元亨利贞[42]，而四时五行[43]，庶类万化，莫不由是而出。以性言之，则曰仁义礼智，而四端[44]五典[45]，万物万事之理，无不统于其间。盖在人在天，虽有性命之分，而其理未尝不一。在人在物，唯有气禀之异，而其理未尝不同。”[46]以上所说，是继承伊川而来，但更详之。伊川云：“天之付与之谓命。禀之在我之谓性。”[47]又云：“天所赋为命，物所受为性。”[48]然于伊川之说，有所补充者。程子曰：“五者（口、目、耳、鼻、四肢）之欲，性也。然有分，不能皆如其愿，则是命也。不可谓我性之所有，而求必得之也。”朱子补之曰：“愚按不能皆如其愿，不止为贫贱，盖虽富贵之极，亦有品节限制，则是亦有命也。”[49]

陈淳于命与理气，约而清晰。于命之不齐，特别加意。第三“人物”、第六“问天之所命固是”、与第九“问天之所命则一”三条，[50]均集中此点，且比较别条为长。唯不以命与性比论而与天比论，盖天命之谓性，天亦性耳。

（4）人事与命。儒家传统中所谓安命、顺命、俟命、立命、正命，皆关于人之所为。朱子云：“命之正者出于理，命之变者出于气质。要之皆天所付。……但当自尽其道，则所值之命，皆正命也。”[51]又引张子（张载）“养则付命于天，道则责成于己”[52]之言，而称之曰：“其言约而尽矣。”[53]其解“子罕言命”[54]曰：“罕言命者，凡吉凶祸福皆是命。若尽言命，恐人皆委之于命，而人事废矣。所以罕言。”[55]又云：“所谓命者，如天子命我作甚官，其官之闲易繁难，甚处做得，甚处做不得，便都是一时命了。自家只得去做。……故君子战兢如临深履薄，[56]盖欲顺受其正者，而不受其不正者。”[57]又云：“既不以夭寿贰其心，又须修身以俟，方始立得这命。”[58]“自家有百年在世，百年之中，须事事教是当。自家有一日在世，一日之内，也须教事事是当始得。”[59]不贰，修身以俟，立命，乃《孟子·尽心》上第一章之语。朱子注此章云：“不贰者，知天之至。修身以俟死，则事天以终身也。立命，则全其天之所付，不以人为害之。”[60]此为注此章之新义，从来为注家所未言者。陈淳深明此点，故谓：“尽到人事已尽地头，赤见骨不容一点人力，便是天之所为。”[61]既云尽到人事，又云不容一点人力，似是自相矛盾。然人事乃职所当为，人力则安排造作，即朱子所谓以人为害之也。

（5）穷理尽性至命。二程均以三者一时并了。明道（程颢）云：“‘穷理、尽性，以至于命’[62]，三事一时并了，元无次序。不可将理作知之事。若实穷得理，即性命亦可了。”[63]又云：“穷理、尽性，以至于命，一物也。”[64]伊川亦云：“穷理、尽性、至命，只是一事。才穷理便尽性，才尽性便至命。”[65]横渠（张载）则以此“亦是失于太快。此义尽有次序。须是穷理，便能尽得己之性，则推类又尽人之性。既尽得人之性，须是并万物之性一齐尽得。如此然后至于天道也”[66]。朱子则从张说，谓：“程子皆以见言，不如张子有作用。穷理是见，尽性是行。觉得程子是说得快了。”[67]

关于此点，陈淳一字不提，想是与字义无关。彼侧重天命，故以立命为主。不特命字另立一门，且以冠首。盖以天命流行，吾人行仁立义，责不容己。朱子每每教其穷个根原。[68]此根原即是天理。对人而言，则是天命。以命冠首，非无故也。后藤俊瑞（一八九三—

【三八】一九六三）编《朱子四书集注索引》与《朱子四书或问索引》，均别立命字一门。“天”居首，“命”次之。[69]不知《北溪字义》有无影响。此书日本儒者视之，甚为重要。恐出我国之上。有所影响，亦至自然，惜不及询诸后藤教授耳。

1 《北溪字义》（《惜阴轩丛书》本），卷上《“命”门》，第一条，页一上。

2 《中庸》，第一章。

3 《论语·为政》，第四章。

4 《易经·说卦》，第一章。

5 《论语·颜渊》，第五章。

6 《孟子·尽心》，第二章。

7 同上，第七下，第二十四章。

8 《北溪字义》卷上《“命”门》，第二条，页一上至二上。

9 《北溪字义》卷上《“命”门》，第二条，页一下。

10 《北溪字义》卷上《“命”门》，第五条，页四上下。

11 《孟子·万章》上，第五章。

12 《北溪字义》卷上《“命”门》，第六条，页四下。

13 《孟子·万章》上，第六章。

14 《北溪字义》卷上《“命”门》，第七条，页五下至六上。

15 《语类》卷五十八，第十四条，页二一五八。又卷四，第三十八条，页一〇一；卷五，第四十五条，页一四三。

16 同上，卷四十四，第一〇八条，页一八一四。

17 同上，卷四十二，第四十六条，页一七二七。

18 《遗书》（《四部备要·二程全书》本）卷九，页三下。

19 《论语或问》（《近世汉籍丛刊》本）卷十一《先进》，页六下，总页四一二。

20 《论语·宪问》，第三十八章。

21 《孟子·万章》上，第八章。

22 同上，《公孙丑》上，第六章。

23 《论语·为政》，第四章。

24 《中庸》，第一章。

25 《语类》卷四，第二十九条，页二三二一至二三二二。

26 《语类》卷五十八，第十四条，页二一五八。

27 同上，卷四，第八十七条，页一二三。

28 同上，卷三十六，第六条，页一五一八。

29 《论语或问》卷二《为政》，页七上，总页八十五。

30 《遗书》卷二十四，页三下。

31 《语类》卷四，第八十七条，页一二三。

32 《书经·周书·洪范》，第三节。

33 《语类》卷四，第三十七条，页一〇〇至一〇一。

34 《北溪字义》卷上《"命"门》，第八条，页六上。

35 《论语集注·季氏》，第八章。

36 《论语·宪问》，第三十八章。

37 《论语或问》卷十四《宪问》，页十九下，总页五一四。

38 《语类》卷五，第十五条，页一三四。

39 同上，第三条，页一三四。

40 同上，卷四，第四十条，页一〇三。

41 《文集》卷五十九《答陈卫道（第一书）》，页二十八上。

42 《易经·乾卦》之四德。

43 金、木、水、火、土。

44 《孟子·公孙丑》上，第六章。恻隐、羞恶、辞让、是非为仁、义、礼、智之端。

45 即五常，仁、义、礼、智、信。

46 《中庸或问》（《近世汉籍丛刊》本），页三上，总页五。

47 《遗书》卷六，页八上。

48 《易传》(《二程全书》本)卷一，页二下。

49 《孟子集注·尽心》下，第二十四章。

50 《北溪字义》卷上《“命”门》，页二上、四下、六下。

51 《语类》卷四，第九十三条，页一二六。

52 不见于《张子全书》。

53 《孟子集注·尽心》下，第二十四章。

54 《论语·子罕》，第一章。

55 《语类》卷三十六，第一条，页一五一五。

56 《诗经》第一九五篇《小雅·节南山·小旻》。

57 《语类》卷四十二，第四十六条，页一七二七。

58 《孟子·尽心》上，第一章。

59 《语类》卷六十，第四十三条，页二二六八。

60 《孟子集注·尽心》上，第一章。

61 《北溪字义》卷上《“命”门》，第六条，页五下。

62 《易经·说卦》，第一章。

63 《遗书》卷二上，页二下。

64 同上，卷十一，页三下。

65 同上，卷十八，页九上。

66 同上，卷十，页五上。

67 《语类》卷七十七，第二十六条，页三一二七。

68 参看《语类》卷一一七，第二十四至五十七条，页四四八八至四五二三。

69 广岛大学中国哲学研究室，一九五四年、一九五五年。

【三九】朱子论天理人欲

"天理"、"人欲"两词，源自《乐记》。《乐记》曰："好恶无节于内，知诱于外，不能反躬，天理灭矣。……人化物者也，灭天理而穷人欲也者。"[1]开始即以理欲对峙，两不并立。横渠（张载，一〇二〇—一〇七七）强调二者之不同，曰："上达反天理，下达徇人欲者与？"[2]又曰："烛天理如向明，万象无所隐。穷人欲如专顾影间，区区于一物之中尔。"[3]似是理欲有如冰炭之不相容。然张子亦云："口腹于饮食，鼻舌于臭味，皆攻取之性也。知德者属厌而已，不以嗜欲累其心，不以小害大，末丧本焉尔。"[4]王夫之（一六一九—一六九二）释之曰："性有之，不容绝也。知德者知吾所得乎天之不系于此，则如其量以安其气而攻取息。"[5]"如其量"，即无过不及之意，乃儒家之传统主张也。

二程从此传统，唯对天理加以说明。二程云："万物皆只是一个天理，己何与焉？……此都只是天理自然当如此。人几时与？与则须是私意。”[6]“天理云者，这一个道理，更有甚穷已？不为尧存，不为桀亡。……是佗元无少欠，百理具备。”[7]又云：“‘不能反躬，天理灭矣。’天理云者，百理具备，元无少欠。故反身而诚，只是言得已上更不可道甚道。”[8]又云：“人于天理，昏者是只为嗜欲乱著佗。”[9]此皆是二程先生之语，盖兄弟二人意见多相同也。伊川（程颐）云：“礼即是理也。不是天理，便是私欲。人虽有意于为善，亦是非礼。无人欲即是天理。”[10]“敬只是主一也。主一则既不之东，又不之西。如是则只是中。既不之此，又不之彼，如是则只是内。存此则自然天理明。”[11]又云：“先天后天，皆合乎天理者也。人欲则伪矣。”[12]又云：“人心人欲，道心天理。”[13]“人心惟危，人欲也。道心惟微，天理也。”[14]可见伊川侧重理欲之别。彼所谓欲，乃是为私之欲，有意之欲，故为危而且伪耳。明道（程颢）谓：“天下善恶皆天理。谓之恶者非本恶，但过或不及便如此。”[15]又云：“事有善有恶，皆天理也。天理中物须有美恶。盖物之不齐，物之情也。但当察之，不可自入于恶，流于一物。”[16]又云：“学者不必远求，近取诸身，只明天理，敬而已矣。”[17]最重要者，乃其自谓：“吾学虽有所受，天理二字，却是自家体贴出来。”[18]此是理学名言，人人传诵。

“理”与“天理”每每通用。若解天为自然，则天理自是元无少欠，百理具备。然明道所体贴出来之天理，不止如此，而又是宇宙之原则，人生之至善，有如西方哲学之自然律，亦如康德之无上命令。刘师培（一八八四——九一九）所谓“即人心中同然之公理，亦即《诗·烝民篇》所谓‘天生烝民，有物有则’之则”是也。[19]《乐记疏》

解理为性[20]，即《中庸》“天命之谓性”[21]。是则天理有哲学性，有伦理性，有宗教性，以天人合一为其最终目的。故二程特重诚敬。天理乃修身之目标也。牟宗三谓明道言第一义之天理，即纯善恒常自在就体而言之理。其第二义则落于实然上，言现实存在之种种自然曲折之势之天理。在牟氏之意，第一义为明道主要思想，故第二义只附识之而已。[22]牟氏之论，可备一说。然二程言天理处言实体之天理较少，言诚敬以存天理较多。不若视其天理为无上命令之为愈也。

朱子天理人欲之思想，大体上承继二程。然扩之大之，精细入微，遂发生异彩。兹分九点略言之：

(1)“天理”解。朱子《答何叔京(何镐，一一二八—一一七五)》云：“天理既浑然，然既谓之理，则便是个有条理底名字。故其中所谓仁义礼智四者，合下便各有一个道理，不相混杂。以其未发，莫见端绪，不可以一理名，是以谓之浑然。非是里面都无分别，而仁义礼智，却是后来旋次生出四件有形有状之物也。须知天理只是仁义礼智之总名，仁义礼智便是天理之件数。”[23]此段话有两要点。一为天理即是四德，二为天理自有条理。此皆为二程所未道。朱子云：“事事物物上皆是天理流行。……日用之间，莫非天理。”[24]即是说，无物不可为实现仁义礼智之地。朱子释礼为“天理之节文”[25]，即礼为天理之条节文理之意。故曰：“礼即天之理也。”[26]又引伊川“礼即是理”之言，谓其“亦言礼之属乎天理以对己之属乎人欲，非以礼训理，而谓真可以此易彼也”[27]。门人问：“所以唤做礼而不谓之理者，莫是礼便是实了，有准则，有着实处？”朱子答曰：“只说理却空去了。这个礼是那天理节文，教人有准则处。”[28]

（2）“人欲”解。朱子云：“饮食，天理也。要求美味，人欲也。”[29]又云：“夫外物之诱人，莫甚于饮食男女之欲。然推其本则固亦莫非人之所当有而不能无者也。但于其间自有天理人欲之辨而不可以毫厘差尔。”[30]毫厘之差，不在味之美不美，而在要求与不要求。要求则为己，便是私矣。“人欲不必声色货利之娱，宫室观游之侈也。但存诸心者小失其道，便是人欲。”[31]“盖天理中本无人欲，惟其流之有差，遂生出人欲来。”[32]所谓本无人欲者，亦即人性本善而无恶。然失其正则流于恶。故欲乃不正之欲，亦即私欲。或以“慾”字以别之。然“欲”与“慾”通用，故“人欲”“私欲”皆指“慾”。攻击朱子者每以辞害意，谓朱子抑制饮食男女之欲，而不知其主张抑制饮食男女不正之私欲耳。朱子谓“人欲中自有天理”[33]。又云：“有个天理，便有个人欲。盖缘这个天理须有个安顿处。才安顿得不恰好，便有人欲出来。”[34]换言之，饮食男女如得其正，便是天理而非人欲（人之私欲）。“男女居室，人事之至近，而道行乎其间。”[35]盖须得其道也。

伊川有“人心私欲，道心天理”之说。[36]朱子以为：“私欲二字太重。……盖心一也。自其天理备具，随处发见而言，则谓之道心。自其所营为谋虑而言，谓之人心。夫营为谋虑，非皆不善也。便谓之私欲者，盖只一毫发不从天理上自然发出，便是私欲。”[37]如是“所谓人心私欲者，非若众人所谓私欲也。但微有一毫把捉底意思，则虽云本是道心之发，然终未离人心之境也”[38]。门人问：“前辈多云道心是天性之心，人心是人欲之心。今如此交互取之，当否？”朱子答曰：“既是人心如此不好，则须绝灭此身而后道心始明。……人心是此身有知觉，有嗜欲者。如所谓‘我欲仁’[39]、‘从心所欲'[40]，性之欲也。感于物而动，此岂能无？但为物诱而至于陷溺，则为害尔。……且以饮食言之。凡饥渴而欲得饮食以充其饱且足者，皆人心也。然必有义理存焉。有可以食，有不可以食。……此道心之正也。"[41]此便是毫厘之差处。

(3) 理欲相对。朱子曰："人只有'天理''人欲'两途。不是天理，便是人欲。即无不属天理又不属人欲底一节。"[42]"天理人欲虽非同时并有之物，然自其先后公私邪正之反而言之，亦不得不为对也。"故"天理人欲常相对"，有如砚子，上面是天理，下面是人欲。[43]即是说："凡一事便有两端。是底即天理之公，非底乃人欲之私。"[44]《延和奏劄》有云："心之所主，又有天理人欲之异。二者一分而公私邪正之途判矣。盖天理者，此心之本然。循之则其心公而且正。人欲者，此心之疾疢。循之则其心私而且邪。"[45]此天理人欲有公私邪正之别也。天理人欲，又可以义利分之。"义者，天理之所宜。利者，人情之所欲。"[46]总而言之，"善者便是天理，恶者便是人欲"[47]。"善恶二字，便是天理人欲之实情。"[48]

(4) 理欲无定界。天理人欲虽是相对，但"无硬定的界"[49]。非可以将此换彼。"只此一心，但看天理人欲之消长如何耳"[50]、"人之一心，天理存则人欲亡，人欲胜则天理灭。未有天理人欲夹杂者"[51]、"此胜则彼去，彼胜则此退，无中立不进退之理"[52]，其差异处只在毫厘几微之间[53]。

(5) 理欲之抉择。理欲之别，既若是其几微，"天理人欲，正当审决"[54]。朱子云："天理人欲之分，只争些子。故周先生只管说'几'字。然辨之又不可不早，故横渠(张载，一〇二〇—一〇七七)每说'豫'字。"[55]此指周敦颐(一〇一七—一〇七三)之"几善恶"[56]，即谓动于人心

285 之微之时善恶所由分也。横渠曰：“事豫吾内，求利吾外也。”[57]即
事先用功之谓。盖“人欲易速，天理难复”[58]，故必须“日用间只
【三九】就事上子细思量，体认哪个是天理，哪个是人欲”[59]。盖“天理人
欲之判，中节不中节之分，特在乎心之主宰与不耳”[60]，学者当于
“收拾持守之中，就思虑萌处察其孰是天理？孰是人欲？取此舍
彼”[61]。格物之功，不外就事物上，理会其各有天理人欲，逐一验过
而已。[62]

（6）寡欲与无欲。孟子谓：“养心莫善于寡欲。”[63]朱子以为寡欲是好的，不是不好的。不好的欲，不当言寡也。[64]若那事又要，这事又要，便是多欲。[65]朱子注《寡欲》章云：“欲，如口鼻耳目四肢之欲，虽人之所不能无。然多而不节，未有不失其本心者。学者所当戒也。”[66]伊川有云：“致知在乎所养，养知莫过于寡欲。”[67]朱子评之曰：“但得其道，则交相为养。失其道则交相为害。”[68]苟得其道：“欲寡则无纷扰之，而知益明矣。”[69]然一向靠着寡欲又不得，仍须格物也。[70]朱子之意不在欲之多寡而在其邪正。危险在多而不节耳。私欲自应寡之又寡，以至于无。故曰：“今且要得寡，以至于无。”[71]周子云：“予谓养心不止于寡而存耳。盖寡焉以至于无。无则诚立明通。”[72]朱子评之曰：“语其所至，则固然矣。然未有不由寡欲而能至于无者也。语其所至而不由其序，则无自而进。语由其序而不要其至，则或恐其安于小成也。是以周子之说，于此有起发之功焉。”[73]

“无欲”之词，出自《老子》。[74]周子《太极图说》“圣人定之以中正仁义而主静”之“而主静”下小注云：“无欲故静。”[75]《通书·圣学章》曰：“一为要。一者无欲也。无欲则静虚动直。”[76]如上所述，

周子云:“寡焉以至于无,无则诚立明通。”[77]攻击理学家者不善读书,忽略“主静”二字,专攻“无欲”,以为断绝情感,而不知欲乃私欲之谓。私欲动人,故不静。故朱子曰:“欲动情胜则不能静。”[78]又云:“周子之说,只是无欲故静。其意大抵以静为主。”[79]李光地(一六四二——一七一八)释“无欲”云:“所以无欲者,则自存诚谨几而来。存诚谨几,则无欲而诚矣。一者,无欲也,诚也。”[80]

(7)同体异用。胡宏(一一〇六——一一六一)著《知言》,谓:“天理人欲,同体而异用,同行而异情。进修君子宜深别焉。”[81]朱子《胡子知言疑义》评之曰:“此章亦性无善恶之意。……盖天理莫知其所始。其在人则生而有之矣。人欲者,梏于形,杂于气,狃于习,乱于情而后有者也。……今以天理人欲混为一区,恐未允当。……本体实然只一天理,更无人欲。”[82]《语类》亦云:“胡氏之病,在于说性无善恶。体中只有天理,无人欲。谓之同体则非也。同行异情盖亦有之。如口之于味,目之于色,耳之于声,鼻之于臭,四肢之于安佚,圣人与常人皆如此。是同行也。然圣人之情不溺于此,所以与常人异耳。”[83]“在圣贤无非天理,在小人无非私欲。”[84]此所以同行而异情也。对于此点,则与胡氏同意。尝谓:“只此毫厘之间,便是天理人欲,同行异情处,不可不精察而明辨也。”[85]

(8)王霸之辨。陈亮(一一四三——一一九四)大唱功利主义,极言“义利双行,王霸并用”[86],谓“王霸可以杂用,则天理人欲可以并行矣”[87]。彼以为:“三代做得尽者也,汉唐做不到尽者也。”[88]换言之,汉唐与三代乃程度之异而非实质上之不同。朱子力辨之曰:“但论其尽与不尽而不论其所以尽与不尽,却将圣人事业去就利欲场中比并较量,见有仿佛相似,便谓圣人样子不过如此。则所谓毫厘之差，千里之谬者，[89]其在此矣。”[90]“汉唐之君，虽或不能无暗合之时，而其全体却只在利欲上。此其所以尧舜三代自尧舜三代，汉祖唐宗自汉祖唐宗，终不能合而为一也。”[91]朱子之贬汉唐，或是过激。然从其天理人欲之观点，不能不如此立论也。

(9) 戴震（一七二四—一七七七）痛击理学。朱子与胡、陈二氏立场不同，故不能相合，然两氏犹有可说。戴氏则只是抗议，非从学术上发言。其言悲痛而激烈。一则曰理学家以理“如有物焉”[92]；再则曰理学家以理杀人[93]；三则曰宋儒主张绝欲[94]。查理学家均未尝言理如有物。清朝皇帝利用理学以责人而铸成惨酷大狱则有之，唯理学家未尝以理杀人也。程朱之书，不见“绝欲”之词。朱子曾谓:“学者须是革尽人欲，复尽天理。”[95]然此即是“明天理，灭人欲”[96]，不外扫除私欲以明天理，非男女饮食之欲皆灭尽也。伊川云:“礼仪三百，威仪三千，非绝民之欲，而强人以不能也。所以防其欲，戒其侈，尚使之入道也。”[97]乃戴氏谓:“虽视人之饥寒号呼，男女哀怨，以至垂死冀生，无非人欲。空指一绝情欲之感者为天理之本然。”[98]又谓:“举凡饥寒愁怨，饮食男女，常情隐曲之感，则名之曰人欲。故终其身见欲之难制。其所谓存理，空有理之名。究不过绝情欲之感耳。”[99]凡此与程朱所言，绝不相类。戴氏盖有所感，遂信口雌黄耳。其解周子“一者，无欲也”，不依其诚静解释而等之于老庄之无为。[100]以伊川之“主一无适”[101]即是老子之抱一无欲[102]。夫程子以“主一无适”解敬，谓“一者无他，只是整齐严肃”[103]。敬非无欲无为，为学者所共知，而戴氏乃曲为之解，岂其环境使然欤？彼反对气质之性与坚持理存乎欲，自有其哲学根据，吾人当尊之敬之。唯其颠倒是非，无中生有，则是愤激悲痛者戴震之言，而非考据上乘者戴震之言也。实际上其所谓“节而不过，则依乎天理”[104]、“理也者，情之不爽失者也”[105]、“无过情无不及情之谓理”[106]，皆与朱子无异。从一角度观之，可谓戴氏虽然极力反抗，仍不能跳出朱子之范围也。

1 《礼记·乐记篇》，第一节。

2 《张子全书》（《四部备要》本）卷二《正蒙·诚明篇第六》，页十八上。

3 同上，《大心篇》第七，页二十二下。

4 同上，《诚明篇》第六，页十八下。

5 王夫之《张子正蒙注》（北京古籍出版社，一九五六），页八十八。

6 《遗书》（《四部备要·二程全书》本）卷二上，页十三上。

7 同上，页十三下。

8 同上，页十四下。

9 同上，页二十二上。

10 《遗书》（《四部备要·二程全书》本）卷十五，页一下。

11 同上，页五上。

12 同上，卷二十四，页一上。

13 《外书》（《二程全书》本）卷二，页四上。

14 同上，卷三，页二上。“人心”“道心”出《书经·大禹谟》，第十五节。

15 《遗书》卷二上，页一下。

16 同上，页三下。“物之不齐”见《孟子·滕文公》上，第四章。

17 同上，页五下。

18 《外书》卷十二，页四上。

19 《理学字义通释》（《刘申叔先生遗书》本），页二上。《烝民篇》为《诗经》第二六〇篇《大雅·荡之什·烝民》。

20 《礼记正义》（世界书局《十三经注疏》本）卷三十七《乐记》，《孔颖达疏》，页三〇一，总页一五二九。

21 《中庸》，第一章。

22 《心体与性体》（台北正中书局，一九六八），面七十九至八十一。大意见蔡仁厚《宋明理学——北宋篇》（台北学生书局，一九七七），页二五五至二七〇。

23 《文集》卷四十《答何叔京（第二十七书）》，页三十六上。

24 《语类》卷四十，第十条，页一六三四。

25 《论语集注·学而》，第十二章。

26 《论语或问》(《近世汉籍丛刊》本) 卷十二《颜渊》，页二下，总页四二六。

27 同上，页三下，总页四二六。

28 《语类》卷四十一，第二十二条，页一六七一。

29 同上，卷十三，第二十二条，页三五六。

30 《大学或问》(《近世汉籍丛刊》本) 第五章，页二十一下，总页四十二。

31 《文集》卷三十一《与刘共父 (第二书)》，页十四下至十五上。

32 同上，卷四十《答何叔京 (第二十九书)》，页三十九下。

33 《语类》卷十三，第十六条，页三五五。

34 同上，第十五条，页三五五。

35 《文集》卷四十六《答胡伯逢 (第二书)》，页二十五下。

36 《外书》卷二，页四上。参看卷三，页二上；《遗书》卷二十四，页一下。

37 《文集》卷三十二《问张敬夫 (第三十七书)》，页七上。参看卷四十《答何叔京 (第十五书)》，页二十九上。

38 同上，卷四十二《答吴晦叔 (第十一书)》，页二十上。

39 《论语·述而》，第二十九章。

40 同上，《为政》，第四章。

41 《语类》卷六十二，第四十一条，页二三六二至二三六三。

42 同上，卷四十一，第二十二条，页一六七〇。

43 同上，卷十三，第二十一条，页三五六。

44 同上，第三十条，页三五八。

45 《文集》卷十三《延和奏劄》二，页七下。

46 《论语集注·里仁》，第十六章。

47 《文集》卷六十二《答傅诚子》，页二十下。

48 同上，卷五十三《答胡季随 (第十五书)》，页三十一下。

49 《语类》卷十三，第二十五条，页三五六。

50 同上，第二十七条，页三五七。

51 同上，第十七条，页三五六。

52 同上，第二十六条，页三五七。

53 《文集》卷三十七《答郑景望》，页十九下。参看卷六十四《答刘公度 (第十书)》，页三十七下。《语类》卷十三，第二十条，页三五六。

54 《文集》卷五十五《答颜子坚》，页二十五上。

55 《语类》卷十三，第十九条，页三五六。

56 《周子通书》，第三章。

57 《张子全书》卷二《正蒙·神化篇第四》，页十四下。

58 《文集》卷四十三《答陈明仲》，页一上。

59 《语类》卷四十一，第十四条，页一六六三。参看卷四十二，第三十条，页一七二二。

60 《文集》卷三十二《问张敬夫（第三十六书）》，页六下。

61 同上，卷五十一《答董叔仲》，页一上。

62 《语类》卷十五，第二十六条，页四五九。

63 《孟子·尽心》下，第三十五章。《老子》第十九章亦云："少私寡欲。"

64 《语类》卷六十一，第六十八条，页二三四〇。

65 同上，第六十七条，页二三四〇。

66 《孟子集注》卷十四《尽心》下，第三十五章。

67 《外书》卷二，页四上。

68 《语类》卷十八，第六十条，页六五〇。

69 同上，第六十二条，页六五〇至六五一。

70 同上，第五十九条，页六五〇。

71 同上，卷六十一，第七十一条，页二三四〇。

72 《周子全书》（《国学基本丛书》本）卷十七《养心亭记》，页三三四。

73 《孟子或问》卷十四《告子》下，第三十五章，页十上，总页二〇七。

74 《老子》第三、三十四、三十七、五十七章。

75 《周子全书》卷二《太极图说》，页二十三。

76 《周子通书》，第二十章。

77 《周子全书》（《国学基本丛书》本）卷十七《养心亭记》，页三三四。

78 《语类》卷九十四，第九十九条，页三七八七。

79 同上，第一〇三条，页三七八八。

80 《周子通书·附录·榕村通书篇》（《四部备要》本），页二下。

81 此段不见于《胡子知言》，唯见于朱子《胡子知言疑义》所引。

82 《文集》卷七十三《胡子知言疑义》，页四十一下至四十二上。亦见于《粤雅堂丛书》本《胡子知言疑义》，页三上下。参看《语类》卷四十三，第五十七条，页一七六七。

83 《语类》卷一〇一，第一八二条，页四一一九。参看第一八三至一八六条，页四一一九至四一二一。

84 同上，卷一一七，第七条，页四四七六。参看卷四十，第三十三条，页一六四三。

85 《文集》卷三十七《与刘共父（第二书）》，页十五下。

86 《陈亮集》（北京中华书局，一九七四），卷二十《与朱元晦（甲辰秋书）》，页二八一。

87 同上，《与朱元晦（丙午秋书）》，页二九五。

88 同上，《与朱元晦（乙巳春书之二）》，页二八九。

89 《易纬通卦验》（《四部集要》本）卷上，页五上，总页一一〇五。

90 《文集》，卷三十六，《答陈同甫（第九书）》页二十七上。

91 同上，第八书，页二十五上下。

92 《孟子字义疏证》，第五、十、二十七、三十三、四十、四十一、四十三节。

93 同上，第十、四十、四十三节。

94 《孟子字义疏证》，第四十、四十三节。

95 《语类》卷十三，第二十八条，页三五七。

96 同上，卷十二，第七十一条，页三二九。

97 《遗书》，卷二十五，页六下。

98 《孟子字义疏证》，第四十节。

99 同上，第四十三节。

100 同上，第十节。

101 《遗书》卷十五，页一上。

102 《孟子字义疏证》第四十兰节。《老子》第十、二十二章。"无欲"见《老子》第三、三十四、三十七、五十七章。

103 《遗书》，卷十五，页六下。

104 《孟子字义疏证》第十一节。

105 同上，第二、十节。

106 同上，第三节。

【四〇】朱子言体用

体用之说，由来已久。[1]朱子之言体用，大体沿程子（程颐，一〇三三—一一〇七）之“体用一源，显微无间”[2]、心“有指体而言者，有指用而言者”[3]、“与道为体”[4]诸语。然朱子范围之广，分析之详，远出乎程子之上，亦为后儒之所未及者。其所谓体，非指体段，因体段只言其德而已。[5]体用之体，指所以然，用指其然。朱子云：“喜怒哀乐是用，所以喜怒哀乐是体。”[6]朱子又云：“体是这个道理，用是他用处。如耳听目视，自然如此，是理也。开眼看物，着耳听声，便是用。”[7]然体不是道，因道兼体用。程子云：“水流而不息，物生而不穷，皆与道为体。”[8]朱子释之曰：“与道为体，是与那道为体。道不可见，因从那上流处出来。若无许多物事，又如何见得道？便是许多物事，与那道为体。”[9]朱子曾用骨子为譬，谓“道之体只是道之骨子”[10]。至骨子为何，则未及解释也。朱子未尝著一有统系之体用论。然从其言语文字之间，可以发见下列六种原则。

（1）体用有别

朱子云："至于形而上下，却有分别。须分得此是体，彼是用，方说得一源。分得此是象，彼是理，方说得无间。若只是一物，却不须更说一源无间也。"[11]又曰："学者须是于未发已发之际，识得一一分明，然后可以言体用一源处。然亦只是一源耳。体用之不同，则固自若也。"[12]关于体用之别，朱子讨论甚详，举例甚多。以易而言，则易与乾坤健顺[13]、阴与阳、静与动、寂然不动与感而遂通[14]、利贞与元亨[15]、理与象、微与显[16]、现在与将来[17]、天地与鬼神[18]，皆各为体用而不可混。以道而言，则道为体、义为用[19]、道之隐为体之微、道之费为用之广[20]、天道为体、人道为用[21]、大本为体、达道为用[22]。在心性方面，性对情[23]、未发对已发[24]、中对和[25]、仁对爱[26]、忠对恕[27]、仁义礼智对恻隐羞恶辞让是非[28]，皆以体对用而言。此外如耳体听用[29]、德体才用[30]、持敬以存其体、穷理以致其用[31]，为数尚多，别见下文。

（2）体用不离

体用固然有别，然并不相离。朱子云："未发者，其体也。已发者，其用也。以未发言，则仁义礼智，浑然在中者，非想象之可得，又不见其用之所施行。指其发处而言，则日用之间，莫非要切，而其发之理，固未尝不行乎其间。要之体用未尝相离。"[32]又曰："方其静也，事物未至，思虑未萌，而一性浑然，道义全具。其所谓中，乃心之所以为体，而寂然不动者也。及其动也，事物交至，思虑萌焉，则七情迭用，各有攸主。其所谓和，是乃心之所以为用，感而遂通者也。然性之静也，而不能不动。情之动也，而必有节焉。是则心之所以寂然感通，周流贯徹，而体用未始相离也。”[33]如是中和虽分体用，而实不离。故朱子设为问答：“曰：然则中和果二物乎？曰：观其一体一用之名，则安得不二？察其一体一用之实，则此为彼体，彼为此用，如耳目之能视听，视听之由耳目，初非有二物也。”[34]又云：“体与用不相离。且如身是体，要起行去便是用。”[35]

体用既然不离，断无无用之体。朱子以佛家徒守空寂，有体无用。[36]门人曾问程子喜怒哀乐未发，当中之时耳无闻，目无见否？程子答曰：“虽耳无闻，目无见，然见闻之理在始得。”[37]朱子评此答语曰：“决无此理。”[38]盖谓耳无闻，目无见，亦如佛家之有体无用也。朱子亦以陆象山（陆九渊，一一三九—一一九三）不审体用不离，而“说个虚空底体。涉事物便是用”。即是说，“才见分段子便说道是用，不是体。如说尺时，无寸底是体，有寸底不是体，便是用。如秤无星底是体，有星底不是体，便是用。”[39]以朱子观之，陆氏之误，乃在用而无体，体而无用。故朱子诃陆氏为禅。

解释体用不离之说，莫若其心之理论。此理论沿自张子（张载，一〇二〇—一〇七七）心统性情之说。[40]程子发明之，以心可指体亦可指用。朱子以之说明体用之并行。彼以为性是体，情是用，而心统之。[41]朱子云：“仁义礼智，性也，体也。恻隐羞恶辞逊是非，情也，用也。统性情，该体用者，心也。”[42]换言之，“心主于身。其所以为体者，性也。所以为用者，情也”[43]。《仁说图》以心无所不统，涵育浑全。以其兼未发与仁为体，已发恻隐为用。[44]心之性是仁，“仁无不统，故恻隐无不通。此正是体用不相离之妙”[45]。如是，“性心只是体用。体用岂有相去之理乎？"[46]

体用不离，又可于其延续见之。用前又是体，体前又是用，如是延续不已。[47]此不是循环之说。邵子（邵雍，一〇一一—一〇七七）爱说循环，然"康节（邵雍）常要就中间说……常要说阴阳之间，动静之间……便有方了"。即云尚且有间，故"不如程子之体用一源，显微无间也"[48]。朱子尝云："以体用言之，有体而后有用。"[49]似指体先用后，于是有间。然用乃体之流行，故必先立其大本。"是其一体一用，虽有动静之殊，然必其体立而后用有以行，则其实亦非有两事也。"[50]故朱子云："只一念间，已具此体用。发者方往，而未发者方来。了无间断隔截处。"[51]

（3）体用一源

此为程子之名句，以后成为宋明理学之一基本概念。然程子并未说明体用何以一源。读者极易释为同一来源之意。当然此是其朴素意义。朱子从而扩大之，使之精而深。从以后理学之发展而言，毋宁谓此是朱子之名句也。所谓一源，不止同一出处，而是体中有用，用中有体。换言之，体用相摄。论者或谓此即佛家一多相摄之说。影响容或有之，然此是体用不离之自然发展，无须外来之助力，况佛家重体轻用耶？

朱子云："太极自是涵动静之理，却不可以动静分体用。盖静即太极之体也，动即太极之用也。譬如扇子。只是一个扇子。动摇便是用，放下便是体。才放下时，便只是这一个道理。及摇动时，亦只是这一个道理。"[52]一源者，"这一个"也。此中要点，在乎体中有用，用中有体。"体用一源，体虽无迹，中已有用。显微无间者，显中便具微。天地未有，万物已具，此是体中有用。天地既立，此理亦存，此是显中有微。”[53]如是体用不但不离，不但延续，而是互涵，为明儒即体即用立下一强健之基根。朱子曰：“自理而言，则即体而用在其中，所谓一原也。自象而言，则即显而微不能外，所谓无间也。”[54]又曰：“体用一源者，自理而观，则理为体，象为用，而理中有象，是一源也。显微无间者，自象而观，则象为显，理为微，而象中有理，是无间也。”[55]朱子与其挚友南轩（张栻，一一三三—一一八〇）纷辩十余年，大旨相同，而议论往往相左。然南轩谓“知之体动，而静在其中。仁之体静，而动在其中”，朱子则谓“此义甚精”。[56]《语类文集》讨论体用一源处甚多，以其为朱子体用之中心思想也。

（4）自有体用

上文体中有用，用中有体，其体用仍是体自为体，用自为用。故上文“体用一源者”之后，朱子续曰：“其实体用显微之分，则不能无也。”盖谓体不能作用，用不能作体。然一物之中，有其体，又有其用。在朱子体用统系之中，各事理自有其体用。心可以体而言，亦可以用而言。仁义道德知皆然。仁有仁之体用，义有义之体用。[57]朱子注“知者乐水”，谓“周流无滞”，是用也。注“知者动”，则云“动静以体言”，是体也。[58]此处非自相矛盾。知有体亦有用耳。门人言道兼体用，德义自兼体用。朱子以为然。[59]如是类推，每一事理，皆可作体作用看。“以阴阳言之，则义体而仁用也。以存心制事言之，则仁体而义用也。”[60]又云：“若以形而上者言之，则冲漠者固为体，而其发于事物之间者为之用。若以形而下者言之，则事物又为体，而其理之发见者为之用。”[61]又云：“就阳言，则阳是体，阴是用。就阴言，则阴是体，阳是用。”[62]此是体用之相对性，在体用一源之下，自可各自保全其为体为用。

（5）体用无定

体用既可互换，又可一可二，故不可以一时一位而论。如仁兼义言，则仁是体，义是用。专言仁者，则仁兼体用，[63]盖义礼智皆在其中也。[64]“四端[65]之说，若以体用言之，则体为首而用为末。若自发处而言，则发之初为首，而发之终为末。二说亦不相妨。”[66]又如仁，孟子解作“人心”[67]，程子解作“性”[68]。并无冲突，只程子分体用，孟子兼体用而言耳。[69]朱子云：“仁字之义，孟子言心，该贯体用统性情而合言之也。程子言性，剖析疑似，分体用而对言之也。”[70]又如中：“中和之中，专指未发（体）而言。中庸之中，则兼体用而言。”[71]中字含有二义，有未发之中，有随时之中。朱子云：“中庸之中，本是无过不及之中，大旨在时中上。若推其本，则自喜怒哀乐未发之中而为时中之中。未发之中是体，时中之中是用。中字兼中和言。”[72]更详释之曰：“以性情言之，谓之中和。以理义言之，谓之中庸。其实一也。以中对和而言，则中者体，和者用。此是指已发未发而言。以中对庸而言，则又折转来庸是体，中是用。以中和对中庸而言，则中和又是体，中庸又是用。”[73]可知体用之系统参差复杂，纵横交架，为从来所未有。朱子答门人“礼之用，和为贵”[74]之间，有一详尽痛快之答复，可为本节之结语。门人问：“上蔡（谢良佐，一〇五〇—一一〇三）云：‘礼乐异用而同体。’[75]是心为体，敬和为用。《（论语）集注》又云‘敬为体，和为用’。其不同何也？朱子答曰，‘自心而言，则心为体，敬和为用。以敬对和而言，则敬为体，和为用。大抵体用无定时。只管恁地移将去，如自南而视北，则北为北，南为南。移向北立，则北中又自有南北。体用无定。这处体用在这里，那处体用在那里。这道理尽无穷。四方八面无不是，千头万绪相贯串。’以指旋，曰：‘分明一层了又一层。横说也如此，竖说也如此。翻来覆去，都是如此。如以两仪言，则太极是太极，两仪是用。以四象言，则两仪是太极，四象是用。以八卦言，则四象又是太极，八卦又是用。’”[76]

（6）同体异用

上举礼乐异用而同体之说，朱子赞同，且释之曰：“礼主于敬，乐主于和，此异用也。皆本之于此一心，是同体也。然敬与和，亦只一事。敬则和，和则自然敬。”[77]意谓不只敬与和发于此心，盖一本而万殊。此是即伊川（程颐）理一分殊之说。[78]朱子释忠恕为一贯之道[79]云：“盖尽己为忠，道之体也。推己为恕，道之用也。忠为恕体，是以分殊，而理未尝不一。恕为忠用，是以理一，而分未尝不殊。”[80]又云：“盖至诚无息者，道之体也，万殊之所以一本也。万物各得其所者，道之用也，一本之所以万殊也。以此观之，‘一以贯之’之实，可见矣。”[81]上段从伦理立论，下段从本体立论，其理一也。

朱子虽赞同上蔡“同体异用”之说。但对五峰（胡宏，一一〇六—一一六一）之“天理人欲，同体而异用，同行而异情”[82]，则极力反对。朱子云：“同行异情，盖亦有之。”然“体中只有天理，无人欲。谓之同体，则非也”[83]。此点不特于其《胡子知言疑义》中谓之为“未允当”[84]，且与五峰门人南轩商量其非[85]。然其所非者乃五峰之混天理人欲而为一，而不是同体异用之说有所不当也。有体必有用，故由用可以知体。"盖寻这用，便可以知其体。盖用即是体中流出也。"[86]如水之流而不息，便见得道体之自然。[87]总之，有其体必有其用，有其用必有其体。既动而静，亦即亦离，组成一有机体之大全。体用观念，其一基石也。

（本文曾登深圳大学国学研究所主编，东方出版社一九八六年出版之《中国文化与中国哲学》，页二五一至二五九。）

1 参看拙著"体用"条，韦政通主编《中国哲学辞典大全》（台北水牛出版社，一九八三），页八五三至八五六。

2 程颐《易传序》。

3 《伊川文集》（《四部备要·二程全书》本）卷五《与吕大临论中书》，页十二上。

4 《论语集注·子罕》，第十六章引。参看《遗书》（《二程全书》本）卷十九，页三下。

5 《语类》卷三十二，第九十一条，页一三二四。

6 同上，卷十七，第五十条，页六一九。喜怒哀乐见《中庸》第一章。

7 同上，卷六，第二十二条，页一六二。

8 《论语集注·子罕》，第十六章引。参看《遗书》（《二程全书》本）卷十九，页三下。

9 《语类》卷三十六，第一一六条，页一五五七至一五五八。

10 同上，第一一六条，页一五五七。参看卷六，第二十条，页一六二。

11 《文集》卷四十八《答吕子约（第四十一书）》，页十七下。

12 同上，卷三十五《答吕伯恭问龟山中庸》，页二上。参看卷四十《答何叔京（第二十九书）》。

13 《语类》卷七十五，第一〇三条，页三〇七六。

14 同上，卷一，第一条，页一。"感寂"见《易经·系辞上传》第十章。

15 同上，卷六十九，第八十六条，页二七五四。"元亨利贞"见《易经·乾卦·文言》。

16 《文集》卷四十《答何叔京（第二十九书）》，页三十八下。

17 《语类》卷六，第二十一条，页一六二。

18 同上，卷六十八，第十七条，页二六八一。

19 同上，卷五十二，第一〇七条，页一九九一。

20 同上，卷六十三，第五十三条，页二四三二。参看《中庸章句》第十二章，"费隐"见此章。

21 同上，卷二十七，第三十四条，页一〇八〇。

22 《中庸章句》，第一章。

23 《语类》卷五，第六十五条，页一四八；卷二十七，第四十七条，页一〇九一。《文集》卷四十《答何叔京（第二十八书）》，页三十六下。

24 同上，卷五，第六十二条，页一四六。

25 《中庸或问》（《近世汉籍丛刊》本），页十下，总页二十。

26 《语类》卷二十，第一百条，页七五一。

27 同上，卷二十七，第九条，页一〇七四；第三、四条，页一〇八〇；第四十四条，页一〇八九。

28 同上，卷六，第四十条，页一六六。《文集》卷五十《答郑子上（第五书）》，页三十七上。《孟子集注·公孙丑》上，第六章。

29 同上，卷一，第十二条，页四。

30 同上，卷二十四，第五十条，页九三三。

31 《文集》卷五十九《答吴斗南》，页二十下。

32 《孟子或问》（宝诰堂《朱子遗书》本）卷十三，页七上下。

33 《文集》卷三十二《答张钦夫（第四十七书）》，页二十四下至二十五上。

34 《中庸或问》，页十一下，总页二十一至二十二。

35 《语类》卷十七，第五十条，页六一九。

36 同上，卷五十九，第一六〇条，页二二四三。又卷一二六，第八十条，页四八五三。

37 《遗书》（《二程全书》本）卷十八，页十五上。

38 《语类》卷一二六，第七条，页四八二三。

39 同上，卷六，第二十二、二十三条，页一六三。

40 《张子语录》（《四部丛刊》本）卷下，页一上。

41 《语类》卷五，第六十五条，页一四八。

42 《文集》卷五十六《答方宾王（第四书）》，页十四下。

43 同上，卷四十《答何叔京（第四十书）》，页三十六下。又《语类》卷五，第六十六至七十七条，页一四八至一五三。

44 《语类》卷一〇五，第四十三条，页四一八五。

45 《文集》卷四十《答何叔京（第十七书）》，页二十九下。

46 同上，第十一书，页二十五下。

47 《语类》卷一，第一条，页一。

48 同上，卷七十一，第五十八条，页二八五七。

49 同上，卷五十三，第四十二条，页二〇四一。

50 《中庸章句》，第一章。

51 《文集》卷三十《与张钦夫（第四书）》，页二十上。

52 《语类》卷九十四，第二十九条，页三七六六至三七六七。

53 同上，卷六十七，第三十七条，页二六三一。

54 《文集》卷三十《答汪尚书（第七书）》，页十二下。

55 同上，卷四十《答何叔京（第二十九书）》，页三十八下。

56 同上，卷三十一《与张钦夫论癸巳论语说》，页二十六下。

57 《语类》，卷六，第一三〇条，页一九四。又卷九十四，第八十七条，页三七八三。

58 《论语集注·雍也》，第二十一章。参看《语类》，卷三十二，第八十六条，页一三二二。

59 《语类》卷九十五，第二十四条，页三八四三。

60 《孟子或问》卷一，页一下。

61 《文集》卷四十八《答吕子约（第四十书）》，页十六下。

62 《语类》卷六，第二十一条，页一六二。

63 同上，第八十八条，页一八六。

64 同上，卷六十二，第九条，页二三四九。

65 四端，仁义礼智，见《孟子·公孙丑》上第六章。

66 《文集》卷五十九《答何巨元书》，页十一下。

67 《孟子·告子》上，第十一章。

68 《遗书》卷十八，页一上。

69 《语类》卷二十，第一二八条，页七六八。

70 《文集》卷三十五《答吕伯恭（第九十六书）》，页四上。

71 同上。

72 《语类》卷六十二，第九条，页二三四九。

73 同上，卷六十三，第八条，页二四一七。

74 《论语·学而》，第十二章。

75 《论语说》。

76 《语类》卷二十二，第六十五条，页八三八至八三九。“太极”云云，指《易经·系辞上传》，第十一章。

77 同上，第六十三条，页八三七。

78 《伊川文集》卷五《答杨时论西铭书》，页十二下。

79 《论语·里仁》，第十五章。

80 《论语或问》（《近世汉籍丛刊》本）卷四《里仁》，页十七下，总页一八八。

81 《论语集注·里仁》，第十五章。

82 《文集》卷七十三《胡子知言疑义》，页四十一下。

83 《语类》卷一〇一，第一八二条，页四一一九。

84 《文集》卷七十三《胡子知言疑义》，页四十二上。

85 《文集》卷五十八《答徐居甫（第一书）》，页二十八上。

86 《语类》卷四十二，第一〇三条，页一七四五。

87 同上，卷三十六，第一一八条，页一五五八。

【四一】“尊德性而道问学”

学者好以朱子代表理学而以陆象山（陆九渊，一一三九—一一九三）代表心学，谓象山主尊德性而朱子主道问学。更有谓淳熙二年乙未（一一七五）朱陆在江西鹅湖寺之会，乃在谋学术异同之分解，而所谓学术之异者，乃指朱子道问学与象山尊德性之冲突也。于是以后数百年陆门与朱门之对抗，即为尊德性与道问学之对抗。然予尝细考鹅湖之讨论题目为简易与支离与九卦之序。谈话之间，又涉及子寿（陆九龄，一一三二—一一八〇）之新匾、东莱（吕祖谦，一一三七—一一八一）之解《书经》与陆子兄弟门人曹立之（曹建，一一四七—一一八三）。赴会途中，象山和其兄子寿之诗，有“易简工夫终久大，支离事业竟浮沉”之句。朱子与象山会中商量数十拆，可能是关于乾坤之易简。[1]吾人所知鹅湖话题，如是而已。[2]旬日之间，并未提及尊德性与道问学。此会不欢而散，诚是事实。会后朱子书札中屡谓陆氏自信太过，规

303 模狭窄，亦未尝以尊德性而道问学为争论之点也。

历来门户之见，每以尊德性、道问学对垒。始创之者，恐是象

【四一】山本人。朱子曾致书项平甫（项安世，嘉定元年戊辰，一二〇八年卒）云：“大抵子思以来教人之法，惟以尊德性、道问学两事为用力之要。今子静（陆象山）所说，专是尊德性事，而熹平日所论，却是问学上多了。所以为彼学者，多持守可观，而看得义理，全不子细，又别说一种杜撰道理遮盖，不肯放下。而熹自觉虽于义理上不敢乱说，却于紧要为己为人上，多不得力。今当反身用力，去短集长，庶几不堕一边耳。”[3]此是评己评人，集长补短，力求中庸之道。态度谦虚而公正。象山闻之曰：“朱元晦欲去两短合两长，然吾以为不可。既不知尊德性，焉有所谓道问学？”[4]观此可知象山不肯去短集长，而竟以朱子之“问学上多了”为“不知尊德性”。朱子果不知尊德性耶？今当严检象山所言之是非。

《中庸》曰：“故君子尊德性而道问学，致广大而尽精微，极高明而道中庸，温故而知新，敦厚以崇礼。”[5]朱子《中庸章句》注之曰：“尊德性，所以存心而极乎道体之大也。道问学，所以致知而尽乎道体之细也。二者修德凝道之大端也。”[6]此注有三要点。一为等尊德性、道问学于存心致知。二为尊德性与道问学极乎道体之广大精微。三为二者乃为学之大端。《文集》与《语类》关于尊德性、道问学之讨论，实不外乎此三点，比较详细精微而已。

所可异者，《文集》与《语类》讨论此题，并不多见。通计只二三十处，而大半在《语类》卷六十四讨论《中庸》之语。然则此语在朱子思想系统中，实无重要之地位耶？何以引用此语之如是其少也？今请先述朱子对尊德性、道问学之所见。

《章句》云："尊者，恭敬奉持之意。德性者，吾所受于天之正理。道，由也。"[7]又答门人问云："德性犹言义理之性。"[8]又曰："尊只是把做一件物事，尊崇抬起他，道只是行，如去做他相似。"[9]更详言之云："不过是'居处恭，执事敬'[10]、'言忠信，行笃敬'[11]之类，都是德性。至于问学，却煞阔，条项甚多。事事物物，皆是问学，无穷无尽。……将这德性做一件重事，莫轻忽他。只此是尊。……且如这一柄扇，自家不会做。去问人扇如何做？人教之以如何做，如何做。既听得了，须是去做这扇便得。如此方是道问学。若只问得去，却掉下不去做，如此便不是道问学。"[12]

《中庸》由"尊德性"至"崇礼"，共为十事。朱子以十件"无些子空阙处"[13]。此十件"固是一般，然又须有许多节奏方备"[14]。朱子同时亦分尊德性、致广大、极高明、温故、敦厚为一头项，道问学、尽精微、道中庸、知新、崇礼，为另一头项。[15]前项说行，后项说知。[16]前项为大者五事，后项为小者五事。[17]"尊德性至敦厚，此上一截，便是浑沦处。道问学至崇礼，此下一截，便是详密处。"[18]"自尊德性至敦厚，凡五件，皆是德性上工夫。自道问学至崇礼，皆是问学上工夫。"[19]换言之，"尊德性、致广大、极高明、温故、敦厚，只是尊德性。尽精微、道中庸、知新、崇礼，只是道问学"[20]。于是"尊德性而道问学"总以下四句，亦犹尊德性道问学之两件统八件也。[21]"尊德性而道问学一句是纲领。此五句上截皆是大纲工夫，下截是细密工夫。尊德性故能至广大、极高明、温故、敦厚。……道问学故能尽精微、道中庸、知新、崇礼。"[22]由是十事缩为两事，以至缩为一事。朱子曰："此本是两事。细分则有十事。其实只两事。两事又只一事，只是个尊德性。却将个尊德性来道问学。所以说尊德性而道问学也。"[23]

尊德性与道问学固是一事，然不害其为二。两者比较，问学功夫节目繁多，尊德性功夫则甚简约。[24]尊德性为本，为大。道问学为末，为小。故"此学以尊德性求放心为本"[25]。盖尊德性是一个"坯子"（三重山）。"有这坯子，学问之功方有措处。"[26]"不尊德性，则懈怠弛慢矣。学问何从而进？"[27]盖不先立得大者，不能尽得小者也。[28]"能尊德性，便能道问学。所谓本得而末自顺也。"[29]朱子晚年《玉山讲义》云："圣贤教人，始终本末，循循有序。精粗巨细，无有或遗。故才尊德性，便是个道问学一段事。虽当各自加功，然亦不是判然两事也。……故君子之学，既能尊德性以全其大，便须道问学以尽其小。……学者于此固当以尊德性为主，然于道问学亦不可不尽其力。要当使之有以交相滋益，互相发明，则自然该贯通达，而于道体之全，无欠阙处矣。"[30]以尊德性为本，而与道问学交相为用，可谓之朱子晚年定论矣。此互用之旨，屡屡发诸言表，曰："如今所说，却只偏在尊德性上去，拣那便宜多底占了。无道学底许多工夫，恐只是占便宜自了之学。出门动步便有碍，做一事不得。"[31]曰："不如是，则所学所守，必有偏而不备之处。"[32]曰"两脚"[33]、曰"两边做工夫"[34]、曰"互相为用"[35]，又因门人去理会穷理工夫多，又渐渐不著己身，故教以尊德性，[36]其两者交相为用之意一也。

或谓以上所引，皆淳熙十年癸卯（一一八三）象山谓之不知尊德以后之书札对话。岂非受象山之激刺，因而由偏于道问学一边而转向于两边并重耶？予应之曰：朱子致项平父书，只谓"学问上多了"，非谓偏于一边也。因其"多了"，故要去短集长。即在十五年戊申（一一八八）以后，朱子仍认“某向来自说尊德性一边轻了，今觉见未是”[37]。其未能全美，无可否认。然彼生平著作教人，均以“两脚”为主。如知行并进，居敬穷理，明诚两进，敬义夹持，博文约礼，持敬致知，皆是两轮两翼，废一不可。此等处皆与尊德性而道问学同义。朱子云：“博文是道问学之事，于天下事物之理，皆欲知之。约礼是尊德性之事，于吾心固有之理，无一息而不存。”[38]由此可以见之。最显著者，莫如其引用伊川（程颐，一〇三三—一一〇七）“涵养须用敬，进学则在致知”[39]之言。朱子引此言与说尊德性、道问学同一口气，[40]则其采用程子之言，与其两轮两翼之意，无二致也。

王懋竑（一六六八—一七四一）云：“按自乾道六年庚寅（一一七〇）与吕东莱[41]、刘子澄[42]（刘清之，一一三九—一一九五）书，拈出程子两语，生平学问大指，盖定于此。即《中庸》‘尊德性道问学’、《易·大传》之‘敬以直内，义以方外’[43]。从古圣贤所传，皆合符节。至（绍熙五年）甲寅（一一九四）《与孙敬甫》云：‘程夫子之言曰：涵养须用敬，进学则在致知。此两言者，如车两轮，如鸟两翼。未有废其一而可行可飞者也。’[44]尤为直截分明。盖相距二十五年矣，而其言无毫发异也。”[45]与吕、刘两书，远在陆氏谓其不知尊德性之前，早已坚立其“两脚”之说矣。虽其教人说法，间有所独重，而大旨始终不变也。

元儒吴澄（一二四九—一三三三）著《尊德性道问学斋记》，谓：“程氏四传而至朱。文义之精密，句谈而字义，又孟氏以来所未有者。而其学徒往往滞于此而溺其心。”[46]即是谓朱子偏于道问学之意。故王阳明（一四七二—一五二九）于其《朱子晚年定论摘录》朱子三十四书之后[47]，几全采此篇，以证阳明所谓朱子晚年趋于涵养，渐与其本人思想相同之说[48]。虽李祖陶跋《斋记》力言吴氏志在矫正末学而非以驳朱子。然影响所及，即黄宗羲（一六一〇—一六九五）亦以朱子“以道问学为主”[49]，而黄百家（壮年一六九五）沿之，亦谓“朱子主乎道问学”[50]。观于上述朱子关于尊德性道问学之讨论，此说不攻自破矣。

1 《易经·系辞上传》，第一章。

2 拙著《朱学论集》（台北学生书局，一九八二），页二四一至二四五。

3 《文集》卷五十四《答项平甫（第二书）》，页五下至六上。

4 《象山全集》（《四部备要》本）卷三十六《年谱》，页十一下。

5 《中庸》，第二十七章。

6 《中庸章句》，第二十七章。

7 同上。

8 《语类》卷六十四，第一三一条，页二五一七。

9 同上，第一五〇条，页二五二二。

10 《论语·子路》，第十九章。

11 同上，《卫灵公》，第五章。

12 《语类》卷一一八，第八十八条，页四五六八。

13 同上，卷六十四，第一五三条，页二五二四。

14 同上。

15 同上，第一五二条，页二五二三。

16 《语类》卷六十四，第一四〇条，页二五一九。

17 同上，第一五一条，页二五二三。又第一四八条，页二五二一。《中庸或问》（《近世汉籍丛刊》本）页四十八下至四十九上，总页九十六至九十七。

18 同上，第一五九条，页二五二六。

19 同上，第一四九条，页二五二一。又《文集》卷七十四《玉山讲义》，页二十一上下。

20 同上，第一五〇条，页二五二二。

21 同上，卷一一八，第八十八条，页四五六九。下文云：“致广大、尽精微、极高明、道中庸，这四件属尊德性。温故、知新、敦厚、崇礼，这四件属道问学。”注云：“按《章句》‘尊德性，所以存心，致广大、极高明、温故、敦厚，皆存心之属也。道问学，所以致知，尽精微、道中庸、知新、崇礼，皆致知之属也'，此录盖误。”今按此注与《中庸章句》文字不同，而意无异也。

22 同上，卷六十四，第一五八条，页二五二五。

23 同上，第一五四条，页二五二四。

24 同上，第一四九条，页二五二一。

25 《文集》卷四十七，《答吕子约（第二十四书）》，页二十四上。

26 《语类》卷六十四，第一四九条，页二五二二。

27 同上，第一三二条，页二五一七。

28 同上，第一五一条，页二五二三。

29 同上，第一五二条，页二五二三。

30 《文集》卷七十四《玉山讲义》，页二十一上下。

31 《语类》卷一一七，第四十四条，页四五〇四。

32 《文集》卷三十七《与王龟龄》，页九下至十上。

33 《语类》卷二十四，第十七条，页九一八至九一九。

34 同上，卷六十四，第一五五条，页二五二四。

35 同上，第一五八条，页二五二五。

36 同上，卷一一四，第二十五条，页四三九七。

37 同上，卷六十四，第一四九条，页二五二二。

38 同上，卷二十四，第十七条，页九一八至九一九。又卷六十四，第一五六条，页二五二四。

39 《遗书》（《四部备要·二程全书》本）卷十八，页五下。

40 《语类》卷六十四，第一五〇条，页二五二二。

41 《文集》卷三十三《答吕伯恭（第四书）》，页二下。

42 同上，卷三十五《答刘子澄（第二书）》，页十二下。

43 《易经·坤卦·文言传》。

44 《文集》卷六十三《答孙敬甫（第一书）》，页十九上。

45 《朱子年谱·考异》（《丛书集成》本）卷一，页二六九。

46 《吴文正公全集》〔乾隆二十一年丙子（一七五六）本〕卷二十二《尊德性道问学斋记》，页一下。

47 《传习录》卷下附。

48 参看《朱学论集·从朱子晚年定论看阳明之于朱子》，页二五三至二八三。

49 《宋元学案》（《四部备要》本）卷五十八《象山学案》，页二上。

50 同上，页三上。

【四二】明与诚

朱子《白鹿洞赋》有“曰明诚其两进，抑敬义其偕立”之语。[1]前语出《中庸》“诚则明矣，明则诚矣”[2]，后语出《遗书》“敬义夹持，直上，达天德自此”[3]。朱子以此为明道（程颢，一〇三二—一〇八五）语。[4]敬义出自《易经》“敬以直内，义以方外”[5]。自朱子以来，“明诚两进，敬义夹持”，成为理学名句。黄榦（一一五二—一二二一）《复黄清卿书》云“明诚两立，敬义夹持”[6]，罗钦顺（一四六五—一五四七）《困知记》卷一三引“诚明两进”之言[7]，黄宗羲（一六一〇—一六九五）《明儒学案崇仁学案》一则曰“故必敬义夹持，明诚两进”，再则曰“所谓敬义夹持，诚明并进者也”[8]。

最令人寻味者为黄榦用“明诚”，罗钦顺用“诚明”，黄宗羲则并用“明诚”与“诚明”，遂使予疑由宋而明，有自“明诚”而倾于“诚明”之趋势。盖朱子《大学》分章，以格物在先，诚意次之。其

《白鹿洞赋》“明”先于“诚”，未必无故。阳明（王守仁，一四七二—一五二九）极端反对彼之分章，力主回复古本《大学》，以“诚意”在“格物”之前。是则阳明应用“诚明”而不用“明诚”。唯查《传习录》引《中庸》“诚则明矣，明则诚矣”之后，谓“明诚相生”而不谓“诚明相生”[9]。此必非阳明自悖其说，而是行文之便耳。从黄宗羲之两词并用观之，可知论点不在“明诚”与“诚明”之先后，而在性教之不同也。《中庸》云：“自诚明，谓之性。自明诚，谓之教。”[10]朱子注此章云：“自，由也。德无不实而明无不照者，圣人之德，所性而有者也，天道也。先明乎善，而后能实其善者，贤人之学，由教而入者也，人道也。”[11]

圣人贤人之说，来自伊川之《颜子所好何学论》，其言曰：“君子之学，必先明诸心，知所养，然后力行以求至，所谓自明而诚也。故学者必尽其心。尽其心，则知其性。知其性，反而诚之，圣人也。”[12]然朱子不尽依伊川“明诚”之说。伊川云：“自其外者学之而得于内者谓之明，自其内者得之而兼于外者谓之诚。诚与明则一也。”[13]又云：“孔子之道，发而为行，如《乡党》[14]之所载者，自诚而明也。由《乡党》之所载，而学之以至于孔子者，自明而诚也。及其至焉一也。”[15]朱子评之曰：“程子诸说，皆学者所传录。其以内外道行为诚明，似不亲切。惟先明诸心一条，以知语明，以行语诚，为得其训，乃《颜子好学论》中语，而程子之手笔也。”[16]朱子谨守《中庸》之说，以性教为两涂。性之为圣人之事，学之为贤人之事。圣贤均有内外道行，故不可以之为明诚之别也。

性教之别，张载（一〇二〇—一〇七七）最为明晰。彼云：“须知自诚明与明诚者有异。自诚明者，先尽性以至于穷理也。谓先自其性理会来，以至穷理。自明诚者，先穷理以至于尽性也。谓先从学问理会，以推达于天性也。”[17]伊川以张子此说为不然。或问：“横渠（张载）言由明以至诚，由诚以至明，此言恐过当。”曰：“由明以至诚，此句却是。由诚以至明，则不然。诚即明也。”[18]朱子评之曰：“张子盖以性教分为学之两涂，而不以论圣贤之品第。故有由诚至明之语。程子之辨，虽已得之，然未竟其立言本意之所以失也。其曰‘诚即明也’，恐亦不能无误。”[19]

程子门人关于性教，各异其说。蓝田吕氏（吕大临，一〇四六—一〇九二）曰：“自诚明，性之者也。自明诚，反之者也。性之者，自成德而言，圣人之所性也。”

反之者，自志学而言，圣人之所教也。成德者，至于实然不易之地。理义皆自此出也。天下之理，如目睹耳闻，不虑而知，不言而喻。此之谓诚则明。志学者，致知以穷天下之理，则天下之理皆得，率亦至于实然不易之地。至简至易，行其所无事。此之谓明则诚。[20]广平游氏（游酢，一〇五三—一一二三）曰：“自诚明，由中出也。故可名于性。自明诚，自外入也。故可名于教。诚者因性，故无不明。明者致曲，故能有诚。”[21]龟山杨氏（杨时，一〇五三—一一三五）曰：“自诚而明，天之道也。故谓之性。自明而诚，人之道也。故谓之教。天人一道，而心之所至，有差焉，其归则无二致也。故曰，诚则明矣，明则诚矣。”[22]游氏以内外为言，杨氏以诚明归一，均如伊川本人之说，而朱子以为不亲切者。朱子评三氏云：“吕氏性教二字得之，而于诚字以至简至易，行其所无事为说，则似未得其本旨也。且于性教，皆以至于实然不易之地为言，则‘至于’云者，非所以言性之事，而‘不易’云者，亦非所以申实然之说也。然其过于游杨则远矣。”[23]朱子注重穷理尽性，戒惧谨慎，非以至简至易，行其所无事也。其批评实然不易之语，则似太过。理之实然不易，朱子亦常言也。

为性为教，朱子皆从贤人学者方面着想。故谓："'自诚明，谓之性'，此'性'字便是性之也。'自明诚，谓之教'，此'教'字是学之也。"[24]"性之"、"学之"，均是动词，即穷理尽性之意。故朱子又云："'自诚明'，性之也；'自明诚'，充之也。"[25]是即孟子所谓："凡有四端（仁义礼智）于我者，知皆扩而充之。"[26]

朱子谓伊川"诚即明也"之言，不能无误，然未申其说。《语类》记载一条，可以视为答案。朱子云："以诚而论明，则诚明合而为一。以明而论诚，则诚明分而为二。"[27]此乃一而二，二而一之意。故谓"及其至焉一也"可，"其归则无二致"亦无不可。唯"诚即明也"，则不分圣贤性教之分。恐学者偏于自诚，而忽略自明而诚之功。朱子盖从学者着想，必先为贤人之事，由学以至于圣人。毕竟白鹿洞书院为学者而设。明先乎诚，盖此意欤？至于诚与明既是一而二，二而一，无怪黄宗羲"明诚"与"诚明"并用也。

阳明亦为圣人贤人之分。以为"率性是诚者事，所谓'自诚明，谓之性'也。修道是诚之者事，所谓'自明诚，谓之教'也。圣人率性而行即是道。圣人以下，未能率性，于道未免有过不及，故须修道。……则道便是个教"[28]。然人人具有良知。能致良知，"不欺则良知无所伪而诚，诚则明矣。自信则良知无所惑而明，明则诚矣"[29]。到底"精则明，精则一，精则神，精则诚。一则精，一则明，一则神，一则诚。原非有二事也"[30]。在王则诚明为一，在朱则诚明可一可二。朱子与阳明，于《大学》"格物""诚意"之先后，已不能融合，宜乎明与诚亦不能归一矣。

313

【四二】

1 《文集》卷一《白鹿洞赋》，页二下。

2 《中庸》，第二十一章。

3 《遗书》（《四部备要·二程全书》本）卷五，页二下。

4 《语类》卷九十五，第一四一条，页三八九一。

5 《易经·坤卦·文言》。

6 《勉斋集》（《四库全书》本）卷十七《复黄清卿书》，页七上。

7 《困知记》〔嘉靖七年戊子（一五二八）本〕卷一，页九上、十六上、三十五下。

8 《明儒学案》（《四部备要》本）卷一《崇仁学案》，页一上、二上。

9 《传习录》卷中，第一七一条《答陆元静（第二书）》。

10 《中庸》第二十一章。

11 《中庸章句》第二十一章。

12 《伊川文集》（《二程全书》本）卷四《颜子所好何学论》，页一上。

13 《遗书》卷二十五，页二上。

14 《论语·乡党》，第二十章。

15 《遗书》卷二十五，页六下。

16 《中庸或问》（《近世汉籍丛刊》本），页四十三上，总页八十五。

17 《张子语录》（《四部丛刊》本）卷下，页六下。又见《张子全书》（《四部备要》本）卷十二《语录抄》，页七上。《正蒙·诚明篇第六》亦简言之。

18 《遗书》卷二十三，页三上。

19 《中庸或问》（《近世汉籍丛刊》本），页四十三上，总页八十五。

20 《中庸或问》（《四库全书》本）卷下，页五十四下引。

21 同上。致曲有诚，见《中庸》第二十三章。

22 同上。

23 同上，页五十三下至五十四上。

24 《语类》卷六十四，第四十三条，页二四八九。

25 同上，第四十四条，页二四八九。

26 《孟子·公孙丑》上，第六章。

27 《语类》卷六十四，第四十六条，页二四八九。

28 《传习录》卷上，第一二七“马子莘”条。

29 同上，卷中，第一七一“不逆”条。

30 同上，第一五三“精一”条。

【四三】四端与七情

朱子谓四端[1]是理之发，七情[2]是气之发[3]，引起朝鲜理学家一场大辩论。李退溪（李滉，一五〇一——一五七〇）释郑秋峦（郑之云）《天命图》引朱子之言，谓四端皆善而七情善恶未定。其徒奇高峰（奇大升，一五二七——一五七二）以如是则析理气为二。于是四七问题成为理气一二或先后问题。两者辩论四七，无虑万余言。以后李栗谷（李珥，一五三六——一五八四）等继续讨论，结果为朝鲜理学争论最烈之点。比朱子与象山（陆九渊，一一三九——一一九三）太极之辩或与同甫（陈亮，一一四三——一一九四）王霸之辩，超而上之。历年之久，堪与我国明朝阳明（王守仁，一四七二——一五二九）《朱子晚年定论》之辩比拟。

朝鲜理学家以四端与七情对论。我国理学家则否。二程好言“四端”，少言“七情”。阳明《传习录》虽屡言“七情”，然不与性对。只言本心至善，不言四端。两国传统如此，其故安在？朱子谓四端是理之发，七情是气之发，显是以四端对七情。朝鲜四七之对，可谓溯源朱子。然程朱及以后之理学家言性皆言《中庸》之喜怒哀乐[4]而不言《礼记·礼运》之喜怒哀惧爱恶欲。朱子说四端处极多，说七情处甚少。

予以四七之辩，不发生于我国理学，其故有二。一为性情问题，如已发、未发，中庸、中和，等等，皆基于《中庸》首章而不基于《礼记》。《礼记》虽是“六经”之一，且《中庸》是其一篇。然此一篇，宋梁时代已特别受人注意。宋戴颙（三七八—四四一）著《礼记·中庸传》二卷、梁武帝（四六四—五四九）著《中庸讲疏》一卷，到唐李翱（壮年七九八）著《中庸说》一卷，且其论复性，大受《中庸》影响。张载（一〇二〇—一〇七七）年十八，见范仲淹（九八九—一〇五二），范氏劝其读《中庸》。[5]至朱子集《大学》《论语》《孟子》《中庸》为“四书”，又著《中庸章句》《中庸或问》与《中庸辑略》。《中庸》传统遂成理学一中坚。朝鲜无此传统也。于是《中庸》之喜怒哀乐在朝鲜不显，而《礼记》之七情占其前锋。

我国另一传统为配合。汉代以来，八卦五行，均有所配。故理学家以元亨利贞配仁义礼智、春夏秋冬等。七情则难以分配。门人刘圻父〔刘子寰，嘉定十年丁丑（一二一七）进士〕问七情分配四端。朱子曰：“喜怒爱恶是仁义。哀惧主礼。欲属水，则是智。且麄恁地说，但也难分。”[6]如此分配，不特不匀，且亦太勉强。又有门人问：“喜怒哀惧爱恶欲是七情，论来亦自性发。只是怒自羞恶发出。如喜怒哀欲恰都自恻隐上发。”朱子曰：“哀惧是那个发？看来也只是从恻隐发，盖惧亦是怵惕之甚者。但七情不可分配四端。七情自于四端横贯过了。”[7]《语类》四端七情对话，只此两处。比朝鲜驳论几百年，相去远矣。

1 《孟子·公孙丑》上，第六章：“恻隐之心，仁之端也；羞恶之心，义之端也；辞让之心，礼之端也；是非之心，智之端也。”

2 《礼记·礼运篇》第二十三节：“何谓人情？喜怒哀惧爱恶欲，七者弗学而能。”

3 《语类》卷五十三，第八十三条，页二〇六〇。

4 《中庸》，第一章。

5 《张子全书》(《四部备要》本）卷十五《行状》，页十一上。

6 《语类》卷八十七，第八十七条，页三五五九。

7 同上，第八十五条，页三五五八。

【四四】知行合一之先声

《语类》载门人问云："有知其如此而行又不如此者，是如何？"朱子曰："此只是知之未至。"问："必待行之皆是而后验其知欤？"曰："不必如此说。而今说与公是知之未至，公不信。且去就格物穷理上做工夫。穷来穷去，末后自家真个见得此理是善与是恶，自心甘意肯不去做，此方是意诚。若犹有一毫疑贰底心，便是知未至，意未诚。久后依旧去做。然学者未能便得恁地。须且致其知，工夫积累，方会知至。"[1]朱子所重，仍在知至。但此处不言"知至"然后"意诚"，截然分作两事。知而不行，只是知之未至，与阳明"未有知而不行者。知而不行，只是未知"[2]之言，如出一辙。又不必说必待行之皆是而后验其知。阳明亦云："必说一个行，方才知得真，此是古人不得已补偏救弊的说话。"[3]朱子虽谓末后见得此理，甘意不肯为恶，又云工夫积累，方能知至，然见理知至，则意必诚，自然为善去恶。故云不行只是未知而不云必待行之皆是而后为真知也。阳明亦云："在常人不能无私意障碍，所以须用致知格物之功，胜私复理。即心之良知，更无障碍，得以充塞流行，便是致其知。致知则意诚。"[4]

朱子门人陈淳（一一五九—一二二三）更为明显。与弟子陈伯澡云："愚之所谓真能知则真能行，行之不力，非行之罪，由知之不真切者，乃就穷格一节，说个尽头，兼与行相关云耳。……要之以极至而论，知与行其实只是一事，不是两事。凡以知行为两事，或分轻重缓急者，皆是未曾切己真下功夫，徒猎皮肤之故耳。真切己下致知功夫者，念念每与行相顾。知得如是而行不去，便就步头思所以窒碍如何，而求必通之故。则知益精细，而所行益缜密。真切己下力行功夫者，步步与知相照应。行得如是而不知其理之所以然，节目必疏率，不合圣贤之成法。须知其理昭昭在目前，则行去便无碍，而叫知益澄清。知始终副行，行始终靠知。正如行路，目足相应。目顾足，足步目。……知至知终，皆致知之属。至之终之，皆力行之属。今于始条理以知至为主，而必继以至之。于终条理以终之为主，而必继于知终之下。知与行终始常相依，而不能相离，则圣人精密之意可见矣。"[5]又《答伯澡》云："其为工夫大要处，亦不过致知力行二事而已。二者皆当齐头着力并做。不是截然为二事，先致知了，然后力行。只是一套底事。真能知则真能行。行之不力，非行之罪。皆由知之不真切。须到见善真如好好色，见恶真如恶恶臭，然后为知得亲切，而谓知之至，则行之力即便在中矣。"[6]阳明云："只说一个知，已自有行在。"[7]两者之言，若合符节。

伊川（程颐，一〇三三—一一〇七）有云："只是要一个知见难……人既能知见，岂有不能行？”[8]黄宗羲（一六一〇—一六九五）评之曰：“伊川先生已有知行合一之言矣。”[9]予敢谓朱子更进一步，盖伊川尚未解明何以必行。朱子则解知之至则意必诚，而为阳明直接之先声也。然而阳明主旨在乎良知，良知即是良行。其不行者，则是人欲之阻碍。在朱子则或因气质之偏，故需用力。知行合一，在朱子是用力之功，在阳明则本生已然，此其所谓良也。故知行合一之高峰，仍属阳明。

1 《语类》卷十五，第一百条，页四八二至四八三。

2 《传习录》上，第五“爱因”条。

3 同上。

4 同上，第八“又曰知是”条。

5 《北溪大全集》（《四库全书》本）卷二十八《与陈伯澡论李公晦往复书》，页七下至九下。

6 同上，卷二十六《答陈伯澡》，页一下。

7 《传习录》上，第五“爱因”条。

8 《遗书》（《四部备要·二程全书》本）卷十七，页五下至六上。

9 《宋元学案》（《四部备要》本）卷十五《伊川学案》，页九下。

【四五】朱子与静坐

朱子是否常常静坐，无从考据。据所知，《语类》有两段话记其静坐。尝云：“看文字罢，常且静坐。”[1]又云：“某如今虽便静坐，道理自见得，未能识得涵养个甚。”[2]《文集·答友人潘叔昌（潘景愈）》云：“熹以目昏，不敢著力读书。闲中静坐，收敛身心，颇觉得力。”[3]《与友人林井伯（林成季）书》云：“某今年顿觉衰惫，异于常时。百病交攻，支吾不暇。服药更不见效。只得一两日静坐，不读书则便觉差胜。”[4]答门人蔡季通（蔡元定）曰：“近觉读书损耗心目，不如静坐，省察自己为有功。幸试为之，当觉其效也。”[5]可知朱子时常静坐。

其个人实习，当然因其有益。至原则上应否人人静坐，则不可以一概论。尝语学子：“闲时若静坐些小也不妨。”[6]答门人黄子耕（黄營，一一五〇—一二一二），则更积极，教他：“病中不宜思虑。凡百可且一切放下，专以存心养气为务。但加趺静坐，目视鼻端，注心脐腹之下。久自温暖，即渐见功效矣。”[7]甘道士筑室藏书，朱子则劝其：“不如学静坐，闲读旧书。”[8]答另一学者，则不甚赞成。问打坐也是工夫否？朱子答曰：“也有不要打坐底。若杲老（大慧普觉禅师，一〇八九—一一六三）之属，他最说打坐不是。”又问：“而今学者去打坐后坐得瞌睡时，心下也大故定。”朱子云：“瞌睡时却不好。”[9]此非朱子自相矛盾，而乃朱子因人施教，对症发药。非谓静坐本身之良与不良也。

朱子亦无一定之静坐方式与工夫。然朱子所需静坐条件，所云有二。一为自然，一为读旧书。门人问静坐用功之法，答曰：“静坐只是恁静坐。不要闲勾当，不要闲思量。也无法。”问：“静坐时思一事，则心倚靠在事上。不思量则心无所倚靠。如何？”曰：“不须得倚靠。若然，又是道家数出入息，目视鼻端白一般。他亦是心无所寄寓，故要如此倚靠。若不能断得思量，又不如且恁地，也无害。”[10]又有门人欲专务静坐。朱子劝其不要“堕落那一边去，只是虚著此心”[11]。换言之，心无所住，乃是自然。门人因习静坐后遂有厌书册之意，朱子戒之曰：“岂可一向如此？只是令稍稍虚闲，依旧自要读书。”[12]

朱子尝教郭友仁半日静坐，半日读书，盖针对友仁个人之弱点也。[13]在朱子之意，静坐读书，当视为一途。朱子云：“人也有静坐无思念底时节，也有思量道理底时节。岂可画为两涂，说静坐时与读书时工夫迥然不同？……今人之病，正在于静坐读书时二者工夫不一，所以差。”[14]静坐读书，固然并重，然亦有先后之可言。《答友人周深甫》云：“人要读书，须是先收拾身心，令稍安静，然后开卷，方有所益。……但且闭门端坐，半月十日，却来观书，自当信此言之不妄也。”[15]

朱子相信善于静坐，则一方可以栽培涵养，一方可以明晓道理。朱子尝告门人曰：“昔陈烈先生苦无记性。一日读《孟子》‘学问之道无他，求其放心而已矣’[16]，忽悟曰：‘我心不曾收得，如何记得书？’遂闭门静坐，不读书百余日，以收放心。却去读书，遂一览无遗。”[17]

朱子论“静”，有云：“须是静坐，方收敛。”[18]论乾者天之性情，曰：“如一个刚健底人，虽在此静坐，亦专一而有个作用底意思。”[19]论张子横渠（张载，一〇二〇—一〇七七）“息有养，瞬有存”[20]之言，以为“虽静坐亦有所存主始得。不然，兀兀而已”[21]。如是收敛，专一，存养，打成一片，故“静坐则本原定”[22]，故“静坐无闲杂思虑，则养得来便条畅”[23]。答门人熊梦兆书云：“静坐而不能遣思虑，便是静坐时不曾敬。”[24]然静坐又可以有助于敬，“今人皆不肯于根本上理会。如敬字，只是将来说，更不做将去。根本不立，故其他零碎工夫无凑泊处。……看来须是静坐”[25]。持敬工夫，诚如答门人李守约（李闳祖）书所云：“但只大纲收敛，勿令放逸。到穷理精后，自然思虑不至妄动。凡所营为，无非正理，则亦何必兀然静坐，然后为持敬哉？”[26]

涵养须静坐，明理亦然。朱子曰：“须是去静坐体认，方可见得四时运行，万物始终。”[27]盖“读书闲暇，且静坐，教他心平气定，见得道理渐次分晓”[28]。如思虑又生，则是未熟。问：“静坐观书，则义理浃洽。到干事后看，义理又生，如何？”朱子答云：“只是未熟。”[29]上文谓不遣思虑为不敬，并非屏去思虑之意。所谓遣思虑者，乃排除慌乱之心思而已。苟无思虑，便是兀坐而非静坐矣。问："每日暇时略静坐以养心，但觉意自然纷起，要静越不静。"朱子答曰："程子（程颐）谓心自是活底物事。[30]如何窒定教他不思？只是不可胡乱思。"[31]问门人童伯羽（一一四四—一一九〇）如何用工，曰："学静坐，痛抑思虑。"朱子曰："痛抑也不得。只是放退可也。若全闭眼而坐，却有思虑矣。"又言："也不可全无思虑。无邪思耳。"[32]

既然涵养明察，便要力行。此是儒家明辨笃行之旨，静坐为一途径耳。或问："静坐久之，一念不免发动，当如何？"曰："也须看一念是要做什么事。若是好事，合当做的事，须去干了。或此事思量未透，须着思量教了。若是不好底事，便不要做。"[33]"既为人，亦须著事君亲，交朋友，绥妻子，御僮仆。不成捐弃了，闭门静坐。事物来时，也不去应接，云且待我去静坐，不要应。又不可只茫茫随他事物中走。二者中须有个商量倒断始得。这处正要着力做工夫。"[34]又云："人须通达万变，心常湛然在这里。亦不是闭门静坐，块然自守。事物来也须去应。"[35]总之："无事静坐，有事应酬。随时处无非自己身心运用。"[36]此虽以先后言，实则静中有动，坐里有行也。或问："初学精神易散。静坐如何？"答曰："此亦好。但不专在静处做工夫。动作亦须体验。圣贤教人，岂专在打坐上？要是随处着力，如读书，如待人处事。若动若静，若语若默，皆当存此。"[37]

综上所述，则朱子所言之静坐，与禅定迥然不同。或问："不拘静坐与应事，皆要专一否？"曰："静坐非是要如坐禅入定，断绝思虑。只收敛此心，莫令走作闲思虑，则此心湛然无事，自然专一。及其有事，则随事而应。事已则复湛然矣。”[38]“专一静坐，如浮屠氏块然独处，更无酬酢，然后为得。吾徒之学，正不如此。遇无事时则静坐，有书则读书。以至接物处事，常教此心呛呛地，便是存心。岂可凡百放下，只是静坐？”[39]或问:“疲倦时静坐少顷，可否？”曰:“也不必要似禅和子样去坐禅，方为静坐。但只今放教意思静便了。”[40]且释子坐禅，乃为坐禅而坐禅，“今若无事，固是只得静坐。若特地将静坐做一件工夫，则却是释子坐禅矣”[41]。

朱子静坐之教，从何而来？当然最初为李侗（延平先生）。李侗教学者于静坐时看喜怒哀乐未发之气象，[42]朱子不能无疑。或问:“近见廖子晦（廖德明）言今年见先生问延平先生静坐之说，先生颇不以为然。不知如何？”曰:“这事难说。静坐理会道理，自不妨。只是讨要静坐则不可。理会得道理明透，自然是静。今人都是讨静坐以省事则不可。尝见李先生说，旧见罗先生（罗从彦）说《春秋》，颇觉不甚好。不知到（广东）罗浮静极后，又理会得如何？某心常疑之。以今观之是如此。盖心下热闹，如何看得道理出？须是静，方看得出，所谓静坐，只是打叠得心下无事，则道理始出。道理既出，则心下愈明静矣。”[43]又曰:“某旧见李先生尝教令静坐。后来看得不然。只是一个敬字好。”[44]问:“先生所作李先生行状云‘终日危坐，以验夫喜怒哀乐之前气象如何，而求所谓中者’[45]。与伊川（程颐）之说‘静便是动，静中有理’[46]若不相似？”曰:“这处是旧日下得语太重。今以伊川之语格之，则其下工夫处，亦是有些子偏。只是被李先生静得极了，便自见得是有个觉处，不似别人。今终日危坐，只是且收敛在此，胜如奔驰。若一向如此，又似坐禅入定。”[47]

朱子于程、李两说，虽谓各有短长，终以程说为是。门人杨道夫（字仲思）问曰："李延平教学者于静坐时看喜怒哀乐未发之气象为如何？伊川谓既思即是已发。[48]……二先生之说何从？"曰："也只得依程先生之说。"[49]上述伊川言中，均是伊川答苏季明之问。季明问静坐时是说未发之前，伊川以祭祀前旒黈纩答之。[50]朱子曰："前旒黈纩，非谓全不见闻。"[51]季明问："喜怒哀乐未发之前，下动字，下静字？"伊川云："谓之静则可，然静中须有物。"[52]问："谓之无物则不可，然自有知觉处。"伊川曰："既有知觉，即是动也。"[53]朱子谓："此恐伊川说得太过。……今未曾知觉甚事，但有知觉在，何妨其为静？不成静坐便只是瞌睡？"[54]是则朱子对于伊川动静之说，有赞成有不赞成。唯于伊川教人静坐，大致因袭其说。答门人潘谦之〔潘柄，约乾道四年戊子（一一六八）生〕书有云："所示问目，如伊川亦有时教人静坐。然孔孟以上，却无此说。须要从上推寻，见得静坐与观理两不相妨，乃为的当尔。"[55]门人问：伊川尝教人静坐如何？曰："亦是他见人要多思虑，且以此教人收拾此心耳。若初学者当如此。"[56]伊川见人静坐，便叹其善学，[57]朱子以为"这却是一个总要处"。并释之曰："且如看《大学》'在明明德'[58]一句，须常常提醒在这里。他日长进，亦只在这里。人只是一个心做本。须存得在这里，识得他条理，脉络自有贯通处。"[59]

由上可见伊川静坐之说，对朱子曾发生重大之作用。然此非谓程氏兄弟两人，只小程子影响朱子。兄弟二人意见相同，静坐之说，无以异也。朱子曰："明道（程颢）、延平皆教人静坐。看来须是静坐。"[60]又云："明道教人静坐，李先生亦教人静坐。盖精神不定，则道理无凑泊处。”[61]明道何故教人静坐，尚未明言。朱子答门人张元德（张洽，一一六一一二三七）则云：“明道教人静坐，盖为是时诸人相从。只在学中，无甚外事，故教之如此。”[62]此或当时实际情形。然明道教静坐，必如伊川，自有其积极之因素。观明道之训谢上蔡（谢良佐，字显道），可以知之。朱子尝告门人云：“昔明道在（河南）扶沟谓门人曰：‘尔辈在此只是学某言语。盍若行之？’谢显道请问焉。却云：‘且静坐。’”[63]明道并未申明何以需要静坐，但静坐方能理会，不问可知。朱子叙述此事，不止一次。某次云：“明道在扶沟时，谢（谢良佐）、游（游酢，游定夫）皆在彼问学。明道一日曰：‘诸公在此只是学某说话。何不去力行？’二公云：‘某等无可行者。’明道曰：‘无可行时，且去静坐。盖静坐时便涵养得本原稍定。虽是不免逐物，及自觉而收敛归来，也有个着落。’”[64]此处说出静坐功能，与伊川同。朱子尚有一次举明道教上蔡且静坐，曰：“彼时却在扶沟县学中。明道言贤只是听某说话，更不去行。上蔡对以无可行处。明道教他且静坐。若是在家有父母，合当奉养。有事务，合当应接。不成只管静坐休。”[65]此处特重力行，正是儒家本色。

日本柳川刚义曾集《文集》《语类》静坐之语三十余条为《静坐集说》，载《佐藤直方全集》卷三。日本大儒佐藤直方享保二年丁酉（一七一七）为之序。所录未全，盖在择要。如《文集》中《答熊梦兆李守约》与《语类》朱子“论延平静坐”等十余条，尚付缺如。然比我国尚无此集，已胜一筹矣。以上皆从静坐之狭义而言，故所采录皆有“静坐”“打坐”等字。叙述朱子言广义之静，则钱穆《朱子新学案》第二册《朱子论静》甚详，至足参考。

327

【四五】

1 《语类》卷一一六，第二十八条，页四四五三。

2 同上，卷九，第三十二条，页二四一。

3 《文集》卷四十六《答潘叔昌（第五书）》，页二十一下至二十二上。

4 同上，别集卷四《与林井伯（第九书）》，页十四下。

5 同上，续集卷二《答蔡季通（第五十四书）》，页十三上。

6 《语类》卷二十六，第六十三条，页一〇五四。

7 《文集》卷五十一《答黄子耕（第九书）》，页二十七上。

8 同上，卷六十三《答甘道士》，页九下。

9 《语类》，卷一一六，第二条，页四四四一。杲老，《语类》误作“果若”。

10 《语类》卷一二〇，第十六条，页四六〇八至四六〇九。

11 《文集》卷六十《答潘子善（第五书）》，页二十七上下。

12 《语类》卷一一三，第四十一条，页四三八四。

13 参看页三二九“半日静坐半日读书”条。

14 《语类》卷十二，第一四二条，页三四七。

15 《文集》卷六十三《答周深甫》，页三十八上。

16 《孟子·告子》上，第十一章。

17 《语类》卷十一，第十条，页二八〇。

18 同上，卷十二，第一三七条，页三四五。

19 同上，卷六十八，第二十三条，页二六八四。

20 《张子全书》（《四部备要》本）卷三《正蒙·有德篇第十二》，页九上。

21 《语类》卷一一八，第四十条，页四五四五。

22 《语类》卷十二，第一四〇条，页三四五。

23 同上，第一三八条，页三四五。

24 《文集》卷五十五《答熊梦兆》，页二十四下。

25 《语类》卷十二，第八十四条，页三三四。

26 《文集》卷五十五《答李守约（第一书）》，页八下。

27 《语类》卷七十四，第一三〇条，页三〇二二。

28 同上，卷十一，第十九条，页二八三。

29 同上，卷一一七，第二十八条，页四四九一。

30 《遗书》（《四部备要·二程全书》本）卷五，页一上。

31 《语类》卷一一八，第七十九条，页四五六二至四五六三。

32 同上，第一条，页四五二五。

33 同上，卷十二，第一二八条，页三四三。

34 同上，卷四十五，第五十四条，页一八四四。又见卷十二，第一四三条，页三四七。

35 《语类》卷一一五，第三十五条，页四四二九。

36 《文集》卷六十一《答林德久（第九书）》，页十二上。

37 《语类》卷一一五，第三十一条，页四四二七。

38 同上，卷十二，第一四一条，页三四五至三四六。

39 同上，卷一一五，第十四条，页四四二一。

40 同上，卷十二，第一三九条，页三四五。

41 《文集》卷六十二《答张元德（第七书）》，页六上。

42 《延平答问》（宝诰堂《朱子遗书》本），页十三下。

43 《语类》卷一〇三，第十一条，页四一三五至四一三六。

44 同上，卷一二〇，第一〇五条，页四六五四。

45 《文集》卷九十七《延平先生李公行状》，页二十七下。

46 《遗书》卷十八，页十五上。

47 《语类》卷一〇三，第二十七条，页四一三九。

48 《遗书》卷十八，页十四下。

49 《语类》卷一一五，第十一条，页四四一八至四四一九。

50 《遗书》卷十八，页十五下。

51 《语类》卷九十六，第四十二条，页三九二〇。

52 《遗书》卷十八，页十五下。

53 《遗书》卷十八，页十五上。

54 《语类》卷九十六，第四十七条，页三九二三至三九二四。

55 《文集》卷五十五，《答潘谦之（第二书）》，页一上下。

56 《语类》卷一一九，第十二条，页四五八八。

57 《外书》（《二程全书》本）卷十二，页九下。

58 《大学》经文。

59 《语类》卷十一，第十九条，页二八三。又见卷九十六，第五十七条，页三九二六。

60 同上，卷十二，第八十四条，页三三四至三三五。

61 同上，第一三七条，页三四五。

62 《文集》卷六十二《答张元德（第七书）》，页六上。

63 《语类》卷一一四，第三十四条，页四四〇一。

64 同上，卷九十六，第五十六条，页三九二六。

65 同上，卷二十六，第六十三条，页一〇五四。

【四六】半日静坐半日读书

朱子门人郭友仁，字德元。楚州山阳县（今江苏淮安县）人。寓（浙江）临安。凡记录朱子门人如《考亭渊源录》《儒林宗派》《朱子实纪》《经义考》，皆无其人事迹。《宋元学案》且不记录。只《宋元学案补遗》补数十字。王梓材（一七九二—一八五一）案云："《朱子语类》载先生（友仁）所录'问吾友昔从曾大卿游。于其议论云何'云云。曾大卿盖谓农卿曾原伯也。"[1]即指郭友仁曾学于曾大卿。梓材考据甚精，今则偶误。查《语类》卷一一八第十五至二十九条，皆朱子训门人郑可学（字子上）。第二十八条之问吾友，乃问郑可学而非问郑友仁。梓材因第三十条为友仁所录而误耳。然此可证友仁之事迹无考。

关于友仁，只靠《语类》卷一一六第四十八至五十五条朱子训友仁八则。其中一条云："公向道甚切，也曾学禅来。……未能博文，便要约礼。穷理处不曾用工。……德元却于此理见得仿佛。惜乎不曾多读得书。……更须痛下工夫读书始得。”[2]又一条云：“公不可欲速。且读一小段，若今日读不得，明日又读。明日读不得，后日又读。”[3]全部八条几集中于如何读书。又云：“公今须是逐一些子细理会始得，不可如此卤莽。”[4]“读书者当将此身葬在此书中。行住坐卧，念念在此。誓以必晓彻为期。看外面有甚事，我也不管。只恁一心在书上，方谓之善读书。”[5]此乃教其专一。故其告行之日，朱子谓之曰：“人若于日间闲言语省得一两句，闲人客省见得一两人，也济事。若浑身都在闹场中，如何读得书？人若逐日无事，有见成饭吃，用半日静坐，半日读书，如此一二年，何患不进？”[6]

朱子门徒甚多。每人背景性格，均皆熟识。其训门人，皆因病施药。于德元则教之静坐读书，于杨道夫则不然，是其一例。谓道夫曰：“仲思（道夫之字）早来所说专一静坐，如浮屠氏块然独处，更无酬酢，然后为得。吾徒之学，正不如此。遇无事则静坐，有书则读书。以至接物处事，常教心光呛呛地，便是存心。岂可凡百放下，只是静坐？”[7]同是专一，一则静坐专一，一则处事专一。所训不同，盖其个性有异也。

清儒颜元（号习斋，一六三五—一七〇四）对“半日静坐，半日读书”八字，有狂烈之反应。其言曰：“朱子半日静坐，是半日达摩（约四六〇—五三四在华）也。半日读书，是半日汉儒也。试问十二个时辰，那一刻是尧舜周孔乎？宗朱者可以思矣。”[8]颜氏之颠倒是非，实所罕见。朱子只对此门徒一人如是教训，并非教人人如是。即训友仁亦无事时然后如此实习，非绝无酬酢，而专静坐读书也。今颜元乃诬朱子以半日静坐半日读书为一般人之生活方式，又诬朱子所谓静坐如菩提达摩之摈去外务，面壁九年，所谓读书如汉儒之训诂，尧舜周孔之经世，一律不管。实际上颜元并不相信朱子如此。彼反对宋儒性命之学，提倡实用。思以革命口号，打倒权威。因而故为颠倒是非，乱唱口号。五四运动以后新思潮运动排击理学，一犬吠形，百犬吠声。凡攻朱子者，皆呼打倒半日静坐半日读书之口号，而颜元俨然取尧舜周孔之地位而代之矣。然钱穆谓颜元为不读书。对颜氏半日静坐半日读书之反应，有如下之评论：

《语类》中只此一条提到半日静坐半日读书语，然此乃朱子对郭德元一人言之。傥逐日无事，有现成饭吃，在家半日读书半日静坐亦无不可，如此一二年，有进步了，到时当自有更进一步之工夫。朱子并不曾教人都闭门在家，半日静坐，半日读书。亦未尝教郭德元常此半日静坐半日读书。《陆稼书文集》有《读告郭友仁语》一篇，谓友仁曾学禅，所记恐失真。又谓以此两语为朱子教人之法，乃出陈几亭。今按高景逸《困学记》自言，在赴揭阳舟中，严立规程，以半日静坐半日读书，此乃在旅途中两月如此。刘蕺山《读书说》则云，“朱夫子尝言，‘学者半日静坐，半日读书，如此三五年，必有进步可观’。今当取以为法。”[9]此皆在明晚时。习斋不深考，乃拈此八字批评朱子，是亦不读书之过。

谓之“不读书”，乃是忠厚之言。其实颜元读朱子书，无孔不入，其《朱子语类评》，志在攻击朱子，故不惜扭曲穿凿，以朱子一时训一门徒之言，为一般教人之方。此或颜元步陈龙正（字几亭，一五八五—一六四五）之后尘。龙正云：“文公提出半日静坐，半日读书。

此固为学至切要之法。然值无事时方可行。居官居家，难尽如意。”[10]龙正奉之为法，且无事方做。颜元则弃如敝屣，固大不相同也。明人大概崇奉朱子。钱穆所举高景逸刘蕺山两例，可以见之。高景逸（高攀龙，一五六二——六二六）自述云：“（万历二十二年）甲午（一五九四）秋赴（广东）揭阳于舟中厚设蓐席，严立规程，以半日静坐，半日读书。……在路二月，幸无人事，而山水清美，主仆相依。”[11]语录云：“朱子谓学者半日静坐，半日读书，如此三年，无不进者。尝验之一两月，便不同。”[12]高氏改一二年为三年或是抄印之误。唯以朱子一时教一门人之法为学者常法，则可谓诬朱子矣。景逸不但自以为法，亦屡劝人半日静坐，半日读书。[13]刘蕺山（刘宗周，一五七八——一六四五）则以为于静坐得力时读书方能得益。其言曰：“朱夫子常言‘学者半日静坐，半日读书。如是三五年，必有进步可观。’今当取以为法。然除却静坐工夫，亦无以为读书地，则其实亦非有两程候也。”[14]高氏延长一二年为三年。刘氏则延至三五年。毋怪颜元指朱子为教人半日达摩也。陆稼书（陆陇其，一六三〇——一六九二）则并朱子教人静坐而否认之。著《读朱子告郭友仁语》，为朱子洗脱。陇其云：“愚按：德元曾学禅。此语系德元所记，恐失其真。”[15]以下引朱子答人两书，以见朱子教敬而不教静坐。续云：“愚故谓德元所记，恐失其真。几亭陈氏以此二语为朱子教人之法，误矣。……程朱何尝不言静？不知程朱固未尝不言静，而未尝限半日，且其所谓静者，皆是指敬，非如学禅者之静。”不限半日，诚是矣。静敬与禅定不同，亦诚是矣，然因友仁曾学禅而遽谓其所录失真，则矫枉过正。朱子确教友仁半日静坐，半日读书，乃对症施药，而对一人一次之言，固无洗刷之必要。颜元另有用意，乱言之耳。

1 《宋元学案补遗》（《四明丛书》本）卷六十九《沧洲诸儒学案补遗》上，页一九〇上。

2 《语类》卷一一六，第五十条，页四四七〇。

3 同上，第五十四条，页四四七二。

4 同上，第四十八条，页四四六九。

5 同上，第五十三条，页四四七二。

6 同上，第五十五条，页四四七四。

7 《语类》卷一一五，第十四条，页四四二一。

8 《颜李丛书》（四存学会本）第六册《朱子语类评》，页二十四上。

9 《朱子新学案》（台北三民书局，一九七一）第二册，页二九三。

10 《几亭全集》（康熙二十二年癸亥，一六八三年，余十一元序）卷五《学言详记》二，页十五上。

11 《高子遗书》〔光绪二年丙子（一八七六）本〕卷三《困学记》，页十五上。

12 同上，卷一《语》，页十下。

13 同上，卷八上《与逯确斋（第一书）》，页二十五下；《与安我素（第一书）》，页二十九下。

14 《刘蕺山集》（《四库全书》本）卷十一《读书记》，页二十九下。

15 《三鱼堂文集》（嘉会堂原刊本）卷四《读朱子告郭友仁语》，页三下至四上。

【四七】“程子曰”

《四书章句集注》引程子甚多。《文集》《语类》亦然。只云“程子曰”而不指明为大程子（程颢）抑或小程子（程颐）。每令读者不辨为谁。其中因讨论内容，而知“程子”为程颢或程颐者，自无问题。如问：“天地设位而易行乎其中，只是敬，如何？”朱子答曰：“易是自然造化。圣人本意，只说自然造化流行。程子是将来就人身上说。”[1]程子指程颢，因所述之语，乃彼之所云也。[2]又如《语类》云：“尹彦明（尹焞）见程子后半年方得《大学》《西铭》看。”[3]读者当知程子指程颐，因《外书》明言尹彦明见伊川（程颐）也。[4]朱子亦称两兄弟之号，尤其是兄弟有不同处为然。如论性，朱子云：“明道（程颢）此处却是就人性发用处说。……伊川言极本穷源之性。”[5]间或用“大程夫子”“小程夫子”。如朱子云：“今之想像大程夫子者，当识其明快中和处。小程夫子者，当证其初年之严毅，晚年又济以宽平

335 处。”[6]如是分别清晰，不生误会。他如用“大程子”、“小程子”[7]、“大程”、“小程先生”[8]等，清清楚楚。何以不处处如是，而必用“程子”？朱子思路极其分明。则其用“程子曰”，必有理由。

【四七】

朱子编次《程氏遗书》与《程氏外书》，采集二程门人所记，去取不苟。《遗书》卷十一至卷十四为明道语，卷十五至卷二十五为伊川语。其余除少数注明为“明”（明道）或“正”（正叔，程颐字）外，只云“二先生语”。《外书》亦只少数注明“正”、“淳”（伯淳，程颢字），“伊川”、“明道”耳。学者每以朱子之“二先生语”为不妥，而必欲决定某语为谁之言者。陈龙正（一五八五——一六四五）编《程子详本》，《依近思》录例，分十四卷。以“明”字指明道语。“伊”字指伊川语，“合”字指两先生语，空圈指无可考证为谁人之语。虽用圈者尚多，而改朱子之“二先生”为一人者亦属不少。所用标准为何，未得其详，故有不可解者。如《遗书》卷二上有两条言横渠（张载，一〇二〇——〇七七）之清虚一大。陈龙正以一为伊川语，以一为不知谁人之语，[9]殊乏一致。又如《遗书》二上以“受学于周茂叔（周敦颐，一〇一七——〇七三），每令寻颜子仲尼乐处所乐何事”条为明道语，[10]兄弟均学于周子，而《颜子所好何学论》，则伊川之作也[11]。黄宗羲（一六一〇——六九五）《宋元学案》之《明道学案》亦以此条为明道语，不解何故。牟宗三谓其无鉴别之原则，[12]似非苛言。牟教授亦如陈、黄二氏，以“二先生语”大部为明道语。彼以（1）凡属二先生语者吾人可视为二程初期讲学之所发。此期以明道为主。（2）“二先生语中凡语句轻松，透脱，有高致，无傍依，直抒胸臆，称理而谈，而又有冲虚浑含之意味者，大体皆明道语也。”（3）“明道语句简约，常是出语成经，洞悟深远。”（4）“明道喜作圆顿表示，伊川作分解表示。”“以上四点即是鉴别明道智慧之关键。握此关键，则知凡二先生语中未注明谁语者实大部皆明道语也。”[13]根据此四点，牟氏乃按定若干“二先生”之语为明道之言。有所鉴别，诚远胜于前人矣。然第一点以“二先生语”为初期讲学之所发，并以大部为明道语，究属假设。朱子与黄宗羲均未尝为此言。牟先生苟能实证，则于学术史之贡献为不小矣。其他三点界限难定，学者品评不同。大概“二先生语”中凡有与明道或伊川相近之语，可以属诸一人。然朱子并未作如是想，其故安在？

顷查明人吕柟（一四七九——一五四二）《宋四子抄释》总序引朱子云：“程氏兄弟二人，其学既同，其言无异。遂统称‘程子’。”是则朱子之用“程子曰”，并非偶然、疏忽或糊涂，而所以强调其兄弟二人共同之思想也。吕柟所引朱子之语，曾查《语类》索引所列“程子”二十五条[14]与《朱子文集固有名词索引》所列“程氏”一〇五条，[15]均不之见。吕柟之《朱子抄释》，录自朱子门人杨与立〔绍熙四年癸丑（一一九三）进士〕之《朱子语略》。（参看页二六九“理生气也”条）此语或仅存于《宋四子抄释》，未可知也。

抑“程子”之指兄弟二人，亦非无据。《语类》云：“横渠之于程子，犹伯夷、伊尹之于孔子。”[16]此言程子为北宋理学之全而张子为偏，亦犹孔子为圣之全而伯夷、伊尹为圣之偏也。朱子断非以兄弟中之一人为北宋理学之全。故其道统论以明道、伊川两人同继孟子之后。（参看页四四三“新道统”条）《语类》又谓“程子不以《太极图》授门人”[17]。朱子云：“《太极图》立象意尽，剖析幽微。周子盖不得已而作也。观其手授之意，盖以为惟程子为能受之。程子之秘而不示，疑亦未有能受之者尔。”[18]周子曾否授程子以《太极图》与程子是否因无能受之者而不受，姑且不论。此处“程子”指二程，则无可疑。如上所言，二程受学于周子。岂周子只授一人耶？朱子曰：“今观《通书》皆是发明太极。书虽不多，而统纪已尽。二程盖得其传”[19]，亦足以证“程子”之指二程也。

《语类》更有一条，“程子”、“二程”并举，实可为确凿之证据。朱子云：“孟子已见得性善，只就大本处理会。更不思量这下面善恶所由起处，有所谓气禀各不同。后人看不出，所以惹得许多善恶混底说来相炒。程子说得较密。因举‘论性不论气不备，论气不论性不明。二之则不是’[20]。须如此兼性与气说方尽此论。盖自濂溪（周敦颐）太极言阴阳五行有不齐处，[21]二程因其说推出气质之性来。使程子生在周子之前，未必能发明到此。”[22]此处朱子先用“程子”，而继续用“二程”之后，即又用“程子”，则“程子”断不能指程氏兄弟之一人。

朱子引用“论性不论气不备，论气不论性不明”之言，次数甚多。此语载《遗书》卷六，为“二先生语”。朱子引之而不提姓或名者，据所知《文集》一处，[23]《语类》四处，[24]此五处可以不计外，指为明道之语者文集一处，[25]《语类》两处，[26]共三处。指为伊川之语者，《语类》两处，[27]《孟子集注》一处，[28]《近思录》一处，[29]共四处。而指为“程子”之语者，则《文集》一处，[30]《语类》七处，[31]共八处，双倍于指明道语或伊川语。凡此差异，并非朱子有所矛盾，或记忆错误，而是二程性气之说无异，故谓为明道之言也好，谓为伊川之言也好，谓为程子之言更好。故凡朱子用“程子曰”，除讨论内容显指何人外，皆与《遗书》“二先生语”同义。朱子记忆力甚强。引经据典，信口而来。唯《语类》载朱子曰：“伊川曰：‘天理二字，却是自家体贴出来。’”[32]“伊川”应作“明道”。[33]不知是否记录者之误。

学者对“论性不论气不备，论气不论性不明”究是谁人之语，答案并不一致。孙奇逢（一五八五—一六七五）之《理学宗传》[34]与陈龙正之《程子详本》[35]，作为明道之语，而黄宗羲之《宋元学案》，则作为伊川之语。[36]近人钱穆亦作伊川语，[37]而牟宗三以为“未定谁语”[38]。查《性理精义》采录此语，只云《程子》[39]，似较近朱子之意也。

《近思录》所采二程之语占六百二十二条中之三百七十六条。其中有数十条原书未指明何人所说或注家混乱者，余逐条考究，可备参考。[40]

1 《语类》卷九十六，第十七条，页三九一一。

2 《遗书》（《四部备要·二程全书》本）卷十一，页二上。

3 《语类》卷九十五，第一七六条，页三九〇三。

4 《外书》（《二程全书》本）卷十二，页十三下。

5 《语类》卷九十五，第四十七条，页三八五九。

6 同上，卷九十三，第七十四条，页三七四八。

7 《文集》卷四十八《答吕子约（第四十六书）》，页二十八上。

8 《语类》卷九十三，第九十条，页三七五二。

9 陈龙正《程子详本》〔崇祯十六年癸未（一六四三）本〕卷十一《教人》，以《遗书》卷二上页十六上之“横渠教人”条为伊川语，而于卷一《道体》三，以《遗书》卷二上页六下之“立清虚”条为不知谁人语。

10 同上，卷二《为学》二。

11 《伊川文集》（《二程全书》本）卷四，页一上至二上。

12 《心体与性体》（台北正中书局，一九六八），第二册，页九。

13 同上，页五至九。

14 《语类》（一九七〇年本）索引，页一〇九。

15 东京大学朱子研究会编（东京东丰书店，一九八〇），页六八三至六八四。

16 《语类》卷九十三，第八十八条，页三七五一。

17 同上，卷九十四，第一〇九条，页三七九〇。

18 《文集》卷三十一《答张钦夫（第十九书）》，页九上。

19 《语类》卷九十三，第五十二条，页三七四三。

20 《遗书》卷六，页二上。

21 《周子全书》卷一《太极图说》。

22 《语类》卷五十九，第四十四条，页二二〇〇。

23 《文集》卷四十一《答连嵩卿（第三书）》，页六上。

24 《语类》卷五十九.第四十七条，页二二〇二，第四十九至五十一条，页二二〇二至二二〇三。

25 《文集》卷四十四《答方伯谟（第三书）》，页十九上。

26 《语类》卷四，第六十四条，页一一三；卷六十二，第六十二条，页二三七〇。

27 《语类》卷四，第四十八条，页一〇八；卷五十九，第四十二条，页二一九五。

28 《孟子集注·告子》上，第六章。此处朱子未尝明言伊川之语。但同注上文引《遗书》卷十八页十七下“性即理也。理则自尧舜至于途人，一也”之言，以为程子语。《遗书》卷十八乃伊川语，故论性气不备不明之言，必为伊川之语。

29 《近思录》卷二《为学》第三十“论性”条。第一十八“礼乐”条下朱子有注云：“以上并明道语。”而第四十三“学只”条以下为“明道先生日”，则自二十九“父子”条至四十二“视听”条当为伊川语。

30 《文集》卷三十九《答徐元聘（第二书）》，页二十四下。

31 《语类》卷四，第四条，页一〇七；第六十二条，页一一二。卷五十三，第七十八条，页二〇五九。卷五十九，第四十四条，页二二〇〇；第四十八条，页二二〇二；第五十五条，页二二〇五。卷一三七，第六十八条，页五二五六。

32 同上，卷九十八，第六十四条，页四〇〇一。

33 《外书》卷十二，页四上。

34 孙奇逢《理学宗传》〔康熙五年丙午（一六六六）本〕，卷二，页十四上。

35 《程子详本》卷一《道体》一。

36 《宋元学案》（《四部备要》本）卷十五《伊川学案》，页九上。

37 《宋明理学概述》（台北中华文化出版事业委员会，一九五三），页七十二。

38 《心体与性体》第二册，页三〇八。

39 《性理精义》（《四部备要》本）卷九《性命类》，页二下。

40 拙著《朱学论集》（台北学生书局，一九八二），页一五四至一六二。

【四八】“定本”

《文集》卷四十六载朱子《答黄直卿（黄榦）书》云：“为学直是先要立本。……此是向来差误。”[1]此书又见续集，唯改“此是向来差误”为“此是向来定本之误”[2]。王阳明《传习录》末附《朱子晚年定论》，摘选《文集》书札三十四通。第一通即此续集之《答黄直卿书》。其《朱子晚年定论序》云：“世之所传《集注》《或问》之类，乃其中年未定之说，自咎以为旧本之误，思改正而未及。”《传习录》答门人杨士德问格物之说云：“文公早岁便著许多书。晚年方悔是倒做了。”士德曰：“晚年之悔，如谓向来定本之误，……是他到此方悔从前用功之错，方去切己自修矣。”阳明曰：“然。此是文公不可及处。”[3]此处“定本”，即阳明所谓“旧本”，是指朱子《四书章句集注》与《四书或问》之旧本也。阳明以朱子止是讲论注解，太过支离。晚年方趋于阳明之涵养本源，着实体察。

《朱子晚年定论》发表以后，大受反对。罗钦顺（一四六五—一五四七）致书阳明，谓“又所取《答黄直卿》一书，监本止云：‘此是向来差误。’别无‘定本’二字。今所编刊，增此二字，当别有据。而序中变‘定’字为‘旧’字，却未详‘本’字何所指否？朱子有《答吕东莱》一书，尝及定本之说，然非指《集注》《或问》也。”[4]朱子《答东莱（吕祖谦）》云：“子静（陆象山）旧日规模终在。……为学规模，亦岂容无定本？但随人材质病痛而救药之，即不可有定本耳。”[5]此处“定本”当然指固定之标准而非书卷之版本。阳明复书，载《传习录》卷中，即《答罗整庵少宰书》。书甚长，但无一字讲及“定本”。大概阳明以罗氏来函所论朱子之《大学》分章与其格物之说为较重要，故大半集中于此两点。或者无可解说，亦未可知。

【四八】

明人陈建（一四九七—一五六七）批评阳明，词更强烈。今录其《学蔀通辩》一节如下：

> 或曰：阳明作《定论序》，谓朱子……《集注》诸书，乃其中年未定之说，自咎为旧本之误，思改正而未及。阳明所据信然耶？曰：此阳明捕风捉影，诬前诳后之深也。……旧本之误，朱子初无是语也。朱子《续文集·答黄直卿》云：“为学直是先要立本。文义却可且与说出正意，令其宽心玩味。未可便令考校同异，研究纤密。恐其意思促迫，难得长进。此是向来定本之误。今幸见得，却烦勇革。不可苟避讥笑，却误人也。”详此书盖论教人之事，说教人定本。文意甚明。（原注云：朱子尝云，“圣人教人有定本”。又下文谓“教人须先立定本”，正同此。）阳明何得矫假以为悔《集注》诸书之证也哉？又按朱子正《文集》亦载此书。但此句止云“此是向来差误”，无“定本”二字。其

非为著述尤明。阳明《定论》不采正集而采续集，亦乖。[6]

《语类》载朱子云：“圣人教人有定本。……父子有亲。……非礼勿动，皆是定本。”[7]上引《答吕东莱》“即不可有定本耳”下续云：“渠（子静）却云正为多是邪意见，闲议论，故为学者之病。某云如此即是自家呵斥亦过分了。须是著‘邪’字‘闲’字，方始分明，不教人作禅会耳。又教人恐须先立定本。却就上面整顿，方始说得无定本底道理。今如此一概挥斥，其不为禅学者几希矣。”

以上辩论，全在“定本”二字。予尝谓阳明解“定本”为“旧本”，并非固为曲解以惑人，而乃其确信朱子所谓定本实指订定之版本，而《答黄直卿》之“向来定本”乃“旧本”之意。观其与门人士德对话，显是此意。若谓故意曲解，希引人信，则师生谈话之间，亦如此耶？阳明误会不可掩，但其诚意亦不可掩也。予意阳明实在疑心生暗鬼。彼既坚信朱子晚年悔改，于是一见“定本”二字，便作“旧本”。其所以采用续集《答直卿》而不采用正集《答直卿》，则正以其有“此是向来定本之误”之语也。至于续集何以改正集之“向来差误”为“向来定本之误”？亦有可说。答直卿再前一书云：“《大学》向所写者，自谓已是定本。近因与诸人讲论，觉

343 得《絜矩》一章，尚有未细密处。”编续集者遂以“差误”为《大学》定本之误。且答直卿书言及考校异同，研究纤密，正与《大学》定本之细密相似，故遂改“差误”为“定本之误”，而阳明早存主见，即以定本为旧本耳。[8]

1 《文集》卷四十六《答黄直卿（第二书）》，页三十下。

2 同上，续集卷一《答黄直卿（第十八书）》，页三下。

3 《传习录》上，第一一〇“士德”条。

4 《困知记》〔嘉靖七年戊子（一五二八）本〕卷五《附录·与王阳明》，页四下。

5 《文集》卷三十四《答吕伯恭（第九十三书）》，页三十四上。

6 《学蔀通辩》（《正谊堂全书》本）卷一，前编中，页四下至五下。

7 《语类》卷八，第八条，页二〇七。

8 参看拙著《朱学论集》（台北学生书局，一九八二）《从朱子晚年定论看阳明之于朱子》，页三五三至三八三。

【四九】“民可使由之，不可使知之”[1]

《论语》记此语为孔子之言，并无解释。何晏（一九〇—二四九）注云：“由，用也。可使用而不可使知者，百姓能日用而不能知。”历来注家均从此说，以为群众无知，但可使由之而不可使知之。亦有主张此只限于愚民，其他则可教而使之知也。[2]至程子（程颐，一〇三三—一一〇七）乃持异说。问：“民可使由之，不可使知之。”是圣人不使知之耶？是民自不可知也？曰：圣人非不欲民知之也。盖圣人设教，非不欲家喻户晓，“比屋皆可封”[3]也。盖圣人但能使天下由之耳，安能使人人尽知之？此是圣人不能。故曰“不可使知之”。若曰圣人不使民知，岂圣人之心，是后世朝三暮四之术也？[4]即是说，非不使知之，乃不能使知之也。其《经说》所云：“民可使之由是道，不能使之皆知也。”[5]亦是此意。

至朱子解释，又进一步。《论语集注》注此句曰：“民可使之由于是理之当然，而不能使之知其所以然也。”[6]此下又引程子“圣人设教”之言。程子只谓可使之由而不能使之知，朱子则进而谓可使之行所当然而不能使知所以然。朱子复于《论语或问》详释之曰：“理之所当然者”，所谓“民之秉彝”[7]、“百姓所日用”[8]者也。圣人之为礼乐刑政，皆所以使民由之也。其所以然者，则莫不原于天命之性，虽学者有未易得闻者[9]，而况于庶民乎？其曰不可使知之，盖不能使知之，非不使之知也[10]。大概信良谓此注为新义，以其用当然所以然之说也。[11]实在仍是旧义，盖程子所谓圣人不能使人尽知，乃因民无可知之能力耳。朱子亦谓圣人不能使知之，乃因民无可知理之必然之能力耳。

唯朱子确有一新义，为程子所未言者，宋以前注家，更无论矣。此新义见于其《答范伯崇》。伯崇即念德。娶刘勉之（一〇九一—一一四九）之女，与朱子为襟兄弟。学于朱子。尝侍朱子访张栻（一一三三—一一八〇）于湖南长沙，同登衡山，多所唱和。朱子去世之前一日，尚属书念德托写礼书并为其孙择配。其《答范伯崇》曰：

前书所询“民可使由之”一段，熹窃谓两说似不相妨。盖民但可使由之耳。至于知之，必待自觉，非可使也。由之而不知，不害其为循理。及其自觉此理而知之，则沛然矣。必使知之，则人求知之心胜，而由之不安。甚者遂不复由，而惟知之为务。其害岂可胜言？释氏之学是已。大抵由之而自知，则随其深浅，自有安处。使之知则知之必不至。至者亦过之，而与不及者无以异。此机心惑志所以生也。[12]

朱子侧重在一“使”字。问题不在圣人之能不能，而在圣人之使不使。苟必使之，即是强之，则求知心胜，由亦不安，而知亦过之矣。是以必须自动追求，乃可知之。于是重心不在圣人而在民，必待自觉自知。此不特为“知之”之无上条件，而亦“由之”之无上条件也。此是多方面之新义。

1 《论语·泰伯》，第九章。

2 参看刘宝楠《论语正义》(《国学基本丛书》本) 卷九《泰伯》，页六十六。

3 《汉书》(《四部丛刊》本) 卷九十九上，页三十八下《王莽传》：谓国多贤人，家家可以加赏爵位。

4 《遗书》(《四部备要·二程全书》本) 卷十八，页二十八下至二十九上。

5 《经说》(《二程全书》本) 卷六《论语说》，页十一下。

6 《论语集注·泰伯》，第九章。

7 《诗经》第二百六十篇《大雅·荡之什·烝民》。《孟子·告子》上，第六章。

8 《易经·系辞上传》，第五章。

9 《论语·公冶长》，第十二章：“夫子之言性与天道，不可得而闻也。”

10 《论语或问》(《近世汉籍丛刊》本) 卷八《泰伯》，页八上，总页三五五。

11 《朱子四书集注典据考》(台北学生书局，一九七六)，页一二六。

12 《文集》卷三十九《答范伯崇 (第一书)》，页三十一上下。

【五〇】“一而二，二而一”

某日杨联陞教授来示云：“一而二”“二而一”两命题，同时举出，大有道理。中国友人往往使用，而未必知其所出。顷检韩国大山先生所著《理气汇编》第八页上朱子又曰：“性犹太极也，心犹阴阳也。太极只在阴阳之中，非能离阴阳也。然至论太极，则太极自是太极，阴阳自是阴阳。惟性与心亦然。所谓‘一而二，二而一’也。”[1]杨教授虽未提出朱子是否首用此语之问题，然予疑朱子或常用之。然检查《文集》《语类》，只见尚有两次，一论心性。其言曰：“大抵心与性，似一而二，似二而一。”一论显与藏，曰：“如说一而二，二而一者也。”[2]是则不止一次，然未常用也。朱子既云“所谓”，则此语必是成语或来自古籍。然遍查古籍索引与成语辞典，均无此语。佛家云：“一即一切，一切即一。”然此指一与多，与理学之理一分殊之概念相当，而非指一而二，二而一也。慧照禅师（临济义玄，八六七年卒）有“一即三，三即一”之语，[3]但未云“一而二，二而一”，故“一而二，二而一”，当非佛语。

张子横渠（张载，一〇二〇——〇七七）《正蒙·太和篇》曰：“两不立，则一不可见。一不可见，则两之用息。两体者，虚实也，动静也，聚散也，清浊也。其究一而已。”[4]此即谓一与两相同，亦即“一而二，二而一”之意。下篇《参两篇》更云：“一故神（原注：两在故不测），两故化（原注：推行于一）”，其“一为两而两为一”之意更显。[5]但张子尚未明言“一而二，二而一”，论《正蒙》者，则直用之。明儒高攀龙（一五六二——六二六）论《太和篇》曰：“张子本《易》以明‘器即是道’。故指太和以名道。盖理之与气，一而二，二而一者也。”[6]清儒俞长城（壮年一七〇〇）论“一故神，两故化”，亦曰：“一统于两，而即乘于两。……盖不离乎阴阳，诚之体物而咸在。不滞乎阴阳，诚之用物而不穷。故曰‘天地之道，一而两，两而一’者也。”[7]此处以“两”代“二”，盖以张子原文为“两故化”。然其义一也。

查张子未尝用“一而二，二而一”。程子（程颐，一〇三三——一〇七）则明言之。尝曰：“昼夜者，死生之道也。知生之道，则知死矣。尽人之道，则能事鬼矣。死生人鬼，一而二，二而一者也。”[8]程子之言，朱子《论语集注》全引之[9]，《语类》亦三述其“一而二，二而一”之语[10]。吾人所知，程子为用此语之第一人。然必有先之者，尚待考查。

程朱而后，宋明学者多用此语。陈淳（一一五九——二二三）论“克己复礼”云：“克己复礼，须知二而一，一而二者也。”[11]陈埴（壮年一一二〇）《木钟集》载问答云：“（问）：晦翁谓幽明始终无二理[12]，程子谓昼夜死生之道[13]。意者此理非有二途，所谓’一而二’。以幽明始

349 终言之，‘二而一’。……（答）：气聚则始而生，气散而终而死。……所谓‘一而二’者，聚散本一气，分而为聚散耳。所谓‘二而一’者，虽分而为聚散，其实一气耳。惟其‘一而二’，故有生必有死。惟其‘二而一’，故知生则知死。”[14]黄榦（一一五二——一二二一）《中庸总论》谓：“知体用为二，则操存省察，皆不可以不用其力。知体用合一，则从容中道，皆无所用其力也。”[15]以上三者皆朱子门人，可知此概念在朱门颇为普遍。以后明儒亦多用之。薛瑄（一三九八——一四六四）论《太极图》云：“太极虽不杂阴阳，亦不离乎阴阳。天地之性，气质之性，‘一而二，二而一’也。”[16]罗钦顺（一四六五——一五四七）论“一故神，两故化”云：“故言化则神在其中矣。言神则化在其中矣。言阴阳则太极在其中矣。言太极则阴阳在其中矣。‘一而二，二而一’者也。”[17]郝敬（一五五八——一六三九）答“天地不二不测”[18]之问，曰：“太极未判，浑浑沌沌。太极初判，一生两分，两抱一立。以为一，而两已形，以为两，而一方函。不可谓一，不可谓二。第曰不二，非一非二之名。阳动阴静，翕辟相禅。一以贯之，是曰不测。在人心惟已发之和与未发之中，交致而万感万应，所谓‘一而二，二而一’。”[19]薛瑄与罗钦顺均近朱子。郝敬为经学家而略倾于朱。故三者有亦一亦二之论。谓此为朱门之主旨，大概不误。王门则主一而排二矣。朱子尝谓：“必使道心常为一身之主，而人心每听命焉。”[20]阳明不解朱子一而二，二而一之义，以朱子析为二心。[21]刘宗周（刘蕺山，一五七八——一六四五）评之曰：“先生（阳明）说人道只是一心，极是。然细看来，依旧只是程朱之见，恐尚有剩义在。孟子曰：‘仁，人心也。’[22]人心便只‘人心也’之人心。道心即是仁字。以此思之，是一是二？人心本只是人之心。如何说他是伪心欲心？敢以质之先生。"[23]刘氏所议，乃阳明仍有伪心、欲心之见，而非谓朱子之人心、道心，是一而二，二而一也。宗周每评阳明，然谨守王门特色"一而非二"之旨。阳明谓："予既自幸其说之不缪于朱子，又喜朱子之先得我心之同然。"[24]施邦曜（一五八五——一六四四）评此语曰："先生与朱子是一是二，两言可见。"[25]此指朱王归一，亦是王门重一之色彩。吾人苟谓朱门亦一亦二，王门一而无二，虽不中，不远矣。朝鲜大儒李退溪（一五〇一——一五七〇）为朝鲜朱子学巨擘。谨守"一而二，二而一"之训。故其《小学题辞》云："盖小学、大学，相待而成，所以'一而二，二而一'者也。"[26]

1 《语类》卷四十五，第四十三条，页一四一至一四二。

2 同上，卷五，第五十六条，页一四四；卷七十四，第一二六条，页三〇一八。

3 《大正新修大藏经》第四十七册《临济慧照禅师语录》，页四九九。

4 《张子全书》（《四部备要》本）卷二《正蒙·太和篇第一》，页四下。

5 同上，《参两篇》第二，页五下。

6 《正蒙释》注《正蒙·太和篇第一》第一节。参看《宋元学案》（《四部备要》本）卷十七《横渠学案》，页五下。

7 俞长城《可仪堂文集》(《丛书集成》本)卷一《诚通诚复说》,页六至十七。

8 《粹言》(《四部备要·二程全书》本)卷一,页七上。

9 《论注集注·先进》,第十一章。

10 《语类》卷三十九,第二十、二十一条,页一六一四;卷九十六,第八十二条,页三九三四。

11 《北溪大全集》(《四库全书》本)卷七《克己复礼须知二而一一而二》,页七上。

12 《文集》卷四十三《答吴公济》,页十五上下。

13 《粹言》(《四部备要·二程全书》本)卷一,页七上。

14 陈埴《木钟集》(《四库全书》本)卷一《论语》,页八十七下。

15 《勉斋集》(《四库全书》本)卷三,页三十九上。

16 《读书录》(《近世汉籍丛刊》本)卷二,页十五上下,总页一〇六。

17 《困知记》〔嘉靖七年戊子(一五二八)本〕卷一,页二十一上下。

18 《中庸》第二十六章:“天地之道,可一言而尽也。其为物不贰,则其生物不测。”

19 现据《明儒学案》(《四部备要》本)卷五十五《诸儒学案》下,页八上。

20 《中庸章句·序》。

21 《传习录》卷上,第十“爱问道心”条。

22 《孟子·告子》上,第十一章。

23 《刘子全书遗编》〔光绪十八年壬辰(一八九二)本〕,卷十三《阳明传信录》三,页四下。

24 《传习录》下《附录》,《朱子晚年定论序》。

25 《阳明先生集要》〔光绪三十二年丙午(一九〇六)本〕《理学集》卷四,页九十一上下。

26 《增补退溪全书》(大东文化研究院刊本)第一册《进圣学十图劄·小学题辞》,页二〇二。

【五二】 朱子解"自得"

《孟子 · 离娄》下，第十四章云："君子深造之以道，欲其自得之也。自得之，则居之安。居之安，则资之深。资之深，则取之左右逢其原。故君子欲其自得之也。"

朱子《孟子集注》注之曰："言君子务于深造而必以其道者，欲其有所持循，以俟夫默识心通，自然而得之于己也。"又引程子曰："学不言而自得者，乃自得也。有安排布置者，皆非自得也。然必潜心积虑，优游餍饫于其间，然后可以有得。若急迫求之，则是私己而已，终不足以得之也。"[1]《孟子或问》较详，其言曰："学是理则必是理之得于身也。不得于身，则口耳焉而已矣。然又不可以强探而力取也。必其深造之以道，然后有以默识心通，而自然得之也。盖造道之不深者，用力于皮肤之外，而责效于旦夕之间。不以其道者，从事于虚无之功，而妄意于言意之表。是皆不足以致夫默识心通之妙，而自得之必也。多致其力而不急其功，必务其方而不躐其等，则虽不期于必得，而其自然得之，将有不可御者矣。若程子所谓笃诚烛理，潜心积虑，优游涵养，栽培深厚，皆其所以造之之道，而君子之所以自得者。……得而不出于自然，则虽有所居而不安。惟自得之，则理之在我者，吾皆得以居之。”[2]《语类》亦曰：“造之愈深，则自然而得之。既自得之而为我有，则居之安。”[3]其解程子之说，亦谓自然。《语类》问：“学不言而自得者，乃自得也。”曰：“道理本自广大。只是潜心积虑，缓缓养将去，自然透熟。若急迫求之，则是起意去起趋他。只是私意而已。安足以入道？”[4]

上述数则，皆侧重自然。朱子解“自得”为自然得之，毫无疑义。此解与南轩（张栻，一一三三—一一八〇）解释不同。《孟子大全》引陈淳（一一五九—一二二三）云：“自得之有二说。朱子谓自然而得之。所附程子说，证己说之出于程子也。一说谓自得之于己。如南轩云：‘不自得则无以有诸己。自得而后为己物也。以其德性之知，非他人所能与。故曰自得。’[5]此近乎庄生所谓自得其得，而非得人之得之意，[6]然有弊。不如自然得之之说，有从容优游之味。”[7]《孟子》此章赵岐（二〇一年卒）注只谓“意欲使己得其原本，如性自有之然也”。

究竟自然得之如朱子之说，抑自我得之如南轩之说，殊不明了。从来注家只云自得，不加解释。唯日本注家则每释为自我得之。美国学者亦然。《大汉和辞典》引《孟子》此章即释“自得”为“自我悟于心”[8]。既有两解，则任择其一，亦无不可。唯有等学者强解朱子之自得为自我而得。此则有悖朱子原意，不可不辩。

1 《遗书》(《四部备要·二程全书》本) 卷十一，页四上。程子指程颢。“然必”以下述《遗书》，卷二上，页二上大意。《遗书》未指明是程颢语抑或程颐语。

2 《孟子或问》(宝诰堂《朱子遗书》本)，卷八，页三下至四下，《孟子·离娄》下，第十四章。

3 《语类》卷五十七，第二十二条，页二一三一。

4 同上，卷九十五，第一四九条，页三八九四。

5 《癸巳孟子说》(《四库全书》本) 卷四《离娄》下，页五十一上下。

6 《庄子·骈拇篇第八》(《四部丛刊》本名《南华真经》) 卷四，页十上 [“不自得而得彼者，是得人之得，而不自得其得”]。

7 陈淳语，查不见《北溪字义》《北溪大全集》与《北溪遗书》。陈淳有《孟子口义》，或出于此。然此书早已失传矣。

8 《大汉和辞典》，卷九，页四一三。

【五二】“心法”与“心学”

尹焞（一〇七一—一一四二）曰：“伊川先生（程颐，一〇三三—一一〇七）尝言：‘《中庸》乃孔门传授心法。’”[1]朱子《中庸章句》导言引之，曰：“此篇乃孔门传授心法。”又于《论语集注·颜渊问仁章》曰：“愚按此章问答，乃传授心法切要之言。”[2]James Legge（理雅各，一八一五—一八九七）译《中庸》，翻“心法”为“the law of the mind”以后译者沿之。近年西方学者，大受日本影响。日本佛学盛行，佛法以心传心。故《大汉和辞典》即释“心法”为“心を修ある みち”，即修心之术。继而谓“宋儒の语ぐ、心の体を存养レ，心の用を省察する道をいふ”。随引《中庸章句》“传授心法”之语，[3]视心法为存养心体，省察心用之道。其以心为说也明矣。然《中庸》无“心”字。“颜渊问仁”乃问仁而非问心。若谓朱子注“颜渊问仁”，开始即谓“仁者，本心之全德”，则只可云仁与本心之密切关系，而非谓《中庸》

《论语》皆言心也。《辞海》解“心法”为“即要法”。《辞源》且解为“通谓师弟传授曰心法”，均不如《大汉和辞典》之集中于心也。

窃谓“心法”之定义，应以儒者之了解如何为准。邵子（邵雍，一〇一一—一〇七七）曰：“先天之学，心法也。故图皆自中起。万化万事，生乎心也。……盖天地万物之理，尽在其中矣。”黄粤洲释之曰：“右先天象数第二篇，皆以发明图卦之精蕴。象数森齐，统乎一中。中为太极，为人心。图法即心法，学者即图以见心可也。”[4]此指邵雍“所以谓之观物者，非以目观之也。非观之以目，而观之以心也。非观之以心，而观之以理也”[5]。邵子之学，为理学之一派，偏于象数。若谓象数之学，其中点为心，其可通乎？谢扶雅教授有《邵雍先天学新释》，以“先天学，心法也”之心法，相当于Rationalism，用数理学的方法，是先验的，重理性。“并非如一般唯心论者所用的自我中心的（Ego-centric）主观法，乃是理性中心的（Logo-centric）的客观法。”[6]可见邵子之“心法”，与《大汉和辞典》所谓宋儒存养心体，省察心用之道，大相径庭。

朱子讨论“人心惟危，道心惟微。惟精惟一，允执厥中”之十六字诀[7]，谓为“圣人心法”。此非单指修心。下文引《中庸》择善固执，博学、审问、慎思、明辨、笃行，明善诚身[8]，与《大学》致知格物[9]，乃整个修身之道，非仅修心也[10]。元儒许衡（一二〇九—一二八一）有《鲁斋心法》。韩士奇序有云：“人所以贵于天地间者，以心也。心所以贵于人者，有法也。心法之传，尧开之，舜广之。”[11]王原烷序云：“夫‘人心惟危，道心惟微。惟精惟一，允执厥中’者，尧舜禹授受之言。世所谓三圣心法也。”[12]此即十六字诀，乃儒家传授之主旨。然非单指修心，而乃指如何克胜私欲而服从天理之整个修身行道而言。且《鲁斋心法》非许衡所自撰。实是后人从《鲁斋全书》中之《语录》抄集而成。察其分类，则有日月、阴阳、理、仁、致知、论文、论官等门。非专言心也。明成祖（一三六〇——一四二四）采经史子集有关君道、父道、臣道、子道之言，刊印成书，名曰《圣学心法》。此书亦如《鲁斋心法》，包括圣学全面，所谓要法是也。湛若水（一四六六——一五六〇）著《孔门传授心法论》，首即云："心出于天。天无内外，心亦无内外。有内外，非心也。非心也者，不足以合天也。"[13]骤观之，似是专论存心之术。然又续云："人者，天之生理也。心者，人之生理也。性者，心之生理也。道者，性之生理也。……故心不可以不存也。一存而四者立矣。……无过不及，其《中庸》之心法乎！心包乎万物之外，事物行乎心之中，内外合矣。此其法也。……此合内外之道也。大哉《中庸》，斯其至矣。"[14]毕竟所谓心法，乃内外合一中庸之道，亦即孔门传授之要道也。

朱生荣贵来函，谓《学津讨原》有《正易心法》一书，为宋人麻衣道者所撰，陈抟（赐号希夷先生，约九〇六—九八九）注解。最早有崇宁三年（一一〇四）李潜几道序，开章首云："正易者，正谓卦画，若今经书正文也。据周孔辞传，亦是注脚。每章四句者，心法也。训于其文消息也。"（页三上）朱君并云："心法一词的用法，似乎较接近朱子的用法。或许在北宋初年，已有将心法作为书名者，多少增加学者了解理学家使用心法之历史背景，也不一定。"朱君所见，诚为精确。此序虽在程颐之后，然"心法"非指传心之法而是要法，显而易见。则心法之为要法，不只限于理学矣。

日本与西方学者之解"心法"为"修心之法"，乃以佛法以心传心之故。又以陆象山与王阳明心即理之说，有近于禅，称为心学。近年“心学”一词，在我国哲学界亦甚通行。以程朱学派为理学，陆王学派为心学。大致而言，固无不可。然程朱亦言心，陆王亦言理，实非黑白之分也。邵子《皇极经世书》有《心学》一章。开章明义即谓“心为太极。人心当如止水，则定。定则静。静则明”，似是言养心之学。然下又云：“以物喜物，以物悲物，此发而中节者也。……中庸之法，自中者，天也。自外者，人也。学不际天人，不足以谓之学。……因物则性，性则神，神则明矣。……气则养性，性则乘气。”[15]有如心法，此处心学仍是儒家全面修养之学。儒家所谓心学，乃指十六字诀人心道心之学，统括格致诚正，修齐治平，与佛家之以心相印不同。故陈建（一四九七—一五六七）云：“圣贤之学，心学也。禅学、陆学亦皆自谓心学也。殊不知心之名同而所以言心则异也。”[16]陈氏并禅学、陆学为一谈，则不外门户之见。至其谓“孔孟皆以义理言心，至禅学则以知觉言心”[17]，则指出二者言心之不同，而非谓儒家心学只学养心也。

顾炎武（一六一三—一六八二）《日知录》有《心学》一条甚长，批评黄震（一二一三—一二八〇）《黄氏日钞》之解《尚书》“人心惟危”章，谓：“近世喜言心学，舍全章本旨而独论人心、道心。甚者单摭道心二字，而直谓心即是道。盖陷于禅学，而不自知其去尧、舜、禹授受天下之本旨远矣。……世之学者，遂使此书十六字为传心之要，而禅学者借以为据依矣。”[18]顾氏按曰：“心不待传也。……圣贤之学，自一心而达之天下国家之用，无非至理之流行，明白洞达，人人所同，历千载而无间者，何传之有？俗说浸淫，虽贤者或不能不袭用其语，故僭书其所见如此。《中庸章句》引程子之言曰：‘此篇乃孔门传授心法。’亦是借用释氏之言，不无可酌。……古有学道，不闻学心。古有好学，不闻好心。心学二字，'六经'孔孟所不道。……心学者，以心为学也。以心为学，是以心为性也。"[19]顾氏不特反对解十六字诀为传心，并且根本反对"心学"一词，实恐言之过甚。儒家并非不言传心，[20]只与禅门不立文字，以心传心之不同而已。

1 《外书》(《四部备要·二程全书》本) 卷十一，页一下。

2 《论语集注·颜渊》，第一章。

3 《大汉和辞典》卷四，页九四六。

4 《皇极经世书》(《四部备要》本) 卷七上《观物外篇》上，页三十四下至三十五上。

5 同上，卷六《观物内篇》，页二十六上。

6 《中国哲学思想论集·宋明篇》(台北牧童出版社，一九七六)，页九十四至九十五。

7 《书经·虞书·大禹谟》，第十五节。

8 均《中庸》第二十章。

9 《大学》经文。

10 《语类》卷七十八，第二一二条，页三一九九。

11 《鲁斋心法》(《近世汉籍丛刊》本)，页一上，总页二。

12 同上，页二上，总页四。

13 《湛甘泉先生文集》〔万历八年庚辰（一五八〇）本〕卷二十八《杂著》，页四十二下。

14 同上，页四十三下、四十四下。

15 《皇极经世书》卷八下《心学》第十二，页二十五上至二十七下。

16 《学蔀通辩》(《正谊堂全书》本) 卷十《终编》上，页二上。

17 同上。

18 《黄氏日钞》(《四库全书》本) 卷五《读尚书》，页二上至四下。

19 《日知录》(《国学基本丛书》本) 卷十八，页一〇九至一一〇。

20 参看钱穆《朱子新学案》(台北三民书局，一九七一) 第二册，页一〇〇至一〇五。

【五三】“豁然贯通”

朱子之《大学补传》，释第五章“格物致知”之义，有云：“至于用力之久，而一旦豁然贯通焉，则众物之表里精粗无不到，而吾心之全体大用无不明矣。”西方学者，每译“豁然贯通”为“忽然贯通”。愚每于研讨会辩之，而学者大多不以为然。其所以坚持其说，不肯放弃者，其故有二。一为西方宗教觉心甚强，尤以神秘主义为甚。西方传统神秘主义之一大特点为忽然跃进。于是以朱子之豁然贯通，亦如西方之神秘主义，忽然突破。一为理雅各（James Legge，一八一五—一八九七）译“一旦豁然贯通”为he will suddenly find himself possessed of a wide and far-reaching penetration。理雅各译“豁然贯通”为wide and far-reaching penetration最为正确。其译“一旦”为suddenly是否可通，暂不置论。独惜读者误会理雅各，以为彼译“豁然”为suddenly，遂以朱子之格物致知为一忽然突破。其与朱子素来为学循序渐进之主张，水火不容，在所不顾。宗教觉心之强，有如是者。

愚并不否认朱子思想有神秘主义。朱子释鬼神云："忽然而来，忽然而往。方如此，又如彼。使人不可测知鬼神之妙用也。"[1]此神秘也。又云："合下是先有理后有气耶？后有理先有气耶？皆不可得而推究。"[2]此亦神秘也。愚只谓朱子之神秘主义与西方之神秘主义不同，而此处"豁然贯通"不可以西方突进之说释之耳。

各辞典释"豁然"为"开大"、"开明"，并无"忽然"之意。《大学或问》云："是以君子之心，豁然大公"[3]，亦是此义。断无其心本私，而忽然大公之理。《大学或问》释此语甚详。引程子伊川之言曰："今日而格一物焉，明日又格一物焉。积习既多，然后脱然有贯通处耳。"[4]又曰："自一身之中以至万物之理，理会得多，自当豁然有个觉处。"[5]又曰："穷理者非谓必穷天下之理，又非谓止穷得一理便到。但积累多后，自当脱然有悟处。"[6]朱子益之曰："必其表里精粗，无所不尽，而又益推其类以通之。至于一日脱然而贯通焉。"[7]又云："巨细相涵，动静交养。初未尝有内外精粗之择。及其真积力久，而豁然贯通焉，则亦有知其浑然一致，而果无内外精粗之可言矣。"[8]又云："从容潜玩，积久贯通。……待此一事，融释脱落，然后循序渐进，而别穷一事，如此既久，积累之多，胸中自当有洒然处。"[9]从上述诸语观之，渐进之意甚明，结果为广大贯通，毫无疑义。

程朱均"豁然"、"脱然"并用。"脱"，"解除"也，开除旧见之意。朱子复释伊川脱然贯通之语曰："学问却有渐无急迫之理。"[10]又云："如左脚进得一步，右脚又进一步。右脚进得一步，左脚又进。接续不已，自然贯通。”[11]上面谓“洒然处”，即洗除之意。西方学者又联想及宗教之神秘思想，释为“解脱”，以是为等于禅宗之解脱，更以禅宗顿悟之义，强释朱子渐悟之教。可谓其宗教成见，牢不可破矣。

“一旦”云者，据各辞典只言“一朝”、“一日”、“某日”、“一度”耳。《大汉和辞典》并有“忽然”之义。[12]理雅各译之为suddenly，未尝不可。然朱子本人尝云“一日脱然而贯通焉”[13]，加以其学问渐进之说，则应解补传之“一旦”为“一日”而非“忽然”也。一九八四年冬，中国思想史研讨会在台湾新竹清华大学举行。中西学者云集。日本中国哲学会长山井涌与东京大学法学部渡边浩两教授均在场。愚讨论“一旦豁然贯通”译法。渡边教授回日后来函赐教，略云：“山井教授示以朱子《答郘叔义（第一书）》，谓：‘此学亦当……循序渐进，然后可得。决非一旦慨然永叹，而躐等坐驰之所能至也。’[14]‘渐进’与‘一旦’显然相对。恐‘一旦豁然贯通’难免忽然之意”云云。愚意“渐进”应与“躐等坐驰”相对。此处“一旦”固可解作“忽然”，但亦可释为“一日”。朱子未尝无“忽然”之说。《语类》云，“看文字且自用工夫。……久之自能自见。盖蓄积多者，忽然爆开，便自然通”。[15]吾人可谓朱子并非绝对不谈忽然贯通，唯其通常主张，则积累渐进也。要之，“豁然”、“脱然”均非“忽然”。“一旦”可作“忽然”解，然以“一日”、“一朝”为正。况朱子本人用“一日”耶？

谈及渡边教授，又有可记者。彼谓刘宝楠（一七九一——一八五五）之《论语正义》曾引日本儒学健将荻生徂徕（物茂卿，一六六六——一七二八）。愚奇之，请问其详。来函承示刘氏《述而篇》第七第二十六章“子钓而不纲”与《子罕篇》第九第十二章“有美玉于斯”，均引物茂卿。查刘氏所引者为荻生徂徕之《论语征》，略释“钓而不纲，所以为敬”，“有美玉”章之善贾乃贾人之善者。[16]此虽与朱子研究无关，然百余年前中国儒学者采用日本儒学者之说，不可不谓为富有兴趣而极有意义之事也。

1 《语类》卷六十八，第十二条，页二六八〇。

2 同上，卷一，第十三条，页四。

3 《大学或问》释经文（《近世汉籍丛刊》本），页十七下，总页三十四。

4 《遗书》（《四部备要·二程全书》本）卷十八，页五下。

5 同上，卷十七，页六上。

6 同上，卷二上，页二十二下。

7 《大学或问》第五章，页二十下，总页四十。

8 同上，页二十一上，总页四十一。

9 同上，页二十四下，总页四十七至四十八。

10 《语类》卷十八，第八条，页六二七。

11 同上，第十二条，页六二九。

12 《汉和大辞典》卷一，页四十一。

13 《大学或问》释经文，第五章，页二十下，总页四十。

14 《文集》卷五十五，页二十八下。

15 《语类》卷十一，第七十七条，页二九五。

16 《论语正义·述而》，第二十六章；《子罕》，第十二章。

【五四】“魔”

绍熙元年庚戌（一一九〇），朱子六十一岁，知福建漳州。四月到郡，翌年四月去郡归。到任之初，除晓谕居民居丧持服遵礼外，即禁男女聚集僧庐为传经会与女道私设庵舍。其劝谕榜有“佛法魔宗”、“魔佛”、“魔教”三词。此“魔”字极是重要。如此字作“妖”字解，绝无问题。若作“摩”字解，则指摩尼教。即谓朱子知有摩尼教而且禁止之矣。此点不可不澄清之。

一九八四年九月有宋代教育之研讨会，假座美国东部匹林斯敦会议中心举行。名为宋代，实集中于朱子，盖此会乃一九八二年国际朱熹会议教育工作组之后身也。参与者国际专家二十余人。席间哥伦比亚大学研究生朱荣贵君报告朱子各处外任之劝谕榜。彼译“魔”为“妖”，予赞助之。唯西方学者数人，极端反对，坚持“魔”为魔教，即吃菜事魔教，亦即摩尼教。其中Erik Zürcher为

365 中国佛教史世界权威，对我国历史上外来宗教，甚为熟识。彼谓南宋时代，摩尼教福建犹存云。

【五四】查摩尼教三世纪由摩尼（Mani）创立，故名Manichaeism，为伊朗古代宗教之一。其教义基于拜火教之善恶二元论，而采集基督教与佛教等若干成分。约六七世纪传入新疆，唐嗣圣十一年甲午（武则天延载元年，六九四）入长安。随散播于长江流域。会昌五年乙丑（八四五）排佛以后，摩尼教随之而衰。然南宋时代，江西福建犹有其迹。在华与佛教道教混合，又称明教、魔教、吃菜事魔教。

吾人问题并非南宋福建是否有摩尼教，而是朱子晓谕榜中之“魔教”是否指摩尼教。其《劝女道还俗榜》云：“后世礼教不明，佛法魔宗，乘间窃发。唱为邪说，惑乱人心。使人男大不婚，女长不嫁。谓之出家修道，妄希来生福报。……岂若年齿尚少，容貌未衰者，各归本家，听从尊长之命。公行媒娉，从便婚嫁，以复先王礼义之教，以遵人道性情之常？息魔佛之妖言，革淫乱之污俗，岂不美哉。”[1]其《劝谕榜》云：“不得传习魔教。……不得停丧在家。……切不须斋僧供佛，广设威仪。……不得以修道为名，私创庵宇。……不得以礼佛传经为名，聚集男女，昼夜混杂。……不得以禳灾祈福为名，敛掠钱物，装弄傀儡。”[2]

此两件公文最应注意者有二。一为其对象纯为佛教，二为其目的全在社会改良。观其并未提及教义，可知绝非排教。所劝谕者乃修道不嫁之女子，劝其还俗。所禁止者乃私创庵舍，因女道住庵被人控诉与人通奸，又因以传经为名，男女昼夜混杂也。凡此与教条无关，其目标乃社会改良而已。两文对象，全在佛教。禳灾祈福，佛教道教均与其事，然上文引“佛法魔宗”一词，若谓“魔宗”

指魔教，亦即摩尼教，则何以道教不一并攻击耶？且朱子之时，摩尼教虽或尚存于福建，然非盛行，以至私创庵舍。陈淳叙述民间宗教最详，然并未提及摩尼教也。[3]以故“佛法魔宗”、“魔佛”、“魔教”三词之“魔”字，只是妖邪魔鬼之意。“佛法魔宗”非指两教，乃行文之排法耳。“魔佛”亦非指两教，而指佛教为邪恶害人。“魔教”亦然，非摩尼教之别名也。

或曰，沈继祖诬朱子六大罪，谓其“剽张载、程颐之余论，寓以吃菜事魔之妖术”[4]。此处明指摩尼教，可知朱子与此教有实际关系矣。吾应之曰：继祖奏疏，几乎全数说谎。（参看页七五八“沈继祖诬朱子六罪”条）然沈氏既举其名，则必是得诸传闻，可以见此教之存在。然亦只可证其存在，而不能证其与朱子有关，更不能证其漳州之禁，乃禁摩尼也。《年谱》云：“其俗尤崇尚释氏之教，男女聚僧庐为传经会，女不嫁者私为庵舍以居，悉禁之。”[5]其专指佛教也明矣。

1 《文集》卷一百《劝女道还俗榜》，页四上至五上。

2 《文集》卷一百《劝谕榜》，页六上至七上。

3 《北溪字义》卷下《“鬼神”门》。

4 叶绍翁《四朝闻见录》（《浦城遗书》本）卷四《庆元党》，页十下。

5 王懋竑《朱子年谱》（《丛书集成》本）卷四上，页一七一。

【五五】朱子用喻

用喻之多，不论是次数抑或是种类，无有出乎朱子之右者。《语类》卷四十一答门人问颜渊问仁，首七条即用五喻。朱子以克己“如红炉上一点雪”“如通沟渠壅塞，仁乃水流”“如火烈，烈则莫我敢遏”“如孤军猝遇强敌，只得尽力舍死向前而已”“如将火去救火相似”“又似一件事，又似两件事”。[1]尝召陈淳（一一五九—一二二三）晚入卧内，训以“下学而上达”，如耕田须先下种子，穿钱索须先有钱，海水在湾在曲在洲在渚无非是水。一条而有三喻，恐是前无古、后无今者。[2]一次只以喻为答。问“四端不言信如何？”曰：“公泼了碗中饭，却去碗背拾。”[3]

用喻以《语类》对答为最多。盖谈话之间，举喻亲切，每有画龙点睛之效。品评人物亦常用之。谓：“荀子空说（性）许多，使人看着如吃糙米饭相似。”[4]东坡（苏轼，一〇三七—一一〇一）“则杂以佛老。到急处便添入佛老相和溷瞒人，如装鬼戏放烟火相似”[5]。朱子“尝说‘陆子静（陆九渊，一一三九——一九三）、杨敬仲（杨简，一一四一——二二六）自是十分好人，只似患净洁病。又论说道理。恰似闽中贩私盐底。下面是私盐，上面以鲞鱼盖之，使人不觉’。盖谓其本是禅学，却以吾儒说话遮掩也。[6]对庄子则有好评，谓庄周是个大秀才……如说‘《易》以道阴阳，《春秋》以道名分’[7]等语，后来人如何下得？他直是似快刀利斧，劈截将去，字字有着落”[8]。

《语类》用喻，凡千百次。所举之喻，亦数百种。朱子不假思索，得心应手。所有当前事物，均可作喻，真所谓“取之左右逢其原”[9]。以物品言，则房屋家具有屋与户[10]、桌与椅[11]、盆桶与锅[12]、磨与刀与秤[13]。特以无星之秤比禅学与陆学之空虚无实。又有钱与钱索[14]、衣服、草鞋与扇[15]，以至砚与香炉[16]，皆用得其当。交通有路，有船，有轮。[17]食物有五谷，有粟，有梨，有橘子。[18]又有茶，有羹，有油，有姜。[19]加以珍馔皮壳。[20]动物则有狗、猫、狮子与鱼。[21]五光十色，无所不备。

以执事言，则饮食方面有饮食、煮物与吃物。[22]分而有吃饭、吃馒、食果、剥皮、食藜、食肉与食冷物。[23]有蒸饼与食饱。[24]又有饮茶、制酒、饮酒与饮醉。[25]起居方面有行坐、行路、乘船、推车、骑马、寻屋、看屋、入门。[26]又有入窠、穿井、过桥、上塔与上树。[27]工作方面则有扫地、耕田、车水、种麻、划草、击火与蹈火。[28]手艺方面有写字、绣花、雕龙、脱衣、揲著、射箭。[29]更有磨玉、锻链、炼丹、念咒、补锅[30]，以至索绳、举重、指掌与使钱[31]，无所不有。对外方面为做官、诉讼与守卫[32]，继以捉贼、逐虎、捉蛇[33]。士农工商，无所不包。日常生活，几全面采用无遗。学者面面可以联想，日日不忘。其教导之功，不可以寻常讲解视之也，亦有出乎寻常之外，如通身黑、蚁钻珠、无底篮之类，[34]然只三数而已。

以物为喻之有特殊意义者，则有水、镜、光、宝珠、药、米、木与两轮。以水为喻，比任何事物多至十倍以上。骤观之，似是沿袭孟子性善犹水之就下，与明道人性本善犹水性本清[35]之说。然朱子尝评明道言性，谓其既“说水流而就下了，又说从清浊处去，与就下不相续”，故“比来比去，也终有病”[36]。朱子亦以水比性，然侧重其向下者少[37]，侧重其清[38]、静[39]与平[40]者多。以波澜比私欲之搅动[41]，而以其湿润比仁[42]。仁如水之静，是体。流而为爱，是用。[43]又如水在瓶为忠，泻出为恕。[44]仁如水流，无有阻碍[45]，唯须有次序差等[46]。更必用加去塞之功[47]，如以水胜火也[48]。理与仁有一般性，如水之在洋海与鱼腹，在沼在溪，在杯之大小方圆，无非是水。[49]分装在各个碗中仍是水，如理之一本万殊。[50]又特重源头活水。[51]此一名句，固不限于《文集》脍炙人口《观书有感》之诗也。[52]

以镜比心，由庄子[53]经佛家而至伊川[54]，实为我国思想传统之譬喻，皆重其空净与抹去尘垢。如此用法，《语类》不下十次，[55]以释其心与明德之观念。然有两种采用为前所未见者。一为以人心如镜之自明。[56]一为以镜比过化存神，即谓先来照者既去，从来者可以照也，[57]此皆朱子别开生面之处。与镜相近者为光之明。此光乃日月之光[58]、火之光[59]、烧火之光[60]、烛之光[61]、灯之光[62]与灯笼之光[63]。亦比禅宗之日光与灯光为多矣。

佛家以宝珠比佛与佛法，朱子则以宝珠比理，谓气如水，可清可浊，然不碍珠之为珠[64]，珠贝如理欲，同埋沙砾，然自有别也[65]。圣人如柳下惠与圣人之言，均如宝珠，不为物蔽也。[66]心与道，亦如宝藏，必须用力保持之。[67]朱子以道家本有宝藏而乃弃之，以取佛家之瓦砾云。[68]与宝珠相同者，朱子又有真金之喻。[69]

药之喻，上溯《书经》。[70]朱子引用其语。[71]然此喻采用之频，必与其本人健康有密切之关系。朱子晚年多病，时常服药。故以己之臂病[72]，与煎药服药教人渐进，教人克己，教人专一，教人有恒，教人实践[73]。且以药比三纲。[74]到底药之效用，在乎其人。[75]

此外以米喻仁与一本，[76]乃上乘伊川之"心如种"[77]。木与木之萌芽为仁之由亲亲而爱物之最清楚之比喻。[78]两轮两翼两足，均为朱子知行相顾，明诚并进，居敬穷理二者不可废一之一贯思想之比喻。[79]凡此皆理学之特殊象征，经朱子而益明确者也。

若以专题论，则《语类》卷八至卷十三教人为学用喻最多，计卷八有起屋、食果、炼丹、煮物、煎药、吃饭、澡浴。[80]卷九有下雨、守户、血战、行路、学射、服药、积财。[81]卷十有执法、捉贼、用兵、使帆、吃饭、学射、灌水、食果、织锦、饮食、观屋与饮酒。[82]卷十一有拭桌、听讼、灌田。[83]卷十二有日升、种物、烧火、宝珠、入屋、溉田、去草、舡舟。[84]卷十三有登塔、行路、墨砚、清水、种子。[85]为学方法之多，上智下愚，均可适用。

以上皆从《语类》立论。与之比较，《文集》与《四书章句集注》《四书或问》，用喻甚少。此等著述皆是说理或叙事，非如《语类》之对话，故无借重譬喻之必要。《大学或问》只第二章以疏瀹澡雪以去尘垢比日日新，第五章以伊川大军之游骑太远而无所归[86]比格物而不察之于身，与第七章用成语"如鉴之空，如衡之平"以喻人心之应物而已。《中庸或问》亦只三喻，即第一章之伊川之明镜止水，[87]以比心之未发，与第十六章程子之隔壁而听，[88]以喻析鬼神与其德为二物，则不能见鬼神之德之所以为诚。又以木之有干而后有枝叶以明体物之必先有物，如是而已。

《文集》卷二十四至二十九为时事出处之书札，全无譬喻。续集卷一至卷十一与别集卷一至卷六之书札亦然。正集卷三十至六十四问答之书札用喻者极少。与象山与同甫（陈亮）辨学并不用喻，只述陆氏之床上加床[89]与陈氏之炼铁为金[90]而已。此三十五卷问答书中，所举之喻，只十二次。多用文言，且用成语如入鲍鱼之肆[91]、冰炭不容[92]、掩耳盗铃[93]、买椟还珠[94]，两次引用伊川之喻，即游骑无归[95]与扶醉人[96]，一次用韩愈同浴而讥裸裎[97]之喻[98]。其他一半为其本人之喻。二者如致中如射中[99]与心犹镜[100]为传统之喻。二者以陆学如弊帚[101]与仁者心之德有如水之润、火之燥[102]，乃其哲学之要旨。一者如小儿迷藏之戏以比勉强而为之实践。[103]朱子尝谓"譬喻无十分亲切底"[104]，此语决不能为朱子道也。

1　《语类》四一，一六六一。本条因注甚多，只举卷数与页数如上。

2　同上，一一七，四五〇〇。

3　同上，五十三，二〇六〇。

4　同上，一三七，五二五六。

5　同上，五二六二至五二六三。

6　同上，一二四，四七七〇。

7　《庄子》（《四部丛刊》本名《南华真经》）卷十《秋水篇》第三十三，页二十五上下。

8　《语类》一二五，四七九〇。

9　《孟子·离娄》下，第十四章。

10　《语类》，屋：三十一，一二五七至一二六一、一二六七；三十二，一三一一；三十三，一三五九；四十一，一六五四；一一八，四五二五；一二六，四八二七。户：十五，四七七；十八，六六六。

11　同上，桌：二十一，七九一；九十五，三八四一；一一六，四四五七；一二六，四八四九。椅：九，二四八〇。

12 同上，盘：一，十一。桶：二十七，一〇七九。锅：一，十二。

13 同上，磨：九十八，三九八四。刀：六，一九三；十五，四七五；二十八，一一六〇；五十三，二〇四〇；六十三，二四四六；一二五，四七九〇。称：十六，五五五；十九，七〇一二；一二六，四九。

14 同上，二十七，一〇七四；一一七，四五〇一。

15 同上，衣服：十九，七一五。草鞋：十五，四八七。扇：四十五，一八五〇；九十八，三九八六；一一五，四四一二。

16 同上，十三，三五六；二十一，七八七。

17 同上，路：四十二，一七二二。船：十二，三四八；三十四，一四〇六；四十五，一八二七。轮：二，二十六。

18 同上，谷：二十八，一一四五。粟：十六，五二五。梨：六，一八二。橘：一一八，四五六一。

19 同上，茶：十五，四六八。羹：二十四，九二九。油：二十八，一一五五。姜：一二一，四六六四。

20 同上，一一二，四三五八；一二一，四七〇六。

21 同上，三十一，一二七九；五十三，二〇五八；一三〇，五〇一〇。

22 同上，饮：二十九，一一六七。煮：四十九，一九〇七。吃：二十四，九二〇；三十一，一二六三；一二一，四七〇九。

23 同上，饭：十四，四五〇；十八，六八〇；十九，六九七；二十，七二八；一一七，四四九五；一二〇，四六二七。馒：三十二，一三一七；一一四，四四〇七。果：十八，六六八；一一七，四四九四。皮：一二六，四八三八。藜：二十八，一一五三。肉：七十九，三二二四。冷：一二一，四六六四。

24 同上，十五，四八六；十六，五二八；一二一，四六七八。

25 同上，茶：一二三，四七三八。制：四十一，一六九一。饮：十四，四五〇；三十六，一五四四。醉：十四，四一七。

26 同上，行：十六，五二〇。路：十四，四四〇；十五，四七一、四八七；十六，五七五；十八，六三一；五十二，一九六四；一一九，四六〇一。船：一一四，四三九五、四四〇二；一一六，四四五二；一一七，四四九九、四五一〇；一一八，四五五三；一二〇，四六二八。车：三十一，一二六三、一二六五。马：九十四，三七七〇、三七七三；一一六，四四五二；一二一，四六九二。寻：一二一，四六八一。看：二十，七二八；二十八，一一五二。入：十九，六九〇。

27 《语类》，窠：一二一，四六八四。井：一二一，四六七五。桥：十五，四八二。塔：十五，五〇一。树：一二五，四七八九。

28 同上，地：一一八，四五六一。田：十五，四八八；十九，六九一；一一五，四四二四；一一七，四五〇一。水：一二〇，四六三二。麻：十六，五三二。草：四十四，一七七五。击：十七，六〇三；四十三，一七五一；一二〇，四六三三。蹈：十五，四九九。

29 同上，字：三十六，一五四七；四十四，一八一一；五十三，二〇五六。花：一二一，四六八〇。龙：三十三，一三六九。衣：二十九，一二〇八。著：六十四，二五二八。射：一一三，四三七五；一一八，四五七四。

30 同上，玉：一二一，四六九三。锻：一二一，四六六九。丹：一一四，四四〇七。咒：一三〇，四九八四。锅：一〇八，四二六七。

31 同上，十八，六七七；五十二，一九六四；一二一，四六六八；五十九，二二一三。

32 同上，一二六，四八五九；四十四，一七九八；一二六，四八七二。

33 同上，贼：十五，四八二；三十五，一五〇八；四十二，一七一九；四十三，一七五一；四十四，一七七四、一七七七。虎：二十一，七八二。蛇：十五，四七五。

34 同上，三十，一二五五；二十六，一〇五三；一二四，四七六四。

35 《孟子·告子》上，第二章；《遗书》（《四部备要·二程全书》本）卷一，页七下。

36 《语类》，九十五，三八五六至三八五七。

37 同上，四，一一六；五十八，二一四五。

38 同上，四，九十三；十三，三五九；十六，五三五；十八，六八三；五十九，二二一八；九十五，三八五〇至三八五一；一二六，四八三一。

39 同上，五，一五一；十五，四九〇；三十二，一三一八；五十三，二〇四二、二〇六二；五十九，二二一〇。

40 同上，六，一八八。

41 同上。

42 同上，二十三，八七九；九十五，三九〇〇。

43 同上，六，一六二。

44 《语类》，二十七，一〇八二。

45 同上，十九，七〇四。

46 同上，二十，七四六。

47 同上，三十六，一五六〇；四十一，一七〇三；一一七，四五二二。

48 同上，五十九，二二四九。

49 同上，三，六十二；十九，六八九；二十，七五二；三十二，一三〇六；三十三，一三五九、一三六二、一三六五；五十七，二一二九；一一七，四五〇二；一二〇，四六三九。

50 同上，二十七，一〇八五至一〇八六。

51 同上，一二〇，四六〇七。

52 《文集》卷二，页十下。

53 《庄子》卷三《应帝王篇第七》，页三十六上。

54 《遗书》卷十八，页十六上。

55 《语类》，二，三十三；十一，三一〇；十四，四一七、四二六；十五，四七二；十六，五五二至五五四、五六四；十七，六〇五；十八，六八一；二十八，二五八。

56 同上，三十一，一二五二、一二六二；四十一，一七〇二。

57 同上，六十，二二八八。

58 同上，十二，三二〇、三二七；三十二，一三二五；三十三，一三六二；三十四，一四〇七。

59 同上，四，一二二；六，一八八；七，二一〇；十五，四六六、四六七。

60 同上, 十二, 三二八。

61 同上, 十五, 四八三。

62 同上, 五, 一三八; 十五, 四七四; 二十, 七七〇; 二十三, 八八七; 一〇一, 四一二五。

63 同上, 六十四, 二四九八。

64 同上, 四, 一一七至一一八; 十二, 三二九; 十七, 六〇一。

65 同上, 七, 四四七七。

66 《语类》, 三十四, 一四〇三、一四〇五; 四十八, 一八九五。

67 同上, 五十九, 二二一八; 一二一, 四六六七、四六七四、四六七九、四六九九; 一二六, 四八二四。

68 同上, 一二六, 四八二〇。

69 同上, 十六, 五二三、五三五; 三十四, 一四二六; 五十, 一九九六; 一一六, 四四五一。

70 《书经·商书·说命》上, 第八节。

71 《语类》, 一一八, 四五四一。

72 同上, 一二一, 四七一七。

73 同上, 渐: 八, 二二〇; 十, 二五九; 一一五, 四四二六。克: 九, 二四〇; 四十二, 一七一一、一七二一。专: 十九, 七〇九。恒: 十, 二七四; 三十五, 一四九〇。践: 十一, 一一八七。

74 同上, 十五, 四九三。

75 同上, 二十, 七七二; 二十二, 八三一; 二十八, 一一四二; 五十九, 二二三九。

76 同上, 二十, 七六三; 一三〇, 四六〇四。

77 《遗书》卷十八, 页二上。

78 《语类》, 十四, 四一三; 二十, 七四七; 二十五, 九八〇; 二十七, 一〇八五; 四十三, 一七六二; 五十三, 二〇四五; 五十五, 二〇八七。

79 同上, 九, 二三七, 二三八; 十四, 四四九; 一一四, 四三八九。

80 同上, 八, 二〇九、二一二、二二〇、二二二、二二三、二二八。

81 同上, 九, 二三八、二四〇、二四一、二四二、二四四、二四七、二五〇。

82 同上, 十, 二五九、二六〇、二六三、二六五、二六六、二六九、二七三、二七五。用兵又见十六, 五二九; 四十一, 一六六一、一六七八; 六, 四四六九; 一二一, 四六七〇、四六七三、四六七六、四六八五。

83 同上, 十一, 二八九、二九四、三〇九。

84 同上，十二，三二〇、三二六、三二八、三二九、三三四、三四一、三四八。

85 同上，十三，三五五、三五六、三五九、三七五。

86 《遗书》卷六，页三下。

87 同上，卷十八，十六上。

88 出处待查。又见《语类》，一〇七，四二四〇。

89 《文集》卷三十六《答陆子静（第四书）》，页九上。象山之喻见《象山全集》（《四部备要》本），卷二《与朱元晦（第二书）》，页九上。

90 《文集》卷三十六《答陈同甫（第九书）》，页二十七下。陈喻见《陈亮集》（北京中华书局，一九七四），卷二十《与朱元晦秘书》，页二九〇。

91 《文集》卷四十一《答程允夫（第三书）》，页十一上。成语来自《说苑》（《四部丛刊》本）卷十七《杂言》，页二十二上。

92 同上，页十二上。又见《语类》，一二六，四八三一。成语见《楚辞·七谏》第十三《怨思》，（文瑞楼影印本）页八上。

93 同上，卷四十四《答江德功（第十书）》，页四十五下。成语源自《吕氏春秋》（《四部备要》本）卷二十四《知言》，页四下。

94 同上，卷五十八《答宋泽之》，页二十一。成语出自《韩非子》卷十一《外储说左上》，第三十二（《四部丛刊》本），页二下。

95 《遗书》卷六，页三下。

96 《文集》卷四十《答何叔京（第十三书）》，页二十七下。程语出《遗书》卷十八，页四下。

97 《韩昌黎全集》（《四部备要》本）卷十四《答张籍》，一上二十三下。

98 《文集》卷五十四《答项平甫（第七书）》，页八下。

99 同上，卷五十五《答李守约（第八书）》，页十一下。

100 同上，卷四十九《答王子合（第十二书）》，页九下。

101 同上，卷五十五《答赵然道》，页二十七下。

102 同上，卷六十《答曾择之（第二书）》，页十八上。

103 同上，卷四十八《答吕子约（第四十五书）》，页二十五上。

104 《语类》，七十四，三〇一八。

【五六】朱子之图解

北宋五子皆言易。周子(周敦颐，一〇一七—一〇七三)传《太极图》，又撰《太极图说》以阐明之。[1]此乃以说释图，而非以图明义也。邵子(邵雍，一〇一一—一〇七七)为象数之学，故其《皇极经世书》图表甚多，几占全书四分之一。张子(张载)讲《易》，专重义理。其书不见有图。[2]二程亦以义理解《易》。小程子有《易传》，唯不用图。只《葬说》附图与《作主式》有图式耳。[3]朱子则义理与象数兼顾，故亦用图表。不特说《易》为然。言仁、言性、言学，皆以图释之。礼制等图，如深衣冠巾等图[4]，周之宗庙图[5]、古今庙制图[6]与明堂图[7]，与絜矩之道图[8]，皆所以表明尺寸、置位、方向，非阐绎文义也。又有改正武陵旧图，则于袁机仲之十二卦图有所改正也。[9]

《语类》有两图为释明易之进展者。门人问“易有太极，是生两仪。两仪生四象。四象生八卦”[10]，朱子答曰：“易有太极，便是

377 有个阴阳出来。阴阳便是两仪。仪，匹也。两仪生四象，便是一个阴又生出一个阳，⚎是一象也。一个阳又生一个阴，⚍是一象也。

【五六】 一个阴去生一个阴，⚏是一象也。一个阳又生一个阳，⚌是一象也。此谓四象。四象生八卦，是这四个象生四阴时，便成坎、震、坤、兑。四象生四个阳时，便成巽、离、艮、乾四卦。”又为下表以明之[11]：

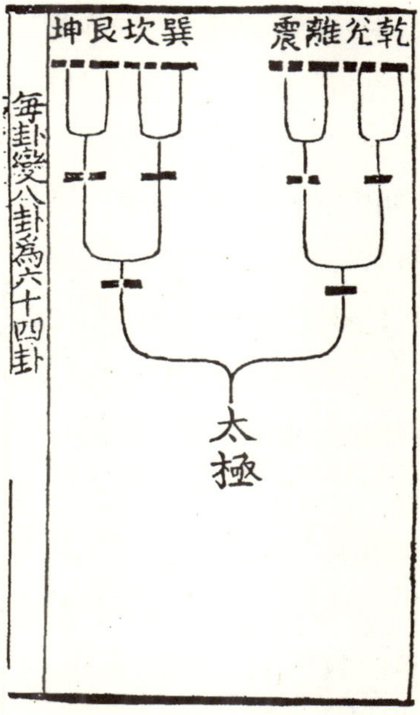

有此一图，使朱子之答案更为明显，然于易之意义，实无所增。下图亦属此类。门人问揲蓍左右交错。朱子曰：“且以七、八、九、六明之。六、七、八、九便是次序。然而七是阳，六压他不得，便当挨上。七生八，八生九。九又须挨上。便是一低一昂”，为表如下[12]：

手指画	六	**五指**
	七	**四指**
	八	**三指**
	九	**二指**

右图则不止表达意义，而增有新意。朱子云，"太极阴阳五行，只将元亨利贞看甚好。太极，是元亨利贞都在上面。阴阳，是利贞是阴，元亨是阳。五行，是元是木，亨是火，利是金，贞是水"。又为图如右[13]：

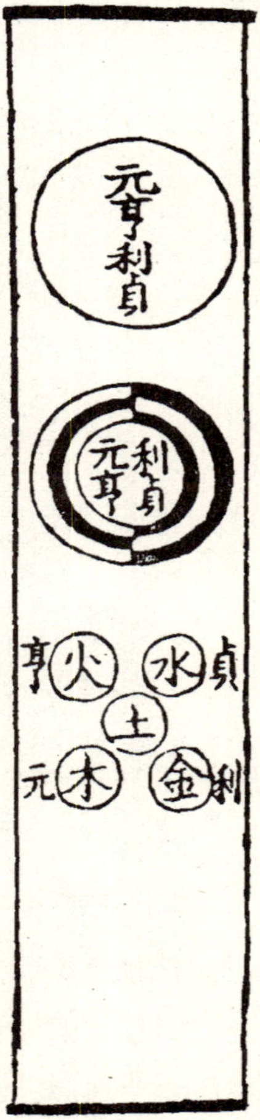

此图所指，有出乎朱子所言之外者。朱子此处未尝言无极而太极，故此图直是无极而太极。利贞不只是阴而是阴阳交错以后之阴。元亨不只是阳而是阴阳交错以后之阳。朱子未尝言土，而图则土居中，即谓土寄旺于木火金水之中也。

朱子说仁用图最多。陈敬之[14]说"孝弟为仁之本"一章[15]，三四日不分明。朱子只令子细看，全未与说。数日后方作一图示之。中写"仁"字，外一重写"孝弟"字，又外一重写"仁民爱物"字。谓行此仁道，先自孝弟始。亲亲长长而后次第推去。非若兼爱之无分别也。[16]又论孝弟为仁之本云："孝弟不是仁，更把甚么做仁？前日戏与赵子钦〔赵彦肃，乾道（一一六五——一一七三）进士〕[17]说，须画一个圈子。就中更画大小次第作圈。中间圈子写一‘性’字。自第二圈以不分界作四去，各写‘仁’‘义’‘礼’‘智’四字。‘仁’之下写‘恻隐’。‘恻隐’下写‘事亲’。‘事亲’下写‘仁民’。‘仁民’下写‘爱物’。‘义’下写‘羞恶’。‘羞恶’下写‘从兄’。‘从兄’下写‘尊贤’。‘尊贤’下写‘贵德’[18]。于‘礼’下写‘辞逊’。‘辞逊’下写‘节文’。‘智’下写‘是非’。‘是非’下写‘辨别’[19]。”朱子对于此图，未加解释。

《说仁》之图，最重要者为《语类》之《仁说图》。因其重要，另为一条，见页三八七。

《语类》论性处甚多。在下《性图》[20]，非为某一对话而作，而实是一篇独立短文。其文曰：

性　善　　性无
　　　　　　不善

恶　　恶不可谓从善中直下来
　　　　只是不能善则偏于一边为恶

善　　发而中节
　　　　无往不善

《语类》卷十四、十五讨论《大学》经文。末附一图，以“在止于至善”为中心，为解释《大学》最详细而有系统之图，其价值与《仁说图》相等。图见页三八二“退溪不用朱子《大学图》”条，予略论之。此处不必复述。

上面各图，皆朱子所制。盖与门人问答或与讲友通信，均已详

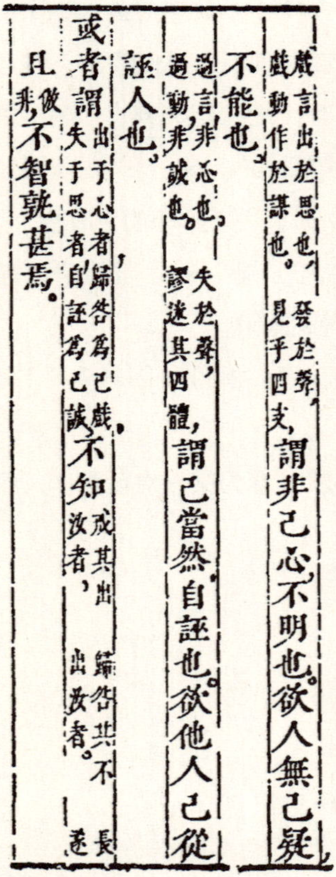

尽，再为图表以便一目了然。《仁说图》则有所补充。下面《东铭图》之问题与其他不同，特令门人为之。张子曾撰两铭，书于学堂双牖，右为《订项》，左为《砭愚》，本为《正蒙·乾称篇》第十七之一部。伊川曰："是起争端。"改之曰《东铭》《西铭》。[21]朱子盛称《西铭》,《东铭》则绝少言及。《语类》只一见,《文集》亦只一处提及而已。门人杨道夫问《东铭》，朱子答曰："此正如今法书所谓'故失'两字。"因令道夫[22]写作图子看。[23]道夫乃作左图：

"故失"者，谓法官故意失诸刑轻或重。朱子之意，以《东铭》侧重心思，有失于下学工夫，远不若《西铭》之下学上达也。《答汪尚书（汪应辰，一一一八—一一七六）》云："《东（铭）》《西铭》虽同出于一时之作，然其词义之所指，气象之所及，浅深广狭，迥然不同。是以程门专以《西铭》开示学者，而于《东铭》则未之尝言。盖学者诚于《西铭》之言，反复玩味，而有以自得之，则心广理明，意味自别。若《东铭》则虽分别长傲遂非之失于毫厘之间，所以开警后学，亦不为不切。然意味有穷，而于下学功夫，盖犹有未尽者。又安得与《西铭》彻上彻下，一以贯之之旨，同日而语哉？”[24]道夫特以大字写“不能”与“诬人”，正是“故失”之所在。而以“且”字置“长傲”“遂非”之间，乃所以警告学者差之毫厘，谬以千里之危。道夫诚得其师之旨矣。

1 《周子全书》，卷一。

2 参看《张子全书》卷九至十一为《易说》。

3 《伊川文集》（《四部备要·二程全书》本），卷六，页三下、六上下。

4 《文集》卷六十八《深衣制度》，页七下至十上。

5 同上，卷六十九《禘祫议》，页三上至五上。

6 同上，卷十五《祧庙议状》，页十九下至二十三下。

7 《语类》，卷八十七，第六十九条，页三五五三。

8 《文集》卷四十四《答江德功（第三书）》，页四十下。

9 同上，卷三十八《答袁机仲（第七书）》，页十六上下。

10 《易经·系辞上传》，第十一章。

11 《语类》卷七十五，第八十五条，页三〇六八至三〇六九。

12 同上，第五十一条，页三〇五四至三〇五五。

13 《语类》卷九十四，第六十一条，页三七七六。

14 参看拙著《朱子门人》（台北学生书局，一九八二），页二二三。

15 《论语·学而》，第二章。

16 《语类》卷二十，第七十七条，页七四四至七四五。

17 参看《朱子门人》，页二九二。

18 原文为“贵贵”，无义。今改“贵德”。

19 《语类》卷二十，第一二二条，页七六四。

20 《语类》卷五十五，第十条，页二〇七八。

21 《外书》（《二程全书》本）卷十一，页六下。

22 参看《朱子门人》，页二七二至二七三。

23 《语类》卷九十八，第一〇七条，页四〇一六至四〇一七。

24 《文集》卷三十《答汪尚书（第七书）》，页十二上下。

【五七】退溪不用朱子《大学图》

《语类》卷十四十五专论《大学》。其末有《大学图》，为朱子所自制。全图秩序井然，为大学思想一有统系之机体结构。盖朱子诠释《大学》意义最纯简而明显之图式也。其图如下：（见后页）

朝鲜大儒李退溪（李滉，一五〇一—一五七〇）制《圣学十图》[1]，其国宣祖二年己巳（一五六九）上进宣祖。是时退溪六十八岁。已在经筵讲解八次，以为未足，故进此十图。以人主之心为万几所由，故特重敬，谓"持敬者又所以兼思学，贯动静，合内外，一显微之道也"[2]。又谓"十图以敬为主"[3]。退溪采周子敦颐之《太极图》而略引朱子《太极图解》为第一，以元儒程林隐（字子见）所作之《西铭图》为第二，以退溪自作之《小学图》为第三，以朝鲜儒者权近（一三五二—一四〇九）所作之《大学图》为第四，依朱子《白鹿洞学规》规文本目自作一图为第五，以程林隐所作上图而退溪增补中下二图之《心

383 统性情图》为第六，采用朱子之《仁说图》为第七，以程林隐所作之《心学图》为第八，采王柏鲁斋（一一九七—一二七四）依朱子《敬斋箴》所作之图为第九，仿王柏鲁斋之《敬斋箴图》而作《夙兴夜寐箴图》为第十。【五七】

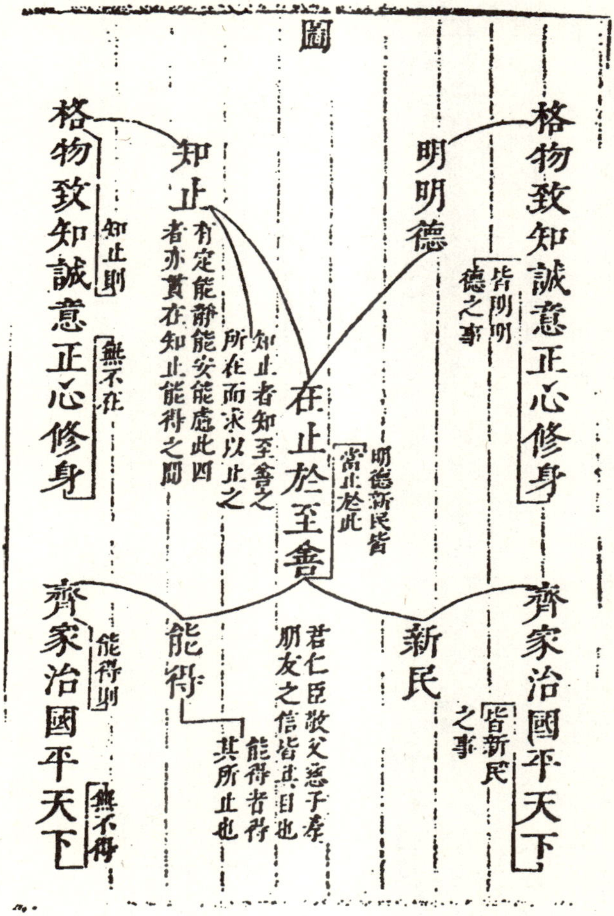

其第四大学图如下：

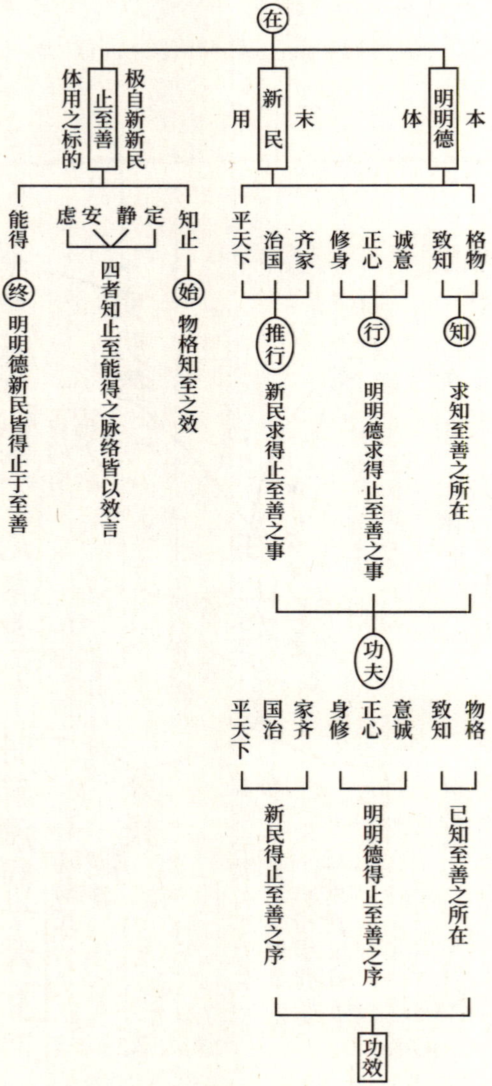
在
明明德
本
体
新民
末
用
止至善
极自新新民
体用之标的
格物
致知
知
求知至善之所在
诚意
正心
修身
行
明明德求得止至善之事
齐家
治国
平天下
推行
新民求得止至善之事
知止
始
物格知至之效
定
静
安
虑
四者知止至能得之脉络皆以效言
能得
终
明明德新民皆得止于至善
功夫
物格
致知
已知至善之所在
意诚
正心
身修
明明德得止至善之序
家齐
国治
平天下
新民得止至善之序
功效

十图要旨，不出朱子思想系统之范围。退溪每图说明甚详，亦唯朱子是遵。而于《大学》竟不用朱子自制之图而用权近所作，实不能不令人疑议。若谓退溪不知有此图，亦难置信。退溪十图说明中未提及朱子之《大学图》，然退溪《理学通论》引用《语类》之详之精，莫可伦比。[4]于其详考《语类》而发现朱子门人为其他门人录所不载者九人，比任何门人录为多，[5]可以见之。故知退溪必知朱子之图。而竟不采用，何耶？

一九八三年十月，韩国退溪学研究院举行退溪新儒学之国际会议于哈佛大学。其中三篇论文论及《圣学十图》。一为日本筑波大学教授高桥进之《李退溪哲学之组织的构造》，一为台湾师范大学教授戴琏璋之《居敬穷理——退溪工夫论的省察》，一为堪萨斯州立威奇塔大学Michael C. Kalton博士之《退溪之圣学十图》，皆未言及朱子此图。然愚尝思之，则朱子之图与退溪所用之图，目的全然不同也。朱子志在阐释《大学》，以图表表明其《大学章句》与《大学或问》之所论，故全图着重其思想全部之结构，故以“在止于至善”为中心，而图中以细字谓“明德新民皆当止于此”，谓“知止者，知至善之所在而求以止之”，谓“能得者，得其所止也”。两边以格、致、诚、正、修皆为明明德之事，齐、治、平皆为新民之事，而知止则格、致、诚、正、修无不在，能得则齐、治、平无不得焉。此其全重思想，显而易见。权近之图则以明明德、新民、止至善在图之上端平行。中间自右至左为知、行、推行、始、终。以明明德为本体，新民为末用，止至善为“极自新新民体用之标的”。又以格物、致知为知，诚意、正心为行，修、齐、治、平为推行，以知止为始，能得为终，而定、静、安、虑，则在知止、能得之间。如是则所注重者在乎体用、知行、本末、始终。其重点在程序与方法，而与朱子《大学图》之机体结构，大异其趣。退溪目的，在帝王为圣之学。不重“什么”而重“如何”。其十图集中于敬，即是此意。换言之，朱子之图，乃为《大学》整个思想而作。退溪所用之图，乃为人主修养而作。其目的不同，故所采之图亦异。十图皆根据于朱子思想，则退溪诚忠于朱子者也。

1 图载《退溪先生文集》（大东文化研究院编，《增补退溪全书》第一册）卷七《进圣学十图劄》，页四下至三十五上，总页一九五至二一一。

2 同上，页八上，总页一九七。

3 同上，页二十上，总页二〇三。

4 《增补退溪全书》第三册，共九卷。

5 拙著《朱子门人》（台北学生书局，一九八二），页七十一、八十三、一一一、一四一、一六三、一九〇、二〇一、二一七、二二四。

【五八】《仁说图》

《语类》卷一〇五讨论《仁说》，附以《仁说图》[1]如下：（见三八九页）

关于《仁说》，予尝写一长篇，详论朱子撰《仁说》之动机，《仁说》大意，《仁说》著作时期，“心之德”、“爱之理”两语之来源与含义，十余年间与南轩（张栻，一一三三——一一八〇）等人之讨论，与《仁说》之三更四改。关于《仁说图》则指出上截说仁为心之德，下截说爱之理，并批评以物我一体为仁与以知觉为仁两说之非，并论之曰：

《朱子语类·仁说》节下之《仁说图》，料系《仁说》成后所作，用以表释而亦为之补充者。其中用大字特显者为仁、人、心、未发已发、性、爱、体用、公爱孝弟恕与知觉。其所以特标“未发”“已发”与“体用”者，或因《仁说》体用之言不显。《答张钦夫（张栻）书》

云:"前说之失，但不曾分得体用。……今已改正。"[2]朱子仍嫌未足，故特于图中以大字表之。孝弟与忠恕等字亦是以补古来圣贤教人汲汲为仁而《仁说》亦颇嫌意晦者。图虽有"知觉乃智之事"，而于龟山(杨时)以物我为一为仁之说，则不再提。只云"公则仁，仁则爱"而继以"孝弟其用，而恕其施也"。《仁说》不提公字，而此处公字两见，明以公字替代物我一体之说。图多实践意。岂非受南轩影响耶？[3]

今稍有所补充。《语类》讨论《仁说》，只得三条。第一条谓"《仁说》只说得前一截好"。此是李闳祖(李守约)戊申(一一八八)以后所闻朱子之语。《语类》载闳祖兄弟袁州临别请教。[4](江西)袁州在朱子绍熙五年甲寅(一一九四)赴长沙上任途中，则所闻朱子《仁说》之语必在此六年之间。《仁说》定稿于乾道七年辛卯(一一七一)，早在约二十年前。朱子思之，犹谓"只说得前一截好"。换言之，朱子实不满意于后一截也。其后一半，乃专评以爱言仁，以物我一体言仁，与以知觉言仁诸说。以爱言仁，是汉儒之说，尤以韩愈为甚。[5]杨龟山(杨时)以与天地为一体释仁[6]，谢上蔡(谢良佐)以知觉言仁[7]。此处意谓《仁说》下半不如上半，并非晚年对于此三说有所变更。闳祖另录一条，仍是批评万物一体之说。[8]其批评以爱与觉言仁，则为陈淳庆元五年己未(一一九九)所录。[9]可见朱子坚持心之德、爱之理之说，终身不变。愚意以其不满意于后一截者，一因其批评他说，论调近于消极；二则太重理论，而缺乏为仁之实践也。

其余两条，一问"天地生物之心"，一问"行此心也"[10]，皆于

389

【五八】

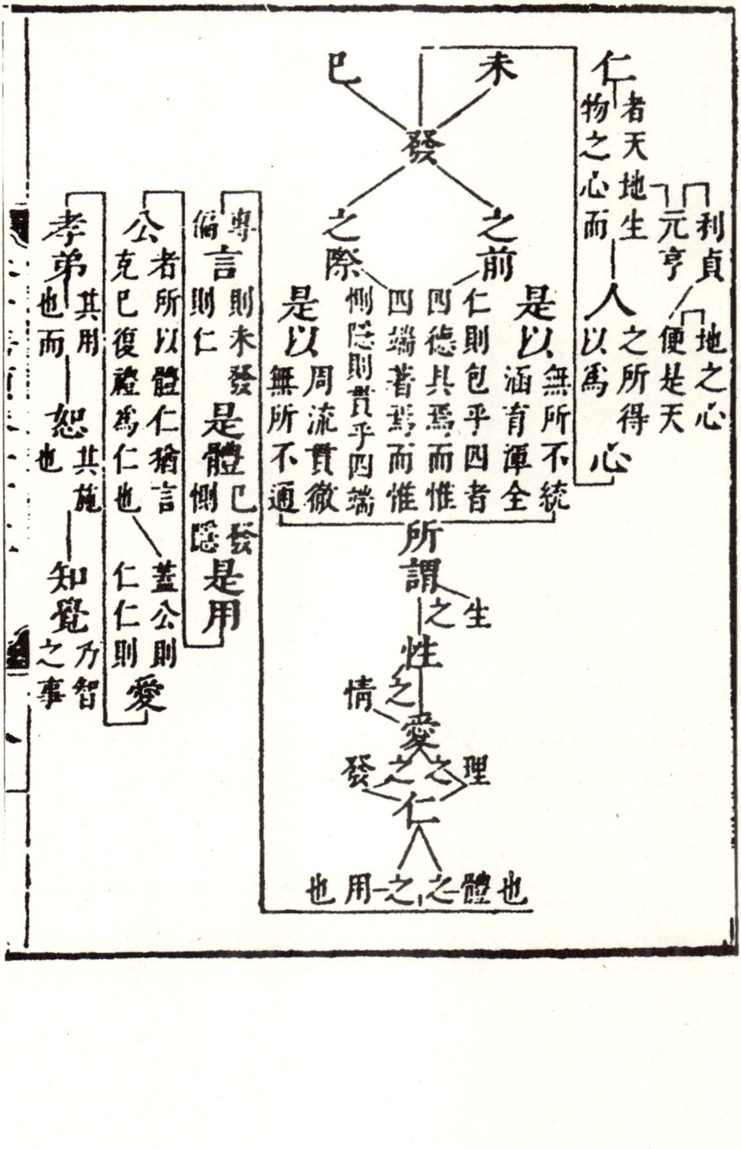
仁者天地生物之心而人之所得以為心
元亨利貞
便是天地之心
未發
已發
發之前
發之際
是以涵育渾全無所不統
四德具焉而惟仁則包乎四者
四端著焉而惟惻隱則貫乎四端
是以周流貫徹無所不通
所謂生之性
情之愛
愛之理
發之仁
仁之體也
之用也
專言則未發是體已發是用
偏言則仁是體惻隱是用
公者所以體仁猶言克己復禮為仁也
蓋公則仁仁則愛
孝弟其用也而恕其施也
知覺乃智之事

《仁说》无所发明。师生讨论《仁说》如是之少，而所问又无关宏旨，绝非朱子晚年《仁说》影响沉寂，而是朱子与友生多人讨论，历十余年，然后定稿。定稿之后，又陆续通信讨论。凡此皆门人所熟知，故少疑问也。

1 《语类》卷一〇五，第四十三条，页四一八五。

2 《文集》卷三十二《答张钦夫（第四十二书）》，页十七上。

3 《朱学论集》（台北学生书局，一九八二），页三十七至六十八。参看页五十五《论仁说图》。

4 《语类》卷一一四，第十条，页四三九〇。

5 《韩昌黎全集》（《四部备要》本）卷十一《原道》，页一上。

6 《龟山文集》〔万历十八年庚寅（一五九〇）本〕卷十一，页一下；卷二十六，页三上。《龟山语录》（《四部丛刊》本），卷二，页十下。

7 《上蔡语录》（《近世汉籍丛刊》本）卷上，页三下、页十七上下，总页四；卷中，页一上，总页四十三。

8 《语类》卷六，第一〇七条，页一八九。

9 同上，第一一七条，页一九一。

10 同上，卷一〇五，第四十四、四十五条，页四一八六。

【五九】南轩《仁说》

张栻（一一三三—一一八〇）尝著《仁说》，载《南轩先生文集》。兹录全文如下：

人之性，仁、义、礼、智四德具焉。其爱之理，则仁也；宜之理，则义也；让之理，则礼也；知之理，则智也。是四者，虽未形见，而其理固根于此，则体实具于此矣。性之中，只有是四者，万善皆管乎是焉。而所谓爱之理者，是乃天地生物之心，而其所由生者也。故仁为四德之长，而又可以兼包焉。惟性之中有是四者，故其发见于情，则为恻隐羞恶是非辞让之端，而所谓恻隐者，亦未尝不贯通焉。此性情之所以为体用，而心之道则主乎性情者也。人惟己私蔽之，以失其性之理，而为不仁，甚至于为忮为忍。岂人之情也哉？其陷溺者深矣。是以为仁莫要乎克己。己私既克，则廓然大公，而其爱之理，素具于性者，无所蔽矣。爱之理无所蔽，则与天地万物血脉贯通，而其用亦无不周矣。故指爱以名仁，则迷其体。（程子所谓“爱是情，仁是性”[1]，谓此。）而爱之理，则仁也。指公以为仁，则失其真。（程子所谓“仁道难名，惟公近之。不可便指公为仁”[2]，谓此。）而公者人之所以能仁也。夫静而仁义礼智之体具，动而恻隐羞恶辞让是非之端达。其名义位置，固不容相夺伦，然而惟仁者，为能推之而得其宜，是义之所存者也。惟仁者为能恭让而有节，是礼之所存者也。惟仁者为能知觉而不昧，是智之所存者也。此可见其兼能而贯通者矣。是以孟子于仁，统言之曰：“仁，人心也。”[3]亦犹存《易》乾坤四德，而总言“乾元”“坤元”也。[4]然则学者其可不以求仁为要，而为仁其可不以克己为道乎？[5]

此文尝与朱子《仁说》相混。《朱子文集·仁说》题下注云：“浙本误以南轩先生《仁说》为先生《仁说》，而以先生《仁说》为序。”[6]一九八二年七月在夏威夷举行国际朱熹会议，日本佐藤仁教授在其提供论文《朱子之〈仁说〉》中指出陈淳（一一五九—一二二三）谓：“文公有《仁说》二篇……一篇误在《南轩文集》中。”朱子门人熊节〔庆元五年己未（一一九九）进士〕编《性理群书句解》，亦采录此篇以为朱子自著。[7]可知朱门亦有误以南轩《仁说》为朱子所作者云云。愚亦以南轩《仁说》非朱子所撰。尝著《论朱子之〈仁说〉》，第九节专论南轩《仁说》，指出两《仁说》相同之点甚多，唯克己、去私、知存，则南轩比朱子为详而有力。最不同者，则朱子以心之德爱之理为仁之两面，而南轩则只言爱之理而不言心之德。愚又根据朱子《答伯恭（吕祖谦，称东莱先生）》，指出南轩《仁说》成于朱子《伊洛渊源录》之后[8]，而朱子《仁说》在《渊源录》成书之前[9]。故以朱子《仁说》在前，南轩《仁说》在后，并解释何以在朱子《仁说》之后，另著《仁说》。[10]今【五九】尚有一重要之点，不容忽略者，即朱子《仁说》开始即谓“天地以生物为心”[11]，而南轩《仁说》则文内只云“天地生物之心”。此为两人争论焦点之一。南轩尝批评朱子天地以生物为心之语云：“天地以生物为心之语，平看虽不妨。然恐不若只云天地生物之心，人得之为人之心似完全。”[12]此其《仁说》所以不言“天地以生物为心”而言“天地生物之心”也。

国际朱熹会议以时间短迫，未及详细讨论佐藤教授所宣读之《朱子之〈仁说〉》。拙著《论朱子之〈仁说〉》虽然一年以前发表，与会学者曾见之者，究属少数，而《朱学论集》新在台北出版，尚未寄到会所。年初刘述先博士之《朱子哲学思想的发展与完成》一书，已由台北学生书局刊行。内有专章讨论朱子《仁说》。惜以邮误，亦未寄到会场。吾等三人俱于朱子《仁说》，相当努力。苟能从容切磋，陶养新知，则其乐也何似！惜时间无多。予亦因主理会务，绝无宁暇。目视良机之失，今日思之，犹叹息不置也。

会后刘博士撰《朱子的仁说、太极观念与道统问题的再省察——参加国际朱子会议归来纪感》，载于《史学评论》。[13]关于《仁说》，刘博士集中于朱子《仁说》之著作时期与南轩《仁说》两点。刘先生坚持其朱子《仁说》定稿于乾道九年癸巳（一一七三），比愚以其定稿在乾道七年辛卯（一一七一）较后。刘先生在其新著内之《朱子对于仁的理解与有关〈仁说〉的论辨》章有详细讨论。[14]此问题牵涉太大，非另行为文探索，恐难言尽其意。今只论关于南轩之

《仁说》。

刘先生提出惊人之论，谓南轩《仁说》乃朱子所作，加上南轩之名，编入《南轩文集》以纪念亡友。刘先生云：

> 指出《南轩文集》全部由朱子编次。朱子把《南轩文集》中凡不合于他自己思路的书信文章，当作南轩少年时代不成熟的东西看待，全部加以删削。是否有可能南轩撰《仁说》初稿受到朱子批评之后，一直未定稿。他死后朱子乃把自己与南轩共同商订以后另写的一篇《仁说》，编在《南轩文集》之中，当作南轩的作品而刻出。所以有的门人如陈淳、熊节还把这篇《仁说》认定为朱子的作品。就我的了解来说，要不是这样的情形，在朱子的及门弟子就产生了这样的混淆，根本是不可以想象的事。当然，佐藤先生大概由于语言表达能力的限制，根本没有对我提出的问题给予任何答复。陈（荣捷）先生代为答复，乃谓陈淳当时不在朱子跟前，熊节的理解甚差，所以才会产生了这样的混淆。但这样的答复对我来说，是不能满足的。陈淳为朱子最得意的晚年弟子，"卫师甚力"（全祖望语）。他既然斩钉截铁地说朱子著有两篇《仁说》，应有所据。大概朱子写了另一篇《仁说》，接受了南轩的批评，把克己的观念写入文章之中，又采用了南轩的"天地万物血脉贯通"一类的话头。为了纪念亡友，就把这篇东西当作南轩的定见，编入《南轩文集》之内。这种情形，绝不是不可以想象的。[15]

如此云云，诚是大胆假设。苟能找出证据，则不愧为中国哲学史上一大发现。刘博士并不武断，彼云："我生平不擅考据。对于哲学思想一贯性的把握则略有一点心得。此处暂姑备一说，以待来贤校正。”[16]愚不敢以贤自待，加以校正。今只提出四点，以供研究。

(1) 熊节之《性理群书句解》列司马光（一〇一九—一〇八六）为七贤之一。朱子于竹林精舍落成，行释菜之礼于先圣先师，以司马光等七贤从祀。熊氏继承此意，可谓无后来门户之见矣。然其书究为训课童蒙而设，故《四库全书总目提要》谓其“浅近之甚，殊无可采”[17]。陈淳诚为朱门高弟。其所著《北溪字义》，实足以代表朱子纯正思想。然彼庚戌（绍熙元年，一一九〇）十一月乃师事朱子。距《仁说》之著已二十年。《仁说》讨论，早已沉寂。当时著者多次易稿。各家著作，抄写传递之间，名称或有混乱。陈淳以其师有两《仁说》，殊不足怪。陈淳答陈伯澡书有云：“文公有《仁说》二篇。莫须已曾见否？一篇误在《南轩文集》中。一篇近方得温陵[18]卓丈传来。”[19]可知彼对于朱子《仁说》及其讨论经过，素未详悉。是则南轩《仁说》之不能出于朱子之手，陈淳无从而辨也。

(2) 陈淳发觉《仁说》两篇并存之时间，与《朱子文集》编辑之时间，当相隔不远。《朱子文集》为朱子之子朱在（一一六九年生）等所编，与陈淳见《仁说》之时期相去不远。彼等谓“浙本误以南轩先生《仁说》为先生《仁说》”。是则当时有人以南轩《仁说》为朱子所作，亦有人以南轩《仁说》为非朱子所作。编《文集》者不以南轩《仁说》出于朱子。彼等必代表多数而比较可靠。吾人生在数百年之后，苟任信其一，则非《文集》编者莫属。

(3) 若谓朱子既自著《仁说》，又以南轩本人之意替之另撰《仁说》，故此《仁说》特重南轩之克己。又接受南轩之批评，不用自己开章明义之“天地以生物为心”，而用南轩认为“似安全”之“天地生物之心”，更不用数十年所考虑周详之“仁者，心之德、爱之理”，而只用“爱之理”以之纪念亡友。然则所谓纪念者何在？南轩讨论《仁说》，已详其与朱子来往书简。[20]其克己之说，详与朱子书[21]《克斋铭》[22]。

与《主一斋铭》[23]。朱子何必越俎代庖，徒作赘语？至于南轩本人何以又于朱子已著《仁说》之后，自著《仁说》，亦有可解。拙文《论朱子之〈仁说〉》尝云：盖南轩认仁乃是天地之心所由生，但不认天地以生物为心，故不言心之德。朱子《仁说》侧重理论。虽言学者应汲汲于求仁，究于求仁之方，未有畅言。南轩则并言仁者之能推以至存义、存礼、存智。尤重要者，南轩以为仁莫要于克己，学者当以克己为道。朱子《仁说》虽引《论语》克己一次，顺及而已，非要义也。朱子谓南轩以其《仁说》不如《克斋记》[24]，即谓朱子忽略克己为仁之方，或亦为其自作《仁说》之一因，以补朱子之不足耳。且当《仁说》讨论热烈之际，学者如林熙之、周叔瑾、杨仲思、“契丈”等，均著《仁说》[25]，各扬其说。南轩其中之一耳。

(4) 最重要者，乃此等间接手段，是否与朱子性格相符？朱子性素忠直，其感化士子者以此，其开罪权贵者亦以此。生平有如程子明道(程颢)，最恨自私用智。今以另著《仁说》插入《南轩文集》之内作为南轩自作，可谓绝非自私，然不得不谓之用智也。此则朱子决不肯为而亦南轩所决不肯受也。

397

【五九】

1 《遗书》(《四部备要·二程全书》本)卷十八，页一上。

2 同上，卷三，页三下。

3 《孟子·告子》上，第十一章。

4 《易经·乾卦·彖辞》云："乾，元亨利贞。"《彖传》曰："大哉乾元。"《坤卦·彖辞》曰："至哉坤元。"

5 《南轩先生文集》(《近世汉籍丛刊》本)卷十八，页一上至三上，总页五九一至五九五。

6 《文集》卷六十七，页二十上。

7 《性理群书句解》(《近世汉籍丛刊》本)卷八，页八上全十下，总页三六七至三七二。

8 此文先刊于《哲学与文化》第八期(一九八一年六月)，旋采入拙著《朱学论集》(台北学生书局，一九八二)，页二十七至六十八。关于以上各点，参看页五十六。

9 同上，页四十。

10 同上，页五十七。

11 程颐语。《外书》(《二程全书》本)卷三，页一上。明沈桂《明道全书》以此为程颢语。

12 《南轩先生文集》卷二十一《答朱元晦秘书(第二十一书)》，页五下，总页六七四。

13 《史学评论》第五期(一九八三年一月)，页一七三至一八八。

14 《朱子哲学思想的发展与完成》(台北学生书局，一九八〇)，第四章。

15 《史学评论》(第五期，一九八三年一月)，页一七九至一八〇。

16 《史学评论》(第五期，一九八三年一月)，页一八一。

17 《四库全书总目提要·子部·儒家类二》(上海商务印书馆，一九三三)，总页一九一九。

18 福建泉州。

19 《北溪大全集》(《四书全书》本)卷二十六《答陈伯澡(第五书)》，页五下。

20 《南轩先生文集》卷二十《答朱元晦秘书(第七书)》，页七上下，总页六五一至六五二；卷二十一《答朱元晦秘书(第十九书)》，页五下，拙著《朱学论集》，页五十一至五十三，讨论颇详。

21 同上，卷二十《答朱元晦秘书(第十一书)》，页十二上下。

22 同上，卷三十六；页一下至二上，总页一〇五四至一〇五五。

23 《元晦秘书(第十九书)》，页六上下，总页一〇六三至一〇六四。

24 《文集》卷七十七，页十五上至十六上。

25 《朱学论集》，页三十九。

【六〇】《玉山讲义》

绍熙五年甲寅（一一九四），朱子年六十五，任侍讲，进讲《大学》。因上疏开罪皇太后亲属手揽大权之韩侂胄（一二〇七年卒），闰十月御批罢职。在朝仅四十六日。谢辞遂行。归福建途中，十一月十一日至江西之玉山县。叶公回校订之《朱子年谱》（一四三一）云："邑宰司马迈请为诸生讲说。先生辞，不听。乃就县庠宾位，因学者所请问而发明道要。闻者兴起。迈刻讲义一篇，以传于世。此乃先生晚年教人亲切之训，读者其深味之。"[1]戴铣《朱子实纪》（一五〇六）内之《年谱》全同。[2]王懋竑《朱子年谱》引洪去芜改订本《朱子年谱》（一七〇〇）亦全同，唯"迈"作"迈"[3]，《玉山讲义》载《文集》[4]。

《年谱》谓因学者所请问而发明道要，诚是事实。学者指程珙，字仲璧，号柳湖，江西鄱阳县[5]人。珙有两问，一问《论语》多是说仁，《孟子》却说仁义。意者夫子说元气，孟子说阴阳。仁恐是体，义恐是用。朱子答以义即在仁之中。以体用言，则二者相为体用。若认得熟，看得透，则日用之间，无不是著工夫处。此处体用兼顾，明理实践，乃朱子一生教育之典型。晚年经大变而益信。《年谱》谓为晚年亲切之训，诚哉是言！仁之问题，虽是程珙提起，即无程珙所问，朱子亦必着意于此。观其所著《仁说》[6]，费十余年之考虑，历年与门人问答及与学者讨论，实比太极理气问题为多可知矣[7]。程珙又问："三代以前，只是说中说极。至孔门答问，说着便是仁，何也？"朱子之答，仍屡言实践功夫。人性本善，然为气禀所蔽，故须去人欲，复天理，以反其初。尊德性与道问学交相滋益，互相发明。此亦其一生体用并行，诚明两进之旨。并非专主道问学，亦并非因陆象山（陆九渊）尊德性之激刺而后言两者并重也。

王懋竑以《年谱》"此乃先生晚年亲切之训，读者宜深味之"之语，必是来自朱子门人李方子久已失传之《朱子年谱》。王氏云："果斋李氏所云'晚年指示本体，令人深思而自得之'[8]，盖指《玉山讲义》，答陈器之（陈埴）、林德久（林至）诸书而言。以今考之，皆发明性善之指，说出地头名目，如韩子（韩愈）《原性》云人之'所以为性者五'、人之'所以为情者七'之例。[9]非有'指示本体，令人深思而自得之'之意。阳明《晚年定论》[10]之作，朱门久自开之矣。朱子所云：'不待七十子丧而大义已乖'[11]者，岂不信哉？"[12]答门人陈器之之问，乃因《玉山讲义》而发，故《文集》题下有"问《玉山讲义》"五字。[13]答书极言性是太极浑然之体。则朱子未尝不指示本体，而李果斋并非无据。然侧重本体乃器之之问，朱子因其问而答之，并不是反覆其《玉山讲义》着重功夫之言。果斋何以乖其师之大义，懋竑并未指明。若谓果斋之言朱子指示本体，已开阳明《晚年定论》之先河，恐亦忽略朱子答陈器之之确言本体。与其以门户之见，否认朱子有如阳明之力言本体，不如谓答陈书之言本体，绝非《玉山讲义》之原意之为愈也。答门人林德久书云："昨在玉山学中与诸生说话，司马宰令人录来。当时无人剧论，说得不痛快。归来偶与一朋友说，因其未喻，反复晓譬，却说得详尽。因并两次而言，录以报之。试取一观，或有助于思索也。"[14]此朋友为谁？此次所言为何？均无可考。只知其必发明《玉山讲义》而已。《文集》有《答程珙》，乃答程珙正名之问，与《玉山讲义》无关。[15]《宋元学案》以程珙在玉山偶然两问，遂以为"登文公之门"[16]，不亦太滥乎？正名之问，不似师生之语也。[17]

玉山县宰司马之名，《年谱》或用迈，或用迈。《文集·旌忠愍节庙碑》云："而今玉山宰温国司马君迈。"[18]唯《南轩文集·题司马文正公荐士编》则云："公之元孙迈出以相示。"[19]南轩（张栻，一一三三—一一八〇）亲见其人，当然不误。司马迈、迈，《宋史》与《宋元学案》均无传。《玉山讲义》朱子只称"县大夫"。虽谓之为"当代名家"，谅以其为司马温国文正公（司马光，一〇一九—一〇八六）之后而云然。实非著名，故诸书无记载。然迈之名，最早见于《南轩文集》。予疑编《文集》者以"邁"之减笔"迈"而误为"迈"，而叶《谱》、戴《谱》沿之耳。且《玉篇》，"迈"，"防冈切，急行也。""迈"则《说文》注："远行也。"《左传》庄公八年"迈"字注："勉也。"司马温公名光，其子名康，从子名亮、良、富。迈之祖父为忠洁公，名朴[20]，皆懿德之号。迈有勉力行远之意，与世系命名相符。迈则急行，不免躁暴，非温公家庭历代命名之意也。

1 叶公回校订《朱子年谱》(《近世汉籍丛刊》本) 卷一，页二十五上，总页二二五。

2 戴铣《朱子实纪》(《近世汉籍丛刊》本) 卷四，页十七上，总页一九三。

3 王懋竑《朱子年谱》(《丛书集成》本) 卷四上，页二一三。

4 《文集》卷七十四《玉山讲义》，页十八上至二十二上。

5 参看拙著《朱子门人》(台北学生书局，一九八二)《程珙传》，页二四四。

6 《文集》卷六十七《仁说》，页二十上至二十一下。

7 参看拙著《朱学论集》(台北学生书局，一九八二)《论朱子之〈仁说〉》，页三十七至六十八。

8 王懋竑《朱子年谱》卷四下，页二三九，引李果斋之《朱子事实》。

9 《韩昌黎全集》(《四部备要》本) 卷十一《原性》，页六上。

10 《传习录》卷下《附录》。

11 《大学或问》(《近世汉籍丛刊》本)，页二十四上，总页四十七。

12 王懋竑《朱子年谱·考异》卷四，页三三五。

13 《文集》卷五十八《答陈器之 (第二书)》，页二十一上至二十三上。

14 同上，卷六十一《答林德久 (第二书)》，页一下。

15 同上，卷六十《答程珙》，页七下。

16 《宋元学案》(《四部备要》本) 卷六十九《沧洲诸儒学案》，页十五下。

17 参看拙著《朱子门人》(台北学生书局，一九八二)《程珙传》，页二四四。

18 《文集》卷八十九《旌忠愍节庙碑》，页十九上。

19 《南轩先生文集》(《近世汉籍丛刊》本) 卷三十四《题司马文正公荐士编》，页四上。

20 参看《文集》卷八十三《跋司马忠洁公帖》，页十八上；《宋元学案》(《四部备要》本)，卷八《忠洁公司马朴传》，页三十下。

【六二】《孟子集注》

日本太田锦城（一七六五——八二五）《疑问录》卷下"《孟子注》误"条，对朱子有如下之批评：

晦翁之书，疏漏极多。《孟子序说》[1]引《史记》云：孟子"退而与万章之徒序《诗》《书》，述仲尼之意，作《孟子》七篇"[2]。又引韩子（韩愈）云："孟轲之书，非轲自著。轲既没，其徒万章、公孙丑相与记轲所言焉耳。"[3]晦翁断之云："愚按二说不同，《史记》近是。"[4]可见以《孟子》之书为孟轲所自著。然《滕文公》首章"孟子道性善，言必称尧舜"下注云："门人不能悉记其辞，而撮其大意如此。"又第四章"决汝汉、排淮泗而注之江"下注云："此谓四水皆入于江，记者之误也。"[5]然此可见以《孟子》之书为门人之作矣。一书之中前后矛盾如此，可谓疏漏。是故朱门如吴伯丰、董叔重辈，皆疑其说为支离，《朱子文集》答吴伯丰、董叔重书见之。亦可笑矣。

【六一】

捷按：朱子并无矛盾。朱子明谓“退而与万章之徒”序述与作，则非一人手笔，门人所记有误，只可谓孟子当总其成，偶有不察。非朱子之矛盾也。查《文集》答董叔重（董铢，一一五二—一二一四）书共十通。第七书讨论性命、九世与性气。第八书讨论孟子受业子思之门，均与此处问题不同。唯第二书朱子答云：“《孟子》似已写去矣。但所疑搜寻急迫之病，恐是用心太过。……今所改者，亦其词有未莹或重复处耳。大意只是如此也。”[6]是则叔重所疑者为搜寻急迫而非支离，而朱子已谓其用心太过矣。《文集》答吴伯丰（吴必大）书共二十四通。第五书释“决汝汉，排淮泗”沈存中之说，与支离问题无关。第十五书云：“《孟子》误字，俟更点勘改定。近得正父（余正甫）书问《告子》上篇。……诸疑义略为条析。心目俱昏，不能精审。有未安处，更反覆之为佳。”[7]朱子于诸生，每鼓励其疑问，而伯丰未尝疑朱子为支离也。伯丰来书云：“《史记》列传以为孟子之书，孟子自作。韩子曰：’轲之书非自著。’先生谓‘二说不同，《史记》近是。’而《滕文公》首章注则曰：‘门人不能尽记其词。’又于第四章注曰：‘记者之误。’不知如何？”[8]朱子答之云：“前说是，后两处失之。熟读七篇，观其笔势，如镕铸而成，非缀缉所就也。《论语》便是记录缀缉所为，非一笔文字矣。”[9]捷以此处认错过急。《孟子》《论语》，均是缀缉而成。可能如《史记》所云，孟子与门人共同述作，倘若由孟子主编，则偶误有之，而支离则并无其事也。答吴伯丰另一书云：“今（伯丰）方看得一句《大学》，便已说向《中庸》

上去，如此支离蔓衍，彼此迷暗，互相连累，非惟不晓《大学》，亦无功力别可到《中庸》矣。”[10]如此则支离之病，在吴伯丰，而不在朱子也。

1　指《孟子集注》之《序说》。

2　《史记》(《四部丛刊》本)卷七十四《孟子荀卿列传》，页一下。

3　《韩昌黎全集》(《四部备要》本)卷十四《答张籍书》，页二十三上。

4　《孟子序说》注。

5　只汉水注之江。

6　《文集》卷五十一《答董叔重(第三书)》，页一下。

7　同上，卷五十二《答吴伯丰(第十五书)》，页十七下至十八上。

8　同上，《答吴伯丰录其所问》，页十九上。

9　同上。

10　同上，《答吴伯丰(第二书)》，页一下。

【六二】 论《近思录》

《语类》卷一〇五载朱子论《近思录》共十二条，特重此编之性质与读法。兹尽录之如下：

(1) 修身大法，《小学》(参看页四二九“《小学》”条) 备矣。义理精微，《近思录》详之。

(2)《近思录》好看。“四子”[1]，“六经”之阶梯。《近思录》，“四子”之阶梯。

(3)《近思录》逐篇纲目：一、道体。二、为学大要。三、格物穷理。四、存养。五、改过迁善，克己复礼。六、齐家之道。七、出处进退辞受之义。八、治国平天下之道。九、制度。十、君子处事之方。十一、教学之道。十二、改过及人心疵病。十三、异端之学。十四、圣贤气象。(参看页四一二“《近思录》卷次与题目”条)

(4)《近思录》大率所录杂，逐卷不可以一事名。如第十卷亦不可以事君目之，以其有“人教小童”在一段。[2]

(5)《近思录》一书，无不切人身，救人病者。

(6) 郑言《近思录》中语甚有切身处。曰：“圣贤说得语言平。如《中庸》《大学》《论语》《孟子》皆平易。《近思录》是近来人说话，便较切。”

捷按：朱子门人姓郑者共十人。此处大概指郑可学（字子上，一一五二—一二一二）。一因十人中以子上为最著。[3]二因此条为叶贺孙辛亥（一一九一）以后所闻，而子上事朱子于漳州（一一九〇—一一九一）。三因朱子“尝以删定《大学》一编示诸生曰：‘此书欲传得其人，惟子上可托之。’”[4]

(7) 或问《近思录》，曰：“且熟看《大学》了，即读《语》《孟》。《近思录》又难看。”

(8)《近思录》首卷难看。某所以与伯恭（吕祖谦，一一三七—一一八一）商量，教他做数语以载于后，正谓此也。若只读此，则道理孤单，如顿兵坚城之下。却不如《语》《孟》，只是平铺说去，可以游心〔参看本节之(29)〕。

(9) 看《近思录》，若于第一卷未晓得，且从第二第三卷看起。久久后看第一卷，则渐晓得。

(10) 问蜚卿（童伯羽，一一四四—一一九〇），《近思录》看得如何？曰：“所疑甚多。”曰：“今猝乍看这文字，也是难。有时前面活地说，后面又不是恁地。这里说得如此，那里又却不如此。子细看来看去，却自中间有个路陌推寻。通得四五十条后，又却只是一个道理。伊川（程颐，一〇三三—一一〇七）云：‘穷理岂是一日穷得尽？穷得多后，道理自通彻。’”[5]

(11) 因论《近思录》曰:“不当编《易传》[6]所载。”问如何? 曰:“公须自见。”意谓《易传》已自成书。

(12) 因说《近思续录》, 曰:“如今书已尽多了。更有却看不办。”

捷按:朱子讲友刘清之(子澄,一一三九—一一九五)采集二程门人之语为《续近思录》。早已失传。朱子云:“子澄编《近思续录》。某劝他不必作。盖接续二程意思不得。”[7]又《致刘子澄》云:“《近思续录》俟旦夕看毕奉报。第三录亦佳。但如此编录,得无劳心否?因看书所得,随手抄录不妨。若作意收拾,搜寻布置,即费心力,亦须且省节为佳也。”[8]第三录当另是一书,然《近思续录》或亦有作意收拾,搜寻布置之病耳。

此外《文集》《语类》所载, 尚有多起, 明显表达朱子对《近思录》之编订与评价, 深具参考之价值。因并录之。

(13)《近思录》一书, 皆是删取诸先生精要之语, 以示后学入德之门户, 而首卷又是示人以道体所在。[9]

(14)《近思录》说得近世学问规模病痛亲切。更能兼看亦佳也。[10]

(15) 伊洛[11]文字亦多, 恐难遍览。只前此所禀《近思录》乃其要领。只此一书, 尚恐理会未彻, 不在多看也。[12]

(16)《近思录》本为学者不能遍观诸先生之书, 故掇其要切者, 使有入道之渐。若已看得浃洽通晓, 自当推类旁通, 以致其博。[13]

(17) “心生道也。”[14]此句是张思叔(张绎,一〇七一—一一〇八)所记, 疑有欠阙处。必是当时改作行文, 所以失其文意。伯丰(吴必大)云:

“何故人在《近思录》中？”曰：“如何敢不载？但只恐有阙文。此四字说不尽。”[15]

(18) 向编《近思录》，说与伯恭此一段[16]（“《益》之初九”）非常有，不必入。伯恭云：“非常有则有时而有，岂不可书以为戒？”及后思之，果然。[17]

(19) 钦夫（张栻，一一三三—一一八〇）寄得所刻《近思录》来，却欲添入说举业数段，已写付之。[18]

捷按：此或今之卷七《出处》第三十三“人多说”等三条。朱子既承张栻之劝议，添人说科举数条，又欲采数条说科举坏处，为吕东莱（吕祖谦）所反对。《答时子云》云：“向编《近思录》，欲入数段说科举坏人心术处，而伯恭不肯。”[19]

(20) 伯恭以凡事皆具，唯律不说。偶有此条〔“介甫（王安石，一〇二一—一〇八六）言律是八分书”〕[20]，遂漫载之。[21]

(21) 陈芝拜辞，先生赠以《近思录》，曰：“公事母，可检‘幹母之蛊’[22]看，便自见得那道理。”因言“《易传》自是成书。伯恭都摭来作阃范。今亦载《近思录》。某本不喜他如此。然细点检来，段段皆是日用切近工夫，而不可阙者，于学者甚有益”[23]。

捷按：此虽专指一条而言，而《近思录》六百二十二条，竟有一百零六条出自《伊川易传》，比所采任何他书为多。朱子坚持《易》本为卜筮之用，极力反对程子以义理释《易》。今则以其语切于日用而多采。一方固为其同辑《近思录》讲友吕氏之力劝，一方亦以《易传》大有切近笃思之效用也。

(22) “吾之心，即天地之心。吾之理，即万物之理。一日之运，即一岁之运。”[24]这几句说得甚好。人也会解，只是未必实见得。向

409 编《近思录》，欲收此段。伯恭以为怕人晓不得，错误了。[25]

(23) 问"一故神。"[26]曰："横渠（张载，一〇二〇—一〇七七）说得极【六二】好。须当子细看。但《近思录》所载与本书不同。当时缘伯恭不肯全载，故后来不曾与他添得。'一故神'，横渠亲注云：'两在故不测。'只是这一物，周行乎事物之间。……'两故化'，注云：'推行乎一。'凡天下之事，一不能化，惟两而后能化。……此说得极精，须当与他子细看。[27]"

(24) 康节（邵雍，一〇一一—一〇七七）煞有好说话，《近思录》不曾取入。近看《文鉴》编康节诗，不知怎生"天向一中分造化，人于心上起经纶"[28]底诗却不编入。[29]

捷按：此乃黄义刚癸丑（一一九三）以后所闻，乃朱子六十四岁在编《近思录》已有十八年以后之语。《近思录》不采邵子之言，予尝谓"其主要原因，不外朱子以邵子居儒学正统体系之外。所以然者，一方盖以其少谈仁义等儒家基本问题，而一方则因邵子理数之学，道家气味太浓"[30]。今朱子惋惜《文鉴》不采邵子诗，岂晚年亦惋惜《近思录》不采邵子之语耶？

(25)《遗书·晁氏客语》卷中张思叔（张绎）记程先生（程颐）语云："思欲格物，则固已近道。"[31]当收入《近思录》[32]。

(26) 因举《东见录》中明道曰："学者须先识仁。仁者浑然与物同体。义礼智信，皆仁也"云云。[33]极好，当添入《近思录》中。[34]

捷按：以上两条为沈僩戊午（一一九八）以后所闻，则朱子六十九岁以后之语，正所谓晚年定论。中日注《近思录》家中，只陈沆《近思录补注》述之。

(27) 凡学者所以求端用力，处己治人之要，与所以辨异端观圣贤之大略，皆粗具其梗概。以为穷乡晚进，有志于学，而无明师良友以先后之者，诚得此而玩心焉，亦足以得其门而入矣。如此然后求诸四方君子之全书，沈潜反复，优柔厌饫，以致其博而反诸约焉，则其宗庙之美，百官之富，[35]庶乎有以尽得之。若惮烦劳，安苟便，以为取足于此而可，则非今日所以纂集此书之意也。[36]

(28) 向时嫌其太高，去却数段，[37]如太极明道论性之类者。今看得似不可无。……须更得老兄（伯恭）数字附于目录之后，致丁宁之意为佳。[38]

(29) 或疑首卷阴阳变化性命之说，大抵非始学者之事。祖谦窃尝与闻次缉之意。后出晚进，于义理之本原，虽未容骤语，苟茫然不识其梗概，则亦何所底止？列之篇端，特使之知其名义，有所向望而已。至于余卷所载，讲学之方，日用躬行之实，具有科级。循是而进，自卑升高，自近及远，庶几不失纂集之旨。若乃厌卑近而骛高远，躐等陵节，流于空虚，迄无所依据，则岂所谓近思者耶？览者宜详之。[39]

1 即“四书”:《大学》《论语》《孟子》《中庸》。

2 最后一条。

3 参看拙著《朱子门人》(台北学生书局，一九八二)，页三四〇至三四一。

4 《道南源委》(《正谊堂全书》本)卷三，页二十八上下。

5 《遗书》(《四部备要·二程全书》本)卷十八，页五下述意。

6 程颐《伊川易传》。

7 《语类》卷一〇一，第二条，页四〇六一。

8 《文集》别集卷三《与刘子澄》，页十二下。

9 同上，正集卷六十一《答严时亨（第二书）》，页二十六上。

10 同上，卷五十九《答窦文卿（第一书）》，页十二下。

11 伊水，洛阳，程颢与程颐讲学之地。

12 《文集》卷二十六《与陈丞相别纸》，页三十二下。

13 同上，卷六十四《答或人（第十书）》，页三十七上。

14 《遗书》卷二十一下，页二上。采入《近思录》卷一《道体》第四十二"心生"条。

15 《语类》卷九十五，第九十四条，页三八七四。

16 《近思录》卷十《政事》第十八"益之"条。

17 《语类》卷一二三，第十二条，页四七四七。

18 《文集》卷三十四《答吕伯恭（第五十六书）》，页四下。

19 同上，卷五十四《答时子云》，页二十五下。

20 《近思录》卷九《治法》第二十"介甫"条。

21 《语类》卷九十六，第六十六条，页三九二九。

22 《近思录》卷六《家道》第三，"斡母"条。

23 《语类》卷一一九，第二十一条，页四五九二。

24 《遗书》卷二上，页一下，伊川语。原文"吾"作"一人"。

25 《语类》卷九十七，第二十二条，页三九四四。

26 《张子全书》（《四部备要》本）卷十一《易说》，页十二下；卷三《正蒙·参两篇第二》，页五上。载《近思录》卷一《道体》，第四十九"一故"条。

27 《语类》卷九十八，第三十三条，页三九九〇。此处所言，指《张子全书》卷二《正蒙·参两篇第二》，页五上。

28 《伊川击壤集》（《四部丛刊》本）卷十五《观易吟》，页一上。

29 《语类》卷一〇〇，第五十四条，页四〇五七。

30 拙著《朱学论集》（台北学生书局，一九八二），页一二六。

31 程颐语不见《遗书》卷二十一张绎所录，亦不见于《外书》（《二程全书》本）卷十二页十七下。

32 《语类》卷十八，第六十三条，页六五一。

33 《遗书》卷二上，页三上。

34 《语类》卷九十五，第一二六条，页三八八六至三八八七。

35 《论语·子张》，第二十三章。

36 朱子《近思录后序》。

37 此当指《近思录》卷一《道体》第一"无极"与第二十一"生之"等条。

38 《文集》卷三十三《答吕伯恭（第四十一书）》，页二十八上下。

39 吕东莱《近思录后序》。

【六三】《近思录》卷次与题目

《近思录》为朱子与吕祖谦（东莱先生，一一三七—一一八一）所共辑，分十四卷。据朱子《近思录后序》，盖以见处己治人，辨异端，观圣贤之梗概〔参看页四〇九“论《近思录》”条之（27）〕。故每卷亦只言其大纲，如卷二为“为学大要”，卷五为“改过迁善克己复礼”是也〔参看页四〇五“论近思录”条之（3）〕。据黄榦（一一五二—一二二一）致李公晦〔李方子，嘉定七年甲戌（一二一四）进士〕书：“《近思》旧本二先生所共编次之目，未尝立为门目。其初固有此意，而未尝立此字。后来见金华[1]朋友方撰出此门目。想是闻二先生之说，或是料想而为之。今乃著为门目，若二先生之所自立者，则气象不佳，亦非旧书所有。不若削去而别为数语，载此门目，使读者知其如此，而不失此书之旧为佳。试与真丈（真德秀，一一七八—一二三五）言之如何？”[2]黄榦与李方子同为朱门高第，深稔朱子意思。日本注家三宅尚斋[3]（一六六二—一七四一）中村习斋[4]（一七一九—

一七九九）等，以朱子曾致书吕伯恭（东莱）谓“须得老兄数字附于目录之后，致丁宁之意为佳”[5]，便案定《近思录》本来决有题目，而不知所谓目录或如黄榦所云之“其初固有此意”，或只指卷之号码而已。

金华朋友所撰题目为何，惜已无考。现存最古之卷目，乃叶采（壮年一二四八）所制，为卷一《道体》、卷二《为学》、卷三《致知》、卷四《存养》、卷五《克己》、卷六《家道》、卷七《出处》、卷八《治体》、卷九《治法》、卷十《政事》、卷十一《教学》、卷十二《警戒》、卷十三《辨异端》、卷十四《观圣贤》。[6]大体而言，并非大错。如卷五朱子明言“改过、迁善、克己、复礼”，今只标“克己”，未得其全。惜日本注家多沿之。我国注家如张伯行（一六五二—一七二五）亦采用焉。[7]实不若茅星来[8]（一六七八——七四八）、江永[9]（一六八一—一七六二）、陈沆[10]（一七八五——八二六）之用朱子本人所说之为愈也。

叶采之注解，在日本最为通行，影响殊大。彼不特强加卷目，而于卷内亦强为次序。如卷三以自首段至二十二段总论致知之方。二十三段至三十三段总论读书之法。三十四段以后乃分论读书之法，而以书之先后为序。始于《大学》，继以《论》《孟》《诗》《书》，然后继之以《中庸》。以上言本卷之大概决序，未尝不可。然如叶氏之僵硬分界，则《中庸》位于《诗》《书》与《易》之间，又有何解？叶采之牵强，乃引起日本注家之异常附会。山崎闇斋（一六一八—一六八二）与其徒三宅尚斋（一六六二——七四一）等《大学》之三纲八目为次序而以卷三至卷五为修身，卷六为齐家，卷八至十为治国平天下。此序大体无误，然三纲尚未比配，卷十三、十四亦无所属，而不能谓卷十二“改过及人心疵病”为非修身也。三宅尚斋又谓每卷末句与次卷首句相连属。山崎闇斋之另一门徒若林强斋[11]（一六七九—一七三二）更谓《近思录》首尾两卷相应，合天人为一体云。如是揣量牵合，恐朱、吕亦意料所不及。我国注家，亦难免此等戏弄。周公恕[12]（壮年一四二〇）以卷十《政事》为在任之事，卷十一《教学》为致仕后之事。尹会一（一六九一—一七四八）则以卷十一《教学》在卷十《政事》之后，乃因学者不遇于时，故隐而教学云。[13]彼等可谓不审孔门教学之旨矣。

1　浙江金华县。吕东莱为金华人，讲学于此。

2　《勉斋集》（《四库全书》本）卷八《复李公晦（第三书）》，页十九上下。

3　三宅尚斋《近思录笔记》。

4　中村习斋《近思录讲说》。

5　《文集》卷三十三《答吕伯恭（第四十一书）》，页二十八下。

6　叶采《近思录集解》。

7　张伯行《近思录集解》。

8　茅星来《近思录集注》。

9　江永《近思录集注》。

10　陈沆《近思录补注》。

11　若林强斋《近思录讲义》。

12　周公恕《分类近思录集解》。

13　尹会一《健余先生文集》（《丛书集成》本）卷九《拟近思录题解》，页九十五。

【六四】《近思录》概述补遗

《近思录》为朱子与吕东莱（吕祖谦，一一三七—一一八一）所共辑，采北宋周敦颐（一〇一七—一〇七三）、程颢（一〇三二—一〇八五）、程颐（一〇三三—一一〇七）、张载（一〇二〇—一〇七七）四子之语，分十四卷，为我国第一本哲学选辑之书，亦为以后《朱子语类》《性理大全》《朱子全书》与《性理精义》之模型。《近思录》直接间接支配我国思想制度五百年，而影响韩国、日本亦数百载。恐朱、吕二儒所梦想不到。

言《近思录》者，每单举朱子之名，对于吕氏，固嫌忽略，然两名并举，亦未为平。主谋、主旨、主编，皆属朱子，显然有主客之分。盖《近思录》之规模，亦即朱子本人哲学之轮廓也。关于朱、吕合作之经过，予曾有详细之讨论，为论者所未道者。选语六百二十二条，详为统计。朱子何以不采邵雍（一〇一一—一〇七七）之言，加以解释。选语来自四子所著二十七种。注家指明出处者甚少。有之亦只举卷数而已。予乃逐条考其出处，为首次之全盘厘清。各卷所引程子究是明道（程颢）抑或伊川（程颐）之语，参考《二程遗书》《文集》《语类》等书，然后确定为谁人之语，兄弟共同之语，抑或无从而定之语（参看页三三四“程子曰”条），学者也曾分别二程之语，但以思想为准。予全凭实据，不敢臆测也。以上各点，拙著《朱子之近思录》，皆备言之。[1]

除儒道经书以外，注释《近思录》者比任何一书为多。拙著所录而解题者计我国十八种、韩国八种、日本二十四种、西译两种。日本之笔记、讲说、校注，与现代语译将近百种尚不在内。近查北京图书馆藏有黄叔璥所编《近思录集注》稿本十四卷，凡四册，与黄奭《近思录集说》十四卷，为清丛书楼抄本，共十二册，均未见。黄奭不详，黄叔璥则康熙朝进士。又有清人车鼎贲（一六九一一一七三二）《近思录注析微》，不知尚存否。[2]继《近思录》而后，数百年间，我国有续录十九种，韩国三种。或选朱子之语，或选程门、朱门，以及宋明诸儒之语，皆依《近思录》例，分十四卷。拙文悉予说明。拙文既刊，偶得有我国严鸿逵《朱子文语纂编》，康熙五十七年戊戌（一七一八）序。严氏未详。彼从《文集》《语类》二书选取朱子文语二百五十八条，依《近思录》例，分十四卷，卷目略同。以卷三致知为最长，凡四百二十四条。卷六齐家最短，只二十九条。予所收乃日本安政二年（一八五六）源忠精序，云“传自闽浙商舶”。中日学者从未提及，《四库全书总目提要》不载。不知国内有存否？陈龙正（一五八五——一六四五）编《程子详本》，专录二程嘉言，依《近思录》卷目分十四卷。韩国有韩梦麟编《续近思录》，朝鲜纯祖十九年己卯（一八一九）序。十四卷，三册。又《续近思录》一册，编者刊年不详。均未见。恐韩国不止此数，恨未考耳。

一九六七年，予为哥伦比亚大学“文化纪录名著”翻《近思录》为英文。前此曾在日本研究一年，早已留意于《近思录》。有关之书，无不参考。无意之中，竟作《近思录》注书两种之发现。一为陈沆（一七八五——一八二六）之《近思录补注》。陈沆，字太初，号秋舫，湖北蕲水人，嘉庆进士，官修撰。工诗，兼治宋儒心性之学。编《近思录补注》十四卷。此注《四库全书总目提要》不载，亦不见各丛书。谈《近思录》者从未有谈及其名。恐国内早已佚矣。予偶在东京大学中国哲学研究室发见此书，急制显微胶片以归。检其内容，则其所见并非卓越。考据远不及茅星来（一六七八——一七四八）之《近思录集注》，诠解亦不及张伯行（一六五二——一七二五）之《近思录集解》。以言以朱解朱，更不如江永（一六八一——一七六二）之《近思录集注》。然远胜日本素来通行之叶采（壮年一二四八）《近思录集解》多矣。所采以朱子为多，然此外亦引理学家约五十人，又述叶采注、江永注、施璜（壮年一七〇五）《五子近思录发明》，而独张伯行不与焉。中韩日诸注家之引吕东莱者，中村习斋（一七一九——一七九九，《近思录讲说》）而外，陈沆而已。此书虽非上乘，然久流海外，急应归还原土也。

另一发见为金子霜山（一七八九——一八六五）之《近思录提要》。霜山并非著名。但其书屡被人引述。学者均信书已失传矣。予某日偶至早稻田大学，图书馆管理人以数十年所藏之《近思录注》写本示予，乃金济民之《近思录提要》也。书十四卷，注六百余条之大半，多引宋儒，有弘化三年丙午（一八四六）序。予初以金济民为韩国人。后经多方调查，乃知金济民即金子霜山之中文名字，而作为失传之书，固健在也。予急以告图书馆管理人，皆大欢喜，直以宝物视之矣。

更一发见为出人意料者。卷六第十三“问孀妇”条为伊川“饿死事极小，失节事极大”之名句。张伯行竟删去之，而替以伊川论兄弟之爱一段。[3]伯行必以伊川寡妇宁饿死不宜再嫁之言为不是，故更改原书。伯行为清代程朱之杰出信徒，而竟不解程子所言与朱子所取，不外舍生取义之意，不亦奇乎？（参看页七八三“孀妇再嫁”条）伯行此举，从未经人指出。不知注家是否同情于张氏也。

予之译《近思录》，所有人名、地名、篇名、术语，均思加以解释，生卒年亦欲考证，故备注达二三千，间或一注而考究经年者。卷三第五十四“问胡先生”条谓胡先生解九四作太子。注家只注胡先生为胡瑗（九九三—一〇五九），治太学时程颐从学于此。唯胡氏之如此解《易》，是否口传抑见之于书，注家并未明言。胡瑗著述，今只传《洪范口义》与《周易口义》。如《周易口义》无此解，乃可谓之口传。唯《周易口义》遍寻不可得。卒承日本内阁文库制胶片寄来，则太子之说，即见诸第一卷页九上也。

探索之难，不止一端。张载尝作《东铭》《西铭》，书于其学堂之双牖。凡治理学者，尽人皆知。然第二卷第八十九“横渠”此条，注家从未说明书在牖之何处。今查《遗书》有云：“公掞（朱光庭，一〇三七—一〇九四）昨在洛有书室，两旁各一牖。牖各三十六隔。一书‘天道之要’，一书‘仁义之道。’”[4]朱光庭稍后于横渠（张载），然不同居洛阳。且《东铭》一百一十二字，《西铭》二百五十三字。是否亦牖各三十六隔？又是否每格书数字？书在纸上抑书在明瓦？此凡均待注家之研究。

此外尚有数点未能解决者。第四卷第二十“伯淳”条谓“伯淳（程颢）昔在长安仓中闲坐，见长廊柱，以意数之”。我国注家侧重释意，故不释“仓”字之意义为何。日本注家或作仓促，即暂居之意。或作贮谷之处。贮藏所而有长廊，似难置信。然佐藤一斋（一七七二—一八五九）在其《近思录栏外书》谓日本往日谷仓曾有客舍，故程颢有住仓库之可能云云。按宋代有仓场，岂明道曾居仓场之客舍耶？抑长安之仓场，规模宏大，楼宇之间，有长廊柱耶？卷十第五十“先生”条有“客将”一词。中井竹山（一七三〇—一八〇四）之《近思录标记》以“客将”为“客人将近”。此于文义欠解。日本注家多解作主持招待宾客之武官。兹查朱子有谓“客将次于太守，其权甚重。一州之兵，皆其将之。凡教阅出入，皆主其事”[5]。茅星来复考据云：“‘客将’之‘将’，去声。”又云：“客将即牙将。以其主客往来，故名。”朱子所言之客将或与此条之客将不同。星来考据甚精，则其所释，必定有所本。然则“客将”以朱子与星来所言为是。第三卷第十六“横渠”条横渠答门人范巽之（名育，壮年一〇八七）书言“孟子所论知性知天”之后，续谓“诸公所论，但守之不失，不为异端所劫”云云。多数注家解“诸公”为张子门人。然日本注有解作孔门诸儒，有解作古时圣贤，又有解作当时儒者。众说纷纷，莫知谁是。核以文义，当指横渠门人。然其他诸说，亦绝无可能否？第四卷第十一“邢和叔”条为“邢和叔言吾曹……”若此为邢和叔（名恕，壮年一一二七）之语，则《近思录》只得此一条为非北宋四子之语。邢恕为二程门徒，后背其师。朱、吕未必采其语而加入《近思录》。日本诸家如贝原益轩（一六三〇——一七一四，《近思录备考》）、中井竹山（《近思录说》）、佐藤一斋、泽田武冈（壮年一七二〇，《近思录说略》）、东正纯[6]（一八三二——一八九一，《近思录参考》）、宇都宫遯庵（一六三四——一七一〇，《鼇头近思录》），皆谓唐伯元（一五四〇——一五九八）所编之《二程先生类语》“邢和叔”之前有“与”字。[7]即谓为明道告诉和叔之言。然《遗书》本文无“与”字，[8]且《二程先生类语》乃明本，后二程已数百年，未可尽信。众注以为邢氏复述其师明道之言，未知是否？

尚有一条可疑者。第十三卷第一“明道”条谓“杨氏为我疑于义，墨氏兼爱疑于仁”。有不少版本“义”“仁”两字互换。盖此语采自《遗书》卷十三，原文确为“杨氏为我疑于仁，墨氏兼爱疑于义”也。[9]然以为我为似于仁，兼爱为似于义，实不可解。故朱子《孟子集注》云：“盖杨氏为我疑于义，墨氏兼爱疑于仁。”[10]《遗书》卷十五程颐本人亦曾谓：“杨氏为我亦是义，墨子兼爱则是仁。”[11]故知《遗书》卷十三原文之必为版本之误也。是以茅星来、施璜、江永，皆从《近思录》。唯叶采则从《遗书》卷十三，“义”“仁”互换，而注云：“杨氏为我，可谓自私而不仁矣，然而犹疑似于无欲之仁。墨氏兼爱，可谓泛滥而无义矣，然犹疑似于无私之义。”叶注既在日本通行，故若干日本注家从之。如此解释，可谓牵强之极。张伯行沿叶注，略引述之。但谓“一本作‘为我疑于义，兼爱疑于仁’……语势更顺”。叶采之误，已被韩儒金长生（一五四八—一六三一，《近思录释疑》）指出。可惜不但若干日本注家从之，而清儒张伯行亦从之。日本亦有若干注家不沿叶采者。宇都宫遯庵、中井竹山、簗田胜信（一六七二—一七四四，《近思录集解便蒙详说》）皆谓《二程全书》之《遗书》卷十三作“为我疑于义，兼爱疑于仁”云。彼等所见之版本或然。然现行《遗书》，则皆“义”“仁”互换也。予疑叶采所见之版本误植。叶氏不审其误，有等注家沿之，而若干《近思录》版本反依叶注而改正为误。此是予主观之说，未知然否。

《近思录》引语颇多，所幸皆已寻出其源。卷一第三十二“冲漠”条，“冲漠无朕，万象森然已具”之语来自《遗书》，为伊川语。[12]日本注家几皆谓此为佛语，然无一曾指出其来源者。山崎闇斋（一六一八—一六八二）撰《冲漠无朕说》，列举宋明儒与韩儒所有冲漠无朕之言，[13]并无出于佛经之说。日本学者醉心佛学，捕风捉影，凡儒家思想或言语有与佛家相似者，辄谓为来自佛家。此其一端。卷三第四十九“伊川”条为《伊川易传序》。内有“体用一源，显微无间”之语。贝原益轩（一六三〇—一七一四）谓此语出自《华严经》澄观（七六〇—八三八）疏。[14]其他日注与《大汉和辞典》亦谓上语来自澄观之疏。然太田锦城（一七六五—一八二五）之作和澄观《清凉大疏》百卷、《清凉语录》五卷、《清凉玄义》，皆无此语，唯尚直所编《归元直指》引此语为清凉语，而下语亦出于贤首大师法藏（六四三—七一二）云。[15]太田未指明出处，无从检查。儒佛互相影响，借用文句。故唐荆川（名顺之，一五〇七——五六〇）曰："儒者曰'体用一源'，佛者曰'体用一源'，儒者曰'显微无间'，佛者曰'显微无间'。孰从而辨之？"[16]

1 拙著《朱学论集》（台北学生书局，一九八二），页一二三至一八六。

2 据杨金鑫《朱熹与岳麓书院》（上海华东师范大学出版社，一九八六），页一四九。

3 "孀妇"见《遗书》（《四部备要·二程全书》本）卷二十二下，页三上；"兄弟之爱"见卷十八，页四十五上。

4 同上，卷二上，页十六下。

5 《语类》卷八十三，第三十三条，页三四七四。

6 《泽泻先生全集》〔大正八年（一九一九）本〕，页七五四。

7 《二程先生类语》〔万历十三年（一五八五）本〕，卷八，页二十六上。

8 《遗书》卷一，页八上。

9 同上，卷十三，页一上。

10 《孟子集注·滕文公》下，第九章。

11 《遗书》卷十五，页二十一下。

12 《遗书》卷十五，页八下。

13 《续山崎闇斋全集》〔日昭和十二年（一九三七）本〕卷下，页七十八至八十六。

14 《大疑录》〔《明和》三年丙戌（一七六六）本〕卷下，页四下。

15 《疑问录》〔天保二年辛卯（一八三一）本〕卷上，页六下。

16 《唐荆川集》〔万历元年癸酉（一五七三）本〕卷六，页二下。

【六五】《语类》杂记

学者讨论朱子，几乎全靠《语类》。《朱子全书》所选之语，《语类》在先，《文集》次之。《性理精义》所选，几全数来自《语类》，来自《文集》与其专著者甚少。《宋元学案》卷四十八九《晦翁学案》虽以专论数篇居首，然以下《语录》仍先于《文集》。钱穆《朱子新学案》[1]采用《文集》较多，然仍以《语类》为主。钱穆历举十端，如朱子诸注改易之经过，诸注成后续创之新义，纠正二程说经之误，等等，皆有赖于《语类》。[2]王懋竑（一六六八—一七四一）《朱子年谱》多用著论书札，少用《语类》，与别种不同。《语类》与《文集》比较，则《语类》为门人所录，不免诠释引申，有时两录不同。《文集》则出自朱子本人手笔。《语类》由乾道六年庚寅（一一七〇，朱子四十一岁）起录，至朱子易箦前四日止。《文集》则由绍兴二十三年癸酉（一一五三，朱子二十四岁）《同安县谕学者》等公文[3]至易箦前一日致黄直卿（黄榦，一一五二一一二二一）书，[4]可谓之贯乎一生。然《语类》所记，大半是晚年定论，且分类排次，较易检查。学者多所采用，并非无故。李性传〔嘉定（一二〇八一一二二四）进士〕云："愚谓《语录》（即《语类》）与'四书'（《四书章句集注》）异者，当以《书》为正，而论难往复，《书》所未及者，当以《语》为助。与《诗》（指《诗集传》）、《易》（指《周易本义》）诸书异者，在成书之前，亦当以《书》为正，而在成书之后者，当以《语》为是。"[5]予敢谓《语类》与《文集》异者，当以《文集》为正。《语类》与《文集》同者，当以年期之先为是。

《语类》为门人黎靖德（壮年一二六三）所编，刻于咸淳六年庚午（一二七〇）。黎氏取"三录二类"数十家所录，"遗者收之，误者正之。考其异同而削其复者一千一百五十余条"[6]。胡适有《朱子语类的历史》[7]，考据极为详尽，至宜参考。《语类》分一百四十卷，共约一万四千二百余条。最长者为卷十六，共二百五十三条，讨论《大学》经文。最短者为卷八十八，只有八条讨论《大戴礼记》。书名既为《语类》，故必以类编次。黄士毅云："略为义例以为后先之次第。有太极然后有天地。有天地然后有人物。有人物然后有性命之名，而仁义礼智之理，则人物之所以为性命者也。所谓学者，求得此理而已。故以太极天地为始，乃及于人物性命之原，与夫古学之定序。次之以群经，所以明此理者也。次之以孔、孟、周（周敦颐）、程（程颢、程颐）、朱子，所以传此理者也。乃继之以斥异端。异端所以蔽此理而斥之者，任道统之责也。然后及我朝历代君臣法度人物议论，亦略具焉，此即理之行于天地设位之后，而着于治乱兴衰者也。凡不可以类分者，则杂次之而以作文终焉。"[8]如此次序，并非系统分明。如卷一为太极，而卷九十四为周子书，讨论太极更多。其他言仁言礼，皆须于《论语》与仁有关各章检查。故今日所需，莫若《语类》之名词与概念索引，以补现行人名、地名、书名索引之所缺也。

《语类》由门人一百零一人记录，其中不知何氏者四人，同录者三人，故《语类·序目》所列《语录姓氏》有姓名者九十四人。皆用名，注附以字，并书明某年或某年以后所闻。最早者为杨方〔隆兴元年癸未（一一六三）进士〕于庚寅（一一七〇）所闻。是年朱子四十一岁。学问大旨，经已成熟。最迟记至何年，为谁所录，均不得而知。蔡沈（一一六七—一二三〇）《朱文公梦奠记》谓朱子易箦前四日（三月初五）夜说《西铭》，又言为学之要。[9]《语类》卷九十八关于《西铭》三十余条，无兼说为学之要者。卷一〇七有丙辰后（一一九六）十余条。最后之条为胡泳戊午（一一九八）所闻，然尚有数人为己未（一一九九）所闻者。故谁录最后，无从断定。每条之末，有记录者之名。读者参考《语录姓氏》，便可得其年期。许多只云某年以后所闻，如廖德明所录，跨二十余年，则只凭此表，难定年期矣。

门人有同名，则条末有以分别之。如胡泳与汤泳，胡泳所录用“胡泳”，汤泳所录则只用“泳”[10]。编者并未说明，故学者亦有误“泳”为胡泳者[11]。（参看五九二页“可惜死了告子”条）记录者称他人则用字，自称则用名，然亦有称他人用名者，如刘淮与谢教，[12]则为例外，或以其年幼也。然编者并无解说。《语类》所称同名者甚多，有两彦忠，两谦之，两一之，三光祖，三性之，三德之，四叔之。予撰《朱子门人》，曾竭绵力以厘清之，[13]然尚须继续努力。依《语类》自称用名，称人用字之例，可以解决者多，然仍有须从《语类》内容分解者。所录有同舍共录，杨与立〔绍熙四年癸丑（一一九三）进士〕与刘黻、龚栗所录同，均见《记录姓氏》。吴寿昌与子浩同录，最为特色。[14]其单注“浩”者，指邵浩也。叶贺孙〔叶味道，嘉定十三年庚辰（一二二〇）进士〕所录最多，凡九百八十余条。一万四千余条之中最长者有二千四百余字[15]，最短者只两字[16]，其中问答最短者十六字[17]。以讲题论，讨论最长为孟子不动心与知言以养浩然之气，占五十四页。[18]占全卷者为“克己复礼为仁”[19]。所录有重者[20]，有两人所录或详或略者[21]，或有异者[22]，有词异而实同者[23]，有异而矛盾者[24]。诸录之中，胡适最赞陈淳（一一五九—一二二三）。胡先生云：“陈淳两次的记录最小心，最用功，最能表现朱子说话的神气，是最可宝贵的史料。”[25]

《语类》以问答为多。亦有只为门人之语者。[26]通常门人有问，朱子答之。间亦以书问[27]，朱子或批答之[28]。有三人或五人讨论而请教于朱子者。[29]每命门人说书[30]，朱子最重学生发问。尝问学者：“近来全无所问，是在此做甚工夫？”[31]（参看页一四八“朱子之笑与怒”条。）凡有所感，则厉声而言[32]，或疾言[33]，或良久且答[34]，或竟笑而不答[35]。答则因人而异，皆极亲切。门人所问，以黄榦为最特色。其所问历举《论语集义》《论语集注》朱子所举诸说，悉举其名，并述大意。《语类》释《论语》诸章凡五说至九说[36]，似是记忆而来。果尔，则朱子之记忆力，诚是惊人，而黄榦亦头脑清醒。讨论多在晚上举行[37]（参看页四七五“精舍生活情况”条），其时用灯笼取光[38]，间亦有客在座[39]。

上面所提及之《语类》人名、地名、书名索引，为日本学者所编。原是草稿，尚待整理。台北迫不及待，竟尔印行，故错误百出。不过聊胜于无，亟宜改正而已。[40]日本学者曾译《语类》为日文。此为《语类钞》之日译，有标点，有注释，可供参考。[41]

1 《朱子新学案》，五册（台北三民书局，一九七一）。

2 《朱子语类序》（台北正中书局，一九七〇年本）。

3 《文集》卷七十四《同安县论学者》，页一下。

4 同上，卷二十九《与黄直卿》，页二十二下至二十三上。

5 《朱子语类·序目》，“饶州刊朱子语续录后序”。

6 《朱子语类》目录后黎靖德景定四年癸亥（一二六三）识语。

7 载《朱子语类》（台北正中书局，一九七〇年本）书前。

8 《语类·序目》，黄士毅《朱子语类后序》。

9 《蔡氏九儒书》〔同治七年戊辰（一八六八）本〕卷六蔡沈《朱文公梦奠记》，页五十九上。又见王懋竑《朱子年谱》（《丛书集成》本）卷四下，页二二七。《西铭》为张载所著，载《张子全书》卷一。

10 《语类》卷一二一，第十二条，页四六七三；卷一二四，第四十八条，页四七七二。

11 钱穆《朱子新学案》第三册，页三五六，误。王懋竑《朱子年谱·考异》（《丛书集成本》），页三〇八。

12 《语类》卷一二〇，第九十九条，页四六五二；卷二十五，第一三五条，页一〇二三。

13 《朱子门人》（台北学生书局，一九八二），页六至七。

14 《语类》卷一〇七，第五十二条，页四二五二。

15 同上，卷九十，第四十二条，页三六四七至三六五四。

16 同上，卷十一，第一一〇条，页三〇五。

17 同上，卷十四，第六十五条，页四一六。

18 《孟子·公孙丑》上，第二章。《语类》卷五十二，第二至第一五二条，页一九五一至二〇〇五。

19 《论语·颜渊》第一章。《语类》，卷四十一。

20 《语类》卷一一九，第二十二条，页四五九二；卷一一六，第四十一条，页四四六四至四四六五；卷一二一，第六十四条，页四六九五；卷一一八，第六十条，页四五五八。

21 同上，卷一二四，第十六条，页四七五八；第三十六条，页四七六五。

22 同上，卷一二三，第十二条，页四七四七；卷一三四，第八十五条，页五一六三。

23 同上，卷十六，第三十条，页五一一。

24 同上，卷一三三，第十八条，页五一二二。

25 《朱子语类》（台北正中书局，一九七〇）书前。

26 《语类》卷八十七，第六条，页三五三四；卷一〇〇，第五十五条，页四〇五七。

27 《语类》卷三十四，第一一四条，页一四一三；卷七十三，第六十四条，页二九五六；卷一一七，第四十七条，页四五一二。

28 同上，卷七十三，第六十四条，页二九五六。

29 同上，卷二十，第一一三条，页七六〇至七六一；卷四十，第四十五条，页一六五一。

30 同上，卷七十五，第十七条，页三〇四三。

31 同上，卷九十七，第九条，页三九三九。

32 同上，卷九十，第四十二条，页三六四八。

33 同上，卷一二〇，第十五条，页四六〇八。

34 同上，卷六十四，第二〇四条，页二五四四；卷七十一，第五十八条，页二八五六；第九十八条，页二八七一；卷七十二，第四十八条，页二九〇九；卷七十四，第一五八条，页三〇三二；卷九十，第四十二条，页三六五一。

35 同上，卷一〇〇，第十条，页四〇四二。

36 同上，五说，卷三十一，第五十四条，页一二七四。
六说，卷三十二，第五十条，页一三〇七；卷三十三，第十三条，页一三三一。
七说，卷三十一，第四条，页一二五〇。卷三十二，第四十三条，页一三〇四；第六十七条，页一三一三。第九十一条，页一三三四。卷三十三，第四十七条，页一三四四；第五十一条，页一三四七。
八说，卷三十，第六十二条，页一二四六。卷三十一，第八十三条，页一二八五。卷三十三，第十一条，页一三三〇；第四十条，页一三四〇；第九十条，页一三六七。
九说，卷三十一，第四十四条，页一二六七；卷三十二，第四十条，页一三〇二。

37 同上，卷六十四，第四十九条，页二四九二，第九十一条，页二五〇一。

38 同上，第六十二条，页二四九七。

39 同上，卷五十二，第五十八条，页一九六九；卷九十，第二十九条，页三六四〇。

40 《朱子语类》（台北正中书局，一九七〇），附索引。

41 《朱子学大系》（东京明德出版社，一九七六），第六卷《朱子语类》。

【六六】《小学》

《易学启蒙》成于淳熙十三年丙午（一一八六）三月，《孝经刊误》成于是年八月。朱子在此以前数年之间，必甚留意儿童教育，故有编《小学》之思。此事托其讲友刘清之（刘子澄，一一三九—一一九五）。朱子与之相交多年，答书言及《资治通鉴纲目》《二程遗书》与《胡子知言》[1]，又曾劝其勿编《近思续录》[2]。而托之之由，则大概以刘氏曾编《训蒙新书》与《戒子通录》，工多手熟也。[3]

根据《文集》，两人函商，为时颇长。淳熙十年癸卯（一一八三）朱子答书云："《小学》书曾为整顿否？幸早为之，寻便见寄，幸幸。昨来奉报，只欲如此间所编者。今细思之，不若来教规模之善。但今所编，皆法制之语。若欲更添嘉言善行两类，即两类之中，自须各兼取经史子集之言，其说乃备。但须约取，勿令太泛乃佳。文章尤不可泛。如《离骚》忠洁之志，固亦可尚。然只正经一篇，已自多了。此须更仔细抉择。叙古蒙求亦太多，兼奥涩难读，恐非启蒙之具。却是古乐府及杜子美（杜甫）诗，意思好，可取者多。令其喜讽咏，易入心，最为有益也。来喻又有避主张程氏（程颐）之嫌。程氏何待吾辈主张？然立言垂训，事关久远，亦岂当避此嫌耶？其详虽已见于《近思》，[4]然其一言半句，灼然亲切，不可不使后学早闻而先入者，自不妨特见于此书也。"[5]又一书云："《小学》书非此比，幸早成之。"[6]更一书云："《小学》书却与此殊科。只用数日功夫便可办。幸早成之，便中遣寄也。"[7]淳熙十二年乙巳（一一八五）七月九日书云："《小学》见此修改，益以古今故事。移首篇于书尾，使初学开卷便有受用，而末卷益以周（周敦颐）程（程颢与程颐）张（张载）子教人大略及《乡约》《杂仪》之类，别为下篇。凡定著六篇。更数日方写得成。"[8]最后一书云："《小学》能为刊行亦佳，但须更为稍加损益乃善。"[9]此往复商量，关于取材章次，均已就绪，可以刊印矣。谅必子澄刻成之后，未甚满意，故另刊一帙。函告门人潘恭叔（潘友恭）云："《小学》未成而为子澄所刻。见此刊修，旦夕可就。当送书市别刊成，当奉寄。此书甚有益也。"[10]

书卒成于淳熙十四年丁未（一一八七）三月。凡内篇四：曰立教，曰明伦，曰敬身，曰稽古；外篇二：曰嘉言，曰善行。采集由上古至宋代三十二家，共三百八十五条。明人陈选（一四三〇——一四八七）为《小学集注》。《四库全书总目提要》谓："选注为乡塾训课之计，随文衍义，务取易解。其说颇为浅近。"[11]清人张伯行（一六五二——一七二五）以"坊间刻本亡虑数十种，纂注标题，亦止为试论剽窃之地，而鲜有寻绎其文义之微，与其教人亲功之意。……余故集诸家注释善本而融会之"[12]，为《小学集解》六卷。陈之《集注》志在阐明文句，张之《集解》志在提倡理学，目的固不同也。

【六六】予尝译“小学”为elementary eduation（初等教育），有人提出异辞，谓陈选注有各条出处之书名，而原书有句语难解者多处，必非小童所用之书。且卷一序云：“述此篇，俾为师者知所以教，而弟子知所以学。”则此篇乃为教师所用无疑。又卷二序曰：“述此篇以训蒙士。”则为士人而设，非为普通教育也。《小学》文字艰深或非初学所宜。然旧式教育初学用《三字经》。《三字经》历举朝代之名，又提“春秋三传”，等等。其困难深奥处，不下于《小学》。予五岁即诵《三字经》。谓《三字经》非初等教育之书可乎？《小学》第一卷为“立教”，故朱子谓“俾为师者知所以教”，名正言顺。卷二“以训蒙士”，即指初学。“士”非官名，言子弟耳。

传统教育之是否有当，今且不问。新教育多面改良，旧式课本与教授法，早已排去。《小学》不属课程久矣。唯程端礼（一二七一—一三四五）编《读书分年日程》，理学家奉为金规玉律。自八岁未入学之前，读《性理字训》（参看页四三六“《性理字训》”条）。自八岁入学之后，即读《小学》正文。“随日力性资，自一二百字渐增至六七百字。日永年长，可近千字乃已。每大段内必分作细段。每细段必看读百遍，倍读百遍，又通倍读二三十遍。……师授说平日已读书，不必多。先说《小学》书毕，次《大学》，次《论语》。假如说《小学》书，先令每句通说朱子本注及熊氏（熊节）解及熊氏标题。[13]已通，方令依傍所解字训句意说正文。字求其训注中无者，使简韵会求之，不可杜撰以误人。宁以俗说粗解却不妨。既通说每句大义，又通说每段大义，即令自反覆说通，面试通乃已。”[14]此项“日程”，今日已不适用，但清末仍然采用。光绪二十五年己亥（一八九九），胡适（一八九一—

一九六二）十一岁，背诵《小学》。[15]恐当时从事于此者，不止一人。

清儒李塨（一六五九——七三三）之《小学稽业序》，谓朱子《小学》所载："天道性命，上达也。亲迎朝觐，年及壮强者也。以至居相告老诸抚，皆非童幼事。且何分于大学焉？"[16]论者可以据此而谓《小学》非童蒙之书，不应以初等教育译之。李塨之序又云："或曰'小学使之先知其理耳，奚必事之为？'予愯起立曰：子漫语乎！抑将以误学术也。《论语》曰：小子当洒扫应对进退。[17]《大戴礼》曰：八岁入小学，学小艺，履小节。[18]未尝言仅明理也。"[19]李塨所言，其反对朱子《小学》，不外两点。一为《小学》有上达，一为《小学》明理，其所称天道性命，不知是何所指。《小学》开始即引《中庸》首句"天命之谓性，率性之谓道，修道之谓教"。《小学》第一章为《立教》，故引此言。非言性命，乃言教也。《三字经》既为训蒙之书；其中"君则敬，臣则忠"、"上致君，下泽民"等语与朝觐居官无异。若依李塨此论据谓《小学》非训童之书，则《三字经》亦非训童之书矣。至于明理，则李氏只重小艺小节，朱子则以《小学》目的在"以培其根，以达其枝"[20]，故《题小学》云："古者小学教人以洒扫应对进退之节，爱亲敬长隆师亲友之道，皆所以为修身齐家治国平天下之本，而必使其讲而习之于幼稚之时。"[21]李塨反对理学，全重实用，与朱子事理兼顾，不相为谋也。

朱子于小学大学之分，十分清楚。《大学章句序》云："人生八岁，则自王公以下，至于庶人之子弟，皆入小学，而教之以洒扫应对之节，礼乐射御书数之文。及其十有五年，则自天子之元子众子以至公卿大夫元士之适子，与凡庶民之俊秀，皆入大学，而教之以穷理正心修己治人之道。此又学校之教，大小之节，所以分也。”[22]《谕诸生》云:“古之学者八岁而入小学,学六甲五方书计之事。十五而入大学,学先圣之礼乐焉。”[23]《井田类说》亦云:“八岁入小学,学六甲四方五行书计之事,始知室家长幼之节。十五入大学,学先王礼乐而知朝廷君臣之礼。其有秀异者,移于乡学。乡学之秀,移于国学。”[24]此乃据《汉书·食货志》而言。[25]可知大学小学之分,从古已然,朱子知之稔矣。

何人何年入小学大学,则朱子似不一致。上文皆谓八岁入小学,十五岁入大学。《经筵讲义》亦然。[26]此是古制,《白虎通》言之矣。《辟雍》篇云:“古者所以年十五入太学何以为?八岁毁齿,始有识知,入学学书计。七八十五阴阳备,故十五成童志明,入太学学经术。”[27]然《语类》云:“古者初年入小学,只是教之以事如礼乐射御书数,及孝悌忠信之事。自十六七入大学,然后教之以理,如致知格物,及所以为忠信孝悌者。”[28]年十六七与上面年十五似不相符。然《大戴礼记》谓“束发而就大学”[29]。盖指成年而言,非一成不变也。初年入小学亦是此意。何人入学,亦似矛盾。《大学章句序》谓自王公以下至于庶人之子弟,皆入小学,而自天子之元子众子以至公卿大夫元士之适子与凡民之俊秀,皆入大学。[30]此乃据《礼记》之《王制》。[31]然《经筵讲义》则只谓十有五岁而入大学。不言俊秀,似与古制相遗。然实际而言,即在今日教育普及之世,亦唯有俊秀者乃能进入高等学府,字面之差,无关紧要也。朱子坚信古有《小学》书,故《题小学》云:“今其书虽不可见,而杂出于传记者亦多。”[32]其信《小学》失于秦火,亦犹信《大学》格致之传,“而今亡矣”。吾人不疑朱子之坚信,只疑古时确有是书,因尚未见有丝毫证据也。

又有学者主张不应以《小学》为朱子所编而主张编者乃刘子澄。彼引《四库全书总目提要》"编类此书，实托子澄"[33]之言，以作论据。吾人不审朱子何年托子澄，所托何事。观上引答刘子澄书数通，则《小学》之动机、项目、义例，皆属朱子。所托者必是从经史子集搜集善言善行。子澄之贡献滋大，无可否认。然谓出于子澄之手，则与事实大背而驰。《语类》载陈淳（一一五九—一二二三）录门人问《小学外篇·实明伦篇》何以无朋友一条。《朱子》答曰："当时是众编类来，偶无此尔。"[34]可知助手不止一人。故王懋竑（一六六八—一七四一）云："据此则编类或不止子澄一人。"[35]其说最确。他如《伊洛渊源录》与《宋名臣言行录》莫不皆然，而不害书目专家之谓为朱子所撰也。《四库全书总目提要》题"宋朱子撰"，非误也。且朱子《答子澄》谓"此间所编"[36]，则非子澄一人所编明矣。朱子与吕祖谦（一一三七—一一八一）合辑《近思录》，朱子《后序》明言合作。吕亦有《后序》，而诸家仍只称朱子撰。今《小学题辞》与《题小学》皆为朱子所著，不言合作，而子澄别无识语。尚可谓子澄一人所编耶？朱子与陈丞相（陈俊卿，一一一三—一一八六）书言"近又编《小学》一书"[37]，与《大学中庸章句》并提，显指自编，非掠美也。总之，只云朱子，有亏于刘。只言子澄，有亏于朱。谓朱子编也好，谓朱刘合编亦好。读者不以言害辞，不以辞害意可也。

1 《文集》卷三十五《答刘子澄（第五、六书）》，页十五下，十七下。

2 《语类》卷一〇一，第二条，页四〇六一。

3 《宋史》（北京，中华书局，一九七七）卷四三七《刘清之传》，页一二九五七。

4 《近思录》卷六《家道》第十二，"问第五伦"条。

5 《文集》卷三十五《答刘子澄（第七书）》，页十七下至十八上。

6 同上，第九书，页十九下。

7 同上，第十书，页二十一下。

8 《文集》卷三十五《答刘子澄（第十二书）》，页二十三下。

9 同上，第十四书，页二十六下。

10 同上，卷五十《答潘恭叔》，页十九下。

11 《四库全书总目提要》（上海商务印书馆，一九三三）卷九十一《子部·儒家类二》，总页一九〇四。

12 张伯行《小学集解序》（《正谊堂全书》本），页二上。

13 朱子门人熊节〔庆元五年己未（一一九九）进士〕编《性理群书句解》，熊刚大注，包括《性理字训》。

14 《读书分年日程》（《正谊堂全书》本），卷一，页一上至四上。

15 胡颂平《胡适先生年谱简编》（台北《大陆杂志》，一九七一），页二。

16 《颜李遗书》（《畿辅丛书》本）第十三册《小学稽业序》，页一。

17 《论语·子张》，第十二章。

18 《大戴礼记》（《四部丛刊》本）卷三《保傅》第四十八，页八下。

19 《颜李遗书》（《畿辅丛书》本）第十三册《小学稽业序》，页一。

20 《文集》卷七十六《小学题辞》，页十九上。

21 同上，《题小学》，页十九下。

22 《文集》卷七十六《大学章句序》，页二十上。

23 同上，卷七十四《谕诸生》，页二上。

24 同上，卷六十八《井田类说》，页二十八下。

25 《汉书》（《四部丛刊》本）卷二十四上《食货志》，页四下。

26 《文集》卷十五《经筵讲义》，页一上。

27 《白虎通》（《四部丛刊》本）卷四《辟雍》，页十六下。

28 《语类》卷七，第一条，页一九九。

29 《大戴礼记》（《四部丛刊》本）卷三《保傅》第四十八，页八下。

30 《文集》卷七十六《大学章句序》，页二十上。

31 《礼记·王制篇》，第四十节。

32 《文集》卷七十六《题小学》，页十九下。

33 《四库全书总目提要》（上海商务印书馆，一九三三）卷九十一《子部·儒家类二》，总页一九〇四。

34 《语类》卷一〇五，第二十条，页四一七八。陈选《集注》与张伯行《集解》均谓第三十四"包孝"条为朋友条，太过勉强。恐欲为朱子洗刷耳。

35 《朱子年谱·考异》（《丛书集成》本），卷三，页三一〇。

36 《文集》卷三十五《答刘子澄（第七书）》，页十七下至十八上。

37 《文集》卷二十六《与陈丞相别纸》，页三十二下。

【六七】《性理字训》

陈淳（一一五九—一二二三）著《北溪字义》，又称《性理字义》，论者目之为朱子哲学之最善辞书（参看页四五四“最笃实之门徒——陈淳”条）。同门程端蒙（一一四三—一一九一）亦撰《性理字训》一卷，大旨与《性理字义》相同。《宋元学案》录其全文，并附录朱子赞扬之语。朱子曰：“《小学字训》甚佳。言语虽不多，却是一部大《尔雅》。”[1]朱子语见其答程氏书中，[2]所谓小学，非指朱子所编之《小学》，只谓训蒙之书耳。

《性理字训》只得四百二十八字，皆四字句，不押韵。每三四句便结语“故谓之□”。以次释命、性、心、情、才、志、仁、礼等二十余字。朱子以之比《尔雅》，自是客气。《语类》所载，附注所云“一部大《尔雅》”，但正文则有微辞。《语类》云：“因说正思（程端蒙）《小学字训》，直卿（黄榦，一一五二—一二二一）云：此等文章亦难做。如‘中’只说得无倚之中，不曾说得无过不及之中。曰：便是。此等文字难做。如‘仁’只说得偏言之仁，不曾说得包四者之仁。”[3]此书目的既在训蒙，自不能与《性理字义》比并。故《四库全书总目提要》于《北溪字义》条下附评语云：“书颇浅陋。故赵汸（一三一九——三六九）《答汪德懋〈性理字训〉疑问》（原注：访《东山集》误作《性理字义》）称其为初学者设。”[4]

宋儒程若庸〔咸淳间（一二六五——二七四）进士〕著《性理字训讲义》，又增广《性理字训》若干条。朱枫林《书性理字训后》曰：“晦庵门程正思《字训》三十条，勿斋（程若庸）增广之为六门百八十三条。今增‘善’字，补以蒙斋（程端蒙）之训，凡百八十四条。德业尽性正心四条，训有未妥。僭易数字，余皆元文。程敬叔（程端礼，一二七一——三四五）《读书日程》，八岁未入小学，教之读此书甚善（参看页四二九‘《小学》’条），但此书四字成言。其语既简约，而题目多涉性命，其理又幽深。若非根据出处本义，而旁取世俗事物以开喻之，未见其有益也。”[5]朱枫林之评，盖亦兼及程若庸之增广，因德业尽性正心四条及以下评其训太极之字，皆不见《性理字训》也。

1 《宋元学案》（《四部备要》本）卷六十九《沧洲诸儒学案》，页十三下至十四上。

2 《文集》卷五十《答程正思（第十八书）》，页三十一下。

3 《语类》卷一一七，第二条，页四四七五。程颐《易传》（《四部备要·二程全书》本），页二下云：“四德（元亨利贞）之元，犹五常（仁义礼智信）之仁。偏言则一事，专言则包四者。”

4 《四库全书总目提要》（上海商务印书馆，一九三三）《子部·儒家类二》，总页一九一七。

5 《宋元学案》卷八十三《双峰学案》，页六下至七上。

【六八】《朱子格言》

《朱子治家格言》，颇为流行。通常以为朱子所作，因其冠以“朱子”两字也。始作俑者谅为陈弘谋（一六九六——七七一）。彼编《养正遗规》，为《五种遗规》之一。采用《治家格言》，题为《朱子治家格言》，并下按语云：“其言质，愚智胥能通晓。其事迩，贵贱尽可遵行。故虽《朱子文集》所不载，以其锓版流传之既久也，录之。”弘谋盖不知为清人朱用纯（号柏庐，一六二七——六九九）所作也。柏庐只早弘谋五十年。《养正遗规》序于乾隆四年己未（一七三九），距柏庐之死，只四十年。柏庐在生，必不肯用朱子名义。在此四十年间，盛传为朱子所撰，而弘谋沿之，亦属可能。文内教言，虽与传统儒家治家之旨相合，但朱子教人重在原则。小学教以洒扫应对之后，诚如其《白鹿洞书院揭示》识语所云：“苟知其理之当然，而责其身以必然，则夫规矩禁防之具，岂待他人设之，而后有所持循哉？”故其《揭示》（载《文集》卷七十四），只摘录经典格言十余言，以为为学、修身、处事、接物之要。今依朱子此种精神，选其格言三十余则。其中联语四对，早已家家传诵矣。

（1）读圣贤书，行仁义事。[1]

（2）存忠孝心，立修齐志。[2]

（3）孝悌忠信，礼义廉耻。[3]

（4）文章华国，诗礼传家。[4]

（5）居敬穷理。

捷按：此为朱子所常言。牌坊书院等多用之。[5]

（6）居敬以立其本，穷理以致其知。[6]

（7）持敬以存其体，穷理以致其用。[7]

（8）明诚两进，敬义偕立。[8]

（9）修身穷理，守正俟命。[9]

（10）博文以穷理，约礼以修身。[10]

（11）博之以文，以开其讲学之端，约之以礼，以严其践履之实。[11]

（12）孝弟忠信，持守诵习。[12]

（13）必使道心常为一身之主，而人心每听命焉。

捷按：王阳明评朱子析心为二（《传习录》卷上第十“爱问道心”），阳明误矣。朱子每等道心人心于天理人欲。非谓心有二，只心有正有不正耳。[13]

(14) 玩心于义理之微，放意于尘垢之外。[14]

(15) 随处提撕，随处收拾。随时体究，随事讨论。[15]

(16) 大开眼看觑，大开口说话。分明去取，直截剖判。[16]

(17) 律己公廉，执事勤谨。昼夜孜孜，如临渊谷。[17]

(18) 事上以礼，接物以诚。临民以宽，御吏以法。[18]

(19) 当显则显，当默则默。涵养深淳，发必中节。[19]

(20) 致中则欲其无少偏倚，而又能守之不失。致和则欲其无少差缪，而又能无适不然。[20]

(21) 不东以西，不南以北。弗贰以二，弗参以三。[21]

(22) 群之以学校，联之以师儒。开之以诗书，成之以礼乐。[22]

(23) 半日静坐，半日读书。

捷按：此乃朱子训门人一人之言，又只一次。颜元（一六三五—一七〇四）乃据而大骂朱子教人半日做和尚，半日做汉儒。钱穆教授谓其不善读书（参看页三二九“半日静坐半日读书”条）。今以广义观之，则有符居敬穷理之旨，故录之。[23]

(24) 宁烦毋略，宁下毋高，宁浅毋深，宁拙毋巧。[24]

(25) 宁详毋略，宁近毋远，宁下毋高，宁拙毋巧。

捷按：胡适（一八九一—一九六二）先生留寓美国，羡慕者每请其留言纪念。胡先生喜写此句。后台北胡适纪念馆印行明信片多张，亦有胡先生手书此语。[25]

441 (26) 宁详毋略，宁下毋高，宁拙毋巧，宁近毋远。

捷按：以上三条，胡适谓为“朱子四句诀”（《胡适手稿》第九集，页八十一）。[26]

(27) 或考之事为之著，或察之念虑之微。或求之文字之中，或索之讲论之际。[27]

(28) 察之愈密，则其见之愈明。持之愈严，则其发之愈勇。[28]

(29) 书不记，熟读可记。义不精，细思可精。[29]

(30) 熟读沉思，反覆涵泳。铢积寸累，久自见功。[30]

(31) 章句以纲之，训诂以纪之，讽咏以昌之，涵濡以体之。[31]

(32) 有疑即思，不通方问。[32]

(33) 宁与毋吝，宁介毋贪。[33]

(34) 施而不望其报，祀而不祈其福。[34]

(35) 灾害之去，何待于禳？福禄之来，何待于祷？

此外朱子所云，可作格言者必多。《文集》卷八十五所载箴铭，皆格言也。[35]

1 参看页七四七，“朱子之联语”条之（18）。

2 同上。

3 同上，参看（21）条。

4 同上，页七四六，参看（15）条。

5 《文集》卷四十一《答冯作肃（第四书）》，页一下。《语类》卷一一九，第二十二条，页四五九二；第四十条，页四六〇一。

6 《勉斋集》(《四库全书》本) 卷八《复李公晦 (第三书)》, 页十九上。

7 《文集》卷五十九《答吴斗南 (第一书)》, 页二十下。

8 同上, 卷一《白鹿洞赋》, 页二下。

9 同上, 卷三十八《答耿直之》, 页三十上。

10 同上, 卷三十九《答范伯崇 (第二书)》, 页三十二上。

11 同上, 卷六十二《答林退思 (第二书)》, 页十一下。

12 同上, 卷五十四《答王厚和 (第二书)》, 页十五上。又同前注。

13 《中庸章句序》。

14 《文集》卷九十七《吏部朱公行状》, 页二十五上。

15 同上, 卷六十《答周仲南 (第二书)》, 页三下。

16 同上, 卷五十六《答叶正则 (第二书)》, 页七下。

17 同上, 卷六十四《答吴尉 (第三书)》, 页二十下。

18 同上, 卷三十九《答范伯崇 (第八书)》, 页四十四上。

19 同上, 卷三十九《答许顺之 (第十四书)》, 页十七下。

20 《文集》卷九十七《吏部朱公行状》, 页十一下。

21 《文集》卷八十五《敬斋缄》, 页六上。

22 同上, 卷七十九《琼州学记》, 页四下。

23 《语类》卷一一六, 第五十五条, 页四四七四。

24 同上, 第二十一条, 页四四五〇。

25 《文集》卷三十《答汪尚书 (第三书)》, 页四下。

26 《语类》卷十, 第三十二条, 页二六一。

27 《大学或问》(《近世汉籍丛刊》本), 页二十上, 总页三十九。

28 《文集》卷三十六《答陈同甫 (第六书)》, 页二十下。

29 同上, 卷七十四《又谕学者》, 页二十三上。

30 《文集》卷三十六《答陈同甫 (第六书)》, 卷六十四《答江端伯》, 页二十三下。

31 同上, 卷七十六《诗集传序》, 页四上。

32 同上, 卷五十五《答杨至之 (第一书)》, 页七上。

33 《论语或问》(《近世汉籍丛刊》本) 卷六《雍也》, 页四下至五上, 总页二五八至二五九。

34 《文集》卷八十二《跋程宰登瀛阁记》, 页十六下。

35 同上, 卷十二《己酉拟上封事》, 页五上。

【六九】新道统

道统观念，由来久矣。步步进展，至朱子而完成之。予尝详为叙述[1]，今更加详，而特重朱子之贡献。

孟子首倡传授由尧舜经成、汤、文王而至孔子。[2]韩愈（七六八—八二四），首倡孟子之死，不得其传。[3]伊川（程颐，一〇三三—一一〇七）首倡其兄明道（程颢，一〇三二—一〇八五）得不传之学于遗经。[4]朱子之时，道统之传授由尧舜而至孔孟，而中绝，而二程复兴，成为一时之定论。故李元纲为《传道正统图》如下：

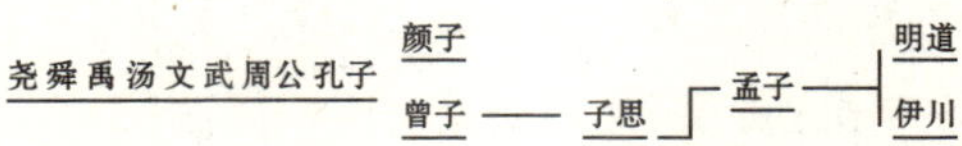

朱子对此传统，大体赞同。《语类》载朱子云："此道更前后圣贤，其说始备。自尧舜以下，若不生个孔子，后人去何处讨分晓？孔子后若无个孟子，也未有分晓。孟子后数千载，乃始得程先生兄弟发明此理。”[5]然此未见朱子道统观之全貌。欲睹全豹，则须讨论朱子之贡献，与其如何予道统以新面目。

朱子之维新，共有五端。一为首次用“道统”之名词。《中庸章句序》云：“道统之传，有自来矣。”或谓李元纲图目，已先用之。然《传道正统》虽有“道”“统”两字，尚未连词。有之自朱子始。或又谓绍兴六年丙辰（一一三六）朱震（一〇七二——一三八）言：“臣窃谓孔子之道传曾子……子思……孟子。孟子以后无传焉。至于本朝……程颢、程颐传其道于千有余年之后……良佐（谢上蔡，一〇五〇——一〇三）之贤亲传道学，举世莫及。”[6]《中庸章句序》成于淳熙十六年己酉（一一八九），诚晚于朱震矣。然朱震只言道学，未言道统。有道统之观念，而词则未有也。

《中庸章句序》不特首用“道统”之词，又于道统内容，以哲学思想充实之。从此而后，道统乃成为一哲学范畴。此诚是破天荒之举。纵是武断，不害其为新观念也。《序》云：“盖自上古圣神，继天立极，而道统之传，有自来矣。其见于经，则‘允执厥中’[7]者，尧之所以授舜也。‘人心惟危，道心惟微。惟精惟一，允执厥中’[8]者，舜之所以授禹也。……自是以来，圣圣相承，若成汤、文、武之为君，皋陶、伊、傅、周、召之为臣，既皆以此而接夫道统之传。若吾夫子，则虽不得其位，而所以继往圣，开来学，其功反有贤于尧舜者。然当是时，见而知之者，惟颜氏、曾氏之传得其宗。及曾氏之再传，而复得夫子之孙子思。……又再传以得孟氏。……故程夫子兄弟出，得有所考，以续乎千载不传之绪。”以道心人心之十六字诀释道统，使有确定之哲学意义，实为一极有价值之贡献。然只举其要旨，尚未备言。其徒黄榦（一一五二——二二一）著《圣贤道统传授总叙说》，则有详细之解释。彼以汤得统于禹为礼义，文王得统于汤为以礼制心，以义制事[9]，武王、周公得统于文王为敬以直内，义以方外[10]，孔子得统于周公为《论语》之博文约礼[11]与克己复礼[12]，与《大学》之格致诚正修齐治平[13]。颜子承《论语》之教，曾子得《大学》之义。至子思则先之以戒惧谨独，次之以仁知仁勇，而终之以诚。[14]孟子得统于子思则为求放心[15]、集义[16]与扩充[17]，相为次序[18]。其武断程度，不下于朱子。然其哲学性，则不能否认。

因为哲学之需求，于是在尧舜之上，更溯至伏羲。《中庸章句序》云："盖自上古圣神，继天立极。"所谓上古圣神，乃是伏羲、神农、黄帝、尧、舜。此可于《大学章句序》见之。《序》曰："此伏羲、神农、黄帝、尧、舜，所以继天立极。"朱子之提出伏羲，似是异常侧重，言之屡屡。《语类》云："'天不生仲尼，万古长如夜。'唐子西尝于一邮亭梁间见此语。语季通（蔡元定，一一三五——一九八）云：'天生伏羲、尧、舜、文王后，不生孔子亦不得。后又不生孟子亦不得。二千年后又不生二程亦不得。'"[19]又云："先生（二程）之道，即伏羲、尧、舜、禹、汤、文、武、周公、孔、孟之道。"[20]又云："道统远自羲轩，集厥大成。"[21]如是屡言伏羲，不一而足。其所以如是者，乃其道统之哲学性，不止基于《书》之十六字诀，而亦基于《易》之太极。"易有太极，是生两仪。两仪生四象。四象生八卦。"[22]相传伏羲乃画八卦者也。[23]故朱子曰："河图而出八卦画，洛书呈而九畴叙。"[24]

朱子因须厘清理与气之关，不得不采用太极阴阳之说。又因二程不言太极，不能不取周子（周敦颐，一〇一七——〇七三）之《太极图》而表彰之，又注周子之太极图说。[25]于是加周子于道统传授之内，而谓"千有余年，乃曰有继。周程授受，万理一原"[26]。朱子之意，并非否认明道得孟子不传之学于遗经，而谓二程推明其理，则亦可与直接接受孟子之传相通。朱子云：“盖自周衰，孟轲氏没而此道之传不属。……而先生（周子）出焉。不繇师傅，默契道体。建图属书，根极领要。当时见而知之，有程氏者，遂扩大而推明之。”[27]二程尝从学与周子。朱子确信周子传《太极图》于二程。二程不言，盖未得可以传授之人耳。此为理学史上一大公案，争论未已。予曾详论之，此处不必复述。[28]所注重者，乃孟子与二程之间，加上周子。此为道统传授最重要之改变。朱子既曰“先生（周子）道学渊懿，得传于天。上继孔颜，下启程氏”[29]，又曰“两程之绪，自我周翁”[30]，更云“及先生出，始发明之，以传于程氏”[31]，复云“濂溪夫子之学……又得河南二程先生以传之”[32]。其所以如是坚持者，以非有太极阴阳之说，不足以成全其理气学说也。故添入周子，上溯伏羲。其道统之贡献，皆由其理学之贡献而来，事非偶然也。

在道统上，除新用名词，以哲学解，上溯伏羲，添加周子之外，尚有一项，为朱子所不明言，而其门人学侣以及后人皆以为必然之事者，即朱子本人承继道统是也。《大学章句序》云：“河南程氏两夫子出，而有以接乎孟氏之传。……虽以熹之不敏，亦幸私淑而有闻焉。”此不但指《大学》教育而为言，乃谓孔孟之传也。晚年筑竹林精舍于福建建阳之考亭。其告先圣文叙述羲、轩、孔、颜、曾、思、孟、周、程授受，万理一原，与邵（邵雍，一〇一一—一〇七七）、张（张载，一〇二〇—一〇七七）、司马（司马光，一〇一九—一〇八六）异途同归之后，即曰：“熹以凡陋，少蒙义方。中靡常师，晚逢有道。”[33]其以继承道统自任，意甚明显。无论如何，其门人皆坚信不疑。黄榦叙述圣贤道统传授由尧舜以至孟子之后，继曰："及至周子，则以诚为本，以欲为戒[34]，此又周子继孔孟不传之绪者也。至二程子，则曰'涵养须用敬，进学则在致知'[35]……此二程得统于周子者也。先师文公之学，见之'四书'，而其要则尤以《大学》为入道之序。……此又先师得其统于二程者也。"[36]其所撰《朱文公祠记》云："尧、舜、禹、汤、文、武、周公生，而道始行。孔子、孟子生，而道始明。孔子之道，周、程、张子继之。周、程、张子之道，文公朱先生又继之。此道统之传，历万世而可考也。"[37]其所撰《朱子行状》亦云："窃闻道之正统，待人而后传。……由孔子以后，曾子、子思继其微，至孟子而始著。由孟子而后，周、程、张子继其绝，至先生而始著。"[38]几等朱子于孟子矣。同门陈淳（一一五九—一二二三）同一口气。其言曰："粤自羲皇作易，首辟浑沦。……尧、舜、禹、汤、文、武，更相授受。……孔子……为万世师。……轲之后，失其传。……于是濂溪先生与河南二程先生卓然以先知先觉之资，相继而出。……朱文公即其微言遗旨，益精明而莹白之。"[39]朱子之直承道统，不特为朱门共同之信仰。宋、元、明、清，无异议也。[40]元儒以许衡（一二〇九—一二八一）上接程、朱道统。[41]明儒薛瑄（一三八九—一四六四）谓"至宋二程、朱子既有以接孟子之传"[42]。胡居仁（一四三四—一四八四）亦曰："周子发其端于前，遂扩而大之，朱子又集而全之，故吾道遂大明于宋焉。"[43]至清代康熙命李光地（一六四二—一七一八）编修《朱子全书》与《性理精义》，亦谓："朱夫子集大成而结千百年绝传之学。"[44]又谓："朱子得因四子之师承，上溯六经之圣训。"[45]是道统流传，历数百年而不衰。

1 参看拙著《朱学论集》(台北学生书局, 一九八二), 页十三至十八。

2 《孟子·尽心》下, 第三十八章。

3 《韩昌黎全集》(《四部备要》本) 卷十一《原道》, 页四下。

4 《伊川文集》(《四部备要·二程全书》本) 卷七《明道先生行状》, 页六上下。

5 《语类》卷九十三, 第二条, 页三七三一。

6 《建炎以来系年要录》(《丛书集成》本), 卷一〇一, 页一六六〇至一六六一。

7 《论语·尧曰》, 第一章。

8 《书经·虞书·大禹谟》, 第十五节。

9 同上,《仲虺之诰》第八节。

10 《易经·坤卦·文言》。

11 《论语·雍也》, 第二十七章;《颜渊》, 第十五章。

12 同上,《颜渊》, 第一章。

13 《大学》经文。

14 《中庸》, 第一、二十、二十一至二十六、三十三章。

15 《孟子·告子》上, 第十一章。

16 同上,《公孙丑》上, 第二章。

17 同上, 第六章。

18 《勉斋集》(《四库全书》本) 卷三《圣贤道统传授总叙说》, 页十七上至二十下。

19 《语类》卷九十三, 第三条, 页三七三一。

20 《文集》卷六十《答李诚之》, 页二十一上。

21 同上, 卷八十六《沧洲精舍告先圣文》, 页十二上。

22 《易经·系辞上传》, 第十一章。

23 同上,《系辞下传》, 第二章。

24 《文集》卷七十八《江州重建濂溪先生书堂记》，页十二下。

25 《周子全书》(《万有文库》本) 卷一至二，页五至三十二。

26 《文集》卷八十六《沧洲精舍告先圣文》，页十二上。

27 《文集》卷七十八《江州重建濂溪先生书堂记》，页十二下。

28 参看《朱学论集》，页十六。

29 《文集》卷八十六《奉安濂溪先生祠文》，页四下。

30 同上，《谒修道州三先生祠文》，页十一下。

31 同上，卷七十八《隆兴府学濂溪先生祠记》，页十九上。

32 同上，卷七十九《徽州婺源县学三先生祠记》，页三上。

33 《文集》卷八十六《沧洲精舍告先圣文》。

34 《通书》，第一至第四章，第二十章。

35 《遗书》(《二程全书》本) 卷十八，页五下。

36 《勉斋集》(《四库全书》本) 卷三《圣贤道统传授总叙说》，页十七上至二十下。

37 《勉斋集》卷十九《徽州朱文公祠记》，页十九上下。

38 同上，卷三十六《朱子行状》，页四十八上下。

39 《北溪大全集》(《四库全书》本) 卷十五《师友渊源》，页二下至三下。

40 张伯行《道统录》(《正谊堂全书》本)《总论》，页四上至九下。

41 《许文正公遗书》(一七九〇年本)《总论》，页六上。

42 《薛敬轩集》(《正谊堂全书》本) 卷六《陵川县庙学重修记》，页二十三下。

43 《胡敬斋集》(《正谊堂全书》本) 卷一《复江谦》，页十七下。

44 《朱子全书·御制序》〔《康熙》五十三年甲午 (一七一四) 本〕，页六下。

45 《性理精义·表》(《四部备要》本)，页一下。

【七〇】朱门传授

《宋史·黄榦（一一五二—一二二一）传》谓："病革以深衣所著书授榦。手书与诀曰：'吾道之托在此，吾无憾矣。'"[1]《考亭渊源录》与《宋元学案》沿之。[2]王懋竑（一六六八—一七四一）云："至《宋史》言以深衣为寄，考之一无所据。盖暗用禅家衣钵之说，其为附会无疑。"[3]王氏是也。诸本《年谱》与黄榦《朱子行状》均无授衣之事。易箦时门人蔡沈（一一六七—一二三〇）与祝穆（一二五五卒）在场，所记亦未提及。[4]与黄榦书乃易箦前一日所书，曰："三月八日熹启。……今想愈成伦理，凡百更宜加勉力。吾道之托在此者，吾无憾矣。"[5]蔡沈与祝穆均目睹其手书。祝穆谓先作季子书与之诀别，然后作书与黄榦与范念德，托修礼书，并谓今《年谱》以黄、范两书在先，其事失伦。查各《年谱》与《行状》均不失伦，只十六世孙朱玉《朱子文集大全类编》（一七二二）内之《年谱》以黄、范两书在先，则朱玉《年谱》有上

451 沿最初《年谱》之可能。

楙竑虽否认传授深衣，然隐示朱子有传授之意，而黄榦亦有此期望。此则不可辨。楙竑云：“又按朱子临卒，与勉斋（黄榦）书有‘吾道之托在此者，吾无憾’之语，然止以授学次第而言，其于孔门之颜、曾，未知何如也。朱子晚年与人书，每言斯道之传，不绝如线。而论程门诸公，未有可当衣钵之传，其微意亦可见矣。勉斋最后祭文言：‘末年之付嘱，将没之丁宁，则戚戚然于微言之绝，大义之乖也。榦独何人，而当此期望之厚耶？’[6]今考此书，却无此意。续集有《与直卿书》言：‘古之禅宿，有虑其学之无传，而至于感泣流涕者。不意今日乃亲见此境界也。’[7]其书在戊午（庆元四年，一一九八）己未（庆元五年，一一九九）间。祭文盖兼用此意。亦云期望之厚，而不敢谓已得其传也。盖古人之审慎如此。”[8]观上所云，王氏显示朱子有微意而黄榦亦知所付嘱。加以朱子“古之禅宿”之言与论程门衣钵，朱子传授之想，显而易见。予疑王氏如是云云，恐亦暗用禅家衣钵之说而附会之耳。

易箦前致黄榦书，诚如楙竑所言：“止以授学次第而言。”然书有“吾道之托在此”之语，则楙竑“其于孔门之颜、曾，未知如何”之问，不为无理。“最后祭文”，实指黄榦之《辞晦庵先生墓文》。王氏谓黄榦不敢谓已得其传，即谓冀得其传也。王氏又谓与直卿书有禅宿虑学无传，而黄榦祭文兼用此意，则恐有断章取义之嫌。《辞晦庵先生墓文》写在朱子逝世二十一年之后。其时黄榦已六十九岁，“数月以来，痰作于上，气痞于下。恐一旦遂溘先朝露”，故遣其子辂告于墓下。文内四言“榦何人而在抠趋之列？榦何人而获亲道德之粹？榦何人而受此生成之赐？榦何人而当此期望之厚？”[9]此乃回忆一生所得于朱子之涵淹卵育。故“咐嘱”、“叮咛”、“大义”、“微言”、“期望”，皆对黄榦之学问修养而言，无指为承受道统之意也。若谓传授，则当早已言之，岂待朱子死后二十一载而后言之耶？黄榦《祭晦庵朱先生》，有“奉疾革之贻书。……念属托之至重，岂绵力之能胜”[10]之语，可解作“吾道之托”，亦可解作托修礼书。若要解作传授，先决问题，则须朱子确有衣钵之意也。

王氏谓朱子晚年每言斯道之传，不绝如线。此语诚是。朱子《致黄榦》尝云：“又来学者亦未见卓然可恃以属此道之传者。今更有此间隔（指朝廷攻击道学），益难收拾。不谓吾道之否，一至此也。”[11]又一书云：“迁居扰扰中亦有一二学者在此。虽不得子细讨论，然大抵未有担荷得者。此甚可虑。”[12]《答余占之（余偶）》亦云：“直卿已归在此。今年往来亦有一二十人，相过讲习。其间岂无晓会得意思者？然未见大段断然可负荷此事者，甚可虑也。”[13]《答友人赵彦肃〔赵子钦，乾道（一一六五——一一七三）进士〕》亦云：“此间虽有士友数辈，然与之语，往往不能尽人意。一旦溘然，此事便无所寄，不得不为之虑耳。”[14]若已属意黄榦，更何需想及他人？又有何可虑？此乃叹道学中绝之危，而非谓无人可以传授衣钵也。禅宿无传之叹，亦当作如是观。朱子只谓程子（程颐，一〇三三——一一〇七）秘而不示门人以《太极图》，以未有能受之者耳。[15]其谓“二先生衣钵似无传之者”[16]，乃指程门诸公之差而非叹其无传也。根本上朱子对于禅门传灯，不生兴趣。朱子数次谈及禅师，均与传灯无关。[17]彼不信印度二十八祖能写押韵诗[18]，亦不信达摩死后只履西归与禅宗一叶五花之传说[19]。虽盛称许多禅师之伟大，但颇致疑于《景德传灯录》中许多祖师几人能得尧、舜、文、武、孔子之成就。[20]既无景仰，决不至仿效之也。学者每言朱子完成道统，乃受佛教之影响，予尝著论驳之矣。[21]

《宋史》又谓以所著书授榦。此必暗用佛教传经传说，或误解托修礼书。《年谱》《行状》与蔡沈所记，无此说也。

1 《宋史》（北京中华书局，一九七七）卷四三〇《黄榦传》，页一二七七八。

2 《考亭渊源录》（《近世汉籍丛刊》本）卷六《黄榦传》，页一下。《宋元学案》（《四部备要》本）卷六十三《勉斋学案》，页二上。

3 王懋竑《朱子年谱·考异》（《丛书集成》本）卷四，页三四四。

4 《蔡氏九儒书》〔同治七年戊辰（一八六八）本〕，卷六蔡沈《朱文公梦奠记》，页五十八下至六十一上。祝穆《朱子易箦私议》载戴铣《朱子实记》（《近世汉籍丛刊》本）卷十，页二十下至二十二上，总页五一八至五二一。

5 《文集》卷二十九《与黄直卿》，页二十二下。

6 《勉斋集》（《四库全书》本）卷三十九《辞晦庵先生墓文》，页二十三上至二十四下。

7 《文集》续集卷一《答黄直卿第（六十三书）》，页十七上。

8 王懋竑《朱子年谱·考异》（《丛书集成》本）卷四，页三四四。

9 《勉斋集》（《四库全书》本）卷三十九《辞晦庵先生墓文》，页二十三上至二十四下。

10 《勉斋集》（《四库全书》本）卷三十九《祭晦庵朱先生文》，页六下。

11 《文集》续集卷一《答黄直卿（第二十五书）》，页七上。

12 同上，第三十二书，页十上。

13 《文集》正集卷五十《答余占之》，页二十五下。

14 《文集》续集卷五十六《答赵子钦（第七书）》，页四上。

15 同上，卷三十一《答张敬夫（第十九书）》，页九上。又《语类》卷九十四，第一〇九，页三七九〇。

16 《语类》，卷一〇一，第十二条，页四〇六三。

17 同上，卷一二六，第一条，页四八一七；第六十八条，页四八四七；第一〇六条，页四八六一。

18 同上，第一条，页四八一七。

19 《文集》别集卷八《释氏论》下，页三下。

20 同上，正集卷四十三《答李伯谏（第一书）》，页十一下至十二上。

21 参看拙著《朱学论集·朱子集新儒学之大成》（台北学生书局，一九八二），页十八。

【七二】最笃实之门徒——陈淳

《四库全书总目提要》谓："淳于朱门弟子之中，最为笃实。"[1]此乃针对其人格而言。至其与朱子师生间之关系，其本人寻索根源，与其《北溪字义》，皆为朱门之出色者。今以次略论之。

陈淳（一一五九—一二二三），字安卿，称北溪先生。福建漳州龙溪县人。《宋史》云："少习举子业。林宗臣〔乾道（一一六五—一一七三）进士〕见而奇之，且曰，'此非圣贤事业也'。因授以《近思录》。淳退而读之，遂尽弃其业焉。"[2]时淳年二十有二。自后数年，遍取朱子所著书"吟哦讽诵。反诸身，验诸心"[3]。心焉向往。尝欲从学朱门，然家贫空甚，无千里裹粮之资。且仰事二亲，深虞不给，不得不事举业。淳熙十六年己酉（一一八九），年三十一，以赴秋试归，道经武夷山，欲趋朱子所居之五夫里。然亦以贫乏与亲老而不克如愿。翌年，朱子知漳州。淳乃上书并录旧日自警诗以为贽。书长五六百言。除叙述其夙愿未偿之外，并谓：“先生道巍而德尊，义精而仁熟。……所谓主盟斯世，独惟先生一人而已。……向者十年愿见而不可得，今乃得亲睹仪形于州闾之近，殆天之赐欤！既而又自疑曰：先生郡侯也，某郡之一贱氓也。……又迟者累月。”[4]及至，翌日入郡斋，师生即作长时间之谈话。朱子缕缕言曰：“凡看道理须要穷个根源来处。”[5]门人黄必昌曰：“先生朱门嫡嗣。一见之初，遂蒙许与。”[6]《宋史》又云：“熹数语人，以南来吾道喜得陈淳。门人有疑问不合者，则称淳善问。”[7]然好景不长。淳自述云：“某自罢省试归，五月方抵家，而道途跋涉之苦，得病未能见也。至十一月十八日冬至，始克拜席下，而村居食贫，又以训童拘绊，不得日侍炉锤之侧。明年（一一九一）先生忽以丧嫡子丐祠甚坚。……四月二十五日午时主管鸿庆宫。……二十九日方行。某送至同安县东之沈井铺而别，实五月二日也。”[8]

朱子退居建阳之考亭。淳以书卷请问，朱子以书批示之。问目与批答载《北溪大全集》者不下三卷。朱子尝有书致李唐咨云：“安卿书来，看得道理尽密。此间诸生，皆未有及之者。知昏期不远，正为德门之庆。区区南官，亦喜为吾道得此人也。”[9]淳自述云：“某自（绍熙二年）辛亥（一一九一）夏送别先生于沈井之后，以水菽之不给，岁岁为训童牵绊，未能一走建阳，再诣函丈。而先生屡以书来招。至乙（应作己）未冬始克与妻父同为考亭之行。十一月中浣到先生之居。即拜见于书楼下之阁内。甚觉体貌大减。曩日脚力已阻于步履，而精神声音，则如故也。……越明年庚申（一二〇〇）正月五日拜别而归。临歧又以冬下再见为嘱。岂谓自此一别，方阅九十二日，而遽有幽明之判，反成终天之诀。”[10]盖三月初九，朱子即长逝矣。妻父李唐咨，字尧卿，亦朱子门人。如是陈淳师事两次，为期七月有余，实计不过二百一十七日。录其所闻约六百条，无所不包，问答亦逾百。胡适赞其所录云：“陈淳两次的记录最小心，最用功，最能表现朱子说话的神气，是最可宝贵的史料。”[11]

《语类》卷一一七训淳三十四条，比任何门人皆多，句句亲切。诸友问疾请退。朱子曰：“尧卿、安卿且坐。相别十年，有甚大头项工夫，大头项疑难，可商量处？”[12]此条问答，长至一千五百字。某日，晚上再入卧内。此条记录亦七八百字。[13]又一次召诸门人入卧内，首问：“安卿更有甚说话？”亦千余字。某夜再召陈淳与李唐咨入卧内，曰：“公归期不久，更有何较量？”此次谈话最久。[14]朱子于淳，可谓另眼相看。陈淳录云：“诸友入侍坐定，先生目淳申前说。”[15]又云：“诸友揖退，先生留淳独语。”[16]行前饯席酒五行，中筵亲酌一杯，劝唐咨云：“相聚不过如此。退去反而求之。”次一杯与陈淳云：“安卿更须出来行一遭，村里坐不觉坏了人。”[17]与门人交，未见有如是亲密者。朱子没后，陈淳与姚安道书曰：“某于经籍中师仰其道者十年，而亲炙函丈者又十年。真所谓身即书，心即理。凡昔闻其语者，今亲见其人。”[18]可谓真切无极矣。朱子没，淳著《侍讲待制朱先生叙述》，有云：“真可以嗣周（周敦颐）、程（程颢与程颐）之志而接孟子以承先圣者，惟吾先生一人。”论其著述与教人：“丰不余一言，约不欠一字。……其见于著述，凡片文只字，以往不过即其身心之所素者而写之尔。其见于讲论，亦不过自大源中流出，如取物诸囊，直探而示之。叩者辞未竟而答之。已缕缕不待思虑，而从容以出。……虽抱病支离，必引至卧内力坐而共讲。”[19]陈淳可谓深知其师者矣。

初次师侍，朱子屡屡训淳穷究根源来处。再次师侍，则侧重加以下学之功。此是朱子两轮两翼之教，缺一不可。朱子云："凡看道理须要穷个根源来处。如为人父，如何便止于慈。为人子，如何便止于孝。[20]……如论孝，须穷个孝根源来处。……方见得确定，不可只道我操修践履便了。"[21]"节节推上去，便自见源头处。"[22]何谓源头处？朱子曰："天下万物当然之则，便是理所以然底，便是源头处。今所说固是如此。但圣人平日也不曾先说个天理在那里，方教人去做凑。只是说眼前事，教人平平恁地做工夫去，自然到那有见处。"[23]换言之，根源是天理，但天理非只从思量上理会而亦在功夫上体认。此是下学上达之功，两轮并进。所以谆谆然训淳者，只此简单之原则而已。

陈淳谓："根源二字之训，谓穷理须到根源处方确定。当时在郡斋亦未能晓到。别去后方即其言而推详之。有数段予去请质，即已深契。师自书来印证，以为看得甚精密。"[24]既有心得，便著《孝根源》《君臣夫妇兄弟朋友根源》与《事物根源》。[25]以"其根源之所自来，皆天之所以命于人，而人之所以受乎天。……子之身，又非子之身，父母之赐，而天所与也。……此仁人孝子所以……奉天命而不敢稽，恭天职而不敢惰"[26]也。君臣、夫妇、兄弟、朋友、事物，皆根源于天命之流行。如是，"所谓根源来底意是以天理言之。看理至于知天始定。此亦不过下学中致知格物一节事，而所致所格者，要有归著至到云耳"[27]。陈淳之重点，不只天理，而是日常生活中之天理。即是天理之流行，亦即是天之所以命于人。故《北溪字义》云："其当然之则处是理，其所以当然之根源处是命。"[28]

《北溪字义》又名《性理字义》。此外如《四书字义》与《经书字义》抑或用之。然不甚适当，因“四书”未言太极、释、道，而“五经”亦只《易》言太极耳。又名《北溪字义详讲》，只谓解释分明，非谓其详细讲解也。《北溪字义》分二十六门、二百三十三节。“才”字门只一节。“鬼神”门最长，共三十九节。二十六门之范畴名词，无一是陈淳自创者。然朱子亦未尝创造一哲学范畴。学者以《北溪字义》为解释理学名义最精彩之书，又以其为反映朱子哲学最真之书。前者无可否认，后者则容有商量。

《北溪字义》以命为首，此是其特色处。《朱子语类》《朱子全书》与《性理精义》均未以命字另为一门。陈淳之所以如是重视命者，盖以其寻觅源头处，穷到理而天理流行，以至于天命也。此并非于朱子哲学有殊，盖天命亦朱子之所重，只陈淳以之为其思想之中心而已。大体而言，陈淳确是谨守师训。命之重要思想，皆来自朱子（参看页二七二“朱子言命”条）。关于性亦如是，只评佛氏性论较多，与不论枯木之性而已。理字只三节，然别节亦每言及。理气先后，置而不言。论气禀则人之形骸与天地相应，远出乎朱子所言。[29]言太极又言皇极，为朱子所少谈者。朱子有《皇极辨》[30]，但《语类》甚少讨论。陈淳或因当时学者多从孔安国（壮年前一三〇）之说而思有以正之，未可知也。仁字不特重述朱子主要思想而且分以理言，以心言，以事言，比较分析详细[31]。评佛几乎集中于其轮回之说。而忽略佛经，以心观心，与自私畏死等方面。盖其所注意者，乃在愚民之信仰行为，故鬼神一门最长。分鬼神本意、祭祀祀典、淫祀与妖怪四项。所言淫祠妖怪，与朱子罕言之者大不相同。或因福建南部民间邪教盛行，以至杀人祭鬼。无怪朱子知漳州，首先即禁聚僧庐为传经会也。有如《四库全书总目提要》所谓“坚守师传，不失尺寸”者。[32]

以上所言，似谓陈淳绝无创见，是亦不然。上面以命为首，分析理以三方面言，增设皇极一门，均是新义。其言理与道对，与性对，又与义对，亦较精密。其批评柳宗元（七七三—八一九）[33]与谷永[34]，皆为朱子所未及。罗光谓其加以浑沦两字以释太极之本体[35]，似是过誉。然朱子虽尝用“浑沦”[36]，究不若陈淳之屡屡言之也。贾丰臻谓陈淳“以心视为一物”[37]，然《北溪字义》不见此说。楠本正继讨论陈淳精细入微，为陈淳研究所罕见。亦因《北溪字义》在日本比较流通影响较大之故。日本儒家重视此书，故林罗山（一五八三—一六五七）从高丽本抄录而著《谚解》以广推行。[38]楠本谓天命造化之元亨利贞，[39]陈淳以理言，亦以气言。元亨利贞为四时万物之初生、发达、成遂、歛藏。其思想之精密，更进一步云。[40]蒙培元分析陈淳之基本思想，以在天命与太极与天命两方面，与朱子不同。在心之体用与知行两方面，把朱子学说推进一步，且“似乎已经看到朱熹理气论中的矛盾”云。[41]拙著《仁说》，曾谓陈淳以恻隐释“爱之理”[42]，善释其师之旨[43]。又引陈淳云：“心之德乃专言而其体也。爱之理乃偏言而其用也。”[44]亦与朱子略异。[45]

以上均于陈淳有赞美意。其他学者亦有毁之者。吴澄（一二四九—一三三三）曰：“况止于训估之精，讲说之密，如北溪之陈，双峰之饶（饶鲁，壮年一二五六），则与彼记诵词章之俗学，相去何能以寸哉？”[46]吴澄殆未见《北溪字义》，而徒见“字义”两字，便以为训诂辞章也。王阳明（一四七二—一五二九）采用之，以支持其朱子晚年定论之说，[47]盖亦未考耳。山崎闇斋（一六一八—一六八二）则以《北溪字义》为乏趣与浅薄。[48]鹅峰林恕谓其思想皆从朱子而来，然不免杂以私意云。[49]如是或毁或誉，均未审《北溪字义》之真价值。价值云何？一者宋代理学最简明之叙说分释，二者为朱子哲学之总述，三者乃陈淳人生目的之所托。《北溪字义》乃为人生而作，非为字义而作也。

1 《四库全书总目提要》（上海商务印书馆，一九三三），集部，别集类之四，总页三三八〇。

2 《宋史》（北京中华书局，一九七七）卷四三〇《陈淳传》，页一二七八八。

3 《北溪大全集》（《四库全书》本）卷五《初见晦庵先生》，页二上。

4 同上，页二下至三下。

5 参看《语类》，卷一一七，第二十四条，页四四八八至四四九〇。

6 《北溪大全集》外集《祭文》，页四上。

7 《宋史》（北京中华书局，一九七七）卷四三〇《陈淳传》，页一二七八八。

8 《北溪大全集》卷十《郡斋录后序》，页一上下。

9 同上，卷五，页十四上。

10 同上，卷十《竹林精舍录后序》，页三下至四上。

11 《朱子语类》（台北正中书局，一九七〇本）卷首《朱子语类的历史》。

12 《语类》卷一一七，第四十二条，页四四九六至四五〇〇。

13 同上，第四十三条，页四五〇〇至四五〇三。

14 同上，第四十五条，页四五〇七至四五一一。

15 同上，第四十八条，页四五一五。

16 同上，第五十条，页四五一六。

17 《语类》卷一一七，第五十三条，页四五二〇。

18 《北溪大全集》卷三十一《与姚安道书》，页二下。

19 同上，卷十七《侍讲待制朱先生叙述》，页一下、二下、四下至五上。

20 《大学》，第三章。

21 《语类》卷一一七，第二十四条，页四四八八至四四八九。

22 同上，第四十五条，页四五一一。

23 同上，页四五〇七。

24 《北溪大全集》卷二十七《答陈伯澡（第八书）》，页十上下。

25 同上，卷五，页四下至十下。

26 《北溪大全集》卷五，页五上、六上下。

27 同上，卷二十二《答廖师子晦（第一书）》，页二下；又第二书，页七上。

28 《北溪字义》（《惜阴轩丛书》本）卷上《"意"门》，第四十三节，页二十一下。

29 同上，《"命"门》，第三节，页二上。《语类》卷四，第四十一条，页一〇五。

30 《文集》卷七十二《皇极辨》，页十一上至十四下。

31 《北溪字义》卷上《"仁义礼智信"门》，第七十三节，页二十三上。

32 《四库全书总目提要》（上海商务印书馆，一九三三），集部，别集类之四，总页三三八〇。

33 《北溪字义》卷下《"太极"门》，第一四九节，页十一下。

34 同上，《"皇极"门》，第一五三节，页十二上。

35 《中国哲学思想史》（台北学生书局，一九八〇）第三册，页六七一。

36 《语类》卷九十四，第十六条，页三七五八。

37 《中国理学史》（上海商务印书馆，一九三五），页一九八。

38 《性理字义谚解》，日本东京内阁文库有手抄本五卷，又日本万治二年（一六五九）印本八卷。序载《林罗山文集》卷五十之首。

39 《易经·乾卦》之四德。

40 《宋明时代儒学思想之研究》（东京广池学园出版部，一九六二）页二九三。参看《北溪字义》卷上，第五节，页四上。

41 《理学的演变》（福州福建人民出版社，一九八四），页九五至九七、一〇一、一〇五。

42 《北溪字义》卷上《"仁义礼智信"门》，第五十节，页二十三下。

43 《朱学论集》（台北学生书局，一九八二），页四十七。

44 《北溪字义》卷上《"仁义礼智信"门》，第七十三节，页二十二上。

45 《朱学论集》，页四十八。

46 《吴文正集》（《四库全书》本）卷二十三《尊德性道问学斋记》，页二上。

47 《传习录》附。

48 《山崎闇斋全书》（东京日本古典学会，一九三六），页一六七。

49 会津保科正之编《玉山讲义·附录·序》（日本宽文十二年，一六七二）。

【七二】丁克抑丁尧?

朱子有门人丁复之，然不知是名尧抑是名克。黄榦（一一五二—一二二一）《祭丁复之》不言尧亦不言克，[1]朱子志其墓云：“复之，名尧，从予数年，不幸早死。”[2]《朱子实纪》[3]、《考亭渊源录》[4]、《道南源委》[5]、《儒林宗派》[6]均用丁尧。然李滉（一五〇一—一五七〇）《理学通录》[7]与《宋元学案补遗》引《福建通志》作丁复之克[8]，又引《儒林宗派》而改尧为克[9]。《语类》均无丁克、丁尧记载，无从考定其为丁克抑丁尧。然《文集·题栖贤摩崖》有门人丁克[10]，《题叠石庵》有丁复之[11]，《记游南康庐山》亦有丁复之[12]。三者均在淳熙六年己亥（一一七九），前者为四月上休日，后二者为重十日，同是一游。故丁复之即丁克。是则《文集》提丁尧复之者一处，丁克者一处，只云复之者两处。四处必指一人，非指二人。黄榦祭文内云往来七年。据《墓志》复之淳熙十二年乙巳（一一八五）卒，而游崖岩乃一一七九年，相隔七八年。朱子又谓其从游数年，为数皆合。故复之只是一人而非二人。“克”可误为“尧”，“尧”亦可误为“克”。然“克”较“尧”为胜。盖“克”与“复之”乃本《论语》“克己复礼为仁”[13]，而“尧”与“复”无关也。故《文集》之“尧”必误，而《朱子实纪》等书均沿其误耳。朝鲜学者李退溪（李滉）先用丁克，较《学案补遗》为早，所见殊高。[14]

1 《勉斋集》（《四库全书》本）卷三十九《祭丁复之文》，页二上至三上。

2 《文集》卷九十四，页二十七上。

3 《朱子实纪》（《近世汉籍丛刊》本）卷八《朱子门人》，页十四上，总页四一九。

4 《考亭渊源录》（《近世汉籍丛刊》本）卷二十《丁尧传》，页五下，总页八一八。

5 《道南源委》（《正谊堂全书》本）卷三，页四十五下。

6 《儒林宗派》（《四明丛书》本）卷十《朱子门人》，页十六下。

7 《宋季元明理学通录》（《增补退溪全书》第三册）卷八，页四十五上，总页四七三。

8 《宋元学案补遗》（《四明丛书》本）卷六十九《沧洲诸儒学案补遗》，《刘子寰传》附，页一九四上。

9 同上，页一七五上。

10 《文集》别集卷七《题栖贤摩崖》，页十上。

11 同上，《题叠石庵》。

12 《文集》正集卷八十四《记游南康庐山》，页二十九下。

13 《论语·颜渊》，第一章。

14 此文大意已载拙著《朱子门人》（台北学生书局，一九八二），页四九至五十。

【七三】杨楫果非门人乎？

杨楫（一一四二—一二一三），字通老，称悦堂先生，福州长溪县[1]人，累官司农寺簿，除国子博士，寻出湖南提刑江西运判。著《奏议》《悦堂文集》。《考亭渊源录》[2]、《朱子实纪》[3]、《万姓统谱》[4]、《道南源委》[5]、《儒林宗派》[6]、《宋元学案》[7]，皆以为朱子门人。田中谦二从《语类》郑可学（一一五二—一二一二）之记载，考订杨楫与可学于淳熙十四年丁未（一一八七）至绍熙二年辛亥（一一九一）同事朱子，引杨楫本人跋文言其于庆元元年乙卯（一一九五）侍朱子于考亭精舍，并从《语类》沈僩、吕焘两人之记录，考订其三人庆元四年戊午（一一九八）末至五年（一一九九）春为同门。[8]唯王懋竑（一六六八—一七四一）与全祖望（号谢山，一七〇五—一七五五）皆持异议。全氏《奉临川帖子》云："若李参政道传〔庆元二年（一一九六）进士〕、杨漕使楫，俱以集中偶有过从，而遽为著录。……凡系朱子同时讲学之人，行辈稍次，辄称为弟子。其意欲以夸其门墙之盛，而不知此诸儒所不受，亦朱子所不敢居也。”[9]全氏所云，未尝无据。予尝考诸书广罗杂收，滥作弟子者达一百四十余人。[10]然全氏“杨楫非门人”之说则误。王梓材（一七九二—一八五一）评之曰：“据此则先生（杨楫）当非朱门弟子，或在讲友之列。”然考黄勉斋（黄榦，一一五二—一二二一）记《杨恭老敬义堂》云：“吾与通老从游于夫子之门二十年矣。通老长于吾十年，而首与之交相好也。”[11]王氏按曰：“则先生尝受业于朱门矣。恭老，通老兄，名梓。”[12]

杨楫跋朱子《楚辞集注》云：“先生忧时之意，屡形于色。……乃独为《楚辞》解释，其义何也？然先生终不言，楫辈亦不敢窃有请焉。”各《年谱》对于杨楫此言，谓“楫之言婉而深，故录之”。王懋竑沿之，亦无异言，唯谓：“楫为门人，不见于《文集语录》。”[13]盖以《文集》《语类》未尝明言其为朱子门人也。王氏考据极为精详，此处则偶失检。《文集》云：“精舍诸友讲论，颇有绪。通老果如所论，甚慰人意。得渠如此，所助非细，非他人比也。”[14]如是云云，尚可以讲友视之。又云：“通老到彼住得几日，讲论莫须更有进否？已劝渠莫便以所得者为是，且更乡前更进一步。不知后来意思如何也？”[15]此处所云，似以门人视之矣。据《语类》所载，则其为门人无疑。《语类》载其所问，凡十余条，皆问《论语》等主题。卷一二八为“训门人”之八，乃杂训诸门人者。与通老有关者三条。第一条对通老说读书不在贪多。第二条通老问浩然之气，[16]朱子不答，久之，曰：“公若留此数日，只消把《孟子》去熟读他。逐句自解一句。自家只排句读逐将去，自见得分明，却好来商量。若墓地问后，待与说将去也徒然。”第三条为通老说事与理。[17]第二条分明是训门人之语。其为门人，可无疑矣。

1 今福建霞浦县。

2 《考亭渊源录》(《近世汉籍丛刊》本) 卷十五，页一上至二上，总页六一五至六一七。

3 《朱子实纪》(《近世汉籍丛刊》本) 卷八《朱子门人》，页六上，总页四〇三。

4 《万姓统谱》〔万历七年己卯 (一五七九) 本〕，卷四，页一上。

5 《道南源委》(《正谊堂全书》本) 卷二，页三十下至三十一上。

6 《儒林宗派》(《四明丛书》本) 卷十《朱子门人》，页六下。

7 《宋元学案》(《四部备要》本) 卷六十九《沧洲诸儒学案》，页二十二下。

8 田中谦二《朱门弟子师事年考》(《东方学报》第四十四期，一九七三)，页二六〇至二六一。

9 全祖望《鲒埼亭集》(《明清史料汇编》本) 卷四十四，页四上下。

10 《朱子门人》(台北学生书局，一九八二)，页四。

11 《勉斋集》(《四库全书》本) 卷十九《杨恭老敬义堂记》，页二上。

12 《宋元学案》(《四部备要》本) 卷六十九《沧洲诸儒学案》，页二十二上。

13 王懋竑《朱子年谱·考异》(《丛书集成》本) 卷四，页三四一。

14 《文集》续集卷一《答黄直卿 (第六十五书)》，页十七下。

15 同上，第六十九书，页十八下。

16 《孟子·公孙丑》上，第二章。

17 《语类》卷一二〇，第七至九条，页四六〇五至四六〇六。

【七四】朱子门人补述

予尝谓汉代经师学生数千人以后，学徒人数最多者以朱门为首，远胜号称满布天下之王门。予之统计，得及门者四百六十七人，未及门而私淑者二十一人，一共四百八十八人。以前记录《朱子门人》之书，计《朱子实纪》三百一十八人，《考亭渊源录》三百七十九人，《理学通录》四百一十一人，《经义考》一百三十九人，《儒林宗派》四百三十三人，《宋元学案》二百二十四人，《宋元学案补遗》增二百九十八人，一共五百二十二人。数目膨胀，无非滥采，思以夸大朱门而已。[1]今查朱子第十六代孙朱玉（壮年一七二二）所编《朱子文集大全类编》卷三"及门姓氏"所列，凡四百四十二人，又比任何一书为多矣。

予之数目比诸书为大，岂亦滥收博揽，思以光大朱子之门墙耶？是又不然。诸书未查《语类》，予则详为参考。凡有问答请教者称为门人共得五十二人为诸书所无者。[2]朝鲜李退溪（李滉，一五〇一—一五七〇）穷究《语类》，故只见于其《理学通录》者有八人。[3]《宋元学案补遗》广为参考《姓谱》《人物志》等书与各地方志，是以只见于此书者达三十一人。[4]比只见《宋元学案》八人[5]几成四倍。其余只见于《朱子实纪》者二人。[6]只见于田中谦二《朱门弟子师事年考》者一人，[7]为数甚少。

此四百余人之中，有多人一同来学者，有集体来学者，有父子兄弟同事者，有三世受业者，有师事五六七次者，有从游四五十年者，有童年师侍者，有比朱子年长者，有年老不能从游乃遣子往学者，有老病不能卒业而遣子受学者，有乏资不能时见而闻乡有从軜问者，有裹粮千里而来者，有无财不能进拜者，亦有大富大贵者，皆见拙作《朱子门人》。[8]今则有所补充：有十年愿见而卒达目的者[9]，有弃科举或官而从者[10]，有徒步而来者[11]，有上书求见者[12]，有执弟子礼者[13]，有携子同受业者[14]，有往返必至，至必留月余者[15]，有不一二岁辄至，至必累月而后归者[16]，有留事十年者[17]，有筑庐为居者[18]，有老友不以门人待之者[19]。五光十色，真是前无古，后无今。

黄榦（一一五二—一二二一）《朱子行状》云："抠衣而来，远自川蜀。"[20]即谓满布南宋天下之意。据拙著统计，福建一百六十四人，浙江八十人，江西七十九人，湖南安徽各十五人，江苏、四川各七人，湖北五人，广东四人，河南山西各一人。此只指里居可知者而言，则谓为来自全国，亦不为过。拙著又说明何以福建门徒最多与比较程门之散布，更指出江西人之从事朱子，远超乎福建人之从事象山（陆九渊，一一三九—一一九三）。予乃敢谓南宋思想，由江西倾福建，而

469 不由福建倾江西也。[21]

门人之中，甚至有三四人同名同字者。记录门人名字籍贯之书，除《宋元学案》外，错误不堪。至有一人而有三处不同之籍贯者。人名则或析一人为二，或混二人为一。拙著均为之逐一厘清。[22]拙著并讨论朱子门人是否代表士大夫阶级，有无传经传统，与道学严禁之中门人如何冒险拥护。[23]议论颇详，此处无重述之必要。所宜增补者为朱子与诸生之特殊关系。

师生关系，皆见于《文集》与《语类》，尤以《语类》为然。《语类》问答以一万数千计。最短之对话只十六字。[24]最长之师生问答为二千四百六十一字。[25]次为二千四百五十四字[26]，朱子之语最短者只得“句心”两字[27]。《语类》由卷一一三至一二〇为训门人八卷。其中以训陈淳（一一五九—一二二三）条数为最多，远在训其他门人之上。[28]朱门传统，亦即儒家传统，为学由博而约。故门人问答，虽以理学为主，而经史子集，无所不谈。然亦有少数稍为专门者，如董铢之问礼、陈厚之之问心学、丘膺之问老子、范元裕之问古圣贤、周谟之问理性、林至之问理学、林子渊之问格物，皆缩小范围，求精不求博。讨论多在精舍，或一二人，或三数人，或多至十余人。《语类》记载，不少有三门人共同请问者。如廖子晦（廖德明）、李唐卿（疑是李唐咨）与陈安卿（陈淳）同问[29]颜子喟然之叹[30]，诸生（周季俨，黄嵩老名景申，叶贺孙名味道）讨论性气请教[31]，与朱子令诸生品评汉唐四子[32]。苟能通检《语类》，则所得必不止此数。朱子鼓励门人发问，特重有疑。故每有门人意见不同者。如朱子以王安石置回易库以求利息，与《周礼》泉府目的相悖，潘时举谓：“国家费用皆取于此，岂得不取耶？”[33]此其一例耳。方伯谟（方士繇，一一四八—一一九九）尝劝朱子少著书，朱子曰："在世间吃了饭后，全不做得些子事，无道理。"伯谟曰："但发大纲。"朱子曰："那个毫厘不到，便有差错。如何可但发大纲？"[34]刘炎录云："方伯谟以先生教人读《集注》为不然。蔡孙通丈（蔡元定，一一三五—一一九八）亦有此语，且谓四方从学之士，稍自负者，皆不得其门而入。去者亦多。某（刘炎）因从容侍坐，见先生举似（说明）与学者云：'读书须是自肯下工夫始得。某向得之甚难，故不敢轻说与人。至于不得已而为注释者，亦是博采诸先生及前辈之精微，写出与人看，极是简要，省了多少工夫。学者又自轻看了，依旧不得力。'……其为学者之心，盖甚切。"[35]元定从游最久。时常过从，互相敬爱。其所云不知是否。

朱子教人，因人而异。如门人皆问"知止"[36]，答徐寓则云："真个是知得到至善处"，答子升（钱木之）则谓："知止是知事物所当止之理。"答游子蒙（游开）则谓："知止如射者之于的。"答林子渊则云："知与行工夫须着并到。"答廖德明则云："譬如吃饭，只管吃去。"[37]问答虽是时间不同，而朱子熟识门人之个性与景况，则无可否认者也。廖德明禀辞，朱子告以戒谨不睹，恐惧不闻[38]，是切要工夫，并须专读一书了，又读一书[39]。余大雅临别请教，告以"目下且须省闲事，就简约上做工夫"[40]。又临别请益[41]，告以"大要只在求放心"[42]。叶贺孙（叶味道）辞朱子同黄敬之（黄显子）归乡赴举，朱子曰："仙里士人在外，孰不经营伪牒？二公独径还乡试，殊强人意。"[43]杨道夫辞拜，朱子曰："更硬着脊梁骨。"[44]居甫（徐寓）请归作工夫，朱子曰："即此处便是工夫。"[45]石洪庆将归，朱子召入与语，曰："今先须养其源。"[46]黄义刚将归，朱子谓之曰："只是就书上子细玩味，考究义理便是。”[47]袭盖卿禀辞，且乞赠言，朱子曰：“归日宜一面着实做工夫。”[48]曾祖道拜别，朱子曰：“归去各做工夫。他时相见，却好商量也。”[49]郭友仁拜辞，朱子曰：“公识性明，精力短。每日文字不可多看。又记性钝，但用工不辍，自有长进矣。”[50]魏椿拜违，朱子嘱之曰：“别后正好自做工夫。”[51]陈淳临行拜别，朱子劝以：“冬间更须出行一遭。”[52]杨方〔隆兴元年癸未（一一六三）进士〕临行请教，朱子曰：“持守可以自勉，惟穷理须讲论，此尤当勉。”[53]陈芝拜辞，朱子赠以《近思录》，云：“于学者甚有益。”[54]魏椿临行请教，朱子语之云：“凡人所以立身行己，应事接物，莫大乎诚敬。”[55]黄士毅禀归请教，曰：“只前数日说底便是。只要去做工夫。”[56]昌父（赵蕃，一一四三—一二二九）辞，请教，朱子曰：“当从实处作工夫。”[57]元昭告归，朱子语之曰：“除去粗便是。”[58]丘玉甫（丘珏）作别请益，朱子云：“得之于心而行之于身，方有得力。不可只做册子工夫。”[59]林叔和〔林鼒，乾道八年（一一七二）进士〕别去请教，朱子曰：“根本上欠工夫，无归宿处。……凡读书须虚心。”[60]如是人各不同，非关系密切，必无可能。

门徒四百余人，自然有少数令朱子失望者。杨方往来几五十年，然每每意见相左，可谓为最不得意之门生。[61]余如包约、胡大时、徐昭然、陈永奇亦与朱子和而不同。[62]此是意中之事。然大底亲密敬重，如以女妻黄榦，语门人李唐咨以女妻陈思谦，劝吕焕回家娶亲（参看页七七五“朱子之于妇女”条），晚再召陈淳入卧内讲学，为吴寿昌写醉墨，[63]如此之类，皆足以见师生感情，固不限于讲论之间也。诸生与书院之关系与门人之季集，因有特殊意义，别立（75）（80）两条。

1 拙著《朱子门人》(台北学生书局, 一九八二), 页十至十一。

2 方毅父、王子充、王子周、王壬、王景仁、吴伯游、吴知先、吴浩、李约之、李维申、李梦先、汪正甫、汪季良、辛适正、周季俨、周震亨、林子渊、季容甫、邵汉臣、李仲实、胡□、徐元震、徐孟宝、袁子节、马节之、梁谦、陈子安、陈日善、陈仲卿、陈希真、陈寅伯、陈华、陈敬之、陆伯振、陆濬、黄子功、黄景申、赵唯夫、刘居之、刘源、德先、蒋元进、蒋明之、蒋端夫、郑大锡、邓子礼、萧景昭、萧增光、谢教、戴智老、谭兄、苏实。

3 朱季绎、何巨源、李元翰、周朴、南鸿城、张以道、许进之、陈厚之。

4 方伯起、石□、池从周、余□、余洁、吴恭之、李埜、李璠、周方、周亨仲、周伯熊、金朋说、胡杓、范士衡、唐总卿、郭津、陈邦衡、陈邦鑰、陶旸、杨友直、杨若海、叶震、詹介、詹淳、赵唐卿、赵师骞、赵善待、刘成道、刘思忠、蒋叔蒙、郑申之。

5 王洽、吴伦、李耆寿、李雄、章康、贺善、赵纶、蔡沆。

6 傅君定、滕玶。

7 李叔文,《东方学报》第四十四期 (一九七三), 页一四七至二一八; 第四十八期 (一九七五), 页二六一至三五七。

8 《朱子门人》, 页十三至十四。

9 陈淳、窦从周。

10 金去伪、蔡沈、戴蒙。

11 吴昶、林武。

12 陈淳、陈易、袭盖卿、童伯羽、黄士毅等。

13 吴昶、傅伯寿、滕璘、与赵师端等三十人。

14 吴寿昌。

15 方壬。

16 董铢。

17 刘砥。

18 童伯羽, 武夷精舍诸生。

19 蔡元定。

20 黄榦《勉斋集》(《四库全书》本) 卷三十六《朱子行状》, 页四十五上。

21 《朱子门人》, 页十一至十三。

22 同上, 页五至七。

23 同上, 页十四至十八。

24 《语类》卷十四, 第六十五条, 页四一六。

25 同上, 卷九十, 第四十二条, 页三六四七至三六五四, 内连注五十四字。

26 同上, 卷七十二, 第十九条, 页二八九一至二八九九。

27 同上, 卷十一, 第一一〇条, 页三〇五。

28 同上, 卷一一七, 第二十四至五十七条, 页四四八九至四五二一。

29 同上, 卷四十, 第四十五条, 页一六五一至一六五三。

30 《论语·子罕》，第十章。

31 《语类》卷五十三，第七十八条，页二〇五八至二〇五九。

32 同上，卷一三七，第二十一条，页五二三五至五二三六。

33 同上，卷一三〇，第三条，页四九〇三至四九〇四。

34 同上，卷一〇五，第七条，页四一七五。

35 同上，卷一二一，第七十六条，页四七〇二。

36 《大学》经文。

37 《语类》卷十四，第一六六、一六三、一六一、一六九、一七二条，页四四六至四五〇。

38 《中庸》，第一章。

39 《语类》卷一一三，第十二、十四条，页四三六四至四三六五。

40 同上，第三十一条，页四三七七。

41 同上，第三十八条，页四三八二。

42 《孟子·告子》上，第十一章。

43 《语类》卷一一四，第二十七条，页四三九八。

44 同上，卷一一五，第十九条，页四四二三。

45 同上，第三十七条，页四四三一。

46 同上，第四十一条，页四四三二。

47 同上，卷一一六，第九条，页四四四四。

48 同上，第十七条，页四四四八。

49 同上，第三十七条，页四四六二。

50 同上，卷一一六，第五十六条，页四四七一至四四七二。

51 同上，卷一一七，第十八条，页四四八二。

52 同上，第五十四条，页四五二一。

53 同上，卷一一九，第五条，页四五七七。

54 同上，第二十一条，页四五九二。

55 同上，第三十四条，页四五九八。

56 同上，第三十九条，页四六〇〇。

57 同上，卷一二〇，第三十条，页四六一八。

58 同上，第七十三条，页四六四一。

59 同上，第八十二条，页四六四五。

60 同上，第八十五条，页四六四六。

61 《朱子门人》，页二六八。

62 同上，页六十九、一六七、一七八、二四二。

63 同上，页二六一、二一八、一〇五、二二〇、一〇〇。

【七五】 门人季集

黄榦（一一五二—一二二一）尝撰其同门周谟（字舜弼，一一四一—一二〇二）墓志铭云："先生（朱子）殁，学徒解散，独康庐（江西南康之庐山）间有李敬子燔〔绍熙元年庚戌（一一九〇）进士〕、余国秀宋杰、蔡元思念诚、胡伯量泳兄弟，帅其徒数十人，唯先生书是读。每季集，迭主之。至期集主者之家，往复问难。君（周谟）之子晔述其父之行，拜且泣曰：'自先生（朱子）守南康，吾乡之士始知学。自吾父入闽，士始不远千里从学。吾乡之为季集，亦吾父发之。'斯文之不至湮没，非舜弼之力欤？"[1]

季集之会，大概此为首创。今人常有同样组织，或讨论，或会食，而不知朱子门人之先例也。

1 《勉斋集》（《四库全书》本）卷三十八《周舜弼墓志铭》，页二十下。

【七六】精舍生活情况

朱子先后建造三精舍，即乾道六年庚寅（一一七〇）春在福建建阳寒泉坞其母墓侧所筑之寒泉精舍，淳熙十年癸卯（一一八三）四月在武夷山所筑之武夷精舍，与绍熙五年甲寅（一一九四）十二月在建阳考亭所筑之竹林精舍是也。寒泉不常至，武夷比较多往，考亭则长住。以时间言，武夷精舍为时最长。盖由淳熙十年至筑室于考亭，前后十年。其间淳熙十六年己酉（一一八九）出任漳州，绍熙元年四月到郡。则武夷讲学为期七年，仍比竹林之五年三个月为多。学生人数，则以竹林为最。吾人不知各精舍学徒之多寡。《语类》所载，多是庚戌（一一九〇）以后所闻，则是竹林精舍之记录也。且杰出门徒，如辅广陈淳（一一五九—一二二三）辈，皆是竹林精舍诸生。竹林为最著名，盖有由也。

寒泉精舍之结构，已无可考。即遗址亦难寻觅。但同年在建阳芦山之巅云谷所造晦庵，只是草堂。[1]是则寒泉精舍，必甚简单。答蔡季通（蔡元定，一一三五——一九八）云："寒泉精舍，才到即宾客满座。"[2]可知某时此精舍相当热闹。答方伯谟（方士繇，一一四八——一一九九）云："月初至寒泉，叔京（何镐，一一二八——一七五）约来相聚旬日。不知能约诸同志者同为此会否。但恐不欲令诸生又废业耳。"[3]相聚旬日，其盛况可知。不欲诸生废业，则必有学生多人，又有常课矣。淳熙二年乙未（一一七五）"东莱吕伯恭（吕祖谦，一一三七——一八一）来自东阳[4]，过予寒泉精舍，留止旬日"[5]，共辑《近思录》。恐非学徒停课不可矣。《近思录》为新儒学一重要经典，精舍因此而有名。若论门人之盛，声誉之隆，则终不若武夷与竹林。然吾人所知，亦甚寥寥。武夷因有《武夷精舍杂咏并序》，吾人藉知仁智堂左室为朱子栖息之居，右室以延宾友。别为两屋，一以居学者，一以居道流。[6]吾人亦知学者云集。若干学者在武夷溪水九曲沿地筑室。若竹林精舍，则只知其于绍熙五年甲寅（一一九四）十一月返考亭。生徒日众，乃于所居之东筑精舍而已。关于武夷与竹林建造之经过与现时状况，予尝为文报道〔参看页二二一"朱子遗迹访问记"之（丙）与页四九〇至四九二"朱子与书院"之（二）（三）〕。至于精舍之生活情形，则学者尚未暇及也。今从《文集》《语类》搜索，所得不多，或亦可唤起学者之兴趣欤。

朱子绍熙二年辛亥（一一九一）四月离漳州，五月归建阳，寓同繇桥。答吴必大云："已买得人旧屋，明年可移。目今且架一小书楼，更旬日可毕工也。"[7]旋以斋舍迫狭，迁在佛顶庵中与学者相聚。[8]三年壬子（一一九二）始筑室于建阳之考亭。至五年甲寅（一一九四）乃筑竹林精舍。其所居有清邃阁。[9]据陈淳庆元五年己未（一一九九）冬与其妻父李唐咨“同为考亭之行。十一月中浣到先生之居，即拜见于书楼下之阁内。甚觉体貌大减。曩日脚力，已阻于步履，而精神声音，则如故也。晚过竹林精舍止宿”[10]，吾人从此可知朱子必居楼下，因脚力不足，不便登楼也。又可知精舍为另一房屋。曾祖道庆元三年丁巳（一一九七）三月见朱子于考亭，问其初从何人讲学与所得于陆象山（陆九渊，一一三九—一一九三）如何后，曰：“可便迁入精舍。”[11]“季通被罪（一二九六）台谓及先生。先生饭罢，楼下起西序行数回，即中位打坐。贺孙〔叶味道，嘉定十三年庚辰（一二二〇）进士〕退归精舍告诸友。”[12]朱子病笃（一二〇〇），精舍诸生来问疾，“先生起坐曰：‘误诸生远来，然道理只是恁地。但大家倡率做些坚苦工夫，须牢固著脚力，方有进步处。’”[13]凡此皆实证精舍为学子所居，且距离不太近也。学者有无另自筑庐，如童伯羽（一一四九—一一九〇）在云谷自有其庐，[14]则不得而知。

此外有静香堂，不知在何处。[15]又有书院，某次语门人郭友仁，并以手指书院曰：“如此屋相似，只中间洁净，四边也未在。”[16]此条为友仁戊午（一一九八）所闻，则为竹林精舍之事无疑。又王过甲寅（一一九四）以后所录有云：“先生每日早起，子弟在书院皆先着衫到影堂前击板，俟先生出。既启门，先生升堂，率子弟以次列拜炷香，又拜而退。子弟一人，诣土地之祠炷香而拜。随侍登阁，拜先圣像，方坐书院，受早揖。饮汤少坐。或有请问而去。月朔影堂荐酒果，望日则荐茶。有时物，荐新而后食。”[17]此书院可能自为一间，亦可能在某间之内。及检蔡沈（一一六七—一二三〇）《朱文公梦奠记》，乃知书院与朱子之居同为一所也。《朱文公梦奠记》云：“庆元(六年)庚申(一二〇〇)三月初二日丁巳，先生简附叶味道来约沈下考亭。当晚，即与味道至先生侍下。是夜先生看沈《书集传》说数十条，及时事甚悉。精舍诸生皆在，四更方退。只沈宿楼下书院。"[18]大抵诸生之宿舍名精舍，而此精舍与书院又合称精舍。"精舍"与"书院"两名常可互换，以此故也。

精舍无堂长。竹林精舍成，朱子遗书黄榦(一一五二—一二二一)，谓："他时便可请直卿代即讲席。"[19]黄榦亦云："先生归自讲筵，日与诸生论学于竹林精舍，命叔重(董铢，一一五二—一二一四)长其事，然后即先生而折衷焉。"[20]叔重非堂长，而乃主席之类。精舍似无一定课程，但随时问答之外，亦有轮讲。《语类》载："包显道(包扬)领生徒十四人来。四日皆无课程。先生令(黄)义刚问显道所以来故。于是次日皆依精舍规矩，说《论语》。"学徒七人，各说《论语》一章，朱子加以评论。[21]问答讨论，皆在晚上举行。《语类》记录每云"某夜"[22]、"昨夜"[23]。《朱文公梦奠记》云："初三日戊午，先生在楼下……是夜说书数十条。初四日己未，先生在楼下……是夜说书至《太极图》。初五日庚申，先生在楼下……是夜说《西铭》。"[24]讲后自然有问答，皆在晚上。《语类》云："每夜诸生会集。"[25]但亦有云："早晚亦且讲论如常。"[26]则早上亦讲学矣。有轮讲，已如上述。[27]有挑讲，即挑选讲者。[28]在座亦间有客人。[29]朱子气疾作，诸生连日皆无问难。一夕遣介召入卧内，诸生亦无所请。朱子怒曰："诸公恚地闲坐时，是怎生地。恁地便归去强，不消得恁地远来。"[30]

朱子对诸生期望甚殷，激发甚力，亦深虑斯道之难传也(参

479 看页四五〇“朱门传授”条)。尝谓:“山间有一二学者相从，但其间绝难得好资质者。近得一人，似可喜，亦甚醇厚，将来亦可望也。”[31]某

【七六】晚诸生举毕，则曰:“今晚五人，看得都无甚走作。”[32]庆元党祸以后，忧虑更甚。故云:“今年往来亦有一二十人，相过讲习。其间岂无晓会得意思者？然未见大段断然可负荷此事者，甚可虑也。”[33]

诸生或侍坐[34]，或侍食[35]，或问疾[36]。诸生问疾，朱子必正冠坐揖。[37]门人如有不敬，如侍座而困睡[38]，集会而说闲话[39]，与相揖而缩手入袖[40]，朱子必责之。每召入卧内。[41]有时亲下精舍，大会学者。[42]学者之来，依礼纳贽[43]，或以书[44]，或以诗[45]。其辞也，则因各人之所需而训导之，或且赠书[46]、饯别[47]。

至于各精舍学者多少，无从而定。予尝以省为单位统计之(参看页四六七“朱子门人补述”条)。田中谦二著《朱门弟子师事年考》，考订谁来若干次，留居时期之长短，与谁同时，甚为精审。[48]但未以精舍分析之。其见于《文集》《语类》者，则云谷有“留十余日，朋友来集，随分有少讲论”[49]，寒泉则有“携二子过寒泉，招季通来相聚。更有一二朋友来相聚，初不废讲议”[50]，“伯谏〔李宗思，隆兴元年癸未(一一六三)进士〕前日过此，季通亦来会，相与讨论儒佛之异”[51]，“月初至寒泉，叔京约来相聚旬日”[52]。武夷有“亦幸有一二朋友在此，不废讲论”[53]，与“此间书院近方结裹。江浙间有朋友在彼相聚”[54]。考亭讲学热闹，然亦有“此间几绝讲之时”[55]。竹林精舍更旺，然自朱子落职罢祠(一一九六)以后，不少门人畏祸而避，情势大变。故“精舍朋友，往来不常”[56]，“去多来少”[57]。“此间朋友亦有十余人，颇有讲论之

益，然亦皆不能久留也”[58]，“所幸犹有一二朋友，早晚讲论，少足为慰耳”[59]，“精舍亦有数人相聚”[60]，“精舍有朋友十数人讲学，颇有趣”[61]，“今年绝无朋友相过。近日方有至者。只一二辈，犹未有害。若多则恐生事矣”[62]，“今年往来亦有一二十人，相过讲习”[63]，“精舍春间有朋友数人，近多散去，仅存一二”[64]。所幸来者皆有威武不屈之精神。故庆元三年（一一九七）季通谪道州[65]，州县捕之甚急。朱子与从游数百人，饯别萧寺中。[66]及朱子死，会葬者几千人。[67]

1 《文集》卷七十八《云谷记》，页二上。

2 同上，续集卷二《答蔡季通（第六书）》，页二下；重第九十三书，页二十一上。

3 同上，正集卷四十四《答方伯谟（第七书）》，页二十一下。

4 今浙江金华县。

5 《文集》卷八十一《书近思录后》，页六上。

6 《文集》卷九《武夷精舍杂咏并序》，页三上。

7 同上，卷五十二《答吴伯丰（第八书）》，页十下。

8 同上，卷三十九《答许顺之（第八书）》，页十三上。

9 同上，卷八十三《跋李参仲仁状》，页二十五下。

10 《北溪大全集》（《四库全书》本）卷十《竹林精舍录后序》，页三下。

11 《语类》卷一一六，第三十三条，页四四六〇。

【七六】

12　同上，卷一〇七，第二十二条，页四二四四。

13　《蔡氏九儒书》〔同治七年戊辰（一八六八）本〕卷六蔡沈《朱文公梦奠记》，页五十八上。又见王懋竑《朱子年谱》（《丛书集成》本）卷四下，页二二八。

14　《考亭渊源录》（《近世汉籍丛刊》本）卷十四《童伯羽传》，页九上，总页五八七。

15　《语类》卷一一八，第八十九条，页四五七二。

16　同上，卷一一六，第五十条，页四四七〇。

17　同上，卷一〇七，第五十四条，页四二五二。

18　《蔡氏九儒书》〔同治七年戊辰（一八六八）本〕卷六蔡沈《朱文公梦奠记》，页五十八上。又见王懋竑《朱子年谱》（《丛书集成》本）卷四下，页五十八下，王《谱》，页二二七。

19　《宋史》（北京中华书局，一九七七）卷四三〇《黄榦传》，页一二七七八。

20　《勉斋集》（《四库全书》本）卷三十八《董县尉墓志铭》，页十七下。

21　《语类》卷一一九，第七条，页四五七八至四五八二。

22　同上，第二十五条，页四五九四。

23　同上，第二十六条，页四五九五。

24　《蔡氏九儒书》〔同治七年戊辰（一八六八）本〕卷六蔡沈《朱文公梦奠记》，页五十八上。又见王懋竑《朱子年谱》（《丛书集成》本）卷四下，页五十八下至五十九上、二二七。

25　《语类》卷一二一，第一〇一条，页四七一三。

26　《文集》卷六十《答潘子善（第四书）》，页二十七上。

27　《语类》卷一一九，第七条。又《语类》卷一二〇，第五十五条，页四六三四。

28　《语类》卷一一八，第九十一条，页四五七四。

29　同上。又卷一二一，第八十七条，页四七〇七。

30　同上，第一〇六条，页四七一六。

31　《文集》卷三十九《答许顺之（第八书）》，页十三上。

32　《语类》卷三十五，第一一八条，页一四九八。

33　《文集》卷五十《答余占之（第四书）》，页二十五下。

34　《语类》卷一一七，第四十九条，页四五一五；卷一二一，第一〇二条，页四七一四。

35　同上，卷一一四，第三条，页四三八五。

36　《蔡氏九儒书》〔同治七年戊辰（一八六八）本〕卷六蔡沈《朱文公梦奠记》，页五十八上。又见王懋竑《朱子年谱》（《丛书集成》本）卷四下，页二二八。

37　《语类》，卷一〇七，第五十七条，页四二五三。

38　《语类》卷一二一，第一〇二条，页四七一四。

39 《语类》卷一二一，第一〇一条，页四七一三。

40 《语类》卷一二一，第一〇三条，页四七一五。

41 《语类》卷八，第九十一条。又卷一二一，第八十七条。又卷一一七，第四十三、四、五条，页四五〇〇至四五〇七。

42 《语类》，卷一一九，第八条，页四五八三。

43 《语类》，卷一一三，第三十条，页四三七六。

44 《语类》，卷一一六，第十五条，页四四四七；卷一一八，第十二条，页四五二八；卷一一九，第十六条，页四五八九，第三十六条，页四五九九。

45 《语类》，卷一一七，第二十四条，页四四八八。

46 《语类》，卷一一九，第二十一条，页四五九二。

47 《语类》，卷一一七，第五十三条，页四五二〇。

48 《东方学报》第四十四期（一九七三），页一四七至二一八；第四十八期（一九七五），页二六一至三。

49 《文集》卷四十四《与方伯谟（第十书）》，页二十三上。

50 同上，卷三十九《答范伯崇（第九书）》，页四十四下。

51 同上，第十书，页四十五上。

52 《文集》卷四十四《答方伯谟（第七书）》。

53 《文集》卷五十《答程正思（第十书）》，页二十八上。

54 同上，第十八书，页三十一下。

55 同上，卷三十九《答许顺之（第十一书）》，页十五上。

56 同上，卷五十九《答陈才卿（第十书）》，页三十二上。

57 同上，卷六十《答潘子善（第四书）》，页二十七上。

58 同上，第十一书，页四十下。

59 同上，卷六十一《答林德久（第十书）》，页十二上。

60 同上，卷五十九《答辅汉卿（第五书）》，页二十六上。

61 同上，第七书，页二十六下。

62 同上，卷五十《答余占之（第三书）》，页二十五上。

63 同上，第四书，页二十五下。

64 同上，卷六十《答潘子善（第五书）》，页二十七下。

65 今湖南道县。

66 《宋史》卷四三四《蔡元定传》，页一二八七五。

67 各《朱子年谱》均同。

【七七】《沧洲精舍谕学者》正误

《文集·沧洲精舍谕学者》有云:“兀然端坐,终日以读之者七八年。方其始也,入其中而惶然,以博观于其外而骇然以惊。”[1]此乃苏洵致欧阳修,自述其为学过程之语也。[2]《语类》卷十一略述之,唯不明言用功若干年。[3]卷一二一则全述致欧阳书此一段,而谓“终日以读者十八年”[4]。今查老苏原书为“七八年”,则知此“十八年”为误。《文集》之“入其中而惶然以博观于其外而骇然以惊”,亦有误处。若以“以博”为读,则“惶然以博”无解。若以“以博观于其外而骇然以惊”为句,则上“以”字亦不通。查苏氏原文无此“以”字,故知《文集》之上“以”字为衍,而“惶然”为读,可无问题矣。各本《文集》相沿而误,皆待改正。(参看页一四一“朱子之记忆力”条)

1 《文集》卷七十四,页二十二上。

2 《嘉祐集》(《四部备要》本)卷十一《上欧阳内翰(第一书)》,页三上下。

3 《语类》卷十一,第十六条,页二八二。

4 同上,卷一二一,第六条,页四六六四。

【七八】 沧洲精舍辨

《宋元学案》卷六十九题《沧洲诸儒学案》，盖谓朱子讲学，门人集于沧洲精舍也。然沧洲精舍原名竹林精舍。朱子于绍熙五年甲寅（一一九四）以上疏忤权贵韩侂胄，罢侍讲职。十一月归福建建阳之考亭。以门人云集，乃建竹林精舍于考亭所居之旁。王懋竑《朱子年谱》引旧年谱云："后精舍改名沧洲。"[1]王氏所引年谱，指李默改订本（嘉靖三十一年壬子，一五五二）与洪去芜改订本（康熙三十九年庚辰，一七〇〇）。两本或沿朱子弟子李方子最初之《朱子年谱》而来。较李本洪本为早者有戴铣《朱子实纪》内之《年谱》（正德元年丙寅，一五〇六），又有更早之叶公回校订《年谱》（宣德六年辛亥，一四三一），皆只谓后改名沧洲精舍。以后文献，皆从《年谱》。如《建阳县志》"考亭书院"条下云："竹林精舍，旋更名沧洲。"[2]又附熊勿轩《重修考亭书院记》云："初名竹林精舍，后更沧洲。"因此发生三大问题：一为何由改名？二为何时改名？三为何人改名？

（1）何由改名？

《朱子实纪》卷七“考亭书院”条下云：“（绍熙）五年，以四方来学者众，筑室于所居之东以处，扁曰竹林精舍。后因舍前有洲环绕，更名沧洲精舍。”[3]是沧洲指其地形也。唯《辞海》已集“沧洲”条下云：“谓水隈之地。常用以称隐者之居。《南史·袁粲传》：尝作五言诗，言‘访迹虽中宇，循寄乃沧洲’，盖其志也。按宋朱熹罢官授徒时，卜居建阳之考亭。其地本名龙舌洲，熹为更名沧洲，并筑沧洲精舍，自称沧洲病叟，更号遯翁，盖亦隐遁之意也。”据此则改名非因地形而乃朱子以示隐遁之意。用形示意两说，未尝不可相通。且朱子自称病叟与遯翁，其退隐之意，似是显然。查庆元元年（一一九五）朱子以奸邪蔽主，草封事逾万言。诸生恐贾祸，请以卜筮决之。得遯之“家人”。朱子默然退，取奏稿焚之，更号遯翁。五月遂以疾乞致仕，《辞海》所叙。似先更名沧洲，随筑精舍，显与《年谱》先筑竹林精舍，后改名沧洲精舍不符。至谓因隐遁而名沧洲精舍，则不外臆说。此点可以改名时间明言之。

（2）何时改名？

诸书所谓后者，未知何年。查黄榦《董县尉墓志铭》云：“庆元初先生自讲筵归，日与诸生论学于竹林精舍，命叔重长其事。”[4]董尉叔重即董铢也。庆元初可指元年（一一九五），亦可指二年（一一九六）。《朱子语类》有董铢丙辰（一一九六）以后所闻三四百条。此当然是竹林精舍所闻。是则一一九六年尚名竹林精舍也。黄榦《朱子行状》

叙朱子被排，有曰："先生日与诸生讲学竹林精舍。有劝以谢遣生徒者，笑而不答。"[5]此庆元二年（一一九六）事也。是又可见是时仍名竹林精舍。若云以示退隐之意，何不于一一九五年卜卦更号遯翁或致仕后即改沧洲耶？又查陈淳《竹林精舍录后序》云："某自辛亥（一一九一）夏送别先生于沈井之后，以水菽之不给，岁岁为训童牵绊，未能一走建阳，再谒函丈，而先生屡以书来召，至乙（应作己）未（一一九九）始克与妻父（朱子门人李唐咨）同为考亭之行。十一月中浣到先生之居，即拜见于书楼之阁内，甚觉体貌大减。曩日脚力已阻于步履，而精神声音，则如故也。晚过竹林精舍止宿。与宜春胡叔器（安之）、临川黄毅然（义刚）会。"[6]观此可知竹林精舍成立五年之后，仍未改名矣。又陈淳门人陈折叙述其师事实云："己未冬再谒于考亭。文公时已寝疾。延至卧内。……故竹林所闻，无非直截痛切。"[7]《北溪字义》第二十三门"经权"下"《论语》"条有注云："先生（陈淳）所编《文公竹林精舍语录》"，查所录二卷，一为一一九〇年，一为一一九九年。又可知一一九九年尚名竹林。除非竹林、沧洲两名并用，则最早朱子逝世前四个月内乃更沧洲耳。因陈淳正月五日拜辞，而朱子三月（有闰二月）初九长逝也。然此期间朱子经已寝疾，何暇改名？

如上所述，则庆元六年（一二〇〇）之初，尚名竹林精舍。无怪朱子杰出之门人黄榦与陈淳，均只提竹林而不提沧洲矣。或谓《朱子文集》有"苍颜已是十年前"诗，题"庆元庚申（一二〇〇）二月八日沧洲病叟朱熹仲晦父"[8]，然则此一月之内，便改精舍之名耶？沧洲病叟之名，《文集》只此一见。疑当时朱子题名，并非因精舍经已改名，而乃以环绕有洲，且亦病笃，故称沧洲病叟。亦犹以前自称云谷老人，同是以山水秀丽为号耳。故可谓朱子生前，精舍并未改名。改名乃朱子没后之事。至何年何月，则无可考。朱子生前既未改名，则朱子因隐遁而改名之说，不攻自破矣。且《辞海》云："自称沧洲病叟，更号遯翁。"似是沧洲病叟在遯翁之先，更是颠倒事实。

（3）何人改名？

《文集》与《语类》均无竹林精舍之名。《语类》但云精舍。[9]《文集》则三言沧洲精舍。一为《沧洲精舍释菜仪》[10]，二为《沧洲精舍告先圣文》[11]，三为《沧洲精舍谕学者》[12]。此三文之内不提沧洲，只编文集者题目上采用而已。实皆指竹林精舍也。《年谱》"竹林精舍落成"条下，皆言："精舍落成，率诸生行释菜之礼于先圣先师，以告成事。"此即《文集》所题《沧洲精舍告先圣文》，实则应为"《竹林精舍告先圣文》"也。王懋竑《年谱》此处备举《沧洲精舍告先圣文》[13]，尚未改正为竹林精舍也。《文集》之编，在朱子死后数十年。编者以沧洲代竹林，是否精舍经已改名，故沿用之，抑以朱子自用沧洲病叟，故改用沧洲，或沧洲经已通行，比竹林为盛，故采用之，则皆无从判定。所可断者，决非朱子本人所改是也。若谓朱子死后门人所改，不特无据，亦无理由。意者朱子没后，精舍冷淡。同时朱子画像之诗，人人传诵，沧洲病叟之名以显。后人遂以沧洲名其精舍，而竹林之名，且湮没矣。《建阳县志》记考亭书院："旁为两庑，为竹林沧洲两精舍。"[14]两精舍之名并重。唯所附明彭时纪，一则曰："当其时，四方来学者众，乃于所居之后，别建沧洲精舍为讲授之所。"[15]再则曰："庑前有道源堂甚广……改为沧洲、寒泉两精舍。”[16]已不提原为竹林精舍矣。又梁章钜编《楹联丛话》卷一，不依《年谱》，谓：“朱子于绍熙五年筑竹林精舍，后改名沧洲精舍。”而只谓“朱子于绍熙五年筑沧洲精舍”[17]。是竹林之名，竟被淘汰矣。考竹林之名，原为佛语。印度迦兰陀（Karanda）长者归佛后，以竹林奉佛，梵名Venūvana，晋时译为竹林精舍。“精舍”一词，出自《管子·内业篇》，谓“定在心中……可以为精舍”[18]，东汉包咸（前六一—六五）立精舍讲授[19]。以后儒、释、道均筑精舍，而佛家尤多。沿用既久，几成佛语。加以竹林，则佛味太浓，非避之不可矣。

〔本文原刊《华学月刊》第一四〇期(一九八三年八月)，页一五二。今略有增补。〕

1 《朱子年谱》（《丛书集成》本）卷四上，页二一四，绍熙五年（一一九四）十二月。

2 《建阳县志》（上海新明书局，一九二九）卷八，页五十五上。

3 《朱子实纪》（《近世汉籍丛刊》本）卷七，页五上，总页三七七。

4 《勉斋集》（《四库全书》本）卷三十八，页十七下。

5 同上，卷三十六，页三十七下至三十八上。

6 《北溪大全集》（《四库全书》本）卷十，页三下。

7 同上，别集《叙述》，页十一下。

8 《文集》正集卷九，页十四下。

9 《语类》卷一一六，第三十三条，页四四六一；卷一一九，第七条，页四五七八；第八条，页四五八三。

10 《文集》卷六十九，页二十八上。

11 同上，卷八十六，页十二上。

12 同上，卷七十四，页二十二上。

13 《朱子年谱》（《丛书集成》本）卷四上，页二一四，绍熙五年（一一九四）十二月。

14 《建阳县志》，页五十四下。

15 同上，页五十八下。

16 同上，页六十一下。

17 《楹联丛话》（《国学基本丛书》本）卷一，页二。

18 《管子》（《四部丛刊》本）卷十六，页二上。

19 《后汉书》（《四部丛刊》本）卷六十九下《包咸传》，页二下。

【七九】朱子与书院

万先法　译

本论文意欲对朱子与书院所从事的关系如何，作一探讨。但在讨论以前，精舍与书院的关系，必须先予厘清。

（一）精舍之原始义

“精舍”，源于《管子》，在《管子》书中，有谓“定在心目……可为精舍矣”[1]。从一开始，“精”字意谓精纯，而非意谓惊奇（wonder）或精质（essential）。《管子》一书，传统言之，认为属于管仲，但大半学者都相信朱子的说法，即《管子》书杂，想只是战国时人收拾。[2]《后汉书》记载，包咸习《论语》，主精舍讲授。[3]许多其他儒者，在这时亦各有其精舍。[4]这一名词的原始义，意谓儒者讲习之所。但是不久道家亦用此名词，作为他们养生修行的所在。据孙策（一七五—二〇〇）传记载，时有道士，立精舍，烧香，读道书。[5]四世纪，佛家用此名词以译vihara，这是指佛家潜居的地方。[6]当陆象山（一一三九—一一九三）门人（译按：指彭兴宗、世昌）于一一八七年邀请象山讲学，结一庐以相延，象山亦喜其山林之胜，自为精舍。象山寄书其门人（译按：指杨敬仲）：“精舍二字，语出《后汉书·包咸传》，（其初意为）儒者讲习之地，甚为无歉。”[7]此正显示原为儒家之名称，为道佛所借用，而在十二世纪，与儒家用途，并不相同。

（二）朱子所建第一所寒泉精舍与第二所武夷精舍

但是，朱子于一一七〇年在福建建阳县，距城十二公里，筑舍于其母墓侧，称为寒泉精舍，此即吕祖谦（一一三七—一一八一）于一一七五年来访朱子留止之所。两儒合纂第一部新儒家论文集《近思录》一书。一一五四年至一一五六年间，朱子时年二十五岁至二十七岁，主簿福建同安时，引发不少学子。他的第一个门人或系许升顺之，那时许才十三龄。[8]但其他诸生，从游者亦众。[9]一一七〇年以来，朱子深以觅一处所，以供来游诸门人歇居之需要。吾人得知有不少门人来寒泉精舍从朱子游的记载。[10]《语录》最早的记载是在一一七三年癸巳。[11]当我在一九八三年意欲访问精舍，建阳人士告我，甚至不能测定精舍方位之所在。

一一八三年，朱子建立武夷精舍于福建北部风景幽美之武夷山。此地顿形忙碌，学者与门人闻风盛集。[12]当王阮尝谒张栻（一一三三—一一八〇）请益，栻谓：“当今道在武夷，子盍往求之？”[13]自武夷已成为学术中心以来，关于武夷精舍，便有了完整的描述。武夷风景引人，朱子往来于山间达四十年之久。朱子生平，咏武夷风景诗最多[14]，其精舍位于大隐屏峰下两麓相抱之中，在武夷河九

491 曲之第五曲，地广数亩[15]。为屋三间。主要者为仁智堂，朱子自称
堂主。[16]正厅左斋为朱子之起居室，右斋为客厅。在山之右麓与石
【七九】门后进，为学子之群居。向南前进，以居道流。有亭台，有岩石。
凿以石座，可供八九人坐以饮茶自娱。许多学生筑舍于河旁。进入精舍山区，非鱼艇不济。朱子深信山中有仙灵，又谓“除是人间别有天”[17]。朱子曾发现传统中圣皇伏羲神像，并拟装置于精舍。依照中土传统，伏羲画八卦，为中国形而上学的基础。[18]

朱子咏武夷精舍诗中，曾有一首，称“山水为留行，勿劳具鸡黍”。其时朱子在精舍数里外山中，差主管冲佑观，一闲职，无实责，无官舍，但尽有讲授与撰写的时间。收入微薄。因之，精舍非常简陋，用当地之木竹为之。一次胡纮〔隆兴元年癸未（一一六三）进士〕来访，因朱子未飨以鸡与酒，深觉难堪。及一一九六年，纮为监察御史，朝廷诋朱子道学为伪学，纮奏劾朱子六大罪，导使朱子解职侍讲并从此结束了宦途。[19]

精舍何时改名书院今已难知。就书院言，迭经沧桑，不少复建与扩充。一四四八年书院毁于兵燹，朱子第八代后裔，就其地重建，名之为朱文公庙。在一九六〇年，“文化大革命”以前，此精舍及文公庙内部，均系一七一七年重建，以及在朱子像两厢门人的木牌位，俱依然无恙。但我在一九八三年访问时，仅精舍相隔五米半两墙之一部分以及其木窗，尚能保持其原始形态。其旁文庙，已重建作为会堂，现则用作疗养院。武夷管理当局说，他们将对精舍空地重建，并尽量恢复宋代旧观。在山中再向前行，但尚在步行可及之距离，有一石拱门，用以纪念叔圭精舍，据说在一一一五年为江贽所建，贽字叔圭。贽致仕后，建此精舍隐居。叔圭精舍之得

名，或为赘殁后用作纪念，良以江赘在生前，或从未想及拟以己名名之者。

（三）朱子所建第三所竹林精舍

朱子所建第三所精舍，为在距武夷山南八十公里福建建阳的竹林精舍。一一九二年，朱子从崇安县五夫里迁至建阳考亭。因朱子每赞考亭风景之胜。朱子之父韦斋（朱松，一〇九七——一四三）尝以考亭溪山清邃，可以迁居。朱子特建一小屋，称为考亭书堂，以示怀念其亲。迨至一一九四年，学者益众，朱子乃于其宅之东，建竹林精舍。所有年谱均显示，在一一九四年所建之竹林精舍，后又更名沧洲精舍。[20]在戴铣《朱子实纪》中，他特别解说此新名之采用，乃由于其地四周环水。但一般传统，是说新名意谓隐者之居。朱子在一一九五年侍讲解职以及退休至建阳以后，自称遯翁。没有人能特予指出此名何时所改。我曾为文辩论此一传统。我发现朱子在一二〇〇年去世前数月，从未有人用过沧洲之名，而常用竹林之名。假若朱子果改称沧洲，当他在一一九五年自称遯翁之时，就会改名沧洲。我也发现一直到朱子殁后，沧洲之名才出现，而且因朱子已用遯翁，大家乃开始用沧洲之名以符合“遯翁”的含义，尤其是因为朱子已经自称沧洲病叟。但朱子用其名，仅一月即去世。当其病重之际，他不会耗其精力去改变精舍的名称。因之，我的结论是，因为朱子已采用遯翁之名，以意谓退隐，以及沧洲病叟以意谓沧浪之侧一老夫，大家乃在其去世之后，始用这沧洲之名名其精舍。卒至沧洲反较竹林有名。[21]或者朱子后学，以竹林原为佛教中所普遍沿用，其名过于佛教化，因而改称，亦有可能。吾人必须指陈，例如在《朱子实纪》的《年谱》中，于一一九五年所用考亭精舍一名，其意非指另一精舍，而是考亭的竹林精舍。

在这三所精舍中，以竹林精舍最为重要，这因为朱子的许多有名弟子都在此处从游于朱门，而且许多语录都是在竹林中记载的。一二二五年建阳县宰建祠以供祭朱子。一二四四年钦命将精舍改称考亭书院。多少世纪以来，书院坏而复修，修而复坏，甚者书院坐落亦有变动。一九八三年，我访问建阳，其县府文化委员会有人陪侍。学院长二百米，宽五十米。学院原有三层楼的孔庙一所。朱子祠屹立其侧。朱子石像，伴以三位及门弟子黄榦、蔡元定与刘爚，以及一位私淑弟子真德秀的木位，庙中有许多颇具书法的石牌。不过，所有建筑物俱荒毁已久。迨至一九六四年，实际上已无一存。在石拱门之旁，仅有一墙的基石，于今尚存。此地现为一菜园。四周开始即已成稻田。

“考亭书院”四大字，为理宗皇帝（一二〇五—一二六四）所写，横刻于拱门门额。匾额右为一五三一年四月，左为重建此拱门官员之姓名与职位。匾额上端，刻有四字为康熙（一六五四—一七二二）所题。这些题款，都出现于拱门两旁。当我造访其地，拱门屹立临近河边，进路为水所淹。由于上游建造一所抽水站，水平增高。文化委员会经过一条河道，将拱门移往山边。该委员会为整个院址，已有一幅修复计划的蓝图，意欲尽量修复旧观。

在那个时代，以一人之力，建筑三所精舍，应该是不寻常的。吾人可否这样说，朱子是不是有意从佛道两家手中，夺回这种体制，因而确切指明这是儒家的传统？这是一种颇具兴趣的想法。更有趣地，吾人还记得陆象山在一一八七年，必须用“精舍”之名以正名，说明是儒家故物。

或者尚可争辩，精舍一词，在朱子时代以前，早经儒者采用。在早吾人曾说及一一一五年，叔圭精舍即已建立。在朱子第十六代后裔朱玉所辑的《年谱》中，朱子父卒于环溪精舍。在这两个例证下，我深信精舍名称后来乃采用。有如我曾经说过，叔圭不会想到用己名以名精舍，其他《年谱》中，都说朱父韦斋卒于寓舍。

（四）精舍与书院之关系及其演变

精舍与书院两者间的关系如何？书院初义为一场所，用作保存与编纂书籍，而精舍则是隐居之所。渐渐地演变，两者同为讲习之地。由于这种共同功能，精舍亦称书院。虽然朱子的精舍不称为书院，但精舍亦指称书院。[22]一个最显明的例证，便是在一一九四年一所新书院开院的释菜之礼。在《文集》中指为精舍者，而在《语类》则称书院。[23]朱子本人亦尝称书院为精舍。[24]作者们亦尝视精舍如书院。[25]但是，吾人已指出，这两个机构，是迥然不同的。精舍最早为儒家所用，后来又为道佛两家沿用。但当儒家用精舍混同书院时，佛道两家则从未用书院来混同他们的精舍。[26]我敢于再有一言，在朱子时，书院可私可公，但精舍则纯为私人。不仅如此，书院有正式组织，有院主，有捐赠等等。至若精舍，则单纯地与某一学者相关联。在这种例证下，当精舍指谓有如书院时，其意谓正厅为藏书之所，正式讲授与讨论，亦都在正厅举行。我深信竹林精舍的情形正是这样。蔡沈（一一六七—一二三〇）在《朱文公梦奠记》详细描述朱子将不起的最后日子的活动。他说这些活动，都在楼下书院。[27]朱子每日早起，子弟在书院升堂，列拜炷香，这里所指书院，或者即指这个正厅。[28]

朱子很简明地说明精舍转变到书院的情况。他说精舍原为学者群居讲习之所。其后为政者乃或就而褒表之，乃变为书院，有如岳麓、白鹿之类是也。庆历、熙宁之盛，学校之宫，遂遍天下，而前日处士之庐无所用。则其旧迹之芜废，亦其势然也。[29]白鹿洞情况尤差。

（五）朱子重建白鹿洞书院

白鹿洞书院，乃北宋时为负有盛名的书院之一，但至南宋时亦随同其他书院，湮没无闻。朱子在一一七八年差南康军。[30]到任次年，即优先复建白鹿洞书院。据朱子请求复建白鹿洞书状，白鹿洞在庐山距南康城约十余里。[31]此地乃唐朝李渤退隐之地。在南唐时，曾建立一所书院，用以纪念李渤。此是一所官学，土地为捐献。有宋初期，学员尚有数百人。但随着官学的成立，这所书院，已告消失，甚至亦不知坐落所在。经过寻找，勉能略知其地。城之东南隅，山景最为幽美。此地约共有百所的佛寺道观，但此仅有的儒家精舍，已不复存在。朱子谓长民之吏，不得不任其责，加以修立。[32]抑有言者，李渤有一白鹿，而且约在八二六年，他是郡守。此地名为洞，并不是因为此是个实有的洞穴，而是因为这广大面积，环绕皆山，因而视之有似洞穴。

朱子一一七九年四月，差主管南康。到任一月，乃命学吏访其遗址。[33]寻访之初，刘清之（字子澄，一一三九—一一九五）既裒集故实来寄，复得樵者指告，因而寻得其地。[34]这便是星子县。[35]四面山水，风景清邃[36]，在五老峰东二十里[37]。朱子立即奏状申修白鹿洞书院。[38]

星子令王仲杰及杨大法教授董其事。[39]王仲杰实为之主，以朱子仅提及王仲杰之名，并欲附其名于吕祖谦所撰之《白鹿洞书院记》。[40]始议时，只欲就其故基，度为小屋二十余间，但节缩经营，仅建五间，即已了毕。[41]此种重建计划，肇始于淳熙六年十月（一一七九），讫功于次年三月。[42]白鹿洞已毕功，行释菜礼并开讲。[43]朱子答书蔡元定有谓书堂高敞，远胜武夷，亦多容得人。[44]

朱子即首先奏请皇帝颁赐书院敕额。朝廷迟迟未复。朱子乃于一一八一年续请颁赐。很显明地朝廷对书院重建之议，颇为冷淡。据朱子所知，朝廷以为此地既有府学县学，无须耗资于重建学院计划。[45]但朱子重建书院之个人理由，将在以下申释。朱子捐地四百八十七亩，俾书院以固其基[46]，尤关心书院之需多买田地[47]。朱子请丞相举先朝之故事，修洞主之废官。其禄赐，略比于祠官，[48]俾得读书讲道于其间，有以遂平生之怀。朱子南康任满，迄未获派是项任命。旋又有他命。不过，朱子在他《白鹿洞赋》中，自称洞主。[49]朱子于一一八〇年九月，举荐杨日新充白鹿洞院堂长，实主其事。[50]

（六）书院的多种功能

在北宋早期，书院执行讲授、保存书册与祭祀先圣先贤的三种功能。不过，朱子所希求于白鹿洞的功能，更为广泛。我们简略地讨论如下：

（1）讲授：吾人不知在朱子时，书院有诸生若干？开创时仅欲养其生徒一二十人，[51]但是吾人仍不知究有诸生若干实际入学。不过吾人确知朱子门人，至少有十六人与之游。其中有盛名的门人如李燔、胡泳、曹彦约（一一五七—一二二八）与蔡念诚。[52]朱子有一创新计划，即今岁科场解发、赴省待补之士二十有八，齐来书院。此时正值白鹿诸生假期，各已散归，并可给馆致食以俟。朱子又坦诚诫示诸士，士之讲学修身，以待上之选择者，岂止于记诵缀缉无根之语。书院山林阒寂，正学者潜思进学之所。[53]前代有无提供此种诸生给馆进修计划，殊属可疑。

（2）“学规”：朱子以为为学之意，莫非使诸生讲明义理，以修其身，然后推以及人。为达致此一目的，朱子辑成《揭示》，揭之楣间。《揭示》通常称为“学规”。但吾人须了解，这些学规并不意谓强迫性的教条，而只是道德的箴言。《揭示》全文如下：

父子有亲，君臣有义，夫妇有别，长幼有序，朋友有信。（《孟子·滕文公》上，第四章）

右为五教之目。

博学之，审问之，谨思之，明辨之，笃行之。（《中庸》第二十章。“谨”原作“慎”。避孝宗讳改）

右为学之序。

言忠信，行笃敬。（《论语·卫灵公》，第五章）惩忿窒欲，迁善改过。（《易经》第四十一《损卦》，第四十二《益卦》）

右修身之要。

正其谊不谋其利，明其道不计其功。（《汉书》五十六《董仲舒传》）

右处事之要。

己所不欲，勿施于人。（《论语·卫灵公》，第二十三章）行有不得，反求诸己。（《孟子·离娄》上，第四章）

右接物之要。[54]

在白鹿洞书院于一一八〇年三月告成之后，此“学规”即予揭示。朱子为跋说明此为教人为学之大端。朱子又谓，近世于学有规。依朱子意，此种制度，其待学者，亦已浅矣。朱子所望于诸生，在能相与讲明遵守，而责之于身。最堪玩味者，即在所有引述古代儒家经籍之外，有一条引自董仲舒，而董仲舒则从未被视为儒家道统之嫡传。无疑地，朱子极力重视动机论。

虽则“学规”所概括的，仅是一些引语，但在朱子前后，还没有像这样一种标题似地，能对儒家伦理道德，如此简明扼要。此实为一种合乎理则的文献。学规始于五伦，继述为学之序，为学要义，如何修身，如何处事与接物。

朱子门人程端蒙（一一四三—一一九一）与董铢（一一五二—一二一四）在一一八七年合撰《学则》，特别讲求衣冠必整，凡坐必直之道。自表面观之，这样严谨的《学则》与朱子“学规”的精神相违。但是这类学则，并非行之于书院，乃施之于小学。朱子在跋其《学则》中，有谓：“程端蒙与其友生董铢共为此书，将以教其乡人子弟，而作新之，盖有古人小学之遗意。”饶鲁（壮年一二五六）于一二五八年，合辑此种学则与朱子“学规”而并揭之，并为之跋，有谓一则举其学问之宏纲大目，而使人之知所用力。一则定为群居日用之常仪，而使人有所持循，即大小学之遗法。[55]自此以后，“学规”“学则”，相与并提。

朱子“学规”的影响，不能夸大。许多书院包括岳麓书院在内，都自订其模式。大家都激起一长系列相似的“学规”。最著名者，莫如明代大儒胡居仁（一四三四—一四八四）的《规训》与东林学派顾宪成（一五五〇—一六一二）的《东林会约》。胡居仁列举六大基本原则：正趋向以立其志，主诚敬以抒其心，博穷事理以尽致知之方，审察几微以为应事之要，克治力行以尽成己之道，与推己及物以广成物之功。而且引述古圣先贤的语录，以充实其每一论点。[56]顾宪成仿朱子的“学规”，于《会约》前，列朱子“学规”。顾谓他不过发挥“学规”之说，而不敢妄为增益。他列举“四要”（知本、立志、尊经、审几）、“二惑”、“九益”与“九损”，周详恳到。[57]一般认为朱子“学规”，在中国历史上，影响颇大。[58]此种学规，不仅在书院中，整合了伦理道德的导向，也同样影响于官学。《大汉和辞典》曾举出八部书，与朱子“学规”有关。此八部书俱是日本有名的新儒家所撰，包含日本杰出的新儒家山崎闇斋（一六一八—一六八二）与佐藤一斋（一七七二—一八五九）。这正可量度“学规”在日本的影响。[59]

有谓朱子“学规”，乃受佛门清规的影响，尤其是百丈怀海（七二〇—八一四）之《百丈清规》[60]。我殊不以为然。《百丈清规》在朱子时，早已大半散佚。随后重编。其中有八篇，多为宗门诗偈，并讨论佛寺组织、烦琐礼仪等。假若朱子以之为模式，则其“学规”必变得非常烦琐。我深信朱子亦不需要这一种模式。要言之，朱子在各方面都有他自己的创意。若说朱子需要一种模式，那他会之于心的一种，无宁是吕大钧（一〇三〇—一〇八二）的《乡约》。《乡约》列有四大类，“德业相励”、“过失相规”、“礼俗相交”与“患难相恤”。[61]朱子于《乡约》颇多感发并加以增损。[62]

（3）课程：在书院中所授何课？所用何书？吾人并无资料。吾人仅知《孟子》与《管子》为日课，[63]虽则是后于朱子之时。在《文集》卷七十四，在《白鹿洞书堂策问》与《白鹿洞书院学规》两者间所保存的文献，都显示其重点多在《语》《孟》。除强调读书之要外，对《语》《孟》这些经典，都有专篇。（译按：此即《孟子》纲领与《论语》课会说。）与朱子在一一五三至一一五六年任县主簿时，同安县学中课授与问答相较，显而易见地，以前侧重者为所有儒家经典，而现在则仅侧重选授几种。朱子在一一九〇年辑纂《大学》《论语》《孟子》，以及《中庸》为"四子书"。在以后的数百年，"四书"支配了中国人的思想。吾人可否设想，在白鹿洞书院所授的课程，乃是从一般儒家经典，演进到"四子书"的一个过渡时期呢？

（4）讲学：朱子当官事有暇，偶亦亲自主讲外，他在一一八一年二月邀请陆象山讲学于白鹿洞书院。象山偕其门人来访，请朱子书其吕祖谦为其兄撰墓志铭。象山应朱子之请，选讲《论语·里仁》第十六"君子喻于义，小人喻于利"一章。听者泪下，朱子复以子静（陆象山）讲义刻于石。[64]

有的想到象山此讲，实开明代会讲之先声。[65]我则以为象山主讲，最多只能视为后来主讲进展到讲学会场之一雏形范例。会讲之会场，备有筵席，等等，是很高等的组织，而且常常进展到讨论时，不止一位主讲者。朱子开放白鹿洞书院之门，以延请一位与他学旨相反的主讲者。这种激烈转变，必然导致明代讲学辩论之风。多少世纪以来，在白鹿洞书院，讲学有名之士，不胜其纪。若干成员为朱子门人。

（5）供祭：当白鹿洞书院在一一八〇年三月建成，朱子率诸生恭修释菜之礼，以见于先圣孔子，并配以孔子高弟颜子与孟子。[66]一一八一年，朱子在南康解职。继任为钱闻诗。朱子需要立一孔庙，而不须像设。朱子主张在供祭时，于其地立一牌位即可。钱子不以为然。朱子则谓，若必须像设，只塑孔子坐于地下则可，以免孔子有匍匐就食之饥。此亦适朱子在别处所见之例。但对朱子言，实犹有所憾，因钱子又不谓然，仍塑一立像。后来朱子撰《跪坐拜说》一篇，文中追叙顺从钱子之议，但以其事之本末，揭之庙门之左。[67]在一一九二年，《语类》中力谓塑像高高在上，甚无义理。[68]一一九五年时，朱子致书友人（译按：曾致虚），犹追叙其事，为之怅然。[69]

朱子并没有在学校中开始行祭孔之礼。不过，他在重建书院落成之日，祭告先圣，而且在他的精舍，供奉孔子，开始他的日课。他强调供奉孔子在教育上的重要。渐渐地，祭孔在书院中，也具有引人入胜的地位。纪念北宋新儒家，尤其是周敦颐、程颢、程颐以及朱子本人的特别祭坛与祠堂，都已建立。最后若干纪念朱子的祠，变为书院，而若干书院则又变成朱子的祠。许多书院，自然也有其乡贤的祠或是属于他新儒家学派的祠。但大体言之，书院中的祠，都是专为纪念朱子学派的新儒家的。换言之，书院的供祭，都非常密切地关联着朱子传统的新儒学。

（6）藏书：当白鹿洞书院开创之初，未有藏书。朱子致书各官员，请其捐献。亦有少数复书捐赠数册。[70]朱子亦自捐《汉书》四十四通。此乃朱子为刘子和作传，其子以先人所藏《汉书》为谢。[71]又奏乞朝廷颁赐太上皇帝御书石经版本《九经注疏》及《语》《孟》。[72]但是即在他离开南康任所，书仍未到。在一一八一年的奏劄中，再向朝廷请求，终从其请。[73]除搜集书册外，朱子亦饬人将邵雍、程颐与其他诸儒著作，刻之于石。[74]最堪玩味者，在十七世纪初期，书院藏书中，并没有朱子指导其门人所辑之《小学》一书以及他与吕祖谦合纂之《近思录》。[75]

为使书院重建的本末，传之后代，朱子商之吕祖谦，为之记并刻之于石。朱子对此事异常郑重。他与吕祖谦对初稿一段一段地反复讨论。[76]最后记文定本，朱子以二本分寄二友人[77]（译按：其中一人为梁文叔），并请隶书入石[78]（译按：系请黄子厚）。定本较原稿甚短。[79]吕记中撮要有三点：儒家须迎头赶上释老，重振儒家声势，加强学制与提倡圣学。正如吕记中所指陈，释老之宫圮于寇戎者，斧斤之声相闻，各复其初，独书院委于榛莽。朱子更为具体。据朱子按考，庐山老佛之祠，盖以百数。至于学校，合军与县，仅有三所。[80]今佛老之宫，遍满天下，大郡至逾千计。小邑亦或不下数十。至于学校，则一郡一县，仅一置焉。[81]这显示儒者之学，已受厄于异端。

吕记中亦慨叹由于王安石之反对，未能采纳程明道（程颢）学制之建白。颢建白朝廷一种教养考察宾兴之法。其法为凡有经义明达、德业充满者，自县州郡举升于太学，朝廷任官，亦以此贤能为依据。不幸王安石当政，实行新法。两程兄弟虽激烈反对，但安石仍求急功近利，认明道之议不切事情，其议遂格。驯至其结果，在策试与在学校方面，文章章句之学盛行。[82]程氏兄弟与朱子以此种文章词句之学实为俗学，不足以尽圣人之教。在朱子，亦如两程兄弟，学在学圣人。其学旨，朱子在《白鹿洞赋》中，有两诗句颇足以撮其要义："明诚其两进，抑敬义其偕立。"[83]明诚的观念，源于《中庸》第二十一章。但到了张载益能发挥其旨，并把明诚与德性与知识的关联予以平列。在张载《正蒙》第六章《诚明篇》中，张谓人若能变化此导致人欲之气质，即可复其原为天所赋予之天理。此种变化，仅能得之于德性之知，而毫不萌于见闻之知。[84]

敬义之说，当然是《语》《孟》中的教义。不过，以敬义并列地阐释，实是程氏兄弟特殊的贡献。[85]这些儒家基本教义，为官学所忽视，而官学只着意于文章之学。有如吕记中所强调，书院重建，乃在重振关洛之绪言，重窥张程之门庭。书院之复，岂苟云哉。[86]此诚朱子与吕祖谦反复讨论时之论点。书院重建，并非有意取代官学系统，亦非改变教育导向。但在朝之士或将视书院之设，纵不构成威胁，实乃一种挑战，则可以预见。此即可解释朝廷之所以厌于以及持久地延缓颁赐匾额与书籍之故。

当朱子罢归，诸生相饯于白鹿。[87]朱子极关怀书院前途。他致书白鹿长贰，以书院经雨隳损，想已加葺治，以及闻又得宣城书籍，俱以为慰。并垂询诸生今几人。[88]朱子复致书友人杨伯起，忆叙白鹿旧游，恍然梦寐。[89]在朱子离后，其门人在讲堂之西，立祠供奉。但由于朱子之请，其祠遂废。朱子殁后乃立祠以祭，并以祀其他新儒家。[90]

书院前途，得力于朱子两位门人李燔（一一九〇年进士）与张洽（一一六一—一二三七）。二人相继为白鹿洞书院堂长，黄榦、陈宓（一二二六年卒）讲学于其间。[91]其后杰出新儒家如胡居仁以及阳明高弟蔡宗兖，亦继长白鹿洞。王阳明曾捐地，其高弟邹守益（一四九一—一五六二）并为周敦颐、朱子、陆象山与王阳明诸儒作传，以教书院诸生。[92]许多卓越的新儒家与书院之关系，几不可分。不过陈献章（陈白沙，一四二八—一五〇〇）在五十四岁，邀请为书院堂长时，却拒受其请。白沙宁愿留粤。[93]

（七）庐山及武夷与朱子的两项传奇

书院不仅与诸儒几不可分，在庐山还有一个代代相传信仰方面的传说。一般庐山居民也多认同于书院。居民相信朱子终生居在山中，具有超人力量，没后葬于山中。依照传说，一个狐狸精假冒一年轻妇人，来与朱子同居，并服侍他。此一妇人，带来价值连城的珍珠，劝说朱子饮吞，然后便可变成朱子大智慧的源泉。后来，另一青蛙精，亦同样冒作年轻妇人，也来与朱子同居。某天，两妇人勃溪相争，次日俱消失。在书院的一座老旧的桥下，发现死去一狐一蛙。朱子在书院的林下，葬之以礼。[94]

在武夷山，我听到类似的传奇。依照这个传奇，一年轻妇人名丽娘，来到朱子的书室，并与之同居。不多时，一对摆渡乌老头夫妇警示朱子，此一年轻妇人系一狐狸精，是来偷窃朱子所承继的玉碗。当朱子似不信其说，此一对老夫妇乃以秘密窃窃私告。于是朱子夜夜提防。此年轻妇人紧随朱子。但最后入睡，二支碧绿玉筷从她鼻孔伸出放光，最后坠地，形成狐狸形影。当她醒来，她承认是一只狐狸精，在此山中修炼，已有一千年。她说，此一对摆渡乌老头夫妇，为她所训练，实是两只乌龟精。她接着说，没有这筷子，她必须离开此地，说完顿时消失了。朱子懊伤之余，在窗前执笔记其事。但此笔飞驰如矢。当此一对老夫妇被射中，立现原形，原是一对乌龟。某一天，当朱子散步于花间，他发现一只狐狸死于其中。朱子也敬重地予以埋葬。此一对龟，被罚成为崖石，迄今仍躺于武夷山八曲河岸，状若石龟。[95]此成为庐山传奇之来源，因为武夷山曾是许多神话的渊薮。

庐山居民至今是否仍然相信此一传统，诚不可知。不过它确是一个白鹿洞书院传统持续传之久远的一部分。更具体的传统，是其场地与建筑。当我在一九八三年八月往访这书院，我发现其情况非常之好，维护得也很好。这在几百年以来，历经无穷的毁坏与重建之后，是很难得的。在大门口，有一公告栏，附有书院布置图。由午乾门进入。有六个石柱，柱上有三幅匾额，颇有艺术模样，但无题碑。午乾门约四米半高，九米宽。在明代建立。由大门进去，我们在两旁可发现有荷花池，荷花盛开。据说为朱子所种植。大约再距四米远，是礼圣门，上刻“白鹿书院”四大字。此门双层屋顶，看来像一座建筑物，不像仅仅是一走道。右为御书阁，曾用作守藏宋代一皇帝所颁赠的“九经”，但现在则用作其他用途。再往礼圣门前进，约四米，可到达礼圣殿，一般称为孔庙。在清代曾重建三次，而在一九六〇年以来，全毁于“文化大革命”。在我往访之前一年重建。殿中未藏有圣像，但有吴道子（七九二年卒）所画的石刻像。礼圣殿右侧为明伦堂，一四三六年建立。维护完好，虽然进门口两石柱上朱子的对联，有一个错字。在堂后，在另一建筑之下，有一路基，路基下有一小洞，内有一个白鹿，四足站立。据说是明代雕刻。在礼圣殿左侧的公园内，有许多书法的石碑。有些在“文化大革命”期间被破坏。此后，公家建造了三座墙，来放置一百三十多个石碑，大半为明清选品，其中有邹守益的书法石碑。更有意义的，是朱子的《白鹿洞赋》、陆象山的“君子喻于义”讲章，以及二贤的“书院学则”，程端蒙与董铢二贤合撰的“学则”，很完整地刻在一个石碑上。公园中有红褐色的丹桂花，据说亦为朱子所种植。这是个疑问，但是可能的。“风泉云壑”四个大字的真迹，刻在悬崖上。还有两个大小一样的字（约二百平方厘米）“枕流”，在溪流之中。吾人诚不可知朱子有无真的枕于崖石之上，但他一定会跟许多友人共享此崖，此溪，与此许多亭阁之乐。

（八）朱子重建岳麓书院

朱子所重建的第二所书院，就是同负盛名的岳麓书院。一一六七年，朱子访张栻于长沙，那时张栻正在长沙讲学。朱子曾从其师李侗（一〇九三—一一六三）受学。其说为默坐澄心而后察识。朱子不满其说。朱子闻张栻受学于其师胡宏（一一〇六—一一六一）。宏之说，则为先察识后涵养。朱子欲往与张栻讨论其说。所以在一一六七年八月，朱子往长沙，门人二人侍行。据其中一人范念德说，两先生论《中庸》要义三日夜，而不能合。[96]《中庸》之义，为喜怒哀乐之未发谓之中，发而皆中节谓之和。[97]朱子及门人留长沙再阅月，与南轩（张栻）偕登衡岳。旅游中唱酬诗达一百四十九首，十一月廿三日与敬夫（张栻）别。[98]

王懋竑谓朱子与张南轩讲论，于《文集》《语录》皆无所考。[99]但据《岳麓志》，两人论《中庸》要义有一月。[100]《岳麓书院通讯》也说，朱子讲学于其间，并亲书“忠孝廉耻”四个大字刻于石，至今仍藏存书院。朱子也为书院场地的若干巷道与亭阁，或题名或题额。[101]虽说朱子在书院有无讲学，并无记载，仍可以十分合理地推测，朱子是会在那里讲学的。

一一九三年，那是二十六年后，朱子除知潭州荆湖安抚使，据点长沙。朱子次年五月到任。朱子发觉书院未获完善修理，立即计划重建。到任两月，他开始革新重建书院。他从三方面着手。第一，增员额并别置额外学生十员。日供米饭与廪给，并请醴陵黎贵臣贡士充讲书职事[102]，国子助教郑一之[103]同行措置[104]。朱子揭示白鹿洞书院学规，作为培养岳麓诸生的德行的准程。[105]

第二，朱子重建岳麓书院。依据最早现有一四三一年的《年谱》，朱子拟在爽垲之地重建书院。[106]朱子在与蔡元定书中，讨论岳麓坐落事甚详，告知元定前次画图，乃廷老所定；彦忠反对，较喜另一坐落，合在风雩右手，僧寺菜畦之中；他属廷老更画图；又恐代者乃一毁道学之人，将败其事。[107]朱子离任以后，书院是否重建，没有记载。但吾人确知此项修复工作，已经开始。[108]王懋竑没有看过最早的《年谱》，是以反对较后各《年谱》的同样记载。他力辩朱子至潭，牒委教授与黎郑两君同行措置，而绝未有改建之议。李、洪两《谱》俱言改建于爽垲之地，未详所据。[109]不过朱子书牒，仅关切到别立员额，并不需讨论重建事。至若书院最后的坐落需要再设计，那都不排除这个重建计划最后的采纳与执行。总之，在王懋竑提出反对之前与后，书院之重建，已无问题地被学者所接受的。

在湘江西岸的湘西精舍，王懋竑亦提出质疑。朱子致书友人刘智夫，谓“渠（廷老）为作湘西精舍已成”[110]。朱子又致书其继任王谦仲枢使，请其“得赐一言，俾遂其役”[111]。最后复谓“湘西扁牓，饶宰寄示”[112]。懋竑力辩谓岳麓乃朝廷敕额，即改建不容别为之名，又不容别有匾榜。岂岳麓未改建而饶宰别为作湘西精舍乎？凡此皆不可信。[113]设若懋竑看过《岳麓志》，则可以释疑，因其明谓湘西精舍筑于河旁也。[114]予疑精舍乃书院宿舍之类。

第三，朱子曾讲学于岳麓书院，而且吸引学者多人。根据现存最早的《年谱》，学者由邻郡集来长沙者至众。朱子虽郡事甚劳，夜与诸生讲论，随问而答，恳恻指导，闻者感动。[115]据《岳麓书院通讯》，书院中有诸生千人。书院池中水涸，难供马匹。[116]若说这是一种夸大，但在郡学与书院里，都有朱子讲学的记载。在《语类》里，有这样的记载。甲寅八月三日，是晚集聚于先生之长沙郡斋，听讲请教者七十余人。讲论重点，集中于读书之须涵泳。朱子坚以读书须要涵泳，须要浃洽。[117]虽说讲习地点，是在朱子的郡斋，但若说仅郡学学员参加，这实在不合情理。即使不是很多，若干参加的人，必定是书院诸生。这也有朱子在书院讲学的记载。有一次，先生（译按：指朱子）至岳麓书院，抽签字，请两士人讲《大学》语意。两人讲解，皆不分明。先生遽止之，并谕诸生曰，“前人建书院，相与讲学，非止为科举”。朱子惘然地云：“某自到官，甚欲与诸公相与讲明，但由于书院与郡斋一江之隔，又多不暇，不能如愿常来。”朱子又云：“明日烦教授诸职事，共商量岳麓书院一规程，将来参定，发下两学，共讲磨此事。”于是朱子继续讲到《大学》首句“明明德”[118]。朱子心目中的规程或者就是朱子最后为长沙岳麓书院所采用的白鹿洞书院的“学规”。根据所有《年谱》，朱子留长沙三月。虽治郡甚劳，但夜则和诸生讲论。

（九）岳麓书院的景况

湘西精舍，今已无从查寻。但岳麓书院则是非常完好状态。卓越的新儒家如张栻与吴澄都曾撰写过这书院的光荣往事。数百年以来，这书院有毁，有重建，也有扩充。许多建物，毁于“文化大革命”时期，但明清两代的建筑物，还是完善地维护与修复。重建工作，较之任何其他教育机构，做得非常有力，也获致很大的成效。在二十世纪，书院作过许多学校的用途，在一九二四年，此书院变为湖南大学的第一院。一九八二年，大陆宣布长沙为一个文化历史的城市，书院也是一个重要的文化遗迹。当我一九八三年往访书院，导引我的，有岳麓书院研究所的所长、几个研究员，以及湖南社会科学院的成员。我们进正门以前，来到赫曦台。朱子在一一六七年为之取名。这台原在岳麓山巅，书院背后一个关键的位置，可以观日。这座台，日就湮没。一七八九年，院长在现址建一亭；一八二一年，此亭仍取名为赫曦台，以怀念朱子。在我访问以前，刚好改造与油漆。接待我的人告诉我，他们之所以特别关切于此亭，因为此亭正象征朱子在书院历史中的崇高地位。墙上有“福”“寿”两个大字。据说出自道士手笔，用扫帚与黄泥土所写。甚至有人相信此道士已获长生。这两个字，现是黑色，显然在近来是修整过了。

亭右约一里，有一池。当朱子讲学时，池里水都为马所吸尽。其间有一小亭屹立。亭右约三里，另有一池，其中尚有一亭。此亭为书院院长在一七八九年所建。

距赫曦台向前走约一里，有一正门，建于一八六八年。此门约二十四尺高，并有二个方形石柱与十二层的台阶。门顶有一石额，上写“岳麓书院”，金色，在一九八〇年，由明刻复制。据说是真宗皇帝（九六八—一〇二二）所书。在石柱上有一对联，作者及写者俱已不知。在一九八〇年摄制木刻。在正门与讲堂大厅之间，通常有一个二门。此门在二十世纪三十年代，毁于抗日战争中。在一九八四年上期，经已重建。

向正门前进，约二里，便是讲堂，此为书院中心。在十八世纪初重建，一八六八年再予翻造。连同庭院与边房，面积占九十平方米。这是一个很大的单位。正厅的墙壁，纷列着木匾额、木对联与石碑，而且还有更多的石碑，藏于特别的房间。其中最重要而著名的，便是朱子所写“忠孝廉节”四个大字。每个石碑高二一三厘米，宽一四一厘米。每个字高一六九厘米，宽一二二厘米。无疑地，这是朱子所留给吾人最大的书法。这些石碑，在一八二七年，为院长所装置。因为这些石碑，这个堂称为忠孝廉耻堂。最有兴趣的，有四块石碑，刻有朱子在一一六七年为张栻饯别的诗。全碑散失于抗日战争，其中有二块，近已发现。虽则有一碑已经残破，两旁字迹，尚灼然可见。也有若干模仿朱子“学规”的“学则”石碑。

在正门与大讲堂之间的左右侧，朝南北向，约有三十个书斋。这些书斋，都是抗日战争之后重建的，现用作办公室与课室。建设委员会的计划，拟重建五十二个房间，有如宋代一样。大堂的右侧，原有八景，使得这个地区最为幽美。这八景毁于对日抗战，地区待修复。左侧有孔庙，战后重建。进入孔庙场所之大门亦然。这场地上的石阶、石狮、石墙，等等，都是自清代以来的遗物。建设委员会的人告我，这整个孔庙的场地，不久将予重建与改造，并用作文化交流的活动。

向前半里，我们到达了一个为战争所毁的以前的一座大楼。又约半里之遥，是以前保藏御赐书籍的御书阁，也同样毁于兵。现在这座御书阁已成为现代化的办公大楼。现正计划用宋代样式并用原名，以重建此御书阁。在此地区内，许多明代建筑，曾用来祭祀周敦颐、二程兄弟、朱子、张栻，以及书院中的若干领导人物。这些建筑，都情况良好，用来作办公室与宿舍。总之，比起所有的

511 教育机构，岳麓书院是保存最完善，恢复最好，风景最美而且最充满活力的。[119]

【七九】

（十）朱子与书院的广泛关系

朱子除了重建这两所著名的书院之外，据说他在建阳创立了同文书院，距竹林精舍约西南六十公里。传统上是他藏书之所。在建阳有人对我说，连那书院的坐落，已不再知晓。我相信朱子或者为着特殊原因，藏书其于地，但这个地方变成一个书院，一定是朱子殁后，在某一个时间，用以纪念他的。事实上，这里有证据证明书院重建，是在朱子卒后数十年。[120]也有人宣称，当朱子为同安主簿时，曾在金门燕南山中建燕南书院，此岛为同安所辖属。[121]这似乎不像是真事，那时朱子仅二十余岁，甚至在他未设一精舍之前，他即建立这么一所书院。事实上，假若他访问外岛，就大有可疑。确实地，没有一个朱子的门人，是来自外岛。

这并不是意谓朱子与书院之关系，仅限于寒泉、武夷、竹林、湘西诸精舍以及白鹿洞与岳麓书院。朱子至少在六所其他书院讲学过。[122]他为三所书院作记，以及为另一所书院作诗并附序。[123]他在某一书院也停留过一段相当长的时间。[124]朱子至少为九所书院写过匾额。这九所，完全不同于前面刚提及的。[125]除了重复不计外，朱子个人与二十四所书院有关，其中包含三所精舍。若干种类，是相跨的。例如，朱子在这些书院讲学，他也为这些书院题匾额。还有许多其他书院的关系，未见记载或者隐没在地方志里。许多庙宇都建立起来祭祀他。还有许多祠堂的建立，是为了纪念他的来访。后来这些大多数的祠堂，都变成书院。戴铣在一五〇六年所写的《朱子实纪》中，列举书院达二十八所。[126]王先谦（一八四二—一九一七）这位湖南大儒在一八八八年所写的一篇文章，仅湖南一处，便列举书院十所。除了一所以外，所有书院都在一种或他种方式之下，与朱子有关。[127]至少朱子有八位门人，建立书院，其中尚有门人之父与门人之孙先后承建者。[128]又至少有七人充任堂长。[129]还有至少六人在书院中讲授，其中尚有一位门人，有随游者数百人。[130]还有至少三人，很有名地在推行白鹿洞的学规。[131]朱子及其门人，在推行书院制度上，在宋代较之任何其他学团，更为积极与活跃，是毫无疑问的。

尚有一种书院活动，虽和朱子无直接关系，但必须叙及的，那就是书院的印书。直至今日，书院版，仍被认为是版本中的善本。我读朱子书，为之惊讶不已，朱子竟从事于印书事业，尚没有作者在任何处提过此事。我作了许多研究以后，或者这是第一次讨论朱子印务之文章。我的结论是，朱子印书原因，一部分是由于居家贫迫而去寻找许多副收入，另一部分则是为了推动新儒家的学说，欲道之行，因而印刷新儒家的书籍。[132]朱子既印《小学》一书，作为武夷精舍之书。[133]我们可确切地说，朱子在那时有名的出版中心建阳，积极地从事于印书，和竹林精舍定有密切的关系。我们也可以假设，他的印书事业，到后来激发了书院的努力，去出版新儒家的著作。

（十一）朱子书院运动对中国学术及历史的可能贡献

所有这些事实，展现在我们之前，我们或许会发现几个有趣的问题，而且做出一般性的结论。假若朱子及其门人之于书院，没有做出任何事情，会不会大批佛家制度最后会取代中国的学校，因而中国变成一个佛教国家，有如日本呢？甚至假若官学即能够阻止了佛教的狂潮，为了科举的目的，官学是否会终成为文章之学呢？又甚至假若新儒学在官学中占有一席地位，那会不会是程朱学派的种种变相呢？那将是王安石的新法抑或是吕祖谦的历史学派呢？若说历史学派或会来做主宰，决不是离奇。犹忆我幼时，在乡学里，受读吕祖谦的《东莱博议》。这就显出吕祖谦在一般教育里，是如何具有影响力。简言之，假若朱子远远孤离于书院，那是否仍然会有程朱学派的新儒学呢？没有程朱学派新儒学，中国变好变坏不可知，但确定地它将是不同的面貌。

学者们经常提示，程朱新儒学之所以在中国历史上盛行，以及变成正统，是由于朝廷提倡，使得朱子的《四书集注》与其他新儒家著作，在一三一三年成为科举策试的官方基础。也使得在一四一五年钦命编纂《性理大全》；在一七一五年，又钦命编纂《性理精义》。确实地，政府的影响是巨大的。但我们觉得实不可思议，假若没有私家书院的运动，《性理大全》与《性理精义》二书，是否可能出现？帝王们所关切的，或是利用新儒学以维持其权威，但是没有私家书院，则程朱新儒学将怎样开始着手呢？我在他处曾提出，朱子在决定新儒学的方向，厘清理与气之间的关系，发展太极的观念，提升仁的概念，建立道统以及纂辑《论语》《大学》《孟子》与《中庸》为“四书”诸方面，都是集新儒学之大成。[134]我于此将补充地说，精舍与书院，都是朱子用来实现新儒学的工具。[135]

〔本文原以英文在一九八四年宋代教育讨论会上宣读，采入该会论文集。中译本发表于《史学评论》第九期（一九八五年元月），页一至三十二。〕

1 《管子》(《四部丛刊》本)卷十六《内业第四十九》, 页二上。

2 《语类》卷一三六, 第四、五条, 页五二二一。

3 《后汉书》(《四部丛刊》)卷六十九《包咸传》, 页二下。

4 同上, 卷八十三《姜肱传》[译者: 有谓"肱博通五经……乃就精舍, 术见微君"]; 卷九十七《刘淑传》["遂隐居, 立精舍讲授诸生常数百人"]、《檀敷传》。以下译者所增, 皆用[ ]。

5 《吴志》(《四部丛刊》本)卷一《孙策传》, 页四下至五上, 注释。

6 如鸠摩罗什所译《大智度论》。参看《说略》(《金陵丛书》本)卷二十, 页七下至八上, 有关佛儒道三家使用精舍的情况。

7 《象山全集》(《四部备要》本)卷二《与朱元晦(第一书)》, 页五下; 卷三十六《年谱》, 页十五下。

8 关于许顺之, 参看《宋元学案补遗》(《四明丛书》本)卷六十九《沧洲诸儒学案补遗》, 页一〇二至一〇三上[载许存斋升, 朱子曰:"与生相从于今六七年"]; 陈荣捷著《朱子门人》(台北学生书局, 一九八二), 页二〇〇至二〇一。

9 《文集》卷八十七《祭许顺之文》, 页十四下["我官同安, 诸生相从游者多矣"]。

10 《朱子门人》, 页八十四[何叔京死, 朱子祭之曰:"兄未病时, 过我精舍, 讲道论心, 穷日继夜。……若兄之贤, 实我所畏。"又《铭墓碣》曰:"予获从之游相好也, 今年冬, 过予于寒泉精舍, 留止浃旬。"]; 页九十三[吴昶, 字叔夏, "伪学禁作, 弟子多更改他师, 而先生徒步走寒泉精舍, 就正所学"]。

11 《语类》篇首《朱子语录姓氏》, 页六十九至七十五。

12 参考《朱子门人》, 页六十二[王阮, "当今道在武夷。……阮见朱熹于考亭, 熹与语, 大悦之"]; 页八十一[江默, "丁外艰归, 诣武夷, 从朱子讲学"]; 页一四二[周谟, "既而文公归武夷, 去南康且千里。谟仍往就学"]; 页一四九[林武, "朱子讲道武夷, 先生徒步从之"]; 页一五三[林得遇, "里粮至武夷, 参拜文公"]; 页一九〇[张宗说, "朱子忤韩侂胄罢归, 先生率僚友送至武夷, 会于精舍"]; 页三二〇[刘爚, "爚从熹武夷山, 讲学读书"]; 页三二七[潘柄, "兄弟承父命, 俱往事朱子于武夷"]; 页三五六[载蒙, "弃官从朱子武夷"]。

13 同上, 页六十二。又《宋史》(北京中华书局, 一九七七)卷三九五《王阮传》, 页一二〇五三。

14 《文集》卷一《宿武夷观妙堂二首》, 页八上;《过武夷作》, 页十四上; 卷三,《次韵傅丈武夷道中五绝句》, 页二下至三上; 卷四《游武夷以相期拾瑶草分韵赋诗得瑶字》, 页九下; 卷六《武夷七咏》, 页二十三上下; 卷九《武夷精舍杂咏并序》, 页三下至六上。

15 一亩为一英亩六分之一。

16 参看页六七"朱子自称"条。

17 《文集》卷九《武夷棹歌十首》, 页五上, 六上。

18 同上, 别集卷六《与黄商伯书》, 页十九下。

19 叶绍翁《四朝闻见录》,(《浦城遗书》本)卷四《胡纮李沐》, 页十六上下。

20 例如王懋竑《朱子年谱》(《丛书集成》本)卷四下, 页二一四。

21 《沧洲精舍辨》(《华学月刊》第一〇四期, 一九八三年八月), 页一至二。

22 《文集》卷三十五《与刘子澄(第十二书)》, 页二十三下["武夷结茅虽就, 然亦若此。觉得却是朋友, 直来相访。只就书院中寝食, 无外面闲人相扰也"]; 卷五十《答程正思(第十八书)》, 页三十一下["此间书院方结裹, 江浙间有朋友在彼相聚"]。

23 《文集》卷八十六《沧洲精舍告先圣文》，页十二上；《语类》卷九十，第三十条，页三六四一［“新书院告成，明日欲祀先圣先师，古有释菜之礼”］。

24 同上，卷八十三《书邵康节诫子孙真迹后》，页十五上［译按：有谓“熹尝从故友刘子澄得其摹本刻石庐山白鹿精舍”］。

25 例如盛朗西《中国书院制度》（上海中华书局，一九三四），页四十［所引临蒸、槐阴、寒泉、楼氏、横城等精舍俱是］。

26 陈元晖《中国古代书院制度》（上海教育出版社，一九八一），页九至十二。

27 《蔡氏九儒书》〔同治七年（一八六八）本〕，卷六蔡沈《朱文公梦奠记》，页十九下。又见王懋竑《朱子年谱》卷四上，页二二七。

28 《语类》卷一〇七，第五十四条，页四二五二。

29 《文集》卷七十九《衡州石鼓书院记》，页二十一下。

30 郡治在今江西星子县。

31 此地距郡城十五里。参看《文集》卷七《白鹿洞书院》，页十一下［经得白鹿洞之遗址于“城东北十五里”］；卷八十六《白鹿洞成告先圣文》，页三下。

32 《文集》卷二十《申修白鹿洞书院状》，页八下至九上。其详更见卷九十九《白鹿洞牒》，页四下至五上。

33 同上，卷九十九《白鹿洞牒》，页四下至五上；卷十六《缴纳南康任满合奏禀事件状》，页十七下。

34 《文集》卷一《白鹿洞赋》，页二上附注。

35 同上，卷十六《缴纳南康军任满合奏禀事件状》，页十七下。

36 同上，卷九十九《白鹿洞牒》，页五上。

37 《白鹿书院志》（一六二二年本）卷一，页三上。

38 《文集》卷二十《申修白鹿洞书院状》，页八下至九上。

39 吕祖谦《东莱集》（《续金华丛书》本）卷六《白鹿洞书院记》，页四上。又王懋竑《朱子年谱》，页八十一。

40 《文集》卷四《与吕伯恭（第七十九书）》，页十九上。

41 同上，卷十六《贴黄》四，页十八上。卷二十六《与丞相别纸》，页十一上。

42 王懋竑《朱子年谱》，卷二上，页八十一。

43 《文集》别集卷六十《与黄商伯言》，页十四下。

44 同上，续集卷二《与蔡元定（第八十九书）》，页二十上。

45 同上，卷九《洞学榜》，页二上；《文集》卷十六《缴纳南康军任满合奏禀事件状》，页十一下、十八下；正集卷十三《延和奏劄》七，页九十上下。

46 《白鹿书院志》卷十六，页一上。

47 《文集》别集卷六《与诸友书札》。页十八下［与黄商伯：“前书奉叩白鹿买田事，如何幸早示报”］；页二十一下［与叶永卿等四人：“白鹿田已就绪甚善，又闻今侯能枉驾临之，尤幸……闻永卿诸公亦尝入山观书，遐想山林之胜，它处真未易得，令人怅然兴怀也”］；页二十二上［“白鹿买田，闻已就绪”］；续集卷二，页十九上［与蔡季通：“白鹿春卿必能言曲折，田已拨得”］。

48 同上，卷二十六《与丞相劄子》，十二上［“禄赐略比于祠官”］；又卷七《寻白鹿洞故址》，页四下［“寻白鹿洞故址，爱其幽邃就复兴建。”注谓：“时已疏上尚书，乞洞主矣。”］。

49 同上，卷一《白鹿洞赋》，页一下。［朱子有谓“《白鹿洞赋》者，洞主晦翁之所作也”］。

50 同上，别集卷九《南康军请洞学堂长帖》，页一下。

51 同上，正集卷十六《贴黄》，页十八上。

52 《朱子门人》［余浩，“《庐山志》引云：朱子门人又有曹彦约、余浩伯秀……其所居并近鹿洞”］，页八十八。［吕炎，“《白鹿洞志》，吕炎，字德明，吕泰字德昭，兄弟五人，同游文公文门，而炎与焘知名”］，页一〇二。［周亨仲，“……从朱子讲学于白鹿洞”］，页一三六。［林用中（择之），“《白鹿洞志》，林择之从文公游最久”］，页一四六。［胡泳，“《白鹿洞志》载先生称桐柏先生，桐柏、桐源字形相类，未知孰是”］，页一六九。［曹彦约，“初事朱子于白鹿书院”］，页一九五。［曹彦纯，亦学于朱子之门，“朱文公守南康，兄弟（彦约、彦纯）亲炙之为白鹿洞书院诸生”］，页一九六。［熊兆，“所居近白鹿洞……安义人，受学于朱子”］，页二八八。［刘贲，“《庐山志》谓其居近鹿洞，可为朱门之证”］，页三一四。［蔡念诚（元思），“文公守南康时，讲学于白鹿洞。先生从之游，元思事文公最久”］，页三三四。

53 《文集》别集卷九《招举人入白鹿咨目》，页三下至四上。

54 《文集》别集卷七十四《白鹿书院揭示》，页十六下至十七下。

55 这些学规，可参考《学规类编》（见张伯行编《正谊堂全书》）卷一所载以及朱子与饶鲁所题序跋。

56 欲参考这一系列的学规，可看上列《学规类编》卷一至卷三，以及《白鹿书院志》卷六至卷八。

57 《东林会约》，载《顾端文公遗书》（一八七七年本），页四下至十七上。

58 盛朗西《中国书院制度》，页五十六［有谓“白鹿洞学规，所说尤为诸儒所取法”］，以及陈元晖等《中国古代书院制度》，页三十七至三十八。

59 《大汉和辞典》卷八，页四〇。

60 盛朗西，前书，页二十一；陈元晖等，前书，页一三八至一三九。《百丈清规》载于《大正新修大藏经》，页二〇二五。

61 《乡约》全文载《宋元学案》卷三十一《吕范诸儒学案》。

62 《文集》卷七十四《增损吕氏乡约》，页二十三上至二十九下。

63 同上，卷八十一《跋白鹿洞所藏汉书》，页二十四上［有谓“尚藏其手抄《孟子》《管子》书，是洞中日课也”］。

64 关于讲义，参看《象山全集》卷二十三，页一上至二上；关于朱子序跋，参看《文集》卷八十一，页二十五上［有《跋金溪陆主簿白鹿洞书堂讲义后》。跋中有谓：“熹率寮友诸生与俱至于白鹿书堂，请得一言，以警学者。子静既不鄙而惠许之……盖听者莫不悚然动心焉……复请子静笔之于简而受藏之”］。

65 陈元晖，前书，页一四一至一四五。

66 《文集》卷六《白鹿洞成告先圣文》，页三下至四上。

67 《文集》卷六十八《跪坐拜说》，页一上至二下。

68 《语类》卷三，第七十四条，页八十三。

69 《文集》卷四十六《答曾致虚第二十书》，页七下［如谓“……但今已成，恐毁之又似非礼，此更在尊意斟酌报之也”］。

70 《文集》别集卷六《与黄商伯书》，页十五上［有谓"白鹿洞成，未有藏书，欲干两漕，求江西诸郡文字，已有劄子恳之，及前此亦尝求之陆仓矣。度诸公必见许。然已见有数册"］。

71 《文集》卷八十一《跋白鹿洞所藏〈汉书〉》，页二十四上。

72 宋代"九经"：《易经》《书经》《诗经》《春秋》《左传》《礼记》《周礼》《孝经》《论》《孟》。

73 《文集》卷十六《奏为乞赐白鹿洞书院敕额及国子监九经注疏》，页十一下。《贴黄》，页十八下［"印版本《九经注疏》《论语》《孟子》等书，给赐本洞奉守看读"］；卷十三，《延和奏劄七》，页十九上［"乞以太上皇帝御书石经，并版本《九经注疏》，给赐本洞，今亦未蒙施行，而朝野喧传相与讥笑，以为怪事。臣诚恐惧，不敢不尽其说"］。卷九十《曹立之墓表》，页七下［"所请白鹿洞书院赐额，有旨施行"］。

74 《文集》卷八十一《书康节诫子孙文》，页二十一上；《跋伊川与方道辅帖》，页二十二上。卷八十二，《书伊川先生与方道辅帖后》，页十八下。卷八十三，《书邵康节诫子孙真迹后》，页十五上。别集卷七《跋所刻和靖帖》，页十上；《跋所刻包孝肃诗》，页十下。

75 《白鹿书院志》卷十五，页三上至八上。《小学》由朱子所主使，其门人纂辑成书。

76 《文集》卷三《与吕东莱（第八十书）》论《白鹿书院记》，页二十一上至二十三上。

77 同上，别集卷六，《与黄商伯》，页十五下［有谓"《白鹿洞记》纳去一本，又一本寄梁文叔"］。

78 同上，正集卷三十四，《与吕伯恭（第八十一书）》，页二十三上［朱子有"属黄子厚隶书到即入石矣"等语］。

79 《东莱集》卷六，页四十二。

80 《文集》卷十六《贴黄四》，页十八上。

81 同上，卷十三《延和奏劄七》，页二十上。

82 《文集》卷三《与吕东莱（第八十书）》论《白鹿书院记》，页二十一上至二十三上。

83 《文集》卷一《白鹿洞赋》，页二下。

84 本章《诚明篇》，英译可参看陈荣捷《中国哲学资料书》（普林斯顿大学出版社，一九六三），页五〇七至五一四。

85 《遗书》（《四部备要 · 二程全书》本）卷五，页二下［"敬义夹持"］。卷十八，页十九上。［"敬只是涵养一事……须当集义"］。此一理念导源于《易经 · 坤卦 · 文言》，［"君子敬以直内，义以方外，敬义立而德不孤"］。

86 《东莱集》卷六，页四下，及《文集》卷二十四，页二十一上至二十二下。

87 《语类》卷一〇六，第七条，页四一九六。

88 《文集》卷五十二《答白鹿长贰》，页四十六上。

89 同上，别集卷六《与杨伯起》，页二十下。

90 《白鹿书院志》卷二，页四上下。

91 同上，卷五，页七上至九上，［译按：可参考陈荣捷教授《朱子门人》。页一二九，李燔，"九江（江西）郡守，请为白鹿书院堂长。学者云集，讲学之盛，他郡无与此"。页一九二，张洽，"时袁甫提为江东刑狱；再以白鹿书院废弛，招洽为长"。洽曰："嘻，是先师之职也。其可辞？"页二一六，陈宓，"与诸生讲论白鹿洞书院"］。

92 同上，卷五，页十下至二十三上；卷六，页十七上。

93 同上，卷五，页十七下。

94 CarlF. Kupfer所著*Sacred Places in China*一书，本故事见于《白鹿洞书院》一章中。我对任教于纽约州立大学伯罕顿分校（Binghamton）John Chaffee教授提供我是项传说资料，深致谢意。

95 关于整个故事，可参看《武夷山民间传说》（福建人民出版社，一九八一）之《朱熹和丽娘》，页二十八至二十九。

96 王懋竑《朱子年谱》卷一下，页二十九。

97 《中庸》第一章。

98 王懋竑《朱子年谱》卷一下，页二十九。并见《南轩先生文集》卷十五《南岳唱酬序》。

99 王懋竑《朱子年谱》卷一下，页二五七。并见《南轩先生文集》卷十五《南岳唱酬序》。

100 《岳麓志》，页四。

101 载《岳麓书院通讯》（第一期，一九八二年），页三。

102 黎为《朱子门人》。关于黎贵臣，参看《宋元学案》卷六十九［"黎贵臣，醴陵人。从朱子受业，讲明道学，士类多宗之"］。又《朱子门人》，页三四八。醴陵为湖南省之一县。

103 一之字仲履，湘潭人，始受业于张栻，后从朱子游。可参看《朱子门人》，页三四一，又参看《岳麓书院通讯》（第一期，一九八二年），页二十七。

104 《文集》卷一〇〇《潭州委教授措置岳麓书院牒》，页十三。

105 载《岳麓书院通讯》（第一期，一九八二年），页二十五。

106 叶公回《朱子年谱》系于一一九四年。戴铣《朱子实纪》卷七，亦系于一一九四年。

107 《文集》卷四十四《与蔡元定（第七书）》，页八下至九上。廷老是饶幹的号，朱子门人，长沙县宰。关于饶幹，参看《宋元学案》卷六十九，页二十八上。彦忠是陈士直的号，亦是朱子门人。关于陈士直，参看《宋元学案补遗》卷六十九，页二〇三下［有谓"文公弟子"］。

108 《文集》卷二十九《与王枢使（谦仲）劄子》，页十二上［"长沙版筑，不容中辍"］。

109 王懋竑《朱子年谱·考异》卷四，页三二六。

110 《文集》别集卷二《与刘智夫书》，页八上。

111 《文集》卷二十九《与王枢使（谦仲）劄子》，页十二上［"长沙版筑，不容中辍"］。

112 《文集》续集卷七《答王枢使》，页四下。

113 王懋竑，页三二六。

114 《岳麓志》，页三上。

115 叶公回《朱子年谱》系于绍熙五年甲寅（一一九四）。在戴铣《朱子实纪》与王懋竑《朱子年谱》页一九一，俱有同样记载。

116 载《岳麓书院通讯》（第一期，一九八二年），页二十六。

117 《语类》，卷一一六，第十五条，页四四四七。

118 同上，卷一〇六，第四十二条，页四二二〇。

119 有关岳麓书院的历史，修复计划与实际工作，传记与碑额的文题，以及若干图片，可参看《岳麓书院通讯》。

120《建阳县志》（一九二九年本）卷六，页三十六上［有熊禾（壮年一二七〇）所撰《同文书院的上梁文》一文。我国传统，造房屋第一件事，便是在屋顶中间上梁］。

121 郭尧龄《朱熹与金门》（福建金门县文献委员会，一九七九），页六。

122《朱子门人》，页六十五［如王汉之与丽泽书院］。页八十五［余思齐之与银峰书院］。页三二六［潘友恭之与月林书院］。王先谦《湖南全省掌故备考》卷十三，页三下。杨金鑫《宋代之湖南书院初稿》（未刊），页三，页七。

123《朱子门人》，页一八三，祝禹圭条［有谓"朱子《徽州休宁县厅新安道院记》……"］。《文集》卷七十九《衡州石鼓书院记》，页二十一上至二十二上。卷八十一《跋张敬夫所书城南书院诗》，页二。王先谦《前揭书》卷十三，页七上。

124《朱子门人》，页二〇五，郭浩条［"……《金华征献略》载郭氏石洞书院，称朱子以伪学之禁，游处甚久……"］。

125 朱玉《朱子文集大全类编》（一七二二年本）第八册卷二十二，页一上至二下。

126《朱子实纪》第七章。

127 王先谦《前揭书》卷十三。

128《朱子门人》，页一五六［如林学蒙之被聘道南书院堂长］。页二一六［陈宓之创延平书院］。页二九七［赵师端之创文公书院］。页三〇〇［赵善待之从文公游，其孙寿建郑山书院，以奉文公］。页三〇三［辅广（称传贻先生）之归，筑传贻书院教授］。页三二六［潘友恭之父潘时，建月林书院］。页三五五［钟震之从朱子受业，建主一书院讲道，卿士夫咸宗之］。《岳麓书院通讯》（第一期，一九八二），页二七。王先谦《前揭书》卷十三，页八下。杨金鑫《前揭又》，页三。

129《朱子门人》，页九十六［如朱子有诗《简白鹿山长吴兄唐卿及诸耆旧》］。页一二九［九江（江西）郡守请李燔为白鹿书院堂长］。页一五六［陈宓始作道南书院，聘林学蒙为堂长］。页二六〇［黄义勇从文公武夷精舍，为白鹿洞堂长］。页三三五［真德秀守郡，议创书院，廷蔡和为堂长，会易镇不果］。页三三六［王埜建建安书院，请蔡模任席长］。页三四五［郑邦老为道南书院堂长］。

130《朱子门人》，页一六八［胡安之，"受业朱晦庵。郡守程公许葺南轩书院，聘先生主讲席"］。页二一九［陈埴久，从文公游……江淮明道书院主讲席，四方学者从游数百人］。页二六一［熹作竹林精舍成，遗榦书有"他时便可请直卿（榦号）代即讲席"之语］。潘友恭及其父时事，同注（128）。

131 同上，页二一六［如陈宓创延平书院，依白鹿洞规］。页二七九［如叶武子为教授时，以白鹿洞"学规"为准程］。页三二〇［如刘爚迁国子司业，请以白鹿洞规，颁示太学］。

132 陈荣捷《朱学论集》（台北学生书局，一九八二），"朱子之印务"一节。

133《文集》续集卷二《答蔡季通（第一二五书）》，页二十五下。

134 陈荣捷《朱熹集新儒学之大城》，英文本原载Francoise Aubin主编之*Etudes Song-Sung Studies*（第一辑，第一期，一九七三），页五九至九〇，万先法译成中文，见《朱学论集》页一至三十五。

135 关于精舍与书院关系的演进，以及朱子在推进私人讲学的传统所扮演的角色，有一篇敏锐的讨论，参看李弘祺英文本《朱熹——书院与私人讲学的传统》（《汉学研究》第二卷第一期，一九八四），页三〇一至三三九。

【八〇】诸生与书院

书院创始于唐而盛于北宋。唯至南宋朱子之时，已颇废零落。朱子重建白鹿洞书院与岳麓书院（参看页四八九“朱子与书院”条），书院制度，于焉再生。然书院复兴，并非朱子一人之功，其门人与有力焉。

白鹿复作之初，门人即已参加。朱子《白鹿洞赋》云："夫既启余以堂坛，友又订余以册书。"下注云："寻访之初，得樵者指告其处。客杨方子直〔隆兴元年癸未（一一六三）进士〕遂赞兴作之谋。既而刘清之子澄亦裒集故实来寄。"[1]杨方确为门人。刘清之（一一三九—一一九五）实是讲友，而亦有其为门人者[2]。门人赞助，必有逾于此者。

吾人不知门人之从学于白鹿洞者若干。据志记所载，则有李燔、胡泳、曹彦约、周谟、余洁、李晖、刘贲、熊兆、周方、周亨

521 仲、蔡念诚、曹建、曹彦纯、吕炎兄弟三人共十六人。[3]彭方受业于此，亦有可能。[4]另李吕晚见朱子于庐山，为讲学友，其子孙四人从学朱子。[5]朱子致黄榦（一一五二—一二二一）书云：“李敬子〔李燔，绍熙元年庚戌（一一九〇）进士〕与一胡君同来，见在书院。”[6]胡君即胡泳也。[7]《宋元学案补遗》谓曹彦约以下六人，所居皆近白鹿洞。[8]《宋元学案补遗》引魏了翁（魏鹤山，一一七八—一二三七）之《曹昌谷（曹彦约，一一五七—一二二八）墓志铭》云：“朱文公守南康，兄弟亲炙之，为白鹿洞书院诸生。”[9]彦约之兄，即彦纯，则居近白鹿者实七人也。

朱子淳熙八年辛丑（一一八一）闰三月南康任满去郡，故其自六年十月复建书院，只主持白鹿洞书院一年有半而已。在书院期间，有门人一人前来讲学。据《白鹿洞志》，林择之（林用中）从文公游最久。晦翁守南康时，择之来讲学洞中。[10]其后黄榦、陈宓（一二二六卒）、包定，均讲学于此。[11]黄榦讲乾坤二卦。

白鹿洞书院讲义除陆象山（陆九渊，一一三九—一一九三）脍炙人口，“君子喻于义，小人喻于利”[12]之外，以黄榦讲乾坤为最著名。其言曰：“乾言德业，坤言敬义。虽若不同，而实相为经纬也。欲进乾之德，必本之以坤之敬。欲修乾之业，必制以坤之义。非敬则内不直，德何由而进？非义则外不方，业何由而修。”[13]《宋史》云：“入庐山访其友李燔。陈宓相与盘旋玉渊三峡间，俯仰其师旧迹。讲乾坤二卦于白鹿书院，南北之士皆来集。”[14]声望之隆，吸引南北之士，历史上不多见也。白鹿以外，门人讲学于书院者有胡安之之于南轩书院，陈埴之于明道书院，与黄榦之于安庆府书院。[15]据《考亭渊源录》，陈埴主明道书院讲席，“四方学者，从游数百人”。[16]

其任堂长者，则所知共有七人。其中三人长白鹿洞。《宋史》云：“熹没，学禁严。燔率同门往会葬，视封窆不少怵。及诏访遗逸，九江守以燔荐，召赴都堂审察，辞。再召，再辞。郡守请为白鹿书院堂长。学者云集。讲学之盛，他郡无与比。”[17]据《考亭渊源录》，黄义勇“从文公游而卒业于黄榦之门。陈宓知南康军，辟为白鹿书院堂长”[18]。《宋史·张洽（一一六一—一二三七）传》云：“时袁甫提为江东刑狱。甫以白鹿洞书院废弛，招洽为长。洽曰：‘嘻！是先师之职也，其可辞？’至则选好学之士，日与讲说。”[19]其他有林学蒙为道南书院堂长，蔡念诚为延平书院堂长，蔡模为建安书院堂长，邓邦老为道南书院堂长。[20]白鹿洞书院堂长，未为朱门专利，然声势之雄，可为朱门生色。

更能光大朱门者乃门人之建立书院。《宋史》谓陈宓“创延平书院”[21]；《宋元学案》沿之[22]；《考亭渊源录·林学蒙传》谓：“陈宓始作道南书院于延平[23]，聘为堂长。”[24]是则“延平书院”，与道南书院，一院而两名耳。《宋元学案·辅广（壮年一一九四）传》又云：广“奉祠而归，归筑传贻书院教授，学者称为传贻先生。”[25]《宋元学案补遗》引汪佑（一八二七—一八六〇）《紫阳书院建迁源流记》云：“赵师端，字知道，（浙江）黄岩人。朱子自闽归徽……先生兄弟咸师事焉。朱子没，先生为徽郡守，始创文公书院于郡学，勉斋（黄榦）记之。”[26]黄榦《徽州朱文公祠堂记》云：“太守赵君师端至，视其祠褊且狭，不足以称邦人思慕之意，改创于讲堂之北。且属榦记之。”[27]此堂成于嘉定七年甲戌（一二一四）。黄榦所记者乃其祠而非其书院。意者赵守改创朱子祠于郡学讲堂之北，而于郡学别处创建文公书院，大有可能。《宋元学案补遗·钟震传》引《姓谱》云：“钟震，（湖南）湘潭人。

从朱晦庵受业。建主一书院讲道，乡士夫宗知之。”[28]《姓谱》即明人凌迪知〔嘉靖三十五年丙辰（一五五六）进士〕所编之《万姓统谱》，所载想必有据。[29]此外，尚有黎贵臣创办醴陵县金龟山下之昭文书院，吴雄建立平江县风栖乡之阳坪书院，刘清之创建宁远县之九嶷山书院，与私淑门人魏了翁在靖州北所立之鹤山书院，皆在湖南。[30]又有门人潘友恭之父潘畤建月林书院，赵善待（一一二八—一一八八）之孙建郑山书院，[31]一共十处，可谓成一强大之书院运动。门人所筑书院，大者必有朱子祠。朱子所编《近思录》《小学》等，亦必捧诵。以朱子在白鹿洞书院之《揭示》为学规，更不待言。陈宓创书院于延平，即仿白鹿洞规为校规。叶武子〔嘉定七年甲戌（一二一四）进士〕为教授时，以白鹿洞学规为准则。刘爚（一一四四—一二一六）请以白鹿洞规，颁示太学。[32]以后白鹿洞揭示成为历代学规之标准，发生非常之影响，诸生之力也。

1 《文集》卷一《白鹿洞赋》，页二上。

2 拙著《朱子门人》（台北学生书局，一九八二），页二六七、三一一。

3 同上，页八八、一〇二、一三五、一三六、一四二、一四六、一六九、一九四、一九五、一九六、二八八、三一四、三三四。《宋元学案》（《四部备要》本）卷六十九《沧洲诸儒学案·蔡念诚传》，页三十一上。

4 《朱子门人》，页二三三。

5 同上，页一一六。

6 《文集》续集卷一《致黄直卿（第五十二书）》，页十四下。

7 田中谦二《朱门弟子师事年考》（《东方学报》第四十四期，一九七三），页一六二。

8 《宋元学案补遗》（《四明丛书》本）卷六十九《沧洲诸儒学案补遗·余洁传》，页二一一上引《庐山志》。

9 《宋元学案补遗·曹彦纯传》，页三十二上。

10 同上，《林用中传》，页一五四下引。

11 《白鹿书院志》（天启二年本，一六二二）卷五，页七上至九上。《朱子门人》，页六十八。

12 《论语·里仁》，第十六章。

13 《勉斋集》（《四库全书》本）卷一《南康白鹿书院》，页二十三上下。

14 《宋史》（北京中华书局，一九七七）卷四三〇《黄榦传》，页一二七八二。

15 《朱子门人》，页一六八、二一九、二六一。

16 《考亭渊源录》（《近世汉籍丛刊本》）卷十二《陈埴传》，页四下，总页四九二。

17 《宋史》卷四三〇《李燔传》，页一二七八三。

18 《考亭渊源录》卷十一《黄义勇传》，页十九下，总页四七八。

19 《宋史》卷四三〇《张洽传》，页一二七八七。

20 《朱子门人》，页一五六、三三五、三三六、三四五。

21 《宋史》卷四〇八《陈宓传》，页一二三一二。

22 《宋元学案》卷六十九《陈宓传》，页十三上。

23 今福建南平县。

24 《考亭渊源录》卷十三《林学蒙传》，页十七下，总页五六二。

25 《宋元学案》卷六十四《潜庵学案》，页一下。

26 《宋元学案补遗》卷六十九《赵师端传》，页一六九上下。

27 《勉斋集》卷十九，页二十一上。

28 《宋元学案补遗》卷六十九《钟震传》，页一七三下。

29 《万姓统谱》［万历七年己卯（一五七九）本］卷二，页七上。

30 杨金鑫《岳麓书院和朱熹》（《岳麓书院通讯》第一期，一九八二），页二十七；又杨氏《湖南宋代书院概况》（未刊），页三至五。

31 《朱子门人》，页三二六、三〇〇，并参考页一五六、二一六、二九七、三〇二、三五五。

32 《朱子门人》，页二一六、二七九、三二〇。

【八二】民国前一年之白鹿洞书院

民国前一年（一九一一）美国人Carl F. Kupfer等数人游庐山白鹿洞三日。归后有如下之报道：

传说谓朱子毕生住此书院，死后亦葬于此。又谓其来洞时，有狐狸精托身少女与之同居。此精带来宝珠，使朱子吞之，是为朱子智慧之泉源。不久又有蛙精亦托身少女来与同居。其后两女吵闹，互泄其秘。翌日二精失踪。狐与蛙死尸现于书院入门桥下。乃葬于书院丛林。礼成后立石为记。此桥于是名为二精之桥。

书院正中有孔庙。内正座为孔子像。幢已破烂，坛亦已为乌鸦所居。两边为亚圣孟子像与孔门十五弟子像。庙顶四异兽，二者向南，二者向北。孔庙前有一小室，内设偶像。隔涧有一文章之神（疑是文昌），面对书院，传闻凡在此小室攻读者必考试成名。是以学者争入此室，至于纷闹。乃置偶像，以后学者不得再进云。洞前小室亦有孔子像。

书院已无堂长，无教授，亦无人掌管。楼宇十数间，均已荒芜。有全部间隔拆去用作烧柴者。屋盖亦有陷落。房间均生野草。木制神位不少，然大多倾倒废烂。明伦堂甚大，且颇坚固。唯全室空洞。墙间无一挂轴。只有石刻“孝弟忠信礼义廉耻”八大字。堂之后门内边书朱子《白鹿洞书院揭示》全文。各处墙上刻铭与匾额尚多。最可纪者为“与天地参”之一额。

以上材料载Kupfer所撰之*Sacred Places in China*（《中国圣地》。Cincinatti：Western Methodist Book Co.，1911）页七十至八十一。纽约州立大学汉姆顿分校史学教授John Chaffee复印该文一份提供。谨此道谢。兹译其意如下。英译《揭示》颇算准确。兹省原文。

二精传说，自是南康一般居民之迷信。朱子知南康郡只两年又一月。庐山白鹿洞离郡都八公里。朱子虽常至，然非常住也。死于福建建阳县，葬在建阳唐石里之大林谷。此传说疑来自福建武夷山。朱子建武夷精舍（淳熙十年，一一八三），较其复建白鹿洞书院（淳熙六年乙亥，一一七九）为晚。然朱子早已游止武夷，居留此间时间较长，且福建又是神话蓬勃之地。武夷狐精蛙精神话，与此神话酷似。故疑此神话传自福建。（参看页二〇一“白鹿洞狐狸精”与页二〇三“朱熹与丽娘”条）

【八二】朱子与张南轩

(1) 两贤之关系

张栻(一一三三—一一八〇)，字敬夫，又称钦夫，自号南轩。朱子之莫逆交也。两人首次相会，是在隆兴元年癸未(一一六三)冬季。是年有旨召赴行在(杭州)。十一月六日奏事垂拱殿。据《语类》:“上初召魏公。[1]先召南轩来。某亦赴召至行在，语南轩云……”[2]是年朱子三十四岁，南轩三十一岁。翌年魏公没，“九月廿日至豫章[3]及魏公之舟而哭之。……自豫章送之丰城。[4]舟中与钦夫得三日之款。”[5]三年后(一一六七)，携门人范念德访南轩于潭州(长沙)，九月八日抵达。[6]留长沙两月，十一月六日与南轩暨门人林择之(名用中)游南岳衡山。十三日登山。中间胡实与范念德来会。十六日下山。十九日离南岳。二十三日至槠州。[7]次日话别。由十日至十六日朱张与林三人唱咏凡一百四十九首，辑为《南岳唱酬集》。[8]南轩当时讲学长沙岳麓书院。或云彼官于衡湘间，未知是否。

南轩之于朱子，的是切磋琢磨之益友。书札规劝者屡屡。不止对朱子禀气而言。他如辞受、社仓、刊书、酒气，均有所规谏。南轩与东莱（吕祖谦，一一三七—一一八一）有同情之感，均谓朱子犹有伤急不容耐处。[9]尝致书云："又虑元晦学行为人所尊敬。眼前多出己下。平时只是箴规他人。是他人不是，觉己是处多。他人亦惮元晦辩论之劲，排辟之严。纵有所疑，不敢以请。深恐谀言多而拂论少。万有一于所偏处，不加省察，则异日流弊，恐不可免。念世间相知，孰逾于元晦。切磋之义，其敢后于他人？"[10]又一书云："观所与广仲（胡实）书，析理固是精明，亦可谓极力救拔之矣。然言语未免有少和平处。谓当循前人样辙，言约而意该。于紧要处下针。若听者肯思量，当自有入处。不然，我虽愈极力，彼恐愈不近也。"[11]答胡广仲之书，不知何指。《文集》存答胡广仲六书，或指讨论涵养致知所疑有七之第五书，或已不存。六书并无刚厉之气。然伤急不容耐之病，朱子亦自知其然。[12]南轩之书续云："两日从共父（刘珙，一一二二—一一七八）详问日用间事，使人叹服者固多。但以鄙意观之，其间有于气禀偏处，似未能尽变于旧。……愿以平常时以为细故者，作大病医疗。异时相见，当观变化气质之功。"[13]朱子有与刘共父书，讨论"侄"应否改为"犹子"，有谓共父自主张太过，自处太重。[14]南轩云："读所与共父书，辞似逆诈亿不信，而少含弘感悟之意，殆有怒发冲冠之象。"故"却望兄平心易气，以审其是非焉"[15]。

朱子出处甚严，辞者再三。南轩"向来有疑于兄辞受之间"，与东莱均劝其一出，承当朝廷美意。[16]乾道四年戊子（一一六八），建宁大饥。朱子与耆老建立社仓于五夫里。是为地方救济之新纪元，于我国历史上有特殊之意义。南轩闻之，去书曰："闻兄在乡里因岁之歉，请于官得米而储之。春散秋偿。所取之息，不过以备耗失而已。一乡之人赖焉。此固未害也。然或者妄有散青苗之讥。兄闻之作，而曰王介甫（王安石，一〇二一—一〇八六）所行独有散青苗一事是耳。奋然欲作社仓记以述此意。某以为此则过矣。夫介甫窃《周官》泉府[17]之说，强贷而规取其利，逆天下之公理。……其与元晦今日社会之意，义利相异者，固亦晓然。"[18]南轩所闻，恐是传言之误。朱子《五夫里社仓记》（一一七四）明谓："常平义仓……皆藏于州县。……深山长谷，力穑远输之民，则虽饥饿频死，而不能及也。又其为法太密，使吏之避事畏法者，视民之殍而不肯发。"[19]何利何害，朱子固已了然，固不特义利之分而已也。十一年后（一一八五），东莱门人潘景宪白其父出谷以设金华社仓。朱子为之记曰："凡世俗之所以病乎此者，不过以王氏之青苗为说耳。……则青苗者其立法之本意，固未为不善也。但其给之也以金而不以谷，其处之也以县而不以乡，其职之也以官吏而不以乡人士君子，其行之以聚敛亟疾之意而不以惨怛忠利之心。是以王氏能以行于一邑而不能以行于天下。"[20]此记似因南轩来书而作，然南轩非不知朱子者也，朱子亦非不知南轩者也。传闻之误耳。

又一传闻之误，乃朱子酒酣气张，悲歌慷慨之报道。[21]酒兴而歌，事诚有之，然非如谣传之甚耳。（参看页一六一"朱子之酒兴"条）朱子因穷而刊书出售，却是事实。南轩以为未安，然亦无别法也。（参看一五八"朱子之印务"条）

凡此箴规，均出于至诚，朱子亦以至诚接受。尝以书告南轩云："近日一种向外走作，心悦之而不能自已者，皆准止酒例戒而绝之，似觉省事。……常苦求之太过，措词烦猥。近日乃觉其非。"[22]南轩死后有书寄东莱云："今日请祠，便是奉行敬夫遗戒第一义。"[23]及东莱死，则告刘子澄（刘清之，一一三九—一一九五）曰："前时犹得敬夫伯恭（吕东莱）时惠规益，得以警省。二友云亡，耳中绝不闻此等语。……今乃深有望于吾子澄。"[24]尝有书敬夫，谓："大率观书，但当虚心平气，以徐观义理之所在。"[25]此乃以自勉，亦所以勉南轩也。

规劝以外，书札往复关及私事，刊书、友朋过往者亦有之，然以之比较东莱，少而又少。盖长沙比金华较远，而浙江又为首都所在，士人往来者多。然南轩亦讲及其止酒决意[26]，建筑书楼[27]，与其谢遣生徒[28]之事，而于其子肺病[29]，朱子与伯恭之丧偶[30]，尤致意焉。《文集》所载朱子书札，几全是学术讨论。只顾及或疑学徒日众，非中都官守所宜。朱子则不以为虑[31]，并劝其时祭应用俗礼而已[32]。《语类》则有数事可记者。朱子书阁上只匾南轩所书"藏书"二字。[33]南轩废俗节之祭。朱子问其："于端午能不食粽乎？重阳能不饮茱萸酒乎？不祭而自享，于汝安乎？"[34]南轩曾谓朱子之命官多禄少。朱子云："平日辞官文字甚多。[35]南轩自魏公有事后在家。凡出入人事之类，必以两轿同其弟出入。[36]"凡此均是以见两者之亲密处。

（2）论南轩

南轩既是朱子之知己，则其对于其友有赞有评，是意中事。兹从《文集》与《语类》观朱子对于南轩之评价。《语类》所载多是南轩死后朱子答门人之问。可谓盖棺定论矣。

朱子谓南轩文字极易成。尝见其就腿上起草，顷刻便就。[37]劝其改一文，则曰："改亦只如是。不解更好了。"[38]故其文字"不甚改。改后往往反不好"[39]。然在朱子商议之下，其《论语说》则已改许多。《孟子说》则不曾商量。[40]因其聪明过人，决断太快，故看文字甚疏，以《麻衣易》为真道者之书。[41]又以"端庄"二字题伪书东坡（苏轼，一〇三七—一一〇一）之字。[42]又因其太聪敏，讲理太快，说过便了。[43]更不问人晓会与否。是以其门人之敏悟者，理会其说。其资质不逮者，则无着摸。[44]朱子云："敬夫为人明快。每与学者说话，一切倾倒说出。此非不可。但学者未到这里，见他如此说，便不复致思，亦甚害事。"[45]且因其聪明，每看道理不子细。如说心之昭昭为已发，亦是太过。盖昭昭乃心之体。心有指体而言，亦有指用而言，不可便以昭昭为已发也。[46]又如说无极而太极，言莫之为而为之，则是说差道理，以初见为定论。盖太极只言极至，无所作为也。[47]故朱子谓："其说有太快处。"[48]又谓："敬夫议论，出得太早，多有差舛。"[49]其"未发之"云，乃初年议论。后觉其误，即已改之。独惜旧说已传，学者或未之察耳。[50]朱子谓："南轩见处高，如架屋相似。大间架已就，只中间少装折。"[51]谓其少日常工夫也。尝有书致敬夫，可算是总评。其言曰："窃睭所存，大抵庄重。沉密气象，有所未足。以故所发多暴露而少含蓄。此殆涵养本原之功未至而然。以此虑事，故恐视听之不能审，而思虑之不能详也。近年见所为文，多无节奏条理。又多语学者以所未到之理，此皆是病。"[52]

朱子又以南轩与象山（陆九渊，一一三九—一一九三）相比，谓"子静（象山）却杂些禅，又有术数。或说或不说。南轩却平直恁地说，却逢人便说"[53]。以张、吕相提并论更多。"金溪（象山）学问真正是禅。钦夫、伯恭缘不曾看佛书，所以看他不破。只某便识得他。”[54]又谓二者皆令学者专读程颐（一〇三三—一一〇七）《易传》，往往皆无所得[55]。两者比较，则“钦夫见识极高，却不耐事。伯恭学耐事，却有病”[56]。又云：“南轩、伯恭之学皆疏略。南轩疏略，从高处去。伯恭疏略，从卑处去。”[57]虽是如许批评，然卒谓“伯恭、敬夫二人，使至今不死，大段光明”[58]。

以上多点批判，均是小怨。大段光明，才是大德。于本人则谓：“敬夫爱予甚笃。”[59]于敬夫则谓“钦夫之学，所以超脱自在，见得分明，不为言句所桎梏。只为合下入处亲切。今日说话，虽未能绝无渗漏，终是本领。是当非吾辈所及”[60]。与诸生说，则曰：“南轩见义勇为。他便是没安排周遮。要做便做。人说道他勇，便是勇。这便是不可及。”说罢叹息数声。[61]此是叶贺孙〔叶味道，嘉定十三年庚辰（一二二〇）进士〕辛亥（一一九一）以后所闻。盖南轩已去世十余年矣。

南轩死，讣至，罢宴哭之。为祭文者二。其一叹曰：“呜呼，敬夫遽弃予而死也？”[62]其一曰：“兄之明……我之愚。……兄乔木……我衡茅。……兄高明……我狷狭。……我尝谓兄……兄亦谓我……”[63]屡言尔我，可若生前对话，情义绸缪。朱子祭文未有如是之动人者。数月后致书伯恭云：“钦夫之逝，忽忽半载。每一念之，未尝不酸噎。同志书来，亦无不相吊者，益使人慨叹。盖不唯吾道之衰，于当世亦大利害也。”[64]既而为之象赞，谓：“扩仁义之端，至于可以弥六合。谨善利之判，至于可以析秋毫。”[65]此非可以应酬文章视之也。五六年后，更撰神道碑。南轩之弟杓移书朱子曰：“知吾兄者多矣。然最其深者莫如子。”于是朱子铭其碑曰：“盖公为人坦荡明白，表里洞然。诣理既精，信道又笃。其乐于闻过而勇于徙义，则又奋厉明决，无毫发滞吝意。……公之教人，必使之先有以察乎义利之间，而后明理居敬以造其极。其剖析开明，倾倒切至，必竭两端而后已。”[66]友朋之中，朱子为之撰两祭文，撰赞撰碑铭者，南轩一人而已。

（3）朱子与南轩思想之同异

朱子《又祭张敬夫殿撰文》曰：“唯我之与兄，胳志同而心契。或面讲而未穷，又书传而不置。盖有我之所是，而兄以为非。亦有兄之所然，而我之所议。又有始所共乡，而终悟其偏。亦有蚤所同挤，而晚得其味。盖缴纷往反者几十余年，末乃同归而一致。”[67]缴纷往反，皆备于《文集》。所然所议，则详于《语类》。《语类》所言，多关“四书”文句。诸生有疑方问，故异超于同。《文集》所论，乃在基本概念缴纷而卒也同归。以下举其异同之处。总而观之，足以窥见两者之始异终同。南轩《论语解》不取胡寅（字明仲，一〇九八—一一五六）说。朱子不以为然，曰：“若是说得是者岂可废？”[68]于“三年无改于父之道”[69]，南轩作可以改而可以未改耳。朱子与之说，若如此说，则虽终身不改可也。[70]“子不语怪力乱神”[71]，南轩以为无，朱子以为有，特不语耳[72]。南轩解“天下归仁”[73]为无一物之不体。朱子初与之同。后以文义不然，改作克己复礼，则事事皆仁，故曰天下归仁。[74]南轩解“无适”“无莫”[75]为“适”是有所必，而“莫”是无所主。朱子则谓无所定亦无所不定尔。[76]孔子谓犁牛之子亦可用，[77]南轩作孔子教仲弓用人。以朱子观之，南轩牵合，只要回互，不欲说仲弓之父不肖耳。[78]南轩以颜回之不改其乐[79]与孔子之乐在其中[80]不同。朱子则谓只在深浅之间而已。[81]南轩分“观过”“知仁”[82]为二说，朱子以为未甚安帖[83]。南轩以曾子三省其身[84]为曾子之所以为仁，在朱子则学者莫非为仁，不必专指此事。[85]南轩解“仁者能好人”[86]为仁者为能克己，朱子以克己乃仁[87]。南轩解“不逆诈”、“不亿不信”[88]以先觉人情者是能为贤，朱子不以为然。盖知人之诈与不信，谓之先觉，但不先臆度其诈与不信也。[89]南轩以“知者利仁”[90]为有所为而为，朱子谓只顺道理而已，不待安排也。[91]南轩误认《孟子》勿忘勿助长[92]之意，遂作不当忘，不当助长。不知所谓勿忘勿助者，非立此做的防检，而乃俱无此而皆天理之流行耳。[93]南轩重视“知皆扩而充之”[94]之知，朱子谓文势未有此意。“知”字带“广充”而言也。[95]南轩说“故者以利为本”[96]以“故”为本然。朱子曰：“如是则善外别有本然。”在朱子，“故”是已然之迹。[97]

以上均是对南轩之《论语解》与《孟子解》而言。不同之处，当然不止此数。此乃要点而已。其他经书，亦有异议《中庸》云鸢飞鱼跃。[98]南轩只说能跃之意，故与上文不贯。[99]南轩说《易》，谓只依孔子《系辞》说便了。朱子则以《系辞》乃所明卦爻之义，故必亦看卦爻而后能理会《系辞》之意。[100]南轩坚守五峰（胡宏，一一〇六—一一六一）之说，以喜怒哀乐之中[101]，言众人之常性，而以“寂然不动”[102]言圣人之道心。朱子则以“寂然不动”，众人皆有是心。至“感而遂通”[103]，唯圣人能之[104]。“原始反终，故知死生之说”[105]，两者所解亦异[106]，南轩谓周子（周敦颐，一〇一七—一〇七三）《太极图说》“无极之真，二（气）五（行）之精”[107]，不可混说，而“无极之真”，应属上句。朱子报书曰：“若如此则无极之真，自为一物，不与二五相合，而二五之凝，化生万物，又无与乎太极也。”[108]朱子编《程氏遗书》

改若干字。南轩以为有不必改者，亦有不当改者。[109]南轩以冠礼难行。朱子则以为易。[110]朱子以南轩说东汉诛宦官事，只是翻誊好看。其实不曾说着当时事体。[111]

解经之异虽多，唯关于中心问题者甚少。以下则从重要思想，看两者之意见相背者为何。南轩以文章中有性与天道。朱子评之曰："他太聪敏，便说过了。"[112]南轩说仁与智都无分别，朱子以之为病。[113]门人问：明道论生之谓性，既云性善，又谓"恶亦不可不谓之性"[114]，却言气质之性，与上文不相接。朱子答曰："不是言气禀之性。正如水为泥沙所混，不成不唤做水。"门人曰："适所问乃南轩之论。"朱子曰："敬夫议论出得太早，多有差舛。"[115]南轩谓心体昭昭为已发，朱子不以为然，已如上述。[116]南轩之发，是心体无时而不发。及其既发，则当事而存之而为之宰。朱子曰："心岂待发而为之宰？"[117]南轩以心无时不虚。既识此心，则用无不利。朱子以为失之太快，流于异学。心固无时不虚，而人欲己私，汩浸久矣。[118]南轩谓动中见静，方识此心。朱子则谓复[119]是静中见动，乃见天地之心。南轩却倒说了。[120]南轩言圣人虽教人以仁，而未尝不本性命以发之。朱子则谓如此是以仁为未足，而又假性命之云以助之也。[121]南轩以克己在乎致知格物[122]，朱子则以克己为胜己之私，而谓南轩："恐只是一时信笔写将去，殊欠商量。"[123]南轩不信鬼神，而朱子以鬼神为造化之迹。[124]

综上所述，可见异处无数。唯其有异，故门人疑问，而书札往复，有讨论之必要。恐相同之点而不见于记载者，为数更大，此自然之理也。然亦有记载其相同者。南轩解子路、子贡问管仲，疑其未仁非仁[125]，故举其功以告之。朱子曰："此说却当。"[126]南轩谓汉后当以蜀汉年号继之。朱子赞同。[127]南轩言胡明仲（胡寅，一〇九八—一一五六）有三大功。朱子谓南轩见得好，[128]南轩以孔子之出处为“守身之常法，体道之大权”。又云，“欲往者爱物之仁，终不往者，知人之智”。朱子谓其说得分明。[129]问南轩鬼神一言以蔽之，曰诚而已。此语如何？朱子曰：“诚是实然之理，鬼神亦是实理。”[130]或曰忠恕，南轩解此云：“圣人全乎此，天之道也”，朱子曰：“此亦说得好。”[131]此外尚有朱子加以补充而实相同者。南轩言孔明（诸葛亮，一八一—二三四），其体正大，问学未至。朱子以之为本不知学，全是驳杂，然却有儒者气象。[132]朱子云：“南轩尝谓太极所以明动静之蕴，盖得之矣。”[133]门人问南轩云太极之体至静，朱子以为不是[134]，而其本人亦谓“静即太极之体，动即太极之用”[135]。盖以门人以南轩只言体而不言用耳。南轩谓为己者，无所为而然也。朱子曰：“此其语意之深切，盖有前贤所未发者。学者以是而自省焉，则有以察于义利之间，而无一毫厘之差矣。”[136]南轩以《太极图说》之中正仁义[137]皆有动静。朱子初以为剩语。然细思之，谓：“盖此四字便是元亨利贞四字。元亨利贞，一通一复，岂得为无动静乎？”[138]《答友人书》云：“钦夫未发之论，诚若分别太深。然其所谓无者，非谓本无此理，但谓物欲交引，无复澄静之时耳。”[139]南轩云敬字通贯动静而以静为本，朱子虽主实践，然亦谓闲时静坐些，小也不妨。[140]南轩云：“行之至则知益明，知既明则行益至。”朱子以为是，但谓工夫当并进。[141]如是有同有异，此必然之势。

欲知两者之小异而大同，亦即始异而终同，莫善于窥探其讨论握要之处。此处有三：中和之参究、《知言疑义》之附议，与《仁说》之讨论是也。

537 ## 甲　中和之参究

朱子从延平（李侗，一〇九三——一六三）得默坐澄心之教，观未发以
【八二】前气象。唯于心未安。南轩独得五峰之传，为湖湘学派领袖，主先在已发处察识然后存养。朱子特不远千里而访之，以求究竟。据《年谱》，范念德谓“二先生论《中庸》之义，三日夜而不能合”。王懋竑（一六六八——七四一）以“此语绝无所据”[142]。然念德当时在场，非道听途说也。考最古之《朱子年谱》，为叶公回所校订（一四三一），“访长沙”条下称：“往复而深相契者，太极之旨也。”但又述念德之言。王懋竑未见叶本而根据洪去芜改订本（一七〇〇），亦谓：“洪本所云深契太极之旨，此以赠行诗与答诗臆度之耳。”[143]王氏主意在强调二者心为已发，性为未发之意见相同，此诚是矣。然《中庸》未发之中与已发之和，何以致之？应先察识抑先涵养？则三日讨论，未能归一也。在长沙亦论仁。《语类》云：“问先生旧与南轩反复论仁，后来毕竟合否？曰：‘亦有一二处未合。敬夫说本胡氏。胡氏之说，惟敬夫独得之。其余门人皆不晓，但云当守师之说。向来往长沙，正与敬夫辩此。’”[144]至主张如何，则已不可考矣。

朱子在长沙有书致曹晋叔云：“熹此月八日抵长沙，今半月矣。荷敬夫爱予甚笃。相与讲明其所未闻。日有问学之益。至幸至幸。敬夫学问愈高。所见卓然。议论出人意表。近读其《（论）语说》，不觉胸中洒然，诚可叹服。岳麓学者渐多。其间亦有气质醇粹，志趣确实者。只是未知方向。往往骋空言而远实理。告语之责，敬夫不可辞也。”[145]此可为南轩讲学岳麓书院之一证。随后又答石子重〔石𡼖，绍兴十五年乙丑（一一四五）进士〕云：“熹自去秋之中走长沙，阅月而后至。

留两月而后归。在道缭绕，又五十余日。还家幸老人康健，诸况粗适。他无足言。钦夫见处，卓然不可及。从游之久，反复开益为多。但其天姿明敏。从初不历阶级而得之。故今日语人，亦多失之太高。湘中学子从之游者，遂一例学为虚谈。其流弊亦将有害。比来颇觉此病矣。别后当有以救之。然从游之士，亦自绝难得朴实头理会者。可见此道之难明也。胡氏子弟及他门人，亦有语此者。然皆无实得。拈槌竖拂，几如说禅矣。与文定（胡安国，一〇七四—一一三八）合下门庭，大段相反，更无商量处。惟钦夫见得表里通彻。旧来习见微有所偏。今此相见，尽觉释去，尽好商量也。”[146]可谓赞美南轩之至。

朱子归后曾与南轩四书，所谓“中和旧说四书”，讨论《中庸》“喜怒哀乐之未发，谓之中。发而皆中节，谓之和”[147]之问题。此四书，王懋竑定在访长沙之前，即乾道二年丙戌（一一六六），朱子三十七岁。[148]钱穆则定在乾道四年。[149]钱氏理由似较充足。第一书云：“盖有浑然全体应物而不穷者，是乃天命流行，生生不已之机。虽一日之间，万起万灭。而其寂然之本体，则未尝不寂然也。所谓未发，如是而已。……良心萌蘖，亦未尝不因事而发见。学者于是致察而操存之，则庶乎可以贯乎大本达道之全体而复其初矣。”[150]此书显示朱子略受湖南影响，渐离延平之默坐求中而趋于湖湘学派之因事省察矣。然究非朱子所寻之答案，故日后自注云：“此书非是。”第二书曰：“兹辱诲喻，乃知尚有认为两物之蔽。……自今观之，只一念间已具此体用。发者方往，而未发者方来，了无间断隔截处。”[151]张书不存，大抵以朱子分未发已发为两截。故朱子强调体用一源。如是更近于胡五峰之心性如一矣。及后思之，益为不安。故自注云:“此书所论尤乖戾。”第三书曰:“而今而后，乃知浩浩大化之中，一家自有一个安宅。正是自家安身立命，主宰知觉处。所以立大本行达道之枢要，所谓‘体用一源，显微无间’[152]者，乃在于此。而前此方往方来之说，正是手忙足乱，无着身处。”[153]此书比前书前进一步。盖方往方来，乃随逐气化。而今始有主宰也。第四书云:“盖通天下只是一个天机活物，流行发用，无间容息。据其已发者而指其未发者，则已发者人心，而凡未发者皆其性也。……即夫日用之间，浑然全体。如川流之不息，天运之不穷耳。此所以体用精粗，动静本末，洞然无一毫之间，而鸢飞鱼跃，触处朗然也。存者存此而已，养者养此而已。……从前是做多少安排，没顿着处。今觉得如水到船浮，解维正柂，而沿洄上下，惟意所适矣。”[154]今心为主宰，纯粹自然。存养之功，乃从容自得。

南轩对此四书之反应，除尚有两物之蔽外，已无可考。《南轩文集》则有两书简单商量。一书云:“中字之说甚密。但在中之义作中外之中未安。……若只说作在里面底道理，然则已发之后，中何尝不在里面乎?”[155]另一书云:“中者性之体，和者性之用，恐未安。中也者，所以状性之体段，而不可便曰中者性之体。若曰性之体中而其用则和，斯可矣。”[156]

彼此交换意见，当然互有影响。然亦有坚持己见者。朱子《答程允夫(程洵)》云:“去冬走湖湘，讲论之益不少。然此事须是自做工夫，于日用间行住坐卧处，方自有见处。然后从此操存，以至于极，方为己物尔。敬夫所见，超诣卓然，非所可及。”[157]言下似有批评湘湖学者向内省察之意。《答林择之》曰:“近得南轩书，诸说皆相然诺。但先察识后涵养之论，执之尚坚。未发已发，条理亦甚明。盖乍易旧说，犹待就所安耳。”[158]又一书云：“近看南轩文字，大抵皆无前面一截工夫也。大抵心体通有无，该动静。故工夫亦通有无，该动静，方无透漏。若必待其发而后察，察而后存，则工夫之所不至多矣。惟涵养于未发之前，则其发处自然中节者多，不中节者少。体察之际，亦甚明审，易为着力。与异时无本可据之说，大不同矣。”[159]择之在长沙必曾参加此等问题之讨论，故朱子告之如此。

数年之后，朱子四十岁，有《与湖南诸公论中和(第一书)》，曰：“思虑未萌，事物未至之时，为喜怒哀乐之未发。当此之时，即是此心寂然不动之体，而天命之性当体具焉。以其无过不及，不偏不倚，故谓之中。及其感而遂通天下之故，则喜怒哀乐之性发焉，而心之用可见。以其无不中节，无所乖戾，故谓之和。……然未发之前，不可寻觅。已觉之后，不容安排。但平日庄敬涵养之功至……无不中节矣。……故程子(程颐)……以敬为言……曰：‘涵养须是敬，进学则在致知。’[160]”此书[161]将前四书优点，加以敬字为言，而组成有统系之中和论。于是涵养察识，用敬致知，遂为朱子之两轮两翼，三十年丝毫不变。此书虽仍是早年未定之论，然敬义夹持之人生哲学，已于此完成矣。因此有千余言之长书与南轩申明涵养察识，同时并进之旨。“未发之前是敬也，固已主乎存养之实。已发之际是敬也，又常行于省察之间。”又指出仁字，“盖主于身而无动静语默之间者，心也。仁则心之道，而敬则心之贞也。此彻上彻下之道，圣学之本统。明乎此，则性情之德，中和之妙，可一言而尽矣。……又如所谓学者先须察识端倪之发，然后可加存养之功，则熹于此不能无疑。盖发处固当察识。但人自有未发时。此处便合存养。岂可必待发而后察，察而后存耶？且从初不曾存养，便欲随事察识，窃恐浩浩茫茫，无下手处。”于是结语云：“一动一静，互为其根。敬义夹持，不容间断。”[162]

乾道八年壬辰（一一七二），朱子撰《中和旧说序》，叙述参究中和之经过。其言曰：“余蚤从延平李先生学，受《中庸》之书，求喜怒哀乐未发之旨。未达而先生没。余窃自悼其不敏，若穷人之无归。闻张钦夫得衡山胡氏学，则往从而问焉。钦夫告予以所闻，余亦未之见省也。退而沉思，殆忘寝食。一日，喟然叹曰：人自婴儿以至老死，虽语默动静之不同，然其大体，莫非已发，特其未发者为未尝发尔。……乾道（五年）己丑（一一六九）之春，为友人蔡季通（蔡元定，一一三五—一一九八）言之。问辨之际，予忽自疑。……则复取程氏书虚心平气而徐读之。未及数行，冻解冰释。……亟以书报钦夫及尝同为此论者。惟钦夫复书深以为然。其余则或信或疑，或至于今累年而未定也”[163]。此指上面与湖南诸公书。钦夫深以为然，独仍主先察识而后存养耳。论者或谓南轩常随朱子脚跟转，恐是过言。

乙 《知言疑义》之附议

南轩学于五峰，独得其传。五峰著《知言》。朱子撰《胡子知言疑义》，逐段反驳，与吕祖谦与南轩讨论。[164]《知言》曰：“心也者，知天地宰万物以成性者也。”此是朱子所谓“《知言》疑义大端有八”中之“心以用尽”[165]，恐胡氏混心性为一。故欲改其“以成性”为“统性情”。南轩云：“‘统’字亦恐未安。欲作‘而主性情’，如何？”此说朱子未即接纳。《知言》曰：“好恶，性也。小人好恶以己，君子好恶以道。”朱子评之曰：“此章即性无善恶之意。若果如此，则性但有好恶而无善恶之则矣。”南轩谓：“好恶性也，此一语无害。……今欲作好恶性也，天理之公也。君子循其性者也，小人则以人欲乱之而失其则矣。”朱子驳之曰：“直谓之性则不可。盖好恶，物也。好善而恶恶，物之则也。……今欲语性，乃举物而遗则，恐未得为无害也。”《知言》曰：“人之为道，至大也，至善也。”朱子疑之曰：“若性果无善恶，则何以能若是耶？”南轩释其误会颇详，谓：“专善而无恶者，性也。而其动则为情。……于是而有恶焉。是岂性之本哉？其曰‘恶亦不可不谓之性’[166]者，盖言其流如此，而性之本然者亦未尝不在也。”朱子指出明道此语乃说气禀之性而非性之本然。其下数处，南轩或同意朱子，或谓《知言》本语应删去，无甚重要。通篇南轩较东莱议论为多。据《语类》，南轩坚持其师“性善云者，叹美之辞，不与恶对”[167]之说。[168]

丙 《仁说》之讨论

朱子祭南轩文“缴纷往反者几十年”之语，虽是泛说，然或针对《仁说》[169]之讨论而言。朱子与友辈商量《仁说》时期最长，而与南轩错商最多。今《朱子文集》所存讨论《仁说》之书四通，《南轩文集》所存二通。朱子释仁为“心之德，爱之理”[170]。南轩《论语解》释“孝弟也者，其为仁之本欤”[171]为“孝弟而始，为仁之道，生而不穷”。朱子评之曰：“此章仁字正指爱之理而言。”[172]日本学者山崎美成（一七九六—一八五六）据《龙龛手鉴》解仁，谓“心之德，爱之理”原为佛语。[173]经山口察常（一八八二—一九四八）指出其误。然山口又谓“爱之理”来自南轩。以其《论语解》云：“原人之性，其爱之理，乃仁也。”[174]山口盖未审《论语解》成于乾道九年癸巳（一一七三）。其时《仁说》已定稿矣。[175]

【八二】

朱张往来六书讨论《仁说》，甚为详尽。致钦夫第一书逐句解答。[176]南轩原书不存，朱子引之。朱子《仁说》首谓："天地以生物为心。"南轩以此语为未安。朱子坚辨天地只以生物为事。此语未有病也。其后南轩复书云："天地以生物为心之语，平看虽不妨。然恐不若只云'天地生物之心，人得之为人之心'似完全。"[177]《仁说》未之改也。南轩谓："不忍之心可以包四者乎？"朱子则谓："不忍之心包四端，犹仁之可以包四德也。"其后南轩云："不忍之心虽可以包四者，然据文势对乾元坤元言，恐须只统言之则曰仁而可也。"[178]南轩以"仁者则其体无不善"，朱子以此为"不知其为善之长"。南轩以"对义礼智而言，其发见则为不忍之心"，朱子以此为未安，盖仁义礼智"根于心，而未发所谓理也"。南轩以"仁之为道，无一物之不体"，朱子以此为"不知仁之所以无所不体"。南轩以"程子之所诃，正谓以爱名仁者"，此乃评《仁说》"程子之所诃，以爱之发而名仁者也"之语。朱子答之曰："程子曰：'仁，性也。爱，情也。岂可便以爱为仁？'此正谓不可认情为性耳。非谓仁之性不发于爱之情，而爱之仁不本于仁之性也。"南轩以元之义不专于生。朱子则以此语恐有大病。盖元为义理根源也。南轩有书复云："前日所谓元之义不专主于生物者，疑只云生物，说生生之义不尽。今详所谓生物者，亦无不尽矣。"[179]南轩以仁者无所不爱，但有差等。朱子以差等乃义之事："仁义虽不相离，然其用则各有所主而不可乱也。"

第二论仁之书[180]乃朱子复南轩接朱子第一书后所来之书[181]。南轩之书以公为仁之体。公天下而无物我之私，故爱无不溥。朱子则谓:“仁乃性之德而爱之本。……若以公天下而无物我之私便为仁体,则恐所谓公者,漠然无情,但如虚空木石。”第三书专论知觉为仁。[182]南轩曾有书说知觉为仁。此书不存。朱子复之云:“仁本吾心之德,又将谁使知而觉之耶? ……然此亦只是智之发用处。但惟仁者为能兼之。故谓仁者必有知觉则可,谓心有知觉谓之仁则不可。”第四书与第二书意同,即谓公与物我一体皆非仁体[183]。

以上辩论,南轩每为朱子所折服。辩论结果,《仁说》亦有所更改。今以答南轩书与《仁说》比较,可知经南轩诘难而改正者。不忍之心可包四者之语已不见《仁说》。《仁说》亦无讨论孟子仁无不爱之文,必是因南轩之批评而删。然于天地生物之心一点,则始终坚持。朱子自谓:“《仁说》只说前一截好。”[184]谅因下截评物我一体与知觉为仁两说未曾释明其所以非仁之故。朱子为《仁说图》[185],特标未发已发与体用,且“公”字两见。或亦与南轩讨论之效也。(参看页三八七“《仁说图》”条)

南轩亦作《仁说》[186](参看页三九一“南轩《仁说》”条),曾与朱子《仁说》相混。朱子《仁说》题下附注云:“浙本误以南轩先生《仁说》为先生《仁说》,而以先生《仁说》为序。”实则人各一篇。两者《仁说》大意相同。唯克己、去蔽、知存,则南轩《仁说》比朱子《仁说》为详而有力。朱子以“心之德”“爱之理”为仁之两面,南轩则只言“爱之理”而不言“心之德”。朱子有《答钦夫〈仁说〉》[187],对南轩《仁说》初稿,多所批评。予曾论之颇详,兹不复述矣。[188](参看页三九一“南轩《仁说》”条)南轩又类聚圣贤言仁处,而以程子等人之意释之,名曰《洙泗言仁》。此书已佚,只存其序。朱子于南轩此举,极不赞同,盖谓圣人不言仁处亦有用,而将使学者欲速好径,而陷于不仁也。[189]然两者均以仁为道德之高峰，教人汲汲求仁。此其两者末乃同归而一致欤。

【八二】

1 张浚（一〇九六—一一六四），张栻之父。

2 《语类》卷一〇三，第五十条，页四一四六。

3 江西南昌。

4 南昌之西南。

5 《文集》续集卷五《答罗参议》，页十一下。

6 同上，正集卷二十四《与曹晋叔》，页十四下。

7 即湖南株洲市，或作槠州。

8 南轩有《南岳唱酬序》，载《南轩先生文集》（《近世汉籍丛刊》本）卷十五，页一上至三下，总页五〇五至五一〇。《四库全书总目提要·集部·总集类二》（上海商务印书馆，一九三三），页四，总页四一四八，谓五十七题皆三人同赋，不当云一百四十九。

9 《南轩先生文集》卷二十二《答朱元晦秘书（第四十三书）》，页十上，总页七〇九。

10 同上，卷二十第十一书，页十一上下，总页六五九至六六〇。

11 同上，第十书，页八下，总页六五四。

12 《文集》卷三十一《答张敬夫（第二十七书）》，页十五下。

13 《南轩先生文集》卷二十二《答朱元晦秘书（第十书）》，页八下。

14 《文集》卷三十七《与刘共父（第一书）》，页十四上。

15 《南轩先生文集》卷二十一，《答朱元晦秘书（第十五书）》，页二下至三上，总页六六八至六六九。“逆诈”出《论语·宪问》第三十三章。“怒发”出《史记》（《四部丛刊》本）卷八十一《蔺相如传》，页一下。

16 同上，卷二十，第二书，页二上，总页六四一；卷二十一，第二十五书，页八上，总页六七九。

17 《周礼·地官·司徒·泉府》。

18 《南轩先生文集》卷二十，第十一书，页九下，总页六五六。

19 《文集》卷七十七《建宁府崇安县五夫社仓记》，页二十四下至二十五上。

20 同上，卷七十九《婺州金华县社仓记》，页十六下。

21 《南轩先生文集》卷二十一，第十一书，页十一上，总页六五九。

22 《文集》卷三十一《答张敬夫（第二十七书）》，页十四下至十五上。

23 同上，卷三十四《答吕伯恭（第八十四书）》，页二十八下。

24 同上，卷三十五《答刘子澄（第七书）》，页十七上。

25 同上，卷三十一《答张敬夫（第二十书）》，页九下。

26 《南轩先生文集》卷二十一《答朱元晦秘书（第二十书）》，页四下，总页六七二。

27 同上，第二十四书，页八上，总页六七九。

28 同上，第三十一书，页十二上，总页六八八。

29 同上，卷二十三，第五十三书，页八上，总页七二八。

30 同上，第五十六书，页十二上，总页七三五；卷二十四，第七十一书，页十一上，总页七五七。

31 《文集》卷三十一《答张敬夫（第十五书）》，页四下。

32 同上，卷三十《答张钦父（第八书）》，页二十七下。

33 《语类》卷一〇七，第六十一一条，页四二五四。

34 同上，卷九十，第一三二条，页三六八四。

35 同上，卷一〇七，第七十条，页四二五七。

36 同上，卷一〇三，第五十条，页四一四九。

37 同上，卷一四〇，第五十四条，页五三五〇。

38 同上，第九十四条，页五三五八。

39 同上，卷一三九，第五十条，页五三一三。

40 同上，卷一〇三，第四十五条，页四一四三。

41 同上，卷一二五，第六十二条，页四八一一。

42 同上，卷一四〇，第九十五条，页五三五九。

43 同上，卷四十四，第九十七条，页一八一一。

44 同上，卷一〇三，第三十五条，页四一四〇。

45 同上，第三十六条，页四一四一。

46 同上，卷六十二，第一三三条，页二四〇一。

47 同上，卷九十四，第十八条，页三七六二。

48 《文集》卷三十八《答詹体仁》，页三十八下。

49 《语类》卷九十五，第三十九条，页三八五一。

50 《文集》卷五十六《答方宾王（第五书）》，页十五上。

51 《语类》卷九十三，第六十条，页三七四四。

52 《文集》卷二十五《答张敬夫（第一书）》，页二下。

53 《语类》卷一二四，第五十四条，页四七七七。

54 同上，第二十五条，页四七六二。

55 《文集》卷五十《答郑仲礼（第一书）》，页二十三下。

56 《语类》卷一〇三，第三十三条，页四一四〇。

57 同上。

58 《语类》卷三十一，第六十六条，页一二七九。

59 《文集》卷二十四《与曹晋叔》，页十四下。

60 同上，卷四十《答何叔京（第十一书）》，页二十四上。

61 《语类》卷一〇八，第四十四条，页四二七一至四二七二。

62 《文集》卷八十七《祭张敬夫殿撰文》，页八下。

63 同上，《又祭张敬夫殿撰文》，页九下。

64 同上，卷三十四《答吕伯恭（第八十三书）》，页二十五上。

65 同上，卷八十五《张敬夫画像赞》，页十上。

66 同上，卷八十九《右文殿修撰张公神道碑》，页八下。

67 《文集》卷八十七《又祭张敬夫殿撰文》页九下。

68 《语类》卷十九，第六十七条，页七〇五。

69 《论语·学而》，第十一章。

70 《语类》卷二十二，第二十九条，页八二五；第三十条，页八二七。

71 《论语·述而》，第二十章。

72 《语类》卷八十三，第九十九条，页三四三八。

73 《论语·颜渊》，第一章。

74 《语类》卷四十一，第九十条，页一七〇二。

75 《论语·里仁》，第十章。

76 《语类》卷二十六，第九十七条，页一〇六六；卷一一三，第三十二条，页四三七八。

77 《论语·雍也》，第四章。

78 《语类》卷三十一，第七条，页一二五一。

79 《论语·雍也》，第九章。

80 《论语·述而》，第十五章。

81 《语类》卷三十一，第六十五条，页一二七八。

82 《论语·里仁》，第七章。

83 《文集》卷三十一《答张敬夫（第十六书）》，页五下。

84 《论语·学而》，第四章。

85 《文集》卷三十一，第二十一书，页十下。

86 《论语·里仁》，第三章。

87 《文集》卷三十一《与张敬夫论癸巳论语说》，页二十四下。

88 《论语·宪问》，第三十三章。

89 《语类》卷四十四，第七十六条，页一八〇二。

90 《论语·里仁》，第二章。

91 《语类》卷二十六，第九条，页一〇三二。

92 《孟子·公孙丑》上，第二章。

93 《语类》卷六十三，第七十五条，页二四三七。

94 《孟子·公孙丑》上，第六章。

95 《语类》卷五十三，第六十三条，页二〇五一。

96 《孟子·离娄》下，第二十六章。

97 《语类》卷五十七，第五十九条，页二一四五。

98 《中庸》，第十二章。

99 《语类》卷六十三，第八十条，页二四三九。

100 同上，卷六十七，第七十三条，页二六四六。参看卷七十二，第八十条，页二九一七；卷七十，第一三三条，页二八〇九；卷六十，第七条，页二五七八。《南轩先生文集》卷二十三《答朱元晦秘书（第四十四书）》，页二下，总页七一六。

101 《中庸》，第一章。

102 《易经·系辞上传》，第十章。

103 同上。

104 《语类》卷九十五，第二条，页三八三三至三八三四。

105 《易经·系辞上传》，第四章。

106 《语类》卷九十四，第一〇六条，页三七八九。

107 《周子全书》（《国学基本丛书》本）卷一《太极图说》，页十四。

108 《文集》卷三十一《答张敬夫（第十二书）》，页二下至三上。

109 同上，卷三十《与张钦夫论程集改字》，页二十三上；《南轩先生文集》卷二十一《答朱元晦秘书（第十五书）》，页二上，总页六六七。

110 《语类》卷八十九，第三条，页三六〇三。

111 同上，卷一三五，第六十九条，页五一八六。

112 同上，卷四十四，第九十七条，页一八一一。

113 《文集》卷三十一《答张敬夫（第十七书）》，页六上。

114 《遗书》（《四部备要·二程全书》本）卷一，页七下。

115 《语类》卷九十五，第三十九条，页三八五一。

116 《语类》卷六十二，第一三三条，页二四〇一。参看《语类》卷九十七，第一二二条，页三九八〇。

117 《文集》卷三十《答张钦夫（第二书）》，页十八上下。

118 《语类》卷一〇〇，第四十六条，页四〇五四。

119 《易经》，第二十四卦。

120 《语类》卷一〇三，第四十三条，页四一四二。

121 《文集》卷三十《答张钦夫（第九书）》，页二十八下。

122 《南轩先生文集》卷三十六《克斋铭》，页二上，总页一〇五五。

123 《语类》卷四十一，第十七条，页一六六五。

124 同上，卷三，第十九条，页五十八。

125 《论语·宪问》，第十七、十八章。

126 《语类》卷四十四，第五十四条，页一七九三。

127 同上，卷一〇五，第五十五条，页四一九〇。

128 同上，卷一〇一，第一四四条，页四一〇三。

129 同上，卷四十七，第二十三条，页一八八一。

130 同上，卷六十三，第一三〇条，页二四六二。

131 同上，卷二十七，第八十三条，页四。

132 同上，卷一三六，第六条，页五一九二。

133《文集》卷四十五《答吴德夫》，页十一上。

134《语类》卷九十四，第四十三条，页三七七一。

135 同上，第二十九条，页三七六六。

136《大学或问》(《近世汉籍丛刊》本)，页九上下，总页十七至十八。参看《语类》卷十七，第四十五条，页六一六。

137《周子全书》卷二《太极图说》，页二十三。

138《文集》卷三十一《答张敬夫（第十六书）》，页五下至六上。

139 同上，卷四十二《答胡广仲（第一书）》，页一上。

140《语类》卷二十六，第六十三条，页一〇五四。

141 同上，卷一〇三，第三十九条，页四一四一；卷九，第五条，页二三五至二三六。

142《朱子年谱·考异》(《丛书集成》本) 卷一，页二五八。

143 同上，页二五七。

144《语类》卷一〇三，第四十一条，页四一四二。

145《文集》卷二十四《与曹晋叔》，页十四下至十五上。

146《文集》卷四十二《答石子重（第五书）》，页二十二下至二十三上。

147《中庸》，第一章。

148《朱子年谱》卷一上，页二十三至二十五。

149《朱子新学案》(台北三民书局，一九七一) 第二册，页一三四、一四〇、一六〇。

150《文集》卷三十《与张钦夫（第三书）》，页十九上下。

151 同上，第四书，页二十上。

152 程颐《易传序》。

153《文集》卷三十二《答张敬夫（第三十三书）》，页四上下。

154《文集》卷三十二《答张敬夫（第三十四书）》，页五上下。

155《南轩先生文集》卷二十《答朱元晦秘书（第五书）》，页四上下，总页六四五至六四六。

156 同上，第六书，页五下，总页六四八。

157《文集》卷四十一《答程允夫（第五书）》，页十七上下。

158 同上，卷四十三《答林择之（第三书）》，页十八上。

159 同上，第二十二书，页三十下。

160《遗书》卷十八，页五下。

161《文集》卷六十四，页二十八下至二十九上。卷六十七，页十上。其“已发未发记”文句相同，是其初稿。予已将此书译英，载拙著*A Source Book in Chinese Philosophy*（Princeton, N. J.: Princeton University Press, 1963），页六〇〇至六〇二。

162 同上，卷三十二《答张钦夫（第四十七书）》，页二十五下至下二十六上。“互为其根”，引周子《太极图说》。“夹持”引《遗书》，卷五，页二下。

163 同上，卷七十五，页二十二下至二十三下。

164《文集》卷七十三，页四十上至四十七下。《疑义》所述五峰之语，皆不复出《胡子知言》六卷。东莱南轩所言，亦不见其两人文集。

165《语类》卷一〇一，第一五四条，页四一〇四。

166《遗书》卷一页七下《明道论性》。

167《文集》卷七十三《胡子知言疑义》，页四十四上。

168《语类》卷一〇三，第四十二条，页四一四二。

169《文集》卷六十七，页二十上至二十一下。

170《论语集注·学而》，第二章；《孟子集注·梁惠王》上，第一章。

171《论语·学而》，第二章。

172《文集》卷三十一《与张敬夫论癸巳论语说》，页二十一下。

173 详见拙著《朱学论集·论朱子之〈仁说〉》（台北学生书局，一九八二），页四十二至四十八。

174 同上。南轩注《论语·颜渊篇第十二》第二十二章。参看山口察常《仁之研究》（东京岩波书店，一九三六），页三七〇至三七三。

175《详朱学论集》，页四十三。

176《文集》卷三十二《答张敬夫论〈仁说〉》，页十六上至十八下。

177《南轩先生文集》卷二十一《答朱元晦秘书（第二十一书）》页五下，总页六七四。

178 同上，卷二十，第九书，页七下。

179 同上。

180《文集》卷三十二《又论〈仁说〉》，页十九上下。

181《南轩先生文集》卷二十一《答朱元晦秘书（第二十一书）》，页五下至六上，总页六七四至六七五。

182《文集》卷三十二《又论〈仁说〉》，页二十上下。

183 同上，《又论〈仁说〉》，页二十一上下。《朱学论集》，页五十一至五十四，讨论“四书”较详。

184《语类》卷一〇五，第四十二条，页四一八二。

185 同上，第四十三条，页四一八五。

186《南轩先生文集》卷十八，页一上至二上，总页五九一至五九二。

187《文集》卷三十二《答钦夫〈仁说〉》，页二十三下至二十四下。

188《朱学论集》，页五十七至五十八。

189《文集》卷三十一《答张敬夫（第十八书）》，页七下。《语类》卷一〇三，第四十八条，页四一四二；卷一一八，第四十七条，页四五五二。

【八三】南轩算命

陈继儒（一五五八—一六三九）《太平清话》有关朱子与张栻一轶事，其文如下：

张南轩（张栻，一一三三—一一八〇）知星命，乃判朱晦庵“官多禄少”四字。晦翁点首云：“老汉生平辞官文字甚多。”[1]

此轶事实本诸《语类》，而加以点缀，以成趣话。《语类》云：“先生说南轩论熹命，云‘官多禄少’四字，因云：‘平日辞官文字甚多。’”[2]两者比较，可知陈继儒所录，其误有四：

(1) 南轩知星命。此点无据。《南轩先生文集》与《宋史》本传，均不言其知星命。南轩曾劝朱子勿信阴阳家言（参看页一三二“朱子之世俗信仰”条）。决不至其本人反为算命。南轩只因朱子命运大概而言，朱子亦并未指南轩为星命专家也。

(2) 朱子从来未尝自称“老汉”（参看页六七“朱子自称”条）。

(3) 乾道三年丁亥（一一六七）朱子访南轩于潭州（长沙），同登衡山游咏。前此绍兴二十九年己卯（一一五九）八月召赴行在，以疾辞。隆兴元年（一一六三）三月复召，又辞。有旨趣行，十月至行在。十一月六日奏事垂拱殿。十二日除武学博士，拜命待次遂归。乾道元年乙酉（一一六五）春，省劄趣就职。四月至行在。以执政主和不合，辞，请祠以归。以上辞职三次，均在潭州会面以前，此后以至淳熙七年庚子（一一八〇）南轩之死，朱子虽辞多次，但两人未再会面，无对话点首之可能。三次不能谓为多次也。

(4)“因云”乃因说及南轩“官多禄少”四字而对诸生所说之语。此乃老年回忆，故谓“甚多”。非潭州相聚时之对话也。

陈继儒《清话》之目的一以表示二贤之相知，一以表示朱子去就之严谨，虽有乖史实，亦无伤也。

1 《太平清话》（《宝颜堂秘笈》本）卷一，页八上。

2 《语类》卷一〇七，第七十条，页四二五七。

【八四】吕东莱访朱子于寒泉精舍

淳熙二年乙未（一一七五），吕东莱（吕祖谦，一一三七—一一八一）访朱子于寒泉精舍，共辑《近思录》，同赴江西信州鹅湖寺与象山（陆九渊，一一三九—一一九三）兄弟相会。

《近思录》为理学主要典籍，亦为以后《性理大全》《朱子全书》《性理精义》等书之模型。鹅湖之会又为我国学术史上最著名之聚会。故吕氏此行，意义甚大（参看页四一五“《近思录》概述补遗”条与页五六六“鹅湖之会”条）。

朱子五月五日撰《近思录后序》云：“淳熙乙未（一一七五）之夏，东莱吕伯恭来自东阳，过予寒泉精舍，留止旬日。”两者相与读北宋四子之书，摘取六百二十二条，成《近思录》。“旬日”通常释为十日。《近思录》选材甚精，互议极详，断非十日间所能了事。究竟此处“旬日”是指旬旬日日，或是行文之便，又或指留止寒泉精舍，仅得十日，不可不考。

考《东莱太史文集·年谱》淳熙二年记东莱“四月二十一如武夷访朱编修元晦，潘叔昌（潘景愈）从，留月余。观关洛[1]书，辑《近思录》。朱编修送于信州鹅湖。陆子寿（名九龄）、子静（象山）、刘子澄（刘清之）及江浙诸友皆会，留止旬日。归至三衢[2]，又留旬日乃归。有《入闽录》”[3]。

由此可知东莱从武夷山入闽，同观四子之书。《入闽录》云：“三月廿一早发，四月初一至五夫里访朱元晦，馆于书室。”[4]由此又可知入闽后由武夷山至朱子所居之五夫里。大抵编辑《近思录》之工作，必起于五夫里。随后乃到建阳县之寒泉精舍，“留止旬日”。然《年谱》谓四月二十一日如武夷，而《入闽录》则谓三月二十一日早发，显是冲突。《入闽录》福建之行为东莱本人日记，当然可信。浙江东阳郡金华县离福建建阳约二百五十公里。至少需时八九日。必无四月二十一日动程，而能于五月五日完成《近思录》之理。故知《年谱》四月二十一日之期必误，而福建之行三月二十一日之期为可信也。福建之行自四月六日至七月末无记载。但四月来访，当无问题。

吕东莱答邢邦用书云：“某自春末为建宁之行”[5]是也。王懋竑《朱子年谱》亦云：“夏四月，东莱吕公伯恭来访，《近思录》成。”其《考异》云：“李洪本俱作夏五月，今改正。按《文集·书近思录后》云：‘乙未夏，访予于寒泉精舍，留止旬日’，而末署云：‘五月五日’，则来访在四月明矣。”[6]

【八四】

寒泉精舍留止之后经武夷山入江西以赴鹅湖，此是顺路。武夷六曲响声岩现存石刻，有朱子手书朱仲晦、吕伯恭等九人姓名，署五月二十一日〔参看页六九九“朱子墨迹”（四）石刻〕，此是重要资料，为从来讨论东莱访闽所未注意者。如游武夷后往鹅湖，五月末抵步，则与朱子答王子合书相合。书云：“前月末送伯恭至鹅湖。陆子寿兄弟来会。讲讨之间，深觉有益。此月（六月）八日方分手而归也。”[7]

自吕氏四月一日到武夷至五月下旬游武夷后离福建，为期月余两月。故吕集《年谱》云“留月余”[8]，《答邢邦用》云：“与朱元晦相聚四十余日，复同出至鹅湖。”[9]而朱子答吕伯恭书亦云：“昨承枉过，得两月之款。”[10]东莱与陈同甫（名亮，一一四三—一一九四）书，称：“某留建宁凡两月余，复同朱元晦至鹅湖与二陆及刘子澄诸公相聚切磋，甚觉有益。”[11]则指武夷、五夫，与寒泉整个而言，盖武夷、五夫同属崇安县，寒泉属建阳县，而两县同属建宁府也。至《象山全集》所云：“按吕成公（吕东莱）谱，乙未四月访朱文公于信之鹅湖寺。陆子静、子寿、刘子澄，及江浙诸友皆会，留止旬日。”[12]则省去入闽一段，其为疏漏无疑。

总上所论，则东莱三月二十一日由金华动程，四月初一至武夷。先到五夫里，同辑《近思录》。随赴建阳之寒泉精舍，完成《近思录》。五月五日朱子撰《后序》之后，二十一日前后游武夷山，顺道赴鹅湖，月底抵步。

至于月底何日到寺，则无可考，只知六月八日分手而已。以讨论极不投机而言，又无吟咏纪兴，不似有若何留恋之意。留止鹅湖，恐未必有十足旬日。故以五月末日方抵鹅湖，较为近实。诚如是，则鹅湖之会，只七八日而已。

1 关指张载，洛指二程（程颢与程颐）。

2 衢州，今浙江衢县。

3 《东莱吕太史文集》（《续金华丛书》本）附录卷一《年谱》。

4 同上，卷十五《入闽录》。

5 《东莱吕太史文集》别集卷十《与邢邦用（第一书）》，页二十二下。

6 《朱子年谱》（《丛书集成》本）卷二上，页五十七。《考异》，卷二，页二七五。

7 《文集》卷四十九《答王子合（第一书）》，页一上。

8 《东莱吕太史文集》（《续金华丛书》本）附录卷一《年谱》。

9 《东莱吕太史文集》别集卷十《与邢邦用（第一书）》，页二十二下。

10 《文集》卷三十三《答吕伯恭（第四十书）》，页二十七下。

11 《东莱吕太史文集》别集卷十《与陈同甫（第九书）》，页六上。

12 《象山全集》（《四部备要》本）卷三十六《年谱》，页九上。

【八五】朱子与吕东莱

吕祖谦（一一三七—一一八一），字伯恭，婺州人[1]。以其先祖汉时封东莱侯于莱州府[2]，故学者称东莱先生。历代名门望族。其祖本中（一〇八四—一一四五）称东莱先生，故又称大东莱以别于祖谦之小东莱。吕家不特屡世显宦，官至尚书与经筵说书，又有中原文献之传。《宋元学案》有吕氏四学案[3]，凡七世十有七人。祖谦之学，本之家庭。长而从林之奇（一一一二—一一七六）、汪应辰（一一一八—一一七六）、胡宪（一〇八六—一一六二）游。其兴趣精神，则是吕氏传统。究心文献，潜心历史，不排异学，富有妥协之气。特重礼乐农兵，经世致用，故带功利色彩。然能避浙江功利派陈傅良（一一三七—一二〇三）与陈亮（一一四三—一一九四）之偏而得其所长，遂为浙江史学开山之祖。学者云集，某时近三百人。[4]晚年会友之地曰丽泽书院，在金华城中。[5]据朱子："伯恭说少时性气粗暴。嫌饮食不如意，便打破家事（食器)。后因久病，只将一册《论语》早晚闲看。忽然觉得意思一时平了，遂终身无暴怒。”[6]朱子云：“‘躬自厚而薄责于人，则远怨矣。’[7]吕丈旧时性极褊急。因病中读《论语》，于此有省。后遂如此好。”[8]朱子又谓其“不会说话，更不可晓。只通寒暄也听不得。自是他声音难晓”[9]。张南轩（张栻，一一三三—一一八〇）亦谓其衣冠不整，举止草草。[10]朱子又谓其“病中读书，漏刻不去手”[11]。

朱子、东莱与南轩三人为莫逆之交。每以张、吕二人相提并论。（参看页五二七“朱子与张南轩”条）朱、吕初次会面，约在绍兴二十六年丙子（一一五六）。当时东莱之父赴福州任职，东莱随行。同时朱子任同安主簿，以事至福州。故《致伯恭（第一书）》云：“三山（福州）之别，阔焉累年。”[12]二十年后（一一七五），同叙于朱子之寒泉精舍，共辑《近思录》。随乃同出江西信州与陆象山（陆九渊，一一三九—一一九三）兄弟作历史上有名鹅湖寺之会。翌年三月朱子如婺源省先人之墓，路经衢州，约东莱自金华来衢左右为“野次之款”，卒相叙数日。[13]两人书札往来甚密。《文集》存《答吕伯恭》一百零四通，[14]比任何人为多。《东莱吕太史文集》存《与朱侍讲》六十七通，[15]超乎与别人之书总数之半。

两人书札往复，自然以学术讨论为多。然私事如请祠、出处、刊书、友朋状况之类者，亦属不少。鹅湖之会，朱陆不欢而散。与会者自是不能忘怀。故朱、吕书札屡屡言及陆氏兄弟。在朱子总以子静（象山）自信太过，恐难改易。[16]在吕则每言陆氏兄弟之优点。盖志在调停也。[17]

从书札中，又可见朱子长男之教育，两人家属之关心，二者之互相劝规，与事功之合作。朱子长子名塾。绍兴二十三年癸

559 酉（一一五三）生。到二十一岁，朱子以其“懒惰之甚，读书绝不成伦理”[18]，且塾“在家汨于俗务，不得专意。又父子之间，不欲昼夜督责，及无朋友闻见”[19]，乃遣之至金华受学于东莱。东莱欣然承当。安排食宿于其徒潘景宪（字叔度，一一三四—一一九〇）之家。三四年后，潘氏以长女妻之。塾赴金华时，朱子以书教其逐日劄记，取录归来。并不得怠慢，不得自擅出入与人往还，不得戏笑喧哗，不得饮酒。到金华时如何拜谒东莱，一言一动，均详为指导。[20]数年之间，恳请东莱严加鞭策之书札，凡七八通。[21]东莱亦加管束。“每日到某处则与叔度兄弟偕来。不许过他斋舍。虽到某处，亦不许独来。盖城市间不得不如此过防。”[22]在此痛加鞭勒之下，程文功课，不无进步。至淳熙七年庚子（一一八〇）乃挈妇儿归五夫里预备应试。在此六年期间，丁母忧还家一次，应乡试两次。此为第三次乡试，亦卒之落第。

朱子对于其本人与东莱之家属非常关心。塾之婚事，屡与东莱函商。[23]欲为次男埜纳妇，亦以告东莱。[24]叔母之丧，致书东莱申其忧悴。[25]淳熙三年丙申（一一七六）其令人刘氏卒，致吕函谓：“悲悼不可为怀。”又云：“悲悼酸楚不能自堪。”[26]对东莱丧偶，既先屡次问病，及其既逝，则惊愕之余，劝东莱“约情就礼”、“尊体未尽平复，深宜节抑”[27]。东莱之父去世，朱子以贫窭之甚，不能致一奠之礼，倍加悲痛。[28]东莱幼弟之丧，亦致哀悼。[29]东莱对令人刘氏卜地，深致意焉。[30]彼此亲密之情，于此可见。

两者如是至交，故互相忠告。朱子谓“伯恭不鄙下问。不敢不尽愚”[31]。于是示以涵养进学之要与矫正气质之偏，而东莱以为“深中膏肓之疾，朝夕玩省不敢忘”[32]。同时东莱亦告朱子谓其“激扬振厉，颇乏广大温润气象”[33]。实在两者均有所偏。故朱子谓东莱曰：“大抵伯恭天资温厚，故其论平恕委曲之意，而熹之质失之暴悍，故凡所论，皆有奋发直前之气。窃以天理揆之，二者恐皆非中道。但熹之发，足以自挠而伤物，尤为可恶。而伯恭似亦不可专以所偏为至当也。”[34]朱子闻东莱讣后数日，赋诗有云：“念我素心人。”[35]两贤诚心交也。

事功之合作者有《近思录》、白鹿洞书院与社仓三项，均朱子一生奇伟事业，影响中国历史社会极大，而东莱与有力焉。朱吕共辑之《近思录》为我国第一本哲学选集，成为以后理学典型（参看页四〇五“论《近思录》”等三条）。白鹿洞书院亦是历代书院之模范。朱子特请东莱为记，并致书详细逐段讨论，以显出白鹿之历史与教育意义。[36]乾道七年辛卯（一一七一）朱子创立社仓于五夫里，为我国民办救济事业之一里程碑。东莱见之，叹为“《周官》委积之法、隋唐义廪之制”，将归与金华士友经营之。然不久东莱去世，事遂不果。其徒潘景宪白其父出家谷以成金华社仓。[37]社仓之制遂由闽而扩大至浙，不可谓非东莱之功也。

私人方面，两者诚是情投意合。学术方面，则在在不相为谋。朱子以《书经》难读，吕氏则以无有不可解者。数年后乃承认之。[38]朱子谓东莱说《诗》太巧，过于纤细拘迫，看不破《小序》。[39]然其《常棣》[40]诗章谓圣人之言大小高下皆宜而左右前后不相悖，则说得极好[41]。且其分《诗》之经、传，极有可取。[42]东莱爱与学者说《左传》。朱子尝戒之曰：“《语》、《孟》、“六经”许多道理不说，恰限说这个。纵那上有些零碎道理，济得甚事？”[43]又答书云：“向见所与诸生论说左氏之书，极为详博。然遗词命意，亦颇伤巧矣。”[44]东莱以《知言》胜于《正蒙》，朱子则以《正蒙》规模大，《知言》小。后出者巧耳。[45]东莱与南轩皆令学者专读伊川《易传》，往往皆无所得。且学者无疑，不自长意。盖卦画经文可疑。必但观其理，乃有切于日用工夫也。[46]朱子极力排斥苏氏父子（苏洵，长子轼，次子辙）。苏轼著《易解》，朱子以为是“释老之说”。苏辙著《老子解》，朱子谓为“合吾儒于老子以为未足，又并释氏而弥缝之”[47]。东莱以其道非杨墨也，不必深与之辨[48]，朱子复摈斥之，与东莱书谓：“伯恭尚欲左右之，岂其未之思耶？”[49]又与张敬夫云：“渠又为留意科举文学之久，出入苏氏父子波澜新巧之外，更求新巧，坏了心路，遂一向不以苏学为非，左遮右拦，阳挤阴助，此尤使人不满意。”[50]南轩为之调停，为书于朱子曰：“伯恭近来尽好说话。于苏氏父子亦甚知其非。向来见渠亦非助苏氏。但习熟元祐（一〇八六—一〇九三）间一等长厚之论，未肯诵言排之耳。”[51]

妥协调和，乃吕氏家学之本色。故东莱于儒释之辨，不甚痛说。[52]朱子谓其：“生怕说异端俗学之非。护苏氏尤甚。以为争校是非，不如歛藏持养。”[53]东莱对于朱子专意外攘，“若立敌较胜负者，颇似未弘”[54]。朱子则“疑于伯恭词气之间，恐其未免有阴主释氏之意。但其德性深厚，能不发之于口耳”[55]。此是两者性格不同，朱子所谓皆非中道者也。

根本上两人之出发点不同，故所见殊异。朱子重心性义理，吕氏少谈。朱子以经为本，而东莱以史为先。[56]朱子特重《论语》，东莱则不教人读。[57]朱子主为学乃能变化气质，东莱主变化气质乃可言学。[58]从朱子立场，“东莱博学多识则有之矣，守约恐未也。……其弊尽在于巧”[59]，又曰：“伯恭失之多，子静（象山）失之寡。”[60]又云：

"吕太巧杜撰，陆喜同己使气。"[61]至其向博杂用功，留意科举，讲论鹘突，问答曲折，其余事也。[62]

论者或以两人意见如是之背驰，品性又如是之相反，思想决无交流之可能。是则又不然。两者同辑《近思录》，前已言之。彼此意见多有不同，然卒能异途同归。愚于其互商之勤，尝详论之（参看页四一五"《近思录》概述补遗"条）。此处不必复述。朱子两篇重要文章，均与东莱、南轩书札往还，各抒己见。一为《胡子知言疑义》[63]，一为《仁说》[64]。朱子皆考虑多年，采集众说而成。朱子有书东莱云："区区之论，所以每不同于左右者，前后虽多。要其归宿，只此毫厘之间。讲而通之，将必有日矣。"[65]

通必有日，盖朱吕同是道学硕儒。所异者小，所同者大。故虽性格与观点并不一致，而不害其合作与互相尊敬。《宋史》不以东莱入《道学传》而以之入《儒林传》，此乃门户之见，决非朱子之所许。朱子尝论东莱之立说云："兼总众说，巨细不遗。挈领提纲，首尾贯该，既是以息夫同异之争，而其述作之体，虽融会通彻，浑然若出于一家之言，而一字之训，一事之义，亦未尝不谨其说之所自。及其断以己意，虽或超然出于前人意虑之表，而谦让退托，未尝敢有轻议前人之心也。"[66]故朱子谓其"温柔敦厚"[67]，"忠厚恻怛"[68]。东莱死，为位而哭，又遣奠于其家。其祭文首曰："天降割于斯文，何其酷耶？往岁已夺吾敬夫（南轩），今者伯恭胡为又至于不淑耶？道学将谁使之振，君德将谁使之复，后生将谁使之诲，斯民将谁使之福耶？经说将谁使之绝，事记将谁使之续耶？若我之愚，则病将孰为之箴，而过将谁为之督耶？然则伯恭之亡，曷为而不使我失声而惊呼，号天而恸哭耶？"[69]朱子祭文墓铭过百，祭张敬夫文之外，未有若是之动人者。继又曰：“盖其德宇宽洪，识量闳廓。既海纳而川停，岂澄清而挠浊？矧涵濡于先训，绍文献于厥家。又隆师而亲友，极探讨之幽遐。所以禀之既厚，而养之深，取之既博，而成之粹。宜所立之甚高，亦无求而不备。故其讲学于家，则时雨之化。进位于朝，则鸿羽之仪。”[70]此非通靠恭维之语，而乃衷曲之言。门人潘叔度曾为东莱画像。朱子赞曰：“推其有，足以尊主而芘民。出其余，足以范俗而垂世。”[71]朱子尊之敬之，盖有由矣。

1 今浙江金华县。

2 今山东掖县。

3 卷二十三《荥阳学案》；卷三十一《范吕诸儒学案》；卷三十六《紫微学案》；卷五十一《东莱学案》。

4 《东莱吕太史文集》（《续金华丛书》本）别集卷九《与刘子澄》，页八上。

5 《宋史》（北京中华书局，一九七七）卷四三四《吕祖谦传》，页一二八七四。

6 《文集》卷五十四《答路德章（第四书）》，页二十二上。

7 《论语·卫灵公》，第十四章。

8 《语类》卷一二二，第八条，页四七二〇。

9 同上，卷九十五，第一七七条，页三九〇五。

10 《南轩先生文集》（《近世汉籍丛刊》本）卷二十五《寄吕伯恭（第二书）》，页四上，总页七六五。

11 《文集》卷八十二《题伯恭所抹荆公目录》，页二上。

12 同上，卷三十三《答吕伯恭（第一书）》，页一上。

13 《文集》卷三十三《答吕伯恭（第四十五、四十八书）》，页三十一上、三十三下。

14 同上，卷二十五，三通；卷三十三至三十五，一百通；续集卷五，一通。

15 《东莱吕太史文集》别集，卷七至卷八。

16 《文集》卷三十四《答吕伯恭（第五十六书）》，页四下；第七十七书，页十七上；第八十一书，页二十三下；第八十二书，页二十六上；第九十书，页三十二上；第九十二书，页三十三上；第九十三书，页三十四上。

17 《东莱吕太史文集》别集卷八《与朱侍讲（第二十二书）》，页一下；第五十四书，页十一下；第五十五书，页十二下；第六十二书，页十五上。

18 《文集》卷三十三《答吕伯恭（第十八书）》，页十二上。

19 《文集》续集卷八《与长子受之》，页七上。

20 《文集》续集卷八《与长子受之》，页六上至八下。

21 同上，卷三十三《答吕伯恭（第二十书）》，页十三下；第二十二书，页十四下；第二十三书，页十五上；第二十七书，页十八上；第三十九书，页二十六下；第四十二书，页三十上；卷三十四，第六十七书，页十上；第七十六书，页十六下。

22 《东莱吕太史文集》别集卷七《与朱侍讲（第二十书）》，页十六下至十七上。

23 《文集》卷三十三《答吕伯恭（第三十八书）》，页二十六上。卷三十四，第五十书，页一上；第五十一书，页一下。

24 同上，卷三十三，第三十八书，页二十六上。

25 同上，第十五书，页十下。

26 同上，卷三十四，第五十二书，页二上；第五十三书，页二下。

27 同上，卷三十四，第六十九书，页十一下；第七十书，页十三下；卷三十三，第九书，页八上；卷三十四，第七十六书，页十六上。

28 同上，卷三十三，第十三、十四书，页十上。

29 同上，第三十九书，页二十六上。

30 《东莱吕太史文集》别集卷八《与朱侍讲（第三十三书）》，页五下；第三十五书，页六上。

31 《文集》卷三十一《答张钦夫（第十二书）》，页三上。

32 《东莱吕太史文集》别集卷七《与朱侍讲（第三书）》，页七上；第七书，页十下；卷八，第三十七书，页六下。

33 同上，卷七，第二书，页六下。

34 《文集》卷三十三《答吕伯恭（第七书）》，页六下。

35 同上，卷八《读子厚步月诗》，页一下。

36 同上，卷三十四《与东莱论白鹿洞书院》，页二十一上至二十三上。

37 同上，卷七十九《婺州金华县社仓记》，页十五下至十七上。

38 《语类》卷七十九，第十八、十九条，页三一五〇；第一四〇条，页三二七〇。《文集》卷八十三《题吕伯恭书说》，页七下。

39 《语类》卷八十一，第一〇六条，三三六四；卷一二二，第九条，页四七二〇。

40 《诗经》第一六四篇《小雅·鹿鸣之什·常棣》。

41 《语类》卷八十一，第九十七条，页三三六一。

42 同上，卷八十，第一〇〇条，页三三二六。

43 同上，卷一二一，第七十五条，页四六九九至四七〇〇。参看卷八十三，第二十二条，页三四〇七。

44 《文集》卷三十三《答吕伯恭（第六书）》，页六上。

45 《语类》卷一〇一，第一五三条，页四一〇四。

46 《语类》卷六十七，第二十一条，页二六二六。《文集》，卷五十，《答郑仲礼（第一书）》，页二十三下。

47 《文集》卷七十二《苏氏易解》，页二十二下；《苏黄门老子解》，页二十三下。

48 《东莱吕太史文集》别集卷七《与朱侍讲（第三书）》，页七下。

49 《文集》卷三十三《答吕伯恭（第五书）》，页五上。

50 同上卷三十一《与张敬夫（第十三书）》，页四上。

51 《南轩先生文集》卷二十二《答朱元晦（第三十五书）》，页三下，总页六九六。

52 《文集》卷二十五《与吕伯恭》，页十五上。

53 同上，卷三十九《答范伯崇（第十一书）》，页四十五下；卷三十三《答吕伯恭（第四书）》，页三上。

54 《东莱吕太史文集》别集卷七《与朱侍讲（第二书）》，页六下；第六书，页九上。

55 《文集》卷四十七《答吕子约（第十九书）》，页二十二上。

56 《语类》卷一二二，第十条，四七二〇；第十四条，四七二一；第十五条，页四七二二。《文集》卷三十三《答吕伯恭（第四十七书）》，页三十三上。

57 《语类》卷一二二，第六、七条，页四七二〇至四七二一。

58 同上，第五条，页四七一九。

59 同上，第二条，页四七一九；第十九条，页四七二五。

60 同上，第四条，页四七一九。

61 同上，第三条，页四七一九。

62 《文集》卷三十一《与张敬夫（第十三书）》，页三下，四上；别集卷六《与林择之（第十五书）》，页十上。

63 《文集》卷七十三，页四十下至四十七下。

64 同上，卷三十三《答吕伯恭（第八书）》，页七下；第十八书，页十二上；第二十四书，页十五上；第二十七书，页十八上；第三十书，页二十下。《东莱吕太史文集》别集卷七《与朱侍讲（第十五书）》，页十四下；第十七书，页十五下；第十九书，页十七上。

65 《文集》卷三十三《答吕伯恭（第十二书）》，页九下。

66 同上，卷七十六《吕氏家塾读诗记后序》，页六下。

67 同上。

68 《文集》续集卷五《答吕东莱》，页一下。

69 同上，正集卷八十七《祭吕伯恭著作文》，页十二下。

70 《文集》续集卷五《答吕东莱》，页十二上。

71 同上，卷八十五《吕伯恭画像赞》，页十上。

【八六】鹅湖之会

淳熙二年乙未（一一七五）朱子与陆象山（陆九渊，一一三九—一一九三）兄弟、吕东莱（吕祖谦，一一三七—一一八一）等会于江西铅山之鹅湖寺，为我国历史上有名之会。论者且谓此为朱、陆二派尊德性道问学[1]相背而驰、门户之分之始。此是言过其实，然会谈不欢而散，则为众所知。

关于此会日期，予曾于《朱陆鹅湖之会补述》[2]论文中言之颇详。论文发表以后，陆续得有新资料。虽于根本结论无改变之必要，然于内容则可使之较为充实也。

关于地点，予借重程兆熊教授鹅湖寺之详细描述。历史上文献所记，甚为简单。程教授则亲历其境，所记甚详，大足以补历史文献之不逮，故其报道甚可宝贵。然其叙说乃四十年前之情况。现目如何，则有待于此地区之开放。今者各地古迹，以次重建。予极

567 望未作古之前，能一睹新鹅湖寺也。

关于参加人员，从来叙述，不出朱子、象山、东莱、象山之兄

【八六】子寿（陆九龄）、刘子澄（刘清之）、赵景明、赵景昭七人。予考得尚有三人，即象山门人朱桴、朱泰卿、邹斌是也。此外程教授指出家居鹅湖者数人，可能参加，而予确定其有与鹅湖稍有关系而可决其不曾与会者六人。[3]今查《文集·答周南仲（周南）》，谓："往岁湖寺虽尝获一面，而病冗不能款扣余论。"[4]《答杜叔高（杜游）》云："往岁寻访于湖寺，且以佳篇为赠。读之知所志之不凡。然恨去国匆匆，未得从容罄所怀也。"[5]周南、杜游事迹不详。此湖寺必非鹅湖，盖答周南云病冗，答杜游云去国。去国乃在绍熙五年甲寅（一一九四），后鹅湖之会几二十年也。顷接张立文教授函，指出潘叔昌从东莱访朱，而朱、吕赴鹅湖途中，游览武夷。今武夷六曲有摩崖石刻，朱子题东莱、叔昌等九人之名〔参看页七〇五"朱子墨迹"（四）石刻之（50）〕，叔昌断无不参加鹅湖之会之理。张教授是也，故参加者应增多一名。至张教授谓游武夷其他七人亦参加，则乏证据。唯张教授引《象山全集》卷八《与张春卿》明言景明为景昭之弟，则予所谓"不知籍贯赵景明"，当改为开封人也。

关于讨论题目，予除《象山全集》所载辩论九卦之序[6]外，考定其在会谈到简易与支离，东莱解经，子寿新篇，曹立之（曹建，一一四七—一一八三），与"简易"之辨。[7]现在尚无增补。

关于日期，则有所修正。吾人所知，只是东莱访朱子于寒泉精舍，"留止旬日"，同编《近思录》。朱子于淳熙二年乙未五月五日撰《书近思录后》[8]。又朱子答门人王子合（王遇，一一四二—一二一一）云："前月末送伯恭（东莱）至鹅湖。陆子寿兄弟来会。讲论之间，深觉有益。

此月（六月）八日方分手而归也。”[9]如是而已。在此三十余日之间，在鹅湖究竟有若干日，论者未为结论。予谓“建阳至铅山约一百公里，行程需两三日”[10]。建阳即寒泉之所在，实离铅山一百三十公里，行程需五六日也。予亦谓“故鹅湖之会，多者十余日，少者五六日”[11]。此结论仍可保持。其说如下：

予考定东莱四月初一到武夷，先到五夫里，然后同朱子赴寒泉精舍（参看页五五三“吕东莱访朱子于寒泉精舍”条）。五月五日《近思录》完成之后，在赴鹅湖之前，同友人顺道游武夷山。今武夷山六曲响声岩有石刻朱子墨迹，云：“何叔京、朱仲晦、连嵩卿、蔡季通、徐守臣、吕伯恭、潘叔昌、范伯崇、张元善。淳熙（二年）乙未（一一七五）五月二十一日，晦翁。”此是重要材料，因从此确知《书近思录后》十六日游六曲也。至何日离寒泉，在武夷漫游若干时日，尚未知悉。寒泉离武夷约五十公里，需时最少两日，故最迟五月十九日离寒泉。然朱子谓“留止旬日”通常旬日以十日计。《近思录》需多日方能辑成，则必五月五日撰《书近思录后》数日之间，同发武夷，而在武夷留恋旬日也。

由武夷至铅山约八十公里。以每日行二十公里计，则沿途四日。故最早五月二十五日到铅山，然亦可待至五月之末，因《答王子合书》云“前月末送伯恭至鹅湖”也。所谓月末，可指月之最后一日，亦可指五月二十五六。若作五月二十五日，则会期为十日有余。若作五月三十一日，则会期六七日而已。故相会最长为十一二日，而可能短至五六日也。何叔京名镐，与东莱，皆朱子讲友。徐守臣与张元善未详。潘叔昌乃潘景愈〔隆兴元年癸未（一一六三）进士〕之字，余亦不详。连嵩卿（名佚）、蔡季通（名元定）、范伯崇（名念德），

569 皆朱子门人。

《宋元学案补遗》(《四明丛书》本)卷四十九《晦庵学案补遗》下(页一五五下)引《岳麓问答》云:“陆象山道过长沙,朱子以礼请书院讲书。”《岳麓问答》必与白鹿洞书院相混。盖朱子师长沙时,象山已死矣。

1 《中庸》第二十七章。

2 《鹅湖之会补述》,载拙著《朱学论集》(台北学生书局,一九八二),页二三三至二四九。

3 同上,页二三九至二四一。

4 《文集》《答周南仲(第一书)》,页二下。

5 同上,《答杜叔高(第一书)》,页六上。

6 《象山全集》(《四部备要》本)卷三十六《年谱》,页九上。

7 《鹅湖之会补述》,载拙著《朱学论集》(台北学生书局,一九八二),页二四一至二四四。

8 《文集》卷八十一《书近思录后》,页六上下。

9 同上,卷四十九《答王子合(第一书)》,页一上。

10 《朱学论集》,页二三六。

11 同上,页二三七。

【八七】鹅湖与白鹿

朱子与象山（陆九渊，一一三九—一一九三）相会不过两次：一为淳熙二年乙未（一一七五）鹅湖寺之会，一为八年辛丑（一一八一）南康之会。总共只十余日。两者比较，饶有意味。足以表示两人关系之有所转变也。

(1) 鹅湖之会，乃吕祖谦（吕东莱，一一三七—一一八一）所安排。吕氏访朱子于建阳寒泉精舍，同编《近思录》。归途经江西信州，乃谋此会。而南康之会，则象山自动，专访朱子。

(2) 鹅湖之会，《象山年谱》谓："伯恭（吕东莱）盖虑陆与朱议论犹有异同，欲会归于一，而定其所适从。"[1]此是夸张之词，乃门户之见后之观点。朱、陆两人只欲相识。虽言论间象山直指本心，以朱子为支离，而朱子则屡屡以陆子意见过强，自信太甚，于性即理抑心即理，格物抑格心，等等，学术宏旨，固未讨论及也。然相见目的，乃是学问上事。南康之访，则为请朱子书其兄子寿（陆九龄，一一三二—一一八〇）之墓志铭。此铭为东莱所撰。可谓前会为公、后会为私。

(3) 鹅湖之会，朱子并未携带门人。陆氏则除其兄外，另有门人若干。盖信州虽离建阳路远，而陆氏故乡金溪属抚州，即在信州邻近也。据朱子跋象山《白鹿洞讲义》云："淳熙辛丑春二月，陆子静（陆象山）来自金溪。其徒朱克家、陆麟之、周清叟、熊鉴、路谦亨、胥训实从。十日丁亥，熹率僚友诸生，与俱至于白鹿洞书堂。"[2]《宋元学案补遗》（《四明丛书》本）卷四十九，《晦庵学案补遗》下（页一五五下）引《岳麓问答》云："陆象山道过长沙，朱子以礼请书院讲书。"《岳麓问答》必与白鹿洞书院相混，盖朱子师长沙时（一一九四），象山已死矣。朱子学生人数多寡，不得而知，然与鹅湖只一面门生，大相悬殊矣。

(4) 最重要者为象山以君子小人喻义利章[3]发论。朱子只"请得一言以警学者"。象山"辞避再三，不得所请，取《论语》中一章，陈平昔之所感，以应嘉命，亦幸有以敬之。子曰，'君子喻于义，小人喻于利'。此章以义利判君子小人，辞旨晓白"[4]。此显是象山自选之题。义利问题，当然是儒家基本争点之一。以此为题，亦至适当。然于此义利之辨，朱、陆并无二致。陆子讲义云："志乎义，则所习必在于义。所习在义，斯喻于义矣。志乎利，则所习必在于利。所习在利，斯喻于利矣。故学者之志不可不辨也。……诚能深思是身不可使之为小人之归，其于利欲之习，怛然为之痛心疾首，专志乎义而日勉焉，博学审问谨[5]思明辨而笃行之[6]，……其得不谓之君子乎？"[7]其后朱子尝云："大凡为学，且须分个内外。这便是生死路头。今人只一言一动，一步一趋，便有个为义为利在里。从这边便是为义，从那里便是为利。向内便是入圣贤之域，向外便是趋愚不肖之途。这里只在人劄定脚做将去，无可商量。若是已认得这个了，里面煞有工夫，却好商量也。”顾谓道夫曰：“曾见陆子静义利之说否？”曰：“未也。”曰：“这是他来南康，某请他说书。他却说这义利分明，是说得好。如云今人只读书，便是为利。如取解后，又要得官，得官后，又要改官，自少至老，自顶至踵，无非为利。说得来痛快，至有流涕者。”[8]此为杨道夫己酉（一一八九）以后所闻。事隔八九年，印象仍鲜明如此。吾人可谓鹅湖之重点在两儒之异，白鹿之重点在两儒之同。亦可谓由鹅湖而白鹿洞，两者渐趋于同。当然朱陆意见仍未归一。《语类》载符舜功（名叙）问陆子静君子喻于义口义，朱子曰：“子静只是拗。伊川（程颐，一〇三三—一一〇七）云：‘惟其深喻，是以笃好。’[9]子静必要云好后方喻。看来人之于义利，喻而好者多。若全不晓，又安能好？然好之则喻矣。毕竟伊川说占得多。”[10]又云：“子静说话，多反伊川。如君子喻于义，小人喻于利，解云，惟其深喻，是以笃好。渠却云好而后喻。此语亦无害，终不如伊川。”[11]然此是知行先后问题，非君子小人义利之辨也。

南康会后数月，朱子《致吕伯恭（吕东莱）书》曰：“子静旧日（指鹅湖之日）规模终在。其为学之病，多说如此即只是意见，如此即只是议论。"[12]此亦是学术态度问题而非义利之辨也。至于象山"博学审问谨思明辨笃行"之语，竟与朱子同一口气，究非《象山年谱》所载鹅湖之会一方直指本心，一方支离之别也。

(5) 鹅湖之会，不欢而散。南康之会则朱子请象山笔其讲义于简而受藏之。[13]据《象山年谱》，且谓以讲义刻之于石，[14]永留纪念。两人感情，前后相去远矣。现白鹿洞书院存有《二贤洞教》石碑，刻象山《白鹿洞讲义》与朱子《白鹿洞赋》。惜二贤未及见耳。

1 《象山全集》(《四部备要》本) 卷三十六《年谱》，页九下。

2 《文集》卷八十一《跋金谿陆主簿白鹿洞书堂讲义后》，页二十五上。

3 《论语·里仁》，第十六章。

4 《象山全集》卷二十三《白鹿洞书院讲义》，页一上至二上。

5 《中庸》原文为"慎"，因避孝宗讳改"谨"。

6 《中庸》，第二十章。

7 《象山全集》卷二十三《白鹿洞书院讲义》，页一上至二上。

8 《语类》卷一一九，第十七条，页四五九〇。

9 《粹言》(《四部备要·二程全书》本) 卷二，页三十四上。

10 《语类》卷一二四，第八条，页四七五五。

11 同上，卷七十八，第二二二条，页三二〇三。

12 《文集》卷三十四《答吕伯恭 (第九十三书)》，页三十四下。

13 《文集》卷八十一《跋金谿陆主簿白鹿洞书堂讲义后》，页二十五上。

14 《象山全集》卷三十六《年谱》，页十下。

【八八】论象山之性格

《语类》卷一二四题“陆氏”，凡六十八条。以五十八条论象山（陆九渊，一一三九—一一九三），以其余论其门人。十分之九为批评言论，指象山为禅，《文集》书札更甚。朱子之攻象山，实比象山之攻朱子为多。然朱子之抨击象山，纯在学术方面。吾人对于其批判象山之性格，当作两面观。一是关于学术之立场与态度，一是与学术无关之气质。必须如是分别清楚，乃能了解其学术上绝不相容，而私情方面则互相敬慕也（参看页五八二“朱陆关系之私情方面”条）。兹辑《文集》与《语类》谈论象山性格之语，以年岁为先后，或可以窥见朱子感情之如何演变也。

（1）淳熙三年丙申（一一七六）。《答张敬夫（张栻，一一三三—一一八〇）书》云：“子寿（陆九龄，一一三二—一一八〇）兄弟气象甚好。其病却是尽废讲学而专务践履。却于践履之中，要人提撕省察，悟得本心。此为病之

【八八】大者。要其操持谨质，表里不二，实有以过人者。惜乎其自信太过，规模窄狭。不复取人之善。将流于异学而不自知耳。”[1]此为朱子首次谈论象山之学术与品格，乃在鹅湖之会后之一年。鹅湖不甚投机，故有此言。（参看页五六六“鹅湖之会”条）

（2）淳熙六年己亥（一一七九）。《答吕伯恭（吕祖谦，一一三七——一一八一）书》云：“（子静）不肯翻然说破今是昨非之意。依旧遮前掩后，巧为词说。只此气象，却似不佳耳。”[2]

（3）淳熙七年庚子（一一八〇）。《又答伯恭书》云：“渠兄弟今日岂易得？但子静似犹有些旧来意思。闻其门人说子寿言其虽已转步，而未曾移身。然其势久之亦必自转。回思鹅湖讲论时，是甚气势？今何止什去七八耶？”[3]

（4）《答林择之（林用中）》云：“陆子寿兄弟近日议论，却向讲学上理会。其门人有相访者，气象皆好，但其间亦有旧病。”[4]

（5）《与吴茂实（吴英）书》曰：“陆子寿兄弟近日议论与前大不同，却方要理会讲学。”[5]

（6）万人杰庚子（一一八〇）以后所录云：“陆子静看得二程低，此恐子静看其说未透耳。譬如一块精金，却道不足金。非金之不好，盖是不识金也。”[6]

（7）淳熙八年辛丑（一一八一）。《答吕伯恭书》云：“子静到此数日，所作子寿埋铭，已见之。叙述发明，此极有功。卒章微婉，尤见用意深处。叹服叹服。子静近日讲论，此旧亦不同。但终有未尽合处。幸其却好商量，亦彼此有益也。”[7]

（8）《又答伯恭》云：“子静旧日规模终在。其论为学之病，多说如此即只是意见，如此即只是议论，如此即只是定本。……子静之病，恐未必是看人不看理。自是渠合下有些禅底意思，又是主张太过，须说我不是禅，而诸生错会了。故其流至此。”[8]《语类》载甘节癸丑（一一九三）以后所闻，朱子谓：“某向与子静说话，子静以为意见。某曰：‘邪意见不可有，正意见不可无。’子静说此是闲议论。某曰：‘闲议论不可议论。合议论则不可不议论。’”[9]此记录是在十余年之后，朱子印象尚未消除，可知其异常之深矣。

（9）《与刘子澄（刘清之，一一三九—一一九五）书》云：“子静一味是禅，却无许多功利术数。目下收敛得学者身心，不为无力。然其下稍无所据依，恐亦未免害事也。”[10]

（10）淳熙十年癸卯，潘柄癸卯（一一八三）以后所闻云：“或问东莱象山之学。曰：‘伯恭失之多，子静失之寡。’”[11]

（11）淳熙十一年甲辰（一一八四）。《答胡季随（名大时）书》云：“元善（詹体仁，一一四三—一二〇六）书说与子静相见甚款。不知其说如何。大抵欲速好径，是今日学者大病。”[12]此书无年月日。然此书言《南轩集》误字已为检勘。[13]《南轩集》甲辰（一一八四）序，故此书系于甲辰。

（12）《与詹帅（詹体仁）书》云：“高教授[14]能留意学校，甚善。渠尝从陆子静学，有意为己，必能开道其人也。”[15]此书上文言钦夫（南轩）文集久刻未成，[16]约在甲辰。

（13）淳熙十二年乙巳（一一八五）。《与刘子澄书》曰：“子静寄得对语[17]来，语意圆转，浑浩无凝滞处，亦是渠所得效验，但不免些禅底意思。昨答书戏之云：‘这些子恐是葱岭带来。’（参看页五八二‘朱陆关系之私情方面’条）渠定不伏。然实是如此，讳不得也。”[18]

(14) 淳熙十五年戊申(一一八八)。《答赵子钦(名彦肃，乾道初进士)书》云："子静后来得书，愈甚于前。大抵其学于心地工夫，不为无所见。但使欲恃此陵跨古今，更不下穷理细密功夫，卒并与其所得者而失之。人欲横流，不自知觉，而高谈大论，以为天理尽在是也，则其所谓心地工夫者，又安在哉。"[19]

(15) 黄罃戊申所闻云："陆氏会说。其精神亦能感发人。一时被他耸动，亦便清明。只是虚，更无底簟。'思而不学则殆'[20]，正谓无底簟，便危殆也。"[21]

(16) 陈文蔚(陈才卿)戊申以后所闻云："因说陆子静，谓江南未有人如他八字着脚。"[22]言其立脚稳固也。

(17) 李闳祖(李守约)戊申以后所闻云："子静应无所住而生其心。"[23]此是佛说，[24]言思虑自然，心无所系也。

(18) 淳熙十六年己酉(一一八九)。《答陆子静》云："然凡辩论者亦须平心和气，子细消详。反复商量，务求实是，乃有归著。如不能然，而但于匆遽急迫之中，肆支蔓躁率之词，以逞其忿怼不平之气，则恐反不若或者之言，安静和平，宽洪悠久，犹有君子长者之遗意也。……今以麄浅之心，挟忿怼之气，不肯暂置其是己非彼之私，而欲评义理之得失，则虽有判然如黑白之易见者，犹恐未免于误。况其差有在于毫厘之间者，又将谁使折其衷而能不谬也哉？……子美尊兄自是天资质实重厚。当时看得此理有未尽处，不能子细推究，便立议论。因而自信太过，遂不可回。见虽有病，意实无他。老兄却是先立一说，务要突过有若、子贡以上。……一例吹毛求疵，须要讨不是处。正使说得十分无病，此意却先不好了。况其言之粗率，又不能无病乎？”[25]此书乃答子静来书剧辨太极、无极，措辞强硬，朱子书札从未有如是者。

(19) 答邵叔义书云：“子静书来，殊无义理。每为闭匿，不敢广以示人。不谓渠乃自暴扬如此。……所与左右书，渠亦录来，想甚得意。大率渠有文字多，即传播四出，唯恐人不知。此其常态，亦不足深怪。”[26]

(20)《象山年谱》所录云：“有学者因无极之辩，贻书诋先生（象山）者。晦庵复其书云：‘南渡以来，八字着脚，理会着实工夫者，惟某与陆子静二人而已。某实敬其为人。老兄未可以轻议之也。’”[27]

(21) 黄道夫〔黄樵仲，淳熙十年癸卯（一一八三）进士〕己酉以后所闻云：“伯恭门徒气宇厌厌，四分五裂，各自为说。久之必至销歇。子静则不然。精神紧峭，其说分明。能变化人，使人旦异而晡不同。其流害未艾也。”[28]

(22) 绍熙二年辛亥（一一九一）。叶贺孙〔叶味道，嘉定十三年庚辰（一二二〇）进士〕，辛亥以后所闻一则云：“子静虽占奸不说，然他见得成个物事，说话间便自然有个痕迹可见。只是人理会他底不得，故见不得。然亦易见。子静只是人未从，他便不说。及钩致得来，便直是说，方始与你理会。”[29]

(23) 又一则云：“潘恭叔（潘友恭）说象山说得如此，待应事都应不是。曰：‘可知是他所学所说，尽是杜撰，却不依见成格法也。应事也只是杜撰。如何得合道理？’”[30]

(24) 又一则云：“某也难说他（子静）有多多少少，某都不敢说他。只是因诸公问，不得不说。他是向一边去，拗不转了。又不信

579 人言语。又怎奈何他？”[31]

(25) 绍熙四年癸丑（一一九三）。《答詹元善》云：“子静旅榇经由，闻甚周旋之。此殊可伤。见其平日大拍头，胡叫唤，岂谓遽至此哉？然其说颇行于江湖间。损贤者之志而益愚者之过。不知此祸又何时而已耳。”[32]

(26) 潘植癸丑（一一九三）所闻云：“陆子静说告子也高。也是他尚不及告子。告子将心硬制得不动。陆遇事未必皆能不动。”[33]

(27) 黄义刚癸丑以后所闻一则云：“如陆子静天资甚么高明，却是不道中庸。后其学便误人。某尝说子静说道理有个黑腰子。其初说得澜翻，极是好听。少间到那紧处时，又却藏了不说，又别寻一个头绪，澜翻起来。所以人都捉他那紧处不着。”[34]

(28) 又一则云：“陆子静，分明是禅，但却成一个行户，尚有个据处。”[35]

(29) 又一则云：“叔器（胡安之）问象山师承。曰：‘他们天姿也高，不知师谁。然也不问师传。学者多是就气禀上做，便解偏了。’”[36]

(30) 绍熙五年甲寅（一一九四）。王过甲寅所闻云：“先生曾说陆子静、杨敬仲（杨简，一一四一—一二二六）自是十分好人，只似患净洁病底。又论说道理，恰似闽中贩私盐底。下面是私盐，上面以鲞鱼盖之，使人不觉。盖谓其本是禅学，却以吾儒说话遮掩。”[37]

(31) 辅广甲寅以后所闻云：“子静说话常是两头明，中间暗。……是他那不说破处。他所以不说破，便是禅。”[38]

(32) 庆元四年戊午（一一九八）。沈僩戊午以后所闻云：“近世所见会说话，说话响，令人感动者，无如陆子静。”[39]

(33) 庆元五年己未（一一九九）。吕焘己未所闻云：“王介甫（王安石，一〇二一—一〇八六）、陆子静，却只是横说。”[40]

(34) 杨若海录，不知何时：“性质（原注：陆子美），精神（原注：子静）。”[41]

(35) 廖德明〔乾道五年己丑（一一六九）进士〕录云：“陆子静、杨敬仲有为己工夫。若肯穷理，当甚有可观。惜其不改也。”[42]此为德明癸巳（一一七三）以后所闻。德明由癸巳至己未，师事朱子六次。不知此是何时所闻。以其兼说象山门人，故录之最后。

1 《文集》卷三十一《答张敬夫（第二十七书）》，页十五下至十六上。

2 同上，卷三十四《答吕伯恭（第七十七书）》，页十七下。

3 同上，第八十三书，页二十六上下。

4 《文集》卷四十三《答林择之（第四十六书）》，页三十一下。

5 同上，卷四十四《与吴茂实（第一书）》，页三十下。

6 《语类》卷八十，第八十八条，页三三二一。

7 《文集》卷三十四《答吕伯恭（第九十二书）》，页三十三上。

8 同上，第九十三书，页三十四上下。

9 《语类》卷一二四，第二十一条，页四七五九。

10 《文集》卷三十五《与刘子澄（第十一书）》，页二十二上。

11 《语类》卷一二二，第四条，页四七一九。

12 《文集》卷五十三《答胡季随（第九书）》，页二十二上。

13 同上，第八书，页二十一下。

14 未详。

15 《文集》卷二十七《与詹帅（第三书）》，页十八上。

16 同上，页十七上。

17 “轮对”五劄，载《象山全集》（《四部备要》本）卷十八《删定官轮对劄子》，页一上至三下。

18 《文集》卷三十五，《与刘子澄（第九书）》，页二十四下。

19 同上，卷五十六《答赵子钦（第四书）》，页二下至三上。

20 《论语·为政》，第十五章。

21 《语类》卷一二四，第三十三条，页四七六四。

22 同上，第六条，页四七五四。

23 同上，第四十条，页四七六九。

24 《金刚经》第十品。

25 《文集》卷三十六《答陆子静（第六书）》，页十一上至十五下。

26 同上，卷五十五《答邵叔义（第四书）》，页二十九下。

27 《象山全集》卷三十六《年谱》，页二十一上。

28 《语类》卷一二二，第三十九条，页四七三一。

29 同上，卷一二三，第二条，页四七三九。

30 同上，卷一二四，第三十二条，页四七六四。

31 《语类》卷一二四，第五十七条，页四七八〇。

32 《文集》卷四十六《答詹元善（第三书）》，页十八上。

33 《语类》卷一二四，第十四条，页四七五七至四七五八。

34 同上，卷六十四，第一四一条，页二五二〇。

35 同上，卷一二三，第二十二条，页四七五〇。

36 同上，卷一二四，第七条，页四七五四。

37 同上，第四十六条，页四七七〇。

38 同上，卷一〇四，第三十八条，页四一六五。

39 同上，卷九十五，第一七七条，页三九〇五。

40 同上，卷一三九，第十七条，页五三〇三。

41 《语类》卷一二四，第一条，页四七五三。

42 同上，第五十八条，页四七八一。

【八九】朱陆关系之私情方面

朱陆关系，论之者多矣。中日学者文章，汗牛充栋。大多注重学术异同，以其意见如冰炭之不相容，互见奋激。于是两人之私情方面，彼此尊敬，每多忽略。予尝考其通信，几无年无之。[1]其两人之心情友谊，并不因意见不同而或减也。兹列其关于私事之记载，以年期为序。斯学者可以睹两人交情之全貌，与其始终之感想为何也。

(1) 乾道九年癸巳（一一七三）。吕东莱（吕祖谦，一一三七——一一八一）致朱子书云："抚州士人陆九龄子寿（一一三二——一一八〇），笃实孝友，兄弟皆有立。旧所学稍偏。近过此相聚累日，亦甚有问道四方之意。"[2]盖谓与其弟子静（陆象山）欲与朱子结识也。

(2) 淳熙元年甲午（一一七四）。《答吕子约（吕祖俭，一一九六年卒）书》云：

“近闻陆子静言论风旨之一二，全是禅学，但变其名号耳。竞相祖习，恐误后生。恨不识之，不得深扣其说，因献所疑也。”[3]

(3) 淳熙二年乙未（一一七五）。东莱为之安排，朱陆吕等相会于江西信州鹅湖寺，是为历史上有名之鹅湖之会。予尝撰《朱陆鹅湖之会补述》，指明此会乃在相叙结识，而非学术上之对垒也。[4]别后致书象山云：“所恨匆匆别去，彼此之怀，若皆有未既者，然警切之诲，佩服不敢忘也。”[5]

(4) 淳熙四年丁酉（一一七七）。《答叶味道〔嘉定十三年庚辰（一二二〇）进士〕书》曰：“顷年陆子寿兄弟亲丧，亦来问此。时以既复袝主告之，而子静固以为不然，直欲于卒哭而袝之后，彻其几筵。子寿疑而复问，因又告之。……子静终不谓然，而子寿遂服。以书来谢，至有负荆请罪之语。”[6]

(5) 淳熙七年庚子（一一八〇）。《答吕伯恭（东莱）书》云：“子寿兄弟得书。子静于秋凉来游庐阜，但恐此时已换却主人耳？”[7]是时朱子知江西南康军。郡治离庐山十余里。朱子任期将满，故云。

(6)《又答伯恭》云：“二陆后来未再得信。救荒方急，未暇遣人问之。子静欲来游山。闻此中火色如此，又未知能来否耳。”[8]

(7)《又答伯恭》云：“子寿兄弟久不得书。子静欲来。想以旱故未必能动，旦夕或遣人候之也。”[9]

(8)《答傅子渊书（名梦泉）》云，“荊州（张栻）云亡，忽忽岁晚。比又得青田教授陆兄（子寿）之讣。吾道不幸乃至于此。每一念之，痛恨无穷。想平生师资之义，尤不能为怀也。”[10]

(9)《又答吕伯恭书》云：“子静书云，已求铭（《子寿墓志铭》）于门下，属熹书之，此不敢辞。但渠作得《行状》[11]，殊不满人意。恐须别为抒思，始足有发明也。”[12]

（10）淳熙八年辛丑（一一八一）。《跋子静白鹿洞书院讲义》云："淳熙辛丑春二月，陆兄子静来自金陵。其徒朱克家、陆麟之、周清叟、熊鉴、路谦亨、胥训实从。十日丁亥，熹率僚友诸生，与俱至于白鹿书堂，请得一言，以警学者。……盖听者莫不竦然动心焉。熹犹惧其久而或忘之也，复请子静笔之于简而受藏之。"[13]《朱子年谱》"二月，陆子静来访"条下云："子静来访，请书其兄教授墓志铭。先生率僚友诸生，与俱至白鹿洞书院，请升讲席。子静以君子小人喻义利章发论。"[14]《象山年谱》云："时元晦为南康守，与先生泛舟乐曰：'自有宇宙以来，已有此溪山，还有此佳客否？'乃请先生登白鹿洞书院讲席。先生讲'君子喻于义，小人喻于利'一章。……乃复请先生书其说。先生书《讲义》。寻以《讲义》刻于石。……当时说得来痛快，至有流涕者。元晦深感动。天气微冷而汗出挥扇。"[15]二月而携扇，可疑。

（11）淳熙十年癸卯（一一八三）。朱子有书子静，略云："比约诸葛诚之（诸葛千能，淳熙进士）在斋中相聚，极有益。浙中士人贤者皆归席下。比来所得为多，幸甚。"再书云："归来臂痛。病中绝学捐书，却觉得身心收管，似有少进处。向来泛滥，真是不济事。恨未得款曲承教，尽布此怀也。"[16]

（12）子静《与漕使尤延之（名袤）书》略云："朱元晦在南康已得太严之声。元晦之政，亦诚有病，然恐不能泛然以严病之。使罚当其罪，刑故无小，遽可以严而非之乎。……元晦浙东救旱之政，比者屡得浙中亲旧书及道途所传，颇知梗概，浙人殊赖。自劾一节，

585 尤为适宜。”[17]

(13) 淳熙十一年甲辰（一一八四）。有书子静略云：“不知轮对班
【八九】在何时？果得一见明主，就紧要处下得数句为佳。其余屑屑，不足言也。”[18]

(14)“时有言奏劄差异者。元晦索之，先生纳去一本。”[19]朱子贻书云：“奏篇垂寄，得闻至论，慰沃良深。其规模宏大，而源流深远，岂腐儒鄙生所能窥测？不知对扬之际，上于何语有领会？……但向上一路，未曾拨转处，未免使人疑著，恐是葱岭带来耳。”[20]此书又见《象山全集》，但删去葱岭一句，以其暗示禅宗之度岭而来也。[21]

(15) 淳熙十三年丙午（一一八六），答诸葛诚之云：“子静平日所以自任，正欲身率学者一于天理，而不以一毫人欲杂于其间。恐决不至如贤者之所疑也。”[22]朱子撰《曹立之（曹建）墓表》，谓立之始学于陆氏兄弟，继而就学于张栻。子静门人愤激。诚之盖疑子静亦感不平也。此书又载《象山全集》。[23]

(16) 淳熙十四年丁未（一一八七），《与朱子书》云：“朝廷以旱叹之故，复屈长者以使节。倘肯俯就，江西之民，一何幸也？冬初许氏子来，始得五月八日书，且闻令小娘竟不起，谅惟伤悼。前月来又得五月二日书开慰之剧。某不肖祸衅之深，仲兄子仪中夏一疾不起。前月末甫得襄事。七月末丧一幼稚三岁，乃拟为先教授兄后者。比又丧一侄孙女。侄婿张辅之抱病累月，亦以先兄襄事之后长往。痛哉！祸故重仍，未有甚于此者。触绪悲摧，殆所不堪。某旧有血疾。二三年寖剧。近又转而成痔，良以为苦。数日方少瘳矣。”[24]

(17) 又一书云:“外台之除，岂所以处耆德，殆新政起贤之兆耳。……窃料辞免之章，必未俞允。愿尊兄勉致医药，俯慰舆情。纵筋力未强，但力疾卧护，则精神折冲者，亦不细矣。”[25]

(18)《与王谦仲(王蔺时)》云:“元晦闻已起行入奏事，江西可谓德星聚也。”[26]

(19) 淳熙十五年戊申(一一八八),《与朱子书》云:“闻已赴阙奏事。何日对扬？伏想大摅素蕴，为明主忠言，动悟渊衷，以幸天下。恨未得即闻绪余，沃此倾渴。外间传闻留中讲读，未知信否？诚得如此，岂胜庆幸？乡人彭世昌得一山，在信之西境，距敝庐两舍而近，实龙虎山之宗。巨陵特起，豗然如象，名曰象山。……彭子结一庐以相延。某亦自为精舍于其侧。春间携一侄二息读书其上。又得胜处为方丈以居。”[27]以下为太极之辨。

(20) 朱子复书曰:“今夏在(江西)玉山便中得书。时以入都，旋复还舍，疾病多故，又苦无便，不能即报。然怀想德义，与夫象山泉石之胜，未尝不西望太息也。……今者又蒙收召……已遣人申堂恳免矣。”[28]以下答辩太极。

(21)《又与朱子书》云:“奉十一月八日书，备承作止之详，慰浣良剧。此阅邸报，窃知召命不容辞免。莫须更一出否？吾人进退，自有大义。岂直避嫌畏讥而已哉？”[29]以下续辨太极。

(22) 绍熙三年壬子(一一九二)。朱子《贻子静书》云:“昔时归来(福建)建阳，失于计度，作一小屋，期年不成。劳苦百端，欲罢不可。”[30]

(23) 问:“陆子静家有百余人吃饭。”朱子答曰:“近得他书，已自别架屋。便也是许多人，无顿着处。……陆子静始初理会，家法亦齐整。诸父自做一处吃饭，诸母自做一处吃饭，诸子自做一处，诸妇自做一处，诸孙自做一处，孙妇自做一处，卑幼自做一处。”[31]此为叶贺孙辛亥（一一九一）以后所闻。

（24）绍熙四年癸丑（一一九三），答赵然道〔名师雍，淳熙十四年丁未（一一八七）进士〕云：“荆门（指象山）之讣，闻之惨怛。故旧凋落，自为可伤，不计平日议论之同异也。”[32]

（25）庆元元年乙卯（一一九五），汤泳录云：“象山死，先生率门人往寺中哭之。既罢，良久，曰：‘可惜死了告子。’[33]此为汤泳（非胡泳）乙卯（一一九五）所闻。隔象山之死[34]（一一九三），已两年矣。”（参看页五九二“可惜死了告子”条）

1　参看拙著《朱学论集 · 朱陆通讯详述》（台北学生书局，一九八二），页二五一至二六九。

2　《东莱吕太史文集》（《续金华丛书》本）别集，卷八《与朱侍讲第（二十二书）》，页一下。

3　《文集》卷四十七《答吕子约（第十七书）》，页二十下至二十一上。

4　《朱学论集 · 朱陆鹅湖之会补述》，页二三三至二四九。

5　《象山全集》（《四部备要》本）卷三十六《年谱》，页九下。此书不见《朱子文集》。

6　《文集》卷五十八《答叶味道（第二书）》，页二十五上。第一书，页二十三上。负荆请罪出《史记》（《四部丛刊》本）卷八十一，页六上。

7 同上，卷三十四《答吕伯恭（第八十三书）》，页二十六上。

8 同上，第八十四书，页二十八上。

9 同上，第八十五书，页二十九下。

10 同上，卷五十四《答傅子渊（第一书）》，页十六上。

11 《象山全集》卷二十七《全州教授陆先生行状》，页一上至四下。

12 《文集》卷三十四《答吕伯恭（第九十书）》，页三十二上。

13 同上，卷八十一《跋金谿陆主簿白鹿洞书堂讲义后》，页二十五上。

14 王懋竑《朱子年谱》（《丛书集成》本）卷二下，页九十六。

15 《象山全集》卷三十六《年谱》，页十下。

16 同上，页十一下。二书不见《朱子文集》。

17 同上，页十二上。

18 同上，页十二下。

19 同上，页十三上。

20 《文集》卷三十六《寄陆子静（第一书）》，页六上。

21 《象山全集》卷三十六《年谱》，页十三下。

22 《文集》卷五十四《答诸葛诚之（第一书）》，页四下。

23 《象山全集》卷三十六《年谱》，页二十下。

24 《象山全集》卷十三《与朱元晦（第一书）》，页七上下。

25 同上，第二书，页七下。

26 同上，卷九《与王谦仲（第一书）》，页一上。

27 同上，卷二《与朱元晦（第一书）》，页五上。

28 《文集》卷三十六《答陆子静（第五书）》，页七下。

29 《象山全集》卷二《与朱元晦（第二书）》，页七下。

30 同上，卷三十六《年谱》，页二十三下。此书不见《朱子文集》。

31 《语类》卷九十，第六十四条，页三六六三至三六六四。

32 《文集》卷五十五《答赵然道》，页二十七下。

33 《语类》卷一二四，第四十八条，页四七七二。

34 象山卒于绍熙三年壬子十二月十四日，为阳历一一九三年一月十日。

【九〇】 陆子晚年定论?

黄彰健先生著《象山思想临终同于朱子》，载《大陆杂志》第六十九卷（一九八四年，七月）第一期（页三十二至四十二），考订孙应时（一一五四—一二〇六）与朱子来往书信二十一通，与孙氏与陆象山（陆九渊，一一三九—一一九三）往来书信三通之年月。考据精确，大有补王懋竑《朱子年谱》（一七六二）之不逮。诚为研究朱子所不可少之宝贵材料。此文之主旨在乎订定来往书札之时期，故几全部讨论此点。故以《孙应时与朱子及陆象山往来书信系年》为副题。只据孙氏《烛湖集》所载《上朱子》一书中有云："荆门陆先生遂止此，可痛。闻其启手足，告学子，惟先生之教是从，惜其前此自任之稍过也。"（页三十八）遂以"象山思想临终同于朱子"为题，未免言之过急。

黄先生引象山绍熙三年壬子（一一九二）九日复孙应时书中"迷于

异说”(页四十二)之言，下按语云:“这一封信责备孙氏‘迷于异说’，当指孙氏治学，尊信朱子之教。”又云:“这一封信去象山之死，不过数月。故上引孙氏上朱子信，言及象山‘启手足，告学子，惟朱子之教是从’，很可能是象山在临终时，才改变其观点。”续云:“孙应时为象山及朱子弟子，上引诸书信可证。黄宗羲《宋元学案》卷七七说：孙‘问学于朱陆之间而所师则陆’[1]。陈荣捷先生《朱子门人》一书亦以黄说为然。[2]盖皆未见《烛湖集》此一珍贵资料。”(页四十二)

黄先生此处实下两个判语。一为孙氏乃象山及朱子弟子，而以黄宗羲“所师则陆”为误。一为象山临终，改变其观点。关于孙氏之为朱、陆门人,《宋元学案》与《朱子门人》均与黄先生之说无异。至于孙氏所师，为朱抑陆，愚未考《烛湖集》，无从断定。但从其与朱陆往来书札观之，则黄宗羲“所师则陆”之语为当。孙、陆往来书信(页四十一至四十三)不见有学术之讨论，故吾人不知孙氏思想是否同于象山。在孙氏与朱子来往信中，则两人意见冲突。于朱子《中庸章句》《太极解义》，谓“其间诚有疑者”(页三十三)，可知孙氏有疑。孙氏又谓“《中庸章句》中哀公问政一篇。……又颇疑《大学》所定。……然此乃先生数十年精思熟讲，然后出之，岂可轻议？顾心之所怀，不敢不吐。”(页三十六)朱子主张《小序》非孔门之旧，而安国(壮年前一三〇)序亦非西汉文学(页三十七)，[3]而孙氏则谓“昨蒙教以孔安国《书序》非西汉文章，未知信然。但于《书·小序》，犹未敢疑其非孔氏之旧耳。”(页三十七)朱子以《易》为卜筮之书，孙氏则似弃卜筮而谈义理(页三十七)。凡此针锋相对，所师非朱明矣。

象山临终改变其观点一节，鄙意不敢赞同。其故有三。一者孙应时只间接听闻其启手足时告门人唯朱子之教是从，并非亲闻其说，不无传闻失实之可能。二者杨简(杨敬仲，一一四一——一二二六)所撰《象山先生行状》绝无此说。[4]《象山年谱》记象山临终亦无此语。[5]三者象山苟有此言，则朱门必欣然相告。唯查《朱子语类》卷一百二十四之陆氏，其中黄义刚、甘节、曾祖道、辅广、汤泳、沈僩、孙自修、钱木之、黄过等人所录，皆在象山逝世之后，而竟无象山教门人以朱子之教是从之痕迹。第四十八条(页四七七二)载象山死，朱子率门人往寺中哭之。既罢良久，曰：“可惜死了告子。”(参看页五九二“可惜死了告子”条)第十四条(页四七五七)讨论陆象山不着言语，其学正似告子。如象山思想临终同于朱子，则此处不应以告子视之矣。《烛湖集》材料诚可宝贵，但所引书札，恐尚无象山临终转向朱子之有力证据耳。

1 《宋元学案》(《四部备要》本)卷七十七《槐堂诸儒学案》，页六上。

2 台北学生书局，一九八二年。

3 《语类》卷七十八，第二十五等条，页三一五三至三一五六。

4 《象山全集》(《四部备要》本)卷三十三，页二下至七下。

5 同上，卷三十六，页二十四下。

【九二】“可惜死了告子”

《语类》载“象山(陆九渊，一一三九—一一九三)死，先生率门人往寺中哭之。既罢，良久，曰：‘可惜死了告子。’”本注云：“此说得之文卿。”[1]

第一问题须待解决者，何以朱子比象山于告子？查朱子之论象山，谓其同于告子者，共有四点。一为不知有气禀之杂。《语类》云：“看子静(象山)书只见他许多粗暴底意思可畏。其徒都是这样。才说得几句，便无大无小，无父无兄，只我胸中流出底是天理，全不着得些工夫。看来这错处只在不知有气禀之性。……孟子不说到气一截，所以说万千与告子几个，然终不得他分晓。[2]告子以后，如荀、扬(扬雄，前五三—一八)之徒，皆是把气做性说了。”[3]二为不教人读书。《语类》载杨至问：“陆氏之学，不甚教人读书看文字。与告子相似否？”朱子答云：“便是。”[4]二为义外之说。朱子《答项平甫(项安世，一一五三—一二〇八)书》云：“告子乃不知此，而以义为外，则其不动心也，直彊制之而顽然不动耳，非有此气（浩然之气）而自然不动也。故（孟子）又曰：‘我故曰，告子未尝知义，以其外之也。’[5]然告子之病，盖不知心之慊处，即是义之所安，其不慊处，即是不合于义，故直以义为外而不求。今人因孟子之言，却有见得此意，而识义之在内者。然又不知心之慊与不慊，亦有待讲学省察，而后能察其精微者，故于学聚问辨[6]之所得，皆指为外而以为非义之所在，遂一切弃置而不为。此与告子之言，虽若小异，然其实则百步五十步[7]之间耳。”[8]此处未明指象山。与《文集·答项平甫书》八通。第一、二、三书皆提象山。第四书“若谓尧舜以来，所谓兢兢业业，便只是读书程课”之言，无疑是指淳熙二年乙未（一一七五）朱陆江西鹅湖寺之会时象山欲问朱子尧舜之前，何书可读？[9]故知此处辟告子义外之说，亦所以辟象山义外之说也。《语类》则明白言之。朱子云：“今陆氏只是要自渠心里见得底，方谓之内。若别人说底，一句也不是。才自别人说出，便指为义外，如此乃是告子之说。”朱子又云：“尝与金溪（指象山）辨义外之说。某谓事之合如此者，虽是在外，然于吾心以为合如此而行，便是内也。且如人有性质鲁钝，或一时见不到，因他人说出来，见得为是，从而行之，亦内也。金溪以谓此乃告子之见，直须自得于己者方是。若以他人之说为义而行之，是求之于外也，遂于事当如此处亦不如此。不知此乃告子之见耳。”[10]

第四点，集中于告子“不得于言，勿求于心”之说。[11]朱子云：“‘不得于言，勿求于心’，是心与言不相干。……此告子说也。告子只去守个心得定，都不管外面事。外面是亦得，不是亦得。孟子之意，是心有所失，则见于言，如肝病见于目相似。陆子静说告子亦有好处。今人非不但不识孟子，亦不识告子。只去言语上讨不着，陆子静却说告子只靠外面，更不去管内面。以某看，告子只是守着内面，更不管外面。”[12]杨至问告子谓“不得于言，勿求于心”，朱子答云：“告子于此不达，则不复反求其理于心。尝见陆子静说这一段，大段称告子所见高。告子固是高，亦是陆子之学与告子相似，故主张他。然陆氏之学，更鹘突似告子。”[13]潘植所录云：“(杨)至之问告子‘不得于言，勿求于心’，先生云：‘陆子静不着言语，其学正似告子，故常讳这些字。’至之云：‘陆尝云，人不惟不知孟子高处，也不知告子高处。先生语陆云：试说看。陆只鹘突说过。’先生因语诸生云：‘陆子静说告子也高，也是他尚不及告子。告子将心硬制得不动。陆遇事未必皆能不动。’”[14]

第三、第四两点，实是相为表里。盖不求义外与不得于言勿求于心，同是告子不动心之法。由朱子观之，告子与陆子均无孟子浩然之气不动而只有强制之不动，而在象山，或且不能不动耳。

如上所述，朱子之叹“可惜死了告子”，必指告子与陆子之不动心之法而言，而非指其论性不论气与不教人读书而言。盖前二者只偶尔言之，而后二者则屡屡言之也。此是学术问题，朱子只谓陆子至死，尚不相投耳。

朱子之纯从学术立场而绝对坦白之态度，又可于吕祖俭(字子约，一一九六年卒)之死朱子所言见之。祖俭为祖谦弟，与朱子讲学甚密。《文集》有致子约书两卷(四十七八)，凡四十八通，又《别集》卷一一通。朱子通信除张栻(一一三三—一一八〇)、吕祖谦(一一三七—一一八一)外，无有出其右者。然两人思想，总不融合。朱子尝云：“可怜子约一生辛苦读书，只是竟与之说不合。”[15]子约死，朱子曰：“子约竟赍着许多鹘突道理去矣。”[16]

从来谈“可惜死了告子”者，绝未提朱子“子约怀道理去”之语，因而不审朱子对于象山之死，纯从学术立场。反而以为于象山之死，不特无哀悼之意，且从而讥之。显然非仁人君子之所为。于是王懋竑之《朱子年谱》与《象山全集》均不记载。或谓陆象山死，朱子并无祭文，似是侮慢。然朱子率门人往寺中哭之，岂亦假装门面耶？《语类》原注谓“此说得之文卿（窦从周）”。王懋竑谓“此事不见于从周录，恐传闻之误。《闲辟录》云：‘哭之者故旧之私情，讥之者斯文之公议。’此语固然。然谓其学同于告子而辨之则可，谓可惜死了告子，则语太轻，必非朱子语矣”[17]。钱穆亦谓“语非记录者所亲闻，可信否不可知”[18]。王、钱二氏，似以朱子此言为不善，欲为之洗刷。窦从周淳熙十三年丙午（一一八六）始侍朱子，其时年已五十。[19]朱子率门人哭象山之死，从周谅必在场。王懋竑谓此事不见于从周录，此则诚然，然不能因此便谓无其事也。从周录丙午以后所闻三十余条，皆是关于理论为学之问答。此条不在此范围之内，则其不录，亦至自然。从周年长老大，收放心，慕颜子克己气象，[20]当非轻信途说，胡言乱语之人。此条为汤泳乙卯（一一九五）所闻，离象山之死已两三载。传闻失实，未尝不可能。然从周亲与其事之可能性，比传闻失实为大。今加以祖俭死后朱子同样之言，则所谓“可惜死了告子”，当不容置疑矣。吾人苟否认“死了告子”之语，则亦否认其哭陆子，可乎？朱子与象山辨，词至剧烈，毫不妥协。卒之各尊所闻，无望必同。然两人交情，未尝因此而稍淡。两人丧幼稚，均以相告。[21]其谓“死了告子”，并非意存侮慢，只是直言其事而已。朱子刚直则有之。死而犹讥，则断无其事。朱子一生，何尝讥某一人？（参看页六五九“赠胡籍溪诗”条）

此条之下有注“泳”一字，依《语类》例，为泳所记。钱穆先生谓“此条胡泳所载，王白田（王懋竑，一六六八—一七四一）《年谱考异》谓是汤泳，[22]恐误。”[23]拙著《朱子之宗教实践》从之，[24]续查《语类》记录者有泳，又有胡泳，如卷一二一第十二条（页四六七三）是也。胡泳所录为戊午（一一九八）所闻。泳是汤泳。为乙卯（一一九五）所闻。王懋竑不误，误者钱氏也。拙著《朱子之宗教实践》，亟应改正。

1 《语类》卷一二四，第四十八条，页四七七二。

2 《孟子·告子》上，第一至第六章。

3 《语类》卷一二四，第三十八条，页四七六八至四七六九。

4 同上，卷五十二，第二十八条，页一九六〇。

5 《孟子·公孙丑》上，第二章。

6 《易经·乾卦·文言》：“君子学以聚之，问以辨之。”

7 《孟子·梁惠王》上，第三章：“以五十步笑百步。”

8 《文集》卷五十四《答项平甫（第六书）》，页八上下。

9 《象山全集》（《四部备要》本）卷三十六，页九下。

10 《语类》卷一二四，第三十七条，页四七六六至四七六七。

11 《孟子·公孙丑》上，第二章。

12 《语类》卷五十二，第二十七条，页一九五九。

13 同上，第二十八条，页一九五九至一九六〇。

14 同上，卷一二四，第十四条，页四七五七至四七五八。

15 《语类》卷一二二，第三十三条，页四七二九。

16 同上，第三十七条，页四七三一。

17 《朱子年谱·考异》（《丛书集成》本）卷三，页三〇九。

18 《朱子新学案》（台北三民书局，一九七一）第三册，页三五六。

19 参看《宋元学案》（《四部备要》本）卷六十九《沧洲诸儒学案》，页十六上。拙著《朱子门人》（台北学生书局，一九八二），页三六〇至三六一。

20 《语类》卷一一四，第三十六条，页四四〇四。

21 《象山全集》卷十三《与朱元晦》，页七上。

22 《朱子年谱·考异》卷三，页三〇八。

23 《朱子新学案》第三册，页三五六。

24 拙著《朱学论集》（台北学生书局，一九八二），页一九五。

【九二】阳明有得于朱子

朱、王对峙，为学者所常言。朱子主性即理，阳明（一四七二—一五二九）则主心即理。朱子之《大学》分章，先物格而后意诚。阳明则主复古本，先诚意而后格物。且格物者，格心之谓也。凡此在在对抗，不能不谓之为学敌。学者分理学心学，彼此抗衡，未尝不可。然数百年来门户之见，愈来愈甚，以为水火不相容，如陈建（一四九七—一五六七）之《学蔀通辩》，实是太过。朱王之异，无可否认，然不过是兄弟阋于墙而已。钱穆谓："守仁之说，始终未能摆脱尽朱熹的牢笼。"[1]非无故也。予尝撰《从朱子晚年定论看阳明之于朱子》，备述历代对于《晚年定论》之反动，阳明与陆象山（陆九渊，一一三九—一一九三）之关系，阳明之尊重明道（程颢，一〇三二—一〇八五），与阳明之力求与朱子归一。[2]今于归一方面，略有补充。分三点言之：（一）阳明之敬仰朱子；（二）《传习录》之依据朱子；（三）刘宗周（刘巖山，一五七八—一六四五）之朱、王印合观。

（1）阳明之敬仰朱子

弘治元年戊申（一四八八）七月亲迎夫人诸氏于洪都[3]。翌年十二月归余姚[4]，经广信[5]，见娄谅（一四二二—一四九一）。娄谅语以宋儒格物之说，亦即朱子格物之说。年二十一（一四九二），从其父于北京，遍求朱子遗书读之。朱子谓即物而穷其理。乃与钱友向亭前竹树考索。钱三日成疾，阳明亦七日以劳思致病。[6]十四年辛酉（一五〇一）审录江北，遇异人谓周濂溪（周敦颐，一〇一七—一〇七三）、程明道是儒家两个好秀才。儒之方向渐定。十八年乙丑（一五〇五）与湛甘泉（湛若水，一四六六—一五〇五）定父，并开始授徒，以倡明圣学为事。及至贵州龙场，中夜大悟格物致知不待外求之旨，乃疑朱子所定《大学章句》，非圣门本旨。于朱子之说有所冲突，恒疚于心。

格物格心，未尝不可以调和。唯《朱子晚年定论》，似与朱子挑战，且暗示朱子晚年乃转归象山之说，谓朱子"知其晚岁固已大悟旧说之非，痛悔极艾，至以为自诳诳人之罪，不可胜赎。世之所传《集注》《或问》之类，乃其中年未定之说，自咎以为旧本之误，思改正而未及"[7]。此论出后，即引起强烈反应，弄成一巨大风波，鼓动一百五十余年。最先驳论者为罗钦顺[8]（一四六五—一五四七），而以陈建为最烈[9]。彼等指出阳明所摘三十四书之中，多在《集注》《或问》成书以前。故阳明晚年之说，根本不能成立。其实统计可决定为早年中年之书者五，决为晚年者十，似为晚年者八，无史实可据者十一。是则阳明所谓晚年，未尝无据。阳明之最大缺点，乃在其断章取义。从一千六百余书札中，挑取三十余札数行，以符合己意。

【九二】以方法论，自是大错。然其动机，则非如陈建等之所云援朱入陆，阳儒阴禅。此不外陈建等之主观而已。阳明并非倒朱扶陆，只为象山鸣冤。彼之所云“大意在委曲调停”[10]，非虚语也。

阳明最大动机，在乎归一。答甘泉云：“自是而吾党之学归一矣。此某之幸，后学之幸也。”[11]又自云：“予既自幸其说之不缪于朱子，又喜朱子之先得我心之同然。”[12]施邦曜（一五八五—一六四四）评此语曰：“先生与朱子是一是二，两言可见。”[13]朱、王两人思想，有同有异，大抵对于朱子得自伊川格物之说，不能会同，而于朱子得自明道心性之学，则谓先得我心之所同。故《晚年定论》于朱子涵育熏陶之说，尝以为喜。[14]自辨与朱子时有不同，则曰：“吾之心与晦庵之心未尝异也。”[15]又曰：“就如朱子亦尊信程子。至其不得于心处，亦何尝苟从？”[16]总之，常以朱子为模范。于是其思想之部分，不能越出宋学之范围。其谓“仆于晦庵亦有罔极之恩”[17]，又曰：“平生于朱子之说如神明蓍龟。”[18]皆由衷之言也。

（2）《传习录》之依据朱子

《传习录》首条即批评朱子改《大学》“在亲民”为“作新民”[19]之不是。《传习录》引朱子共二十次。然凡所引，几乎针针相对。如朱子《中庸章句序》谓道心为主而人心听命，阳明则谓：“天理人欲不两立，安有天理为主，人欲又从而听命者？”[20]又如朱子《大学补传》谓“即物而穷其理”，阳明则谓此析心理为二。[21]两者似相对垒，难以融合。然《传习录》重要之点有三：一为至善是心之本体，二为独知乃良知，三为心外无理。三者皆借重朱子之言，以为解释。言心之本体[22]，则引朱子“尽乎天理之极而无一毫人欲之私”[23]，以阐明之。“致良知”为阳明突破学说，吾人不能谓其来自朱子。然其解良知谓：“人虽不知而己所独知者，此正是吾心良知处。”[24]乃引朱子“人所不知而己所独知”[25]之言，不能不承认其释良知为有得于朱子矣。朱子注《大学》经文“明明德”云：“明德者，人之所得乎天，而虚灵不昧，以具众理而应万事者也。但为气禀所拘，人欲所蔽，则有时而昏。然其本体之明，则未尝息者。故学者当因其所发而遂明之，以复其初也。”阳明亦曰：“明德者，天命之性，灵昭不昧，而万理之从出也。……于凡事物之感，莫不有自然之明焉。是其灵昭之在人心，亘万古而无不同，无或昧者也。是故谓之明德。其或蔽焉，物欲也。明之者，去其物欲之蔽，以全其本体之明焉耳。”[26]与朱子之言，如同一鼻息出气。阳明学说诚是自家苦思得来，然其借助于朱子，则无可否认矣。

（3）刘宗周之朱王印合观

刘宗周摘录阳明书札杂著与《传习录》为《阳明传信录》三卷，每条加以按语，甚为精切，为研究王学所不可缺。惜知《传信录》者，尚少其人也。阳明云：“志道恳切，固是诚意，然急迫求之，则反为私己。”[27]刘氏按之曰：“此语自是印过程朱。”[28]阳明云：“博学、审问、慎思、明辨、笃行，皆所以明善而为诚身之功也。”[29]刘氏曰：“先生既言格致即《中庸》明善之功，不离学问思辨行，则与朱子之说何异？”[30]阳明云：“君子之所谓敬畏者，非有所恐惧忧患之谓也。……惟恐其昭明灵觉者，或有所昏昧放逸，流于非僻邪妄，而失其本体之正耳。”[31]宗周评之曰：“最足发明宋儒主教之说。”[32]阳明云：“谨独即是致良知。”[33]刘氏评之曰：“千圣同符。”[34]其评

《朱子晚年定论序》则曰："先生自供供人处，俱确凿无疑。朱子闻道，毕竟在晚年。"[35]而于《传习录》引朱子"天理人欲"之言[36]，则曰："'天理人欲'四字，是朱王相印合处。奚必晚年定论？"[37]于阳明评朱子人心听命之语，则按之曰："先生说人道只是一心，极是。然细看来，依旧只是程朱之见。"[38]又评《传习录》徐爱（一五一八年卒）所记语录云："先生语录，其言去人欲存天理者不一而足。又曰：'至善是心之本体，然未尝离事物。'[39]又曰：'即尽乎天理之极处。'[40]则先生心宗教法，居然只是宋儒衣钵，但先生提得头脑清楚耳。"[41]阳明解"中"字为无所偏倚。[42]刘氏评之曰："此即朱子至静之中无少偏倚之说。"[43]阳明曰："文公格物之说，只是少头脑。如所谓'察之于念虑之微'，此一句不该与'求之文字之中，验之于事为之著，索之讲论之际'[44]，混作一例看，是无轻重也。"[45]刘氏之反应，乃谓"文公功臣"[46]，此言极妙。盖谓阳明非反朱，只进一步耳。阳明答读书之问，谓："终日与圣贤印对，是个纯乎天理之心。任他读书，亦只是调摄此心而已。何累之有？"[47]宗周评之曰："又举天理二字，如此方是真读书，亦便是真格物处。朱先生以读书为格物穷理之要，与先生语不无差别。"[48]宗周评阳明语，强调其拈出天理二字处，不下十余次。天理为阳明学说一重心，自无问题。然此处暗示朱子教人读书，非体贴天理，则宗周非文公之功臣也。

黄宗羲（一六一〇—一六九五）《明儒学案》卷十为《姚江学案》，所录《语录》，即《阳明传信录》卷一二；所录《传习录》，即《阳明传信录》卷三，俱略有删。除少数外，并录宗周按语。但未说明此是刘氏评话，以致日本学者注《传习录》，几皆误以为黄宗羲评语。即如大儒佐藤一斋（一七七二——八五九）、东正纯（一八三二——八九一）与最近注释者中田胜，皆有此误。[49]此非彼等之过，而乃宗羲之疏忽也。宗周思想，大体沿袭阳明，又拥护其《朱子晚年定论》之议，而竟以朱王印合如此，吾人益知阳明之有得于朱子为不少矣。

1 《朱子新学案》（台北三民书局，一九七一）第一册《提纲》，页二一〇至二一一。

2 载《书目季刊》第十五卷，第三期（一九八一年十二月），页十五至三十四。采入拙著《王阳明传习录详注集评》（台北学生书局，一九八三），页四三七至四七三。

3 今江西南昌。

4 今浙江绍兴之东。

5 今江西上饶县。

6 《传习录》下，第三一九"先生曰众人"条。《王文成公全书》（《四部备要》本）卷三，页五十一上。以下简称《全书》。

7 《传习录》卷末附《朱子晚年定论序》。

8 《困知记》〔嘉靖七年戊子（一五二八）本〕附录卷五《与王阳明书》，页一上至七上。予文内以顾璘（字东桥，一四七六——五四五）为首先批评定论者，经Irene Bloom博士指正。

9 《学蔀通辩·提纲》（《正谊堂全书》本），页一上；卷一，页三上，七下；卷二，页三下，四上、五下；卷三，页十五下。

10 《传习录》卷中，第一七六条《答罗整庵少宰》。《全书》卷二，页六十三下。

11 《全书》卷四《答甘泉》，页四十一上下。

12 《传习录》卷末附《朱子晚年定论序》。

13 《阳明先生集要》〔光绪三十二年丙午（一九〇六）本〕，《理学集》卷四，页九十一上下。

14 《全书》卷六《答南元善（第二书）》，页十八下。

15 《传习录》卷上，第九十八"朋友观书"条。《全书》卷一，页四十五上。

16 《传习录》，第六"爱曰昨闻"条。《全书》卷一，页八上下。

17 《全书》卷二十一《答徐成之（第二书）》，页十五下。

18 《传习录》卷中，第一七六条《答罗整庵少宰》。《全书》卷二，页六十三下。

19 改"亲"为"新"，乃依程伊川改正《大学》。参看《程氏经说》（《四部备要·二程全书》本）卷五，页三上。

20 《传习录》卷上，第十"爱问道心"条。《全书》卷一，页十一下。

21 同上，卷中，第一三五条《答顾东桥书》。《全书》卷二，页八下至九上。其他反对朱子之论，详见《王阳明传习录详注集评》，页四五五至四五六。

22 同上，卷上，第二"爱问知止"条。《全书》卷一，页三上。

23 《大学章句》注经文。

24 《传习录》卷下，第三一八“先生曰先儒”条。《全书》卷三，页五十上。

25 《大学章句·诚意》第六。

26 《全书》卷七《亲民堂记》，页三十七下至三十八上。

27 《全书》卷四《答徐成之（第二书）》，页二下。

28 《刘子全书遗编》〔道光三十年庚戌（一八五〇）刻本，光绪二十五年己亥（一八九九）重修〕卷十一，《阳明传信录》一，页二下。《明儒学案》（《四部备要》本）卷十，页五上删此评语。

29 《全书》卷四《答王天宇（第二书）》，页三十上。

30 《刘子全书遗编》卷十一《传信录》一，页四下。《明儒学案》卷十，页六上。

31 《全书》卷五《答舒国用》，页十七上下。

32 《刘子全书遗编》卷十一《传信录》一，页九下。《明儒学案》卷十，页八下。

33 《全书》卷五《与黄勉之（第二书）》，页二十三下至二十四上。

34 《刘子全书遗编》卷十一《传信录》一，页十上。《明儒学案》卷十，页九下，删此评语。

35 《全书》卷十二《传信录》二，页十四下。《明儒学案》卷十无此序。

36 《大学章句》注经文。

37 《刘子全书遗编》卷十三《传信录》三，页一上。《明儒学案》卷十，页十二下。

38 同上，页四下。

39 《传习录》卷上，第二“爱问知止”条。《全书》卷一，页三上。

40 同上。

41 《刘子全书遗编》卷十三，《传信录》三页五上。《明儒学案》卷十，页十四上。

42 《传习录》卷上，第七十六“澄问喜怒”条。《全书》卷一，页三十八下。

43 《刘子全书遗编》卷十三《传信录》三，页八下。《明儒学案》卷十，页十五下，删此评语。

44 《大学或问》（《近世汉籍丛刊》本），页二十上，总页三十九。

45 《传习录》卷下，第二三四“文公格物”条。《全书》卷三，页十五上。

46 《刘子全书遗编》卷十三《传信录》三，页二十一下。《明儒学案》卷十，页十九下，删此四字。

47 《传习录》卷下，第二四一“问读书”条。《全书》卷三，页十八上。

48 《刘子全书遗编》卷十三，《传信录》三，页二十二上。《明儒学案》卷十，页十九下。

49 拙著《王阳明传习录详注集评》页三十七、一三〇、一五五、二一〇、二八八、三〇二、三〇三、三〇四、三〇七、三〇九、三二七、三三一、三四一、三四二、三五五、三六二、三八〇。谓注家误以为黄宗羲语，盖指佐藤一斋（《传习录栏外书》）、吉村秋阳（《王学提纲》）、东正纯（《传习录参考》）、东敬治（《传习录讲义》）、杉原夷山（《王阳明》）、山田准（《传习录》）、中田胜（《王阳明》）、安冈正笃（《传习录诸注集成》），其中以吉村秋阳与东正纯为尤甚，而东正纯之子东敬治沿之。

【九三】朱子与道士

朱子与道士来往,《文集》所载,凡十数人。生平交游,必不止此数。就以记载而论,亦比以前之周敦颐、张载、程颢程颐兄弟、同时之陆象山及以后之王阳明为多。然周子得《太极图》于穆伯长,伯长之传,出于道士陈抟(约九〇六—九八九)。阳明合卺之日与道士彻夜谈养生。朱子则绝未闻与道人讨论道家空寂之旨或养生之术。十岁时有道人授以符印。父兄知之,取而焚之。[1]不知此事有无影响朱子以后对于道士之态度。

交游方式,以吟咏题跋为最多。曾题福建武夷山冲佑观羽人高文举之《武夷图》与跋宋初道士陈景元诗。[2]此是文字兴趣,未见有何朋友之情。其赠陈道人,云:“非君有道气,孤绝讵能堪?”题清晖堂曰:“珍重忘言子,高唱绝尘纷。”清江道士周君抱琴来访,因功衰不克听。赠之序云:“视其貌,接其言,知其所志深于是者。”[3]

皆有仰羡之意。其交情颇深者为李道士。送李道士归玉笥，云：“为我中间留一榻。”在武夷山冲佑观之岁寒轩与诸羽客同饮赋诗，[4]皆见交情之厚。一维那上人赠黄金丹，重听遂愈，朱子以诗谢之。[5]道人为施针术，足病轻安，亦为诗以酬。[6]

朱子游览，每宿道庵。游江西庐山，宿栖贤院、净退庵、广福庵、景德观与密庵。[7]亦曾宿休庵与诣水公庵。[8]武夷山旧有铁笛亭，废久。一日与客及道士数人寻其故址。适有笛声发于林外，因复作亭，以识其处。[9]

《文集》不见有与道人论学之书。《答甘道士》只云：“不如且学静坐闲读旧书，涤去世俗尘垢之心，始为真有所归宿耳。”答陈道士亦云：“诗篇法箓声名利养，一切外慕，尽当屏去，乃为有下手处。又不知真能辨此否尔。”[10]此是以道家思想，还诸道人。

淳熙十年癸卯（一一八三），朱子筑武夷精舍，有仁智堂、观善斋与寒栖馆。此馆“以居道流，取道书《真诰》中语命之曰寒栖之馆”[11]。武夷寺观不少，此馆或为道人往来之方便，或为道人中之好学者参加精舍讨论，均未可知。僧人道士均称道人，或道流即指道人，而僧人素食，故另设一馆，亦可能。朱子门人四百六十余人之中，有记载其为道士者只吴雄一人。吴雄，字伯英，岳州平江县人。《宋元学案补遗》引《姓谱》云：“年二十，客临安（杭州），因蔡西山元定见朱文公于考亭（福建建阳），遂受业……博学贯通，尤有志于当世星纬、占候、孙吴兵法，咸诣其妙。”又于《李儒用传》下引《一统志》云：“朱子帅长沙，与道人吴雄同受业于门。”[12]《语类》吴伯英问答十余处，训门人者四条。[13]四条朱子教居敬与读书，绝不关道家思想。朱子排斥佛道至严，然此处全无痕迹。其余除一条问伊川论经权外，皆涉《论语》。若全靠《语类》，则不知吴雄为道人，只《一统志》云然。《语类》问答，尚有许多只知姓名而不详履历，而诸书以为门人者，有无如吴雄其人？有之，为数若干？皆不可考矣。武夷精舍既作别室以居道流，其中有从学者，殊不为怪也。（参看页六二九“朱子与僧人”条）

1　《语类》卷三，第八十条，页八十七。

2　《文集》卷七十六《武夷图序》，页二十七上下；卷八十一《跋南上人诗》，页二十四下；卷八十三《跋道士陈景元诗》，页二十四上下。

3　同上，卷六《宿休庵赠陈道人》，页二十二下。卷七《寄云谷瑞泉庵主》，页一上。卷一《赠仰上人》，页十二上；《寄题清晖堂》，页十二下。卷七十六《赠周道士序》，页十四下。

4　同上，别集，卷七《送李道士归玉笥三首》，页二下；正集卷九《用公济韵》，页四下。

5　同上，别集，卷七《与一维那》，页一上。“上人”为僧人之尊称，然亦可用以称“上德之人”。一似是姓，故以道士待之。

6　同上，正集卷九《赠针足陈道人》，页十下。参看页六六三“逸诗”条。

7　《文集》卷七《栖贤院三峡桥》《西涧清净退庵》，页十二下；《山北纪行》，页十六上。卷八十四《游密庵记》，页三十上。

8　同上，卷六《宿休庵赠陈道人》，页二十二下；卷二《诣水公庵雨作》，页三下。

9　同上，卷九《晚对亭》，页四上。

10　同上，卷六十三《答甘道士》《答陈道士》，页九下。

11　同上，卷九《武夷精舍杂咏序》，页三上。

12　《宋元学案补遗》（《四明丛书》本），卷六十九《沧洲诸儒学案补遗·吴先生雄》，页一七六；《李练溪先生儒用》，页一九九。参看拙著《朱子门人》（台北学生书局，一九八二），页九十九，《吴雄传》。

13　《语类》卷一二〇，第四十三至四十六条，页四六二七至四六二八。参看中正书局本人名索引。

【九四】儒道之比较

《文集》与《语类》之比较儒家与道家，为数不少，而且哲学、修养、认识各方面，均有论及。唯是皆简短问答，或顺带而言。除《养生主说》[1]外，并无专文为有统系之讨论如《释氏论》者[2]。所有比较，几乎皆儒胜于道。朱子诚有取于老子（参看页六一三“解老”条与页六二一“老子亦有所见”条），但非从比较而言。以下所列，未及评论。仅备资料，以候学者之研究耳。

（1）虚实。“儒释之分，只争虚实而已。如老氏亦谓：‘恍兮惚兮，其中有物。窈兮冥兮，其中有精。’[3]所谓物精亦是虚。吾道虽有‘寂然不动’[4]，然其中粲然者存，事事有。”[5]

（2）儒道之道。“以道为高远玄妙而不可学邪？则道之得名，正以人生日用当然之理，犹四海九州一日千万人当行之路尔。非若老佛之所谓道者，空虚寂灭，而无与于人也。”[6]

(3) 有无。“问，横渠（张载，一〇二〇—一〇七七）云：言有无，诸子之陋也。[7]曰：无者无物，却有此理。有此理则有矣。老氏乃云：物生于有，有生于无。[8]有生于无，和理也无。便错了。”[9]

(4) 无朕有理。“是这个事，便只是这一个道理。精粗一贯，元无两样。今人只见前面一段事，无形无兆，将谓是空荡荡。却不知道‘冲漠无朕，万象森然已具’[10]。如释氏便只是说空，老氏便只是说无。”[11]

(5) 有无一二。“熹详老氏之言有无，以有无为二。周子（周敦颐，一〇一七—一〇七三）之言有无，以有无为一。正如南北水火之相反。”[12]

(6) 玄与实。问：“无声无臭”[13]与老子所谓“玄之又玄”[14]，庄子所谓“冥冥”“默默”[15]之意，如何分别？先生不答。良久曰：“此自分明，可仔细看。……且如孔子说‘天何言哉？四时行焉，百物生焉’[16]……圣人说得如是实。”[17]

(7) 一与万。“万理虽只是一理，学者且要去万理中，千头百绪却理会，四面凑合来，自见得是一理。……圣贤之学，非老氏之比。老氏说通于一，万事毕。其他都不说。少间又和那一都要无了方好。”[18]

(8) 隐显。“乾坤无时而毁，则易无时而息尔。恐非如所引终篇之意，乃类于老氏‘复归于无物’[19]之云也。若夫《中庸》之终所谓‘无声无臭’，乃本于‘上天之载’而言。则声臭虽无，而上天之载自显。……然尝窃闻之，圣人之学，所以异乎老释之徒者，以其精粗隐显体用浑然，莫非大中至正之矩，而无偏倚过不及之差。”[20]

(9) 体用。“圣人所以为圣人，只是动静不失其时。时止则止，时行则行……”因举老子语：“豫兮若冬涉川，犹兮若畏四邻。俨若客，涣若冰将释。”[21]……“有体而无用。”[22]

(10) 二与三。“数只有二，只有《易》是。老氏言三亦是二，共生三，三其子也。‘三生万物’[23]，则自此无穷矣。”[24]

(11) 一与两。“有是理即有是气。气则无不两者。故《易》曰：‘太极生两仪。’[25]而老子乃谓道先生一而后一乃生二[26]，则其察理亦不精矣。”[27]

(12) 格物。“必即是物以求之。知求其理矣，而不至夫物之极，则物之理有未穷，而吾之知亦未尽。故必至其极而后已。此所谓格物而至于物，则物理尽者也。……老佛之学，欲致其知而不知格物所以致其知，故所知不免乎蔽陷离穷之失而不足为知。”[28]

(13)《复》之动静。问：“‘《复》以动见天地之心。’[29]而主静观复者又何谓？”曰：“复固是动，主静是所以养其动。……今日所积底，便为明日之动。明日所积底，便为后日之动，只管恁地去。观复是老氏语，儒家不说。老氏爱说动静。‘万物并作，吾以观其复。’[30]谓万物有归根时，吾只观他复处。”[31]

(14) 精与气。问“孟子平旦之气[32]甚微小，如何会养得完全？”说：“……日间只管进，夜间只管添。添来添去，这气便盛……”因举老子言“治人事天莫若啬。夫惟啬，是谓早复。早复谓之重积德。重积德则无不克”[33]。“大意也与孟子意相似。但他是就养精神处说，其意自别。平旦之气，便是旦昼做工夫底样子。日用间只要此心在这里。”[34]

(15) 心与迹。“他(释氏)都不管天地四方，只是理会一个心。如老氏亦只是要存得一个神气。伊川云：‘只就迹上断便了。’[35]不知他如此要何用？”[36]

(16) 抱一与求放心："先生问众人曰：'释氏言牧牛，老氏言抱一，[37]孟子言求放心，[38]皆一般，何缘不同？'节(甘节)就问曰：'莫是无这理？'曰：'无理煞害事。'"[39]

(17) 四勿与屏外。"伊川说只是非礼勿视听言动。[40]今人又说得深。少间恐便走作如释老氏之说，屏去外物也。"[41]

(18) 敬简。(居敬而行简。)[42]"徒务行简，老子是也。乃所以为不简。"[43]

(19) 无为。"老子所谓无为，便是全不事事。圣人所谓无为者，未尝不为。依旧是恭己正南面[44]而已矣。"[45]

(20) 动静。"大抵老释说于静而欲无天下之动，是犹常寐不觉而弃有用于无用，圣贤固弗为也。"[46]

(21) 人不知。"'人不知而不愠'[47]，学固非欲人知，亦非有意欲人不知。是以人知之不加喜，不知不加愠。此圣门所发义理之正也。老氏'知我者希，则我贵矣'[48]。此异端自私之见，与圣门气象迥然不同。"[49]

(22) 报德。"'以德报怨'[50]，本老氏语。以德报怨，于怨者厚矣，而无物可以报德，则于德者不亦薄乎？……老氏之言死定了。孔子之言(以直报怨，以德报德)[51]意思活，移来移去都得。"[52]

(23) 名声。"老庄之学，不论义理之当否，而但欲依阿于其间，以为全身避患之计。……盖圣贤之道，但教人以力于为善之实。初不教人以求名，亦不教人以逃名也。"[53]

(24) 礼法。"老庄之徒，绝灭礼法。……如孔子说礼：'与其奢也，宁俭。与其不逊也，宁固。'[54]传说得好。"[55]

（25）并称。“愚谓以孔子、老聃并称圣人，可乎？”[56]

（26）微似。“伯夷微似老子。”[57]

（27）说事。“《易》自是不惹着事，只悬空说一种道理。不似他书，便各着事上说。所以后来道家取之与《老子》为类。便是老子说话，也不就事上说。”[58]

1 《文集》卷六十七《养生主说》，页二十三下至二十四下。

2 同上，别集卷八《释氏论》上下，页一上至四上。

3 《老子》，第二十一章。

4 《易经 · 系辞上传》，第十章。

5 《语类》卷一二四，第三十五条，页四七六五。

6 《文集》卷三十八《答周益公（第三书）》，页二十六下至二十七上。

7 《张子全书》（《四部备要》本）卷三《正蒙 · 大易》，页十一下。

8 《老子》，第四十章。

9 《语类》卷九十八，第一二四条，页四〇二二。

10 《遗书》（《四部备要 · 二程全书》本）卷十五，页八上。

11 《语类》卷九十五，第七十七条，页三八六八至三八六九。

12 《文集》卷三十六《答陆子静（第六书）》，页十一下至十二上。

13 《中庸》第三十三章引《诗经》，第二三五篇，《大雅 · 文王之什 · 文王》。

14 《老子》，第一章。

15 《庄子》（《四部丛刊》名《南华真经》）卷四《在宥篇第十一》，页三十五上。

16 《论语 · 阳货》，第十九章。

17 《语类》，卷六十四，第一一〇一条，页二五四三至二五四四。

18 同上，卷一一七，第四十二条，页四四九八至四五〇〇。

19 《老子》，第十四章。

20 《文集》卷三十八《答江元适（第一书）》，页三十五上下。

21 《老子》，第十五章。

22 《语类》卷一二〇，第一一一条，页四六五六至四六五七。

23 《老子》，第四十二章。

24 《语类》卷六十五，第三十七条，页二五五八。

25 《易经·系辞上传》，第十一章。

26 《老子》，第四十二章。

27 《文集》卷三十七《答程可久（第三书）》，页三十二上。

28 同上，卷四十四，《答江德功（第二书）》，页三十七上至三十八上。

29 《遗书》卷十八，页十五上。

30 《老子》，第十六章。

31 《语类》卷七十一，第五十五条，页二八五五。

32 《孟子·告子》上，第八章。

33 《老子》，第五十九章。

34 《语类》卷五十九，第七十一条，页二二一二至二二一三。

35 《遗书》卷十五，页十上。

36 《语类》卷一二六，第十七条，页四八二七。

37 《老子》，第十章。

38 《孟子·告子》上，第十一章。

39 《语类》卷一二六，第三十八条，页四八三二。

40 指程颐《伊川文集》（《二程全书》本）卷四《四箴》，页四上下。“四箴”为《论语·颜渊》第二章之非礼勿视听言动。

41 《语类》卷七十三，第五十八条，页二九五三。

42 《论语·雍也》，第一章。

43 《语类》卷三十，第十七条，页一二二六。

44 《论语·卫灵公》，第四章。

45 《语类》卷二十三，第二十条，页八六八。

46 《文集》卷五十四《答徐彦章（第四书）》，页三十五上下。

47 《论语·学而》，第一章。

48 《老子》，第七十章。

49 《文集》卷七十《记上蔡论语疑义》，页十九下。

50 《老子》，第六十三章。

51 《论语·宪问》，第三十六章。

52 《语类》卷四十四，第八十三条，页一八〇五至一八〇六。

53 《文集》卷六十七《养生主说》，页二十三下至二十四上。

54 《论语·八佾》，第四章；《泰伯》，第三十五章。

55 《语类》卷四十，第五十七条，页一七三〇。

56 《文集》卷七十二《苏黄门老子解》，页二十六上。

57 《语类》卷一〇一，第九十条，页四〇九一。

58 同上，卷六十七，第七十四条，页二六四六。

【九五】解老

《老子》第五十章首云生死十有三，末云虎无所措其爪，遂使历代注家妄作附会，大弄神秘，而老子本意，竟尔埋没。其全文云：

> 出生入死，生之徒十有三，死之徒十有三。人之生，动之死地，亦十有三。夫何故？以其生生之厚。盖闻善摄生者，陆行不遇兕虎，入军不被甲兵。兕无所投其角，虎无所措其爪，兵无所容其刃。夫何故？以其无死地。

历代注解者由韩非子以至近人，多方穿凿，强为臆说。韩非子以四肢九窍为十三，始作俑者。[1]以后河上公（前二世纪）解作九窍四关，王弼（二二六—二四九）解作十分之三，纷纷其说，以至释为十恶三业，七情六欲，五行生死者。韩非子谓：“兕虎有域，动静有时。避其域，省其时，则免兕虎之害。”犹是合理。但河上公竟谓：“神明营护之，此物不敢害。”已入迷信之境矣。其后符咒之习，益为荒诞。注者并非忽略生生之厚，在于善为摄生，唯其重点，在彼而不在此耳。朱子之论，则完全注重此点。

朱子答丘子服云：“《出生入死》章，诸家说皆不惬人意，恐未必得老子本指。今只自‘夫何故’以下看，则语意自分明。盖言人所以自生而趋死者，以其生生之厚耳。声色臭味，居处奉养，权势利欲，皆所以生之者。惟于此太厚，所以物得而害之。善摄生者，远离此累，则无此地矣。此却只是目前日用事，便可受持。他既难明，似亦不必深究也。”[2]此段话有两特色。一为置难明如十有三于不论。兕虎不伤，亦易迷信，故亦不宜留意。二为生生中庸之道。注家多以生生之厚为病，而救之之方，在乎绝欲。《文子》云：“五色乱目，使目不明。五音乱耳，使耳不聪。五味乱口，使口生创。趣舍滑心，使行飞扬。故嗜欲使人气淫，好憎使人精劳。不疾去之，则志气日耗。夫人所以不能终其天年者，以其生生之厚。夫唯无以生为者，即所以得长生。”[3]《文子》不言十有三，但仍以老解老。《老子》第十二章谓：“五色令人目盲。”第七十五章谓：“夫唯无以生为者，是贤于贵生。”《文子》直引其义。朱子则以儒家中庸之道释之。声耳臭味，苟不“太厚”而得其中，乃所以养生之道也。

丘子服名膺，朱子门人。[4]《文集》书札讨论《老子》者甚少，而《答子服》则讨论《老子》三章，最为特色。一书解释《老子》第十三章"宠辱若惊，贵大患若身"极详。继谓"老子言道之真以治身，又言'身与名孰亲'[5]，而其言'外其身'、'后其身'者[6]，其实乃所以先而存之也，其爱身也至矣。此其学之传，所以流而为杨氏之为我也。苏子由（苏辙，一〇三九——一一二）乃以忘身为言[7]，是乃佛家梦幻泡影之遗意，而非老氏之本真矣。"[8]

又一书云："《老子》荷留念载营魄之义，说者皆失本意。前日因此偶思扬子（扬雄，前五三——一八）说：'月未望则载魄于西。'[9]与此字义颇相似。检看诸家，亦无一人说得是。尝草定数语以辩之，未暇录去。俟到此日可看也。"[10]惜所草之语已佚，故其说未详为憾耳。朱子曾注《参同契》。苟亦注《老子》，必然别开生面。请以其论"谷神不死"为证。

《语类》云："问'谷神不死'[11]。曰：'谷之虚也，声达焉能响应之，乃神化之自然也'，是谓玄牝[12]。玄，妙也。牝是有所受而能生物者也。至妙之理，有生生之意焉。程子（程颐）所取之说。"[13]谓程子生生之意，来自《老子》，的是惊人之论。生生为理学一根本观念，又是一新思想，而竟谓其源于《老子》，岂非静寂无为之道家，反为鸢飞鱼跃理学之源泉乎？程子指伊川。尝言"老氏谷神不死一章最佳"[14]。朱子述之。[15]今谓"程子所取"，若解"取"为赞美之词，则诚是矣。若解作采用，则恐过言。程子"生生"之旨，出自《易经》"生生之谓易"[16]与"天地之大德曰生"[17]，故伊川云："心譬如谷种。生之性，便是仁也。"[18]然程子对于天地之何以能生生，始终未有说明。此则有待于朱子。朱子云，因其空虚，有所受而能生。天地之所以能生生不穷，正如谷之空虚之受而能生之连续不已也。

生生之由，竟由朱子于《老子》得之。关于朱子之采用“谷神不死”，予在《朱子评老子与论其与“生生”观念之关系》一文[19]曾详细讨论之。此处只述其大要而已。

1 《韩非子》(《四部丛刊》本) 卷六《解老》第二十，页八上。

2 《文集》卷四十五《答丘子服（第三书）》，页八上。

3 《文子》(《四部备要》本) 卷上，页十六上。

4 拙著《朱子门人》(台北学生书局，一九八二)，页六十七至六十八。

5 《老子》，第四十四章。

6 同上，第七章。

7 苏辙《老子注》。

8 《文集》卷四十五《答丘子服（第二书）》，页八上。

9 扬雄《法言》(《四部备要》本) 卷八《五百第八》，页五上。

10 《文集》续集卷七《答丘子服（第二书）》，页一下至二上。

11 《老子》，第六章。

12 同上。

13 《语类》卷一二五，第三十一条，页四七九九。

14 《遗书》(《四部备要·二程全书》本) 卷三，页四下。

15 《语类》卷九十七，第九十五条，页三九六八。

16 《易经·系辞上传》，第五章。

17 同上，《系辞下传》，第一章。

18 《遗书》卷十八，页二上。

19 拙著《朱学论集》(台北学生书局，一九八二)，页九十九至一〇二。参看本书六一七页“评老子”条，注1。

【九六】评老子

理学家以佛道两宗为异端，猛力攻击。至朱子尤甚，比前人而过之。其编《近思录》，另以一章为异端，历举北宋理学大家之言，排斥佛老。《语类》有《老氏》《释氏》两卷。几乎只是批评。予尝撰《朱子评老子与论其与“生生”观念之关系》，大部分论朱子之评老子，指出其要点何在与其过于前人之处。[1]今撮其大要，以便读者。

朱子之摈斥老子，其特具苦心处，可于其编《近思录》见之。录凡六百二十二条，邵子（邵雍，一〇一一—一〇七七）之语只一见。[2]此乃程颢（一〇三二—一〇八五）引邵子之言，非直接采自邵子之语也。《近思录》之所以不采邵子者，无他，以其象数之学道家气味太浓而已。伊川（程颐，一〇三三—一一〇七）《颜子所好何学论》[3]，朱子删去“故曰性其情”与“情其性”两句。前句出王弼（二二六—二四九）《周易·乾卦》注。朱子大概以其为道家所影响之性善情恶之思想。又改原文“明诸心，知所养”为“明诸心，知所往”。显以养为道家之静而以儒家之动易之。

朱子从哲学伦理两面批评老子。哲学方面，觝排其道之观念与其道与德之分离。老子云，“有生于无”[4]。理学家于此皆大反对。张载（一〇二〇—一〇七七）云：“《大易》不言有无。有无，诸子之陋也。”[5]朱子继之曰：“《易》不言有无。老子言有生于无，便不是。”[6]更释张子之言曰：“无者无物，却有此理。有此理则有矣。老氏乃云‘（天地万物）生于有，有生于无’，和理也无，便错了。”[7]

朱子亦非以老子为主绝对之无者。问释氏之无与老氏之无何以异？朱子答曰：“老氏依旧有，如所谓‘无，欲观其妙。有，欲观其窍’[8]是也。其释氏则以天地为幻妄，以四大（地水火风）为假合，则是全无也。”[9]

老子哲学以道为无，属形上；德为有，属形下。如此分为上截下截，乃朱子所绝对不容。朱子云：“老子说：‘失道而后德。’[10]他都不识，分做两个物事，便将道做一个空物底物事看。吾儒说只是一个物事。以其古今共是这一个，不着人身上说，谓之道。德即是全得此道于己。他说：‘失道而后德，失德而后仁，失仁而后义。’若离了仁义，便是无道理了。又更如何是道？”[11]换言之，儒家体用一源，道家则分而为二。其实老子道德之分，并非如朱子所说之全然两截。“有无相生”[12]、“孔德之容，惟道是从”[13]、“道生之，德蓄之”[14]，固无间也。

德之方面，朱子之抨击，更不留余地。老子云：“将欲夺之，必固与之。”[15]又曰：“非以明民，将以愚之。”[16]程颐评之曰：“老氏之学，更挟权诈。若言与之乃意在取之，张之乃意在翕之。又大意在愚其民而自智。然则秦之愚黔首，其术盖亦出于此。”[17]朱子沿袭程子，特别向老子此处下手。《语类》卷一二五议论此点特多。朱子以老子“只欲得退步占奸，不要与事物接。如‘治人事天莫若啬’[18]，迫之而后动，不得已而后起，皆是这样意思。故为其学者，多流于术数，如申、韩之徒皆是也”[19]。由此更进一步，谓老子不肯做，只是占便宜。“老子是个占便宜，不肯担当做事的人。自守在里，看你外面天翻地覆都不管。”[20]老子之载魂抱一，专气致柔[21]，不外“只是收藏不放散”[22]。老子贪生，其意多在保全其身。[23]

朱子又以老子权诈之训，不特产出法家之申韩，而又实现于汉之张良（字子房，前一八九年卒）。彼云：“老子之学，只要退步柔伏，不与你争。……让你在高处，他只要在卑下处，全不与你争。……只是他放出无状来，便不可当。如曰：‘以正治国，以奇用兵，以无事取天下。’[24]便是用此道。如子房之术，全是如此。峣关之战，啗秦将以利，与之连和了，即回兵杀之。[25]……汉家始终治天下，全是得此术。”[26]

朱子非难张良，是意中事。但其比邵雍于张良，则实出人意表。彼以康节（邵子）之学，“似老子，只是自要寻个宽闲快活处，人皆害他不得。后来张子房亦是如此”[27]。又以“康节本是要出来有为底人，然又不肯深犯手做。凡事直待可做处方试为之。才觉难，便拽身退。正张子房之流”[28]。邵子少言仁义，固为朱子所不喜。然其安贫躬耕，绝非子房贪权谋利之流。伦比而论，实是太过。

程子评老子，只谓其权诈。今朱子进而比张良于老子，又比邵子于张良，更以老子为自私，为不肯做，皆远出乎程子之上。大概程子居洛阳，佛教为盛。闽南则道教兴隆，故朱子之反应不同。朱子之攻老子，诚然过激，然亦有取于老子者，当于页六一三“解老”条详之。

1 拙著《朱学论集》(台北学生书局，一九八二)，页九十九至一二〇。本文原以“*Chu Hsi's Appraisal of Lao Tzu*”为题，在一九七三年七月巴黎国际东方学者会议宣读。大意登载该会年报。全文旋登*Philosophy East and West*(《东西哲学》)第二十五卷第二期(一九七五年四月)，页一三一至一四四。《清华学报》催稿甚急，乃增订自译，改用今题，登该《学报》第十一卷，第一第二期合刊(一九七五年十二月)，页八十九至一〇四。未及告万先法先生。万先生亦未见告，译原文为《朱子对老子学之评价》，登《中华文化复兴月刊》第十一卷第五期(一九七七年五月)，页四十三至四十六。

2 《近思录》卷五《克己篇》，第十五“尧夫”条。

3 同上，卷二《为学篇》第三，“或问”条。原文载《伊川文集》(《四部备要·二程全书》本)卷四，页一上。

4 《老子》，第四十章。

5 《张子全书》(《四部备要》本)卷三《正蒙·大易篇第十四》，页十一上。

6 《语类》卷一二五，第四十四条，页四八〇三。

7 同上，卷九十八，第一二四条，页四〇二二。

8 《老子》，第一章。

9 《语类》卷一二六，第十二条，页四八二六。

10 《老子》，第三十八章。

11 《语类》卷十三，第六十二条，页三六八。

12 《老子》，第二章。

13 同上，第二十一章。

14 同上，第五十一章。

15 同上，第三十六章。

16 同上，第六十五章。

17 《遗书》(《二程全书》本)卷十五，页七下。又见《粹言》(《二程全书》本)卷二，页十一下。

18 《老子》，第五十九章。

19 《语类》卷一二五，第三十七条，页四八〇二。

20 《语类》卷一三七，第九条，页五二二二至五二二三。

21 《老子》，第十章。

22 《语类》卷八十七，第一六〇条，页三五八五。

23 同上，卷一二六，第十三条，页四三二六。

24 《老子》，第五十七章。

25 事见《史记》卷五十五《留侯世家第二十五》。

26 《语类》卷一二六，第三十六条，页四八〇一。

27 同上，卷一〇〇，第十一条，页四〇四二。

28 同上，第十二条，页四〇四四。

【九七】老子亦有所见

《语类》载：程先生（程颐，一〇三三—一一〇七）谓："庄生形容道体之语"[1]，尽有好处。老氏"谷神不死"一章[2]最佳。[3]庄子云："嗜欲深者天机浅。"[4]此言最善。……"君子不以人废言"[5]，言有可取，安得而不取之？[6]朱子排斥道家甚烈。然有可取处，直喜用之。"谷神"一章，对朱子生生之观念，有直接之贡献（参看页六一三"解老"条），为其乐意采用《老子》之显著者。然而除此之外，《老子》书之朱子许为可取者，并不多见。其儒道比较，总以儒为优，道为劣（参看页六〇七"儒道之比较"条）。今查《语类》数则，略述于下：

（1）"仁是个温和柔软的物事。如老子说'柔弱者生之徒，坚强者死之徒'[7]。见得自是。看石头上如何种物事出？"[8]朱子盖言仁者心之德，柔故能生也。

（2）说命。曰："这个物事，即是气，便有许多道理在里。人物之生，都是先有这个物事，便是天当初分付底。既有这物事，方始具是形以生，便有皮包裹在里。……而今儒者只是理会这个，要得顺性命之理。佛老也只是理会这个物事。老氏便要常把住这气，不肯与他散，便会‘长生久视’[9]。长生久视，也未见得。只是做得到，也便未会死。”[10]道家养气之思想与方法，远胜于儒。宜乎朱子许之。

(3) 问:“庄子云:‘文惠君闻(庖丁)解牛得养生。’[11]如何可以养生？”曰:“只是顺他道理去，不假思虑，不去伤着他，便可以养生。”又曰:“不见全牛，只是见得，骨骼自开。”问:“庄子此意如何？”曰:“也是他见得个道理如此。”……又问:“老子云:‘三十幅共一毂。有之以为利，无之以为用。’[12]亦是此意否？”曰:“某也政谓与此一般。便也是他看得到这里。”[13]“这里”只是道理。苟见道理，则凡牛皆空，凡幅皆虚。儒家最怕空虚，今则由空到实。《语类》此段问答，本是关于解经。若解得经之道理，则无须传矣。

(4)“天下事最大而不可轻者，无过于兵刑。临陈时是胡乱，错杀了几人？所以老子云:‘夫佳兵者，不祥之器，圣人不得已而用之。’[14]狱讼面前分晓事易看。其情伪难通，或旁无佐证，各执两说，系人性命处，须吃紧思量，犹恐有误也。”[15]由用兵而说至用刑，理无二致(参看页七七〇“朱子之执法”条)。反对刑兵，则道家比儒家较为激烈。

(5)“文中子(王通，五八四—六一七)其间有见处，也即是老氏。”[16]朱子未尝明言文中子之见地何在，唯谓“即是老氏”，则老氏有见处也。此是间接赞扬老子。

(6)“老子谓‘以道莅天下者，其鬼不神’[17]。若是王道修明，则此等不正之气，都消灭了。[18]”引用老子之语以申明王道之行，亦是间接赞扬老子。然《语类》所见，只此六则而已。比较庄子，不及其半。（参看六二四“朱子赞扬庄子”条）

1 《庄子》(《四部丛刊》本名《南华真经》)，卷一《齐物论》第二，页三十五下。

2 《老子》，第六章。

3 《遗书》(《四部备要·二程全书》本) 卷三，页四下。

4 《庄子》卷三《大宗师第六》，页三下。

5 《论语·卫灵公》，第二十二章。

6 《语类》卷九十七，第九十五条，页三九六八。

7 《老子》，第七十六章。

8 《语类》卷六，第八十七条，页一八五。

9 《老子》，第五十九章。

10 《语类》卷十六，第十三条，页五〇六至五〇七。

11 《庄子》卷二《养生主》第三，页四下。

12 《老子》，第十一章。

13 《语类》卷一〇三，第四十七条，页四一四五至四一四六。

14 《老子》，第三十一章。

15 《语类》卷一一〇，第三十一条，页四三一五。

16 同上，卷一三七，第四十四条，页五二四七。

17 《老子》，第六十章。

18 《语类》卷三，第八十三条，页八十八。

【九八】朱子赞扬庄子

儒家指释、道为异端，极力攻击。朱子为尤甚。其好友东莱（吕祖谦，一一三七—一一八一）尝有书谓其“专意外攘，而内修工夫或少”[1]，而朱子之抨击，未尝稍减也。道家以老子、庄子为代表。故老庄每每并提。《文集》以老庄之谈为“荒诞”[2]，谓：“老庄之学，不论义理之当否，而但欲依阿于其间，以为全身避患之计。”[3]又以老庄之说为无实[4]，为“偏说”[5]。如此之类，不知凡几。反观《语录》，则甚少老庄并提。当然卷一二五《老氏》有《老庄》一节，然只三条。又《老庄列子》一节，亦只三条。他处老庄并举者，并不多见[6]，与《文集》在在并言老庄者迥然不同。此《文集》与《语类》一大不同处。

另一不同之处，则对于老子攻击，不遗余力（参看页六一七“评老子”条），而对于庄子，只评其不肯做事。《语类》云：“老子犹要做事在，

625 庄子都不要做了。”[7]又云：“要之，他病我虽理会得，只是不做。”[8]此外多多恭维，因其“理会得”也。

《文集》除老庄并举而评批之外，单提庄子者二十余处，只言事实或庄子文字，并无赞美之词，而《语类》则赞扬多次。此亦《文集》与《语类》一大差异之点。细考其故，则《文集》书札往来，大体而言，志在卫道，故合老庄而攻之。《语类》专讲道理。庄子既“理会得”，故采其言。朱子云：“‘君子不以人废言。’[9]言有可取，安得而不取之？”[10]《语类》引《庄子》达二三十次。其中只用以说明儒家思想者，不及半数，如：“中有定止，则自然光明。庄子所谓‘泰宇定而天光发’[11]是也”[12]。大半讨论庄子特殊思想而有可取者。朱子云：“庄子云：‘各有仪则之谓性。’[13]此谓各有仪则，如‘有物有则’[14]，比之诸家差善。”[15]朱子所谓诸家特指董仲舒（前一七六—前一〇四），因其谓“质朴之谓性，性非教化不成”[16]、“性本自成。于教化下一成字，极害理”[17]也。又引明道（程颢）称庄子“有大底意思”[18]与“庄生形容道体尽有好处”[19]之言[20]，盖亦以庄子有见于道体也。

引用庄子之语，不止一次，而许其有当者有四：一为庄子“《易》以道阴阳，《春秋》以道名分”之言。[21]朱子谓：“庄子分明说‘《易》以道阴阳’。要看《易》，须当凭地看事物，都是那阴阳做出来。”[22]又谓：庄子“若见不分晓，焉敢如此道”[23]？又谓：“如说‘《易》以道阴阳，《春秋》以道名分’等语，后来人如何下得？他直是似快刀利斧，劈截将去，字字有着落。”[24]可谓赞羡之至。二为庄子所云：“语道非其序，则非道也。”[25]朱子两述之，曰：“自说得好。”[26]三为庄子一段话云：“孰主张是？孰维纲是？孰居无事推而行是？意者其有机缄而不得已耶？意者其运转而不能自止耶？云者为雨乎？雨者为云乎？孰隆施是？孰居无事淫乐而劝是。"[27]朱子谓此十数句"他也见得这道理"[28]。他日又引之而谓之曰："庄子这数语甚好。是他见得，方说到此。"[29]此三段话成一统系。盖有太极阴阳然后有天地人物。阴阳有秩序，有主宰。此主宰乃天地生物之心，然非如一玉皇大帝，高高在上。极言之，理而已。朱子谈话之间，决非怀此系统在心。吾人只谓朱子之思想有条有绪耳。

意义最大者为引语之四。庄子云："庖丁为文惠公解（割）牛，手之所触，肩之所倚，足之所履，膝之所踦（举）。砉（骨肉相离之声）然响然，奏刀騞然（刀发出之声），莫不中音。……始臣之解牛之时，所见无非牛者。三年之后，未尝见全牛也……今臣之刃十九年矣。所解数千牛矣。……恢恢乎其于游刃，必有余地矣。"[30]师生问答之间，朱子引此六次，借以说明理之得名，理之会通，徐徐观众理，随次渐进，养生之术，无适而不见仁见义。举凡理之观念，为学之方，与修养之道，皆可于庖丁解牛而得。朱子云："理之得名以此。目所见无全牛，熟。"[31]又云："如庖丁解牛，于蔟（交错聚结）处却批（击）大却（隙），导大窾（空）。此是于其筋骨丛聚之所，得其可通之理。故十九年而刃若新发于硎（磨石）。且如事理间若不于会处理会，却只见得一偏，便如何行得通？"[32]为学之法，亦可以庖丁为模范。"大抵看圣贤语言，须徐徐俟之。待其可疑而后疑之。如庖丁解牛。他只寻罅隙处游刃以往，而众理自解，芒刃亦不钝。"[33]盖"学者初看文字，只见得个浑仑物事。久久看作三两片，以至于十数片，方是长进，如庖丁解牛，目无全牛是也"[34]。门人问："庄子云闻解牛得养生。如何可以养生？"曰："只是顺他道理去，不假思虑，不去伤着他，便可

627 以养生。”又曰:“不见全牛，只是见得骨骼自开。”问:“庄子此意如何？”曰:“也是他见得个道理如此。”问:“他本是绝灭道理，【九八】如何有所见？”曰:“他也是就他道理中见得如此。”因叹曰:“天下道理，各见得恁地。剖析开去，多少快活。若只鹘突在里，是自欺而已。”[35]最重要者，庖丁手足所触，莫不中肯，左右逢源。“为人君便自撞着个仁道理。为人臣便自撞着个敬道理。为人子便自撞着个孝道理。为人父便自撞着个慈道理。与国人交便自撞着个信道理。无适而不然。”[36]朱子排斥道家虽坚，毕竟儒道有可通处，而通之途径，乃庄子而非老子也。

朱子有惊人之论，谓庄子源自孔门。其言曰:“庄子不知他何所传授。却自见道体。盖自孟子之后，荀卿诸公皆不能及。如说:‘语道而非其序，非道也。’[37]此等议论甚好。度亦须承受得孔门之徒，源流有自。后来佛氏之教，有说得好处，皆出于庄子。但其知不至，无细密工夫。少间都说得流了。所谓贤者过之[38]也。”[39]卒之归于中庸之道，正是儒家本色。以其排异端之努力，而恭维庄子若此，实是出人意料。

1 《东莱吕太史文集》(《续金华丛书》本) 卷七《与朱侍讲 (第六书)》，页九上。

2 《文集》卷四十六《答詹元善 (第二书)》，页十六下。

3 同上，卷六十七《养生主说》，页二十三下。

4 同上，卷三十八《答江元适 (第一书)》，页三十五上。

5 同上，卷四十四《答方伯谟 (第二书)》，页十八上。

6 所见者有《语类》卷四十，第十七条，页一六三七。卷一二五，第五十四条，页四八〇七。卷一二六，第一二条，页四八一七至四八一八；第二十二条，页四八二八；第二十三条，页四八二九。

7 《语类》卷一二五，第十八条，页四七九〇。

8 同上，第五十四条，页四八〇七。

9 《论语·卫灵公》，第二十二章。

10 《语类》卷九十七，第九十五条，页三九六八。

11 《庄子》（《四部丛刊》本名《南华真经》）卷八《庚桑楚篇第二十三》，页九下。

12 《语类》卷七十三，第五十条，页二九四四。

13 《庄子》卷五《天地篇第十二》，页九上。

14 《诗经》第二六〇篇《大雅·荡之什·烝民》。《孟子·告子》上，第六章。

15 《语类》卷一二五，第五十一条，页四八〇六。

16 《春秋繁露》（《四部丛刊》本）卷十《实性》第三十六，页八下，述意。原文云："性者，天质之朴也。善者，王教之化也。"

17 《语类》卷一二五，第五十一条，页四八〇六。

18 《遗书》（《四部备要·二程全书》本）卷七，页二上。

19 同上，卷三，页四下。

20 《语类》卷四十，第十六条，页一六三六。

21 《庄子》卷十《天下篇第三十三》，页二十五下。

22 《语类》卷七十四，第一〇六条，页三〇一四。

23 同上，卷一二五，第五十四条，页四八〇七。

24 同上，第十九条，页四七九〇。

25 《庄子》卷五《天道篇第十三》，页二十七下。

26 《语类》卷八十四，第八条，页三四五九。又《语类》卷十六，第二五四条。

27 《庄子》卷五《天运篇第十四》，页三十五下。

28 《语类》卷六十八，第十一条，页二六七九。

29 《语类》卷一二五，第五十四条，页四八〇七。

30 《庄子》卷二《养生主篇第三》，页二下至四上。

31 《语类》卷一二五，第五十条，页四八〇五至四八〇六。

32 同上，卷七十五，第十条，页三〇四二。

33 同上，卷二十，第五十五条，页七三五至七三六。

34 同上，卷十，第十五条，页二五七。

35 同上，卷一〇三，第四十七条，页四一四五至四一四六。

36 同上，卷五十七，第二十四条，页二一三三。

37 《庄子》卷五《天道篇第十三》，页二十七下。

38 《中庸》，第四章。

39 《语类》卷十六，第二五四条，页五九〇至五九一。

【九九】朱子与僧人

朱子与僧人的往来，与道士相等。《文集》所载，皆关于唱和与馈赠。而借用佛寺，则比道庵为多。此必佛寺地点优胜，规模宏大之故。生平所过佛寺之尚知其名者约有二十，实际必然数倍。或住宿，或吟诗，或观赏碑帖，或置酒，或刻石，或集会。集会之最著名者，无疑为江西信州之鹅湖寺。淳熙二年乙未（一一七五），朱子偕吕东莱（吕祖谦，一一三七—一一八一）至鹅湖。陆象山兄弟来会。是乃历史上有名之朱陆之会[1]（参看页五六六“鹅湖之会”条）。乾道三年丁亥（一一六七），朱子与张栻（南轩，一一三三—一一八〇）等共游衡山，留宿吟诗于方广寺、福严寺、上封寺，并饯于云峰寺。[2]淳熙八年辛丑（一一八一）江西南康任满，去郡东归，与诸友门人游庐山。任内曾至折桂院、楞伽院、万杉寺、归宗寺、石乳寺、落星寺等，均咏诗留念。[3]《山北纪行》宿罗汉寺、归宗寺，至天池院、东林寺与西林寺。在东林寺题名属寺僧刻石。[4]在云谷则宿于云际寺。[5]在建阳则跋米元章帖于西山景福僧舍。[6]此外又宿于山寺、囊山寺与灵山寺[7]，题山石佛院[8]，置酒于白云寺[9]，同僚小集于梵天寺与佛顶庵[10]。

此外或院或庵，其果为佛舍抑是道庐，则尚待考。在此等处必与僧徒接触，然皆是偶会，别无关系之可言。

其社交有记录者，曾寄云谷瑞泉庵主云："多谢空门侣，能同物外情。"[11]赠仰上人云："上人归别岭，心迹但如斯。"[12]此只是文字应酬而已。石林胡僧，只云："顷亦见之。"[13]其感情颇深者为东峰道人溥公，屡有往来。[14]益公道人，亦交游颇密，屡有通信。朱子称为"益公"、"益老"。多年再会，益公见候于亭[15]，会稽僧志南明老即志南上人，亦即南上人，曾陪游庐山。除吟咏外，又曾寄赠黄精笋干紫菜多品。朱子以安乐茶与碑刻及为诗称谢。[16]庐山之游，道人宗慧宗归不至。[17]

其交换思想者，并不多见。诗赠益公道人云："道术多歧自短长，傥有新见还告我。"[18]似乎道终不同。曾过一雪峰，一僧见之云："法堂上一木球，才施主来做功德，便会热。"朱子应之曰："和尚得恁不脱洒，只要恋着这木球。要热做甚？"[19]某日山寺逢僧，僧与谈命，朱子为诗曰："此地相逢亦偶然，漫将牛斗话生缘。时行时止非人力，莫问流年只问天。"[20]朱子亦信命，然命乃"天命之谓性"之天命，而非算命家之命也。亦是偶然。唯会稽僧志南明老，则与之同游庐山。[21]对福建泉州医僧，则不禁羡慕。朱子云："泉州医僧妙智大师，后来都不切脉。只见其人，便知得他有甚病。又后来虽不见其人，只教人来说，因其说便自知得。此如他心通相似。盖其精诚笃至，所以能知。"[22]

【九九】以感情论，最可记者一为西林可师，一为鼓山嗣公。朱子题《西林可师达观轩》云："绍兴三十年庚辰（一一六〇）冬，予来谒陇西先生（李侗，一〇九三—一一六三），退而寓于西林院惟可师之舍，以朝夕往来受教焉。阅数月而后去。可师始尝为一室于其居之左轩……名之曰达观轩。……予尝戏为之诗，以示可师，既去而遂忘之。（三十二年）壬午（一一六二）春复拜先生于建安，而从以来，又舍于此者几月，师不予厌也。且欲予书其本末，置壁间。……顾师请之勤勤，不得辞，于是手书授之……"[23]朱子年方三十有余，与法师必甚相得。二三十年后，偕门徒数人与僧端友游福州鼓山涌泉寺谒住持嗣公（直庵和尚），不遇，题词以记其事，石刻尚存〔参看页七〇二"朱子墨迹"（四）石刻之（29）〕，以上两宗，均是感情之表现。此外据地方志，圆悟禅师号肯庵，建安人，居五夫里开善院，有《朱子像赞》，载《崇安县志》。禅师示寂之日，朱子哭之以诗。[24]此说果如可信，则是感情之至厚者。此说盖据《枯崖漫录》。

《枯崖漫录》又谓肯庵圆悟禅师："居武夷山十年余……尝授儒学于晦庵朱文公。"[25]《碧岩录》著者圆悟克勤禅师（一〇六三—一一三五）示寂于绍兴五年。朱子之游武夷，圆悟克勤已没久矣。而久须本文雄竟混两圆悟而为一，谓朱子六岁学于圆悟克勤之末年，可谓不审过甚矣。[26]

朱子少年曾留意佛道，与僧道讲论，是意中事。然道人未知有谁与语。佛僧则至少二三人对于朱子思想发生影响。一为大慧（宗杲，一〇八九—一一六三）。尤焴《大慧普觉禅师语录序》谓朱子赴试时行箧有《大慧语录》一册。[27]朱子对于《大慧语录》，甚为熟悉（参看页六三六"大慧禅师"条）。谓此书不生影响，实无理由。

另一僧为五夫里之僧。朱子自云:“某年十五六时，亦曾留心于此。一日在病翁(刘子翚，一一〇一—一一四七)所会一僧，与之语。其僧只相应和了说。也不说是不是。却与刘说，某也理会得个昭昭灵灵的禅，刘后来说与某，某遂疑此僧更有要妙处在，遂去扣问他。见他说得也煞好。及去赴试时，便用他意思去胡说。是时文字不似而今细密，由人粗说。试官为某说动了，遂得举。”原注云:“时年十九。”[28]此僧可能为不知名之僧，或即是大慧，或云开善道谦。大慧与道谦可能先后会朱子于病翁处。唯大慧之会，问题尚多，当详“大慧禅师”条。无论如何，与道谦会，则为不磨之事实。

朱子之师李延平(李侗)尝致罗博文(一一一六—一一六八)书云:“渠(朱子)初从谦开善处下工夫来，故皆就里面体认。今既论难，见儒者路脉，极能指其差误之处。”[29]论者均谓李侗教其弃释归儒，为朱子一生思想路线一大转变。李侗书既云“下工夫”，又云“体认”，则朱子对于道谦之禅，印象必深。延平致博文书，戴铣之《朱子实纪》系于绍兴二十三年癸酉(一一五三)，朱子二十四岁。王懋竑之《朱子年谱》亦引之，唯系于绍兴三十年庚辰(一一六〇)，朱子三十一岁。开善道谦禅师为大慧禅师之弟子。据《云卧纪谈》，彼“后归建阳，结茅于仙洲山。闻其风者悦而归之。如……朱提刑元晦以书牍问道，时至山中”云。[30]又据《崇安县新志》，道谦和尚，姓游，五夫里人。结自信庵于仙洲山[31]，其名不见《文集》。《语类》只提一次。朱子述其语云:“道谦言《大藏经》中言禅子病脾时，只坐禅六七日，减食，便安。”[32]此不足以显示其受有若何影响，然李侗之言，决然可信也。

朱子除江南西路提点刑狱公事，乃在淳熙九年壬寅(一一八二)。

633 称朱提刑，只用日后官衔，而非谓是时参谒法师也。友枝龙太郎教授以朱子十五六岁时受谦开善之教，而其教乃动的看话头之教。[33]
【九九】 佐藤仁教授亦持此说。[34]此说颇近情理，盖朱子十五六岁时，道谦方三十余岁，或即在五夫里开善寺说教，故称开道谦。或先住开善寺然后结庵于仙洲山，亦未可定。仙洲山与五夫里相隔一岭[35]，故朱子有诗云："兹山屡游盘。"[36]又咏之曰："闽乡饶奇山，仙洲故称杰。巍然一峰高，复与血山绝。"[37]道谦所筑之寺名密庵。《文集》有游密庵诗六首[38]，游记一篇[39]。游密庵在淳熙八年辛丑（一一八一），筑亭山间。其爱此山之深之厚，可以见之。大概距离不远，毕生常至。且于密庵内事，额外关心。尝与吕祖谦（字伯恭，一一三七—一一八一）告以："密庵主僧从穆近已死。其徒法舟见权管干。……但此庵所入亦薄，非复谦老之时矣。"[40]又一书告以："净升者益无礼。……或别遣一僧来追收静升之帖。"[41]如此长期留意庵事，则道谦在庵时，常往请教，亦至自然。唯《文集》无与道谦书。《佛法金汤编》载朱子致道谦书云："向蒙妙喜（大慧）开示，应是。从前记持文字，心识计校，不得置丝毫许在胸中。但以狗子话[42]，时时提撕。愿受一语，惊所不逮。"[43]《云卧纪谈》载道谦答书，曰："十二时中，有事时，随事应变。无事时，便回头，向这一念子上提撕，狗子还有佛性也无？赵州云，无。将这话头，只管提撕。不要思量，不要穿凿，不要生知见，不要强承当。如合眼越黄河。莫问越得过越不过。尽十二分气力，打一跳。若真个越得，这一越便百了千当也。若越未过，但管越。莫论得失，莫顾危亡。勇猛向前，更休拟议。若迟疑动念，便没交涉也。"[44]朱子书《文集》无之。《云卧纪谈》成于淳熙末年（一一八九），《佛法金汤编》则为明僧岱宗心泰（一三二七—

一四一五）所著，两书未知可靠否。吾人只能相信道谦必有鼓动朱子禅学之兴趣。然此只是暂时性质，而又是概观而非禅宗任何一派之教义也。朱子知漳州，禁女道聚僧庐传经，详见页七七五“朱子之于妇女”条。

1 王懋竑《朱子年谱》（《丛书集成》本）卷二上，页五十九至六十一。

2 《文集》卷五《宿方广次敬夫韵》，页五上；《福严寺回望岳市》，页六上；《赠上封诸老》，页七上。卷七十七，《南岳游山后记》，页十一上。

3 同上，卷七题折桂院、楞伽院、万杉寺、归宗寺、石乳寺、落星寺，页十二上至十四下；别集卷七《题落星寺》，页九上。

4 同上，卷七《山北纪行》，页十六上下。

5 同上，卷六《次许顺之言别韵》，页十八下。

6 同上，卷八十二《跋米元章帖》，页六下。

7 同上，卷一《宿山寺闻蝉作》，页九上；卷二，《题囊山寺》，页三上；《梵天观雨》，页五上。

8 同上，卷二《题山石佛院》，页三上。

9 同上，卷九《白云寺送储伯升》，页八上。

10 同上，卷二《步东桥玩月》，页四下；卷三十九，《答许顺之（第八书）》，页十三上。

11 《文集》卷七《寄云谷瑞泉庵主》，页一上。

12 同上，卷一《赠仰上人》，页十二下。

13 同上，卷六十四《答巩仲至（第十八书）》，页十五上。

14 同上，卷八，《奉酬东峰道人溥公》，页六下。

15 同上，《次显庵益老韵》，页六下；卷十《次益老二首》，页七至八上。

16 同上，卷八十一，《跋南上人诗》，页二十四下至二十五上；别集卷五《志南上人》，页十下至十一上。

17 同上，卷八十四《游密庵记》，页三十上。

18 同上，卷十《次益老韵》，页八上。

19 《语类》卷三，第八十条，页八十七。

20 《文集》卷十《山寺僧谈命》，页三下。

21 同上，卷七《山北纪行》，页十六上。

22 《语类》卷四十四，第一一六条，页一八一七。

23 《文集》卷二《再题》，页十一上下。

24 《崇安县志》〔清雍正（一七二三——一七三五）刊本〕卷八《释》。参看《崇安县新志》（一九四一年本），卷二十《宗教·释教》，页五下，总页五二〇。又《建安县志》〔康熙五十二年（一七一三）本〕，卷七《释教》，页四十三上。

25 《枯崖漫录》（《续藏经》第一辑，第二编乙，第二十一套）卷中，页八十一下。

26 久须本文雄《宋代儒学禅思想研究》（名古屋进学书店，一九八〇），页三三三至三三四。

27 序载《卍大藏经》第三十一套，第四册，《大慧普觉禅师语录》卷一，总页三四八。

28 《语类》卷一〇四，第三十八条，页四一六六。

29 《李延平集》（《正谊堂全书》本）卷一，页五上。

30 《云卧纪谈》（《续藏经》第一辑，第二编乙，第二十一套）卷下，页十八上。

31 《崇安县新志》卷二十《宗教·释教》，页五上，总页五一九；页七下，总页五二四。

32 《语类》卷一二六，第一〇九条，页四八六三。

33 友枝龙太郎，《朱子の思想形成》（改订版）（东京春秋社，一九七九），页四十五，四十七。

34 佐藤仁《朱子》（东京集英社，一九八五），页五十七。

35 《佛法金汤编》（《续藏经》第一辑，第二编乙，第二十一套）卷十五，“朱熹”条，页四八四。

36 《文集》卷六《游密庵》，页六上。

37 同上，《游密庵分韵得绝字》，页五上。

38 同上，页五下至六上，卷八，页三下。

39 同上，卷八十四《游密庵记》，页三十上。

40 同上，卷三十三《答吕伯恭（第十七书）》，页十二上。

41 《文集》卷三十四《答吕伯恭（第五十八书）》，页五上下。

42 《五灯会元》（《续藏经》第一辑，第二编乙，第十一套）卷四，页六十六上，载赵州从念禅师（七七八一八九七），因僧问，狗子还有佛性也无？赵州曰“无”。此为著名公案，盖谓狗亦有佛性，但不应以有无论也。

43 《佛法金汤编》卷十五，“朱熹”条，页四八四二。

44 《云卧纪谈》卷下，页十八上。

【一〇〇】大慧禅师

绍兴十三年癸亥（一一四三），朱子年十四，丁父忧，承遗嘱奉母由福建建州迁居崇安之五夫里，禀学于刘子翚（一一〇一—一一四七）、刘勉之（一〇九一—一一四九）、胡宪（一〇八六—一一六二）三先生。武夷山有水帘洞。相传刘屏山（刘子翚）曾讲学于此。学者遂有谓朱子从屏山学于武夷。屏山在五夫里。子翚宅在屏山之下，潭溪之上。故学者称子翚为屏山先生。朱子从学于此数年，非武夷也。据朱子自述："某年十五六，亦曾留心于此（禅）。一日在病翁（刘子翚）所会一僧，与之语。其僧只相应和了说，也不说是不是。却与刘说。某也理会得个昭昭灵灵底禅。刘后说与某。某遂疑此僧更有要妙处在，遂去扣问他。见他说得也煞好。及去赴试时，便用他意思去胡说。是时文字不似而今细密，由人粗说。试官为某说动了，遂得举。"[1]是年，朱子十九岁。

会僧之事，不见最早叶公回所校之《朱子年谱》(一四三一)，唯戴铣《朱子实纪》(一五〇六)之《年谱》载之。王懋竑《朱子年谱》亦不记录其事。日本传说朱子赴试时，屏山知其留心举业。及搜其行箧，则只有《大慧语录》一册云。此说盖据《大慧普觉禅师语录》尤焴之序。序谓朱文公少年一乐读时文。因听一尊宿说解直指本心。遂悟昭昭灵灵一著。十八岁请举。时从刘屏山。屏山意其必留心举业，暨披其箧，只《大慧语录》一帙尔。次年登科。《大慧语录》载于《大正新修大藏经》第四十七册，编号一九九八，唯无尤焴序。

常盘大定(一八七〇—一九四五)之《中国的佛教与儒教道教》叙屏山搜见《大慧语录》事，谓为"插语"，而不提尤焴之序。[2]唯安冈正笃引之，[3]唯不指明此序载在何处。其实此序载《卍大藏经》，第三十一套第四册《大慧普觉禅师语录》卷一之首页三四八也。所会之尊宿是否大慧，亟宜考证。

大慧，名宗杲，又号妙喜(一〇八九—一一六三)，为临济义玄禅师(八六七年卒)之法嗣。张浚(张栻之父，一〇九六—一一六四)《大慧普觉禅师塔铭》云："隆兴元年癸未(一一六三)八月十日大慧禅师宗杲，示寂于(杭州)径山明月堂。皇帝闻之嗟惜。诏以明月堂为妙喜庵，赐谥普觉，塔曰宝光。……师讳宗杲，(安徽)宣州宁国人，姓奚氏。年十七为浮图。不欲居乡里，从经论师。即出行四方……学者云集。复避乱走湖南，转江右(江西)入闽，筑庵长乐洋屿。时从之者才五十有三人。未五十日，得法者十三辈……浚造朝，遂以临安(杭州)径山延之。道法之盛冠于一时……凡二千余众。所交皆俊艾。当时名卿如侍郎张公子韶（张九成，一〇九二—一一五九）为莫逆友，而师亦竟以此遇祸。盖当权者恐其议已恶之也。毁衣焚牒，屏居衡州。凡十年徙梅州[4]。梅州瘴疠寂寞之地，其徒裹粮从之。……又五年，太上皇帝特恩放还。明年复僧服。……又二年移径山。……师寿七十有五。"[5]

张铭不指明年月。根据大慧年谱，则彼于绍兴四年甲寅（一一三四）三月至福建长乐。七年丁巳（一一三七）丞相张浚延至径山。十一年辛酉（一一四一）张九成登山说法。秦桧（一〇九一—一一五五）秉国，议者谓张讥朝廷，因及大慧，命贬衡阳。七月至贬所。二十年（一一五〇）命移梅州。二十六年丙子（一一五六）离梅返浙。二十八年戊寅（一一五八）迁住径山。[6]《佛祖历代通纪》大致相同，只误迟一年徙梅，误早一年北归耳。[7]

根据张铭年期，友枝龙太郎以朱子在病翁处会大慧为不可能，盖朱子子十五六（一一四四—一一四五），大慧方在贬谪中也。在友枝教授之意，或者大慧北归（一一五五）途中，经泉州同安与朱子会，盖此时朱子任同安主簿也。十五六岁所会之僧，决非大慧而乃是道谦云。[8]（参看页六二九"朱子与僧人"条）后说疑是，唯同安之会绝不可能，因据《年谱》，大慧赴梅州与北归，乃取陆路，由梅州北上，经福建西边之汀州[9]而入江西返浙，不由水路而经泉州也。

《语类》有一段记载，为大慧与刘子翚相会之铁证，无可否认者。《语类》载朱子回忆云："昔日病翁见妙喜，于其面前要逞自家话。渠于开善（寺）[10]升座。却云彦冲（刘子翚）修行却不会禅，宝学（刘子羽，子翚之兄，一〇九六—一一四六）会禅却不修行。所谓张三有钱不会使，李四会使又无钱。皆是乱说。”[11]此可证子翚会大慧于五夫里。盖开善寺在五夫里也。又必是子翚一一四七年没世以前之事。大概大慧居闽南数年，必曾到五夫里。其时子羽兄弟三四十岁，大慧大可以禅语警戒之。吾人不知病翁反应如何，然印象必深，故多年以后以告朱子。及朱子回忆，则已视禅为异端，而谓乱说耳。

朱子尚有一回忆，足证其本人与大慧相会者。朱子云：“如杲老说不可说不可思之类，他说到那险处时，又却不说破，却又将那虚处说起来。如某说克己，便是说外障。如他说，是说里障。他所以嫌某时。只缘是某捉着他紧处。别人不晓禅，便被他谩。某却晓得禅，所以被某看破了。”[12]此为黄义刚癸丑（一一九三）以后所闻。虽是数十年后之回忆，然两人相会，绝无可疑。问题是在于时间。同安之会，已无可能。若谓大慧由闽南至五夫里，不特其时朱子只七八岁，且尚未迁居五夫里也。

愚意大慧既在五夫里开善寺升座，朱子又亲与对话，则有一可能之时间，乃在大慧屏居衡阳之时。早年在长乐设庵，从之者数十人。道谦亦是其中之一。道谦，五夫里人，后筑密庵于仙洲山，离五夫里只隔一岭。此外，福建各处尚有法嗣；住持寺庵，亦未可知。

假定病翁没世以前一两年，绍兴十五年乙丑（一一四五）左右大慧到福建访道谦与其门徒。其时朱子方十六岁，与其在病翁处会一僧之时相合。十七年丁卯（一一四七）十八岁赴建州乡试。其行箧有《大慧语录》一卷，亦至自然。此说最大困难，乃在其贬谪之时，不会远游。《年谱》绍兴十二年壬戌（一一四二）云：“自到衡阳，一向谢绝宾客。四方书问，一切阔略。”《年谱》亦无由衡阳访闽之记载。故由衡阳访五夫里之碍说难成立。唯一可能是在同安期间在潮州或梅州相会。朱子曾游潮州，《文集》有据（参看页六七二“广东揭阳发现朱子轶文”条）。朱子仕同安为绍兴二十三年癸酉（一一五三）至二十六年丙子（一一五六）。大慧贬梅州为绍兴二十年庚午（一一五〇）至二十六年丙子，时间相同，潮梅二州比邻。在潮或在梅相会，实意中事。其时已见延平（李侗），喻以孔孟之教。故与大慧会谈中言克己，以对佛家之观心也。

朱子之读《大慧语录》，可无疑义。朱子答许生云：“夫读书不求文义，玩索都无意见，此正近年释氏所谓看话头者。世俗书有所谓《大慧语录》者，其说甚详。试取一观，则其来历见矣。”[13]朱子著《张无垢中庸解》，谓其逃儒入释，其释之师语之曰：“左右既得欛柄入手，开导之际当改头换面，随宜说法，使殊途同归，则世出世间，两无遗恨矣。然此语亦不可俗辈知，将谓实有恁么事也。”[14]无垢佛名，即张九成，师事大慧，即朱子所谓其释之师也。朱子注云：“见大慧禅师与张侍郎（张无垢）书。今不见于《语录》中。盖其徒讳之也。”[15]可见朱子曾细读《大慧语录》，记忆清楚，且曾比较前后版本也。

大慧著作以外，朱子又熟稔其交游。谓“杲老尝说少时见张天觉（张商英，一〇四三—一一二一）”[16]。谓：“张无垢参杲老，汪玉山（汪应辰，字圣锡，一一一八—一一七六）被他引去，后来亦好佛。”[17]又谓：“杲老所喜，皆是粗疏底人，如张子韶、唐立夫（唐文若）诸公是也。汪圣锡、吕居仁（吕本中，一〇八四—一一四三）辈，稍谨愿，痛被他薄贱。……汪丈尝谓某云：‘杲老禅学实自有好处。’某问之曰：‘侍郎曾究见其好处否？’又却云不曾。”[18]汪端明（汪藻，一〇七九—一一五四）亦曾从杲老问禅。[19]杲老则“为张无尽（张商英）所知”[20]。朱子对于从游，不只认识，且能品评，可谓知大慧之深矣。

杲老逸事，朱子亦知一二。朱子以俗言佛灯恐是腐叶飞虫之光，因言“妙喜在某处见光，令人扑之，得一小虫，如蛇样而甚细，仅如布线大”[21]。又：“记得杲老初谪衡阳，有以诗送之者，曰：‘逢人深闭口，无事学梳头。’此语有味，可发一笑，然亦不得只作笑会也。”[22]此语有味，盖讽大慧之逞自家语，有如和尚梳头也。

至于大慧之教，亦有两则可记者。朱子云：“昔日了老（陈瓘，号了翁，一〇五七—一一二二）专教人坐禅，杲老以为不然，著《正邪论》排之。其后杲在天童（寺），了老乃一向师尊礼拜。杲遂与之同。及死为之作铭。”问渠既要清静寂灭，如何不坐禅？朱子答曰：“渠又要得有悟。杲旧甚喜子韶。及南归，贻书责之，以为与前日不同。今其小师录杲文字，去《正邪论》，《与子韶书》亦节却。”[23]问：“圭峰（宗密，七八〇—八四一）云：‘作有义事，是省悟心。作无义事，是狂乱心。……此义非仁义之义，乃理义之义。’甚好笑。”朱子答曰：“他指仁义为恩爱之义，故如此说。他虽说义理，何尝梦见？其后杲老亦非之，云：‘理义之义，便是仁义之义。如何把虚空打做两截？’”[24]

朱子不赞成坐禅，但杲老谓理义之义，即仁义之义，则必赞同也。常盘大定谓朱子之理义与仁义合一之理论，乃为大慧所启发，则未免神经过敏。[25]从上大慧之著作、交游、逸事与思想各角度观之，朱子之于大慧，可谓知之深矣。

1 《语类》卷一〇四，第三十八条，页四一六六。

2 东京东洋文库（一九三〇年），页三七九。

3 《朱子学大系》第一卷《朱子学入门》（东京明德出版社，一九七四），页四十一。

4 今广东梅县。

5 《大慧普觉禅师语录》，《大正新修大藏经》第四十七册，页八三六至八三七。

6 《大慧普觉禅师年谱》（《中华大藏经》第二辑），总页一七〇七至一七一五。

7 《大正新修大藏经》，第四十九册，页六八七、六九〇。

8 《朱子思想形成》（改订版）（东京春秋社，一九七九），页四十四至四十五。

9 故治在今福建长汀县。

10 《据福建通志》（一九二二年本），卷三十四，页一下，崇安县五夫里有开善寺。《语类》原文"开善"误作"开喜"。《钱穆朱子新学案》（台北三民书局，一九七一），第三册，页十一，改为"渠于妙喜升座"，欠解。

11 《语类》卷一二六，第八十五条，页四八五六。

12 同上，卷四十一，第五十九条，页一六八七。

13 《文集》卷六十《答许生》，页五上。

14 同上，卷七十二，页二十七上。又见卷六十三《答孙敬甫（第四书）》，页二十下至二十一上。

15 同上。

16 同上，卷五十《答程正思（第二十书）》，页三十二上。

17 《语类》卷一二六，第一一七条，页四八六七。

18 同上，卷一二四，第二十五条，页四七六二。

19 同上，卷一三二，第五十二条，页五〇九五。

20 同上，卷一三〇，第一三四条，页五〇一二。

21 同上，卷一二六，第一〇八条，页四八六二。

22 《文集》续集卷六《与张孟远》，页六上。

23 《语类》卷一二六，第八十条，页四八五三。

24 同上，第八十三条，页四八五五。

25 《中国的佛教与儒教道教》，页三七九。

【一〇一】朱子与佛经

本条所论，不在朱子之评佛而在佛经。盖欲知其批评是否正当，必先审其所用材料是否充足。予尝讨论朱子对于佛法之评价，指出其比其他理学家之评佛较为广泛，因彼不止从一二方面着手而是全面攻击，尤侧重佛家之以心观心，而混心性为一。[1]今之问题则为：(1) 朱子所举之佛经为何？(2) 曾否读过抑只是耳闻？(3) 其了解之程度为何？查《语类》所举有《四十二章经》《大般若经》《华严经》《法华经》《楞严经》《圆觉经》《金刚经》《光明经》《心经》《维摩经》《肇论》《华严大旨》《华严合论》《景德传灯录》十四种，并有概述之“佛经”、“佛书”、“佛经疏”、《藏经》、“释氏教典”、“禅家语录”等，[2]种数虽少，亦足以代表华严、天台、净土、三论、唯识、禅宗诸派。《文集》则只提及《四十二章经》《法华》《金刚》

《光明》《楞严》《圆觉》与《传灯录》。《语类》不言《大慧语录》而《文集》则提及三次。[3]《文集》往来书札，评佛者多，但提及佛经者甚少。此是《文集》与《语类》一大不同处。然于朱子之了解佛经，恐无特殊意义也。(参看页六五〇“朱子所引之佛语”条)

佛典浩繁，任何人不能尽读。吾人敢信朱子所读，必比其他理学家为多。朱子所引佛语甚多。虽过半是当时流行之禅宗公案，或是传闻所得，然其中多起必是从书本而来。故朱子所读佛典，决然不少。且亦有可证其确曾过目者。朱子云：“《楞严经》第二卷首段所载，非惟一岁有变，月亦有之。非惟月有变，日亦有之。非惟日有变，时亦有之。但人不知耳。此说亦是。”[4]又云：“《楞严经》前后只是说咒。中间皆是增入。盖中国好佛者觉其陋而加之耳。”[5]增入之说，姑且未论。但朱子审读《楞严》，可以见之。其于《华严合论》，则谓“第十三函卷，佛说本言尽去世间万事。其后黠者出，却言实际埋地，不染一尘。万事门中，不舍一法”[6]。亦如《楞严经》，举其卷数。又曰：“试将《法华经》看，便见其诞。开口便说恒河沙数，几万几千几劫，更无近底年代。”[7]非曾读本经，必不能作如是语。朱子“尝见佛经说昆仑山顶有阿耨大池，水流四面”[8]，又论唐人幞头云：“尝见禅家语录载(后)唐庄宗(八八五—九二六)问一僧云：‘朕收中原得一宝，未有人酬价。’僧曰：‘略借陛下宝看。’庄宗以手展幞头两脚示之。”[9]可知读时印象甚深，尚可记忆也。评《心经》云：“他盖欲于色见空耳。大抵只是要鹘突人。如云实际中不立一法，又云不舍一法之类皆然。”[10]评《圆觉经》亦云：“只有前两三卷好。后面便只是无说。”[11]二者均不能只靠传闻。必须曾读此书，方能下此评语也。

评语亦毁亦誉，从理学立场观之，可算公平。《四十二章经》“所言甚鄙俚”[12]，“然其说却自平实”[13]。“《楞严经》只是强立一两个意义。只管叠将去，数节之后，全无意味。若《圆觉经》本初亦能几何，只鄙俚甚处，便是其余增益附会者尔。”[14]但“《楞严经》做得极好”[15]。此两经均有可取之处，但非以为吾儒当取之以资己学耳。[16]至《华严合论》则：“其言极鄙陋无稽。不知陈了翁（陈瓘，一〇五七—一一二二）一生理会这个，是有什么好处，也不会厌。可惜极好的秀才，只恁地被他引去了。”[17]谓了翁之于《华严大旨》，则毁誉参半。问：“《华严大旨》，不知了翁诸人何为好之笃？”朱子答曰：“只是见不透，故觉得那个好。以今观之，也是好，也是动得人。”[18]

朱子品评佛经，可分两面。一为义理之批评，一为佛典之考据。从儒家观点，佛教当然只是邪说。朱子云：“钦夫（张栻，一一三三—一一八〇）、伯恭（吕祖谦，一一三七—一一八一）缘不曾看佛书，所以看他不破。只某便识得他。试将《愣严》《圆觉》之类一观，亦可粗见大意。释氏之学，大抵谓若识得透，应千罪恶即都无了。然则此一种学，在世上乃乱臣贼子之三窟耳。”[19]如是解释，未免太过简单。佛家并非不重修行，只与儒家之方内修行不同耳。又如谓“不知《传灯录》中许多祖师，几人做得尧舜禹稷？几人做得文武周孔？须有征验处”[20]。所谓征验，乃儒家修齐治平之征验，与佛家证道之目的迥然不同。《传灯录》中禅师之大德者，当不少人也。谓《金刚经》“大意只在须菩提”[21]，却是正解。须菩提为佛之十大弟子中最能解空之人，唱无说以显道。儒家最怕空无。然一色一香，无非中道，则空无亦未尝如儒家所了解之极端也。朱子云：“某经云：‘到末劫人皆小。先为火所烧成劫灰，又为风所吹，又为水所淹，又成沫。地自生五谷。天上人自飞下来吃，复成世界。’他不识阴阳，便恁地乱道。”[22]此为郑可学辛亥（一一九一）所闻。以儒家阴阳升降之理视之，佛说当然荒谬。又谓：“《楞严经》后面说大劫之后，世上人都死了，无复人类。却生一般禾谷，长一尺余。天上有仙人下来吃。见好后只管来吃。吃得身重，遂上去不得。世间方又有人种。此说固可笑。”[23]此乃黄义刚癸丑（一一九三）以后所闻。义刚师事朱子至庆元五年己未（一一九九），故此条可能迟至此时方录，相隔可学所录八九年。予疑朱子误记此为《楞严》之说。《楞严》描写轮回状况，谓草木为人，人死还成十方草树，但无言及世人都死，却生一般禾谷。卷八所称飞行仙、游行仙、空行仙等，只是说明尚未离欲界，未能超度轮回耳。儒家不信轮回，视为荒诞不经，是意中事。朱子云：“今世所传《肇论》，云出于肇法师（僧肇，三八四—四一四），有四不迁之说：‘日月历天而不周，江河竞注而不流。野马飘鼓而不动，山岳偃仆而常静。’此四句只是一义，只是动中有静之意。[24]《肇论》四篇，此四句出自第一篇《物不迁论》。极言动静不异，法无去来，必求静于诸动，必即动而求静。朱子所谓只是一义，得其旨矣。肇师云，古应有今，今应有古，不往不来，不化故不迁。因因而果，因不昔灭。果不俱因，因不来今。”则朱子或以为玄谈。然于其动静如一之说，则欣然接受也。

至于佛典之考据，则朱子坚持一说云：“佛教初入中国，只是修行说话，如《四十二章经》是也”[25]。又云：初来只有《四十二章经》。至晋宋间乃谈义，皆是剽窃《老》《庄》，取《列子》为多。其后达摩来又说禅。[26]更释之曰：“初间只有《四十二章经》，无恁地多。到东晋便有谈议。如今之讲师，做一篇议总说之。到后来谈议厌了，达摩便入来，只静坐。于中有稍受用处。”[27]朱子以为由斋戒变为义学，乃慧远法师（三三四—四一七）与支道林（支遁，三一四—三六六）之所为。彼等只是盗袭庄子之说。[28]故谓：“晋、宋以前，远法师之类，所谈只是庄、列。”[29]又谓：“直至晋宋间，其教渐盛。然当时文字，亦只是将老、庄之说来铺张。如远师诸论，皆成片尽是老、庄意思。直至梁普通间，达摩入来，然后一切被他扫荡，不立文字，直指人心。”[30]故谓“释氏只《四十二章经》是古书，余皆中国文人润色成之。《维摩经》亦南北（朝）时作。”[31]关于《维摩经》，朱子不敢武断，彼云：“《维摩诘经》旧闻李伯纪之子说是南北时一贵人如萧子良之徒撰。渠云载在正史，然检不见。”[32]其所云杨大年曾删改《传灯录》，则是事实。彼云：“《传灯录》极陋。盖真宗（九六八—一〇二二）时一僧做，上之真宗，真宗令杨大年删过，故出杨大年名。便是杨大年也晓不得。”[33]杨大年即杨亿（九七四—一〇二〇），著者乃东吴僧道原。真宗令杨等刊削裁定。杨亿序明言道原撰，且赞其“冥心禅悦，索隐空宗”。则出杨大年名，或当时利用其翰林学士之声势，未可知也。若谓“《楞严》所谓‘自闻’[34]，即庄子之意[35]，而《圆觉经》所谓‘四大各离，今者妄身当在何处？’[36]即列子所谓‘精神入其门，骨骸反其根，我尚何存’[37]者也”[38]。则全是附会。又谓“如佛经本自远方外国来，故语言差异。有许多差异字，人都理会不得。他便撰许多符咒，千般万样，教人理会”[39]。可谓误解符咒之甚矣。

朱子之误解，诚是可惜。此是当时一般情形，朱子只反映理学家之全部而已。其多读佛书，张栻、吕祖谦、陆象山、陈亮，皆莫之及也。朱子不至如王安石（一〇二一—一〇八六）之甚，解“揭帝揭帝”

为揭其所以为帝者而示之也。王氏固不审“揭帝”为梵文之gate，乃“往”之义，即成正觉之意也。[40]

1 *A Source Book in Chinese Philosophy*(Princeton, N.J.: Princeton University Press，1963)，p.653.

2 《语类》卷一二六，第三条，页四八一九；卷一二五，第七十一条，页四八一三；卷一〇一，第七十七条，页四〇八二；卷一二六，第一〇六条，页四八六二；卷一一六，第五十条，页四四七〇；卷九十一，第十一条，页三六九五。关于各佛经，参看一九七〇年台北正中书局本《朱子语类》书名索引。

3 《文集》卷六十《答许生》，页五上；卷六十三《答孙敬甫（第四书）》，页二十一上；卷七十二《张无垢中庸解》，页二十七上。关于各个佛经，参看东京大学朱子研究会编《朱子文集固有名词索引》。

4 《语类》卷七十一，第三十四条，页二八四六。

5 同上，卷一二六，第六十八条，页四八四七。

6 同上，第七十二条，页四八四八，参看页六五六“朱子所引之佛语”之（49）。

7 同上，第一二八条，页四八七〇。

8 同上，卷二，第七十四条，页四十四。

9 同上，卷九十一，第十一条，页三六九五至三六九六。

10 同上，卷一二六，第七十一条，页四八四八。

11 同上，第七十六条，页四八五一。

12 同上，第六条，页四八二二。

13 同上，第七条，页四八二三。

14 同上，第六条，页四八二二。

15 同上，第六十九条，页四八四七。

16 《文集》卷三十《答汪尚书（第二书）》，页四上。

17 《语类》卷一二六，第七十四条，页四八四九。

18 《语类》卷一二六第七十五条，页四八五〇。

19 同上，卷一二四，第二十五条，页四七六二。

20 《文集》卷四十三《答李伯谏（第一书）》，页十一下。

21 《语类》卷一二六，第七十四条，页四八四九。

22 同上，第七十条，页四八四八。

23 同上，卷九十四，第七十条，页三七七九至三七八〇。

24 同上，卷一二六，第五条，页四八二一。

25 《语类》第一一四条，页四八六四。

26 同上，第一二六条，页四八六九。

27 同上，第三条，页四八一九。

28 同上，第五条，页四八二一。

29 同上，第一二八条，页四八七〇。

30 同上，第七条，页四八二四。参看卷一三七，第十六条，页五二二三。

31 同上，第二十一条，页四八二八。

32 同上，第七十八条，页四八五二。

33 同上，第七十九条，页四八五二。

34 《楞严经》卷三，“如见闻体，本无自性。……是故当知耳人虚妄，本非因缘，无自然性”。载《大正新修大藏经》，第十九册。

35 《庄子》（《四部备要》，本名《南华真经》）卷四《骈拇》第八，页十上［“吾所谓聪者，非谓其闻彼也，自闻而已矣”］。

36 《圆觉经》卷一，页九一四。载《大正新修大藏经》第十七册，页九一三至九二二。四大即地水风火。发毛等归地，唾涕等归水，暖气归火，动转归风。

37 《列子》（《四部丛刊》本名《冲虚至德真经》）卷一《天瑞》第一，页四上。

38 《文集》别集卷八《释氏论》下，页三上。

39 《语类》卷一二五，第二十六条，页四七九三。

40 同上，卷一三〇，第十七条，页四九六九。

【一〇二】

朱子所引之佛语

朱子所引之佛语，当与朱子所提之佛经同看（参看页六四三“朱子与佛经”条）。两处佛家经典，为数相近，然相同者少。且所提经名而直引其文句者并不多，引其文句而提及书名者亦少。两者并看，更足以见朱子读书之多，听闻之广也。

本条所录六十一则，只见于《文集》者十五则，只见于《语类》者四十三则，并见两书者三则（1）（9）（14），其屡见者只计一次。比较而言，朱子所用佛语，多于二程数倍，然尚不及好用禅语之王阳明（一四七二—一五二九）。盖《传习录》已用约四十次矣。[1]阳明曾用禅家方术，如“将汝己私来，替汝克”[2]，此即菩提达摩（约四六〇—五三四在华）名言之借用。一僧来参达摩云：“我心未定，请师安心。”达摩云：“将心来，与汝安。”[3]朱子则绝未用此种智术。若以《文集》与《语类》所用佛语相比，则《文集》几限于书札。他如公文、杂著、志铭，等等，可谓之全然不见佛语。《语类》引用佛词之范围较广，然讨论天命、性情、格物、“四书五经”等处，亦绝无而仅有。

引语甚少指明书名。佛典浩大，若欲寻出来源，苦如海底捞针。今只得其半，已费尽许多时光矣。另一困难，乃是难定是否佛语。有或作佛语而实非佛语者。如“腔子”是也。朱子曰：“腔子犹言躯壳耳。只是俗语，非禅语也。”[4]有只用佛词而非引佛语者，如“正觉”、“能仁”是也。[5]学者以“清虚一大”为张子（张载，一〇二〇—一〇七七）所言。张子诚有此论[6]，但无此语。二程谓其教人“说一个清虚一大”[7]，故论者遂以此语归张子。其实此乃僧肇（三八四—四一四）之言。[8]理学家知此为佛语否，亦未可定。《语类》载朱子谓二程讥张子说“清虚一大”，而非谓其引此佛语。[9]故今不以佛语视之。“体用一源，显微无间”，乃《伊川易传序》之语，《文集》《语类》引用多次。[10]《传习录》日本注家皆谓出自清凉大师澄观（约七六〇—八三八）之《华严经》注，然莫能详其出处。[11]十一世纪以后，儒者、佛者均常用之，故唐顺之（唐荆川，一五〇七—一五六〇）曰：“儒者曰‘体用一源’，佛者曰‘体用一源’。儒者曰‘显微无间’，佛者曰‘显微无间’。孰从而辨之？”[12]朱子又引伊川“冲漠无朕”之语，[13]日本学者亦谓来自佛家，但并未指出其来源。山崎闇斋（一六一八—一六八二）尝罗列中日理学家引斯言者，未谓其为佛语也。[14]

《文集》《语类》所引佛家之言，以禅语为多。目的全在批评，并非借重以阐明儒家思想也。

(1)“主人翁，常惺惺。”（下语见《文集》卷十五《经筵讲义》页十五上，朱子述谢良佐所云。全语见《语类》卷十二第十五条，页三一八）瑞岩禅师（约八五〇—九一〇）语，载《续藏经》第一辑，第二编乙，第十一函《五灯会元》卷七，页一二〇下，与《无门关》第十二则。《大正新修大藏经》第四十七册《明觉禅师语录》卷三页六九〇引之。

(2)“石火电光底消息。”〔《文集》卷三十《与张钦夫（第二书）》，页十八下〕《五灯会元》卷七，页一二七上，曰：“此事如击石火，似闪电光。”

(3)“惟明一心，心生万法。”〔《文集》卷三十《答张钦夫（第九书）》，页二十九上〕朱子曰：“释氏虽自谓性明一心，然实不识心体。虽云心生万法，而实心外有法”。或是概述佛家教义。

(4)“空无一法，万理毕具。”〔同上，卷三十一《答张敬夫（第十一书）》，页二上〕或亦是概而言之。

(5)“大心众生。”〔同上，卷三十二《答张敬夫（第三十二书）》，页三上〕述佛家语。

(6)“诸人知处，良遂擒知。良遂知处，诸人不知。”〔同上，卷三十八《答袁机仲（第九书）》，页十七下〕述佛家语。

(7)“释氏之师，有问其徒者：‘汝何处人？’对曰：‘幽州。’曰：‘汝思彼否？’曰：‘常思。’曰：‘何思？’曰：‘思其山川城邑人物车马之盛耳。’师曰：‘汝试反思，思底还有许多事否？’”〔同上，卷四十二《答胡广仲（第三书）》，页四上〕

(8)“事理俱无碍。”（同上，卷四十三《答吴公济》，页十五上）泛言华严宗第三种法界。

(9)“一棒一条痕，一掴一掌血。”〔同上，卷四十五《答杨子直（第四书）》，页十四上。又《语类》卷十，第二十四条，页二五九〕语出《大慧普说》卷二。上语亦见《碧岩录》第七十八则注。

(10)“理须顿悟，不假渐修。”〔《文集》卷四十五《答廖子晦（第一书）》，页十五下〕谓为“释氏……之云”，然似泛言释氏之教。

(11)“无位真人。〔同上，卷四十五《答廖子晦（第十八书）》，页四十二下〕无位真人指不属于佛众行位之赤裸裸真人。”参看下(33)则。

(12)“侊侗真如，颟顸佛性。”〔同上，卷四十七《答吕子约（第二十五书）》，页二十七上〕死心新和尚语，见《续藏经》第一辑第二编第二十三套，《续古尊宿语要》卷一，页四三一下。“颟顸佛性，优侗真如。”泐潭湛堂准禅师语，见同上第二编乙第十套，《嘉泰普灯录》卷二十六页一八四上。《祖庭事苑》云云门文偃禅师（壮年九四九）之语，唯不见《景德传灯录》卷十九《云门语录》。“侊侗”，云不得要领；“颟顸”，无知之义。“颟顸优侗”见《碧岩录》第二十五则唱评。“颟顸”见第三十九则颂。

(13)“应观法界性，一切唯心造。”〔《文集》卷四十九《答王子合（第九书）》，页六下〕

(14)“神通妙用，运水搬柴。”〔同上，卷五十九《答陈卫道（第一书）》，页二十七下。又《语类》卷六十二，第七十二条，页二三七八〕语出《景德传灯录》卷八《庞蕴居士传》页十八上。

(15)“六用不行，本性自见。”〔《文集》卷五十九《答陈卫道（第二书）》，页二十八下〕

(16)“恍然神悟。”〔同上，卷七十《记疑》，页二十四上〕

(17)“子不见猫之捕鼠乎？四足据地，首尾一直。目睛不瞬，心无他念。唯其不动，动则鼠无所逃矣。”〔同上，卷七十一《偶读谩记》，页六下〕黄龙祖心禅师（壮年一〇六〇）答其弟子宝峰善清禅师始学时云：“子见猫儿捕鼠乎？目睛不瞬，四足踞地。诸根顺向，首尾一直。拟无不中。子能如是，心无异缘，六根自静。默然而究，万无一失也。”

语见《五灯会元》卷十七，页三三五上。载《续藏经》一辑贰编乙，十一函，页三三五。又《联灯会要》卷十五《宝峰善清禅师章》，载《续藏经》一辑贰编乙，九函，页二二九。

(18)“四大各离，今者妄身当在何处？”(《文集》别集卷八《释氏论》下，页三上)语出《大正新修大藏经》第十七册《圆觉经》，页九一四。

(19)“假使铁轮顶上旋，定慧圆明终不失。”(《语类》卷七，第五十九条，页二一九)

(20)“截取老僧头去。”(同上，《语类》第九十条，页二七五)从念禅师赵州和尚(七七八—八九七)语。

(21)“一僧与人读碑云：‘贤读著总是字，某读著总是禅。’”(《语类》卷十一，第八十三条，页二九七)

(22)“佛为一大事因缘，出现于世。”(《语类》卷十三，第六十条，三六五)语出《妙法莲华经·方便品第二》。

(23)“有十二因缘，只是一心之发。”(《语类》卷十六，第一〇八条，页五四〇)

(24)“沩山禅师云：‘某参禅几年了，至今不曾断得这流注想。’”(《语类》同上)查不见《景德传灯录》卷九《沩山灵祐禅师语录》。

(25)“一月普现一切水，一切水月一月摄。”(《语类》卷十八，第二十九条，页六四〇)语出永嘉《证道歌》(《大正新修大藏经》第四十八册，页三九六)。又见《景德传灯录》卷三十，页三十下。

(26)“三家村也有丛林。”(《语类》卷二十二，第一〇三条，页八五一)

(27)“如标月指。月虽不在指上，亦欲随指见月。”(《语类》卷三十三，第八十三条，页一三六〇)

(28)“昔有人问话于一僧。僧指面前花示之，曰：‘是甚么？’其人云：‘花也。’僧云：‘吾无隐乎尔。’”(同上，《语类》，页一三六一) 引语来自《论语·述而》第二十三章。

(29)“放下屠刀，立地成佛。”(《语类》卷四十二，第三十条，页一七二一)《禅家杂语》。

(30)“事则不无，拟心则差。”(《语类》卷五十二，第一八〇条，页二〇一三)

(31)“治生产业，皆与实相不相违背。”(《语类》，同上，第一九二条，页二〇一八) 云门文偃禅师 (八六四—九四九) 之语，载《五灯会元》卷十五页二八〇下，载《续藏经》第一辑第二编乙，第十一函。

(32)“世间万事不如常，又不惊人又久长。”(《语类》卷六十二，第十四条，页二三五一)

(33)“赤肉团上，有一无位真人，在汝等诸人面门上出入。”(《语类》，同上，页二三七七) 是为慧照禅师 (八六七年卒) 语，见《大正新修大藏经》第四十七册《临济慧照禅师语录》，页四九六。参看上 (11) 则。

(34)“青青绿竹，莫匪真如。粲粲黄花，无非般若。”(《语类》卷六十三，第七十二条，页二四三六)

(35)“佛事门中，不遗一法。”(《语类》卷六十三，第八十三条，页二四四二) 参看下 (49) 则。

(36)“遍观法界性”四句。(《语类》卷一〇一，第五十三条，页四〇七六至四〇七七) 参看下第 (67) 则。

(37)“寸铁可杀人。”(《语类》卷一一五，第一条，页四四一一。参看卷八，第六十二条，页二一九)

(38)“我已发菩提心，行何行而作佛？”(《语类》卷一一八，第十五条，页

四五二九）

（39）“只怕不成佛，不怕成佛后不会说话。”（《语类》卷一一九，第二十条，页四五九二）

（40）“吃古山饭，阿古山矢。只是看得一头白水。”（《语类》卷一二一，第二十五条，页四六七九）古山和尚自言。

（41）“十二时中，除了着衣吃饭，是别用心？”（《语类》，同上，第六十条，页四六九四）

（42）“干屎橛”。（《语类》卷一二四、第二十五条，页四七六一）慧照禅师答某僧无位真人是什么之问。（参看《大正新修大藏经》第四十七册《临济慧照禅师语录》，页四九六）

（43）“无所住以生其心。”（《语类》卷一二四，第四十条，页四七六九）语出《金刚经·第十品》。

（44）“光明寂照，无所不通。不动道场，遍周沙界。”（《语类》卷一二五，第四条，页四七八六）瞿昙之语。

（45）“不管夜行，投明要到。”（《语类》卷一二四，第十七条，页四七八九）

（46）“如人上树，口衔树枝，手足悬空，却要答话。”（《语类》卷一二四）

（47）“尘既不缘，根无所著。反流全一，六用不行。”（《语类》卷一二六，第七条，页四八二三）

（48）“色即是空，空即是色。”（《语类》卷一二四，第十一条，页四八二六）语出《心经》。

（49）“实际埋地，不受一尘。万行丛中，不舍一法。”（《语类》卷一二四，第四十二条，页四八三三）语出《景德传灯录》卷九《灵祐禅师（七七一—

657 八五三）语录》，页三上。

【一〇二】

（50）“有物先天地，无形本寂寥。能为万象主，不逐四时凋。”（《语类》卷一二四，第四十三条；页四八三四）

（51）“扑地非他物，纵横不是尘。山河及大地，全露法王身。”（《语类》卷一二四）

（52）“若人识得心，大地无寸土。”（《语类》卷一二四）

（53）“麻三斤”。（《语类》卷一二四，页四八三五）《碧岩录》第十二则“洞山宗慧禅师答如何是佛之问”。

（54）“不落窠臼，不堕理路。”（《语类》卷一二四）

（55）“某国王问某尊者曰：‘如何是佛？’曰：‘见性为佛。’曰：‘如何是性？’曰：‘作用是性。’……黠者云：‘当来尊者答国王时，国王何不问尊者云：未作用时，性在甚处？’”（《语类》卷一二四，第五十八条，页四八四一）菩提达摩答南天竺国王之问，见《景德传灯录》卷三，页四下。

（56）“在眼曰见，在耳曰闻。在鼻齅香，在口谈论。在手执捉，在足运奔。”（《语类》卷一二四，第六十条，页四八四二）菩提达摩语，见《景德传灯录》卷三，页五上。

（57）“遍现俱该法界，收摄在一微尘。识者知是佛性，不识唤作精魂。”（《语类》，同上）菩提达摩语，见《景德传灯录》卷三，页五上。

（58）“直指人心，见性成佛。”（《语类》卷一二四）《碧岩录》第一则评唱述菩提达摩之“悟性论”。

（59）“光明寂照遍河沙，凡圣含灵共我家。”（《语类》卷一二四，张拙诗）

（60）“柏树子”。（《语类》卷一二四，第八十条，页四八五三）赵州和尚从念禅师答如何是祖师西来之问，见《无门关》第三十七则。

（61）“张三有钱不会使，李四会使又无钱。”（《语类》卷一二四，第八十五条，页四八五六）参看页六三六“大慧禅师”条。

1 参看拙著《王阳明与禅》（台北学生书局，一九八四），页七十五。

2 《传习录》上，第一二二“萧惠”条。

3 《景德传灯录》（《四部丛刊》本）卷三《第二十八祖菩提达摩》，页七上。

4 《文集》卷五十八《答邓卫老（第一书）》，页三十三下。

5 同上，卷四十三《答李伯谏（第一书）》，页九上。

6 《张子全书》（《四部备要》本）卷二《正蒙·太和篇第一》，页二上，页三下；《神化篇》第四，页十三上。

7 《遗书》（《四部备要·二程全书》本）卷二上，页六上。

8 《宝藏论》，《大正新修大藏经》第四十五册，页一四五。

9 《文集》卷四十二《答胡彦仲（第二书）》，页三下。

10 如《文集》卷三十《答汪尚书（第七书）》，页十二下，与《语类》卷六十七，第三十六条，页二六三一。

11 参看拙作《王阳明传习录详注集评》（台北学生书局，一九八三），页二一九。

12 《中庸辑略序》。

13 《遗书》卷十五，八上。《文集》卷四十八《答吕子约（第四书）》，页十七上。《语类》卷九十五，第八十条，页三八六九处引之。

14 《续山崎闇斋全书》〔日本昭和十二年（一九三七）本〕卷下，页七十八至八十六。

【一〇三】 赠胡籍溪诗

叶公回所校《朱子年谱》(一四三一)，绍兴二十九年己卯(一一五九)有如下之记载：

是岁籍溪胡公(胡宪，一〇八六——一六二)[1]由司直(弹劾官)改正字(校雠)，将就职，先生(朱子)送行有诗曰：“执我仇雠(傲)讵(何)我知？谩(广泛)将行止验天机。猿惊(《文集》作‘悲’)鹤怨(猿鹤指君子)浑闲事(《文集》作‘因何事’)，只恐先生袖手归。”[2]其后又寄诗曰：先生去上芸香阁(焚香草辟虫藏书之地)，阁老[3]新峨(高)豸角冠(高官之冠)。留取幽人(指朱子)卧空谷，一川风月要人(我)看。瓮牖(贫户以瓶口为窗)前领翠(远山青绿)作屏(《文集》一作“列画屏”)，晚来相对静仪刑(法式)。浮云一任闲舒卷，万古青山只么(如此)青。[4]详味此诗，则先生任道自重之意，亦可略见。五峰胡宏[5](一一〇六——一六一)曰：“此诗有体而无用。”因别赓(续)之曰：“幽人偏爱青山好，为是青山青不老，山中云出雨乾坤（宇宙），洗过一番山更好。”[6]似为籍溪解嘲。以其皆是岁事，足以互相发明，故附是焉。[7]

其后戴铣《朱子实纪》之《年谱》[8]、李默改订之《朱子年谱》（一五五二）、洪去芜改订之《朱子年谱》[9]（一七〇〇）与王懋竑之《朱子年谱》[10]均刻之。只《朱子实纪》改“先生”为“朱子”，王懋竑改“由司直改正字”为“以正字召”，谓召为秘书省正字也。王氏又补录送行诗第一首云：“祖饯衣冠满道周，此行谁与话端由？心知不作功名计，只为苍生未敢休。”[11]王氏并按曰：“是时籍溪家居。召为大理司直，未行，改秘书省正字。籍溪年已七十余矣，耳又重听。门人子弟皆疑其行。朱子四诗皆有讽焉。但不知《年谱》亦复何意。岂以为朱子不赴召之证耶？五峰诗见朱子题跋中。为籍溪解嘲，于《朱子年谱》亦无当。且籍溪赴召在（绍兴三十年）庚辰（一一六〇），载是岁亦误。今删去。以其两本俱载，或元本有之，故附之于此。”[12]“删去”者，不载正谱而载《考异》也。

以上五谱所载既同，则王氏所谓“元本有之”，甚有可能。元本指朱子门人李方子〔嘉定七年甲戌（一二一四）进士〕所编而久已失传之《紫阳年谱》。诸谱以朱子寄籍溪两诗，乃因《文集》编者所用《寄籍胡丈及刘共父二首》之命题而误。又以绍兴二十九年己卯（一一五九）诏赴行在，[13]台谏以朱子好名为词沮之。朱子遂以疾辞。《年谱》以朱子辞与籍溪之应召有关，故系诗于此年。因而误之又误。查朱子《跋胡五峰诗》，先录五峰之诗而随论之曰：

右衡山胡子诗也。初，绍兴（三十年）庚辰（一一六〇），善卧病山间，亲友仕于朝者以书见招。熹戏以两诗代书报之曰（此处录“先生”“瓮牖”两诗。）或传以语胡子。子谓其学者张钦夫（张栻，一一三三——一一八〇）曰：“吾未识此人。然观此诗知其庶几能有进矣。特其言有体而无用。故吾为是诗以箴警之，庶其闻之而有发也。”明年胡子卒。又四年，熹始见钦夫而后获闻之。恨不及见胡子而卒请其目也。因叙其本末而书之于策，以无忘胡子之意云。[14]

由此跋可知两诗并非寄籍溪刘珙而乃寄在京亲友。又知籍溪应召在绍兴庚辰而非绍兴己卯。朱子诗本注有云：“时籍溪先生除正字，赴馆供职。”又云：“刘共父自秘书丞除察官。”《年谱》以诗系庚辰，不特年期错误，而且以是年朱子辞赴行在与籍溪之赴职有关，以致皆以朱子之诗为嘲讽其师。即王懋竑已知年期之误而仍系于是年，而谓“四诗皆有讽焉”。

五谱皆以朱子之诗为讽。此为莫大冤枉，吾人应亟辨之。朱子自云：“绍兴庚辰冬，予来谒陇西先生（李侗，一〇九三——一一六三），退而寓于西林院惟可师之舍，以朝夕往来受教焉。阅数月而后去。”[15]朱子自福建同安主簿任满归，以亲老食贫，乞差庙监。弥乐其道，其于仕进泊如也。归自同安，不远数百里徒步往延平见李先生。此为第三次请教于李侗。换言之，朱子此年求道之心，甚为急切。对于籍溪年老而不留乡弘道。故心知其非作功名计，而结果亦必空手而归而已。此乃朱子之直言，并非嘲讽。朱子撰籍溪行状云：“以先生为大理司直，未行。改秘书省正字。人谓先生必不复起，而先生一辞即受。虽门人弟子，莫不疑之。”[16]此是正言，无讽意也。朱子以当时为非行道之时，而籍溪年老，应守道讲学。即五峰之所谓体。但五峰以籍溪之出为用，未为不是。况云雨乾坤，可使青山更青耶？五峰并非为籍溪解嘲，只谓与朱子观点不同而已。（参看页五九二“可惜死了告子”条）

1 胡宪，字原仲，世称籍溪先生，朱子幼年三师之一，而师籍溪最久。参看页七八“刘屏山命字元晦祝词”条。

2 此诗载《文集》卷二，页八下。

3 指刘珙，字共父，刘子羽之子。新任察官，称阁老。参看上条。

4 诗载《文集》卷八十一，页二下。

5 胡宏字仁仲，称五峰先生，胡安国文定之子，张栻之师。传湘湖学派之学。参看《宋元学案》卷四十二。

6 诗见《文集》卷八十一，页三下，“体用”条。

7 叶公回校订《朱子年谱》（《近世汉籍丛刊》本）卷中，页十二上，总页七十七。

8 《朱子实纪》（《近世汉籍丛刊》本）卷二，页八下至九上，总页九十至九十一。

9 据王懋竑《朱子年谱·考异》（《丛书集成》本）卷一，页二四八。

10 同上，页二四八至二四九。

11 此诗载《文集》卷二，页八下。

12 王懋竑《朱子年谱·考异》（《丛书集成》本）卷一，页二四九。

13 临时国都之临安，即今杭州。

14 《文集》卷八十一，页二下至三上。

15 《文集》卷二《题西林可师达观轩》，页十一上。

16 同上，卷九十七《籍溪先生胡公行状》，页十六上。

【一〇四】逸诗

朱子逸诗九百余篇，载《文集》卷一至十。其已遗失者不知多少。兹得九篇，并不全。皆为《文集》所无者，第四至七，未必可信。

（1）《语类》载“群趋浴沂水，遥集舞雩风”。下注云：“同安日试‘风乎舞雩诗。’”[1]此一诗也。〔参看页七四九“朱子之联语”之（31）〕

（2）“却是燕姬解迎敌，不教行到杀胡林。”《语类》云：“阿骨打[2]破辽国，勇锐无敌。及既下辽，席卷其子女而北，肆意蛊惑，乃未至其国而死。因笑谓赵（起蕃，字昌甫，一一四三——一二二九）曰：顷年于吕季克（吕胜己）处见一画卷，画虏酋与一胡女并辔而语。季克苦求诗，某勉为之赋。末两句云‘却是……’，正用‘阿骨打事也’[3]。”

（3）“白鹤高飞不逐群，嵇康琴酒鲍昭文。此身未有栖归处，

天下人间一片云。”此又一诗也。〔参看页七一二“朱子墨迹”（五）木刻之（12）〕

（4）“少年易老学难成，一寸光阴不可轻。未觉池塘春草梦，阶前梧叶已秋声。”题“偶成”。据佐藤仁教授，日本盛传此诗，以为是朱子所作。佐藤教授又举《朱文公劝学文》，文曰：“勿谓今日不学而有来日，勿谓今年不学而有来年。日月逝矣，岁不我延。呜呼老矣！是谁之愆？”[4]以两者与朱子劝学之意相同。然两者文集均不载，是否朱子所撰，问题尚多云云。[5]《劝学文》文字浅俗，决非朱子之作，《偶成》意亦太显，不类朱子之诗。因录之以待考。

（5）“此日观风海上驰，殷勤父老远追随。野饶稻黍输王赋，地接扶桑拥帝基。云树葱龙神女室，冈峦连抱圣侯祠。黄昏更上灵山望，四际天光蘸碧漪。”据解智《孚济庙记》此为朱子游金门《次牧马王祠》诗。未知真否。（参看页七九〇“朱子与金门”条）

（6）“葱汤麦饭两相宜，葱补丹田麦疗饥。莫谓此中滋味薄，前村还有未炊时。”《坚瓠集》云：“朱晦庵访婿蔡沈不遇，其女出葱汤麦饭留之，意谓简亵不安。晦翁题诗”云云。[6]此诗不见《文集》。

（7）丁传靖《宋人轶事汇编》有一则云：“朱文公有足疾，尝有道人为施针术，施觉轻安。公大喜，厚谢之，且赠以诗云：‘几载相扶藉瘦筇，一针还觉有奇功。出门放杖儿童笑，不是从前勃窣翁。’道人得诗竟去。未几足疾大作，甚于未针时。亟令寻逐道人，已莫知所往。公叹息曰，‘某无意罪之，但欲追索其诗，恐复持误他人耳。’是夜梦神云：‘一念动天矣。’足疾旋瘳。”[7]《文集》载此诗，题云："晦翁足疾，得程道人针之而愈，戏赠此诗。"诗之词句稍有不同。[8]朱子自谓"出门放步"，今言"出门放杖"，似云未愈。显是未考《文集》，全凭传诵记忆以附会之。

(8)"梯云石磴羊肠绕，转壑飞流白玉斜。一段轻烟春澹薄，数声鸡犬野人家。"《湖南师大学报》一九八五年第六期页一一四载杨金鑫教授《朱熹的一首佚诗》短文，全文如下：

近日翻阅湖南地方志，偶然发现朱熹的一首佚诗——《洞木山村舍》，诗曰：(云云)光绪《湖南通志》卷二八五《艺文》四十《金石》二十六，介绍《宋洞木山村舍诗碑》云：《辰州府志·泸溪杂识》，明崇祯初，浦市民间甃土地祠，掘地得碑，有《洞木山村舍》诗一首，为考亭朱文公所题。按公未尝至辰，不知由何得此诗？嘉定《湖南通志》按："此诗《大全集》未见。桐木山为辰州府城之主山，今隶沅陵，而浦市居沅陵、泸溪两界之地。故此刻《辰州府志·泸溪杂识》栽之。惟县志'桐'字作'洞'，未知孰是。"这首诗，描写了洞木山的自然美景，抒发了作者闲逸淡泊的心境，反映了山上村舍人家的升平气象和安定殷实的生活。对研究朱熹的思想，尤其是美学思想，颇有一定的价值。

(9)《南昌县志》卷八载朱子咏隆冈书院四景诗四首，谓朱子为江西南昌县冈上乡黄冈书院而作。杨金鑫教授以为实是朱子咏(浙江绍兴)会稽山之作。故首句《宋代名贤题咏》作"卜筑稽山"为是云。[9]诗如下：

卜筑隆冈远市朝，个中风景总堪描。山云带雨来茅屋，涧水浮花出石桥。

绿遍莎汀牛腹饱，青归麦陇鸟声娇。东邻西舍浑相似，半是渔人半是樵。

帘卷熏风半掩扉，王侯车马往来稀。绿杨门巷莺莺语，青草池塘燕燕飞。

扫石围棋消白昼，解衣沽酒醉斜晖。山园莫道多寥落，梅子初黄杏子肥。

水绕荒村竹绕墙，俨然风景似柴桑。车缫白雪丝盈轴，镰刈黄云稻满场。

几树斜晖枫叶赤，一篱疏雨菊花黄。东邻画鼓西郊笛，黄庆丰年乐有常。

土筑低墙草结庵，寻常爱客伴清谈。地炉有火汤初沸，有被无寒梦亦酣。

风卷翠松鸣远笛，云飘疏竹响春蚕。闭门不管荣枯事，坐傍梅花读《二南》。[10]

(10)“一别人间万事空，焚香论茗怅相逢。不须更话三生石，紫翠参天十二峰。”此诗不见《文集》，唯《崇安县志》与《崇安县新志》载之，均谓圆悟禅师示寂，朱子以此诗哭之。(参看页六二九“朱子与僧人”条)圆悟禅师号肯庵，与《碧岩录》著者圆悟克勤禅师不同。

(11)“卧闻急雨到芭蕉。”《语类》曰：“举南轩(张栻，一一三三—

一一八〇）诗云：'卧听急雨打芭蕉。'先生曰：'此句不响。不若作'卧闻……'[11]。"

(12) 许衡（一二〇九—一二八一）将没，唱朱子所撰歌。（参看页一六七"朱子之歌"条）

(13)(14)《过许由山》诗与《春夏秋冬》诗。

1 《语类》卷一四〇，第六十一条，页五三五一。

2 政和元年（一一一一）女真阿骨打自称都勃极烈。政和五年称帝，国号金。

3 《语类》卷一三五，第四条，页五一七八。

4 载元人黄坚《古文真宝》〔万历十一年癸未（一五八三）本〕前编卷一，页四上。

5 《朱子》（东京集英社，一九八五），页六至七。

6 褚人穫《坚瓠集》（《清代笔记丛刊》本）三集卷三，页十下。

7 丁传靖《宋人轶事汇编》（台北商务印书馆，一九六六）卷十七，八六四引，不详出处。

8 《文集》卷九，页十下。

9 杨金鑫《关于朱熹一组书院诗的考辨》，载《江西师范大学学报》（第一期，一九八七），页二十至二十二。

10 《诗经·国风·周南》《召南》二十余首。

11 《语类》卷一四〇，第五十四条，页五三五〇。

【一〇五】 三字文

《三字经》以一千余字，历举我国文义理历史典籍，实一小型百科全书。由明初以至清末，凡儿童之入私塾者，必先读此书。予五岁入学。经数日塾师教端坐执笔后，即开始记诵数句。此书深入民间，影响甚大。其刻售册数，必跨“四书”而上之。唯学者对此儿童课本，未甚注意。讨论文章，少而又少。一九八〇年邱汉生有《陈淳的理学思想》，附带说及陈淳（一一五九—一二二三）之《启蒙初诵》，指出其形式内容都像《三字经》，[1]予一九八一年翻陈淳之《北溪字义》为英文，曾参考而引用邱氏此文。一九八三年，又有刘子健之《比三字经更早的南宋启蒙书》。一九八五年，刘氏更有英文长篇讨论此题。考究渊博，内容充实，此两文实为研究《三字经》难得之专篇。刘教授研究《三字经》有年。两文主张《三字经》非宋末元初之王应麟（一二二三—一二九六）所编，亦未必是宋末元初粤人区适子所编。又谓《启蒙初诵》充分表现宋代士大夫阶层，而《三字经》不限于士大夫而也能适用于平民家庭。[2]此两点今且不论。不过刘博士有一观察，诚是精敏者。彼云：“南宋时代的若干思想家、理学家、文人逐渐开始注意普及教育，可能已经有人编写过一些通俗读物，为《三字经》的前驱。我的这个想法，十余年来，没有找到证据。最近无意中发现了！这便是载于陈淳《北溪大全集》卷一六页六至八的《训蒙初诵》。”[3]《三字经》之编者曾否参考陈淳之《启蒙初诵》，刘教授未曾确定。予疑编者或并不知此《启蒙》之存在。盖陈淳之《北溪字义》（参看页四五四“最笃实之门徒——陈淳”条），虽受理学家之赞扬，唯其《启蒙》则未经有人提及。且陈淳一生困处福建，训童谋食。其声誉与交游，并不算广。然而事实俱在。《启蒙初诵》确在《三字经》之先。故谓前者为后者之前驱，亦未尝不可。

由此带起一问题，即是陈淳有无先驱？陈淳自云：“予得子，今三岁。近略学语。将以教之而无其书。因集《易》《诗》《书》《礼》《语》《孟》《孝经》中明白切要四字句，协之以韵，名曰《训童雅言》，凡七十八章，一千二百四十八字。又以其初未能长语也，则以三字先之，名曰《启蒙初诵》，凡一十九章，二百二十八字。”[4]四字句之前例，由《诗经》以至宋人铭赞，汗牛充栋。三字句之前例，则有《大学》之“汤之盘铭曰：苟日新，日日新，又日新。”[5]《后汉书》有数童摇，皆三字句，如献帝初年京师童谣曰：“千里草，何青青！十日卜，不得生。”《后汉书》云：“按：‘千里草’为‘董’，‘十日卜’为‘卓’。凡列字之体，皆从上起，左右离合。无有从下发端者也。今二字如此者，天意若曰：‘卓自下摩上，以臣陵君也。’青青者，暴盛之貌也。不得生者，亦旋破亡。”[6]董卓果于初平三年壬申（一一九二）被诛。然陈淳由四字文而改三字文，非必沿袭前人。假如必需先例，则可取诸其师朱子也。

朱子有三字句。其《窗铭》云："言思毖，动思蹶，过思弃。端尔躬，正尔容，一尔衷。"[7]《魏国公府犀爵铭》云："天水公，屹堂堂。举兕爵，孰敢当？惟魏公，一心膂。受藏之，永终古。后之人，奉其盈。如不克，视熹铭。"[8]最重要而与本文有关者，则为其《女巳埋铭》。文曰："朱氏女，生癸巳（一一七三）。因以名，叔其字。父晦翁，母刘氏。生四年，呱失恃。十有五，适笄耳。赵聘入，奄然逝。哀汝生，婉而慧。虽未学，得翁意。临绝言，孝友悌。从母藏，亦其志。父汝铭，母汝视。汝有知，尚无畏。宋淳熙（十四年），岁丁未（一一八七）。月终辜（十一月），壬寅识。"[9]此文三字为句，押韵。文辞浅近，意思显明。与上两铭比较，不可同日而语。且款识年月亦三字押韵，恐无前例。其女虽非幼稚，究尚未学。故此文乃为初学而设之文也。是以其用意与陈淳之撰《初诵》，目标正同。朱子尝编《小学》(参看页四二九“《小学》”条)。与《易学启蒙》，又尝思编有如《小学》之书，专为青年女子之用。(参看页七七五“朱子之于妇女”条)朱子普及教育之视线，比陈淳为广，此点可以无疑。吾人不敢谓朱子为陈淳《启蒙》之前驱，更不敢谓朱子为《三字经》之先例。只谓朱子有此为幼年而撰之三字浅近文体而已。

1　《中国哲学》第三辑(一九八〇)，页一三四至一三五。

2　《文史》第二十一辑(一九八三)，页一三四；“The Ciassical Chinese primer: its three character style and authorships”, *Journal of the American Oriental society*, vol.105 no. 2(1985), p.194.

3　同上。

4　《北溪大全集》(《四库全书》本)卷十六，页六下。《初诵》载页六下至七上，《雅言》载七下至十二下。

5　《大学传》，第二章。

6　《后汉书》(《四部丛刊》本)卷十三《五行志》，页二十三上下。

7　《文集》卷八十五，页四下。

8　同上，页五上。

9　同上，卷九十三，页一上。

【二〇六】广东揭阳发现朱子轶文

友人杨庆堃教授惠寄《人民日报》一九八五年十月十日侯月祥君报道一则，全文如下：

宋代著名哲学家、教育家朱熹八百年前的一篇轶文《恩相堂序》，最近在广东揭阳县京岗被发现。

去年底，揭阳县博物馆开始编写《揭阳县志·文物志》。博物馆工作人员孙淑彦打听到京岗有一位退休教师孙炳志珍藏有朱熹《恩相堂序》抄件的消息后，便多次到京岗寻访。今年初，孙淑彦几经周折找到了孙先生。原来，京岗一带是当年孙氏的后裔，世代传诵朱熹序文。序文共四百一十八字，为朱熹《文集》和现存几种《揭阳县志》所未载。中国宋史研究会副会长、暨南大学宋史研究室主任陈乐素教授认为，这确是朱熹的一篇轶文。他说，全文介绍了京岗景色，以及朱熹在揭阳的感受和朋友梁克、孙氏等人之间的感情，用词简练意深，描述生动形象，手法虚实得体，是研究朱熹和宋代文化南迁的一件宝贵资料。

《恩相堂记》如果能证实为朱子所作，则其意义至大，盖此不特足以证明轶文重现，而于朱子曾游广东，又多一证据也。予查揭阳、京岗、梁克、恩相堂等名，均不见《文集》《语类》，颇生疑惑。适香港中文大学王煜博士现为哈佛大学访问学者，抽暇来哥伦比亚大学，同赴理学讨论会。因以告之。王教授归后抄寄朱子诗数篇。《销寇》诗云："年来揭阳郡，牢落海阴墟。云峤无幽子，潢池有跖徒。单车亦已税，蔓草不须锄。比屋弦歌里，功高化鳄图。"[1]《山丹》诗云："昔游岭海间，几见蛮卉拆。素英溥夕露，朱萠烂晴日。归来今几年，晤对只寒碧。因君赋山丹，悦复见颜色。"[2]《销寇》诗非亲历其境，不能描写如是清楚。"昔游岭海"，直是明证矣。"揭阳"此处一见。《索引》误作"揭陶"，[3]予亦误焉。

朱子曾到揭阳，可无疑义。至因何而往，曾到潮州内外何处，逗留时间若干，皆尚待考。《文集》《语类》均提及潮州罗浮数处，然不是次咏，即是论韩愈或苏轼之为人。皆无曾到其地之痕迹。《恩相堂记》未见，不知其中有无线索可寻。现在所可讨论者，乃朱子何时往揭阳之问题，其可能有三。一为同安主簿与候代时期〔绍兴二十三年癸酉（一一五三）至二十七年丁丑（一一五七）〕，一为漳州时期〔绍熙元年庚申（一一九〇）至二年辛亥（一一九一）〕，一为建阳时期〔绍熙五年甲寅（一一九四）至庆元六年庚申（一二〇〇）〕。三者之中漳州与建阳期间皆不可能。朱子在漳州只十个月，政事甚忙，何暇远游？朱子有广东门人四人。[4]其中郭叔云与郑南升均潮州潮阳县人，或以郭为揭阳人。[5]《宋元学案补遗 · 郑南升传》中谓：“绍兴中朱子倡道东南，与郭叔云同往从之。”[6]“绍兴”应作“绍熙”，盖绍兴中朱子只十余岁，绍熙中则朱子六十余岁，正是建阳时期。《补遗》言“往从之”而不言在潮州就地从学，则所往者，往建阳也。且郑南升曾录《语类》癸丑（一一九三）所闻百余条，[7]癸丑适为绍熙之中。其时朱子在建阳，离潮州颇远。郑、郭两人前往建阳从学，且为时在一年以上。[8]《语类》有训南升四则，谓“文振（南升字）近看得文字较细。须用常提掇起得惺惺，不要昏晦”。又云：“看文字须以郑文振为法。理会便说出，待某看甚处未是。理会未得，便问。”[9]皆非一时偶会之言。可知朱子在建阳时期之中，未到揭阳。且朱子凡到南康潭州，学者云集，而未闻潮州有此盛况也。

至于同安时期，朱子名声未振。不特不见学者蜂集，诗咏应酬亦少。《文集》载《销寇》《山丹》等次韵潮州诗六首，前有挽《籍溪胡先生三首》，后有丁丑（一一五七）冬后五年《再和东坡惠州梅花诗》。[10]籍溪即胡宪，卒于绍兴三十二年壬午（一一六二）。丁丑后五年亦为一一六二年。《文集》置《销寇》《山丹》等诗于此时期，虽不能确证朱子同安期内前往揭阳，亦可作旁证也。且潮州有朱子墨迹〔参看页六八七“朱子墨迹”（二）朱玉所录之（20）〕亦一旁证。朱子绍兴二十六年丙子（一一五六）七月秩满，冬奉檄走旁郡。翌年春返同安乃归。在此数月之间，折道往揭阳一行，亦常事耳。抑予又有一说，敢提出商榷者，即在岭海与大慧相遇是也。此节详见页六三六“大慧禅师”条。兹不赘。

一九八七年初冬，本书排稿校对后，予即赴厦门参加朱子学国际学术会议，杭州大学洪波教授献文，题为《朱熹轶文四篇散论》，末附四篇轶文，并加注释。一为《与詹体仁》，二为《过许由山》诗，均为洪教授在浙江淳安县瀛山书院讲学时从《遂安县志》所发现。《与詹体仁》约三百字，述朱子困穷境况与修改《大学·格物》注情形。《过许由山》诗云："许由山下过，川水映明珠。洗耳怀高洁，抛笻墩上娱。"三为《三瑞堂记》，四为《百琴楼歌》。二者均为淳安县编纂者从《康塘洪氏宗谱》卷十一中发现。前者七百余字，末署淳熙甲午（一一七四）新安朱熹记。后者四百余字，末署新安朱熹题咏。歌词七十一句，二、三、五、七言不等。此外，洪教授又在《朱熹在淳安书院讲学及其轶文宝墨考》之中提及朱熹为詹仪之及其夫人所写祭文，亦为《文集》所不载，不过是否真迹，还有待鉴定云。又谓朱熹再次访康塘，为堂题匾额曰"三瑞"，并为撰联："三瑞呈祥龙变化，百琴协韵凤来仪。"又高令印《朱熹事迹考》页一〇九载《题金榜山》与《金榜山记》两轶文，亦宜参考。

1 《文集》卷二，页十七上。

2 《文集》卷二，页十七上。

3 东京大学朱子研究会编《朱子文集固有名语索引》（东京东丰书店，一九八〇），页六五一。

4 拙著《朱子门人》（台北学生书局，一九八二），页十一。

5 同上，页二〇四、三四三。

6 《宋元学案补遗》（《四明丛书》本）卷六十九《沧洲诸儒学案补遗》，页一六八上。

7 《朱子门人》，页三四三。

8 参看田中谦二《朱门弟子师事年考》（《东方学报》第四十四期，一九七三），页二〇八。

9 《语类》卷一一八，第五十四、五十五条，页四五五五至四五五六。

10 《文集》卷二，页十六下、十八下。

【一〇七】朱子创游录文体？

韩国鱼叔权（壮年一五二五—一五四七）《稗官杂记》云："古人以文叙事谓之记。至宋朱晦庵始有《游衡岳录》。本朝占毕斋有《头流纪行录》，李青坡陆有《游智异山录》，蔡懒斋寿命、潘溪好仁皆有《游松都录》，南秋江孝温有《游金刚山录》，金濯缨驲孙有《续头游录》，铁城李胄有《金骨山录》，遂为文章之一体。"[1]查《文集》有《南岳游山后记》，乃记其与张南轩（张栻，一一三三—一一八〇）等乾道三年丁亥（一一六七）衡山之游。[2]其《山北纪行》之诗十二章附注，则纪淳熙八年辛丑（一一八一）庐山之游。[3]两处皆记而非录。鱼叔权似谓叙事为记，纪游为录，而朱子首创游录之文体，然朱子不谓录也。若谓其记乃纪游而非叙事，故游记即是游录，则元祐元年丙寅（一〇八六）张礼与友人游长安城南，访唐代都邑旧地，著《游城南记》，早在朱子百年以前，释法显（约三三七—约四二二）之《佛国记》，更无论矣。朱子创新殊多，然谓其创立游录文体，恐朱子不敢当也。岂《南岳游山后记》在韩国别刊为《游衡岳录》，遂为韩国游录之一体耶？

1 《稗官杂记》(朝鲜京城朝鲜古书刊行会，一九〇九)，页五一六。

2 《文集》卷七十七，页十一上至十二上。

3 同上，卷七，页十六上至十七上。

【一〇八】《绍熙州县释奠仪图》

哥伦比亚大学学生示予以《四库全书》珍本《绍熙州县释奠仪图》，并问是否朱子所撰。予急查《四库全书总目提要》，谓："《绍熙州县释奠仪图》一卷，宋朱子撰。"然后据《朱子年谱》，谓绍兴二十五年乙亥（一一五五），朱子官福建同安主簿，"取《周礼》、《仪礼》、《唐开元礼》、绍兴祀令，更相参考，画成礼仪、器用、衣服等图，训释辨明，纤微必备"。以此为《释奠礼》之初稿。旋续引《年谱》，谓："淳熙六年己亥（一一七九），差知江西南康军，奏请颁降《礼书》，又请增修《礼书》，事未施行。绍熙元年庚戌（一一九〇），改知福建漳州，复列上释奠仪数事。且移书礼官，乃得颇为讨究。"以此为《释奠礼》之再修。继又引《年谱》云："绍熙五年甲寅（一一九四），除知潭州。……始复取往年所被敕命……力疾钩校。删剔猥杂，定为四条，以附州案，俾移学官。"以为最后之定稿，"即此本也”[1]。提要所引《年谱》，即王懋竑《朱子年谱》所引洪去芜改订康熙三十九年庚辰（一七〇〇）重刻之《朱子年谱》。[2]较洪本早近三百年、宣德六年辛亥（一四三一）叶公回校之《朱子年谱》较详。绍兴二十五年乙亥（一一五五）同安条“纤悉毕备”下续云：“因举行之。一，时日；二，斋戒；三，陈设；四，肴馔；五，行事；六，祝文。”较叶本后八十余年而较早于洪本一百八十余年，戴铣所编《朱子实纪》（一五一三）内之《年谱》，同条下则续云：“执事学生，得以日夕观览，临事无舛。”此语洪本亦载。叶、戴两本，均为王懋竑与《提要》著者所未见。

诸本《年谱》或详或略，大半皆据朱子《书释奠申明指挥后》。其叙校订释奠本末曰：“淳熙（六年）己亥初（一一七九），守南康。尝一言之朝廷，为取《政和新仪》，镂版颁下。而其本书自多抵牾，复以告焉，则莫之省矣。绍熙（元年）庚戌（一一九〇），复自临漳列上释奠数事。且移书礼官督趣，乃得颇为讨究。则淳熙所镂之版，已不复存。百计索之，然后得诸老吏之家。又以议论不一，越再岁乃能定议，条奏得诸施行。而主其事者适徙他官，因格不下。又再岁而熹守长沙，则前博士詹体仁（一一四三—一二〇六）还为少卿，始复取往年所被敕命，下之本郡。然吏文重复繁冗，几不可读。且曰属有大典礼，未遑遍下诸州也。既而熹亦召还奏事，行有日矣。又适病目，不能省文书。顾念兹事得请之难，而今所下书乃如此……于是力疾躬为钩校，删剔猥杂，定为数条，以附州案。俾移学官及属县。且关帅司，并下巡内诸州，仅毕而行。……明年长沙郡文学邵囦乃以书来曰：‘以公之拳拳于此也，谨已锓木，而广其传矣。’”[3]

从上所引观之，则《绍熙州县释奠仪图》是否成书，实一疑问。朱子躬为钩校，邵囦锓木，似是专书印行。《提要》以为初稿、再修、定稿，成为一卷。周予同著《朱熹》，罗列朱子著作，史部政书类有此一卷。[4]周氏盖从《提要》，而《提要》以为朱子所撰一卷，乃所以尊朱子耳。

专书无定义。《文集》内《仁说》[5]、《玉山讲义》[6]等均尝刊为专书。然愚窃谓《释奠仪图》以政文视之为宜。其理由如下：

（1）据朱子《书后》自述与各《年谱》记载，《释奠仪图》之参考礼书，训释明辨，皆为政事施设，“俾执事诸生，朝夕观览，临事无舛”、“以附州案，俾移学宫及属县”。与《深衣制度》[7]、《禘祫议》[8]等相同。此两文尚属议论范围，《释奠仪图》则为州县法式。其目的在实施，与朱子之修《礼书》，阐明道义，订定礼法，大异其趣。故应以政文视之，而不以专著待之也。

（2）朱子官同安时，撰《民臣礼议》，建议当时上下所共承用之《政和五礼》，举而正之，并“取自州县官民所应用者，参以近制，别加纂录，号曰《绍兴纂次政和民臣礼略》，锓板模印，而颁行之州县”[9]。若《释奠仪图》既已成书，此文何不提及？大可为《民臣礼议》之一部也。淳熙七年庚子（一一八〇）《乞颁降礼书状》与《乞增修礼书状》，[10]亦均不提《释奠仪图》。

（3）朱子《书释奠申明指挥后》成于庆元元年乙卯（一一九五），追述往事极详。如《释奠仪图》既已成书，似应提及。历叙南康、漳州、长沙之所删改，均为说明之训释，不若《提要》所云之易稿。即在长沙，亦止定为数条，非如《提要》之所谓定稿也。《书后》全文集中施行。邵囦锓木以广其传，亦施行之助而已。

（4）周予同政书类所引朱子《四家礼范》《二十家古今家祭礼》

与《祭礼》均佚，唯此三书之书目仍见《宋史 · 艺文志》《直斋书录解题》《文献通考》，或《文集》答书。[11]何以《释奠仪图》并未经人提及？其非成书，亦可知矣。

根据以上所论，则《绍熙州县释奠仪图》不是专著，应以政文视之。

1 《四库全书总目提要 · 史部 · 政书类二》（上海商务印书馆，一九三三），总页一七一六。

2 王懋竑《朱子年谱》（《丛书集成》本）卷一上，页十一；卷四上，页一七九、一九五。

3 《文集》卷八十三《书释奠申明指挥后》，页十九下至二十上。

4 《朱熹》（上海商务印书馆，一九三一），页一〇二。

5 《文集》卷六十七《仁说》，页二十上至二十一下。

6 同上，卷七十四《玉山讲义》，页十八上至二十上。

7 同上，卷六十八《深衣制度》，页五下至十下。

8 同上，卷六十九《禘祫议》，页一上至九上。

9 同上，《民臣礼议》，页十五下至十七上。

10 同上，卷二十，页二十八下至三十一下。

11 周予同《朱熹》，页一〇二至一〇三。

【一〇九】朱子墨迹

予非书画家，更非收藏家。唯对于朱子墨迹，甚有兴趣。每知有所藏，必以先睹为快。然个人见闻有限。调查亦非个人之力所能为。兹仅就所知，为表如下，作为一部分之报告。希望有心人增之补之。苟中韩日学者能联合作一全面之调查，影印成书，则手舞足蹈者，非止予一人已也。

（一）见于诸书记载者

朱子题跋以千百数。《文集》卷八十一至八十四，已二三百题，别集又二十题。此处不录，只录其题跋以外之叙述而已。其中刻石刻木者，则归入下面（四）（五）石刻木刻之部。

（1）《再题西林可师达观轩》。“绍兴（三十年）庚辰（一一六〇）冬，予来谒陇西先生（李侗，一〇九三—一一六三），退而寓于西林院惟可师之

【二〇九】

舍。……予尝戏为之诗，以示可师。既去而遂忘之。（三十二年）壬午（一一六二）春复拜先生于建安，而从以来，又舍于此者几月。师不予厌也，且欲予书其本末置壁间……师请之勤勤不得辞，于是手书授之。”[1]

(2)《张公集句座右铭》。〔参看页七二四“朱子不肯挥毫”条之(9)〕

(3)《书武侯草庐语遣张以道》。“张以道将之荆襄，[2]写以送之。庆元（五年）己未（一一九九）十一月十九日晦翁。”[3]武侯指诸葛亮（一八一—二三四）。以道，朱子门人，名里不详。

(4)《题所书古柏行》。“右杜子美（杜甫，七一二—七七〇）《古柏行》。朱仲晦为王之才书。”[4]王之才名仲杰。时为（江西）南康军星子县尉。

(5)“漳州守求新‘贡院’二字，已为书去。”[5]

(6) 朱子藏书阁壁上题云：“于穆元圣，继天测灵。开此谟训，惠我光明。靖言保之，匪金厥籯。含英咀实，百世其承。”[6]

(7)《语类》卷十一“学者”条，凡二百七十七字，曰：“学者观书，先须读得正文，记得注解，成诵精熟……一一认得，如自己做出来底一般。……子细理会……自此读书，益加详细云。”注云：“此一段系先生亲书示书堂学者。”[7]

(8) 门人吴寿昌，字大年，福建邵武人。初谒佛者疏山，喜谈禅。后携其子浩就学于朱子。《语类》记载云：“先生问寿昌：‘子见疏山，有何所得？’对曰：‘那个且拈归一壁去。’曰：‘是会了拈归一壁？是不会了拈归一壁？’寿昌欲对云：‘总在里许。’然当时不曾敢应。会先生为寿昌题手中扇云：‘长忆江南三月里，鹧鸪啼处百花香。’执笔视寿昌曰：‘会么？会也不会？’寿昌对曰：‘总在里许。’”[8]

(9) 寿昌因先生酒酣兴逸，遂请醉墨。先生为作大字《韶国师颂》一首，又作小字杜牧之(杜牧，八〇三—八五二)《九日》诗一首，又作大字渊明(陶潜，三六五—四二七)《归田园居》一首。有举子亦承便请之。先生曰："公既习举业，何事于此？"请之不已，亦为作渊明《阻风于规林》第二首。且云："但能参得此一诗透，则公今日所谓举业，与夫他日所谓功名富贵者，皆不必经心可也。"[9]

(10) 朱子亲笔于张栻(一一三三—一一八〇)所撰《武侯传》后云："陆务观(陆游，一一二五—一二一〇)说汉中之民，当春月男女行哭，首戴白楮币，上诸葛公(武侯诸葛亮)墓。其哭皆甚哀云。"[10]

(11) 朱子书所居之桃符云："爱君希道泰，忧国愿年丰。"书竹林精舍桃符云："道迷前圣统，朋误远方来。"注云："先是赵昌甫(门人，名蕃)书曰：'教存君子乐，朋自远方来。'故嗣岁先生自易之以此。"[11]〔参看页七四五"朱子之联语"条之(2)(3)〕

(12) 朱子初欲林湜(字正甫，一一三二—一二〇二)以程迥〔号沙随，隆兴元年(一一六三)进士〕行实来，为作墓碑。久之不对。沙随曾为江西饶川德兴县丞。会立祠于县学，朱子乃为书"沙随先生之祠"六字。[12]

(13) "醉经"、"敬义"。明宋端仪(一四四七—一五〇一)《考亭渊源录》记童伯羽云："童伯羽，字蜚卿。……诣(福建)云谷师事朱文公。公常造其庐，为扁其楼，曰'醉经'，曰'敬义'。"[13]

(14) 门人方大壮，字履之，福建莆田人，自号履斋。《宋元学案》云："朱子为书其额。"[14]

(15) 手书《家礼自序》。清瞿镛(壮年一八〇〇)《铁琴铜剑楼藏书目》有宋本《纂图集注文公家礼》十卷。前有朱子《自序》一篇，朱子手书。

(16)“考亭”。袁枚(一七一六—一七九七)《随园随笔》云:“文公《家谱》有邻人葬父,求题其亭。公书‘考亭’二字与之。”王懋竑《朱子年谱》绍熙三年(一一九二)引洪去芜改订《朱子年谱》(一七〇〇),谓朱子之父爱考亭(在福建建阳)溪山清邃,尝欲卜居。朱子是岁乃筑室于此,以成父志云。袁枚谓此传说为讹,谓“二字与公无涉”[15]。袁氏大概未读朱子《迁居告家庙文》[16]。此文明谓“乃眷此乡,亦皇考所尝爱赏而欲卜居之地”。

(17) 奏劄。《行状》云:“奏劄凡七,其一二皆自书,以防宣泄。又以南康所上封事(一一八〇),缮写成册,用袋重封,于閤门投进。”[17]

(18)“思齐”。叶绍翁(约一一七五—一二三〇)《四朝闻见录》云:“乙卯岁(一一九五)(浙江)丽水吴君棣入(福建)武夷,授‘四书’每日为课。文公多所与可。大书‘思齐’二字以厉之。吴因以自名其斋云。”[18]

(19)“书楼”。南轩求写“书楼”二字[19],又“求‘书楼’大字”[20]。朱子必乐从之。

(20) 少年翰墨。叶公回校订《朱子年谱》(一四三一)绍兴二十年庚午(一一五〇)朱子归故乡婺源省墓。“婺源丈人俞仲猷尝得先生少年翰墨,以示其友董颖,相与叹赏。颖有诗云:‘共叹韦斋(朱松)老,有子笔杠鼎。’”据说朱子尝叙董颖文集,[21]唯此序不见《文集》。

(21)《端州友石台记》。〔参看页七三四“诸家评朱子之书法”条之(6)〕

(22)《归去来辞》。〔参看七三三“诸家评朱子之书法”条之(5)〕

(23)《武侯制表》十六字。(参看页七三七)

（二）朱玉所录

朱玉编《朱子文集大全类编》〔康熙六十一年（一七二二）原刊〕一百一十卷，分八册。其第八册第二十一卷载墨迹数页。此书甚少见，故照录其墨迹全部于下。

文公所题墨迹，随处皆有。间或后人托名模仿，真赝难辨。兹以镌之岩石见闻所及，并家乘中所载者，谨录下方：

二字匾

（1）泮宫（建阳县学）

（2）毘涧（考亭资化寺山麓）

（3）容膝（为考亭陈氏题）

（4）岁寒（为麻沙祝伯和题）

（5）览翠（崇安营岭文定书院）

（6）敬义（为瓯宁门人童伯羽题）

（7）锦工（浦城大石渡口）

（8）闻读（福清）

（9）西斋（为古田门人余隅题）

（10）瞻仰（同安书院）

（11）复轩（漳州署）

（12）风雩（庐山双剑峰下）

（13）钓台

（14）枕流

（以上俱白鹿洞）〔参看下面页七〇七“朱子墨迹”（四）石刻之（63）〕。

（15）悦斋

(16) 濯缨

(17) 逸志

(18) 水月(以上俱西安县)

(19) 溪山(龙泉叶味道祖祠)

(20) 拙窝(潮州金山文惠堂)

三字匾

(21) 建阳县(县门)

(22) 清邃阁

(23) 汲古井(以上俱考亭)

(24) 起贤山(云谷)

(25) 百丈山(本山石壁上)

(26) 黄杨山(庵门)

(27) 木竹居

(28) 六经堂(五夫潭溪)

(29) 会仙桥(五夫里)

(30) 平川桥(崇安县溪南)

(31) 风泉亭(为吴楫题白水山下)

(32) 醉经堂(为瓯宁童氏题)

(33) 读书处(长乐)

(34) 仓霞亭(福清灵石寺)

(35) 经史阁(同安学)

(36) 君子亭(漳州治)

(37) 九区亭(漳州内署)

(38) 廓然亭（晋江九日山）

(39) 思古堂（九日山寺）

(40) 黄公亭（玉山黄衮祠）

(41) 云风堂（余干东山书院）

(42) 鼎山堂（仙居桐江书院）

(43) 小樊川（台州）

(44) 擘翠亭（为台州杜烨杜知仁兄弟题）

(45) 明伦堂（吉安府各府州县仿）

(46) 直节堂（南康治）

(47) 王乔洞（庐山石门）

(48) 自洁亭

(49) 贯道桥（俱白鹿洞）

四字匾

(50) 溪山深邃

(51) 溪山第一〔参看页七〇二“朱子墨迹”（四）石刻之（21）〕

(52) 沧洲晚筑

(53) 沧洲精舍

(54) 文明气象

(55) 源头活水

(56) 天光云影

(57) 鸢飞鱼跃〔参看页七〇〇“朱子墨迹”（四）石刻之（11）〕

(58) 景星庆云

(59) 寒竹风松

(60) 静观物我

(61) 与造物游（以上俱考亭）

(62) 芹溪小隐（为洛田苴子寿题）

(63) 屏山书院（五夫）〔参看页七一四“朱子墨迹”（五）木刻之（17）〕

(64) 南溪樟隐（麻沙祝氏居）

(65) 光风霁月（福州府学）

(66) 耕云钓月（福州）

(67) 石室清隐（福州石桥下文公祠内小泉池石上）

(68) 天风海涛（鼓山岁崱峰）〔参看页七〇二“朱子墨迹”（四）石刻之（30）〕

(69) 螺峰书院

(70) 浣溪书院（以上俱古田县西）

(71) 蓝田书院（为古田余仁椿题）

(72) 小山丛竹（九日山）〔参看页七〇〇“朱子墨迹”（四）石刻之（13）〕

(73) 上帝临汝（江西）

(74) 石室书屋（为星子县陈氏题）

(75) 白鹿洞馆（洞门）

(76) 风泉云壑〔参看页七〇七“朱子墨迹”（四）石刻之（62）〕

(77) 文行忠信（以上俱白鹿洞）

(78) 清净退庵（南康西涧）

(79) 万溪草堂（为淳安方氏题）

(80) 苏魏公祠

(81) 赵忠肃公祠（以上俱同安）

碑

(82) 宋高士二徐先生之墓(台州临海高士徐中行子庭筠，文公行部，拜墓下，特表之)

(83) 宋东莱先生吕伯恭之墓(金华武义)

(84) 蔡国博墓(建阳黄华山)

(85) 呜呼有宋蔡季通父之墓(建阳县崇泰里)

(三) 现存真迹

(1)《会之知郡朝议贤表》。草书，凡三十二行，每行字数不一。总共五六百字。纸两幅。第一幅纵三十三点三厘米，横四十七点八厘米。第二幅纵三十三点三厘米，横四十七点二厘米。首云“八月七日熹顿首启”。款署“熹再拜启。会之知郡朝议贤表。”台北“故宫博物院”藏。《朱子翰墨》[22]、《朱子尺牍墨迹》[23]、《宋朱熹吴说墨迹》[24]，均影印。

(2)《呈提举中大契丈劄子》。行书，凡十行，每行字数不一。总共七十三字。纸本纵二十八点四厘米，横三十六点四厘米。首云“喜昨蒙赐书”。款署“宣教郎直秘阁提举两浙东路常平茶盐公事朱熹劄子”。台北“故宫博物院”藏。淳熙八年辛丑(一一八一)八月，朱子除提举两浙东路常平茶盐公事，即日单车就道。十二月六日视事于西兴。九年壬寅(一一八二)九月去任归。此劄子在是年六月也。采入《宋人法书册》《宋朱熹吴说墨迹》与《朱子翰墨》。

(3)《致教授学士尺牍》。行书，凡十七行，每行字数不一，合共二百余字。纸本纵三十三点九厘米，横四十九点八厘米。首云“正月卅日”。款署“熹顿首再拜”。台北“故宫博物院”藏。采入

《宋贤书翰册》《墨缘汇观》《朱子尺牍墨迹》《宋朱熹吴说墨迹》与《朱子翰墨》。

(4)《致彦修少府尺赎》。行书，凡十七行，每行字数不一。总共一百六十四字。纸本纵二十七点三厘米，横五十五厘米。首云“熹顿首”。款署“熹再拜上问彦修少府足下”。上钤“熹”字印。台北“故宫博物院”藏。石刻现存北京北海公园白塔山西麓之阅古楼。《三希堂石渠宝笈法帖》《宋元宝翰册》《宋朱熹吴说墨迹》《阅古楼和三希堂法帖》，[25]均有影印，唯后者只印六行。

(5)《□君承务尺牍》。行书，凡十四行，每行字数不一。总共一百三十二字。纸本纵三十二点六厘米，横四十六点八厘米。首云“六月五日”。款署“熹再拜□君承务”。缺二字。一字半废。台北“故宫博物院”藏。《宋元墨宝册》、《朱子尺牍墨迹》、《故宫书画录》卷三、《宋朱熹吴说墨迹》均影印。

(6)《致程允夫书》。行草。凡十二行，共约二百字。首云“七月六日”。落款“熹顿首允夫纠椽贤弟”。辽宁省博物馆藏。程氏名洵，朱子之表弟也。《宋朱熹书翰文稿》与《朱子翰墨》均有影印。

(7)《熹僭易尺牍》。凡六行，六十二字。首云：“熹僭易拜问德门。”落款“熹再拜上问”。未审何处所藏。《宋元法书》影印。一九八三年八月十二日曾在北京天坛公园祈年殿西侧庆云堂碑帖门市部一见，不予复印。

(8)《致刘光祖书札》。纸本，纵三十四点五厘米，横一百零五点五厘米。凡三十三行，共约四百六七十字，俱行草书。落款“熹顿首再拜上记”，又“熹再拜上问”。不知藏在何处。

(9)《上时宰二札卷》。纸本，行草书。纵三十三点八与三十三点三厘米，横六十八点二与二十八点五厘米。北京故宫博物院藏。卞永誉《式古堂书画汇考》、陆心源《穰梨馆过眼录》、顾文彬《过云楼书画记》著录。

（10）《生涯帖》。纸本，行草书。纵三十二点三厘米，横四十一厘米。北京故宫博物院藏。“生涯未得究竟……右谨具呈十月廿日朝奉大夫朱熹劄子。”共一百三十五字。无著录。有“宋荦”、“江恂”等印共五方。

（11）《所居帖》。纸本，行书。纵三十七点二厘米，横五十二点七厘米。北京故宫博物院藏。“熹顿首再拜上覆。熹所居深僻……熹顿首再拜上覆。”共百余字。其中十五字已不可认识。无著录。有“费念慈”、“仁孝世家”等印五方。

（12）《季夏帖》。纸本。纵三十三点八厘米，横二十九点五厘米。二百余字。北京故宫博物院藏。首云：“熹窃以季夏极暑，恭维知郡朝议丈。”下款“六月□日新安朱熹劄子”，无著录，有“敬斋”印一方。

（13）《大柱帖》。纸本。纵三十三点四厘米，横五十七点三厘米。北京故宫博物院藏。“八月十五日……熹再拜上启会之知郡朝议贤表。”共二百余字。无著录。有“吴桢”等印三方。〔参看页六九〇“朱子墨迹”（三）现存真迹之（1）〕

（14）《中外帖》。首云“熹僭易再拜上问”。落款同上。共四十二字。

（15）《与南老帖》。首云“五月十三日”。

（16）《秘阁修撰劄子》。草书，十五行，另款。

（17）《顿首上覆札》。草书，十五行。以上两卷均为东京国立博物馆所藏。平凡社《书道全集》与佐藤仁所著《朱子》均影印之。[26]

(18)《〈论语集注 · 子罕篇 · 子在川上章〉残稿》。

(19)《〈论语集注 · 子罕篇 · 吾未见好德章〉残稿》。以上两卷，《论语集注残稿》[27]、《书道全集》与后藤俊瑞(一八九三——九六三)所著《朱子》[28]均有影印。后藤谓为长尾雨山所藏。

(20)《〈论语集注 · 子罕篇 · 出则事公卿章〉残稿》。《书道全集》影印。不知何人所藏。

(21)《〈论语集注 · 颜渊篇 · 仲弓问仁章〉草稿》。北京大学图书馆藏。《论语集注残稿》《书道全集》均有影印。

(22)《〈论语集注 · 颜渊篇 · 司马牛问仁章〉草稿》。《论语集注残稿》《书道全集》与佐藤仁所撰《朱子》均影印之。佐藤教授来函谓不知真迹现在何处。

(23)《〈论语集注 · 颜渊篇 · 司马牛问君子章〉残稿》。《论语集注残稿》影印。不知真迹现在何处。

(24)《〈大学或问传〉五六章残稿》。辽宁省博物馆藏。文徵明(一四七〇——五五九)跋误以为《中庸或问 · 诚意章》稿。而论者每从之。米公迁谓《大学传》之五章《或问》近是。实五六两章也。行草。凡四十八行，一千一百字由“我者是亦似矣”始，至“后此皆然今不”终。《宋朱熹书翰文稿》[29]与《朱子翰墨》先后影印。

(25)《易 · 系辞传》。予一九七九年七月二日游大同华严寺。其时寺尚未开放，仍在修葺中。然特准予入内参观。门外有刻石一块，高约一百厘米，宽约六十厘米。朱子书《系辞 · 说卦》。下款“朱熹书，蔡元定刻。”查朱子与蔡元定(一一三五——一九八)未尝涉足大同。此石必是由江南移置此处。导游者谓市上书帖商店必有拓本。及至该店，见拓本满置四面。店主亦谓必有此拓本。然遍查多时，竟无所获。幸田玉淑博士有拓本，摄照片惠赐一份，以时欣赏。

一九八四年予访台北“故宫博物院”。昌彼得先生以新收朱子《易经·系辞传》真迹示予。谓原册流佚日本。台北林宗毅先生以重价购买捐赠。笔力雄健，诚为精品。有“乾隆御览”之章与罗振玉（一八六六—一九四〇）等十五人之印。《书·系辞上传》第十一章，下传第一章，与《说卦》第三章。分十四幅，除首尾两幅外，每幅四行八字，其词如下：

易有太极是生
两仪生四：象：生八：卦：
生吉：凶生大业古者
伏羲氏之王天下也
仰则观象于天俯则
观法于地观鸟兽之
文与地之宜于是始
作八卦以通神明之
德以类万物之情天
地定位山泽通气雷
风相薄水火不相射
八卦相错数往者顺
知来者逆是故易逆
数也朱熹书。

大同石刻辞句相同，唯分十四行，每行八字，末行多“者”、“顺”之间空一字位而末行为“也朱熹书蔡元定刻”。书法略逊纸本。然笔力雄厚而非有意求工。即是仿笔，亦不愧登朱子之堂也。

查《常德府志》引“旧志”云：“宋乾道间（一一六五——一一七三）文公书孔子《易·系辞》《说卦》三节。凡八碑，在府学明伦堂东壁，依堂壁逆行。正统三年戊午（一四三八），历年二百五十，旧刻漫灭。知府周鼎重刻，刊正顺行。教授庐陵刘庆有跋”。又云：“按书真行相间，每行八字，共十四行。”与大同石刻全同。又引钱大昕（一七二八——一八〇四）跋云：“右朱文公书‘易有太极’一段，蔡元定刻。在常德府学。明正德乙亥（一五一五），吉水邓璞为嘉定县儒学教谕，复摹勒于吾邑之尊经阁。下令移置明伦堂西南。向刻手不精，逊原本远甚。海隅士大夫罕见文公书。得重刻本，犹珍而秘之。予在都门琉璃厂书市得此本。盖犹常德元刻。笔法险劲，精采四射，殊可喜也。”[30]此跋引自钱氏之《金石文跋尾》[31]，则是拓本而非真迹。然“精采四射”，则颇像真迹也。岂大同石刻为重刻欤？

乾道三年丁亥（一一六七）八月，朱子访南轩（张栻）于潭州（长沙），十一月同登南岳衡山。《易·系》必是在潭所书。唯蔡元定并未陪行。或是日后所刻。元定与朱子往来甚密。此卷为朱子所书之最精者，刻之于石，势所必然。至于原卷落在何处，则府志与钱氏均无报道。偶阅后藤俊瑞所著《朱子》，见其插图有“易有太极”“朱熹书”七字，与乾隆方印之一角，并识“岩崎家藏”。猛忆其笔势与台北“故宫博物院”新获者相同。急复印一纸寄昌彼得先生，并告以岩崎为日本贵族，所藏必精。旋得复书，谓“确即同一幅”。

北京大学图书馆藏有拓本。分四幅，高四点五尺，宽一点八尺。词句与大同石刻相同。首三幅分四行。每行八字，即“易有……仰则”、“观象……德以”、“类万……顺知”、“来者……定刻”。并云拓于湖南武陵，武陵即常德。不知此本与钱大昕所得果相同否，予复印台北“故宫博物院”所藏纸本真迹首六字，托北京大学汤一介教授比对北京大学图书馆所藏拓本。据汤教授云：“是同样的，但北大所藏字迹不如您寄来的清楚。”据江兆申考据，此册清乾隆时入宫，道光年间赐给恭忠亲王奕䜣。民国二年转卖与罗振玉。江先生比对日本正德四年（一七一四）细井知慎刻本与虞世南（五五八—六三八）等书法。认定故宫所藏，的是真迹。[32]查民国二年罗氏在日本复制出版，以后真迹转入岩崎之手。今乃言归，诚可喜也。

(26)《周易系辞本义手稿卷》。纸本，行草书。纵二百五十二厘米，横一百五十一厘米。北京故宫博物院藏。由《系辞上传》第三章“小疵也”始，至第九章“凡三百有六十，当期之日”终。缺第六、第七两章。《手稿》之注与《周易本义》之注略有出入。《本义》之注较长。想《手稿》乃未定稿也。顾文彬《过云楼书画记》著录。有李东阳、何子贞、费念慈题跋。本幅有费念慈等印八方，跋纸及隔水印十九方，引首连签印八方。

(27)《题江嗣宗宿涵晖谷书院题咏折本》。行书。落款“庆元（元年）乙卯（一一九五）四月二十日朱熹题”，共五十四字，分三行，高约二十一厘米，宽约五厘米。台北“中央研究院”历史语言研究所藏。

(28)《城南唱和诗卷》。纸本，行草书。纵三十一点五厘米，横二百七十五点五厘米。北京故宫博物院藏。明文嘉《钤山堂书画记》、孙承泽《庚子消夏记》、清卞永誉《式古堂书画汇考》、民国北平故宫博物院编《法书选集》第一集著录。朱子于乾道三年丁亥（一一六七），八月，访张栻于长沙，遍游城南二十景，并和张栻所作二十咏。是年朱子三十八岁。此卷书写年代，可能较晚。

（29）《任公帖题跋》。纸本，行草书。纵三十一点九厘米，横四十三点五厘米。落款署“淳熙戊申六月十六日新安朱熹书”。连款共一百零四字。无著录，亦无印记。

（30）“浑金璞玉　其人品　晦翁”。分两行，字大约十厘米。台北某翁藏。

（31）“抱古光之训，仰古人之风”。“朱文公真迹。乾隆辛丑（一七八一）余之汉上（汉水之滨）留节署一月有奇。家兄秋帆以千金得朱公径丈真楷六十字，散碎无序。因摭集五十六字为座右铭。余十字余以赵松雪（赵孟頫，一二五四—一三二二）真书《千字文》易之。适成楹帖一联。携归里居，悬之中堂，朝夕相对，俨若亲范在前，肃然起敬。不仅梁栋生色，当为永世珍宝。（江苏）太仓毕泷谨识。”又款，“岁在重光协洽（辛未）孟夏既望，昆陵（山东昆山之陵？）杨抒重装于十研山斋。”“真迹”字下一大方印。“识”“斋”两字下各有两小方印。楹联约五尺高，十寸阔。台北“故宫博物院”藏。

（32）集楷书五言联。林均寿寄藏台北“故宫博物院”。原兰千山馆藏。

（33）《王羲之“鹅”字跋》。庐山博物馆藏。跋文见页七三〇“朱子评论书法”条之（43）。落款为“己卯春二月十有八日朱熹跋。”查是年为一一五九年，朱子三十岁。召赴行在（杭州），会言路有托奔竞以沮之者，以故不就。恐是年未尝至庐山。跋或是后人假托也。此跋不见《文集》。

以下只存刻本、拓本或影印，加〇符。

〇（1）《富贵有余乐》词二首刻帖。《宝贤堂集古法帖》卷十一。北京故宫博物院藏。

〇（2）《春云》七绝刻帖。《古宝贤堂法书》卷四。北京故宫博物院藏。

〇（3）《德门庆聚帖》刻帖。《停云馆帖》卷七。北京故宫博物院藏。

〇（4）《儿婿每蒙存问帖》刻帖。《契兰堂帖》卷六。北京故宫博物院藏。

〇（5）《往来传闻劄子》刻帖。《写经堂帖》卷八。北京故宫博物院藏。

〇（6）墨迹双钩。民国纪元丁鲁得朱子书双钩完全者“神”、“中”、“心”等十六字。因付石工缩影印行。每页两面各一字，纵约十五厘米，横约十三厘米。线装单行本九页。无书题，亦无出版时地。

〇（7）《白鹤诗》。〔参看页七一二“朱子墨迹”（五）木刻之（I2）〕

〇（8）“鸢飞月窟地，鱼跃海中天。”此联刊于《朱子与金门》。（参看页七九〇“朱子与金门”条）友人赠拓本。行书，每字纵约二十六厘米，横约十八厘米。上联右上角有椭圆形鉴赏红印，纵约六厘米。下联左角有红色篆书“朱熹”、“晦庵”两方印，均四点三平方厘米。笔势并非雄健。想是模仿。篆印更可疑，朱子从未用也。〔参看页七四九“朱子之联语”条之（27）〕

〇（重）《易·系辞传》拓本，见页六九三“朱子墨迹”（三）现存真迹之（25）。

〇（重）《刘子羽神道碑》拓本，见页七〇四“石刻”之（38）。

〇（重）《黄公神道碑》拓本，见页七〇三“石刻”之（37）。

（四）石刻

（1）“同民安”。此横额刻在福建同安县之高大石坊。“朱熹在任同安主簿时（绍兴二十三年癸酉至二十六年丙子，一一五三—一一五六），城东里许与晋安交界，两县人经常械斗。于是朱熹书题‘同民安’刻石树之其间，以调和其矛盾。”[33]

（2）“中流砥柱”。同安县城东溪西溪相会之间，大石上刻此四字，隶书，每字丁方三十厘米。此石与桥之间有石，上刻“逝者如斯”，每字丁方二十五厘米，亦隶书。不知是否从武夷山“逝者如斯”仿写而来。然两处之字体不同。唯“中流砥柱”则与武夷“逝者如斯”笔势相近。〔参看页七〇五“朱子墨迹”（四）石刻之（49）〕

（3）“瞻亭”。同安市外大轮山梵天寺内有石刻“瞻亭”楷书。每字丁方二十六厘米。左有“新安朱熹”，右有“安成刘裳立”。

（4）“苍翠岑”。大轮山有罗汉峰、尊者岩、苍翠岑诸胜。“苍翠岑”三字乃朱子游后所勒。[34]

（5）“青畴碧野”。九龙山在同安城东二里处。山下青畴碧野，一望怡然。朱子因勒“青畴碧野”于山畔石上。[35]

（6）“九日山”。九日山在福建泉州南安县城西二里许。邑人以重九登高于此，故名。或云有道人自戴云山来此，九日乃到，因名。朱子年二十七，第三次载酒游山，曾题“九日山”三字勒石。后三十年作第四次游时，且曾赋诗怀古。[36]

(7)“不老亭”。南安城西北二里处有莲花峰，亦名不老峰。上有不老亭。朱子因勒此三字于亭右巨石上。[37]

(8)“石井留香”。朱子往来于同安晋江两邑讲学，故时常途过泉州东南之安海市。“并尝一再小住，谓其地钟灵德秀，意欲卜居。于西市侧(今金墩乡)鸠工凿井求泉。遇石塞其下，不得通。遂书‘石井留香’四字，令匠人勒石上。工竣泉忽涌，清洌如镜。至今居民正午俯瞰井底，字迹尚清晰可辨。”[38]

(9)“泉南佛国”。此四大字刻在泉州安海之山石上。[39]

(10)“沁人心脾”。清源山在鲤城(即晋江，泉州府城)东北八里。上起三峰。中峰有玉龙并，水甘洌清香。朱子题“沁人心脾”四字，横勒于石。[40]

(11)“鸢飞鱼跃”。清源山左峰有“赐恩岩，雕观音石像于岩端。有石刻‘鸢飞鱼跃’，即为朱子手笔”[41]。“鸢飞鱼跃”原为木匾。疑是拓刻于此〔参看页七一一“朱子墨迹”(五)木刻之(1)〕。《南平县志》云：“‘鸢飞鱼跃’匾在塘源李子坑。……后失其匾。今流传有石刻四字。”[42]或即指此。

(12)“陶石”。清源山右峰西下为势至岩。环岩左右皆潭，名曰濯衣。潭畔勒“陶石”两巨字，为朱子所题。[43]

(13)“小山丛竹”。泉州晋江城大城隍庙后之欧阳四门祠，曾为撰联。〔参看页七四九“朱子之联语”之(29)〕“据父老相传，谓朱文公熹为同安主簿时，每抵郡城，必登小山(指欧阳小山)，称其山川之美，为郡治龙首之脉，徘徊数月而后去。后则建亭山上，亲题‘小山丛筑’于亭中。”[44]“丛筑”想是“丛竹”之误。据高令印教授：“在泉州，现在有朱熹手书‘小山丛竹’巨大石刻横额。‘小山丛竹’朱熹手书中的珍品，得到专家们的赞赏。字刻于坊门之楣。字大零点三米。'晦翁'二字小行书。今在原晋江小山丛竹书院遗址。"高教授又引《晋江县志》卷四《学校》云:"小山丛竹书院在府城隍庙旁。……宋文公种竹建亭，讲学其中。匾为朱子手书，镌于石。厥后庭坠，匾石为人盗没。嘉靖间（一五二二—一五六六），通判陈公尧典重构斯亭。……复匾，集文公墨迹，得四字。……康熙四十年（一七〇一），通判徐公之霖揭俸重建，穷诘石额还归故物。"[45]石匾重现，堪与"鸢飞鱼跃"媲美。〔参看页六八九"朱子墨迹"（二）朱玉所录之（72)〕

(14)《诗经·豳风》。晋江小山丛竹书院遗址尚有朱子手书《诗经·豳风》石刻。行书，三十三行，行十余字，共三百余字。庆元三年丁巳（一一九七）元旦书。高教授引清许炜钧云:"晦翁《豳风》墨迹，余家累世宝藏。乾隆（四十九年）甲辰（一七八四），官于泉。适郡中贤大夫士谋修小山丛竹书院，盖文公过化处也。余因出此上石，以公士林云。"[46]

(15)"仙苑"。大字，高一米九，宽三米九。北京大学图书馆藏有拓本，拓自晋江，石刻大概仍存。

(16)"海上视师"。泉州南安县石井乡江口有五石，状似奔马。朱子数过其处，壮其势，特勒"海上视师"四大字于峦畔石上。[47]

(17)"浮桥"。晋江惠安孔道中的若干津梁，因朱子经常往还跋涉，遂曾留下不少题泐。石笋桥之右侧，勒"浮桥"二字于石柱。[48]

(18)"长虹卧波"。苏埭桥东畔，横泐此四大字于巨石上。[49]

(19)"潮声琴韵"。此碑在洛阳桥之中亭。[50]

(20)"途临紫气"。紫芝山在漳州府城西北隅，又名望高山。

朱子曾于山畔勒“途临紫气”四大字于石。[51]

(21)“溪山第一”。刻在漳州城东三十里云洞岩之峭壁。[52]一说在广济岩[53]。〔参看页六八八“朱子墨迹”(二)朱玉所录之(51)〕

(22)“石室清隐”。此刻在另一洞口。[54]

(23)“与造物游”。刻于漳州城东二十里之白云岩。[55]

(24)“日月每从肩上过，江山常在掌中看”。白云岩石柱联。[56]〔参看页七四九“朱子之联语”条之(28)〕

(25)“八闽岳祖”。亦在白云岩。[57]

(26)“淳熙(十年)癸卯(一一八三)仲冬，朱仲晦登”。此石刻在福建莆田县苍林东坡小石上。[58]

(27)“蟠桃坞”。高五米，宽二米二。北京大学图书馆藏有拓本，拓自福建福清县。料此石尚存。

(28)“赵子直、朱仲晦，淳熙(十年)癸卯(一一八三)仲冬丙子同登”。石刻在福州乌石山。[59]

(29)福州鼓山纪游。福州鼓山涌泉寺山道左壁上刻有朱子题词。辞曰:“淳熙(十四年)丁未(一一八七)晦翁来谒鼓山嗣公。游灵源，遂登水云亭。有怀四川子直侍郎。同游者清漳王子合、郡人陈肤仲、潘谦之、黄子方、僧端友。”楷书五行。石约高三米，阔约一米。字分五行，行书。其为朱子手书无疑。子直为赵汝愚之字。嗣公即直庵和尚，名元嗣。当时涌泉寺住持。黄子方，名琮，闽县知事。[60]王子合，名遇。陈肤仲，名孔硕。潘谦之，名柄。皆朱子门人。嗣公尝师事胡文定公(胡安国)。父肃与文公友善。后弃儒就释。[61]

(30)“天风海涛”。据高令印考证，绍熙二年辛亥(一一九一)九月□日赵子直游鼓山涌泉寺，赋诗刻石于涌泉寺石门之左，朱子取其诗“天风直送海涛来”中四字书之。北京大学图书馆藏有拓本，高六尺，宽一尺九。〔参看页六八九“朱子墨迹”（二）朱玉所录之（68）〕

(31)“寿”。此一大字高约三米六，阔约二米四。刻于福州鼓山云，源洞水坑之旁。字正楷，传为朱子所书。未知是否。北京大学图书馆藏有拓本，高四尺六，宽二尺七。

(32) 鼓山“书画像自警”。从朱子怀子直石刻沿山道到水云亭。亭甚小，仅藏十人。后人传此为朱子读书处。内有石刻朱子全身像。两旁为正楷朱子“书画像自警”赞。恐不可靠。朱子自警诗载《文集》卷八十五。〔参看页一一九“朱子画像”条之（6）〕

(33) 建瓯《书画像自警》。此块石像为近年发掘，最为完好，为朱子半身像。高一点二米，宽零点八米。〔参看页一一六“朱子画像”条之（1）〕

(34)“蓝田书院”。高教授引《古田县志》云：“蓝田书院在杉洋北门外。朱晦翁书‘蓝田书院’四字勒石。……相传韩侂胄（一二〇七卒）迹伪学时（一一九六），晦翁常潜居于此。”[62]〔参看页七一五“朱子墨迹”（五）木刻之（24）〕

(35)“引月”。《古田县志》续云：“其右数武有一池，名引月池，晦翁书‘引月’二字。”

(36) 春夏秋冬四诗。据高令印教授称：“庆元党禁时（一一九六），朱子避居福建泰宁县城南恂如之居。于壁上书其所撰春夏秋冬诗四首。后刻四碑。现藏泰宁县文化馆。每首二十字，行书，以避时禁，故不署名。惟与《赠南轩诗碑》(65) 相对照，确系朱熹手书真迹无疑。”[63]

(37)《黄公神道碑》。黄中美，字文昭，福建邵武人。曾任福建信德府录事。绍兴二年壬子（一一三二）卒。淳熙十五年戊申（一一八八），朱子为撰并书神道碑。高令印教授云:“此碑现存。碑高三米，宽一点二米。碑质系青色磨刀石。碑文二千多字。落款题‘宣教郎徽猷阁待制江南西路提点刑狱公事朱熹撰并书，处士方士繇篆额’。此碑文与载于《朱文公文集》卷八十九的《朝仪大夫致仕赠光禄大夫黄公神道碑》的文字略有出入。碑文字体端正凝厚，刚健有力。实为朱体真迹。”[64]北京故宫博物院藏有拓本。北京大学图书馆亦有拓本，拓于邵武县铜青山下，高五尺七，宽三尺三。

(38)《少傅刘公神道碑》。少傅指刘子羽(一〇九六——一四六)，乃朱子老师刘子翚(一一〇一——一四七)之兄。朱子之父病革，以家事属子羽。子羽为筑室于崇安五夫里所居之旁。时朱子年十四，遂奉母由尤溪迁此而居焉。子羽死后三十二年(一一七八)，朱子应子羽两子之请，撰并书此《神道碑》。此碑全文三千三百五十余字，为碑文之最长者。文字与《文集》卷八十八所载稍有出入。楷书间有行书。落款为“朱熹撰并书，张栻篆额”。篆额七行，每行三字。碑高三米七，宽一米半。“文化大革命”时期碑面左上方损伤若干字。碑质为青色磨刀石。碑沿乡人间用以磨刀，然大部完好。原置在五夫里东北约半公里之蜈蚣山下蟹坑，有亭保护。“文化大革命”初亭被废，碑乃倒埋于草丛中。一九八二年，崇安文物保管处移至武夷宫对面之中山堂后墙。破坏部分均已修补。故字迹清晰，两旁花纹亦玲珑可观。左旁为乾隆年间(一七三六——七九五)“洞天纪府”碑，右为万历年间(一五七三——六二〇)游武夷山歌碑。北京故宫博物院藏有拓本，北京大学图书馆亦藏有拓本，高六尺四，宽三尺一。

(39)十七首诗。刘子翚宅十七首诗，在崇安县五夫里。[65]

(40)《学田记》。在崇安县明伦堂。[66]

(41)《崇安县学二公祠记》。亦在崇安县，明伦堂。额篆书碑，八分书。[67]

(42)《九曲棹歌》。高令印教授云："据传，朱熹描绘九曲的九首棹歌的手书分别刻于九曲溪流傍的石崖上。清人陈启仁在《闽中金石略考》卷四中说：'《武夷旧志》称，晦翁棹歌分刻九曲溪傍。尝寻得其四。惟六曲为真迹无疑。若四曲，七曲，八曲，字盖不类，镌刻如新。疑为后人所补。'朱熹六曲棹歌手书摩崖石刻在'六曲'石刻二大字之傍，四行七字，其诗曰：'六曲苍屏绕碧湾，茅茨终日掩柴关。客来倚棹岩花落，猿鸟不惊春意间。'[68]"《棹歌》载《文集》卷九。

(43)"灵岩"。正书，武夷山二曲之摩崖石刻。

(44)"小九曲"。刻在五曲之试剑石上。

(45)"道南理窟"。四大字刻在武夷山武夷精舍西南五曲高山。

(46)"茶社"。刻于五曲之茶洞。

(47)"六曲"。石刻二大字。

(48)"晞真馆"。正书在六曲。

(49)"逝者如斯"。石刻在六曲响声岩。〔参看页六九九"朱子墨迹"(四)石刻之(2)〕

(50)《六曲响声岩纪游摩崖石刻》。"何叔京、朱仲晦、连嵩卿、蔡季通、徐文臣、吕伯共、潘叔昌、范伯崇、张元善。淳熙(二年)乙未(一一七五)五月二十一日，晦翁。"是年吕祖谦(伯恭)访朱子于建阳寒泉精舍，同编《近思录》，五月五日朱子序。旋经武夷山赴江西信州铅山鹅湖寺与陆象山等相会。是为历史上有名朱陆鹅湖之会。何叔京名镐，蔡季通名元定，吕名祖谦，潘名景愈，范名念德，连、徐、张名均不详。

(51)《六曲响声岩纪游摩崖石刻》。“淳熙（五年）戊戌（一一七八）八月乙未刘彦集、岳卿、纯叟、廖子晦、朱仲晦来”。朱子亲笔无疑。刘彦集名甫，刘岳卿名不详，刘纯叟名尧夫。廖子晦名德明。

(52)《武夷山水帘洞纪游石刻》。“刘岳卿、纪叔招、胡希圣、朱仲晦、梁文叔、吴茂实、蔡季通、冯作肃、陈君谟、饶廷老、任伯起来游。淳熙（八年）辛丑（一一八一）七月二十三日。仲晦书。”刘居水帘洞，梁名琢，吴名英，冯名允中，任名希夷，均门人。饶名幹，纪、胡、陈，名不详。

(53)“百世如见”。正书刻于水帘洞。〔参看页七一四“朱子墨迹”（五）木刻之（18）〕

(54)“天心明月”。正书在武夷山楼阁岩。[69]

(55)“方竹丛生”。亦在楼阁岩。[70]

(56)“静心养气”[71]。

(57)《沧洲歌》。朱子书，刻于福建建阳之考亭。[72]不知尚存否。

(58)建阳《书画像自警》。石刻朱子全身像，近年于建阳出土。高约一百一十五厘米，宽四十九厘米。上方刻朱子《书画像自警诗》，并题“绍熙五年甲寅（一一九四）孟春良日，熹对镜写真题以自警”。再上为“徽国朱文公遗像”。此石现藏建阳文化馆。对镜写真，未必可靠。〔参看页一一八“朱子画像”条之（2）〕

(59)“汲古”。刻在考亭书院内汲古井之阑。[73]书院已废，唯井石尚在，未可必也。

(60)“战龙松”。字石刻在建阳县崇泰里云谷山崖。[74]

(61)“南涧”。亦在云谷山崖。[75]

(62)“风泉云壑”。江西庐山白鹿洞书院外有水涧石岩。山水间之对对亭下石崖刻此行书四大字。朱子所书无疑。〔参看页六八九“朱子墨迹”(二)朱玉所录之(76)〕

(63)“枕流”。刻于水涧大石上。每字约四平方寸，亦行书。朱子所书，亦无可疑。〔参看页六八六“朱子墨迹”(二)朱玉所录之(14)〕

(64)“忠孝廉节”。此四大字，行书，字高一百六十九厘米，宽一百二十二厘米。为朱子乾道三年丁亥(一一六七)访张南轩(张栻)于湖南潭州，讲学于岳麓书院时所书。明代嵌于书院尊经阁。现存石碑为道光七年丁亥(一八二七)院长欧阳厚均刊立。碑四大块，高二百一十三厘米，宽一百四十一厘米。碑面稍有风化，唯字迹完好。每碑有泐石者姓名。现存长沙湖南大学中心，亦即书院中心之讲堂。嵌左右壁，故又名忠孝廉节堂。详见湖南大学《岳麓书院通讯》一九八二年第二期，页三十九与四十二至四十三。“四字图”见第一期页三。“讲堂现状与重修计划图”见页十五。北京大学图书馆藏有拓本，高五尺二，宽四尺二。《南平县志》云：“‘忠孝廉节’四字，大逾数尺，在文公祠壁，板刻存。”[76]不审是否拓本之刻。

(65)《赠南轩诗》碑。《岳麓书院通讯》云：“诗碑原有四块，每块长一百六十一厘米，宽四十四点五厘米。朱熹手书碑文一百二十四字，另有篆体说明七十一字。战时碑毁。最近清出残碑二块，(其中一块已断裂)，字迹仍较完整清晰。省博物馆尚存原碑拓本。”又载说明七十一字：“此卷墨迹余得之粤中。曾属乐生炳元以端石摹刻之。兹来湘水，重钩勒石，置之岳麓书院，当与《北海遗碑》并传不朽。光绪癸子九月，吴大澂(一八三五—一九〇二)识。”[77]癸子必误，光绪无此年也。篆体说明，乃吴大澂所书。《通讯》并载碑文全部。

两五言诗载《文集》卷五题《二诗奉酬敬夫赠言并以为别》。

(66)“极高明亭”。院长欧阳厚均于道光年间(一八二一—一八五〇)立石。碑现卧于极高明亭遗址之旁[78]。〔参看页七一六“朱子墨迹”(五)木刻之(33)〕

(67)“道中庸亭”。亦道光年间重建。现存岳麓书院。

(68)《致彦修少府尺牍》。真迹见页六九一“朱子墨迹”(三)现存真迹之(4)。石刻现存北京北海公园白塔山西麓之阅古楼。

(69)“道卿台”。在长沙府城外岳麓山寺。以下九项,皆承长沙师范大学杨金鑫教授指示,根据王先谦(一八四二—一九一七)撰《湖南全省掌故备考》[79]。意料现尚保全。〔参看页七一六“朱子墨迹”(五)木刻之(32)〕

(70)“清泉”。二大字刻于湖南湘阴县东三十里石壁上。淳熙四年丁酉(一一七七)题。[80]

(71)《张南轩神道碑》。在湖南宁乡县伪山南。碑久仆于涂。邑令蒋公植之。[81]

(72)“敬以直内,义以方外”。行书。在湖南衡州府学。[82]

(73)“上帝临你,毋贰你心”。八大字碑,在湖南衡阳县学内。[83]

(74)《上蔡先生语录》。在湖南清泉县(今衡阳)石鼓书院内。乾隆间(一七三六—一七九五)重修。[84]

(75)周子《拙赋》。行书。在湖南衡山县。[85]周子指周敦颐(一〇一七—一〇七三)。

(76)《周濂溪像赞》。在湖南零陵县。赞词载《文集》卷八十五。考周子遗像在濂溪书院。乃南宋时通判方畴自九江府从先生诸孙得之。前郡守魏绍重刻奉祀。[86]

(77)《出师表》。在湖南常德府学内。[87]

(78) 敬简堂。在学院署后。以下七项，皆据杨金鑫教授新著。[88]不知现状如何。

(79) 忠节祠碑。在长沙府北门内。朱子帅潭时建。

(80) 石鼓书院碑。在衡阳石鼓山。明成化九年(一四七三)重刻。

(81) 朱子碑石。在醴陆县学宫。乾隆二十六年辛巳(一七六一)立镌。

(82) 濂溪祠碑。明嘉靖二十二年癸卯(一五四三)重刻，在宝庆府学。

(83) 希濂堂。宋建。在宝庆府治西。

(84) 洞木山村舍诗碑。详见页六六五"逸诗"之(8)。

(85)"脱去凡近"等语。以下四项，拓本均藏北京大学图书馆，今以石刻尚存视之。此本高五尺，宽二尺八，拓自浙江鄞县(今奉化)。

(86) 邵尧夫四绝句。拓本高四尺二，宽一尺一，拓自江苏江宁县。尧夫为邵雍(一〇一一—一〇七七)之字。

(87)"勿求人知"四句。高四尺一，宽一尺三，拓自河南登封县。

(88)《太极图说》。高五尺二，宽二尺一，拓自河南道州。

(89)《易·系辞传》。石刻在山西大同华严寺。详见页六九三"朱子墨迹"(三)现存真迹之(25)。不知是否原在湖南常德，后移大同。[89]

(90)"文山秀气"。佐藤仁教授新著《朱子》，印此横额石刻，下署"晦翁"，并云每字四十平方厘米。来函谓彼藏有拓本，但不知石刻所在。[90]

(91)“孝弟忠信，礼义廉耻”。福建协和大学《福建文化》一九三七年第四卷第二十四期影印，题《朱文公联语石刻》。〔参看页七四七“朱子之联语”条之（21）〕

(92)《题王氏双阕诗》。以下三拓本均藏北京大学图书馆。未详拓自何处。然石刻或尚保存。此本高八寸，宽一尺四寸。

(93)“容膝”。高四尺，宽二尺五寸。

(94)《七绝诗》。高一尺二寸，宽二尺三寸。

已佚石刻，不知凡几。今就所知者，略述于下，并加○符：

○（95）“大同”。闻说同安大理山石刻朱子墨迹甚多，现均不存。梅山朱子祠左，原有朱子所书“大同”两字，现亦湮没。

○（96）“大轮山”。同安市外大轮山牌坊有“大轮山”三字。壬戌年重修。有五平方厘米印云“新安朱熹”。原为石刻已佚。现乃模仿云。

○（97）漳州芝山山麓芝山书院，遗址尚存。昔日有朱子撰并书石柱联一对，词曰：“五百年逃墨归儒，跨开元（七一三—七四一）之顶上。十二峰送青山排闼，自天宝（七四二—七五六）以飞来。”[91]〔参看页七四七“朱子之联语”条之（16）〕

○（98）《学记碑》。南轩致书云：“《学记》得两石，甚坚润且厚。见磨治刻字。当点检仔细。日俟额字之来耳，所要碑刻文字，寄去数具别纸。”[92]《学记》为《礼记》之一篇，是则好友所求，不只《学记》一碑也。朱子断无不写之理，而石已无存矣。

○（99）《陆子寿墓志铭》。陆子静（陆象山）之兄子寿（陆九龄）淳熙七年庚子（一一八〇）卒。子静于八年访朱子，请书吕祖谦为其兄所撰之墓志铭。朱子云：“近得子静书，云已求铭于门下，属熹书之。此不敢辞。”[93]及子静亲访，朱子书之而子静携之归，并刻之石，自不待言。惜碑已佚矣。

〇（100）陈李墓碑。陈同甫（陈亮）一子一婿，同来求铭文。朱子是时例不作此。写“有宋龙川先生陈君同甫之墓”十二字与之。徽州婺源李参仲于朱子为乡旧。其子亦来求墓铭，亦书“有宋钟山先生李公之墓”与之。[94]

〇（101）《陶公刻石》。“栗里在今南康军治西北五十里。谷中有巨石。相传是陶公（陶潜）醉眠处。予尝往游而悲之，为作归去来馆于其侧。……地之主人……请大书刻石上。予既去郡，请益坚。乃书遗之。”署“淳熙（八年）辛丑（一一八一）秋七月壬午。”[95]

〇（102）《包孝肃公诗碑》。白鹿洞书院山长吴唐卿（名不详）以包孝肃公（包拯，九九九—一〇六二）布衣时所撰诗告朱子。翁敬书之，碑刻于白鹿洞。[96]

〇（103）《送窦君诗》。淳熙八年辛丑（一一八一）朱子门人滕璘（字德粹，号溪斋，一一五〇—一二二九）为鄞县尉。尉厅无壁记。德粹乃请朱子书范文正（范仲淹）《送窦君诗》而刻诸石。八月朱子遂书而记其后。[97]

（五）木刻

凡非明言石匾者，均作木匾。

（1）“鸢飞鱼跃”。此匾原悬于朱子往南平（延平）见其师李侗时所住之塘源李子坑西林院，早已遗失。近年在建阳发现。予于一九八三年八月到建阳探访朱子遗迹。建阳文化馆徐贯行先生以车载木匾来所居招待所见示，因文化馆正在修理，不便前往也。匾额纵约三十厘米，横约一米，厚约七厘米。四大字行书。〔参看页七〇〇“朱子墨迹”（四）石刻之（11）与页六八八“朱子墨迹”（二）朱玉所录之（57）〕

（2）“志向高明”。此为“鸢飞鱼跃”木匾之后面，均题“晦翁”。现藏福建建阳文化馆。

（3）“继往开来”。予一九八三年八月曾至福建崇安县五夫里。朱子居此数十年，遗迹不少，街上牌坊有木匾刻此四字，传为朱子所书。

（4）“静我神”。在福建武夷山慧苑寺。[98]

（5）“普现殿”。匾现悬泉州安海龙山寺大殿中。[99]

（6）“勇猛精进”。匾现存安海草庵寺。[100]

（7）“正气”。是匾现藏泉州开元寺。高令印教授以为是朱子官同安时所书，并云：“字径近一米。……字势雄强，沉厚阔大，表现出朱熹当年反对和议，坚决抗战的精神。”[101]

（8）“事业兴邦，闽海贤才开气运；文章华国，温陵甲第破天荒。”泉州晋江木联语。〔参看页七四九“朱子之联语”条之（29）〕

（9）“忠孝廉节”。四大字原是石刻，存湖南长沙岳麓书院。〔参看页七〇七“朱子墨迹”（四）石刻之（64）〕南平文公祠有板匾，或是拓本之刻。[102]

（10）“溪山第一”。在福州古田县。《古田县志》云：“溪山书院，朱晦翁书其匾曰溪山第一。”[103]〔参看页七〇二“朱子墨迹”（四）石刻之（21）〕

（11）“文昌阁”。《古田县志》云：“螺峰书院在九都螺坑。……今废为田，存朱晦翁书‘文昌阁’三字。”[104]

（12）“白鹤高飞不逐群，嵇康琴酒鲍昭文。此身未有栖归处，天下人间一片云。”九州大学教授冈田武彦博士赠予以拓本，长二英尺十英寸，高十七英寸半。下署“晦庵朱熹”。楠本正继（一八八九—一九六三）以为插图，居其所著《宋明时代儒学思想之研究》插图之首。下附说明，谓据楠本硕水，此为朱子逸诗。此拓乃彼从某家所藏影印而非楠本硕水（一八三二—一九一六）所拓。并谓左侧印章与后人细字跋文字迹模糊，难以认识云。[105]楠本硕水为日本幕府维新之大儒。其书《朱子墨刻后》云：“右横幅，本邦所刻也。按大田南亩一话一言曰：‘浅草鸟越伊势屋源右卫门多藏古书画。’一日往观，有朱子真迹横幅，曰‘白鹤’云云，与此本不异。然则此幅就伊势屋所藏而影刻，不容疑也。今不见于《文集》。盖亦后集之一也欤？然世之所传朱子诗文，不见《文集》者，往往有焉。编《文集》时，尚有遗漏耶？抑出于后人伪托耶？恨《后集》之不传于世也。”注曰：“程篁墩（程敏政，一四六六年进士）曰：‘文公旧有前、后、续、别四集行世，而后集亡矣’。”[106]楠本正继乃楠本硕水之曾孙，而冈田武彦则楠本正继之高弟也。《文集》无嵇康（二二三—二六三）、鲍昭（四〇五—四六六）之名。此诗殆为朱子所撰，则此处唯一提其名也。笔势雄健，诚是精品。

(13)“读圣贤书，立修齐志。存忠孝心，行仁义事。”楠本硕水《书朱子墨刻后》共举四刻。此为第二木刻。楠本云：“晦翁右大字四幅，浪华怀德书院所刻也。余尝与并河复一中井修治一再相见。因请拓十数幅，以贻同志。亦朱书之佳者。复一则天民曾孙，为书院讲主。修治则竹山孙而院主也。”[107]〔参看页七四七“朱子之联语”条之(18)〕

(14)(15)“仰之弥高，钻之弥坚。瞻之在前，忽焉在后。”[108]“志于道，据于德，依于仁，游于艺。”[109]此为第三、四刻。楠本云：“右大字二幅，未详其所由来，盖邦刻也。前四句道体，后四句为学。学问之道备矣。余观朱子墨刻多矣，而雄健雅妙，未有出于此右者。学者尤宜珍藏。"[110]第四刻三浦国雄所著《朱子》有影印。[111]

○（16）"朱熹"广州友人告予谓离广州东郊二十公里罗岗玉嵒书院，悬有木匾书"朱熹"二字，纵四十五厘米，横五十厘米。书院为钟玉嵒所建，后人以其号名书院云。此匾未见，不知是否朱子游岭海时所书。（参看页六七二"广东揭阳发现朱子轶文"条）

朱子墨迹之石刻木刻，必然尚有许多，为作者见闻所未及。其已佚者亦然。今举所知者于后，上加○符：

○（17）"屏山书院"。据《五夫里沿革》：淳熙二年乙未（一一七五）刘氏建屏山书院。门人悬匾曰"屏山书院"四字，门人朱熹书。朱子父将没，嘱其从学于刘子翚等三人。朱子年十四，遂居五夫里。里之潭溪彼岸有纱帽山。刘氏因山似屏，故自号屏山，学者称屏山先生。匾早已不存。〔参看页六八九"朱子墨迹"（二）朱玉所录之（63）〕

○（18）"百世如见"。石刻仍存，唯悬额已佚。武夷山水帘洞康熙四十八年己丑（一七〇九）石刻云："屏山诸贤居武夷水帘洞讲学，卒即洞建祠以游门人。朱文公亲题匾额'百世如见'四字，现悬祠中。春秋祀典，后裔执事，历今六百余年。"[112]〔参看页七〇六"朱子墨迹"（四）石刻之（53）〕

○（19）"此地古称佛国 满街都是圣人。"泉州开元寺木联已佚。〔参看页七四八"朱子之联语"之（26）〕

○（20）蔡端明《献寿仪》。《文集》曰："蔡忠惠公书迹遍天下，而此帖独未布。今岁南来（漳州）始得见于其来孙谊之家……遂请其真摹而刻之。……然又偶得善工，且属诸生黄榦临视唯谨。知书者亦以为不失其用笔之微意云。[113]绍熙元年庚戌（一一九〇）跋。”

〇（21）“道脉心传”。《南平县志》云：“朱子题字‘道脉心传’。匾在峡阳芦岑庵。……今失。”[114]

〇（22）“浣溪书院”。《古田县志》云：“朱晦翁书匾，今废。”[115]

〇（23）“螺峰书院”。《古田县志》云：“黄榦……以伪学之禁，寓九都族人家。……文公书其读书处曰螺峰书院。”[116]据上（11）云已废，则此匾已不存矣。

〇（24）“蓝田书院”。《古田县志》云：“在杉洋。朱晦庵书匾。……今废。”[117]〔参看页七〇三“朱子墨迹”（四）石刻之（34）〕

〇（25）“兴贤斋”。又云：“在县东三十五都龙津境。朱晦翁书匾。……今废。”[118]

〇（26）“西斋”。又云：“在杉洋镇之西……晦庵书匾，今废。”[119]

〇（27）“明伦堂”。《建阳县志》载文庙重建，明伦堂揭朱子所书三字于楣。今文庙已废，额已不存矣。[120]〔参看页六八八“朱子墨迹”（二）朱玉所录之（45）〕

〇（28）“弘大平粹”。张栻死。朱子答吕伯恭（吕祖谦）书云：“弘大平粹四字，谨书坐隅，以为终身之念。”[121]

〇（29）“白鹿洞”。《文集》云：“三大字本就桌上写成，既摹即拭去。今无复可得。既已刻成，烦且打一本寄来。”[122]

〇（30）“鹿豕与游，物我相忘之地；泉峰交映，知仁独得之天。”现悬庐山白鹿洞书院明伦堂。木联误“豕”为“逐”，故知朱子所书原联早已不存。〔参看页七五〇“朱子之联语”条之（35）〕

〇（31）“赫曦台”。杨慎初《岳麓书院的源流与前景》云：“随后（一一六七）朱熹自闽专程来访，与张栻讲学。……他还为麓山风景古迹取名题额。由此出现赫曦台、道乡台和道中庸、极高明、翠微诸亭等史迹。”[123]杨金鑫《岳麓书院和朱熹》云：“越三年（一一六七）八月朱熹闻张栻得衡山五峰胡氏（胡宏）之学，自闽来潭（长沙）访栻。……留止二月，讲学城南岳麓书院，论《中庸》之义，三昼夜而不能合。手书‘忠孝廉节’四字及道乡台等题额。弥月创赫曦台于山顶。”[124]原赫曦台早废。乾隆间（一七三六—一七九五）复建，但非原址。今亭尚存，现加修饰。唯额已非朱子之旧矣。

〇（32）“道乡台”。石刻意尚保全。木匾则已早佚矣。〔参看七〇八“朱子墨迹”（四）石刻之（69）〕（编者按：原稿“石刻”之六十九条作“道卿台”，与此异。）

〇（33）“极高明亭”。石刻王先谦《湖南全省掌故备考》（一八八八）已不著录，可知其时已失。然今已发现。唯木匾尚无踪迹。〔参看页七〇八“朱子墨迹”（四）石刻之（66）〕

〇（34）“道中庸亭”。木匾与亭早已湮没。

〇（35）“翠微亭”。早佚。

〇（36）横渠康节帖。《文集》云：“右横渠先生（张载）帖，康节先生（邵雍）诗，杨文靖（杨时）、陈忠肃（陈瓘）二公跋语。故皆藏杨氏，而屏山刘氏（刘子翚）得之。熹因借本摹刻以传学者。”[125]时为绍熙四年癸丑（一一九三）。

〇（37）康节墨迹。《文集》云：“得子澄（刘清之）书云，书府有康节先生墨迹，甚奇。辄欲就请摹刻，以垂学者。并谓一两月可了，即专人还纳也。”[126]果摹刻否不可知，然大可假定也。

〇（38）《武侯制表》中语。王懋竑《朱子年谱》淳熙六年己亥（一一七九）作卧龙庵祀诸葛武侯（诸葛亮）下引洪去芜改订《朱子年

717 谱》(一七〇〇)云:“绘诸葛武侯像于堂中。书武侯制中语:‘洪毅忠壮,忘身忧国。鞭躬尽力,死而后已’一十六字于楣间。后又越数百步,面龙潭作亭。”叶公回校(一四三一)《朱子年谱》与戴铣著《朱子实纪》(一五〇六),均早洪去芜本二三百年。建卧龙事则系于淳熙七年庚子(一一八〇),又谓书十六字于亭之楣间。没论谁是,楣早已不存。

【一〇九】

〇(39)“存斋”。“予吏同安……得许生升之(字顺之,福建泉州同安县人)之为人而敬爱之。比予之辞吏也,请与俱归,以共卒其满业焉。……一日,生请于予曰:‘……吾亲……筑……室……而居焉。……敢请所以名之。’……因念……孟氏所谓存其心者。[127]于是以存名其斋。……因书以授之,俾归刻焉。绍兴二十八年戊寅(一一五八)九月……”[128]

〇(40)“敬恕”。福建莆阳陈师中,名守,朱子门人。朱子题其书室曰“敬恕”,且为之铭。[129]

1 《文集》卷二《再题》,页十一上下。

2 今湖北襄阳。

3 《文集》别集卷七《书武侯草庐语遣张以道》,页十下。

4 《文集》别集卷七《题所书古柏行》,页十下。

5 《语类》卷一〇七,第六十一条,页四二五四。

6 同上,第六十二条,页四二五五。

7 同上,卷十一,第一〇六条,页三〇四。

8 同上,卷一一八,第八十七条,页四五六六。

9 同上,卷一〇七,第六十八条,页四二五六。

10 同上,卷一三八,第五十七条,页五二七五。

11 同上,卷一〇七,第六十条,页四二五四。

12 《语类》卷一〇七,第六十五条,页四二五六。

13 《考亭渊源录》(《近世汉籍丛刊》本)卷十四,页九上,总页五八七。

14 《宋元学案》(《四部备要》本) 卷六十九《沧洲诸儒学案》, 页二十六上。

15 《随园随笔·辨讹类》,“考亭之讹”条。

16 《文集》卷八十六《迁居告家庙文》, 页十五上。

17 《勉斋集》(《四库全书》本) 卷三十六《朱子行状》, 页十三上。

18 《四朝闻见录》(《浦城遗书》本) 卷四《庆元党》, 页十七下。

19 《南轩先生文集》(《近世汉籍丛刊》本) 卷二十一《答朱元晦秘书(第二十四书)》, 页八上, 总页六七九。

20 同上, 卷二十二, 第三十二书, 页二上, 总页六九三。

21 《宋元学案补遗》(《四明丛书》本) 卷二十五《龟山学案补遗》, 页九十上。

22 《朱子翰墨》(台北中国书法学会, 一九七五)。

23 《朱子尺牍墨迹》(北平故宫博物院古物馆, 一九三〇)。

24 《宋朱熹吴说墨迹》(《故宫法书》第十四辑, 台北“故宫博物院”, 一九七〇)。

25 《阅古楼和三希堂法帖》(北京人民美术出版社, 一九八二)。

26 《书道全集》(东京平凡社, 一九五五), 卷十六; 佐藤仁《朱子》(东京集英社, 一九八五), 页二十四至二十五。

27 《论语集注残稿》, 即《四书集注残稿》(上海商务印书馆, 一九一八影印), 据《学粹》第六卷, 第四期(一九六四年六月), 杨家骆《四子书广征拟目二篇》, 页十一。

28 后藤俊瑞《朱子》(东京日本评论社, 一九四三)。

29 《宋朱熹书翰文稿》(北京文物出版社, 一九六一)。

30 《常德府志》〔嘉庆十八年癸酉(一八一三)本〕卷二十《艺文考·金石》, 页三下至四上。

31 《金石文跋尾》〔《潜研室全书》, 光绪十年甲申(一八八四)本〕卷十六《朱文公书》, 页十二下。

32 江兆申《朱晦庵书易系辞》, 载《故宫文物月刊》第四卷, 第三期(一九八六年六月), 页六十四至七十三。

33 高令印《朱熹遗迹研究》(《中国哲学》第十辑, 一九八三), 页三〇七。

34 陈香《朱熹留闽游迹》(《畅流》第四十二期, 一九七〇), 页二十一。

35 同上。

36 陈香《朱熹留闽游迹》(《畅流》第四十二期, 一九七〇), 页二十一至二十二。《寄题九日山廓然亭》诗, 载《文集》, 卷八, 页七下。

37 同上, 页二十二。

38 同上, 页二十一。

39 高令印《对朱熹事迹资料考察的收获》(《哲学研究》, 一九八四年二月), 页七十三。

40 陈香《朱熹留闽游迹》(《畅流》第四十二期, 一九七〇), 页二十二。

41 同上。

42 《南平县志》(一九二八年本) 卷四《名胜》, 页二十四上。

43 陈香《朱熹留闽游迹》(《畅流》第四十二期, 一九七〇), 页二十三。

44 同上，引《不二堂修募疏》。

45 高令印《朱熹遗迹研究》（《中国哲学》第十辑，一九八三），页三〇八。

46 同上。

47 陈香《朱熹留闽游迹》（《畅流》第四十二期，一九七〇），页二十一。

48 同上，页二十四。

49 同上。

50 同上。

51 同上。

52 高令印《朱熹遗迹研究》（《中国哲学》第十辑，一九八三），页三〇九。

53 高令印《对朱熹事迹资料考察的收获》（《哲学研究》，一九八四年二月），页七十二。《崇安县志》〔清雍正（一七二三——一七三五）刊本〕卷十九《古迹》云，四字石刻“在西北福星桥上，今失。”可知此额不一。是否朱子所书？抑是重刻？若是重镌，孰为原刻，皆尚待考。此外古田尚有一匾，疑是木刻。〔参看页七一二“朱子墨迹”（五）木刻之（10）〕

54 高令印《朱熹遗迹研究》（《中国哲学》第十辑，一九八三），页三〇九。

55 同上。

56 同上。

57 高令印《对朱熹事迹资料考察的收获》（《哲学研究》，一九八四年二月），页七十二。

58 据高令印《朱熹在福建墨迹考释》（《宋明理学讨论会论文集》，浙江人民出版社，一九八三），页三六七。

59 高令印《对朱熹事迹资料考察的收获》（《哲学研究》，一九八四年二月），页七十一。

60 据高令印《朱熹在福建墨迹考释》（《宋明理学讨论会论文集》，浙江人民出版社，一九八三），页三六九。

61 据《崇安县志》卷八《释》。参看《崇安县新志》（一九四一年本）卷三十《宗教·释教》，页五上，总页五一九。

62 据高令印《朱熹在福建墨迹考释》（《宋明理学讨论会论文集》，浙江人民出版社，一九八三），页三七〇。《古田县志》不知是何版本。

63 高令印《对朱熹事迹资料考察的收获》（《哲学研究》，一九八四年二月），页七十五。

64 同上，页七十四。

65 《崇安县新志》卷三《地理·金石》，页十下，总页九十。

66 同上。

67 同上。

68 高令印《朱熹遗迹研究》（《中国哲学》第十辑，一九八三），页三〇七。

69 高令印《朱熹遗迹研究》（《中国哲学》第十辑，一九八三），页三〇六。

70 同上。

71 高令印《对朱熹事迹资料考察的收获》（《哲学研究》，一九八四年二月），页七十三。

72 《建阳县志》〔民国十八年（一九二九）本〕卷九《金石》，页三十二下。

73 同上，页三十二上。

74 同上。

75 同上。

76 《南平县志》卷四《名胜》，页二十四上。

77 《岳麓通讯》（第三期，一九八二），页五十九。

78 同上，第二期，页十一与二十二。

79 《湖南全省掌故备考》〔光绪十四年戊子（一八八八）刊；续编，二十年甲午（一八九四）刊〕卷十六《金石》，页二十九上。

80 同上，续编卷一《金石》，页十五下。

81 《湖南全省掌故备考》〔光绪十四年戊子（一八八八）刊；续编，二十年甲午（一八九四）刊〕卷十六《金石》，页十六上。

82 同上，页十七下。

83 同上。

84 同上。

85 同上。

86 同上，卷二《金石》，页四上。

87 同上，页二十八下。

88 《朱熹与岳麓书院》（上海华东师范大学出版社，一九八六），页一二六至一三〇。

89 《湖南全省掌故备考》〔光绪十四年戊子（一八八八）刊；续编，二十年甲午（一八九四）刊〕，卷十六《金石》，页二十九上。又见《常德府志》卷二十《艺文考·金石》，页三下。

90 佐藤仁《朱子》（东京集英社，一九八五），页三十二至三十四。

91 高令印《朱熹遗迹研究》（《中国哲学》第十辑，一九八三），页三〇九。

92 《南轩先生文集》（《近世汉籍丛刊》本）卷二十三《答朱元晦秘书（第五十三书）》，页十上，总页七三一。

93 《文集》卷三十四《答吕伯恭（第九十书）》，页三十二上。

94 《语类》卷一〇七，第六十七条，页四二五六。

95 《文集》卷八十一《跋颜公栗里诗》，页二十五下。

96 同上，别集卷七《跋所刻包孝肃诗》，页十下。

97 同上，正集卷八十二《跋范文正公送窦君诗》，页九上下。

98 高令印《对朱熹事迹资料考察的新收获》（《哲学研究》，一九八四年三月），页七十三。

99 高令印《朱熹遗迹研究》（《中国哲学》第十辑，一九八三），页三〇八。

100 同上。

101 高令印《朱熹在福建墨迹考释》(《宋明理学讨论会论文集》, 浙江人民出版社, 一九八三), 页三七一。

102《南平县志》(一九二八年本) 卷四《名胜》, 页二十四上。〔一九七六年影印, 乾隆十六年辛未 (一七五一) 本〕卷四《学校》, 页四十七上。

103《古田县志》。

104 同上, 页四十八上。以上二项, 乃一七五一年本所记。不知现状如何。

105《宋明时代儒学思想之研究》(东京广池学园出版部, 一九六二)。

106《硕水先生遗书》〔大正七年 (一九一八) 刊〕第六章, 页三十下至三十二上。

107 同上, 页三十二上。

108《论语 · 子罕》, 第十章。

109 同上,《述而》, 第六章。

110《硕水先生遗书》〔大正七年 (一九一八) 刊〕第六章, 页三十二下。

111 三浦国雄《朱子》(东京讲论社, 一九七九), 页一九四。

112《福建论坛》(第二期, 一九八二), 页七十。

113《文集》卷八十二《跋蔡端明献寿仪》, 页二十四下至二十五上。

114《南平县志》卷四《名胜》, 页十八下。

115《古田县志》卷四《学校》, 页四十八上。

116 同上, 卷七《寓贤》, 页一下至二上。

117 同上, 卷四《学校》, 页四十八下。

118 同上, 页四十九上。

119《古田县志》卷四《学校》, 页四十九上。

120《建阳县志》(一九二九年本) 卷六《学校》, 页八下。

121《文集》卷二十四《答吕伯恭 (第八十九书)》, 页三十下。

122 同上, 卷五十二《答白鹿长贰》, 页四十六上。

123《岳麓书院通讯》(第一期, 一九八二), 页二。

124 同上, 页二十三至二十四。

125《文集》卷八十三《书横渠康节帖后》, 页八上。

126 同上, 别集卷四《致向伯元 (第一书)》, 页七上。

127《孟子 · 尽心》上, 第一章。

128《文集》卷七十七《存斋记》, 页六上下。

129 同上, 卷八十五《敬恕斋铭》, 页三上。

【二一〇】朱子不肯挥毫

朱子甚喜挥毫。大字小字，行书楷书，均乐意为之。然亦有不肯执笔者。《文集》《语类》查有数起。录之如下：

(1) 朱子书阁上只匾南轩（张栻，一一三三—一一八〇）“藏书”二字。镇江一窦兄托过禀求书其家斋额，不许，因云：“人家何用立牌榜？且看熹家何曾有之？”[1]

(2) 门人吴振，字子奇，（浙江）鄞县人。淳熙十四年（一一八七）进士。一一九一年以后师事朱子于建阳。某日登朱子藏书阁，见壁上有铭。请朱子书之，刻置社仓书楼之上。朱子曰：“只是以此记书橱名。待为别做。”[2]

(3) 朱子因人求墓铭，曰：“吁嗟！身后名于我如浮烟。人既死了，又要这物事做甚？”或曰：“先生语此，岂非有为而言？”曰：“也是。既死去了，待他说是说非，有甚干涉？”又曰：“所可书者，以其有可为后世法。今人只是虚美其亲。若有大功大业，则天下之人，都知得了。又何以此为？且人为善，亦自是本分事。又何必须要恁地写出？”[3]朱子写墓铭多矣。莫非自相矛盾？然其所书者，皆可为后世法，而非徒务虚美其亲也。

(4)《语类》又载(江西)信州一士人为其先人求墓碑。朱子不许。请之不已，又却之。临别送出，举指云：“赠公‘务实’二字。”[4]

(5)《语类》又载陈一之求朱子书“涵养须用敬，进学则在致知”[5]字，以为观省之益。曰：“持敬不用判公凭。”终不肯写。[6]

(6)符国瑞尝请书墓额。朱子复之曰：“所需墓额，偶苦臂痛不能写。然仁人孝子所以显其亲者，正亦不在此也。”[7]符国瑞名里不详。《考亭渊源录》与《儒林宗派》均录为弟子，然乏证据。朱子复书云：“辱书具道为学之志，又见令叔为言曲折，甚善。既有此志，且当勉力。未可便肆虚谈，厌本求末。”[8]书称令叔，则非门徒可知。其叔不知是否符叙抑符初。果尔，则国瑞建昌[9]人也。虚谈厌末，即指江西陆象山派学风。以此而无意写字，未可知也。

(7)门人傅定，字敬子，(浙江)义乌县人。党禁起，学者惧祸，更事他师，唯傅定仍从朱子讲学不辍。朱子答傅敬子书，谓：“所欲大字及二卦说，尤是儿戏。若真实功夫，何用此等装饰耶？”[10]朱子训傅定语其读书须是心虚一而静。[11]盖欲其下真工夫而不外求也。

(8)与赵师雍书，亦同一口气。师雍字然道，宋宗室燕王之后，(浙江)台州黄岩县人。游于朱子、陆象山之门。有书致朱子谓弃一官如弃涕唾。又谓恨不及见二先生论辩有所底止。朱子复书云:“何始虑之不审，而乃为此傲睨之词耶？……老拙之学虽极浅近……岂今垂老而肯以其千金易人之弊帚者哉？……所喻写《孟子》字多不暇。三大字适冗亦未及作。然此亦何能有助于学，而徒使老者劳于挥染耶？”[12]朱子不免生气，然陆子之徒，多自信自傲，朱子当不欲殉其情以长其傲也。《考亭渊源录》以师雍为朱子叛徒，无非门户之见。朱子之不允挥毫，断非因其同依陆氏也。

(9)《答陈同甫(陈亮，一一四三——一一九四)书》云:“大字甚荷不鄙。但寻常不欲为寺观写文字，不欲破例。此亦拘儒常态，想又发一笑也。寄来纸却为写张公(张嵲，字巨山，壮年一一四六)集句座右铭去，或恐万一有助于积累涵养，睟面盎背之功耳。”[13]

1 《语类》卷一〇七，第六十一条，页四二五四。

2 同上，第六十二条，页四二五五。

3 同上，第六十四条，页四二五五。

4 同上，第六十四条，页四二五五。

5 程颐语，见《遗书》(《四部备要·二程全书》本)卷十八，页五下。

6 《语类》卷十二，第一二七条，页三四三。

7 《文集》卷五十五《复符国瑞》，页二十二上。

8 同上。

9 今江西永修县。

10 《文集》卷六十二《答傅敬子》，页二十上。

11 《语类》卷一二〇，第十七条，页四六〇六。

12 《文集》卷五十五《答赵然道》，页二十七下至二十八上。

13 同上，卷三十六《答陈同甫(第六书)》，页二十一下。

【一一】朱子评论书法

《朱子语类》卷一三九至一四〇论文凡二三百条。以论文论诗为多，论书绝少。今并《文集》所选，录之于下：

（1）《书字铭》。“明道（程颢，一〇三二—一〇八五）先生曰：‘某书字时甚敬。非是要字好。只此是学。’[1]握管濡毫，伸纸行墨。一在其中，点点画画。放意则荒，取妍则惑。必有事焉[2]，神明厥德。”[3]

（2）“笔力到则字皆好（注：不曰有笔力），如胸中别样，即‘动容周旋中礼’[4]。”[5]

（3）“写字不要好时却好。”[6]

（4）问：“何谓书穷八法？”曰：“只一点一画，皆有法度。人言‘永’字，体具八法。”[7]

（5）“尤延之（尤袤，一一二七—一一九四）论古人笔法来处，如周太史《奠世系》，真使人无间言。”[8]

(6)“先生喜韩(韩愈，七六八—八二四)文《宴喜亭记》及《韩弘碑》。”注云：“碑，老年笔。”[9]

(7)朱子评向芗林(向子諲，一〇八六—一一五三)家藏邵康(邵雍，一〇一一—一〇七七)亲写陶(陶潜，三六五—四二七)诗一册云：“某细看亦不是康节亲笔。疑熙(宁)、(元)丰(一〇六八—一〇八五)以后人写，盖赝本也。盖康节之死，在熙宁二三年(一〇六九—一〇七〇)间，而诗中避畜讳，则当是熙宁以后书。然笔画嫩弱，非老人笔也。”[10]

(8)“字被苏(苏轼，一〇三七—一一〇一)、黄(黄庭坚，一〇四五—一一〇五)胡乱写坏了。近见蔡君谟(蔡襄，一〇一二—一〇六七)一帖。字字有法度，如端人正士，方是字。”[11]

(9)“论书因及东坡(苏轼)少、壮、老字之异。注云：‘南康有人有一卷如此。’因说南轩(张栻)喜字，然不甚能辨。注云：因有一伪书东坡字，不好。南轩以‘端庄’题之。因论《麻衣易》不难辨。南轩以快之故。注云：尝劝其改一文。曰：‘改亦只如是。不解更好了。’”[12]

(10)“子瞻(苏轼)单勾把笔，钱穆父(钱勰，一〇三四—一〇九七)见之，曰：‘尚未能把笔邪？’”[13]

(11)“山谷(黄庭坚)不甚理会得字，故所论皆虚。米老(米芾，一〇五一—一一〇七)理会得，故所论皆实。”[14]

(12)“鲁直(黄庭坚)论字学，只好于印册子上看。若看碑本，恐自未能如其所言。”[15]

(13)“字法在黑内。黄鲁直论得玄甚。然其字却且如此。”[16]

(14)“南海诸蕃书，煞有好者。字画遒劲。……古人篆籀，笔墨虽多，然无一笔可减。今字如此简约，然亦不可多添一笔。便是世变自然如此。”[17]

(15)“邹德久(邹柄，壮年一一二六)楷书《大学》，今人写得如此，亦是难得。只如黄鲁直书，自谓人所莫及。自今观之，亦是有好处。但自家既是写得如此好，何不教他方正？须要得恁攲斜则甚。又他也非不知端楷为是，但自要如此写。亦非不知做人诚实端悫为是，但自要恁地放纵。”……问：“张于湖(张孝祥，一一三二—一一六九)字，何故人皆重之？”曰：“也是好。但是不把持，爱放纵。本朝如蔡忠惠(蔡襄)以前，皆有典则。及至米元章(米芾)、黄鲁直诸人出来，便不肯恁地。”[18]

(16)《赠笔工蔡藻》：“(福建)建安蔡藻以笔名家。其用羊毫者尤劲健。予是以悦之。藻若去此而游于都市，盖将与曹忠辈争先云。”[19]

(17)《跋张巨山帖》：“近世之为词章字画者，争出新奇，以投世俗之耳目。求其萧散澹然绝尘，如张公(张嵲)者，殆绝无而仅有也……”[20]

(18)《奉题李彦中所藏俞侯墨戏》：“不是胸中饱丘壑，谁能笔下吐云烟？故应只有王摩诘(王维，六九九—七五九)，解写《离骚》极目天。”[21]

(19)《题荆公帖》：“先君子自少好学荆公(王安石，一〇二一—一〇八六)书。家藏遗墨数纸，其伪作者，率能辨之。……今观此帖，笔势翩翩，大抵与家藏者不异。恨不使先君见之。”[22]

(20)《又题荆公帖》：“……今观此卷，乃知其为临写本也。”[23]

(21)《题力命帖》：“《力命表》旧惟见近世刻本。今乃得见贞观(六二七—六四九)所刻，深以自幸。然字小目昏，殆不能窥其妙处，又愧其见之晚也。他日见右方诸公，当请问焉。又未知其所见与予果如何耳。”[24]

(22) 题法书：“予旧尝好法书。然引笔行墨，辄不能有毫发象似，因遂懒废。今观此帖，益令人不复有余念。今人不及古人，岂独此一事？推是以往，庶乎其能自强矣。”[25]

(23)《题曹操帖》：“余少时曾学此表。时刘共父（刘珙，一一二二—一一七八）方学颜（颜真卿，七〇九—七八五）书《鹿脯帖》。余以字画古今诮之。共父谓予：‘我所学者唐之忠臣，公所学者汉之簒贼耳。’时予默然亡以应。今观此谓天道祸淫，不终厥命[26]者，益有感于共父之言云。”[27]

(24)《跋朱喻二公法帖》：“书莫盛于唐，然人各以其所长自见，而汉唐之楷法遂废。入本朝来，名胜相传，亦不过以唐人为法。至于黄（黄庭坚）米（米芾）而欹倾侧媚，狂怪怒张之势极矣。近岁朱鸿胪（朱敦儒，约一〇八〇—约一一七五）、喻工部〔喻樗，建炎三年己酉（一一二九）进士〕者出，乃能超然远览，追迹元常（钟繇，一五一—二三〇）于千载之上，斯已奇矣。故尝集其墨刻，以为此卷，而尤以乐颜书《相鹤经》为绝伦。不知鉴赏之士以为如何也。”[28]

(25)《跋米元章帖》：“米老（米芾）书如天马脱衔，追风逐电。虽不可范以驰驱之节，要自不妨痛快……”[29]

(26)《跋黄山谷帖》：“此朱希真（朱敦儒）书也……希真书自不凡，老笔尤放逸。此虽其少作，盖亦可藏也。”[30]

(27)《跋王荆公进邺侯遗事奏稿》：“先君子少喜学荆公书。每访其迹，晚得此稿……而独爱其纸尾三行，语气凌厉，笔势低昂，尚有以见其跨越古今，斡旋宇宙之意……”[31]

(28)《跋蔡神与绝笔》:“友生蔡君季通(蔡元定,一一三五—一一九八),一日奉书一卷以示熹,而泣拜且言曰:‘此先人绝笔之书也……’其字画壮伟,意气闲暇。……”[32]神与名发,生卒年不详。

(29)《跋邵康节检束二大字》:“康节先生自言大笔快意,而其书迹谨严如此。岂所谓‘从心所欲,而自不逾矩’[33]者耶?”[34]

(30)《跋十七帖》:“……此本马庄甫(名子严)所摹刻也。玩其笔意,从容衍裕,而气象超然。不与法缚,不求法脱。真所谓一一从自己胸襟流出者。窃意书家者流,虽知其美,而未必知其所以美也……”[35]

(31)《跋杜祁公与欧阳文忠帖》:“杜公(杜衍,九七八—一〇五七)以草书名家,而其槽法清劲,亦自可爱。谛玩心画,如见其人。”[36]欧阳文忠即欧阳修(一〇〇七—一〇七二)。

(32)《跋东方朔画赞》:“平生所见东方生(前一五四—前九三)画赞,未有如此本之精神者。笔意大概与《贺捷表》《曹娥碑》相似。不知何人所刻?石在何处?是可宝也。”[37]

(33)《跋韩魏公与欧阳文忠公帖》:“张敬夫(张栻)尝言平生所见王荆公书,皆如大忙中写。不知公安得有如许忙事。此虽戏言,然实切中其病。今观此卷因省平日得见韩公(韩琦,一〇〇八—一〇七五)书迹,虽与亲戚卑幼,亦皆端严谨重,略与此同。未尝一笔作行草势。盖其胸中安静详密,雍容和豫,故无顷刻忙时,亦无纤芥忙意。与荆公之躁扰急迫,正相反也……”[38]

(34)《跋朱希真所书道德经》:“岩壑老人(朱敦儒)小楷,《道德经》二篇,精妙醇古。近世楷法如陈碧虚(陈景元,一一〇〇后卒)之《相鹤》,黄长睿(黄伯思,一〇七九—一一一八)之《黄庭》,皆所不及……”[39]

(35)《跋张安国帖》:“安国(张孝祥)天资敏妙。文章政事，皆过人远甚。其作字多得古人用笔意。使其老寿，更加学力，当益奇伟……”[40]

(36)《跋山谷宜州帖》:“山谷《宜州》书最为老笔，自不当以工拙论。但追想一时忠贤流落为可叹耳。”[41]

(37)《跋蔡端明帖》:“蔡公(蔡襄)书备众体。此卷评书一纸，独有欧(欧阳询，五五七—六四一)、虞(虞世南，五五八—六三八)笔意，甚可爱也。”[42]

(38)《跋东坡帖》:“东坡笔力雄健，不能居人后。故其临帖，物色牝牡，不复可以形似校量，而其英风逸韵，高视古人，未知其孰为后先也……”[43]

(39)《跋曾南丰帖》:“余年二十许时，便喜读南丰先生(曾巩，一〇一九—一〇八三)之文，而窃窃慕效之。竟以才力浅短，不能遂其所愿。今五十年乃得见其遗墨。简严静重，盖亦如其为文也。”[44]

(40)《跋徐骑省所篆项王亭赋后》:“骑省(徐铉，九一七—九九二)自言晚乃得请匾法。今观此卷，纵横放逸，无毫发姿媚意态。其为老笔亡疑……”[45]

(41) 朱子祭其外兄程允夫(程洵)，有“又视其字画谨好，词气安闲”赞语。[46]

(42) 绍兴五年甲寅(一一九四)朱子安抚湖南，复兴岳麓书院。学子云集，乃临江建湘西精舍，得枢使王谦仲(王蔺)书匾牓，故《答王枢使》云:“湘西扁牓，饶宰〔饶幹，字廷老，淳熙(一一七四——一一八九)进士〕寄示，得以仰观。非惟健笔纵横，势若飞动，而心画之正，结体之全，足使观者魄动神竦，甚大惠也……”[47]

(43) 王羲之(三二一—三七九)“鹅”字。庐山博物馆藏有王羲之

“鹅”字大字。四边赞跋甚多。上端为苏轼、朱熹等人之题跋。朱子跋云：“落霞深浦，游雾萦空。金砂银砾，蚌质珠胎。惊蛇入草，飞鸟出林。意随笔先，翰逸神飞。众众之妙，此幅尽得矣。己卯（一一五九）春二月十有八日朱熹跋。”此跋不见《文集》卷八十一至八十四题跋。卷八十二《题右军帖》则评其“随事行藏……右军（王羲之）未必能践斯言也”[48]。不知此跋是否可靠。

（44）《南轩文集》卷二十三，页十一下云：“前时来书中谕及狄梁公（狄仁杰，六〇七—七〇〇）书法，甚善。使梁公亲闻之，亦当为法，爱恶无所辞。此义乌可不立也？”[49]此义如何，则不可考。

1 《遗书》(《四部备要·二程全书》本) 卷三，页二上。

2 《孟子·公孙丑》上，第二章。

3 《文集》卷八十五《书字铭》，页四上。

4 《孟子·尽心》下，第三十三章。

5 《语类》卷一四〇，第一〇〇条，页五三五九。

6 同上，第一〇一条，页五三五九。

7 同上，第一〇二条，页五三六〇。

8 《文集》卷八十二《跋》，页二下。

9 《语类》卷一三九，第三十一条，页五三〇八。

10 《语类》卷一四〇，第七条，页五三四〇。

11 同上，第九十四条，页五三五八。

12 《语类》卷一四〇，第九十五条，页五三五九。

13 同上，第九十六条，页五三五九。

14 同上，第九十七条，页五三五九。

15 同上，第九十八条，页五三五九。

16 同上，第九十九条，页五三五九。

17 同上，第一〇二条，页五三五九至五三六〇。

18 《语类》卷一四〇，第一〇三条，页五三六〇。

19 《文集》卷七十六《赠笔工蔡藻》，页三十二下。

20 同上，卷八十一《跋张巨山帖》，页二十四上。

21 同上，卷九《奉题李彦中所藏俞侯墨戏》，页九下。

22 同上，卷八十二《题荆公帖》，页三上。

23 同上。

24 同上，《题力命帖》，页三上下。

25 同上，《题法书》，页四上。

26 《书经·商书·汤诰》第三节至第九节，云："天道福善祸淫……尚克时忱，乃亦有终。"

27 《文集》卷八十二《题曹操帖》，页四上。曹操篡汉，故云。

28 《文集》卷八十二《跋朱喻二公法帖》，页五上下。

29 同上，《跋米元章帖》，页六下。

30 同上，《跋黄山谷帖》，页二十三上。

31 同上，卷八十三《跋王荆公进邺侯遗事奏稿》，页三下。

32 同上，《跋蔡神与绝笔》，页六上下。

33 《论语·为政》，第四章。

34 《文集》卷八十三《跋邵康节检束二大字》，页二十三上。

35 同上，卷八十四《跋十七帖》，页七下。

36 同上，《跋杜祁公与欧阳文忠帖》，页八下。

37 同上，《跋东方朔画赞》，页八下。

38 《文集》卷八十四《跋韩魏公与欧阳文忠公帖》，页十一上。

39 同上，《跋朱希真所书道德经》，页十一下。

40 同上，《跋张安国帖》，页十五上。

41 同上，《跋山谷宜州帖》，页十五下。

42 同上，《跋蔡端明帖》，页十五下。

43 同上，《跋东坡帖》，页十六上。

44 同上，《跋曾南丰帖》，页十六上。

45 同上，《跋徐骑省所篆项王亭赋后》，页二十七下。

46 同上，卷八十七《祭程允夫文》，页二十下。

47 《文集》续集卷七《答王枢使》，页四下。

48 同上，正集，卷八十二《题右军帖》，页四下。

49 《南轩先生文集》（《近世汉籍丛刊》本）卷二十一《答朱元晦秘书（第五十五书）》，页十一下，总页七三四。

【二一三】诸家评朱子之书法

(1) 陶宗仪（壮年一三七〇）曰：“朱子继续道统，优入圣域，而于翰墨，亦加之功。善行草，尤善大字，下笔即沉着典雅。虽片纸只字，人争珍秘之。”[1]

(2) 宋濂（一三一〇—一三八一）曰：“文公书，韵度润逸。”[2]

(3) 王世贞（一五二六—一五九〇）曰：“观晦翁书，笔势迅疾。曾无意于求工，而无一不合书家矩矱。岂所谓动容周旋中礼[3]者耶？”[4]

(4) 明詹景凤曰：“尝见朱子尺牍数纸，盖法鲁公《争坐书》。即行边添注，亦复宛然。意致苍郁，沉深古雅。有骨有筋有韵。而不以书名，固以学掩之。”[5]鲁公指颜真卿（七〇九—七八五）。

(5) 正统八年癸亥（一四四三），潮州府海阳县儒学教谕三山晏宁《题晦庵翰墨卷后》云：“右晦庵翰墨文卷，乃有宋沈著舜卿出杂色倭纸，奉邀朱文公走书晋彭泽令陶渊明（陶潜，三六五—四二七）《归去来辞》。……曩昔晦庵然舜卿之请，不他铭记书，而是特笔者，当喝疾之作楚，景慕渊明之清致，遂有乘兴捉笔，不觉终篇之谑。……顾其笔势遒劲，天机逸发。如枯藤朽木，云舒雾敛。当为公平生所书第一帖。且自谓余尝病纸大滑，笔浮而字画不能工，是即大《易》谦光之微意。”[6]

(6)《宋朱熹书翰文稿》云：“朱熹平时自谓性不善书。实际上，他对于书法还是下过很深工夫的。他的字从汉魏入手，追摹钟繇（一五一—二三〇）。《容台集》说：‘朱晦翁自榜额外不多见。《端州友石台记》近钟太傅（钟繇）法，亦复有分隶意。’此外他还临写过曹操（一五五—二二〇）的书法。但朱氏并不以追摹古人为满足，而要求做到‘不为法缚，不求法脱……一一从自己胸襟流出者’[7]。故其‘笔势迅疾。虽无意于求工，但其点画波磔，又无一不合书家矩矱’[8]。”[9]

(7) 钱大昕（一七二八—一八〇四）评朱子书《系辞传》云：“笔法险劲，精采四射，殊可喜也。”[10]

(8) 董颖有诗赞朱子笔法。〔参看页六八五“朱子墨迹”（一）见于诸书记载者之（20）〕

1 一九七五年，洪陆东、董开章与李业合编之《朱子翰墨简介》引。

2 同上。

3 《孟子·尽心》下，第三十三章。

4 同注1。

5 同注1。

6 《宋朱熹吴说墨迹》（《故宫法书》第十辑，台北“故宫博物院”，一九七〇），页四上至六上。

7 《文集》卷八十四《跋十七帖》，页七下。

8 一九七五年，洪陆东、董开章与李业合编之《朱子翰墨简介》引。

9 《宋朱熹书翰文稿》（北京文物出版社，一九六一）卷末《杨仁恺——附记》。

10 《金石文跋尾》〔《潜研室全书》光绪十年甲申（一八八四）本〕卷十六《朱文公书》，页十二下。

【一一三】 画人朱熹

相传朱子曾对镜写真，遗迹至今犹存。此事可信与否，当另立论（参看页一一五“朱子画像”条）。然朱子之画像，则有《文集》记载可查。朱子曾撰画赞多篇。今先考其是否画其所赞之像。五夫里《刘氏宗谱》有朱子所撰像赞三篇，不见《文集》〔参看页二二九“朱子遗迹访问记”条之五夫里〕，只云撰，则像非朱子所绘可知。《文集》有《六先生画像赞》《张敬夫画像赞》《吕伯恭画像赞》《陈明仲画像赞》与《程正思画像赞》。[1]吕像明言为潘叔度〔潘景宪，隆兴元年癸未（一一六三）进士〕所画，其他只云朱子为之赞而不云画并赞，则非朱子所画矣。然《文集》此等像赞之后即载《书画像自警》。诸家谓此为六十一岁对镜自像。此而可信，则所赞之像，除吕像外，亦朱子所绘矣。

《文集》尝有《聚星亭画屏赞》，赞云：“考亭陈氏，故有离榭，名以聚星。盖取《续阳秋》语。中更废坏，近始作新。适迩敝庐，因得相其役事。既又为之本原事迹，画著屏上，并为之赞，以视来者云。”其事迹为何？笔势为何？今皆不可考。然朱子重点在史实，可断言也。陈氏指汉之陈实（一〇四—一八七），字仲弓。“聚星”则檀道鸾《续晋阳秋》“陈仲弓……时德星聚”之语。[2]朱子对汉代与陈实事实，非常谨慎。曾致书友人巩仲至〔巩丰，淳熙十一年甲辰（一一八四）进士〕数通，往复商量。函云：“彼中亦有画手能以意作古人事迹否？此间门前众人作一小亭，旧名聚星。今欲于照壁上画陈太丘（陈实）见荀朗陵事，而无可属笔者，甚以为挠。今录其事之本文去，幸试为寻访能画者，令作一草卷寄及为幸。但以两幅纸为之，此间却自可添展也。”[3]既云此间无可属笔，又云可以添展，则添展者必是朱子本人。换言之，朱子参加此事，不但考据史实，找寻画手，而亦可以添笔为之润色也。

后函又云：“聚星阁此亦已令草草为之。市工俗笔，殊不能起人意。亦尝辄为之赞。今谩录去，幸勿示人也。”[4]如是则画者为市工，而朱子或未为之添展矣。又一书云：“所画陈荀聚星事，若作两段，即前段当画太丘乘牛车在途，而元方等侍行。……凡此未能自决。不知盛意如何。更望相度，及与画者商量，取令稳当乃佳耳。”[5]其后一书续云：“《聚星图》此间已令人画。今详所寄，大概不甚相远。但此间者车中堂上有两太丘，心颇疑之。”[6]可知图稿有所寄予此间两本，唯俱未满意。

庆元六年庚申（一二〇〇）正月二十四日，朱子撰《赠画者张黄二生》。此即朱子逝世前四十日。其言曰：“乡人新作聚星亭，欲画荀陈遗事于屏间，而穷乡僻陋，无从得本。友人周元兴（名明作）、吴和中（名雉）共称张黄二生之能，因俾为之。果能考究车服制度，想象人物风采。观者皆叹其工。”[7]周元兴、吴和中皆朱子门人，称之为友。朱子署“赠张彦悦、黄某”，则称二生。可知张、黄必非门人而是乡学学生也。《道南源委》记吴雉“从朱子游。……公考究车服制度，时称博雅”[8]。盖未考朱子赠张、黄二生之文耳。

如上所述，朱子只能润色。然下列三事，则可能证实朱子确曾画像。

朱子致方士繇（字伯谟，一一四八—一一九九）书云：“近作得六先生画像赞，谩录去。烦呈令舅一观，求其未当处。旦夕画成，当并以拜浼，早得刊定为幸耳。”[9]既云“旦夕画成”，则朱子自画可知。

淳熙六年己亥（一一七九）朱子在江西庐山筑卧龙庵：“既又缘名潭之义，画汉丞相诸葛公（诸葛亮）之象，寘之堂中，而故友张敬夫（张栻，一一三三—一一八〇）尝为赋诗，以纪其事。”[10]张氏诗题云：“南康朱使君始筑第，绘诸葛武侯像于其中。”诗有云：“于焉俨绘事，长风超萧瑟。”[11]此事载叶公回改订《朱子年谱》（一四三一）与戴铣《朱子实纪》（一五一三）之年谱，系于淳熙七年庚子（一一八〇）。两谱云：“画诸葛武侯像于堂中，复书《武侯制表》中语，‘洪毅忠壮，忘身忧国。鞠躬尽力，死而后已’一十六字于亭之楣间。”王懋竑《朱子年谱·考异》已改正为淳熙六年己亥（一一七九）矣。

绍熙三年壬子（一一九二）跋尹和静（尹焞，一〇七一—一一四二）帖云：“河南尹君来自（江西）临川，出示其大父和静先生遗像及手书，欧阳文忠公（欧阳修）所作三志。仰瞻伏读，不胜敬叹。既模其像以藏于家，尹君又俾记于志文之后。”[12]

画六君子武侯像与模尹和靖像，有明证矣，而门人黄榦《朱子行状》又谓：“文词字画，骚人才士，疲精竭神，常病其难。至先生未尝用意，而亦皆动中规绳，可为世法。”[13]似指朱子所画，不止一体，水准均高。门人李方子亦云：“外至文章字画，亦皆高绝一世。盖其包涵停蓄，溥博渊泉，故其出之者自若其无穷也。”[14]则言其神韵之至，为一时之冠。独惜遗迹今已无存，大概明末尚有。陈继儒（一五五八—一六三九）以“朱紫阳画，深得吴道子（七九二年卒）笔法”[15]。陈氏必曾亲见朱子作品，而非途说之闻也。朱子跋吴道子画，云：“吴笔之妙，冠绝古今。盖所谓不思不勉，而从容中道者，兹其所以为画圣与！”[16]陈继儒谓朱笔有道子风，而黄榦亦谓其未尝用意而动焉中矩，则其特点，乃在其不勉而中也。

朱子亦曾品评吴道子笔法。《语类》一条云：“秘书省画得唐五王及黄番绰、明皇之类，恐是吴道子画。李某跋之，有云‘画当如莼菜’。某初晓不得。不知它如何说得数句恁地好。后乃知他是李伯时外甥。盖画须如莼菜样滑方好。须是个圆滑时方妙。”[17]

以上朱子品评与品评朱子，均在笔法。至于画意，则朱子似乎偏重理性。其论王维（六九九—七五九）云：“雪里芭蕉，他是会画雪。只是雪中无芭蕉。他自不合画了芭蕉。人却道他会画芭蕉，不知他是误画了芭蕉。”[18]朱子不知曾见沈括（一〇三一—一〇九五）《梦溪笔谈》否？沈括云：“予家所藏摩诘（王维）画《袁卧安雪图》，有雪中芭蕉。此乃得心应手，意到便成。故造理入神，迥得天意。此难可与俗人论也。"[19]"得心应手"与"从容中道"同义。不过朱重道义，沈重艺术，观点不同，无圣俗之异也。评苏东坡（苏轼，一〇三七—一一〇一）画，亦从画意着眼。题东坡《枯木怪石》云："苏公此纸，出于一时滑稽诙笑之余，初不经意。而其傲风霆阅古今之气，犹足以想见其人也。"[20]但题另幅《怪石》则云："东坡老人英秀后凋之操，坚确不移之姿，竹君石友，庶几似之。百世之下，观此画者，尚可想见也。"[21]又跋米兀章（米芾，一〇五一—一一〇七）《下蜀江山图》云："当是此老胸中丘壑。最殊胜处，时一吐出，以寄真赏耳。"[22]

朱子亦尚表情。如其跋唐人《暮雨牧牛图》云："虽不识画，而知此画之为真牛也。彼其前者，却顾而徐行，后者骧首而腾赴。目光炯然。真若相语以雨，而相速以归者。览者未必知也。"[23]

朱子尝藏陆探微（五世纪）画，举以赠外孙。与黄榦书云："辂孙（黄榦之子）不知记得外翁否？渠爱壁间狮子。今画一本与之。可背起与看，勿令揉坏却也。此是陆探微画，《东坡集》中有赞。愿他似此狮子，奋迅哮吼，令百兽脑裂也。"[24]辂尚稚年，勉以壮志，亦至自然。然尝致书巩仲至叹"闽中人不好事，画笔几绝"[25]，又谓"名画想多有之。性甚爱此而无由多见。他时经由，得尽携以见顾，使获与寓目焉，千万幸也"[26]。又尝叹"古人绘事，未必有今人花巧"[27]。其意犹《论语》之"绘事后素"[28]。故其注云："《考工记》曰：'绘画之事，后素功。'谓先以粉地为质，而后施五采。犹人有美质，然后可加文饰。"[29]彼云："《论语》愈看愈见滋味。……一般人看画，只见得是画一般。识底人看，便见得他精神妙处。"[30]所谓精神妙处，仍旧是理，仍旧是文以载道。

1 《文集》卷八十五，页九上至十一上。

2 同上，卷六十四《答巩仲至（第十九书）》，页十六上。

3 同上，《答巩仲至（第十七书）》，页十三下。

4 《文集》卷六十四，《答巩仲至（第十八书）》，页十五上。

5 同上，《答巩仲至（第十九书）》，页十六上。

6 同上，《答巩仲至（第二十书）》，页十六下。

7 同上，卷七十六《赠画者张黄二生》，页三十二上。

8 《道南源委》（《正谊堂全书》本）卷四《吴雉传》，页三下。

9 《文集》卷四十四《答方伯谟（第七书）》，页二十一下。

10 同上，卷七十九《卧龙庵记》，页一下。

11 《南轩先生文集》（《近世汉籍丛刊》本）卷三，页十二下至十三上，总页一九四至一九五。

12 《文集》卷八十三《跋尹和靖帖》，页五上。

13 《勉斋集》（《四库全书》本）卷三十六，页四十五下。

14 李方子《朱子事实》、戴铣《朱子实纪》（《近代汉籍丛刊》本）卷十，页十八上，总页五一三。

15 《太平清话》（《宝颜堂秘笈》本）卷三，页五下。

16 《文集》卷八十四《跋吴道子画》，页九上。

17 《语类》卷一三八，第八十九条，页五二八〇。

18 同上，第九十条，页五二八一。

19 《梦溪笔谈》（《四部丛刊》本）卷十七《书画》，页二上。

20 《文集》卷八十四《跋张以道家藏东坡枯木怪石》，页二十下。

21 同上，《跋东光泽家藏东坡竹石》，页二十二下。

22 同上，卷八十四《跋米元章下蜀江山图》，页十五下。

23 同上，卷八十三《跋唐人暮雨牧牛图》，页五下。

24 同上，续集卷一《答黄直卿（第四十书）》，页十二上。

25 同上，正集卷六十四《答巩仲至（第二十书）》，页十六下至十七上。

26 同上，《答巩仲至（第十七书）》，页十三下。

27 《语类》卷二十五，第四十八条，页九八七。

28 《论语·八佾》，第八章。

29 《论语集注》，上章。

30 《语类》卷十九，第四十四条，页六九九。

【二一四】朱子嗜金石两则

朱子收藏金石不少，题跋亦多。今录两则，以见其对于金石之兴趣与贡献。

《家藏石刻序》云："予少好古。金石文字，家贫不能有其书。独取欧阳子（欧阳修，一〇〇七—一〇七二）所集录（《集古录》），观其序跋辨证之辞以为乐。遇适意时，恍然若手摩挲其金石，而目了其文字也。既而又怅然，自恨身贫贱，居处屏远，弗能尽致所欲得如公之为者，或寝食不怡竟日。……得故先君子时所藏与熹后所增益者，凡数十种。虽不多，要皆奇古可玩。悉加标饰，因其刻石大小施横轴，悬之壁间。坐对循行卧起，恒不去目前。不待披箧箧卷舒把玩而后为适也。"[1]此为绍兴二十六年丙子（一一五六）朱子二十七岁时所撰。以后收藏多少，不得而知。然必数倍于此也。又题欧公真迹云："集录金石，于古初无。盖自欧阳文忠公始。"[2]

高令印教授云:“朱熹在(福建)同安任职期间,经常到泉州。朱熹胸襟开阔,抛弃官吏和文人陋俗,能与当地下层人士接近,教授其从事金石镌刻,培养工艺人才,促进了泉州木刻书版事业的发展。”据考查,泉州历代书版刻工俱出于近郊深门的田庵等村,其祖传的刻艺是朱熹传给的。吴堃在《泉州的木版镌刻和书坊》中说:

田庵这村落,为洪姓聚族而居。据其故老所述,他们的祖先自宋代即从安徽省迁泉。他们全族从事于刻版技术,认为与朱熹来泉讲学有关。我们访问过田庵几位老艺人。俱说他们的一世祖洪荣山,从朱熹学习金石镌刻。初以镌刻私章,逐渐发展到木刻乃至书版。……田庵洪氏向朱熹学刻金石成为专业刻版。据田庵旧俗,每当旧历二月十五日,家家户户必须张办筵席,奉其上刻“祖师朱文公”木牌,轮流祭祀。这一礼节,足证他们刻版艺术是出自朱熹的传授。[3]

【一一四】

高教授指出，朱子撰《家藏石刻序》，即在其同安任满之时，故早年已对金石刻版有浓厚之兴趣与深入之研究也。[4]

捷按：叶梦得（一〇七七——一四八）云：“今天下印书，以杭州为上，蜀本次之，福建为下。”[5]叶比朱子早半世纪。可知朱子之时，福建已是印刷中心。唯其质欠佳。朱子留心版本，经营印务（参看页一五八“朱子之印务”条）。谅必对于雕刻，多所指示。刻工感激，奉为祖师。朱子影响之大，诚足惊人。

1　《文集》卷七十五《家藏石刻序》，页二上下。

2　同上，卷八十二《题欧公金石录序真迹》，页二上。

3　《泉州文史资料》第七辑（一九六二年九月），页七十五。

4　高令印《朱熹在福建墨迹考释》（《论中国哲学史——宋明理学讨论会论文集》，浙江人民出版社，一九八三），页三六四至三六五。

5　《石林燕语》（《四库全书》本）卷八，页六上。

【二一五】朱子之联语

梁章钜（一七七五—一八四九）《楹联丛话·自序》云："楹联之兴，肇于五代之桃符。孟蜀（九三四—九六三）'新年纳余庆，嘉节号长春'十字，其最古也。至推而用之楹柱，盖自宋人始，而见于载籍者寥寥。然如苏文忠（苏轼，一〇三七—一一〇一）、真文忠（真德秀，一一七八—一二三五）及朱文公撰语，尚有存者，则大贤无不措意于此矣。"[1]兹以朱子联语留存不少，远播南北以至日本，乃广为搜索，罗列于下。

最先搜辑者为朱玉（壮年一七二二）。玉为朱子十六代孙，住福建建阳，即朱子最后九年所居之地。竹林精舍在焉。玉编《朱子文集大全类编》一百一十卷，分八册，康熙六十一年壬寅（一七二二）刊，第八册卷二十一《联》，辑录朱子撰联二十二则。兹增入号码，照录如下，并于数处略加按语。

(1) 佩韦遵考训，晦木谨师传。

梁章钜《楹联丛话》卷一云：“朱子之父韦斋先生，尝自谓卞急害道。因取古人佩韦之义为号。又朱子受业于刘屏山先生。先生有《字元晦祝词》云：‘交（应作友）朋尚焉，请祝以字，字以元晦，表名之义。本晦于根，春荣华敷。人晦于身，神明内腴。’此朱子联语所由出也。”梁氏并谓朱子感于群小之攻伪学，无意出山，故为佩韦晦木之思。然此联只云遵循考训师传而已。朱子以“元”为《易经·乾卦》之元为元亨利贞之长，不敢当，自称仲晦。别人尊称为元晦，而自称则仲晦也。韦斋名松（一〇九七——一四三）。屏山即刘子翚（一一〇一——一四七），字彦冲，世称屏山先生。居福建崇安县五夫里。朱子奉父遗命，禀学于屏山（参看页六七“朱子自称”条与页七八“刘屏山命字元晦祝词”条。）

(2) 道迷传圣统，朋误远方来。

(3) 爱君希道泰，忧国愿年丰。（三联俱竹林精舍）

《语类》云：“先生书所居之桃符云：‘爱君……’竹林精舍桃符云：‘道迷……’，下注云：先是赵昌甫（赵蕃，一一四三——二二九，朱子门人）书曰：‘教存君子乐，朋自远方来。’”故嗣岁先生自易之以此。[2]三浦国雄谓“朋误”之语，乃朱子临终再用此词，向门人谢罪。[3]然此联想，大可不必。蔡沈（一一六七——二三〇）《朱文公梦奠记》记朱子临终状况甚详，无谢罪之记载。但云死前一夕，精舍诸生来问疾。朱子起坐曰：“误诸生远来。然道理只是恁地。但大家倡率做些坚苦工夫，须牢固着脚力，方有进步处。”[4]三浦以字句相同，既云与此联有关，又云谢罪，恐过言耳。

(4) 两汉帝王胄，三刘文献家。

(5) 八闽上郡先贤地，千古忠良宰相家。(二联五夫刘氏)

(6) 面山临水地，积善读书家。

(7) 瑞日祥云弥宇宙，春风和气满乾坤。

(8) 水云长日神仙府，禾黍丰年富贵家。(三联俱赠人)

丁传靖(一八七〇—一九三〇)编《宋人轶事汇编》引《长溪琐语》云："庆元间(一一九六)朱熹以伪学之禁，避地至长溪[5]，相其地山川迴合，临危不危，临险不险。遂主于武曲朱氏，托宗人之分，为题'文章华国，诗礼传家'一联于门。又为一农家书'水云……'皆有石刻。后为一州守取去。当宋元之季，及嘉靖末倭乱，他县残破，州独完。朱之言验矣。"[6]

(9) 纵游湖上襟怀豁，坐对花间笑语喧。

(10) 数枝老干凌霄汉，一脉清流接泮池。(二联寓丰城龙光书院，为赖潦净题)

(11) 一窍有泉通地脉，四时无雨滴天浆。(广信南岩寺文公读书处)

(12) 神光不昧，万古徽猷。入此门来，莫存知解。(泉州梵天寺法堂门)

(13) 师师僚庶，居安宅而立正位。济济多士，由义路而入礼门。(建宁府学明伦堂)〔参看第(15)联按语〕

(14) 十八科解元，勋业文章天地老。五百年故址，壶兰山水古今新。(赠莆田顾氏)

(15) 学成君子，如龙虎之为变，而麟凤之为祥；德在生民，如雷霆之为威，而雨露之为泽。(松溪明伦堂)

王壮为尝论朱子建宁府学明伦堂十一字联（13）与松溪县学明伦堂十六字联，谓：“五七言以外的长联，似乎也是始于此公。”又云：“朱子的联文，可说又有了很大的发展。一为这两副明伦堂的长联所示，它们是用文句组成。平仄声调，不是诗篇而是赋体或骈文的断片。其形式风格，又是另外的一种。”王氏续云：“研究朱子所撰的联文，不能证明其有张设在室内的性质。而这副长联，则可断其必施于明伦堂柱。不过旧式的大堂建筑，内部也有长柱罢了。”[7]

(16) 五百年逃墨归儒，跨开元之顶上；十二峰送青排闼，自天宝以飞来。(文公知漳州日，建书舍于天宝镇山开元寺后顶题此)

(17) 东墙倒，西墙倒，窥见室家之好；前巷深，后巷深，不闻车马之音。(为漳州一士子题)

(18) 读圣贤书，行仁义事；存忠孝心，立修齐志。〔参看页七一三“朱子墨迹”（五）木刻之（13）〕

(19) 克己复礼，清心寡欲；居敬行简，夙兴夜寐。

(20) 道通天地，气象云雷。

(21) 孝悌忠信，礼义廉耻。

此联有石刻，下款“朱熹”。映印载福建协和大学福建文化研究会所编之《福建文化》。[8]下题“朱文公联语石刻”。〔参看页七一〇“朱子墨迹”（四）石刻之（91）〕

(22) 鸟识玄机，衔得春来花上弄。鱼穿地脉，抱将月向水边吞。

黄得时《春联溯源与楹联类别》据胡君复《古今联语汇选初

集》第三册“刹宇”云：“鸟识玄机”之联，乃朱子知漳州时题开元寺云。又谓普通以庙礼对联始于明，而此联乃题开元寺。可见已始于宋云云。[9]胡氏不知何据。此处朱玉不言题开元寺，而“十二峰”之联（16）则明言题开元寺后顶之书舍。恐胡氏两联相混，而寺又与书舍混。梁章钜《楹联丛话》云：“庙中楹联，宋元时绝无传句，大约起于明代。”[10]较为可信。且联语乃生意最可观之意，与佛家净寂，殊不类也。

梁氏卷一采录上列（1）至（3）（8）（11）（13）（15）至（18）与（22）十一联。云自《朱子全集》卷后摘录而来。实指《朱子文集大全类编》也。此外又录一联：

（23）日月两轮天地眼，诗书万卷圣贤心。

并云：“此类尚多。安得有心人为之一一搜辑乎？”此则捷思有以效一毫之力也。以下所抄，出处不一，然以《语类》为最多。

（24）大学户庭，中庸阃奥。

（25）文章华国，诗礼传家。

捷按：据《古田县志》，庆元党禁时（一一九六），朱子寓古田，往来于三十九都徐廖二大姓，尝书上列两联赠之云。[11]参看上（8）“水云”联。

（26）此地古称佛国，满街都是圣人。

厦门大学哲学系高令印教授撰《朱熹在福建遗迹考释》一文云：“现在，泉州安海的山石上遗存有（朱熹手书）‘南泉佛国’四个大字。这块摩崖石刻的思想，反映在朱熹在泉州时手书的一副对联中。这副朱熹墨迹对联题于泉州开元寺门口。可惜这后来失传了。现在有一音法师补书木刻匾两块，录之如下：‘此地古称佛国，满街都是圣人。寺门旧有此联，朱文公撰。久失，为补书之。戊寅（一九三八）春沙门一音书，佛弟子叶慧眼重刻。'[12]'满街人都是圣人'为王阳明《传习录》名句。[13]儒家传统，人皆可以为尧舜。为圣是可能性。王门则以为是现实性，盖其主旨乃人人皆有良知也。岂朱子此处已是阳明之先河耶？"〔参看页七一四"朱子墨迹"（五）木刻之（19）〕

(27) 鸢飞月窟地，鱼跃海中天。〔参看页六九一"朱子墨迹"（三）现存真迹之(8)〕

(28) 日月每从肩上过，江山常在眼中看。

漳州城只存城东三十里白云寺柱联〔据高令印一九八二年六月二十日来函，页十二。参看页七〇二"朱子墨迹"（四）石刻之（24）〕。

(29) 事业兴邦，闽海贤才开气运；文章华国，温陵甲第破天荒。

本联题泉州晋江城北大城隍庙后，欧阳四门祠之不二堂。朱子为同安主簿时重修之。[14]

(30) 千寻瀑布如飞练，一簇人烟似画图。

此联刻于山上石柱，在泉州永春县城西二十六里陈岩山。朱子任同安主簿时，尝遨游整日。[15]

(31) 群趋浴沂水，遥集舞雩风。

《语类》注云："同安日试'风乎舞雩'诗。"[16]则是朱子少年在同安考试之诗句也。

(32) 乾坤归独御，日月要重光。

朱子云：尝作孝宗挽辞，得此一联。[17]

(33) 良非子，亡是公。

《语类》云："道家说仙人尸解，极怪异。将死时用一剑一圆药，安于睡处。少间剑化自己，药又化作什么物？自家却自去别处，去其剑。亦有名谓之良非子。良非之义，犹言本非我也。'良非子'好对'亡是公'。"[18]

(34) 龙衮新天子，羊裘老故人。

《语类》注"意味"二字。[19]

(35) 鹿豕与游，物我相忘之地；泉峰交映，知仁独得之天。

此联传为朱子所撰，刻于白鹿洞书院明伦堂入门两柱。柱之联误"豕"字为"逐"字，可知决非朱子所书。察其意气，则为朱子所撰，亦有可能。参看下面(50)。

朱子亦尝对对，查有如下一次：

(36) 沙边月趋潮回，木末风随叶下。

《语类》云："有僧月夜看海潮得句云：'沙边月趋潮回。'而无对。因看风飘木叶，乃云，'木末风随叶下'。虽对不过，亦且如此。"[20]

朱子又出语命人作对，有如下联。

(37) 一行朔雁，避风雨以南来；万古阳乌，破烟云而东出。

梁章钜《浪迹丛谈》云："陈北山先生子靴，年十一。气度英伟。朱晦翁过往北山，靴侍侧。晦翁命嘱对曰：'一行朔雁，避风雨以南来。'靴应声曰：'万古阳乌，破烟云而东出。'晦翁大奇之，谓此子气象不凡，异日名位不小量也。后为龙图阁学士。"[21]北山名孔硕，字肤仲，朱子门人，称北山先生。福州信官县(今闽信县)人，淳熙二年乙未(一一七五)进士。

又有集朱子诗句为联语者，有如下联：

(38) 好鸟枝头亦朋友，落花水面皆文章。

见上引黄得时（22），黄氏又云：“上面是诗词中对语。不但对仗工整，而且含意高洁而清而，最适合作为对联悬挂。”黄君谓此两句来自朱子“四时读书乐”。此是错误，见下（39）。然诗最重对仗，朱子人人传诵之《鹅湖寺和陆子寿》，有“偶扶藜杖出寒谷，又枉篮舆度远岑。旧学商量加邃密，新知培养转深沉”之句。一诗之中，可作两对。文学史上此例不胜枚举。

普通以为朱子所作而实不然者，尚有以下两联。

(39) 读书志在圣贤，为官心存君国。

梁章钜《楹联丛话》云：“程月川中丞含章（一七六二—一八三二）每莅一任，必自书大字墨拓一联，悬挂厅事。尝书‘读书……’十二字，款云‘敬书朱紫阳夫子家训语’。按：此是我朝（清）昆山朱柏庐先生用纯（一六二七—一六九九）所撰《居家格言》自‘黎明即起’，至‘庶乎近焉’，凡五百一十字。此其末段结语。通篇皆切实。而此二句，尤为赅括，允堪悬作座右铭。今人误以此篇为朱子所作，中丞亦未加深考耳。中丞又尝书‘好鸟……’两语（38），为书室楹联。旁亦注云：‘书朱紫阳夫子句。’不知此乃南宋翁森所作《四时读书乐》诗，并非朱子。中丞亦沿讹而不知也。”[22]

(40) 为善最乐，读书便佳。

台北记者徐德顺撰《春联的起源及意义》云：“宋代时，理学大师朱熹在书房挂了一副‘为善最乐，读书便佳’。春联开始从大门走向内室了。”[23]此两格言，至为普通。谓为朱子春联无据。且春联始于明，朱子尚非其时也。

朱子对于联语，兴趣甚浓。师生谈话之间，每每及此。《语类》所见不少，摘录于下。

(41) 马蹄踏破青青草，龙爪拏开黯黯云。

此是朱子述汪玉山（一一一八—一一七六）童稚时，喻玉泉出上截令之对，而玉山应口对之。[24]汪玉山名应辰。喻玉泉未详。

(42) 晚岁离骚，径招魂于西域；平生精爽，或见梦于故人。

或言某人之死，人有梦见之者，甚恐，遂辞位而去。朱子曰：“唐令狐绹（壮年八五三）亦尝梦见李德裕（七八七—八四九）。明日语人曰：‘卫公精爽可畏。’顷时刘丞相莘老死于贬所。后来得昭雪复官。其子斯立有启谢时宰。一联云‘晚岁……’，世传以为佳。”[25]

(43) 虎在山而藜藿不采，威令风行；金铸鼎而魑魅不逢，奸邪灭影。

(44) 智者反之，若去国念田园之乐。众人自弃，如病狂昧宫室之安。

《语类》载显道（包扬，字显道，朱子门人）云：“李德远侍郎在建昌作解元，做《本强则精神折冲赋》，其中一联云：‘虎在……’试官大喜之。乃是全用汪玉谿《相黄潜善麻制》中语。后来士人经礼部讼之。时樊茂实为侍郎，乃云：‘此一对当初汪内翰用时，却未甚好。今被李解元用此赋中，见得工。’讼者遂无语而退。德远缘此见知于樊。”先生（朱子）因举旧有人作《仁人之安宅》[26]赋一联云：“智者……”[27]

(45) 出幽谷而迁乔木，朕姑示于宽恩；以鸤鹗（鸱鸮）而笑凤凰，尔无沉于迷识。

朱子《答蔡季通》云：近得林黄中〔林栗，绍兴十二年壬戌（一一四二）进士〕书，大骂康节（邵雍，一〇一一—一〇七七）数学横渠（张载，一〇二〇—一〇七七）《西铭》。袁机仲（袁枢，一一三一—一二〇五）亦来攻邵氏甚急，可笑。尝记共父（刘珙，一一二二——一七八）说，“往时有亡大夫，坐乞毁《通鉴》板被责，发来复官。词臣草其制，有一联云：‘出幽谷……’此辈会亦可并按也。一笑。”[28]

（46）一喷一醒然，再接再砺乃。

（47）争观云填道，助叫波翻海。

此是联句，为诗之一体。然此处可以对联视之。朱子评前联两句为工，后两联句为豪，曰：“心动便是惧。韩文《斗鸡联句》云：‘一喷……’谓虽困了，一以水喷之，便醒。一喷一醒，即所谓惧也。此是孟郊（七五一——八一四）语也。说得好。”又曰：“‘争观……’，此乃退之（韩愈，七六八—八二四）之豪。‘一喷……’，此是东野（孟郊）之工。”[29]

（48）君子知微、知彰、知柔、知刚；小人不耻、不仁、不畏、不义。

门人林学履（字安卿）问伊川解知微、知彰、知柔、知刚云：“知微则知彰，知柔则知刚，[30]如何？”朱子曰：“只作四截看较阔，言君子无所不知。”良久，笑云：“向时有个人出此语，令杨大年对。杨应声云：‘小人……’无如此恰好。”[31]

（49）利，义。

以上诸联，均与理学无关。此一字联最短而为理学要旨。想朱子讨论此联，必别有一般滋味。彼云三山黄明涉（名登）为人朴实公介，尝为某处宰。初上任，凡邑人来见者，都问能打对否。因问天对甚？日对甚？阳对甚？对者云地、月、阴，并无问题。及问：“利对甚？”云：“对害。”乃大声云：“这便不是了。……须知道利乃对义，才明得义利，便自无乖争之事。自后只得如此分别，不要更到讼庭。”朱子续云：“后来在任果有政声。此事虽近于迂阔，然却甚好。今不可多见矣。其桃符云：'奉劝邑人依本分，莫将闲事到公庭。'言虽质，意亦好。"[32]毕竟理学家文以载道，楹联也不离义理。

朱子谈论联语，皆在谈话之间，故皆出于《语类》而不见诸《文集》。《文集》诗赋书文，对仗甚多，可以为联。如"明诚两进，敬义偕立"[33]、"有疑即思，不通方问"[34]等，皆可书之以挂楹柱。其讨论对偶者，只见下面一处。且是赋词而非对联，只可以联语看而已。其《跋免解张克明》启云："行藏勋业，销倚楼看镜之怀。窈窕崎岖，增寻壑经丘之趣。此老子心事也。此公方欲求试南宫而辄以自与，何哉？然予亦濡滞于此而未得遂其怀也。三复其言，为之太息。"[35]

(50) 泉飞白石堪为酒，灶傍青山不卖柴。

此书校对时，得杨金鑫教授新著《朱熹与岳麓书院》(上海华东师范大学出版社，一九八六)。据页一〇五云，相传朱子题江西玉山县北山下酒店此联云。

(51) 三瑞呈祥龙变化，百琴协韵凤来仪。(参看页六七五)

1 《楹联丛话·自序》，页一。《国学基本丛书》本。

2 《语类》卷一〇七，第六十条，页四二五四。

3 《朱子》(东京讲谈社，一九七九)，页二五八。

4 《蔡氏九儒书》〔同治七年戊辰（一八六八）本〕卷六《朱文公梦奠记》，页五十九上。王懋竑《朱子年谱》(《丛书集成》本）卷四之下，页二二八亦载之。

5 故治在今福建东部霞浦县南三十里。

6 《宋人轶事汇编》(台北商务印书馆，一九六六)，页八六二。

7 王氏之文题为《谈对联》，登于台北五月一日之“中央日报”。因是剪纸，忘年期。唯报上云是年为郑成功复台三〇九周年，则当是一九七〇年也。

8 《福建文化》（一九三七）第四卷，第二十四期。

9 《中华文化复兴月刊》（一九七七）第十卷，第一期，页十一。

10 《楹联丛话》，页二十七。

11 《古田县志》〔乾隆十六年辛未（一七五一）本〕卷七《寓贤》，页一下。

12 《朱熹在福建墨迹考释》（《宋明理学讨论会论文集》，浙江人民出版社，一九八三），页三七三。

13 《传习录》卷下，第三一三“先生锻炼”条。

14 据陈香《朱熹留闽游迹》（《畅流》第四十二期，一九七〇），页二十三。

15 同上，页二十四。

16 《语类》卷一四〇，第六十一条，页五二五一录此联。“舞雩”出《论语·先进》，第二十五章。

17 《语类》卷一二七，第七十一条，页九〇四。

18 同上，卷一二五，末条，页四八一五。

19 同上，卷一四〇，第六十条，页五三五一。

20 同上，第六十五条，页五三五二。

21 梁章钜《浪迹丛谈》（台北广文书局，一九六九年影印）卷七《巧对补录》，页一上，总页一四三。

22 《楹联丛话》，页一一六至一一七。

23 年月日未审。

24 《语类》卷一二八，第一〇八条，页五二八六。

25 同上，卷一三八，第一〇五条，页五二八五。

26 《孟子·离娄》上，第十章。

27 《语类》卷一三九，末条，页五三三八。

28 《文集》卷四十四《答蔡季通（第五书）》，页七下。

29 《语类》卷一四〇，第二十六条，页五三四五。评孟郊语，又见卷三十四，第八十九条，页一四〇四《斗鸡联句》，载《韩昌黎全集》（《四部备要》）本）卷八，页八下至十上。

30 《伊川易传》（《四部备要·二程全书》本）卷二《豫卦》，页六上。

31 《语类》卷七十四，第一五六条，页三〇三二。

32 同上，卷一三二，第四十七条，页五〇九四。

33 《文集》卷一《白鹿洞赋》，页二下。

34 同上，卷五十五《答杨至之（第一书）》，页七上。

35 同上，卷八十一《跋免解张克明启》，页二十三上。

【二一六】胡纮访朱子于武夷

《宋史·胡纮传》谓胡纮〔隆兴元年癸未（一一六三）进士〕未达时尝访朱熹于建安。[1]《宋史》必误。朱子未尝设教于建安也。查叶绍翁（约一一七五—一二三〇）《四朝闻见录》有云：胡纮"尝迂道谒考亭先生（朱子）于武夷精舍"[2]。武夷山在福建崇安县西北三十里。淳熙十年癸卯（一一八三）四月，朱子建武夷精舍于山之五曲大隐屏下，讲学授徒。淳熙十五年戊申（一一八八）赴行在（杭州）奏事延和殿。胡纮必在此时期之内来访。叶绍翁为南宋人，所闻比《宋史》为可信。《闻见录》续云："先生待学子惟脱粟饭，至茄熟则用姜醯浸三四枚共食。胡之至，考亭先生遇礼不能殊。胡不悦，退而语人曰：'此非人情。只鸡樽酒，山中未为乏也。'"《宋史》云："遂亡去。及是（为监察都史），劾（宰相）赵汝愚（一一四〇—一一九六），且诋其引用朱熹为伪学罪首。汝愚遂谪永州（湖南）。"[3]又草疏诬朱子六罪。将上，会迁职，乃以疏交沈继祖。

757 沈以追论程颐得官，乘机谋大富贵。乃以疏奏，乞褫职落祠。（参看页七五八“沈继祖诬朱子六罪”条）朱子以此去国（一一九四）。

朱子一生贫寒，自奉甚俭。黄榦《朱子行状》谓其“衣取蔽体，食取充腹”[4]。朱子有书致刘清之（刘子澄，一一三九—一一九五）云：“既又留连竟日，告语不倦。虽疏食菜羹，相与共之，略无厌怠之色。”[5]刘为主簿学士，与朱子至交。可见以蔬菜待友，乃朱子之所常。其所得趣，乃在武夷山水。有《武夷精舍杂咏》云：“故人肯相寻，共寄一茅宇。山水为留行，无劳具鸡黍。”[6]此难与俗人言也。

《语类》提胡纮之名，只有一次。陈枡所录云：“一日独侍坐。先生忽颦蹙云，‘赵丞相谪命，似出胡纮。’问：‘胡纮不知曾识他否？’曰：‘旧亦识之。此人颇记得文字。莆阳（福建莆田县）之政亦好。但见朋友，多说其狠愎。’”[7]《语类》并未指明陈枡何年所录。然此是汝愚被贬事之后，朱子已去国，或且经已落职罢祠（一一九六）。对于胡纮亦赞亦评，毫无怨语。

1 《宋史》（北京中华书局，一九七七）卷三九四《胡纮传》，页一二〇三二。建安现为福建建瓯。

2 《四朝闻见录》（《浦城遗书》本）卷四《胡纮李沐》，页十六上。

3 同注1。

4 《勉斋集》（《四库全书》本）卷三十六《朱子行状》，页四十二上。

5 《文集》卷三十五《答刘子澄（第一书）》，页十二上。

6 同上，卷九《止宿寮》，页四上。

7 《语类》卷一三二，第八十六条，页五一〇五。

【二一七】沈继祖诬朱子六罪

黄榦《朱子行状》云："沈继祖为监察御史，上章诬诋，落职罢祠。"[1]《宋史·朱熹传》曰："沈继祖为监察御史，诬熹十罪，诏落职罢祠。"[2]又于《胡纮传》云："独纮〔隆兴元年癸未（一一六三）进士〕草疏将上，会改太常少卿，不果。沈继祖以追论程颐得为察官，纮遂以稿受之。继祖论熹，皆纮笔也。"[3]王懋竑《朱子年谱》更详。庆元二年下云："先是台臣击伪学，既榜朝堂。未几，张贵模指论《太极图说》之非。省闱闻之，知举叶、倪、刘等，奏论文弊。复言伪学之魁，以匹夫窃人主之柄，鼓动天下，故文风未能丕变。乞将《语录》之类，并行除毁。是科取士，稍涉义理者，悉见黜落。'六经'、《语》、《孟》《大学》、《中庸》之书，为世大禁。士子避时所忌，文气日卑。台谏汹汹，争欲以先生为奇货。门人杨道夫闻乡曲射利者，多撰造事迹，以投合言者之意，亟以书告。先生报曰：'死生祸福，久已置之度外，不烦过虑。'[4]久之，奸人相顾不敢发，独胡纮草疏将上，会迁去不果。沈继祖以追论伊川，得为察官。纮以稿授之。继祖锐于进取，谓立可致富贵，遂奏乞褫职罢祠。从之。"[5]

王氏《年谱》乃述洪去芜《朱子年谱》(一七〇〇)。叶公回《朱子年谱》(一四三一)与戴铣《朱子实纪》(一五〇六)内之《年谱》，均早于洪本二三百年，王氏未见。然三本年谱所载全同，只戴本备言叶翥、倪思、刘德秀之名而已。三本所据旧本不一，而毫无差异，则同溯于最早朱子门人李方子所撰之《年谱》，大有可能。(参看页九七"朱子年谱"条)然则沈继祖之奏请落职罢祠，历数百年而绝无异议。

沈继祖疏，最早见于稍后于朱子南宋人叶绍翁(约一一七五—一二三〇)之《四朝闻见录》。此疏读之者少，亟应录其全文，庶可睹其真相：

庆元三年丁巳(一一九七)，春二月癸丑，省劄。臣窃见朝奉大夫秘阁修撰提摄鸿庆宫朱熹，资本回邪，加以忮忍。初事豪侠，务为武断。自知圣世此术难售，寻变所习，剽张载、程颐之余论，寓以吃菜事魔之妖术，以簧鼓后进。张浮驾诞，私立品题。收召四方无行义之徒，以益其党伍。相与餐粗食淡，衣褒带博。或会徒于广信鹅湖之寺，或呈身于长沙敬简之堂。[6]潜形匿影，如鬼如魅。士大夫之沽名嗜利，觊其为助者，又从而誉之荐之。根株既固，肘腋既成，遂以匹夫窃人主之柄，而用之于私室。飞书走疏，所至响答。小者得利，大者得名。不惟其徒咸遂所欲，而熹亦富贵矣。臣窃谓熹有大罪者六，而他恶又不与焉。人子之于亲，当极甘旨之奉。熹也不天，惟母存焉。建宁米白，甲于闽中，而熹不以此供其母，乃日籴仓米以食之。其母不堪食，每以语人。尝赴乡邻之招，归谓熹曰："彼亦人家也，有此好饭。”闻者怜之。昔茅容杀鸡食母，而与客疏饭。[7]今熹欲餐粗钓名，而不恤其母之不堪，无乃太戾乎？熹之不孝其亲，大罪一也。熹于孝宗之朝，屡被召命，偃蹇不行。及监司郡守，或有招致，则趣驾以往。说者谓召命不至，盖将辞小而要大。命驾趣行，盖图朝至而夕馈。其乡有士人连其姓者，贻书痛责之。熹无以对。其后除郎，则又不肯入部供职，托足疾以要君。此见于侍郎林栗之章。熹之不敬于君，大罪二也。孝宗大行，举国之论，礼合从葬于会稽。[8]熹乃以私意，倡为异论。首入奏劄，乞召江西、福建草泽，别图改卜。其意盖欲借此以官其素所厚善之妖人蔡元定，附会赵汝愚改卜他处之说。不顾祖宗之典礼，不恤国家之利害。向非陛下圣明，朝论坚决，几误大事。熹之不忠于国，大罪三也。昨者汝愚秉政，谋为不轨。欲藉熹虚名，以招致奸党。倚腹心羽翼，骤升经筵，躐取次对。熹既用，法从恩例封赠其父母，奏荐其子弟，换易其章服矣。乃忽上章，佯为辞免。岂有以职名而受恩数，而却辞职名？玩侮朝廷，莫此为甚。此而可忍，孰不可忍？熹之大罪四也。汝愚既死，朝野交庆。熹乃率其徒百余人哭之于野。熹虽怀卵翼之私恩，盍顾朝廷之大义？而乃犹为死党，不畏人言。至和储用[9]之诗，有“除是人间别有天”之句。人间岂容别有天耶？其言意何止怨望而已？熹之大罪五也。熹既信妖人蔡元定之邪说，谓建阳县学风水，有侯王之地。熹欲得之。储用逢迎其意，以县学不可为私家之有。于是以护国寺为县学，以为熹异日可得之地。遂于农月，伐山凿石，曹牵伍拽，取捷为路。所过骚动，破坏田亩。运而致之于县下方，且移夫子于释迦之殿。设机造械，用大木巨缆，绞缚圣像，撼摇通衢嚣市之内，而手足堕坏，观者惊叹。邑人以夫子为万世仁义礼乐之宗主，忽遭对移之罚，而又重以折肱伤股之患，其为害于风教大矣。熹之大罪六也。以至欲报汝愚援引之恩，则为其子崇宪执柯。娶刘珙之女，而奄有其身后巨万之财。又诱引尼姑二人以为宠妾。每之官则与之偕行。谓其能修身可乎？冢妇不夫而自孕，诸子盗牛而宰杀。谓其能齐家可乎？知南康军[10]则妄配数人而复与之改正，帅长沙则匿藏救书而断徒刑者甚多，守漳州[11]则搜古书而妄行经界。千里骚动，莫不被害。而浙东提举，[12]而多发朝廷赈济钱粮，尽与其徒，而不及百姓。谓其能治民可乎？又如据范染祖业之山，以广其居，而反加罪于其身。发掘崇安[13]弓手父母之坟，以葬其母，而不恤其暴露。谓之恕以及人可乎？男女婚嫁，必择富民，以利其奁聘之多。开门授徒，必引富室子弟。以责其束修之厚。四方馈赂，鼎来踵至。一岁之间，动以万计。谓之廉以律己可乎？夫廉也，恕也，修身也，齐家也，治民也，皆熹平日窃取《中庸》《大学》之说，以欺惑斯世者也。今其言如彼，其行乃如此，岂不为大奸大憝也耶？昔少正卯言伪而辩，行僻而坚。夫子相鲁七日而诛之。[14]夫子圣人之不得位者也，犹能亟去之如是。而况陛下居德政之位，操可杀之势，而熹有浮于少正卯之罪，其可不亟诛之乎？臣愚欲望圣慈，特赐睿断。将朱熹褫职罢祠，以为欺君罔世之徒，污行盗名者之戒。仍将储用镌官，永不得与亲民差遣。其蔡元定乞行下建宁府追送别州编管。庶几奸人知惧，王道复明。天下学者，自此以孔孟为师，而憸人小夫，不敢假托凭藉，横行于清明之时，诚非小补。[15]

关于此疏，有数点须说明者。一为疏之年月。疏首云“庆元三年丁巳春二月癸丑”。《四朝闻见录》有原注云，“蔡本作二年十月”。

据《年谱》，庆元二年丙辰（一一九六）冬十二月落职罢祠。若沈继祖三年二月方奏，则反在落职罢祠之后，而奏内“将朱嘉褫职罢祠”之语为不通矣。朱子《落职罢官祠谢表》明谓二年十二月[16]，则各《年谱》是也。二者本疏明数朱子六罪，《宋史》作为十罪[17]。故王懋竑云：“疏语大罪有六，与《宋史》十罪不合，而《续通鉴》漫采入之。闽本《年谱》，乃据《续通鉴》以改。”[18]所指闽本不知何本。朱子十六世孙朱玉所编《朱子文集大全类编》（一七二二）第一册之《年谱》“褫职罢祠”条下亦作十罪。此亦闽本。则诸闽本均误作十罪矣。然《宋史》谓为十罪，或亦有故。盖沈疏六罪之外，尚举不廉、不恕、不修身、不齐家、不治国之五项恶行，共为十一。《宋史》或只用其十之整数，或以廉恕合计，总数为十，亦未可知。三者选人余嚞上疏乞斩朱子。[19]王懋竑《年谱》备注云：“沈继祖、余嚞两疏，皆不知所据。窃疑为阳明后人依仿撰造以诋朱子者。近人无识，轻以附诸《年谱》中。愚陋至此，亦可怜也。”[20]王氏考识极为精详，惜未见《四朝闻见录》沈继祖疏，而以门户之见，归咎王门。不知王门攻击朱子思想，不遗余力，而于其人格，则无任敬仰，断不至沦为如斯之下流也。

依仿撰造，全在继祖。疏谓“会徒于广信鹅湖之寺”。此指淳熙二年乙未（一一七五）吕东莱（吕祖谦，一一三七—一一八一）安排与陆象山（陆九渊，一一三九—一一九三）在江西鹅湖寺之会。即据《象山全集》一面之词，参加者七人之中，无一人是朱子之徒。[21]刘子澄（刘清之，一一三九—一一九五）亦同调耳。愚又考订此外尚有三人，皆象山门下。[22]是以谓象山聚徒则可，谓朱聚徒则不可。疏谓“除是人间别有天”，乃储用之诗，而不知此乃朱子《武夷棹歌》十首最后之句，与储用无涉也。[23]疏谓“娶刘珙（一一二二—一一七八）之女，而奄有其身后巨万之财”。朱子所娶，乃刘勉之（一〇九一—一一四九）之女而非刘珙之女。刘珙为子羽（一〇九六—一一四六）之子，家素富庶。勉之少富，亦未尝以巨万给其女也。据朱子《刘勉之墓表》，其祖仕至尚书郎中，祖父为朝请郎。即建阳近郊萧屯别野结草为堂。墓表云：“少时家富而无子，谋尽以赀产归女氏。既谢不纳，又择其宗属之贤者，举而畀之。……亲旧羁贫，收恤扶助。”[24]由此可知勉之原是富厚，然勉之非珙也。疏谓“帅长沙则匿藏赦书，而断徒刑者甚多。”据《长沙县志》，所藏于袖者非登极大赦之诏令，而乃赵汝愚丞相私人之简札。[25]继祖之虚造，显而易见。疏谓：“发掘崇安弓手父母之坟，以葬其母。”朱子葬母在离福建建阳考亭七八十里之崇泰里后山天湖之阳，名寒泉坞，离崇安甚远。疏谓“男女婚嫁，必择富民”，而婿黄榦（一一五二—一二二一）贫寒至甚。疏谓“开门授徒，必引富室子弟”，然据愚统计，则门人四百六十七人中，只一百三十三人曾有官职，占百分之二十八。富室子弟诚有之，唯不及全数之半耳。[26]疏谓“四方馈赂……动以万计”，然朱子取舍极严，其贫乏人所共知。屡次请祠，以求微禄。乾道九年癸巳（一一七三）有旨差管江西台州崇道观，圣旨即曰：“朱熹安贫守道，廉退可嘉。”[27]则政府亦早已公认朱子之贫矣。[28]疏谓“绞缚圣像……折肢伤股”，朱子答门人潘时举云：“近日改移新学，复为僧坊塑像摧毁，要膂断折，令人痛心。彼圣贤者尤不免遭此厄会，况如吾辈，何足道哉？”[29]继祖颠倒是非，显而易见。

胡纮与沈继祖之动机，诚如杨道夫所云：“乡曲射利者，多撰造事迹，以投合言者之意。”《宋史纪事本末·道学崇黜》述其经过有云:“胡纮……为监察御史，乃锐然以击熹自任。物色无所得，经年酝酿，章疏乃成。会改太常少卿，不果。……纮以疏草授之继祖，谓可立致富贵。”[30]此疏动机如此，而虚构又如彼，故历来谈落职罢祠者，均不采用，弃如敝屣。但近年大陆学者首次引用。虽对疏中所称，谓为穿凿附会，言过其实，然引朱子《落秘阁修撰依前官谢表》，谓其承认“私故人之财，而纳其尼女”。朱子果然认罪耶？此则不可不考。

《谢表》云:“谓其习魔外之妖言，履市廛之污行。有母而尝小人之食，可验恩衰。为臣而畜不事之心，足明礼阙。以至私故人之财，而纳其尼女。规学官之地，而改为僧坊。谅皆考核以非诬，政使窜投而奚憾。不虞恩贷，乃误保全。第令少避于清班，尚许仍居于散秩。”[31]大陆学者忽略“谓其”二字，以为朱子自认其罪。实则“谓其”乃述疏中大意，非认罪也。下文即言其目的在于诋诬，欲投诸死地。而朝廷乃保全其性命，诏以依旧修撰清平之职，其非认罪也明矣。查庆元二年丙辰（一一九六）十月继祖上疏，十二月落职罢祠。三年丁巳（一一九七）正月拜命，并上《落职罢宫祠谢表》。[32]在此表中，对于“大谴大诃之目，已皆不忠不孝之科”，初乃“初罔闻知”，继而“甫深疑惧”。某月某日之后，又准告命一道，着了落秘阁修撰依前官，故有《落秘阁修撰依前官谢表》也。谢表未尝为事实上之辩护，盖事实昭然，无辩白之必要也。

1 《勉斋集》（《四库全书》本）卷三十六《朱子行状》，页三十七上。

2 《宋史》（北京中华书局，一九七七）卷四二九《朱熹传》，页一二七六七。

3 同上，卷三九四《胡纮传》，页一二〇三二。

4 此书已佚。今《文集》卷五十八存《答杨仲思（第四书）》，页二下至三下。

5 王懋竑《朱子年谱》（《丛书集成》本）卷四下，页二一八。

6 绍熙五年（一一九四），朱子帅长沙。

7 事见《后汉书》（《四部丛刊》本）卷九十八《茅容传》，页二上。

8 山在浙江之东与安徽之西。

9 储用字行之。福建建阳县令。

10 淳熙六年（一一七九），朱子知江西南康军。

11 绍熙元年（一一九〇），朱子知福建漳州。

12 淳熙八年（一一八一），朱子除提举两浙东路常平茶盐公事。浙东管浙江七州。

13 福建北部崇安县，朱子之家五夫里属之。

14 参看《孔子家语》（《四部丛刊》本）卷一《相鲁》第二，页五上。

15 《四朝闻见录》（《浦城遗书》本）卷四《庆元党》，页十下至十三下。

16 《文集》卷八十五《落职罢宫祠谢表》，页十七上。

17 《宋史》卷四二九《朱熹传》，页一二七六七。

18 王懋竑《朱子年谱·考异》卷四，页三三七。

19 《宋史》卷四二九《朱熹传》，页一二七六八。

20 王懋竑《朱子年谱·考异》卷四，页三三七。

21 《象山全集》（《四部备要》本）卷三十六，页九上。

22 参见拙著《朱学论集》（台北学生学局，一九八二）《朱陆鹅湖之会补述》，页二三三至二四九。

23 《文集》卷九《武夷棹歌》，页六上。

24 《文集》卷九十《聘士刘公先生墓表》，页二十一上。

25 《长沙县志》〔同治七年戊辰（一八六八）本〕卷三十六《拾遗》，页六上。参看页七七〇“朱子之执法”条。

26 参看拙著《朱子门人》（台北学生书局，一九八二）页一至二七《朱门之特色及其意义》，亦载《朱学论集》页二七一至二九七。

27 《文集》卷二十二《辞免改官宫观状》一，页四下至五上。

28 参看《朱学论集》，页二〇五至二三二，《朱子固穷》。

29 《文集》卷六十《答潘子善（第五书）》，页二十七下。

30 陈邦瞻《宋史纪事本末》（《国学基本丛书》本），页六八四。

31 《文集》卷八十五《落秘阁修撰依前官谢表》，页十八下至十九上。

32 同上，《落职罢宫祠谢表》，页十七下至十八下。

【二一八】 朱子之忧国

反抗对金人议和，乃朱家一贯之传统。朱子之父朱松（一〇九七—一一四三）与同僚反抗秦桧议和，因而罢官。朱松死后，朱子依刘子羽（一〇九六—一一四六）。《语类》云："刘共父创第，规模宏丽。先生（朱子）劝止之曰：'匈奴未灭，何以家为。'"[1]共父即刘珙，子羽之子。刘珙死时朱子年四十九，则此必朱子中年之事也。壬午（绍兴三十二年，一一六二）应诏封事，早已极言："金虏于我有不共戴天之仇。……所谓讲和者有百害而无一利，何苦而必为之？"[2]

淳熙六年己亥（一一七九），朱子作卧龙庵于庐山之阳五老峰下，以祠诸葛亮。捐俸钱，自画诸葛武侯像于堂中（参看页七三五"画人朱熹"条），复书《武侯制表》中语"洪毅忠壮，忘身忧国。鞠躬尽力，死而后已"十六字于亭之楣间。叶公回校订《朱子年谱》[3]与戴铣《朱子实纪》之《年谱》[4]均云："其微意必有识之者矣。"《坚瓠集》云："先生尝作卧龙庵，祀孔明于此。意以高宗偏安江左，委靡颓废，不能复仇，故于孔明三致意焉。”[5]

综上所述观之，则朱子忧国之心，异常痛切。唯其《戊申（淳熙十五年，一一八八）封事》，长一万余言，谓：“今日之急务，则辅翼太子，选任大臣，振举纲维，变化风俗，爱养民力，修明军政，六者是也。”[6]似是大改以前反对议和与力主恢复之态度，而渐趋调和妥协者。于是门人杨复不得不为之解释曰：“先生当孝宗初政，囊封陛对，皆陈复仇之义，力辨和议之非。其后乃置而不论。何故？窃观《戊申封事》有曰：‘此事之失已在隆兴（一一六三—一一六四）之初，不合遽然罢兵讲和，遂使宴安鸩毒之害，日滋日长。卧薪尝胆之志，日远日忘。是以数年以来，纲维松弛，衅孽萌生。区区东南事，犹有不胜虑者，何恢复之可图乎？’[7]此所以惓惓独以天下之大本，天下之急务为言也。又曰：‘大本诚正，急务诚修，而治效不进，国事不强，中原不复，仇虏不灭，臣请伏铁钺之诛。’[8]以此言观之，先生曷尝忘复仇之义哉？但以事不可幸成，政必先于自治。能如是，则复中原灭仇虏之规模，已在其中矣。”杨复之文，各《年谱》均全载之。朝鲜李退溪（一五〇一—一五七〇）注《朱子行状》，亦于《戊申封事》下注此全文，且比他注为最长，[9]皆所以表明朱子忧国之切也。

戊申以后，《语类》有两条为深有意义者。朱子曰：“恢复之计，须是自家吃得些辛苦，少做十年或二十年。多做三十年。岂有安坐无事，而大功自致之理哉？”[10]此条为杨道夫己酉（一一八九）以后所录。其时朱子至少已六十岁矣。上述“匈奴未灭，何以为家”之言，亦为道夫所录。事已隔十余年而道夫犹回忆记之，盖必有深意存焉。

戊申十年以后，“先生喟然叹曰：‘某要见复中原。今老矣，不及见矣。’”[11]此为郭友仁戊午（一一九八）所闻。此时朱子已年六十九矣。

尚有一事，足以见其忧国之深者。庆元五年己未（一一九九）朱子撰《楚辞集注》[12]，《序》云：“原之为人，其志行虽或过于中庸，而不可以为法，然皆出于忠君爱国之诚心。……定为《集注》八卷，庶几读者得以见古人于千载之上，而死者可作，又足以知千载之下，有知我者而不恨于来者之不闻也。”[13]杨楫（字通老，一一四二—一二一三）跋云：“庆元乙卯（一一九五），楫侍先生于考亭精舍。时朝廷治党人方急。丞相赵公（赵汝愚，一一四〇—一一九六）谪死于永。[14]先生忧时之意，屡形于色。忽一日出示学者以所释《楚辞》一篇。某退而思之，先生平居教学者，皆以《大学》《语》《孟》《中庸》四书，次而‘六经’，又次而史传。至于秦汉以后词章，特余论及之耳。乃独为《楚辞》解释，其义何也？然先生终不言，某辈亦不敢窃有请焉。”楫之跋诸《年谱》均载之，且谓“楫之言婉而深，故录之”。李默改订《年谱》（一五五二）且云：“先生忧时之意，屡形于色，因注《楚辞》以见意。”[15]朱子之如屈原之忧时伤君，已成公论。王懋竑庆元五年己未《楚辞集注》条下不引杨跋，而于《考异》引之，以证杨跋乙卯之误而改正为己未。王氏考据精审，其判为己未是也。其实杨跋乙卯之误显然，盖赵汝愚卒于庆元二年丙辰。跋言其死，故知必在乙卯之后也。王氏且谓“楫为门人，不见于《文集》《语录》，其言要未可据”[16]。王氏或专指乙卯而言。若谓全跋为不可据，则殊不合理。盖门人不见于《文集》《语类》者约半百入，岂其言皆不足

信耶？言之可据与否与其人之是否门人何关？而况杨楫实是门人耶？（参看页四六四“杨楫果非门人乎”条）

1 《语类》卷一三二，第六十八条，页五一〇一。

2 《文集》卷十一《壬午应诏封事》，页四上下。

3 叶公问校订《朱子年谱》（《近世汉籍丛刊》本）卷中尾，页六上，总页一二三。

4 《朱子实纪》（《近世汉籍丛刊》本）卷三《年谱》，页六上，总页一二五。以上两谱均系建卧龙庵于淳熙七年庚子（一一八〇），已经王懋竑《朱子年谱·考异》（《丛书集成》本）卷二（页二八七）改正为六年己亥（一一七九）。

5 查褚人穫《坚瓠集》（《清代笔记丛刊》本），不见。丁传靖编《宋人轶事汇编》（台北商务印书馆，一九六六）卷十七，页八六二引。

6 《文集》卷十一《戊申封事》，页十八下。

7 同上，页三十四下。

8 同上，页三十三上。

9 参看页四〇“朱子行状”条。

10 《语类》卷一三三，第四十五条，页五一三五。

11 同上，第三十七条，页五一二九。

12 诸《年谱》系《楚辞集注》于庆元元年乙卯（一一九五），已经王氏《考异》卷四，页三四〇至三四一，改正为是年。

13 《文集》卷七十六《楚辞集注序》，页三十一至三十二上。

14 故治今湖南零陵县。

15 王懋竑《朱子明普·考异》，卷四，页三四一引。

16 同上。

【二一九】朱子之执法

从来描写朱子之政治活动者，绝不谈朱子之执法。然普通印象，以为朱子执法太严。中日学者或因此而讳其言，亦未可料。朱子自认："治财太急，用刑过严，二事亦实有之。"[1]陆象山（一一三九—一一九三）亦云："朱元晦在南康（淳熙六年己亥至八年辛丑，一一七九—一一八一）已得太严之声。"[2]然实际情形如何？过严又何所指？吾人皆莫得其详，无从判断。黄榦（一一五二—一二二一）《朱子行状》叙述南康政绩，只谓："奸豪侵扰细民，挠法害政者，惩之不少贷。由是豪强敛戢，里闾安靖。"[3]及至提举两浙东路常平茶盐公事（淳熙八年辛丑至九年壬寅，一一八一—一一八二），巡历所属州县，则《行状》记之曰："皆乘单车，屏徒从。所历虽广，而人不知。郡县官吏，惮其风采。苍黄惊惧，常若使者压其境。至有自引去者。由是所部肃然。"[4]其严肃之威，现于纸上。在两浙东路任内，屡次奏劾县丞州守多人，即丞相姻家新除江西提刑之唐仲友，亦上章六次。此节《行状》《年谱》与《宋史》本传均详。然此乃奏劾恶吏，而非行法治民。究竟用刑如何？有无残酷冤枉之处？史家从未有实情报道。今考明确事件有二，一在南康，一在潭州（今湖南长沙，绍熙五年甲寅，一一九四）。

《语类》记载南康之事颇详。据云："某南康临罢，有跃马于市者，踏了小儿将死。某时在学中，令送军院。次日以属知录。晚过廨舍，知录云：'早上所喻，已栲治如法。'某既而不能无疑。回至军院，则其人冠履俨然，初未尝经栲掠也。遂将吏人并犯者讯。次日吏人杖脊勒罢。偶一相识云：'此是人家子弟，何苦辱之？'某曰：'人命所系，岂可宽弛？若云子弟得跃马踏人，则后日将有甚于此者矣。况州郡乃朝廷行法之地。保佑善良，抑挫豪横，乃其职也。纵而不问，其可得耶？'后某罢，诸公相饯于白鹿。某为极口说《西铭》'民吾同胞，物吾与也'[5]一段。"[6]注云"杖之谯楼之下"。又云"好言家世者乃刘子澄（刘清之，一一三九—一一九五）"。此条王懋竑《朱子年谱》系于淳熙八年辛丑（一一八一）闰三月。非谓此事在此时发生，盖此月朱子去郡东归，指为任内之事耳。

此次论点不在法之宽严而在犯人之地位。上面所谓过严者必有所指。果何所指，则吾人不得而知。张南轩（张栻，一一三三—一一八〇）为朱子知交，常有忠告。有书云："某于此有所见，亦不敢以隐，但亦精审而后发耳。"[7]此虽对南康政事一般而言，然执法料亦其中之一项。过严之说，南轩或有所闻。两人互相切磋。朱子或亦以南轩为过严者。同书下文云："所谕传闻之说，其皇恐不知何以得此？连日循省，缘初到时，承纵盗之后，不免重赏。连获江湖间积年杀人之贼，以正典刑。……今年茶客尽循约束，无一夫敢持兵行于途者，此一事之力为多。恐或者便以为嗜杀耳。近数月以来，既幸无新盗，而旧盗已多得。亦无所用刑矣。”[8]

南轩嗜杀，既是传闻之误，则朱子过严，或亦传闻之误也。朱子《致吕伯恭（吕祖谦，一一三七—一一八一）》，自认用刑过严，已如上述。此四字或伯恭来函所据传闻而言。朱子之书，下文尚有解释者。下文续云："士人犯法者，教唆把持，其罪不一，但后来坐法结断赃罪为重耳。然亦但送学夏楚，编管江州[9]。其人经赦，便计会彼州官吏，违法放还。今日到家，明日便陪涉宗室，教唆词讼。为人所诉，复追来欲挞之，而同官多不欲者。只决却小杖数下，再送他州，亦不为过也。弊政固多疏脱，至此一事，往来之人，虽有苦口见规者，问于道途，无不以此事为当也。判语之失，诚如所喻。前亦觉之，但已施行，无及于改耳。其所争者，乃是一人与妻有私而共杀其夫，暑中系狱病死。而此宗室者乃认为己仆，而胁持官吏，禁近十人在狱，逾年不决。势不得已须与放却。但一时不胜其忿。故词语不平至此耳。”[10]以此两事而论，则朱子并非严酷，而反为宽也。

象山谓朱子在南康已得太严之声。然此下即云："元晦之政，亦诚有病，然恐不能泛然以严病之。使罚当其罪，刑故无小。遽可以严而非之乎？某尝谓不论理之是非，事之当否，而泛然为宽严之论者，乃后世学术议论无根之弊。道之不明，政之不理，由此其故也。"[11]象山与朱子学术异途，各有偏见。而此处象山却为朱子辩护，说公道话。

长沙之事，《行状》《年谱》《宋史》本传均所不提。叙述与讨论朱子生平者，亦不言及，似于朱子有所讳者。唯近年大陆学者攻击朱子，则好举之，谓为压制农民起义。此事来自地方志。《长沙县志》云："朱晦翁帅潭日，得赵丞相（赵汝愚，一一四〇—一一九六）简，已立嘉王为上（宁宗），当首以经筵召公。晦翁藏简袖中，竟入狱取大囚十八人，立斩之。才毕而登极赦至。翁恐赦至而大恶脱网也。"[12]沈继祖上奏诬朱子六罪，又谓朱子藏慝赦书而断徒刑者甚多（参看页七五八"沈继祖诬朱子六罪"条）。继祖改简札为赦书，意谓朱子不忠于君。又谓斩徒刑之犯，意谓其残忍。究竟是否有其事？果有之，所犯之罪为何？均不可考。

吾人不能凭空臆度，只可以朱子一生之思想行动以揆之。《语类》载有长沙一事，足为参考。朱子云："今人狱事，只管理会要从厚。不知不问是非善恶，只务从厚，岂不长奸惠恶？大凡事付之无心。因其所犯，考其实情。轻重厚薄，付之当然可也。若从薄者固不是，只云我要从厚，则此病所系亦不轻。某在长沙治一姓张人。初不知其恶如此，只因所犯追来，久之乃出头。适有大赦，遂且与编管。后来闻得此人凶恶不可言，人只是平白地打杀、不问。门前有一木桥。商贩者自桥上过。若以拄杖拄其桥，必捉来吊缚。此等类甚多。若不痛治，何以惩戒。"[13]又在（福建）漳州，有妇与人通，杀其夫密埋之，其鬼作出祟。朱子恐奏裁免死，遂与决罪。妇人斩，与妇人通者绞，冤魂乃息。[14]朱子之处理此事，似是迷信，其实主旨在免其长奸惠恶也。朱子又尝致书门人方耒云："大率天下事，循理守法，平心处之，便是正当。如盗贼入狱，而加以桎梏棰楚，乃是正理。今欲废此以诱其心，欲其归恩于我，便是挟私任术，不行众人公共道理。况恩既归己，怨必归于他人。彼亦安得无忿疾于我耶？"[15]象山坚持论理之是非与考查事实，与朱子同调。朱子又主无心，更进一步矣。（参看页七七五"朱子之于妇女"条）

1 《文集》卷三十四《答吕伯恭（第七十九书）》，页十九下。

2 《象山全集》（《四部备要》本）卷三十六《年谱》，页十二上，淳熙十年癸卯（一一八三）冬。

3 《勉斋集》（《四库全书》本）卷三十六《朱子行状》，页七上。

4 同上，《朱子行状》，页十三下至十四上。

5 《张子全书》（《四部备要》本）卷一《西铭》，页三上。

6 《语类》卷一〇六，第七条，页四一九五。

7 《南轩先生文集》（《近世汉籍丛刊》本）卷二十四《答朱元晦秘书（第六十九书）》，页八下，总页七五二。

8 同上，第六十九书，页九下至十上，总页七五四至七五五。

9 今江西九江。

10 《文集》卷三十四《答吕伯恭（第七十九书）》，页二十上。

11 《象山全集》（《四部备要》本）卷三十六《年谱》，页十二上，淳熙十年癸卯（一一八三）冬。

12 《长沙县志》〔同治七年戊辰（一八六八）本〕，卷三十六《拾遗》，页六上。

13 《语类》卷一〇六，第四十七条，页四二二三至四二二四。

14 同上，卷三，第四十条，页六十九。

15 《文集》别集卷五《与方耕道（第一书）》，页一上。

【一二〇】朱子之于妇女

朱子对于妇女之关系，其涉及五伦之夫妇与家道者，论者间或言及，然亦不多。至于朱子之如何待遇妇女，关于婚姻如何措施，等等，则绝未言及。有之亦三言两语而已。今从《文集》《语类》搜集材料，以补其缺。然必尚有未尽也。

朱子极重人伦，言行相顾。《行状》谓其“行于家者，奉亲极其孝，抚下极其慈。闺庭之间，内外斩斩。恩义之笃，怡怡如也”[1]。此亦大概言之，或理想化。至其实践，则《年谱》载其乾道五年（一一六九）丁母忧，六年葬祝孺人于福建建阳县崇泰里后山天湖之阳，名曰寒泉坞。朱子建寒泉精舍于此：“日居墓侧，旦望则归奠几筵。”（参看页一八〇“朱子之行”条）孝思之诚，可无疑义。沈继祖诬朱子六罪，谓其不以白米供其母为不孝。狂言乱语，不值一哂。（参看页七五八“沈继祖诬朱子六罪”条）其本人夫妇间之关系如何，则传记绝不提及。此为我国传记传统，以此为私人之事，与局外人无关也。唯朱子对于妇女感情之厚，则有可记者多端。淳熙十四年（一一八七）幼女死。哀伤之余，以告象山（陆九渊，一一三九—一一九三）。象山与书云："冬初许氏子来，始得五月八日书，且闻令小娘竟不起。谅惟伤悼。……某不肖，祸衅之深。……比又丧一侄孙女。"[2]两人学术痛辨，固不减其幼女云亡之伤，而举以相告也。伯恭（吕祖谦，一一三七—一一八一）丧妻，朱子致书云："伏惟伉俪义重，伤悼难堪。区区所愿，约情就礼。"[3]同情之感，跃于纸上。

朱子之儿孙配偶，依传统习惯，在其夫人未去世之前，必由其夫妇选择。朱子女五人，女孙九人，女曾孙七人。（参看页八六"朱子之亲属"条）女仲、季二人早卒。婿一为县令刘学古，一为门人知府黄榦，一为门人范元裕进士。尝有书黄榦云："此女得归德门事贤者，固为甚幸。但早年失母，阙于礼教。而贫家资遣，不能丰备，深用愧恨。想太夫人慈念，必能阔略。然妇礼不可缺者，亦更赖直卿（黄榦）早晚详细与说，使不至旷败乃善。"[4]其爱护女儿之情，溢于言表。又尝谓直卿曰："吾道之托在此者，吾无憾矣。"[5]其女家庭之乐，亦可想见。《宋元学案》载"陈思谦，字退之，（福建）龙溪人。学问该博，教授后学。尝魁乡荐，著《春秋三传会同》及《列国类编》。朱文公喜之，因语其门人李唐咨以女妻焉。"[6]可见朱子不特为自己女儿谋幸福而已也。门人吕焕，字德远，与两兄炎焘学于朱子。庆元五年己未（一一九九）告辞云："将娶，拟某日归。"及期，其兄云："与舍弟商量了。且更承教一月，却归。"朱子曰："公将娶了。如何又恁地说？此大事，不可恁地。宅中想都安排了，须在等待。不可如此。"吕即日归。[7]《答巩仲至〔巩丰，淳熙十一年（一一八四）进士〕》云，"斯远（门人徐文卿）

省闱不偶，家无内助。嗣续之计，亦复茫然。急欲为谋婚之计，而未有其处。不知亲旧门亦有可为物色处否？”[8]其关心配偶，有如此者。朱子对于妇女之同情，又有推至贫而无告者。某县有妇人，夫无以赡。父母欲取以归。县之主簿许之。门人赵师夏〔字致道，绍熙元年庚戌（一一九〇）进士〕以为不然，谓：“夫妇之义，岂可以贫而相弃？官司又岂遂从其请？”朱子曰：“这般事都就一边看不得。若是夫不才，不能育其妻，无以自给，又奈何？这似不可拘以大义。只怕妻之欲离其夫，别有曲折，不可不根究。”[9]

朱子所守之婚姻制度，自然是儒家传统之制度。择婚之权，归于父母。尝论《诗经·摽有梅》之诗[10]，谓“《摽有梅》女子自言婚姻之意。如此看来，自非正理。但人情亦有如此者。……为父母者能于是而察之，则必使之及时矣”[11]。此可谓情理兼顾。在男女平权尚未发达之前，如此意见，亦算进步。我国从来男尊女卑，朱子相沿其说。某日到蔡元定家，适值得男。乃谓自年三十余时，每到人家，辄令生女，以为素不利市。[12]此或幽默之言，然其重男轻女，无可讳言也。朱子坚信“妇人从一而终，以顺为正”[13]。又言“妻之所天，不容有二”[14]，故主张孀妇不应再嫁（参看页七八三“孀妇再嫁”条）。名教有七出之说，[15]朱子亦从之。门人问：“妻有七出，此却是正当道理，非权也。”朱子答曰：“然。”[16]男女平等之运动，朱子数百年后乃产生于欧洲。朱子未尝革命，非其过也。尝言条例母已出嫁，欲卖产业，必须出母著押之类为“此皆非理”[17]，则寡妇不嫁，享有著押之权矣。

在德性方面，天之所赋男女无别。仁义礼智，人皆有之，只男女表现不同而已。比如仁，门人问妇人临事多怕，亦是气偏了。朱子答云："妇人之仁，只流从爱上云。"[18]又曰："妇人之仁，不能忍于爱。"[19]从爱而言，则女胜于男矣。在才方面，则女不及男。朱子以为《诗经》之《国风》，"或出于妇人小夫之口"。非如《小雅》以后，"都是识道理人言语"[20]。即是谓妇人不识道理也。又谓"本朝妇人能文，只有李易安（李清照，一〇八四—一一五六）与魏夫人〔曾布（一〇三五—一一〇七）之妻，名字失传〕。李有诗大略云。……此等语岂女子所能？"[21]以李易安为特出，亦即以女诗人之不比男诗人耳。门人以《诗经·葛覃》为女功，《采蘩》为妇职，[22]可视为与祭事同类。朱子答云："此说亦姑存之而已。"[23]此虽是《解诗》问题，然别为女工，恐亦有妇女才力有限之意。然朱子与伊川（程颐）均谓女子能识心，则可谓赞美之至。《语类》载范淳夫（范祖禹，一〇四一—一〇九八）之女，谓心岂有出入？伊川曰："此女虽不识《孟子》，[24]却能识心。"[25]朱子评之曰："心却易识，只是不识孟子之意。"[26]程朱之意见或有不同，固不必说，两人之以此女为识心，则到底不以女子为才劣也。

然有一事颇难解者，朱子临死挥妇人无得近是也。王懋竑《朱子年谱》引李默《朱子年谱》（一五五二）云：朱子"就枕误触巾，目门人使正之。挥妇人无得近。诸生揖而退。"[27]大概懋竑以黄榦《朱子行状》与蔡沈之《朱文公梦奠记》均无挥妇人去之事，故于《考异》言之而不采入正谱。且是时朱子已不能言，亦不能自正其巾，何由挥手？然早于李本《年谱》数十年戴铣之《朱子实纪》（一五〇六）内之《年谱》，所载与李本同，王懋竑未之见耳。两处《年谱》似同出一源（参看页九七"朱子年谱"条），则此传说由来已久。且张栻（张南轩，一一三三—一一八〇）之父张浚（一〇九六—一一六四）将死亦命妇女悉去，[28]则此是儒家之传统也。问题是妇人为佣仆抑亲属？至今已不可考。至于何以不许其近，则可作四解。一者朱子以妇女为不祥。此说无据。朱子言行，未尝有此示意也。一者妇女属阴，朱子或欲死后阳气为盛，不以阴气稍减其势。此说与前说同，朱子言行上并无可据，况朱子绝无死后为鬼之观念耶？一者道家影响。《庄子》谓："子来有病，喘喘然将死，其妻子环而泣之。子犁往问之，曰：'叱避！无怛化。'"[29]叱令其妻子避去，勿惊子来之将化也。儒家原始反终，不信化为何物。故此传说必非来自《庄子》。尚有一说，最为合理。根据上文妇女之仁流于爱与朱子劝吕伯恭约情，朱子必以妇人易于过伤啼哭，故使之去也。儒家传统病笃迁居正寝，安枕而逝。司马光（一〇一九—一〇八六）所撰《书仪》云："悲哀哭泣，伤病者心。叫呼憾悴，尤为不可。使病者惊怛摇头而死，皆未免为不终天年。故不若安恬静默，以待其气息自尽为最善也。"[30]如是解说，乃情理之常，固不必从阴阳善恶，与道家理论，求之过深也。考亭传说，朱子将死呼妇人近前看其陪葬物，虽不可信，然其意义则与《年谱》所载大不相同。（参看页一八六"考亭传说"条）

朱子曾留心妇女教育。门人问："女子亦当有教。自《孝经》之外，如《论语》只取其面前明白者教之，如何？"朱子答曰："亦可。如曹大家（班昭）《女戒》，温公（司马光）《家范》亦可。"[31]于是极力鼓吹印行《女戒》。曾请福建建宁傅守（傅自得，一一一六—一一八三）刊《弟子职》[32]、《女戒》各为一秩，而以（温公）《杂仪》附其后，"盖男女之教虽殊，此则当通知者。使其流行，亦辅成世教之一事也"[33]。印者合二书为一册。印成之后，曾付一本刘清之（刘子澄，一一三九—一一九五），并于函内注云："令人家小儿女各取一本读诵为便也。"[34]《答吕伯恭》云："《弟子职》《女戒》二书，以温公《家仪》（家范）系之。尤溪欲刻未及，而(建宁)漕司取去。今已成书，纳去各一本。初欲遍寄朋旧。今本已尽，所存只此矣。如可付书肆摹刻，以广其传，亦深有补于世教。或更得数语题其后，尤幸也。”[35]伯恭卒之印行与否，不得而知。独惜朱子本人财力不足耳。

朱子除鼓励印行曹大家《女戒》之外，又尝思另编一书，有如《小学》。《与刘子澄》云：“向读《女戒》，见其言有未备及鄙浅处。伯恭亦尝病之，间尝欲别集古语如《小学》之状为数篇。其目曰正静，曰卑弱，曰孝爱，日和睦，曰勤谨，曰俭质，曰宽惠，曰讲学。班氏书可取者，亦删取之。……病倦不能检阅，幸更为详此目，有无漏落。有即补之，而辑成一书，亦一事也。”[36]讲学一项，为从来教导妇女之书所未有。或朱子欲造成一新空气，未可料也。朱子之编《小学》，实托子澄，故又以此书托之也。《小学》成于淳熙十四年(一一八七)而子澄死于庆元元年(一一九五)。何以此八年间竟未成书，则无可考矣。

绍熙元年(一一九〇)朱子知福建漳州。到任即颁礼教，凡男女聚僧庐为传经会，女不嫁者私为庵舍以居，悉禁之。其榜谕云：“岂若使其年齿尚少，容貌未衰者，各归本家，听从尊长之命，公行媒娉，从便昏嫁，以复先王礼义之教，以遵人道性情之常。息魔佛之妖言，革淫乱之污俗，岂不美哉？”[37]此事与其在漳州未能实行之经界不同。据《语类》：“平时习浮屠为传经、礼塔、朝岳之会者，在在皆为之屏息。……良家子女从空门者，各闭精庐，或复人道之常。”[38]可知此事有相当之成功。沈继祖志在骤得富贵，乃谓朱子诱引尼姑二人以为宠妾，每之官则与之偕行；沈谓朱子“娶刘珙之女，而奄有其身没巨万之财”。其实所娶非刘珙之女。继祖之造谣，不问可知。(参看页七五八“沈继祖诬朱子六罪”条)朱子以使节行部至江西台州，奏劾前知州唐仲友，谓其“悦营妓严蕊，欲携以归。遂令伪称年老，与之落籍。多以钱物偿其母及兄弟。……白昼公然乘轿出入娼家”。又谓“严蕊稍以色称。仲友与之媟狎。虽在公筵，全无顾忌。公然与之落籍，今表弟高宣教以公库轿乘钱物津发归婺州[39]别宅。严蕊临行时，系是仲友祖母私忌式假。却在宅堂令公库安排筵会，饯送严蕊”[40]。《齐东野语》谓朱子“欲摭与正(唐仲友)之罪，遂指其尝与蕊为滥，系狱月余。蕊虽备受棰楚，而一语不及唐。然犹不免受杖”[41]。朱子所控乃唐仲友而非严蕊，何由系狱？且已饯送发归别宅，见诸公文。《齐东野语》所言，“得之天台[42]故家”。两者相比，谁为可信明矣。若谓朱子志在逼供，岂朱子执法之精神与对待妇女之态度耶？(参看页七七〇“朱子之执法”条)

1 黄榦《勉斋集》(《四库全书》本)，卷三十六《朱子行状》，页四十一下。

2 《象山全集》(《四部备要》本)卷十三《与朱元晦(第一书)》，页七上。

3 《文集》卷三十三《答吕伯恭(第九书)》，页八上。

4 《文集》续集卷一《答黄直卿(第三十四书)》，页十上。

5 同上，正集卷二十九《与黄直卿》，页二十二下。

6 《宋元学案》(《四部备要》本)卷七十，页七下。

7 《语类》卷一二〇，第一二五条，页四六六二。

8 《文集》卷六十四《答巩仲至(第八书)》，页八上。

9 《语类》卷一〇六，第二十一条，页四二〇一至四二〇二。

10 《诗经》第二十篇《国风·召南·摽有梅》。

11 《语类》卷八十一，第五十条，页二三四一。

12 《文集》卷四十四《答蔡季通（第八书）》，页十下。

13 《语类》卷七十二，第二十八条，页二九〇一。

14 《文集》卷六十二《答李晦叔（第七书）》，页二十七下。

15 《大戴礼记》（《四部丛刊》本）卷十三《本命》第八十，页六上［“妇有七去：不顺父母去，无子去，淫去，妒去，有恶疾去，多言去，窃盗去。不顺父母去，为其逆德也。无子，为其绝世也。淫，为其乱族也。妒，为其乱家也。有恶疾，为其不可与共粢盛也。口多言，为其离亲。盗窃，为其反义也。妇有三不去：有所取，无所归，不去。与更三年丧，不去。前贫贱，后富贵，不去”］。

16 《语类》卷十三，第七十八条，页三七二。

17 同上，卷一二八，第五十六条，页四九三七。

18 同上，卷四，第九条，页九十一。

19 同上，卷四十五，第六十四，六十五条，页一八四九。

20 同上，卷八十，第六十七条，页三三一〇。

21 同上，卷一四〇，第六十三条，页五三五二。

22 《诗经》第三篇《国风·召南·葛覃》；第十篇《国风·召南·采蘩》。

23 《语类》卷八十一，第三十三条，页三三三五。

24 《孟子·告子》上，第八章［“出入无时，莫知其乡，惟心之谓与”］。

25 《外书》（《四部备要·二程全书》本）卷十一，页四下。

26 《语类》卷五十九，第九条，页二二二九。

27 王懋竑《朱子年谱·考异》（《丛书集成》本）卷四，页三四三。

28 《文集》卷九十五下《魏国公张公行状》下，页三十七上。

29 《庄子》（《四部丛刊》本名《南华真经》）卷三《大宗师》第六，页十六下至十七上。

30 《书仪》（《丛书集成》本）卷五《丧仪》，页四十七。

31 《语类》卷七，第十八条，页二〇四。

32 《管子》卷十九《弟子职》第五十九。

33 《文集》卷二十五《与建宁傅守劄子》，页十二上。

34 同上，别集卷三《与刘子澄》，页十三下。

35 同上，正集卷三十三《答吕伯恭（第三十一书）》，页二十一下。

36 同上，卷三十五《与刘子澄（第十五书）》，页二十七下。

37 同上，卷一百《劝女道还俗榜》，页五上。

38 《语类》卷一〇六，第三十六条，页四二一八。

39 故治在今浙江金华县。

40 《文集》卷十八《按唐仲友第三状》，页二十上，二十七下。

41 周密《齐东野语》（《丛书集成》本）卷二十《台妓严蕊》，页二六四。

42 浙江天台县。

【一二二】孀妇再嫁

五四运动以来，攻击理学者，最喜举程伊川（程颐，一〇三三—一一〇七）“饿死事小，失节事大”之语，以攻击伊川，亦即以攻击朱子。以“文化大革命”十年内为最烈。北京历史博物院特标此二语，以示程颐之残之忍。革命者借此为口号，并不为奇。然以此语代表封建制度之残害妇人，则太过简单。

伊川之言，来自《遗书》。《遗书》云：“问：‘孀妇于理似不可取，如何？’曰：‘然。凡取以配身也。若取失节者以配身，是己失节也。’又问：‘或有孤孀贫穷无托者，可再嫁否？’曰：‘只是后世怕寒饿死，故有是说。然饿死事极小，失节事极大。’”[1]

朱子与吕东莱（吕祖谦，一一三七—一一八一）合辑《近思录》，采用此段为第六章《家道》之一条，显然有意维持儒家之家庭制度。然朱、吕所采伊川之言，皆以其义理正当，可作行为之范。伊川对孀妇再嫁之问，不答以传统制度，而答以失节问题，且妇之失节亦即丈夫之失节。可知节之问题，乃伊川之中心问题。此问题从孔孟以来，在儒家思想上极是重要。孔子曰："君子喻于义，小人喻于利。"[2]孟子曰："生亦我所欲也，义亦我所欲也。二者不可得兼，舍生而取义者也。"[3]从此角度观之，则伊川之论，并非特殊。在程朱之伦理系统，此是古今不易之常理。门人陈守（字师中）之女弟作寡，朱子去书曰："朋友传说令女弟甚贤，必能养老抚孤，以全《柏舟》[4]之节。此事更在丞相（陈守之父俊卿，一一一三—一一一八）夫人奖劝扶植，以成就之，使自明（郑鉴）没为忠臣，而其室家生为节妇。斯亦人伦之美事。计老兄昆仲，必不惮赞成之也。昔伊川先生尝论此事，以为饿死事小，失节事大。自世俗观之，诚为迂阔。然自知经识理之君子观之，当有以知其不可易也。伏况丞相一代元老，名教所宗。举错之间，不可不审。熹既辱知之厚，于义不可不言。未敢直前，愿因老兄而密白之，不自知其为僭率也。"[5]朱子此事不敢直言，必是俊卿欲为孀女再嫁，而朱子则以义为重，亦为名教所关也。

数百年后，汪绂（一六九二—一七五九）复申此义，且设譬以阐明之。其《读近思录》有云："孀妇不可娶，以自修君子言之。若市井小人，何能问此？然或疑程子此章之言为过，则程子此言非过也，常理而已。孀妇怕寒饿死而失节，何异于臣怕战而降贼哉？孀妇再嫁，孀妇亦羞之。羞而可为，则亦何不为之有？可以知人道之大防矣。"[6]汪氏从基本问题着想，可谓善于读书。人道之大防，固不止为妇人言也。张伯行（一六五二—一七二五）极尊朱子，然亦以伊川此言为过，似以朱子为不应采用者。故其所著《近思录集解》删去此条，

785 而以伊川“兄弟之爱”[7]一段代之。此处抛龙转凤，从来未经有人发觉。伯行可谓不识程朱矣。

【三】 或谓妇人须忠于一夫，而男子可续娶，岂非不平之甚耶。应之曰：“此诚是矣。”当时制度如此，朱子亦遵从之。其答门人李晦叔（李辉）书云：“夫妇之义，如乾大坤至，自有等差。故方其生存，夫得有妻有妾，而妻之所天，不容有二。”[8]宋代社会制度与二十世纪之社会制度当然不同。然吾人不能以二十世纪之标准，以评定宋代之习俗。亦犹一千五百年后，如实行公妻，而谓吾人在二十世纪之一夫一妻为不道德，不自由也。

或又谓孀妇将死而不救耶？伊川答语，乃依据原则而言。朱子采用此段，亦以其原则之故。至于实际情形，则或有反经为权之必要。此是经权问题，从孟子以来，提出男女授受不亲，而嫂溺则应援之以手，亦成为儒家之中心道德问题。伊川论经权云：“权量轻重，传之合义。才合义，便是经也。”[9]朱子亦云：“经是万世常行之道，权是不得已而用之，须是合义也。”[10]伊川之父，尝行权矣。伊川撰其父之家传，述其父娶甥女归嫁云：“既而女兄之女又寡。父惧女兄之悲思，又取甥女以归嫁之。”[11]又称其父“慈恕而刚断。平居与幼贱语，唯恐有伤其意。至于犯义理，则不假也”[12]。伊川必以其父之归嫁孀妇为合于义理，否则必不于其家传特提此事也。

表面上程颐自相矛盾。朱子门人亦有如是想。故门人问曰：“取甥女归嫁一段，与前孤孀不可再嫁相反，何也？”朱子答云：“大纲恁地。但人亦有不能尽者。”[13]“不能尽”云云，可依汪绂解释。在当时信仰，其理想为孀妇宁死不再嫁，然此极高标准，非普通人所能达到。亦如凡人不应说谎，大纲如此，但人亦有不能尽者。然不害毋说谎之为原则也。

1 《遗书》(《四部备要·二程全书》本) 卷二十二上，页二上。

2 《论语·里仁》，第十六章。

3 《孟子·告子》上，第十章。

4 《诗经》第四十五篇《国风·鄘·柏舟》诗序云："《柏舟》，共姜自誓也。卫世子共伯蚤死，其妻守义。父母欲夺而嫁之，誓而弗许，故作是诗以绝之。"

5 《文集》卷二十六《与陈师中书》，页二十六下至二十七上。

6 《读近思录》(《汪双池丛书》本)，页三十五上。

7 《遗书》卷十八，页四十五上。

8 《文集》卷六十二《答李晦叔（第七书）》，页二十八上。

9 《遗书》卷十八，页三十八下。

10 《语类》卷三十七，第四十五条，页一五七八。

11 《伊川文集》(《二程全书》本) 卷八《先公太中家传》，页四下。

12 《伊川文集》卷八《先公太中家传》，页四下至五上。

13 《语类》卷九十六，第六十条，页三九二八。

【一二二】朱子发见化石

《语类》载朱子云:“常见高山有螺蚌壳,或生石中。此石即旧日之土,螺蚌即水中之物。下者却变而为高,柔者变而为刚。此事思之至深有可验者。”[1]又云:“今高山上有石蛎壳之类,是低处成高。又蛎须生于泥沙中。今乃在石上,则是柔化为刚。”[2]西方至十五世纪下半叶Leonardo da Vinci(一四五二——一五一九)然后发见化石。故胡适谓朱子之发见化石比欧洲da Vinci之发见早三百年。[3] da Vinci为科学家,与朱子之为哲学家不同。朱子之发见,乃基于《易》之哲学。太极生阴阳,阴阳生万物。阴阳升降,变化不穷,故柔变为刚。蛎变为石,即柔为刚,乃阴阳二气升降之一例。故朱子所见,乃哲学之智慧,而非科学之结论。然其为科学之一事,则无可否认。

《庄子·至乐篇》云:“种有几。得水则为㡭。……胡蝶胥也,化而为虫。……鸲掇千日而为鸟。……程生马，马生人。人又反入于机。"[4]论者谓此为进化论，有类达尔文。辨之者则谓达尔文之进化论乃由客观调查、观察、解析与分类得来，乃现代科学之成果。庄子则幻想而已。与朱子比较，则朱子既非达尔文，亦非庄周。其发见化石，乃从其即物以穷其理之方法而来。此方法未能臻现代分析实验之水准，然以一理学家而竟然有一科学之发见，则其科学之精神与意义，实出人意料之外。

关于朱子之思想与科学，有两点值得读者注意者。一为胡适之论朱子科学方法。胡先生所言，精明公正，为前人所未道，足以破中外学者以近数百年我国科学不发达归咎于理学思想之谬论（参看页七九四"胡适与朱子"条）。一为李约瑟（Joseph Needham）之讨论朱子思想与科学与予对于彼之评语。李氏为中国科学史之世界权威。其《中国之文化与科学》第二册讨论朱子哲学之是否有符科学，凡五十余页，[5]精细入微，莫可伦比。至其结论谓朱子之机体哲学根本上与科学融和，唯彼解朱子之"理"为"结构"（Organization），于是以朱子思想为缺乏自然律与普遍律，又以朱子不信上帝，于是无最上之立法者，而科学之自然律与普遍律无由发生，以致科学不能发达。【一二二】此说予不敢赞同，故撰《评李约瑟中国科学思想史》，强调“理”字“则”字均为普遍概念，而朱子之天虽非人格神而有主宰性。李氏谓必信上帝乃有科学，又以别处科学发达之条件必须与欧洲相同，皆无实证。且欧洲科学昌明，乃近代事，而信上帝为创造者已二千余年，岂时机未熟耶？此文长及万言，近日再印，兹不赘。[6]

1 《语类》卷九十四，第十六条，页三七五九。

2 同上，第十七条，页三七六一。

3 Hu Shih, *The Chinese Renaissance*(Chicago: University of Chicago Press, 1934), p.59.

4 《庄子》(《四部丛刊》本名《南华真经》) 卷六《至乐篇》第十八，页三十五下。

5 *Science and Civilisation in China*, Vol. Ⅱ, *History of Scientific Thought* (Cambridge, England: The University Press, 1956), pp.455—505.

6 原载《东方杂志》复刊第三卷第十二期（一九七〇年六月），页一至六。转载《文荟》，第十三期（纽约，一九七〇年六月），页三十八至四十二。采入拙著《王阳明与禅》(台北学生书局，一九八四)，页二〇三至二一七。

【一三】朱子与金门

《金门丛书》之一题《朱熹与金门》[1]。卷首有胡美琦摹朱子像，题《宋徽国朱文公遗像》，无年月日，乃摹台北“故宫博物院”所藏而曾为《朱熹牍册》之前副页之《宋徽国朱文公遗像》。摹写逼真，几如摄影。又有朱子书“鸢飞月窟地，鱼跃海中天”联石刻拓本，乃朱子生前书题福州鼓山名胜联句拓本。[2]一九六八年重建浯江书院之朱子祠，祠中正面悬挂钱穆夫人胡美琦绘朱子像。像之两旁，悬“鸢飞”联。〔参看页七四九“朱子之联语”条之（27）〕

第一章《朱子与金门》第一节为《教化金门》。其与朱子有直接关系者，录之如下：

金门在宋时为同安县绥德乡翔风里。朱子簿同五年，以他知南康、漳州每旬下乡视学的情形而论，他定期或不定期视察金门，在五年中次数一定不少。兹依据金门志乘，记述其对金门的政教设施，及直接或间接予金门之影响，作为朱子与金门的主要考据。

（一）朱子精《易》学，尝留心山川自然形势。金门旧志说："金门山脉有谓起自秀山发脉，历鸿渐山、小嶝、角屿而过青屿。"语云："天弧天角，龙跃渡江，鸿渐非即天弧天角乎？"朱文公尝至鸿渐，叹曰："鸿渐脑已渡江矣。"又曰："鸿渐反背皆是同（安），乃向浯（金门）也。"《康熙舆地志》："鸿渐高冠群山，浯洲（金门）隔海望之，尤为竦秀。"故金门有谓："凡各乡能与鸿渐山相照者，必人文蔚起。"

（二）朱子当年视学金门，曾游唐代开拓金门的陈渊祠。该祠即在金城镇之庵前，亦即陈渊牧马的马坪。明永乐十七年（一四一九），金门守御千户所镇抚（千户下主管刑名之官）解智的《孚济庙（陈渊祠于元代赐额"孚济"）记》，有朱子《次牧马王祠诗》。诗曰："此日观风海上驰，殷勤父老远追随。野饶稻黍输王赋，地接扶桑拥帝基。云树葱茏神女室，冈峦连抱圣侯祠。黄昏更上灵山望，四际天光蘸碧漪。"由这诗看来，文公必来过金门，而且为地方父老热烈欢迎，陪同参观陈渊祠。于此并可想见当年庵前丰莲山一带，林木之盛，风景之美。金门父老相传，朱子观风金门后曾说："此日山林，即他年儒林。"是在预言金门未来人文之盛。

（三）朱子官同安主簿，兼办学事，曾在金门立燕南书院。《沧浯琐录》载："朱子主邑簿，采风岛上，以礼导民，浯既被化，因立书院于燕南山（故曰燕南书院）。自后家弦户诵，优游正义，涵泳圣经，则风俗一丕变也。"

按燕南山，即今之太文山，在金城镇古丘村后，燕南书院在明代已无遗址可考。当年朱子在该处设书院，必系附近居民甚多。证之唐代开拓金门的陈渊在今庵前、泗湖等地牧马，明代在今旧金城设千户所城，一则系金门西部地势较东部为佳，一则系人口聚集之故。[3] 792

以上所记，其以为朱子生平史实者，共有四端。(一) 朱子定期或不定期视察金门，在同安主簿五年中次数一定不少。(二) 朱子尝至鸿渐山，叹曰："鸿渐脑已渡江矣。"(三) 朱子曾游金门之陈渊祠，有朱子《次牧马王祠》诗为征。(四) 朱子曾在金门设立燕南书院。以上四事，历史专家应作进一步之精详考据。

朱子为同安县主簿，绍兴二十三年癸酉（一一五三）七月至同安，二十六年丙子（一一五六）七月秩满。其间前后只历三载。秩满后檄走旁郡数月，间或折道。则其曾到金门，亦是可能。鸿渐山之名与《次牧马王祠》诗，均不见《文集》，亦不见各本《年谱》。游鸿渐山之说，乃据金门旧志，游陈渊祠之说，则据朱子死后百余年金门守御解智之《孚济庙记》。此两者不知所据云何。明人戴铣所著《朱子实纪》卷七罗列与朱子有关之书院甚多，而燕南书院不与焉。《文集》《语类》亦未提及。

朱子曾筑精舍，并重建白鹿洞、岳麓两书院，然未曾建立书院。门人创设或掌教书院者不少，然未闻与燕南有关者。[4]《朱熹与金门》第九章第四节《祠宇焕新》列举金门历代名贤硕士。其中宋代陈纲、陈统、陈械、陈昌侯、陈良才、陈櫄〔庆元丙辰（一一九六）进士〕[5]，《文集》《语类》均无其人。其中陈櫄与朱子同时，然既非门人，亦未与朱子书札往来或唱和，不知与朱子有无关系。朱子有同安门人王力行、许升、陈齐仲，友人苏玭，均不知为同安何乡人[6]，然可断定其非宋时之金门绥德乡。同安人立朱子祠于学宫之东，配以许升、王力行、吕大奎、丘葵四子。吕大奎乃同安人，为朱子门人陈淳再传弟子。[7]丘葵乃金门小嶝人，为朱子四传弟子。[8]《祠宇焕新》之乡贤匾额进士题名与武功题石只举丘葵，则其他同安诸子非金门人可知。

总之，朱子曾游金门，不无可能。朱子逸诗不止一首。[9]以《次牧马王祠》词之词气观之，或可出于朱子之手。其叹赞鸿渐山之语，皆据传说，不见《文集》《语类》。然此不能遽谓绝无其事。燕南书院之说最为可疑。各地设立书院以纪念朱子者为数不少。后人号为朱子所建，不知燕南书院是否如此。

1　郭尧龄编纂。一九七九年由金门县文献委员会编印，共一三〇页。分九章：《朱子与金门》《朱子的生平与著作》《朱子的教育思想》《朱子的政治思想》《朱子与〈四书〉》《朱子学派及影响》《朱子大事纪略》《朱子主簿同安文献》《金门朱子祠》。

2　《朱熹与金门》，页一〇九。

3　《朱熹与金门》，页五至六。

4　参看页四八九“朱子与书院”与页五二〇“诸生与书院”两条。

5　《朱熹与金门》，页一一三至一一四。

6　参看拙著《朱子门人》（台北学生书局，一九八二），页五十九、二〇〇、二二三、三六二。

7　《宋元学案》（《四部备要》本）卷六十八《北溪学案》，页十二下。

8　《朱熹与金门》，页二。《宋元学案》卷六十八，页十三上。

9　参看页六六三“逸诗”条。

【二二四】胡适与朱子

胡适（一八九一—一九六二）生于传统家庭，有理学之遗风。五岁丧父，从四叔介如读书。九岁（一八九九）背诵朱子所编之《小学》。读至司马温公（司马光，一〇一九—一〇八六）《书仪》"死者形既朽灭，神亦飘散。虽有锉烧舂磨，亦且无所施"[1]之语，忽尔兴高，遂留下信仰无神之种子。到十一二岁，已成为无神论者。[2]由五岁（一八九五）至十四岁（一九〇四），在家塾读书九年。除《小学》外，已诵读朱子之《四书章句集注》，连注文读。朱子之《诗集传》与《周易本义》，虽只诵经文，而朱子之注经大旨，已颇明了矣。年十五（一九〇五），进上海澄衷学堂。二哥嗣秬劝其读朱子之《近思录》。是为胡先生读理学书之第一部。印象最深而影响最大者为伊川（程颐，一〇三三—一一〇七）"学原于思"一语。[3]胡氏自述云："'学原于思'一句话是我在澄衷学堂读朱子《近思录》时注意到的。我后来的思想走上了赫胥黎和杜威的路上去，也正是因为我十几岁时就那样十分看思想的方法了。”[4]可注意者，此语乃程颐之语而非朱子之语，而所影响者非理学之思想而乃理学之方法。虽《近思录》带引其读程朱语录，但未多读。[5]其时严复（一八五三——一九二一）《天演论》及《群己权界》等书，已深入青年脑袋矣。[6]

此后数年在上海读书教书，不闻与朱子有何接触。从二十岁到二十七岁，在美留学，更少机会。回国后领导文学改革与新思潮运动。思想方面，鼓吹实验主义与戴东原（戴震，一七二四——一七七七）哲学。学术兴趣，几乎全在清代之考证学。

一九一九年八月开始写《清代学者的治学方法》，以程子之释《大学》“格物”之“格”为“至”，与朱子之“即物而穷其理”[7]之“即”为有归纳的精神。然“他们所希望的是那‘一旦豁然贯通’的绝对的智慧”，又“全不注重假设”，“决没有科学”。[8]但同时亦举出《语类》两条，以表明朱子之格物精神。一为朱子谓群山皆为波浪之状，乃因山原为水，水凝为山。一为朱子尝见高山有螺蚌壳，或生石中。此石即旧日之土，螺蚌即水中之物。[9]胡先生云：“这两条都可见朱子颇能实行格物。他这种观察，断案虽不正确，已很可使人佩服。西洋的地质学者，观察同类的现状，加上大胆的假设，作为有系统的研究，便成了历史的地质学。”[10]

如此结论，相当公平。当反孔思潮动荡之秋，而能对朱子有所恭维，诚非易事。然当时学术空气，极反程朱。胡氏特别提倡戴震。其《戴东原的哲学》，刊于一九二七年。彼不免受戴氏之影响。故于一九二八年《几个反理学的思想家》文内，讨论戴震部分，屡述戴震谓宋儒“以理杀人”之言。虽慎重指明此是戴氏个人偏私之见，而仍谓“宋儒的毛病在于妄想那‘一旦豁然贯通焉’的最高境界”[11]。又举程颐“涵养须用敬，进学则在致知”与“饿死事极小，失节事极大”之语。[12]讨论颜元（一六三五—一七〇四）部分，亦举其“必破一分程朱，始入一分孔孟”之言。[13]此是当时反对程朱所通用之口号，在反宋儒方面，胡先生不免与众同流。

胡先生之学术探讨，亦深亦博，然理学非其所专，朱子更非其所用力之地。此后二十五年，对于朱子，几绝不留意。一九三三年在美国主持芝加哥大学讲座，讲《中国文化的趋势》。演词中述及朱子在高山见石上螺壳，指出朱子之发见化石，比欧洲da Vinci（一四五二—一五一九）发见早三百年。[14]此处不提朱子格物之弱点而强调其积极之贡献，虽未必为对朱子态度之转变，而论调确有不同。至一九五〇年间，则视线截然不同。是时胡氏寓居美国，比较清闲。又找得《语类》全套，可以作有统系之朱子研究。第一成果即为其一九五〇年八月划时代之《朱子语类的历史》。此乃是胡氏第一篇之朱子文章，其精详处可谓前无古，后无今。此文载于台北正中书局一九六二年与一九七〇本《朱子语类》之首。一九五〇年采《语类》六条与《文集》三段，以见朱子对尊君卑臣制度的批评。一九五二年，六十二岁有《朱子论死生与鬼神》的读书摘记，采《文集》八段，《语类》六条，连带考究《朱子答廖子晦最后一书的年份》而改正王懋竑系年之错误。同年又有《禅家的方法》一则，[15]单就题目观之，则知胡先生此数年间从多方面考究朱子。彼既有第一手材料而又长期有统系之探求，自然与早年过信颜元、戴震不同。一九六一年又有《朱子语略二十卷》，现藏台北“中央图书馆”。

意义最大者乃其在檀香山一九五九年第三次东西哲学家会议所献之文。过去十年，予常到纽约。踵其公寓拜候者数次，知其对于《朱子语类》，极有兴趣。今在檀会期一月，时相过从，更知其对朱子虽不五体投地，而亦叹其贡献之伟大也。文之题目为"*The Scientific Spirit and Method in Chinese Philosophy*"(《中国哲学里的科学精神与方法》)。文甚长，一万一千余字。几以一半讨论朱子格物穷理之精神与方法。以朱子从《大学》出发，注全生之精力于《四书章句集注》，遂开研究经学之新纪元。彼建立研究之精神、方法、步骤若干原则。其一为疑。历引张载谓："为学首要学疑。为学要不疑处有疑，才是进步。"[16]又引朱子之言，谓："读书无疑者，须教有疑，有疑者却要无疑，到这里方是长进。"随述朱子教人去思索求所疑，自有所得而疑，与自有窒碍不通处乃疑。[17]如是者数引。另一方法为虚心。虚心即"须退一步思量"[18]。又引朱子云："凡看书须虚心看。不要先立说。看一段有下落了，然后又看一段。须如人受讼词，听其说尽，然后方可决断。"[19]如此乃能濯去旧见，以来新见。[20]胡氏以此为朱子之"假设与求实证"之方法。朱子应用此精神与方法，以考证《论语》《书经》《诗经》，遂成以后顾炎武(一六一三——六八二)、阎若璩(一六三六——七〇四)、江永(一六八一——七六二)、戴震、段玉裁(一七三五——八一五)、王念孙(一七四四——八三二)等人考证学之先锋。胡先生此处所举朱子与清代学者考证之例甚详。朱子假设与实证之方法，数百年之后，始放异彩。独惜中国学者只以此精神方法研究古籍，而同时西方学者以此精神方法研究物理现象，因而新科学与新世界生于西方而不生于中国云。[21]

予尝以此文为胡先生研究朱子最重要之文字，其故有四：一为此乃讨论朱子思想最长之文章；二为专言朱子，只是略提二程而已；三为解释我国近数百年现代科学不发达之原因。论者纷纷其说，终是虚谈，至胡氏而后有合理之解释；四为其特童朱子之方法。前者谓理学家无假设，今则承认朱子之一大贡献，正在其假设实证。四十年前《清代学者的治学方法》“大胆的假设，小心的求证”之两点精神，今则归于朱子。上所引述之朱子句语，几全出于《语类》卷十一之《读书法》而非《大学》之格物补传。“豁然贯通”亦不再提。然胡氏明言朱子之精神与方法，皆原于其研考大学，则怀疑与虚心，皆为格物之事，而豁然贯通以求绝对的智慧，实与科学无乖也。胡先生留美期间，到处演讲。仰慕者每请求留言。胡先生喜书“宁繁毋略，宁下毋高，宁近毋远，宁拙毋巧”，并书明“朱子语”[22]，奉为格言。胡适纪念馆印制为明信片。此可以谓为朱子之“十六字诀”，亦可以谓为胡先生之“十六字诀”矣。

1　《小学》外篇《嘉言》第五《广明伦》，第十四条。

2　胡适《四十自述》（香港世界文摘出版社，一九五四），页四十一至四十二。（上海亚东图书馆原刊，一九三三）。

3　《近思录》卷三，第六条，采自《遗书》（《四部备要·二程全书》本）卷六，页一上。

4　《四十自述》，页六十一、七十三至七十四。

5 同上，页六十一。

6 胡颂平《胡适先生年谱长编初稿》(台北联经出版公司，一九八四)，页六十。

7 《遗书》(《四部备要·二程全书》本)，卷二十二上，页一上。《大学》第五章《补传》。

8 《胡适文存》(台北远东图书公司，一九五三)第一集《清代学者的治学方法》，页三八六。

9 《语类》卷九十四，第十六、十七条，页三七五九、三七六一。

10 《胡适文存》(台北远东图书公司，一九五三)第一集《清代学者的治学方法》，页三八七。

11 《胡适文存》第三集《几个反理学的思想家》，页七十六至七十七、八十二。

12 同上，页七十一，七十六。捷按：首语出《遗书》卷十八，页五下。后语出《遗书》卷二十二下，页三上。

13 同上，页六十三。捷按：颜语出《颜李遗书》(《畿辅丛书》本)第二册《年谱》下，页二十五下。

14 Hu Shih, *The Chinese Renaissance*(Chicago:University of Chicago Press, 1934), p.59.

15 四文均采入《胡适手稿》第九集卷一，页八十五至一三七。参看《胡适先生年谱长编初稿》页二二〇一、二二〇二至二二〇五、二二〇五至二二一七。又《"中央研究院"历史语言研究所集刊》第三十四本《故院长胡适先生纪念论文集》下册（一九六三），徐高阮编《胡适先生中文遗稿目录》，页八〇二至八〇三。

16 此语经余英时指出(《中国近代思想史上的胡适》，台北联经出版事业公司，一九八四)，页四十五，注56，《张子全书》并无此语，恐是记忆错误，而此语大概是出自《语类》卷十一，朱子语云云，即指随引"长进"之言，出自《语类》卷十一，第七十八条，页二九六。余氏所言诚是，因《张子全书》确无此语也。然《张子全书》(《四部备要》本)卷六《义理》，页四上，有云："所以观书者，释己之疑，明己之未达。每见每知所益，则学进矣。于不疑处有疑，方是进矣。"胡氏殆泛引耳。余博士云《张子全书》有类似之语，或即指此。

17 《语类》卷十一，第七十六条，页二九五。以下四引，均出自卷十一《读书法》。胡氏原文卷、条、页数均缺。

18 同上，第三十条，页二八五。

19 同上，第三十六条，页二八四。

20 同上，第三十二条，页二八六。

21 Charles A. Moore, *The Chinese Mind*(Honolulu:University of Hawaii Press, 1967), pp.104—131.

22 《语类》卷一一六，第二十一条，页四四五〇。原文为："宁详毋略，宁近毋远，宁下毋高，宁拙毋巧。"胡先生靠记忆，但取传神，不求形似。参看页四四〇"朱子格言"条之(25)。

【一二五】引语来源

搜寻引语来源，真是海底捞针。古经之语，尚有索引可查。宋明清儒之语，则茫茫无路。即以朱子而论。人名、地名、书名，尚可参考《朱子语类》之索引[1]、《文集人名索引》[2]与《朱子文集固有名词索引》[3]。若其句语，则唯有向《文集》《语类》等书，逐页找寻，希望中彩。日本学者间或只举书名卷数，然亦甚少。王懋竑《朱子年谱》附《朱子论学切要语》二卷[4]。然《文集》只云答某人书而《语录》(《语类》)则只注记录者之名。《文集》书札共四十一卷。《语类》如叶贺孙所录，将近千条，从何下手？钱穆之《朱子新学案》[5]备举《文集》与《语类》卷数，帮补大矣。然亦有《语类》引语只举记录者之名者，大概从王著转录而来。即指明卷数，仍属茫无头绪，非逐页穷索不可。数十年来，翻来覆去，不知费尽几许时光。幸而千百引语，除少数外，均已寻出来源。唯下列数语，尚在探索中。

诸方君子如知其所自，不吝示知，则铭感万分矣。

（1）“某少时为学，十六岁便好理学，十七岁便有如今学者见识。后得谢显道《论语》，甚喜，乃熟读。〔见《朱子全书》康熙五十三年（一七一四）本卷五十五，自论为学工夫，页九上。遍查《朱子语类索引》，“谢显道”、“论语”等皆不见。此索引错误甚多，必有遗漏〕

（2）“穷天下之理，尽人物之性，而合于天，此圣人作《易》之极功也。”〔日本宽文十年（一六七〇）本，《性理字义》荔墩散人引〕

（3）天将降非常之祸于此世，必预非常之人以拟之。（不审谁语。《语类》卷一，第二十条，页七引之）

（4）“康节先生云：‘性者道之形体。’……又云：‘静而不知所存，则性不得其中。’”〔《文集》卷五十六《答方宾王（第二书）》，页十上引。查不见《皇极经世书》〕

（5）“明道先生所谓‘句句同，事事合，然而不同’。”〔《文集》卷五十九《答吴斗南（第二书）》，页三十三上〕。此当是《孟子或问》之删节。《孟子或问》云程子有言：“以吾观于释氏，句句同，事事合。然其本之不正，卒无一事一句之同。”（《近世汉籍丛刊本》卷十二，页二上，总页一五五）查不见《遗书》。

1 台北正中书局，一九七〇年。

2 佐藤仁编《晦庵先生朱文公文集人名索引》（京都中文出版社，一九七七）。

3 东京大学中国哲学研究会编（东京东丰书店，一九八〇）。

4 《朱子年谱》（《丛书集成》本），页三四七至四〇〇。

5 《朱子新学案》（台北三民书局，一九七一），五册。

【二二六】国际朱子会议始末

近年美国学者，每有朱子会议之议，然未见实行。一九八〇年予被选为亚洲与比较哲学学会会长，思有以玉成其事。乃于六月二十七日致书夏威夷老友程庆和博士，请其资助此会工作、研究、丛刊或小型朱子会议。程氏往年曾筹款举办夏威夷东西哲学家会议两次。彼以航空领袖，而能竭力于东西思想之沟通，甚难得也。予正在静候其复书之际，忽接其六月三十日来信。盖尚未接到予之去函，两信撞头也。彼谓东西思想家未会者已有年所。吾等年事日迈，亟宜再开一次。如予肯担任组织，彼夫妇当负责筹经费美金十五万元云。予以两人意见不期而同，是以喜出望外，急以电话磋商。国际朱熹会议，即以产生。不两星期，程博士筹款已达足数。彼虽着予全权办理，然予不愿独裁。乃设会议委员会与当地委员会。会议委员会咨询秩序、预算，与乎献文与评议学者之聘请。地方委员会执行事务，决定社交程序，与青年研究学者(Fellows)之推荐。

近年国际思想会议不少，然每趋极端。或如东方学者会议，人数千百。讨论门类众多，各献所长。或如元代思想会议，门目亦多，但人数只一二十，讨论透彻。唯近年会议趋势，则显然由泛论而日益专门。故会议委员会决定以朱熹为题。诚以朱子思想为我国数百年哲学、教育、考试、书院等之典型，而又操纵中韩日三国之思潮与制度，达数百载。显为孔孟以后影响最大之思想家。五十年来三国朱子专家辈出，而此十余年间，美国青年学者对朱子亦极生兴趣。于是会议委员会决请世界朱子专家或与朱子研究有特殊关系之学者为献文与评议者四十人，而由地方委员会经国际竞选而推荐各国青年研究学者二十人。又定秩序不依百科全书，于朱子生平、事功、思想各方，面面俱全，而只是以世界学者对于朱子研究之成就为准。任其选题，去其重复。幸太极、理、气、心、性、仁、尊德性与道问学、修身、经权、宗教、教育、书院、朱子与各学派及释道之关系，均有献文。而政治等题，既乏专家，则亦割爱。献文与评议二十八次以外，又设研习会三，专为青年研究学者而设。分别研究朱子之方法论与形而上学，朱子之心性论，与朱子与教育。原有朱子与科学研习会，以不只宋代理学思想与科学融合，而朱子本人亦发见化石，比西方之发见更早三百年也。此会请世界驰名之编撰《中国文明与科学》八大巨著者英人李约瑟主持。李氏满拟来会，唯临时以事不能参加，是以取消。会议于七月六日至十五日在夏威夷举行。天时地利人和，尽欢而散。

回忆十日之会，不能不感觉此会与其他国际思想会议，迥然不同，而有可纪者。

(1) 此会因青年研究朱子学者众多，增至三十人。另自费观察者十余人，共八十余人。同叙一堂，讨论虽未彻底，仍称满意。最初一大难关为中韩日英四国语言翻译问题。国际思想会议，多以英文为主。其他语言不予翻译。此会早定东西语言同等重视，且皆翻译。然若采用联合国之同时口译方法，则座众呆坐而听，于思想交流，极不自然。会议幸得夏威夷大学教授与青年研究学者之东方语言流利者多人，或在讲堂向众口译，或在座众各自向中日韩不熟英文之学者低声口译。此一尝试，堪称成功。是以人数不多不少，讨论顺利。

(2) 此会可谓集世界研究朱子学者之精英。以学术水准而言，罕有其匹。被聘者如牟宗三教授，因惮于远行，辞而不受。其受聘者，除李约瑟外，其他徐复观教授身故，梁漱溟教授、钱穆博士与黄公伟教授等数人，以年迈或疾病不能参加。然梁钱徐三氏，均献论文，在场有人代读。黄氏亦撰联以贺。冯友兰博士则虽在八十七岁高龄，不远千里，亲来与会。当然尚有著名朱子专家，不在其中。然以一专题之人才而论，则鲜有如是之群英大会者。

(3) 东方语言论文诸篇，均备东西文二本。水准既高，与会者于焉重视。每次会议出席者总在九五人以上，且依时开会。白头冯氏亦每早必到。此踊跃参加，亦可为一新纪录。

(4) 若谓此次讨论朱学有何新发见，则殊不敢言。太极、理、气、心性诸说，中、日、韩儒者已言之数百年。所谓新见，谈何容易？然朱子之《仁说》《玉山讲义》、经权、朱子与胡宏、朱子之宗教地位、朱子与教育、书院、乡约、与太极并非朱子中心思想等等，则确实别开生面。故谓此后二三十年朱子学因此会而水准提高，园地新辟，不为过也。论文将刊为一二集，以待读者之公评。

（5）最特殊者为青年研究学者学额之设。以前青年学者只有旁听资格，今则为正式会员，与已享盛名之献文或评议学者，共同讨论，同游共膳，一如平辈，对于青年学者之鼓舞，何可限量？

（6）学者政治背景不同，所见自异。一九八二年三月，大陆与台湾学者初次合议于美国威斯康星，题目为辛亥革命，意见不无隔膜。本会则纯以学术为主，不涉政治，与会者并不代表任何政团或机关，只以私人资格，互谈学术。会议开始前夕举行酒会。大陆与台湾学者多未相识，即一见如故。其言语不通者，亦得青年学者之传译，交谈愉快。此后十日之欢叙，已于此奠其基矣。

（7）会中东西人士各半，此乃所以避免以前会议纯以西人为主，因而观法亦以西方观点为主之病。大陆近来排朱，他方近来拥朱。此会互换意见，公正讨论，以求其平。于朱子与陆象山之关系，会议文章多篇，一扫数百年门户之见。不重二者之异，而侧重其同。此为近年趋向，而此会可云为其决然转关也。

（8）此外，如学者为会议吟诗唱和，宴会演唱《贵妃醉酒》。刊四本书（刘述先之《朱子哲学之形成与演变》、蔡仁厚之《新儒学精神方向》、拙著《朱子门人》与《朱学论集》，皆由著者自费购买，以赠予会学者），另冈田武彦博士影印九州大学所藏孤本朝鲜古写徽州本《朱子语类》，特为此次会议纪念。每日有朱子翰墨与朱子遗迹之展览，及关于朱学新刊之报告。来自美国之外者均有医费保险免费。乘飞机赴花园岛整日游览等，其余事也。总之，会议进行顺适出乎意料。毋怪送别酒会，当地人士有谓五年后应再开一次。此言虽似过早，然其满意之情，可以见矣。

（原载《史学评论》第五期，一九八三年一月，页二七七至二八〇。）

编后话

厦门大学高令印教授研究朱子遗迹有年，福建朱子墨迹，考查殆尽。数年来撰《朱子事迹考》，约愚为序，愚欣然为之。一九八七年冬，高教授举办朱子学国际学术会议，邀愚前往参加。其时拙著《朱子新探索》正在校对。事毕即赴厦门。高教授谓予曰:“《朱熹事迹考》由上海人民出版社印行，本年十月出版，明日可能寄到。”果然。归途急以捧读为快。得知拙著《朱子新探索》页七四四之“朱子之联语”所列四十九联，其中三十一联见于高著页二二〇至二三八，且考据较详。此外，为愚所未收者共有七联，列之如下:

春报南桥川叠翠，香飞轮苑野图新。

建瓯朱氏家族原藏本刻。

雪堂养浩凝清气，月窟观空静我神。

同上。

心外无法，满目青山；通元顶峰，不是人间。

为安溪县通元观题。

碧海开龙藏，青云起雁堂。

古田县彬洋横路坂遗存木刻。

学武侯慎事，效司马存心。

同上，木刻。

千寻瀑布如飞练，簇人飞烟似画图。

福建永春摩崖石刻。

明月虞涵处，和风静春时。

江西庐山白鹿洞书院有石刻拓片。

高教授又于页二七七影印朱熹手书《春夏秋冬》诗石刻，每句五字。首两句云：“晓起坐书斋，落花堆深径。”其余字迹朦胧，不可认。〔参看页七〇三“朱子墨迹”（四）石刻之（36）〕其调查最周，考据最精者，则为朱子墨迹。全书三百余页，几以过半研究此题。其条数与讨论，远出乎予个人见闻所及。计下列有百余宗，为予所未收者，大足以补予所收二百八十余宗之不逮：

属于上面页六八二“见于诸书记载者”，有恂如（福建泰宁，高著页二〇五）、远庵、希贤堂、高斋、廉静（俱浙江，二〇九）、云谷、晦庵、寒泉精舍（俱建阳，二一七）、《大学》圣经、福（俱福州，二四四），海滨邹鲁（福州，二四九）、遥通洙泗、观物、观德（俱江西庐山，二四七）、《社仓记》（五夫里，二五〇），《观妙堂李弥逊诗刻跋语》（二五三）、《邹康节诫子孙文》《崔嘉彦西原庵记》（俱二五五）、《幔亭记》（二六〇）、《郭岩隐神道碑》（二六六）。

属于上面页六九九之石刻者，有苍野摩崖石刻（莆田，一六四）、乌石山摩崖石刻（福州，一六五）、定山摩崖石刻（杭州，一六八）、题庐山华盖石（一七一）、腾紫峰、文山、应城山、偃月石、芦山、极目、留心佛、云云、太华岩、灵源、望云、安乐村、并石台、真隐处（俱同安，一七九）、有泉清邱、石镌谈、谈元石、场老、迎化（俱同安，一九〇）、鹏峰胜地（南安，一九三）、鹤林凤邱（福州，一九五）、德成（福州，二四一）、魁龙、朝阳、去华才翁（俱长乐，二〇一）、振衣、留云、梅溪、观云、观云岫、香山洞、龙门（俱福清，二〇一）、降龙、雷移（俱连江，二〇一）、观复、幔亭（俱武夷，二〇三）、岱宗、鹿眠处、鹿洞、敕白鹿洞书院、谷帘泉、漱石、风云、隐处、流杯池、流杯、流觞、归去来馆、连理、卧龙、听泉（俱庐山，二〇六）、枕石、天然、小瀛洲（俱浙江天台山，二〇九）、韦斋旧治（古田，二一一）、浮玉、顺昌、涧泉（建安）、吟室（延平）、锦江书堂（邵武，俱二一五）、南涧（建阳，二一七）、《爱莲说》（二五四）。

属于上面页七一〇已佚石刻者，有五老峰摩崖石刻（一六九）、落星寺石刻（一七〇）、题石乳寺、题寻贞观（俱一七一）、书风光雾月亭（一七二）、《折桂院》行记（一七三，俱庐山）、题诗山（古田，二一四）。

属于上面页七一一木刻者，有仰高（晋江）、铁峰岩、月逢第一峰、居敬（俱永春，一九四）、一经、聚远（俱莆田，二〇一）、白云深处（霞浦）、华峰（侯官，俱二〇六）、不贰室、文昌阁、聚星（俱古田，二一一）、芹溪小隐（建阳，二一七）、静神养气（步山，二四七）。

属于上面页七一四已佚木刻者，有紫阳书堂、韦斋（俱五夫里，一七七）、四会亭（古田，二一一）、濯泉亭、蒙谷、果亭、育亭、琴泉轩（俱邵武，二一五）、溪山精舍、黄梅庵、竹林精舍、沧洲（俱建阳，二一七）。

以上所言，足以证明两点。一为高令印教授考查朱子墨迹之渊博，其数目之多与考据之详，为中外学者所莫可伦比。一为福建方面，大概无遗，而恐江西、湖南、浙江等处，不免遗漏。可知全面调查，有待中、韩、日诸国学者与学术团体之合作，编成朱子遗墨全集，岂不快哉？